대한제국기 간도 자료집(4)
-간도문제조사서

일제침탈사
자료총서 09

대한제국기 간도 자료집(4)

– 간도문제조사서

동북아역사재단 편

동북아역사재단
NORTHEAST ASIAN HISTORY FOUNDATION

일러두기

1. 이 사업은 서울대학교 규장각한국학연구원이 제공하는 『경흥보첩(慶興報牒)』(奎17870) 등 모두 17종을 저본으로 선역하였다. 원문은 사용 허가를 받아 번역문 뒤에 영인하였다.
2. 번역문은 문서의 생산일을 기준으로 배열하였다.
3. 고유명사 및 주요 용어는 초출 단어에 원문의 한자를 병기하였다. 다만 이해를 돕기 위한 경우에는 초출 단어가 아니더라도 한자를 병기하였다. 원문의 한자와 음가를 다르게 번역한 단어는 한자 병기 시에 '[ ]'를 사용하였다.
4. '월간한인(越墾韓人)', '청비(淸匪)' 같이 시대상을 반영하는 용어는 번역하지 않고 그대로 표기하였다.
5. 인용문이 중첩될 경우 " "→「 」→『 』→〈 〉→《 》순으로 기호를 사용하여 위계를 구분하였다.

❙ 발간사

일본이 한국을 침탈한 지 100년이 지나고 한국이 일본의 지배로부터 벗어난 지 70년이 넘었건만, 식민 지배에 대한 청산은 이루어지지 못하고 있다. 일본의 독도영유권 주장은 도를 넘어섰다. 일본은 일본군'위안부', 강제동원 등 인적 수탈의 강제성도 인정하지 않고 있다. 일본군'위안부'와 강제동원의 피해를 해결하는 방안을 놓고 한일 간의 갈등은 최고조에 이르고 있다. 역사문제를 벗어나 무역분쟁, 안보위기 등 현실문제가 위기국면을 맞고 있다.

한일 간의 갈등은 식민 지배의 역사를 어떻게 볼 것인가 하는 역사인식에서 기인한다. 역사는 현재와 과거의 대화이며 이를 기반으로 미래로 나아갈 수 있다. 과거 침략의 역사를 미화하면서 평화로운 미래를 말하는 것은 불가능하다. 식민 지배와 전쟁 발발의 책임을 인정하지 않고 반성하지 않으면 다시 군국주의가 부활할 수 있고 전쟁이 일어날 위험성도 배제할 수 없다. 미래지향적 한일관계를 형성하고 나아가 동아시아의 평화와 번영의 기틀을 조성하기 위해 일본은 식민 지배의 책임을 인정하고 그 청산을 위해 노력해야 할 것이다.

식민 지배의 역사를 청산하기 위해서는 식민 지배는 어떻게 이루어졌는지 그 실상을 명확하게 규명하는 일이 긴요하다. 그동안 일본제국주의에 맞서 조국의 독립을 위해 헌신한 독립운동가들의 활동을 찾아내고 역사적으로 평가하는 일에는 상당한 성과를 거두었다. 반면 일제 식민침탈의 구체적인 실상을 규명하는 일에는 충분한 노력을 기울이지 못했다. 제국주의가 식민지를 침탈했다는 것은 너무나 당연한 사실로 여겨졌기 때문에, 굳이 식민 지배에서 비롯된 수탈과 억압, 인권유린을 낱낱이 확인할 필요가 없었는지도 모른다. 그러는 사이 일본은 식민 지배가 오히려 한국에 은혜를 베푼 것이라고 미화하고, 참혹한 인권유린을 부인하는 역사부정의 인식을 보이는 데까지 이르고 있다. 일제의 통치와 침탈, 그리고 그 피해를 종합적으로 조사하고 편찬할 필요성이 여기에 있다.

일제침탈사를 체계적으로 정리하는 일은 개인이 감당하기 어렵다. 이에 우리 재단은 한국 학계의 힘을 모아 일제침탈사 편찬위원회를 꾸렸다. 편찬위원회가 중심이 되어 일제의 식민지 침탈사를 정치·경제·사회·문화 모든 방면에 걸쳐 체계적으로 집대성하기로 했다. 일제 식민침탈의 실체를 파악하기 위해 2020년부터 세 가지 방면으로 사업을 추진하고 있다. 하나는 일제침탈의 실상을 구체적이고 생생한 자료를 통해서 제공하는 일로서 〈일제침탈사 자료총서〉로 편찬한다. 다른 하나는 이들 자료들을 바탕으로 연구한 결과물을 〈일제침탈사 연구총서〉로 간행한다. 그리고 연구의 결과를 대중들이 이해하기 쉽게 〈일제침탈사 교양총서〉를 바로알기 시리즈로 간행한다. 자료총서 100권, 연구총서 50권, 교양총서 70권을 기본목표로 삼아 진행하고 있다.

〈일제침탈사 자료총서〉에서는 정치·경제·사회·문화 모든 방면에 걸쳐 침탈의 역사를 자료적 차원에서 종합했다. 침략과 수탈의 역사를 또렷하게 직시할 수 있도록 생생한 자료를 제공하는 데 목표를 두었다. 그동안 관련 자료집도 여러 방면에서 편찬되었지만 원자료를 그대로 간행한 경우가 많았다. 이번에 발간되는 자료총서는 해당 주제에 대한 침탈의 실상을 체계적으로 이해할 수 있는 구성방식을 취했으며, 지배자의 언어로 기록되어 있는 자료들을 독자들이 쉽게 읽을 수 있도록 모두 번역했다. 자료총서를 통해 일제 식민 지배의 실체와 침탈의 실상을 있는 그대로 이해할 수 있게 되기를 기대한다.

2024년

동북아역사재단 이사장

| 책머리에

러일전쟁 이후 동북아 패권 다툼의 중심 '간도'에 대한 조사

간도는 일반적으로 두만강 이북의 일정 지역을 가리켜 왔다. 그래서 흔히 북간도라 부르기도 했지만, 역사적·지리적으로 확정된 바가 없이 막연히 토문강(土門江) 이남 지역이라고 인식했다. 1712년(숙종 38) 백두산정계비가 세워진 이후 한국과 중국 간의 영토 영유권 분쟁 지역으로, 을유감계(1885)와 정해감계(1887)를 진행했지만 여전히 결론을 내리지 못했다.

이후 한·청 간에 감계는 더는 이뤄지지 않았다. 다만, 간도 한인들이 한국 정부에 관리 파견 요청을 해오자 1901년 2월 회령에 변계경무서(邊界警務署)를 설치하였고, 1902년 5월 이범윤을 간도시찰사로 파견하였다가 그를 간도관리사로 임명하였다. 이에 청의 저항에 이범윤을 소환하고 청 정부와 1904년 6월 '한중변계선후장정(韓中邊界善后章程)'을 체결하였다. 이때 감계가 논의되었지만, 러일전쟁(1905)에서 승리한 일제에 의해 중단되었다.

일제는 러일전쟁 직전 한·중 간의 간도문제에 개입하기 시작했으며, 전쟁에서 승리한 이후부터는 직접 관여하였다. 을사늑약(1905.11)을 체결한 후 대한제국의 외교권을 빼앗은 일제는 통감부를 설치하면서 본격적으로 한반도 식민지 건설을 추진해 나가기 시작했는데, 이때 제2의 러일전쟁을 염두에 두고 간도를 한반도와 러시아 간의 완충지대로 둘 것인지, 아니면 자신들의 세력권 안에 둘 것인지 간도를 심각하게 고민한 것이었다.

러일전쟁 이후 간도는 동북아 패권 다툼의 중심이 되었다. 그런데 일제는 간도에 대해 많은 정보를 가지고 있지 못했다. 간도를 둘러싼 한중 간의 영유권 다툼을 어떻게 이해할 것인지도 명확하지 않았던 것이다. 그래서 한국주차일본군사령부·통감부·일본 외무성 등은 각기 학자, 정치인 등에게 간도 조사를 의뢰하였고 이때 많은 보고서가 작성되었다. 일제는 이러한 보고서를 바탕으로 간도 정책을 추진하였다.

일본 외무성과 육군참모본부는 1906년 1월 교토대학(京都大學) 역사학과 교수 나이토 도라지로(内藤虎次郎; 内藤湖南)를 외무성 촉탁으로 기용하여 본격적인 청과의 교섭 준비 차원에서 한·청 간의 간도문제를 조사토록 했다. 나이토는 그 전에 일본 외무성의 위촉을 받아 1905년 6월부터 9월까지 만주를 시찰한 적이 있었다.[1]

한편, 일제의 간도 조사는 한국주차일본군사령부가 「만주에 관한 일청조약」[2]체결 직후인 1905년 12월 일진회의 요청에 먼저 시작하였다. '사령부'는 간도 조사를 위해 간도조사대를 조직하고 간도 개척에 적극적이었던 대륙의 낭인이자, 경성거류민단장을 맡고 있던 나카이(中井錦城)[3]에게 맡겼다. 1906년 1월 말 나카이는 주한일본공사 하야시와 외무성 정무국장으로부터 간도 조사 허가를 받았다.

나카이는 간도 조사 후, 1906년 5월 『간도문제의 연혁(間島問題の沿革)』이란 보고서를 제출하였다. 그는 보고서에서 두만강을 기준으로 청·한 양국을 분획하면 간도는 의심할 여지가 없이 청나라의 영토임이 확실하다고 주장했다. 다만, 간도는 '외교상의 좋은 자원'이므로 한국 영토임을 주장해야 하고, 끝내 청 정부가 이를 인정치 않으면 "길림에서 함경북도의 항만에 이르는 철도부설권을 취해야 한다"라는 의견을 냈다. 간도 조사를 담당한 나이토와 나카이의 평가는 달랐다.

나이토는 간도를 답사한 뒤, 1906년 2월 『간도문제조사서(間島問題調査書)』를 작성하여 일본 육군참모본부와 외무성에 제출하였다. 나카이보다 3개월 빨리 보고서를 작성하고 보고한 것이다. 그는 역사 지리적 입장에서 "백두산정계비가 존재하는 분수령부터 포이합도

---

1 名和悦子, 「内藤湖南の近代東アジアへの視角」, 『중국사연구』 22, 2003.

2 1905년 12월 22일 청 베이징에서 일본과 청 양국 간에 체결한 조약이다. 정식명칭은 '일청 간 만주에 관한 조약'으로 줄여 청일만주선후조약이라고도 한다. 중은 '중일회의동삼성사의정약급부'라 부른다. 조약은 본문 3개 조, 부속협정 12개 조, 부속 내용 16개 항으로 이뤄졌다. 러일전쟁 후 1905년 9월 5일 체결한 포츠머스 조약을 비준하고 만주 이권을 러시아에서 일본에 양도를 승인하고 일본과 청나라의 공동 관리를 명시하였다. 이에 따라 남만주 철도를 길림까지 연장하고 철도 방어 목적에 일본 육군 상주, 연선 광산 채굴권 보장, 남만주 철도 병행의 철도 건설 금지, 안봉 철도의 사용권 연장, 양국 공동 사업화, 잉커우(營口)·안둥(安東)·펑톈(奉天)에 일본인 거류지 설치 허가, 압록강 우안의 삼림 벌채 합작 권한 획득 등이 포함되어 이후 일제의 만주 경영의 기초가 되었다. 이는 신해혁명 이후에도 북양정부와 봉천 군벌 등에게 승계되었는데, 1928년 6월 장쭤린(張作霖)이 일본군에 살해되고 그의 아들 장쉐량(張學良)이 조약을 파기하고 병행 철도 건설을 추진하면서 1931년 9월 만주사변의 도화선이 되었다.

3 나카이는 1903년부터 漢城新報 주필과 재조일본거류민 단장을 겸임하면서 한국에서 활발한 활동을 펼치며 러일전쟁과 보호국화 과정에서 재조 일본인 단체의 권익 향상과 일본인의 조선 정주화를 위해 활동하고 일본 언론에도 조선 관계 논설을 다수 기고하며 조선 여론의 환기에도 힘쓴 인물이다. 1906년 통감부의 촉탁으로 근무하였다.

하(布爾哈圖河), 즉 분계강 발원지 합이파령(哈爾巴嶺)[4]에 이르는 산맥 이남과 포이합도하가 두만강에 합류한 지점으로부터의 서남 지역은 당연히 한국 영토이다"라고 주장하였다. 나이토는 중국과 한국의 문헌뿐만 아니라 서양의 지도까지 수집하여 간도의 역사적 연원과 양국의 국경확정의 과정을 추격하였다. 특히 지도의 중요성을 인지하고 여러 지도를 분석하여 근거로 제시하였다. 이러한 연구를 통해 그는 "간도는 한국 영토가 아니다"라고 주장한 나카이와는 다른 의견을 제출하였다. 이처럼 두 사람의 간도 영토에 대한 의견이 달라서 일제가 간도를 한국 영토로 확신하지 못하게 하는 요인으로 작용했을 것이다. 나이토는 교수·학자로서 이론적으로 영향을 준 반면에 나카이는 실제 행동으로 상당한 영향을 미쳤다고 평가받고 있다.

한편 나카이는 '조사서'에서 러일전쟁 이후 양국 간 평화를 담보하기 위한 진정한 전후처리는 간도문제 해결에 있다고 주장하였다. 즉, 일본군이 대러시아 작전 시 함북에서 길림에 진출하기 위해서는 간도를 점령하지 않으면 안 되기 때문에 간도가 한국과 청, 어느 쪽의 영토에 속하느냐를 등한시할 문제가 아니라는 점을 강조하였다.

그런데 이러한 그의 주장은 1906년 2월 일본군의 '대러육군작전계획(對露陸軍作戰計劃)'과 매우 밀접하게 연관되어 있다. '작전계획'에 따르면, 주 작전지역을 북만주로, 종(從) 작전지역을 함경도에서 길림성 동북부 및 남부 연해주에 걸친 지역으로 설정하고, 작전 수행을 위해 일본군을 북관 지방에서 우수리 지방으로 진격시켜 러시아를 견제한다는 내용을 담고 있었다.

간도문제는 외교적인 사안이었지만, 일본 장래를 위해서는 유리하고 신속하게 해결해야 할 과제였다. 이는 일제가 남만주 철도를 군사적 목적으로 이용하고 철도기지를 일본에서 더 가까운 우수리 남부에 건설하려는 계획과도 일맥상통하였다. 당시 일본은 기존 일본-서해-요동반도 노선과 함께 일본-동해-한반도 북부-우수리강 남부로 이어지는 새로운 노선을 신설하여 훨씬 단축된 교통로를 확보하고, 블라디보스토크를 포함한 연해주를 직접적으로 압박하는 지렛대를 확보하고자 하였다.

---

4 哈爾巴嶺은 돈화시에서 동쪽으로 37km 떨어진 곳에 위치하며, 동북 서남 방향으로서 돈화시와 안도현의 경계선이다. 합이파령은 백두산 동쪽으로 뻗은 지맥으로 남쪽으로는 牧丹嶺, 북쪽으로는 嘎呀河 발원지와 흑룡강 경내의 老爺嶺으로 이어진다. 즉, 합이파령은 목단강 상류와 알하하, 부르하통하 상류 발원지의 분수령이다.

나이토 도라지로(内藤虎次郎; 内藤湖南)의 간도문제조사서

나이토 도라지로(1866~1934)

중국사가이자 동양학자인 나이토 도라지로(内藤虎次郎; 内藤湖南)는 교토제국대학 동양사학 제1강좌 교수로, 당시 일본 동양사학을 대표하던 인물이었다. 그는 메이지 말기 『오사카아사히신문』의 논설위원으로 경력을 시작했다가 교토제대 교수로 전직하였고, 『청조쇠망론』, 『지나론』, 『신지나론』 등 다수의 중국 관련 저서를 출간하면서 전전 일본 동양사 연구의 1인자로 자리잡았다. 그런데 나이토는 생전에는 자신이 '간도문제'에 깊이 관여했다는 사실을 비밀로 하고 있었다. 사후(死後)인 1934년에 그의 사위가 이를 학계에 언급하여 암암리에 알려졌다가 전후(戰後)인 1961년에 이르러 『조선학보』에 그의 셋째 아들인 나이토 보신(内藤戊申)이 상세히 소개를 하면서 본격적으로 연구가 시작되었다. 그리고 이보다 약간 앞서 외무성 외교문서편찬실의 가와무라 가즈오(河村一夫)가 외무성 소장 문서를 비롯한 관련 자료들을 수집하여 나이토 고난의 일본 외교사 연구를 주제로 자료집을 간행한 바 있었다. 나이토 보신은 이 자료집에다 집에 소장되어 있는 부친의 수고(手稿), 지도 등을 추가로 참고하여 논문을 발표했던 것이다. 이러한 과정에 의해 나이토의 간도문제조사에 대한 골격이 밝혀지게 되었다. 이후 그의 장남인 나이토 겐키치(内藤乾吉)가 1972년 『나이토 고난 전집(内藤湖南全集)』을 간행하여 간도조사의 개요를 간단히 소개하고 수고로 남아 있던 『한국동북경계고략(韓國東北境界考略)』의 전문을 수록하였다.[5] 이에 의해 나이토가 수행한 간도조사의 자료군을 학자들이 이용할 수 있게 되었던 것이다. 이 책에 수록한 나이토의 간도조사보고서는 가와무라가 발굴한 일본 외무성이 전전(戰前) 외교자료를 보관해 둔 소위 '묘가타니문서'에 소장되어 있던 원자료이다.

5 이상 나이토 코난의 간도문제 조사 자료의 발굴과정에 대해서는 名和悦子의 논문(「内藤湖男の近代東アジアへの視角 -「間島問題」に對する洞察-」, 『중국사연구』 22집, 2003)을 참조하였다.

나이토는 러일전쟁 중이던 1905년 6월 일본의 만주 점령지 조사에 참여한 것을 시작으로 1909년까지 3차례 간도·만주 지역조사에 참여하여 4편의 보고서를 제출하였다. 1906년에 「간도문제조사서(間島問題調査書)」라는 보고서를 육군 참모본부에 제출하였고, 이듬해에는 1907년판으로 같은 제목의 또 다른 보고서를 작성하여 외무성에 제출하고 그와 병행하여 「한국동북경계고략(韓國東北境界考略)」을 별도로 작성하였다. 그리고 1909년에는 1908년 가을에 조사했던 내용을 정리한 「간도문제사견(間島問題私見)」을 일본정부에 제출하였다.

이 책에서 번역한 것은 1907년에 제출한 『간도문제조사서』와 1909년의 「간도문제사견」이다. 그의 조사에서 핵심이 되는 것은 간도의 경계에 대한 연혁적 조사를 통해 일본정부가 간도 영유권에 대한 방침을 세우는 데 필요한 자료를 제공하는 것에 있었다. 나이토가 조사한 것은 일본에 있어서 간도가 어떤 문제성을 갖는가 하는 점이었다. 그래서 그의 보고서는 "간도문제"를 제목으로 작성되었던 것이었다. 당시 일본이 직면한 간도문제는 청과 조선 간의 국경 획정이 완료되지 않은 상황 그 자체였다. 조선을 보호국화하여 통감부를 설치한 이상, 통감부의 감독 범위가 어디까지인지는 일본에게 있어 매우 중요한 현안이었다. 이 범위에는 대한제국의 국경선을 긋는 문제와 간도 조선인에 대한 통감부의 관리감독권 문제, 이 두 가지가 중첩되어 있었다.

2024년 12월

동북아역사재단 한중연구소 연구위원

문상명 씀

| 차례

발간사 5

책머리에 7

I **「간도문제조사서(間島問題調査書)」(1907)** 15
〈간도는 한국 영토이다〉

「간도문제조사서」 개요 16

間島問題調査書 第1 34

I. 강희(康熙) 정계(定界) 이전의 경계 상(上)-청조 이전

1. 신라 · 발해의 경계 35
2. 고려와 여진의 경계 37
3. 조선 6진 시대 50

間島問題調査書 第2 70

II. 강희(康熙) 정계(定界) 이전의 경계 하(下)-청조 발흥기

1. 모황, 중립지대의 형성 71
2. 국경 개시 88
3. 월경 범죄 103
4. 병자호란 이후의 상황 110

間島問題調査書 第3 118

III. 강희(康熙) 정계(定界) 사건

1. 정계(定界) 유래 119
2. 정계 시말(始末) 125
3. 정계 후의 국경 지역 상황 145

間島問題調査書 第4 150

Ⅳ. 간도문제 상(上)-청일전쟁 이전

間島問題調査書 第5 172

Ⅴ. 간도문제 하(下)-청일전쟁 이후

間島問題調査書 第6 182

Ⅵ. 지지 고증

1. 간도의 명칭과 구역 183
2. 두만강 원류 184
3. 경계선 227

간도문제 私見 230

1. 지세로 본 간도문제 231
2. 간도 철도 의견 236
3. 간도문제 협정안 화의 238
4. 부언 240

Ⅱ 『間島問題調査書』 원문 243

참고문헌 358
지명연혁 359

I

「간도문제조사서(間島問題調査書)」(1907)

〈간도는 한국 영토이다〉

〈간도문제조사서〉 개요

백두산정계비는 지금으로부터 213년 전인 중국의 청 성조(聖祖) 시기[1][일본 정덕(正德) 2년, 조선 숙종 38년]에 세워졌다. 이는 청과 한국의 국경분쟁에서 역사적으로 유명한 비이다. 최근 들어 여러 전문가가 백두산을 탐험하면서 더욱더 세간에 알려졌다.

위치는 백두산 최정상 호수[천지]에서 남동쪽으로 1여 리, 압록강과 토문강(土門江)의 강원(江源) 사이에 있고, 남동으로 경사진 평탄한 산마루에서 움푹 들어간 곳에 있다. 비면(碑面)은 남쪽을 향해 있고 서에서 북으로 30도 방향으로 틀어져 있다. 비석 위치는 서쪽 압록강원(鴨綠江源)의 단애(斷崖)에 이르기까지 약 3정(町)[2] 떨어져 있다. 남동 토문강 연변(沿邊)까지는 5~6정 떨어져 있다. 토문강 상류 약 1리반(里半)[3]은 물이 없고 땅속으로 흐른다. 비석을 따라 하류 수리(數里)는 높이 5~6척 되는 석퇴(石堆) 혹은 토퇴(土堆)로 연결되어 있다. 비에서 1리 반 떨어진 지점에 양안(兩岸)이 서로 가깝게 바라보이는 대각봉(大角峯)[4] 부근에는 양안 단애(斷崖)의 높이가 100미터나 되고 대문 모양을 하고 있다. 토문강이란 이름이 이곳에서 유래되었다고 한다.

토문강은 발원지에서 북동으로 흘러 우여곡절을 거치면서 그 방향을 변화시켜 마침내 송화강(松花江)으로 흘러든다. 그리고 두만강 원류(源流)는 비에 가장 가까운 홍토수(紅土水)이다. 역시 구릉을 사이 두고 70리(한국의 도량형)[5]되는 지점에서 발원한다.

백두산정계비 건립 사정은 다음과 같다. 청나라는 장백산(長白山; 중국에서는 백두산을 장백산이라 부른다)을 조상 발상(發祥)의 영산(靈山)으로 간주하고 종래로 명백하게 자국의 영토에 편입시키고자 하였다. 그런데 중국 영토는 너무나 광활하여 경계가 분명하지 못한 점이 있었다. 순치(順治)[6] 연간에 나선(羅禪; 러시아)이 북부 변경을 여러 번 침범해 오자, 변경을 명확히 할 필요성을 절감하였다.

순치제 15년(1658) 청나라는 두만강과 압록강 지역을 봉금지대(封禁地帶) 즉, 양국 인민이

---

1 청나라 4대 황제 강희제(康熙帝)의 통치 시기(1661~1722)를 말한다. 백두산정계비가 세워진 것은 강희 51년(1712)이었다.

2 1정(町)은 약 109m이므로 327m정도이다.

3 1리는 392.7m이므로 약 589m 정도를 말한다.

4 북한 양강도 삼지연군의 북부에 있는 산으로 해발 2,164m이다.

5 약 27,489m정도이다.

6 청나라 제3대 황제인 순치제 때의 연호(1644~1661)이다. 순치제가 등극한 1644년 청군은 항복한 장수 오삼계(吳三桂)의 인도로 중국 관내로 진입하여, 이자성(李自成) 군대를 격파하고, 그해에 북경으로 천도했다.

거주하지 못하는 완충지대로 만들었다. 그런데도 한인들이 봉금을 무릅쓰고 월강(越江)하는 사건이 일어나 양국 사이의 교섭 안건은 끊이지 않았다. 이에 상기 지역의 경계를 명확히 할 필요성이 제기되었다. 또한 『대청일통지(大清一統志)』[7] 를 편찬하면서 지리가 불분명하고 발상지가 매우 애매하였기에 백두산 지역의 변계(邊界)를 사정(査定)하여 이를 명확히 하고자 했다.

이를 위해 1677년(강희 16) 4월 강희제가 각라목눌(覺羅木訥) 등에게 답사를 명한 뒤, 이들은 휘발하(輝發河)[8] 에서 출발하여 장백산의 정상 천지에 도착했다. 이들은 백두산 북서쪽으로 올라 답사한 것에 불과했다. 그 후 1684년(강희 23)에 재차 변장(邊將)을 파견하여 남서 방향도 답사하도록 했다. 그런데 도중에 조선인에 의해 예기치 못한 난을 당하여 소기의 목적을 이루지 못하였다. 이 사건은 양국 사이의 중대한 교섭 사건으로 비화하였고, 조선 왕[숙종]에게 벌금이 부과되었으며 범인과 지방관은 처벌받았다.

1710년(강희 49, 숙종 36) 한인 이만지(李萬枝)가 서간도에서 청인(淸人)을 살해하는 사건이 일어났다. 청나라는 이를 기회로 경계 사정(査定)을 단행하려고 했다. 이때 오라총관(烏喇總管)[9] 목극등(穆克登)을 범죄 발생 지역에 파견했다. 다음 해인 1711년에도 위의 사건과 관련하여 다시 관리를 파견하여 청·한 국경을 살펴보라는 밀지를 내려보냈다. 그해에 청 황제가 내각 대학사(大學士) 등에게 내린 명령에도 어느 정도 짐작 가는 바가 있다. 명령에 따르면, 청 황제는 "압록강의 북서를 중국으로, 남동을 조선 영토"로 보고 있고, "토문강(土門江)은 장백산에서 발원하며 남동으로 흘러 바다로 흘러간다. 남서는 조선, 북동은 중국"이라고 독단적으로 선언했다. 토문(土門)과 압록(鴨綠) 두 강 사이가 명확하지 않았기에 사람을 파견하여 봉황성(鳳凰城)[10]에 가서 '이만지 사건'을 조사하는 한편 위 지역을 돌아볼 것을 명령

---

7 청나라의 판도를 상세히 기록한 지리책으로, 1686년(강희 25) 3월 강희제가 지도를 제작하라는 칙령을 내린 뒤, 1743년(건륭 8)에 356권으로 편찬되었다.

8 지금의 훈강(渾江)을 말하는데 압록강의 서북쪽에 위치한 중국 측에서 가장 큰 지류이다. 고구려 때는 비류수(沸流水), 명나라 때는 파저강(婆豬江), 청나라 때는 동가강(佟佳江)이라 불렀다. 중국 동북부 중앙부에 위치하며 제2 송화강의 좌안 지류이다. 휘발하 상류는 대류하(大流河)라고도 불린다. 총길이는 267.7km, 유역면적은 14,900km²이다.

9 오라(烏喇)는 촌락의 이름으로, 원래는 호륜국(扈倫國)의 촌락이었으나 청이 건국된 이후 이곳에 총관을 두었다.

10 랴오닝성에 있었던 고대 지명을 일컫는다.

했다. 위의 '독단적인 선언'은 청과 한국이 분경(分境)에 마주 앉을 때마다 청이 매번 금과옥조로 인용하곤 했다.

청 황제는 토문강을 지금의 두만강으로 비정하였으나, 두만강은 백두산(장백산)에서 발원하여 북동으로 흐른다. 하류에 와서 남동으로 흐르기 때문에 그 방향은 완전히 틀렸다. 이같이 당시는 지리에 얼마나 어두웠는지 알 수 있다. 그렇다면 북쪽인 흑룡강·목단강(牡丹江)·수분하(綏芬河) 부근 지역은 더욱 불분명하였다는 점을 알 수 있다. 1711년(강희 50) 강희제는 다시금 봄에 얼음이 녹는 때를 기다려 담당 관원을 파견하여 의주에서 강을 거슬러 올라가 토문강(土門江)을 조사하도록 명령했다.

청나라 예부(禮部)는 강희제의 명령에 따라, 조선 왕(숙종)에게 아래와 같은 내용의 통첩(通牒)을 보냈다.

"예부에서 아래와 같은 내용을 아룁니다.

강희 50년(1711) 8월 4일 대학사 온달(大學士 溫達) 등이 상주한 내용입니다.

금년(1711)에 목극등(穆克登) 등은 봉황성(鳳凰城)에서 장백산으로 가서 저희 변경을 살펴보려고 했습니다. (그런데) 워낙 길이 멀고 강물 또한 세차서 그곳까지 가지 못했습니다. 내년(1712) 봄에 얼음이 녹기를 기다려 별도의 담당 관원을 파견하여 목극등과 마찬가지로 의주(義州)에서 작은 배를 타고 강을 거슬러 올라가려고 합니다. 만약 배로 더 이상 거슬러 올라갈 수 없는 곳까지 가게 되면 육로를 이용하여 토문강(土門江)으로 가서 저희 쪽 지역을 살펴보고자 합니다. 특히, 이번 걸음에 저희 변경를 살펴보고자 하는데, 다른 나라와 상관없는 일입니다. 단 저희 쪽 도로가 멀고 지형 또한 험할 경우 중도에서 가지 못하게 되면 조선국에서 편의를 제공하여 주기 바랍니다."

예부는 위의 내용을 조선 사신[進貢官]에게 전달하였고, 이는 조선왕(숙종)에게 전해졌다. 조선에서는 황급히 참판 권상어(權尙游)를 평안도로 파견하여 청 사신을 맞이하도록 했다. 그런데 권상어는 청 사신이 함경도로 들어온다는 소식을 듣고는 도중에 돌아섰다 그리하여 다시 참판 박권(朴權)을 접반사(接伴使)로 하고 함경북도 관찰사 이선부(李善溥)와 함께 후주(厚州)로 보내 사신을 맞이하도록 했다.

목극등 등은 성경(盛京)[11] 변관(邊關)[12]에서 출발하여 작은 배로 두도구(頭道溝)에서 출발하여 압록강으로 들어섰다. 그들은 수륙(水陸)으로 길을 재촉하여 10일이 돼서 후주에 이르러 조선 접반사와 만났고 함께 나흘 동안 강을 따라 거슬러 올라가 혜산(惠山)에 이르렀다. 이곳에서 배에서 내려 산으로 들어서 90여 리 되는 곳에 도착했다. 그런데 사신들은 산길이 험하다는 이유를 들어 접반사와 관찰사에게 동행하지 못하게 하고 먼저 무산(茂山)으로 가서 일행을 기다리라고 했다.

접반사들은 자신들의 표면상 직무는 사신을 맞이하여 동행하는 것인데, 국경을 사정하는 중대한 일에 조선 관리가 입회하지 않는다는 것은 매우 이롭지 못하다며 장문(長文)의 글을 올렸다. 이에 따르면, 도로 사정이 험악하고 위험하면 화사(畵師)[13]를 파견하여 그림을 그려 지세를 분명하게 하면 되고, 만약 각하[목극등]가 친히 나서기를 강행한다면 저희 가운데 한 사람은 반드시 수행할 수 있도록 해달라는 내용이었다. 자세한 내용은 다음과 같았다.

"조선 접반사 의정부 우참찬 박권과 함경북도 관찰사 이선부는 삼가 재배하고 흠차대신(欽差大臣) 오라총관 목극등 각하께 글을 올립니다. 엎드려 바라옵건대 두 분께서는 황명(皇命)을 받들어 먼 나라 이곳까지 오는 수고를 마다하지 않으셨습니다.

오시는 길에 험준한 산길도 마다하지 않으시고 때로는 위험한 상황에 봉착하기도 하셨습니다. 그럼에도 뜻을 굽히지 않으시고 용맹 매진하셨습니다. 최선을 다하는 충성심은 실로 모든 이들의 경탄을 자아내게 합니다. 저희는 외람되게 중임을 맡아 사신을 모시게 되는 영광을 갖게 되었습니다. 성심을 다해 각하에 대한 우리 국왕의 존경하는 뜻을 보이고자 할 뿐입니다.

그럼에도 이곳은 워낙 궁핍한 도읍이라 물산이 풍부하지 못하여 각하를 모시는데, 소홀한 점이 한둘이 아니라고 생각됩니다. 저희에게 벌을 내리지나 않을까 조마조마해 있습니다. 각하께서는 저희를 지극히 가엽게 여기시고, 물품을 절약하시고, 식사 모두는 자체로 해결하셔서 저희에게 어떠한 폐도 끼치지 않으셨습니다. 감사한 일이지만, 한편으로 송구스럽기 그지없기도 합니다.

각하께서는 양강(兩江; 두만강 · 압록강)의 수원(水源)을 살펴보기 위해 장백산 정상에 오르려 하

11 지금의 랴오닝성 선양(瀋陽)을 일컫는다.
12 국경의 관문(關門)을 말한다.
13 불화를 전문적으로 그리거나 회화 작업에 종사하는 승려를 말한다.

십니다. 저희는 너무나 우려스럽습니다. 대체로 산 정상 큰 못(大池; 천지)의 물은 흘러넘쳐 서쪽으로는 압록강 상류가 됩니다. 따라서 산 아래에서 산 정상까지 수백 리에 달합니다. 여기에 대안은 심산계곡으로 사냥하는 사람이나 농사를 짓는 사람들이 겨우 지나다닐 수 있는 정도입니다. 그 험난함은 촉도(蜀道)[14]에 비견할 수 있습니다. 지금 각하께서 귀하신 몸을 이끄시고 가볍게 한 치 앞을 내다볼 수 없는 길을 떠나시려고 하고 있습니다. 신명(神明)의 가호가 있다고 하더라도 가는 길에 반드시 여러 가지 험난함이 뒤따를 겁니다. 저희가 심히 걱정하는 바입니다.

각하께서 변계(交界)를 살펴보려는 것은 황제 폐하께서 우리나라를 가엽게 여기시고, 간민(奸民)들이 봉금을 어기고 월강(越江)하여 사달을 일으키는 폐단을 막고자 하는 데서 비롯되었다고 생각합니다. 각하께서 친히 살펴보고자 하시는 것은 맡은 바 소임을 다하는 것이라 하겠습니다. 험난한 산길도 마다하지 않으시고 귀하신 몸을 이끄시고 나서시는 것은 국사(國事)를 생각하시는 성심에서 비롯되었다고 하겠습니다. 그럼에도 옥체를 생각하시는 것도 필요합니다. 각하께서 이번에 깊이 논의하지 않으셨다가 만에 하나 어떤 불상사가 발생한다면 저희는 그 죄를 피할 길 없습니다. 이에 저희를 너그럽게 봐주십사 부탁드리며 외람되게 말씀 올립니다.

이번에 각하께서는 필첩식(筆帖式)과 통역관 각기 1명과 수행 병사 20명을 거느리고 왔는데, 너무나 적은 인원이라 생각합니다. 타고 온 말이나 행랑을 싣고 온 말을 합해 보아도 23필이고 말을 끄는 자가 있습니다. 우리나라 관리로는 동행하는 자가 5명, 길 안내자와 개척자 등을 합쳐도 70여 명에 달할 뿐입니다. 한 사람당 10여 일의 식량을 준비했습니다. 험난한 길에 말이 쉽게 지칠 수 있어 많이 실을 수도 없습니다. 만일 말이 갈 수 없는 지경에 이르면 인부가 짊어지고 갈 수밖에 없습니다. 그렇게 된다면 끌고 가야 하는 말이 100필에 달하고 사람은 130여 명이 필요합니다.

장백산은 넓고 크기로 세상 제일입니다. 가장 기온이 높은 여름이라 하더라도 쌓인 눈이 녹지 않습니다. 하물며 지금은 비가 그치지 않아 이미 장마철에 들어설 조짐을 보입니다. 만약 깊은 산 속에서 광풍 폭우라도 만나게 되면 많은 사람과 마필이 사상(死傷)을 피하기가 어려울 것 같은 우려가 있습니다.

엎드려 생각건대 각하께서 가시는 길은 인자함을 베푸는 길이라 하겠습니다. 어떤 일이라도 생기거나 한 사람이라도 다치는 것을 막는 것은 황제 폐하께서 백성을 사랑하시는 마음을 베푸는 것이라 하겠습니다. 만에 하나 불행하게도 그런 일이 하나라도 일어나게 되면 각하의 측은지

14 촉(蜀), 즉 중국 쓰촨성(四川省)으로 통하는 지극히 험준한 길을 말한다.

심(惻隱之心)으로도 있을 수 없는 일이고, 황제 폐하의 사랑을 베푸시고자 하는 정치에 해가 될 것입니다.

저희가 아둔하기는 하지만 한 가지는 알고 있습니다. 압록강은 산 정상의 큰 못(大池)에서 발원하여 흐르는 줄기와 계곡의 연결이 분명합니다. 누가 보아도 확실하게 알 수 있습니다. 각하께서 수행원 중에서 민첩하고 영민한 자 3~4명을 선발하여 우리나라의 통역과 길 안내자를 동행하고 화사(畵師)로 하여금 그림을 그려오게 하면 수원(水源)과 흐름은 확실하게 파악할 수 있을 것입니다. 그것을 가지고 가서 상주(上奏)하셔도 가능할 것 같습니다. 각하께서는 어떻게 생각하시는지요?

그리고 각하께서 저희에게 수행하지 말고 먼저 무산(茂山)에 가서 기다리라 하였다고 들었습니다. 이것은 각하께서 저희가 나이 들고 힘들어하는 것을 가엽게 여겨 그렇게 하신 것으로 생각합니다. 설사 이러한 지극한 보살핌이 있었다고 하더라도 저희는 국왕의 명을 받들어 흠차대신을 맞이하는 것이고, 자신들의 편안함을 도모하려고 각하께서 홀로 험난한 길을 나서는 것을 그저 바라보고만 있을 수 없습니다. 엎드려 바라옵건대 각하께서 이러한 점을 굽혀 살피시어 적어도 저희 가운데 한 사람이라도 동행할 수 있도록 해주신다면 천만다행으로 생각하겠습니다."

그러나 목극등은 아래와 같은 내용으로 회답을 보내 이를 거절하고 조선에서 하급 관리 몇 명만 동행하라고 했다.

"인사를 드립니다. 보내주신 편지를 잘 받았습니다. 장백산은 가는 길이 험하고 왕복하는 데도 여러 가지 어려움이 있다고 하셨는데, 모두 저희를 위한 마음이라 생각합니다. 저희를 맞이하는 마음이 지극하지 않으면 이렇게 이야기하지 못할 것입니다. 다만 저희는 황제 폐하의 성지를 받드는 처지라 죽음이라도 무릅써야 합니다. 어찌 어려움을 피해서 편안함을 택하겠습니까. 하물며 황제는 하늘의 자식이라 하늘이 꼭 보우할 것이니 행운이 따르리라 생각됩니다.

그리고 두 분 가운데 한 사람의 동행을 간청하셨습니다. 황제 폐하의 명을 욕되게 하지 않으려는 성심에 감동합니다. 다만 산길이 험난하기 그지없고, 험하고 기이한 곳을 넘어야 하는 것은 오로지 각자의 몫이라 하겠습니다. 여러분들은 나이가 많이 들어 수행하기 힘들고 그렇다고 억지로 강행하게 되면 반드시 공사(公事)를 그르칠 우려가 있습니다. 여러분들과 동행할 수 없으니 다시는 청하지 마십시오."

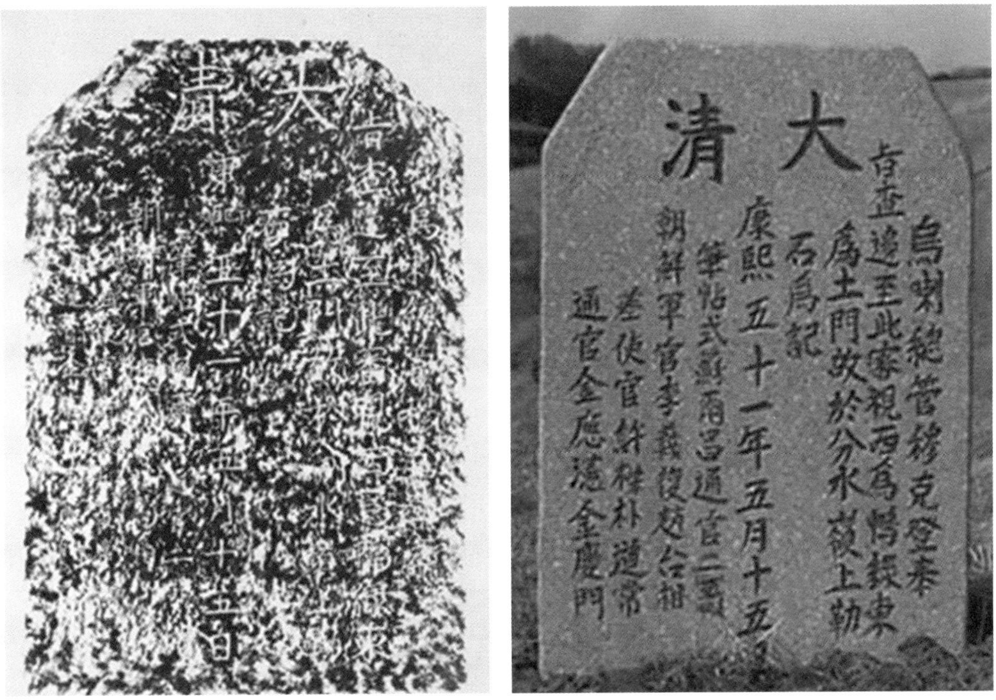

백두산정계비 탁본(좌)과 복제품(우)

이렇게 목극등은 백두산에 올랐고 정계비를 세웠다. 정계비 높이는 약 2척(尺), 넓이는 1척이 남짓했다. 비면(碑面)에는 다음과 같은 글을 새겼다.

대청(大淸)

烏拉總管穆克登奉	오라총관 목극등이 성지를 받들어
旨察邊至此審視西爲鴨綠	변계를 살펴보며 이곳에 이르렀다. 살펴보니 서쪽은 압록이요
東爲土門故於分水嶺上勒石	동쪽은 토문이니 분수령에 비를 세워
爲記	기록을 남긴다
康熙五十一年五月十五日	강희 51년 5월 15일
筆帖式 蘇爾昌	필첩식 소이창
通官 二哥	통관 이가
朝鮮軍官 李義復 趙臺相	조선 군관 이의복 조대상

差使官 許樑 朴道常 　　　　　차사관 허량 박도상

通官 金應鑫 金慶門 　　　　　통관 김응흠 김경문

백두산정계비 설치 당일 임강대(臨江臺)에서 청 사신을 기다리던 박권 접반사는 목극등을 수행하며 통역을 맡았던 김응흠과 김경문이 직접 쓴 보고서를 받았다. 박권은 보고서를 가지고 직접 백두산정계비 설치 상황을 국왕[숙종]에 보고했다. 보고서는 당시 상황을 가장 잘 알려주는 자료이다. 그 내용은 다음과 같다.

총관 일행은 강 하나를 건너 북안(北岸)에서 숙박했다. 5월 9일 중국의 경내에서 길을 떠나서 화피덕(樺皮德)에서 숙박했다. 5월 10일 다시 건너와 우리나라 경내에서 길을 재촉하면서 장백산 아래 박달곶(朴達串)[15]에서 숙박했다. 5월 11일 아침 일찍 길을 떠나서 산허리에 올랐다. 사람들은 압록강을 건너 내려가서 강가에 앉아서 휴식을 취했다. 우리들은 함께 이야기를 나누었다.

당신들은 옛날부터 양강(兩江)으로 경계한다고 했다. 이번에는 산속에서 지척을 두고 이를 대국(大國)의 땅이라 하고 있다. 그렇다면 계속 걸어서 산 정상에 올라 수원(水源)을 살펴봐야 할 것이다.

이번에 새롭게 말하는 장백산 모양을 보면 우산을 절반 펼친 듯하다. 위에는 천지가 있어 우산의 맨 꼭대기에 해당한다. 산등성이 네 주위를 보면 우산을 펼쳐 놓은 것과 같다. 못[池]의 북쪽은 혼동강(混同江)[16]의 시작이다. 마치 평지에서 솟아나는 강물과 같다. 이를 바라보면 알 수 있다.

압록강 시작은 산 남쪽에서 조금 내려간 곳에서 강물 줄기가 생기면서 시작된다. 두 강은 모두 작은 물줄기가 있다. 수십 보를 걸어가면 하나로 합쳐져 남쪽으로 흐른다. 토문강 시작은 압록강의 강원(江源)처럼 명확하지 않다. 단, 압록강 강원 동쪽 물줄기의 오른쪽에 있는 산등성을 경계로 물줄기가 생기면서 동으로 흐른다. 압록강 강원 동쪽 물줄기는 또다시 작은 줄기로 나뉘어 동쪽으로 흐른다. 그 동쪽 언덕의 물줄기와 합류한다.

토문강은 상기 산에서 내려오기를 100여 리, 치마 모양과 흡사하다. 이렇게 내려와서야 비로소

15 소백산 북쪽에 있다.

16 압록수를 일컫는다고 한다. 혼동강은 송화강의 청대 명칭이다.

물줄기를 형성한다. 연지봉(燕支峯)[17]과 소백산(小白山)의 여러 작은 물줄기는 서로 엉키면서 동쪽으로 흐른다. 끝머리는 치마 모양과 흡사하다. 여기서 다시 땅속으로 흘러들면서 자취를 감춘다.

총관은 두 강을 가르는 산등성이에 앉아서 저희한테 이렇게 말했다.

"이번 우리가 이곳에 온 것은 오로지 변계를 살펴보기 위함이다. 이곳 산등성이에서 보면 한 강은 동쪽으로, 다른 한 강은 서쪽을 흐른다. 이곳을 분수령(分水嶺)으로 정하고 비 하나를 세워 경계를 정해야 할 것이다."

저희를 포함하여 군관(軍官)과 차사원(差使員)들이 상의한 결과 토문강의 강원을 이곳으로 정하기로 했습니다. 만약 압록강은 산등성이의 서쪽에서 흐른다고 하면 또 다른 비를 세워야 할 것입니다. 하나는 서쪽 강줄기에 세워 압록강의 경계로 삼고, 다른 하나는 이곳에 세워 토문강의 경계로 삼는다면 가능할 것 같았습니다. 만약 이곳에만 비를 세운다면 향후 압록강의 서쪽 강원은 어느 곳인지를 알 수 없게 될 것입니다.

총관은 손으로 이곳을 가리키며 이야기하기를, "이곳 역시 압록강의 강원이 될 수 있다. 이 강물 외에도 서쪽에 있는 물줄기도 압록강의 강원이 될 수 있다. 강물은 그대로 흐르고 있으나 사람들은 땅을 두고 다툼으로 벌이고 있으니, 우리가 이곳까지 왔지 않았는가. 지난해에 당신들 나라 갑산(甲山) 한인(韓人)들이 마음대로 건너와 다녔던 것도 두 나라 사이의 강역(疆域)이 서로가 금단하고 있는 것을 몰랐기 때문이다. 내가 이 산을 살펴보면, 서쪽은 가팔라 넘기가 어렵고, 동쪽은 지세가 평탄하여 넘기가 쉽다. 만약 이 산이 넘나드는 요로(要路)가 된다면, 이곳에 비를 세워 두 나라가 금단하는 지역임을 확실하게 알릴 수 있을 것이다. 이것은 황제 폐하께서 나를 각별하게 생각하는 성심에서 비롯되었다고 할 것이다. 이번에 서쪽 강원(西源)에 비를 하나 세워야 한다는 주장은 무슨 뜻인지 모르겠다."

세 번이나 청을 드렸으나 받아주지 않았습니다. "당신들 주장은 오로지 한편의 좁은 언덕만 생각하고 있기 때문이다. 이곳은 사람들이 살고 있는 지역도 아니다. 우리나라[청]가 어찌 이를 아끼지 아니하겠는가? 비를 세우는 목적은 오로지 금단을 범하는 것을 막으려 함이다. 상기 요지(要地)에 비를 세워 왕래하는 사람들에게 주지시키는 것으로 충분하다. 이곳에서 압록강 강원까지 너비가 1~2리, 길이가 수십 보(步)에 지나지 않는다. 그럼에도 비를 두 개를 세우려 하면 내가

17 마천령산맥의 봉우리로 백두산, 대연지봉(2,360m), 소연지봉(2,213m), 소백산(2,174m)이 이어져 있다. 대연지봉을 으레 연지봉이라 하는데 양강도 삼지연시 신무성 노동자구에 있는 산이다.

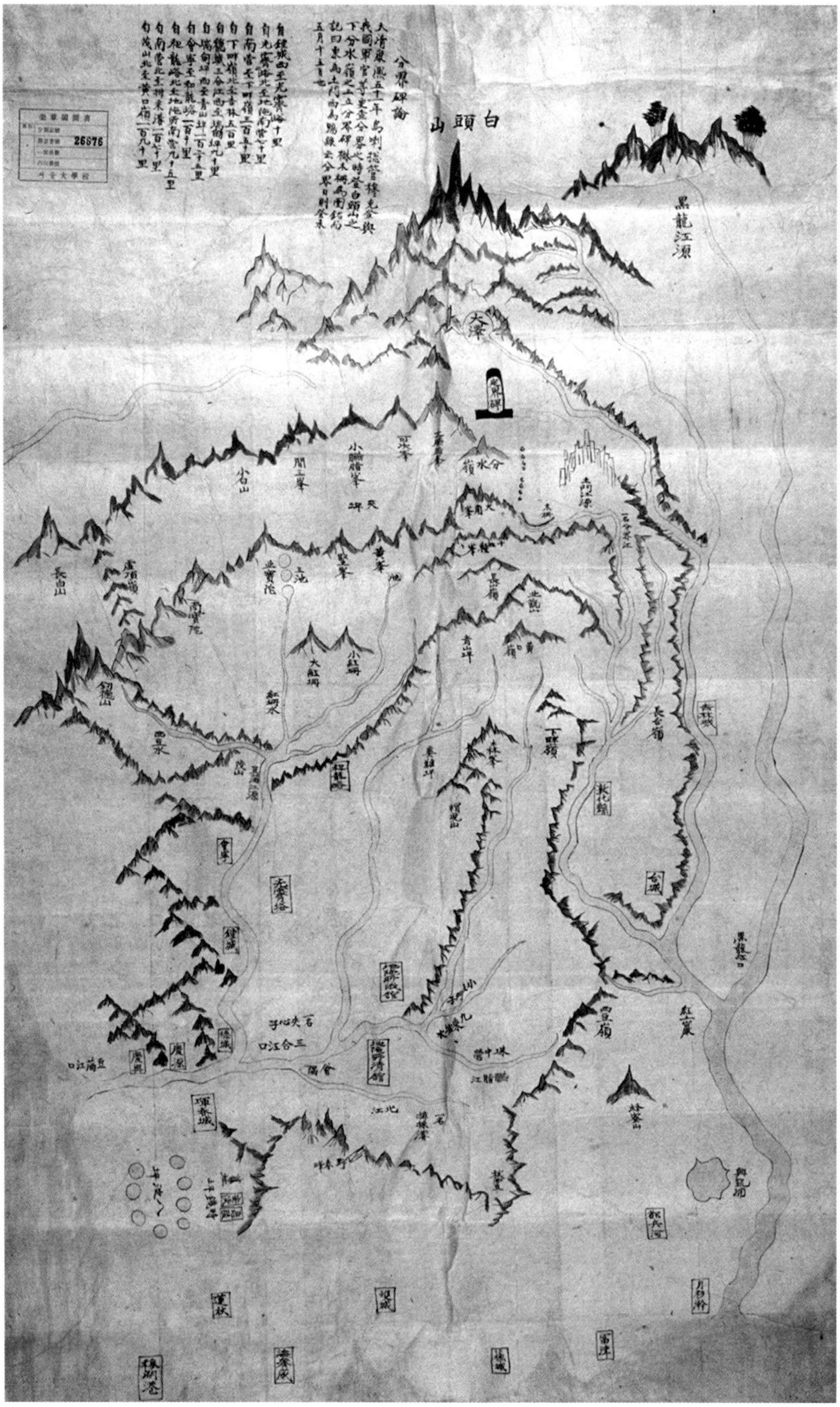

백두산정계비도. 정계비를 세울 때 작성된 지도(규장각)

어찌 들어줄 수 있겠느냐?

여기서 만약 끝까지 주장하면 총관의 진노를 사게 되고 나중에는 반드시 화를 낼 것이 분명하다고 귓속말로 이야기를 주고받았습니다. 해가 떨어져 일행은 되돌아와 박달곶(朴達串)에서 숙박했습니다.

5월 12일 이른 아침 총관은 대통관(大通官)과 발십고(發什庫) 1명에게 김애순(金愛順)과 함께 말을 타고 동쪽으로 흐르는 강을 따라 살펴보도록 했습니다. 김응흠(金應鑫)과 군관(軍官) 조대상(趙臺相)도 동행했습니다. 60여 리 되는 길을 걸었습니다. 강가를 살펴보니 산속에서 흘러나와 동쪽으로 흐르길 10여 리, 그다음 다시 동쪽으로 꺾여 흘러 30여 리입니다. 그사이 혹은 물줄기가 있어 흐르다가 없어지기도 했습니다. 아직 긴 흐름[長流]을 발견하지 못했습니다. 그 앞으로 나가니 또 물줄기가 나타났습니다. 청나라의 통역관은 총관이 산 위에서 망원경으로 확인한 것이 바로 상기 물줄기라 생각했지만, 그 물줄기가 다시 사라져 다시 살펴보게 된 것입니다. 이번에야 비로소 상기 물줄기가 확실함을 확인했습니다.

역관(譯官)이 강을 살피러 나간 후, 총관은 김경문(金慶門)을 옆에 두고 시중을 들게 하면서 떠나지 못하게 했습니다. 시간이 나서 산에 대해 이런저런 한담을 했습니다. 대인(大人)께서 이번에 오셔서 산을 살펴보는데 반드시 그림을 그려 황제 폐하께 바치는지요? 총관이 대답하기를, "성지를 받들어 변경(邊境)을 살펴보고, 이미 강원(江源)도 찾아보고, 이곳 산의 모양이 다른 산과 사뭇 다르다. 수행하는 화공(畵工)도 있으니 그림은 반드시 그려서 바쳐야 하겠지"라고 하였습니다.

제가 재차, "이번에 나라 중신(重臣)과 관찰사가 명을 받들어 대인을 맞이하여 모셨습니다. 대인과 동행하기를 간청하였으나 대인은 그들이 나이가 많다는 이유로 동행하지 못하게 했습니다. 저희만 동행하게 되었는데, 이번 걸음에 확인한 산의 형세에 대해 국왕께 자세하게 전해드려야 마땅할 것 같습니다. 이번에 그리게 되는 그림 한 장을 저한테 주면 중신들이 그것을 국왕한테 전달하도록 하면 어떻겠습니까?"라고 물었습니다.

총관이 웃으며, "자네의 말도 일리가 있네. 내가 만약 오지 않았다면 어떻게 산의 모양을 제대로 그릴 수 있었겠는가. 이곳은 금단 지역이기도 하고, 모두가 이렇게 이야기 할 것이네. 나는 반드시 두 장을 정확하게 그려서 한 장은 내가 가지고 가서 황제 폐하께 올리고, 한 장은 자네가 가지고 가서 국왕께 올리도록 하게. 화공 작업이 언제 끝날지 모르겠지만, 이미 약속했으니 그리는 대로 주도록 하겠네."

비문은 그날부터 새기기 시작했습니다. 함께 등산한 자가 6명이었습니다. 비에 이름을 새기려고 하니 군관 2명, 차사원 2명, 저희 등 관직과 이름을 적어 드렸습니다.

상기 과정을 이같이 기록했다.

강희 51년 5월 11일 자각(子刻) 차비관 사용금(差備官 司勇金)과 전정금(前正金).

위에서 살펴본 바와 같이 목극등 일행은 5월 15일 비석을 세우고 무산(茂山)으로 내려왔다. 도중에 조선 접반사와 만났다. 정계비는 황제 폐하의 성지를 받들어 세워졌다. 청·한 두 나라의 간민(奸民)들이 범월(犯越)하는 폐해를 막고자 함이었다. 강원(流源) 부근에는 물줄기가 끊어지는 곳이 있고 명확하지 못한 곳에는 목책(木柵)을 세워 경계를 분명하게 함이 어떠냐고 총관이 물었다. 박권은 목책은 부근에 워낙 나무가 무성하여 영구(永久)하지 못할 것 같으니, 그보다는 지형을 보아가며 흙으로 쌓든지 돌로 울타리 같은 것을 만드는 것이 낫다며 토퇴(土堆)와 석퇴(石堆)를 설치하기로 하고 공문(公文)을 교환하고 헤어졌다.

그들이 주고받은 왕복 문서의 내용은 아래와 같다.

목극등의 자문(咨文)

황제 폐하의 성지를 받들어 변계를 살펴본 대인 목극등은 조선 접반사와 본 지방 관찰사에 이첩(移牒)하여 변방 지역을 명확히 하고자 한다. 내가 직접 백산(白山)에 올라 압록(鴨綠)과 토문(土門) 두 강을 살펴보니, 모두 백산에서 발원하여 동서로 나뉘어 흐르고 있었다. 강의 북쪽을 대국(大國: 청)의 영토로 하고 강의 남쪽을 조선의 영토로 정한 것은 이미 오래되었고 의론도 없었다. 다만 양강(兩江)의 발원지가 되는 분수령(分水嶺)에 비를 세우고자 하니 토문강 발원지에서 물줄기를 따라 내려가면서 살펴보니 강물이 흐르다가 수십 리 되는 곳에서 자취를 감추었다. 암류(暗流)로 흘러 100여 리가 되어서야 거대한 물줄기가 되면서 무산(茂山)으로 흘렀다.

토문강 양안은 풀도 적고 땅이 평탄하지만, 사람들은 이곳이 변계인 줄 모르고 넘나들면서 집을 짓기도 한다. 길도 서로 얽혀 있다. 이번에 접반사, 관찰사와 더불어 논의한 결과 무산(茂山)과 혜산(惠山)을 사이 두고 상기 강줄기가 없는 곳에 지키는 사람을 두기로 했다. 모든 사람에게 이곳이 변경임을 알도록 하고 서로 넘나드는 일이 없도록 하고자 했다. 이를 통해 황제 폐하께서 백성을 사랑하시는 자애로움을 전하도록 하고 양국 변경에 사달이 일어나지 않도록 하고자 함이다. 상기 상의(商議)를 위해 자문(咨文)을 보낸다. 임진년 5월 28일 도착.

조선의 회답

조선국의 접반사 박권(朴權), 함경도 관찰사 이선부(李善溥)는 삼가 재배하고 흠차대신께 글을 올립니다. 보내주신 자문을 잘 받았습니다. 내용을 보면 흠차대신께서는 황제 폐하의 성지를 받들어 여러 가지 수고를 무릅쓰고 우리나라까지 찾아오셨습니다. 험난한 길을 무릅쓰고 두 나라의 경계를 살피시고 분수령에 비를 세워 표식으로 삼으셨습니다. 또한 토문강(土門江)이 지하로 흘러 경계가 명확하지 않음을 우려하여 지도를 그려 표기했습니다. 울타리[柵]를 치는 것이 어떠냐고 지시하고 직접 저희와 상의하기도 했습니다. 상기 논의가 미진한 부분이 없지 않을까 우려하여 자문을 보내 주셨습니다. 한편으로 황제 폐하가 우리나라를 똑같이 대해 주시는 인[仁德]을 베풀고자 함이요, 다른 한편으로 우리나라에서 일이 생기는 것을 막아 주시려 배려한 것이라 생각합니다. 감격과 감탄을 어떻게 이야기 올리면 좋을지 모르겠습니다.

전번(前日)에 각하께서 울타리를 치는 문제와 관련하여 저희에게 물은 적이 있습니다. 저희는 나무 울타리는 장구한 것이 못 된다는 대답을 드렸습니다. 혹여 돌로 울타리를 만들면 좋지 않겠습니까 라고 했습니다. 농사가 한가한 때를 이용하여 공사를 시작하고 대국(大國)의 관리가 와서 감독하면 어떨까도 했습니다. 대인께서는 이미 경계를 정했으니 표식을 세우는 일[立標]은 대국에서 와서 감독할 필요가 없다고 했습니다. 농민을 동원하는 일도 급할 것이 없고, 공사를 시작한 것도 편의를 봐가며 1~2년 사이에 완성해도 괜찮다고 하셨습니다. 사절(使節)이 오는 때에 공사 진행 상황을 통역관을 통해 나한테(本官: 목극등) 전해주거나 황제 폐하께 상주하여도 된다고 하셨습니다.

이에 저희는 대인과 헤어진 후에 상기 일을 국왕[숙종]께 보고드렸습니다. 자문에서 언급했듯이 양국 변경에서 사단을 막는 방법은 이것밖에 없다고 하겠습니다. 자문에 회답하는 일은 체면상 외람되게 할 수밖에 없습니다. 삼가 글을 올려 회답합니다. 바라옵건대 여러 가지로 아량을 베풀어 주시기를 바랍니다.

그 뒤로 현재의 석퇴(石堆)와 토퇴(土堆)는 상기 자문의 취지에 따라 축조(築造)되었을 것으로 생각하는데 문헌을 통해서는 확인할 수 없다.

목극등은 작은 배를 타고 두만강을 따라 내려가면서 강구(江口)까지 시찰하고 돌아섰다. 그 경과를 황제께 아래와 같이 보고했다.

4월 29일 후주강(厚州江)[18]을 출발, 길을 재촉하여 30리쯤 달하였을 때 조선 국왕이 파견한 접반사 박권과 함경도 관찰사 이선부의 영접을 받았습니다. 4월 30일 압록강을 건너 조선의 말을 타고 조선의 산간 마을을 지나 200여 리 길을 가서 혜산(惠山)에 이르렀습니다. 조선 국왕은 또다시 호조참의(戶曹參議)를 보내 연회를 베풀었습니다. 대단한 예의를 갖추어 저희를 대접했습니다. 모두가 황제 폐하의 은덕에 감복하고 대국의 사절을 공경했습니다.

혜산에서 출발하니 강물은 깊고 가는 길 험난하기 그지없었습니다. 조선의 두 사신은 나이가 든 관계로 무거운 짐을 진 부사(副使)와 함께 무산(茂山)에 먼저 가도록 했습니다. 저는 일행의 식량을 줄이고 기마 행자(騎馬行者)도 간편하게 줄였습니다. 오로지 조선 관원 몇 명만 대동하고 백산(白山)에 올랐습니다.

천지[池水]에서 보니 서쪽은 압록(鴨綠)이요 동쪽은 토문(土門)인지라 분수령에 비를 세워 기록을 남겼습니다. 북쪽으로 흐르는 물은 어느 곳으로 향해 어떻게 흐르는지를 파악하지 못했으나, 들은 바에 의하면, 오룡강(烏龍江; 흑룡강)이 된다고 합니다. 토문강을 따라 내려가 이번 관찰 소임을 다하고 성경(盛京; 지금의 심양)으로 돌아왔습니다.

백두산정계비는 이렇게 세워졌지만, 당초에 큰 착오가 있었다. 즉 청 사신은 송화강(松花江)의 상류인 토문강(土門江)을 두만강의 원류(源流)로 오인한 것이다. 훗날 청한 국경 분쟁의 큰 문제가 그러한 부주의에서 발생할 것이라고 당시 사신 일행은 꿈에도 생각하지 못했을 것이다.

백두산정계비가 건립된 후에도 양국은 여전히 두만강과 압록강 이북 지역의 봉금(封禁)을 강화했다. 간도 지역에는 어떠한 행정기구도 두지 않았고 무인지대로 오늘까지 이르게 되었다. 양국에 봉금 조치를 취한 엄격한 사례를 살펴보면 아래와 같다.

첫째, 『통문관지(通文館志)』 권9, 숙종 대왕 40년(1694, 강희 53) 갑오조(甲午條)에 아래와 같은 내용이 있다.

상국인(上國人; 청나라 사람)이 집을 경원(慶源) 대안 2리 되는 곳과 훈융(訓戎) 대안 3리 되는 곳에 지었다. 북방 경계는 강을 하나 사이 두고 있을 뿐이다. 넓은 지역을 사이에 두고 간민(奸民)들

18 압록강 상류에 있다.

은 봉금을 무릅쓰고 경계를 넘어설 우려가 있다. 하물며 지금에 이르러서는 이같이 지근한 거리를 두고 접해 있으면 다툼을 피하기 쉽지 않다. 의외의 불상사가 발생하지 않도록 청원하기 위해 원정(院正) 김경문(金慶門)을 북경에 전담 인원으로 파견하여 예부(禮部)에 보고하도록 했다.

예부는 아래와 같이 회답했다.

본부(本部)는 조선의 변방과 가까운 두 곳에 집을 짓고 있는 자가 어떤 사람이고, 어디 소속이며, 무슨 원인으로 거주하는지를 모른다. 지금은 어떻게 처리할 수 없다. 따라서 봉천장군(奉天將軍)과 부윤(府尹) 그리고 영고탑 장군(寧古塔將軍)에게 자문을 보내 조사하도록 하겠다. 보내준 내용은 상기 담당 관원들에게 엄중히 조사하도록 하고 조사 내용을 속히 상주하도록 했다.

다음 해 숙종 41년(1695) 을미조(乙未條)에 아래와 같은 내용이 있다.

예부에서 아래와 같은 자문을 보내왔다. 영고탑(寧古塔)에서 보고한 내용에 따라 본부는 안도립타목노(安都立他木奴) 둔(屯)과 영고탑에서 파견한 관병의 둔(屯)이 조선의 경원과 훈융 2성(城)과 이미 근접해 있고 소인(小人)들이 나들면서 어떤 일을 일으켰는지 아직 확인하지 못한 상황이다.

상기 2개 둔의 가옥과 집기들을 모두 부수고 강에서 떨어진 먼 곳에 농사를 짓는 데 적합한 토지를 찾아 거주하도록 했다. 향후 강과 가까운 지역에 집을 짓거나 토지를 경작하는 일이 없도록 엄중하게 단속하도록 했다. 담당 관원들에게 불시 엄중 검문을 하도록 했다. 그렇게 해도 여전히 거주하거나 조선에서 신고하면 담당 관원은 처벌하고 병민(兵民)은 그 죄를 다스리도록 했다고 했다. 상기 내용에 따르라는 취지를 받았다.

즉, 백두산정계비가 수립된 지 2년 후 청나라 사람이 두만강 대안에 집을 지은 것에 대해 조선의 항의로 허물어 버린 것이다.

둘째, 같은 문서 영조 7년, 옹정(雍正) 9년(1731)조에 아래와 같은 내용이 있다.

봉황성(鳳凰城)[19] 밖 육로를 방신(防汛)[20]하는 호이산(虎耳山)[21] 등지에 초하(草河)와 애하(靉河) 두 강이 있다. 모두 우리나라 안에서 발원하여 변방 밖의 망우초(莽牛哨)에 이른다. 이곳에서 합류하여 압록강 중강(中江)에 흘러든다. 중강에 중주(中洲)가 있는데 강심타(江心沱)라 부른다. 강심타의 서쪽은 봉황성 관할 구역에 속하지만, 동쪽은 조선의 경계에 속한다. 해마다 불초(不肖)한 비적들이 사사로이 작은 배를 타고 수로를 이용하여 양곡을 몰래 운반하고 있다.

호이산에는 육로 방신이 설치되어 있지만, 강물에 막혀 경계 임무를 다할 수 없는 상황이다. 따라서 망우초에도 수로방신(水路防汛)을 설치하자는 논의가 제기되었지만, 청 황제는 망우초가 조선의 경계와 인접하여 있었기에 조선 왕[영조]에게 물었다. 조선 왕은 이의를 제기하고 다시 논의하기 위해 상기 가옥 철회 사실을 예로 들면서 김경문(金慶門)을 전문 사신(專差)으로 파견했다.

셋째, 같은 문서 영조 22년, 건륭 11년 병인(丙寅)년(1746), 즉 위의 내용이 있은 지 15년이 지나서 재차 상기 문제가 발생했다. 같은 해 조에 아래와 같은 내용이 있다. 봉천장군 달이당아(達爾黨阿)는 아래와 같은 내용을 상주(上奏)했다.

최근에 불초의 무리가 작은 배에 곡식을 싣고 망우초에서 강을 따라서 인삼이 나는 지역에 이르러 인삼을 캐곤 한다. 망우초에 초소를 두어 이를 단속할 필요가 있다. 그리고 강을 따라 황무지를 개간하여 경작하도록 하고, 도로 요충을 지키며, 강을 넘어 다니는 것을 금지토록 하자.

이에 따라 조사를 진행하고 조선 왕은 다음과 같은 내용으로 항의문을 제출했다.

청나라가 내외 경계를 엄격하게 하고 간첩(奸細)이 넘나드는 것을 우려하여 봉황성에 울타리를 세워 출입을 통제했다. 상기 울타리를 송화강에 이르는 100여 리 지역까지 확대하여 민간의

19 중국 요령성 봉성진에 있었던 삼국시대 고구려의 성곽이다. 고구려의 가장 큰 산성 가운데 하나로, 오골성(烏骨城)이라고 불렸다. 압록강 하류에 위치한 중국 요녕성 단동시의 동북쪽 20여 km쯤에 자리하고 있다.

20 밀려오는 강물을 막는다는 뜻이다.

21 호이산은 단동 도심에서 동으로 약 12km 떨어져 있고 산정의 두 봉우리가 호랑이 귀와 같다고 하여 호이산(虎耳山) 또는 마이산(马耳山)으로 불리다가 청 때에 호산으로 이름이 바뀌었다고 한다. 그곳에는 여진족의 침략을 막기 위해 명나라 때인 1469년 축조를 시작한 호산장성이 있다.

거주를 금지하였다. 이번에 경작지를 개간하고 마을을 조성하면 간민(奸民)들의 폐해가 속출할 것이다. 강희(康熙) 54년(1715) 가옥을 철거한 사례가 있었다. 옹정(雍正) 9년(1731) 초하와 애하의 합류 지역에 수상 초소를 중지시킨 일도 있었다. 건륭(乾隆) 2년(1737) 내지(內地) 상민(商民)이 중강(中江)에서 교시(交市)[22]를 명령하였지만, 조선의 향후 폐해를 생각해서 이를 중지시킨 적도 있었다. 이번에는 옹정 9년(1731)에 정지시킨 수상 초소를 회복시키려 한다. 특히 이곳에 마을을 조성하고 토지를 개간하게 되면 그 폐해가 대단할 것이다.

따라서 조선 왕은 이를 중지시켜 주십사 라는 취지로 항의를 제출하고 황제 폐하는 이를 중지하기로 했다고 기록했다.

넷째, 같은 문헌 영조 24년, 건륭 13년 무진, 1748년 조에 아래와 같은 내용이 있다.

훈융진(訓戎鎭)[23] 대안, 동쪽으로 2리가량 되는 지역에 상국인(上國人; 청나라 사람)이 집을 짓고 토지를 개간했다. 강희 54년에 자문을 보내 철수하도록 하는 관례에 따라 청에 자문을 보내 담당 장군에게 확실히 조사하도록 했다. 금지 명령을 실행하여 상기 가옥을 관례에 따라 처리해 달라고 요청했다.

즉, 정계비 수립 후에도 봉금(封禁)과 관련하여 청나라는 조선의 항의를 존중하고 완충지대 유지에 노력했음을 알 수 있다. 청·한 양국이 정계(定界)를 명확히 하고자 대단한 노력으로 세운 정계비는 정계의 효과를 보기는커녕 향후 정계 분쟁의 큰 문제가 되었다는 점은 기이하다 하지 않을 수 없다.

22 서로 물품을 교환하여 장사하도록 한다는 뜻이다.

23 조선시대 6진에 속한 이십구 진보 가운데 하나이다. 세종 때 둔 북방의 주요 방어지로, 함경도 경원진 북쪽 25리에 있다.

間島問題調査書 第1

Ⅰ. 강희(康熙) 정계(定界)[1] 이전의 경계 상(上)-청조 이전

1. 신라·발해의 경계

『신당서(新唐書)』[2] 「발해전(渤海傳)」에 따르면, 남으로는 신라의 니하(泥河)를 경계로 하고 있다.[3] 위의 기록은 한국과 만주의 경계를 역사서에 명기한 효시가 된다고 하겠다. 그런데 니하가 어느 곳인지는 아직 판명되지 않았다.

한국인 정약용이 『대한경역고(大韓境域考)』[4]에서 고증한 바에 따르면, "니하는 강릉의 니천수이다. 신라 자비왕(慈悲王)[5] 시기에 하슬라(何瑟羅)[6]를 정벌하여 니하성을 축조하였다. 또한 소지왕(炤知王, 재위 479~500) 때 고구려·말갈 군대가 니하의 서쪽을 진격해 왔다고 하는데, 바로 위의 지역이라 하겠다. 또 다른 설법에 따르면, 니하는 양양(襄陽)에 있었다고 한다"라고 하였다.

그런데 『연려실기술(燃藜室記述)』[7] 별집 「지리부」에 따르면, "니하는 덕원(德源) 지역에 있

---

1 1712년(숙종 38, 강희 51) 조선과 청 사이에 국경선을 표시하기 위해 백두산에 세운 정계비를 일컫는다.

2 『신당서』는 송나라 때 1044~1060년까지 17년에 걸쳐 완성된 당나라 역사책이다. 구양수(歐陽修)·송기(宋祁) 등이 왜곡된 내용이 많고 부실하다고 평가받은 『구당서(舊唐書)』(945년 편찬)를 고쳐 편찬하였고, 재상 증공량(曾公亮)이 총재(總裁)하였다.

3 신라는 니하를 고구려와 발해와의 경계로 삼았다. 『삼국사기』와 『신당서』에 니하와 관련한 기록이 있는데, 두 기록에 나타난 니하의 위치가 같은 지역인지 아닌지를 두고 논란이 있다. 『삼국사기』에 기록된 니하의 위치는 덕원(德源), 함흥(咸興) 일대, 남한강 상류, 강릉 일대, 낙동강 상류, 소양강 등의 설이 있다. 다만, 삼국시대의 신라는 대체로 연곡천을 중심으로 고구려와의 북방 경계를 다투다가 남북국시대에는 영토를 확장하여 용흥강 부근을 중심으로 발해와 북방 경계를 형성하였던 것으로 추정된다.

4 정약용의 『아방강역고(我邦疆域考)』를 일컫는다. 1903년 장지연이 이를 현대식으로 증보하여 펴낸 『대한강역고(大韓疆域考)』와 혼돈한 듯하다.

5 자비마립간(慈悲麻立干)을 말하는데 신라의 제19대 눌지마립간(訥祇麻立干, 재위 417~458)의 맏아들로 458년(눌지 42) 가을 왕위에 올랐다. 그의 재위 기간(458~479)에 왜와 고구려의 잦은 침략에 시달렸다.

6 강원도 강릉을 일컫는데 고구려에서는 하서량(河西良) 혹은 하슬라(何瑟羅)라고도 하였다. 신라 경덕왕 16년(757)에 명주(溟州)라 고쳤고, 고려 태조 19년(936)에 동원경(東原京)으로 성종 2년(983)에는 하서부(河西府)라 불렀다.

7 조선 후기 실학자 이긍익(1736~1806)이 조선시대의 정치·사회·문화를 기사본말체로 서술한 역사서를 말한다.

발해의 영역도와 다섯 수도

었다"라고 비정하였다. 정약용은 『가탐군국지(賈耽郡國志)』[8]를 인용하면서, 발해국의 남해(南海)·압록(鴨淥)·부여(扶餘)·책성(柵城) 등 4부(府)를 나란히 기술하고 모두가 고구려의 옛땅이라 하였다. 신라의 천정군(泉井郡)[9]에서 책성부(柵城府)[10]에 이르기까지 무릇 39역참

8 가탐(賈耽)의 『고금군국지(古今郡國志)를 일컫는다.

9 함경남도 문천 지역의 옛 지명이다.

10 발해의 지방 5부의 하나이다.

이 설치되었다(원주 1,170리)고 하였다. 위의 기록은 『삼국사기』에서 인용한 것이다.

정약용이 비정한 천정군은 지금의 덕원이라 되어 있다. 그렇다면 덕원을 신라의 강역으로 비정할 경우, 양양을 경계로 삼을 수 없다는 것은 자명하다. 정약용의 비정은 자체 모순에 빠져 있다. 반대로 『연려실기술』 주장에 따르면, 연대가 오래되어 정확한 것을 기대하기 어렵다고 했다. 니(泥)는 한국어로 '읆'으로 그 뒤에 이른바 '이녹고수'와 음이 비슷하다고 하겠다. 그렇다고 하더라도 견강부회라 하지 않을 수 없다.

2. 고려와 여진의 경계

만주에서 발해는 거란에 의해 멸망하였다(926). 거란도 이 지역을 오랫동안 통제하지는 못했다. 여진의 여러 종족은 각자 부침을 거듭하면서 점차 통일을 이루어 나갔다. 한국의 경우, 고려 태조가 통일한 것은 발해가 멸망한 후 불과 10년이 지나지 않은 서기 936년이었다. 따라서 고려 초기 여진은 어떤 시기에는 조공하고, 어떤 시기에는 고려 경계를 침범하곤 했다. 고려 중기에는 여진의 내부자(內附者)들이 점차 고려에 편입시켜 달라며 귀순해 오는 자들이 많았다. 문종[11] 27년(1073)경에 위의 지역에 7주[12]를 설치하고 후에는 11주[13]를 예속시키기도 했다.

『대한강역고』 논증에 따르면, "후에 예속된 11주 가운데 원 마을 명칭에 삼산(三山, 북청나라의 고지명)에 주현을 설치한 것이 적지 않았다. 현재의 북청과 그 외 내부자들로 주현 설치를 요청하였으나, 받아들여지지 않는 자들 가운데는 여파한(餘波漢) 등이 있었다. 전자는 지금의 종성에, 후자는 마천령에 자리를 잡도록 했다(종성이라 비정한 것에 대해서는 의심되는 바가

11 고려 문종(1046~1083) 재위 38년은 정치가 잘 행해져 무물제도가 갖춰졌으며 국력이 강성하여 문화가 발달하고 평화가 오랫동안 지속되었다.

12 귀순주(歸順州)·익창주(益昌州)·전성주(氈城州)·공주(孔州)·은복주(恩服州)·온주(溫州)·성주(誠州) 등이다[『고려사』 제9권, 世家, 문종 27년(1073) 2월 21일]. 이곳 위치는 함남 정평에 가까운 함흥평야 일대로 보고 있다.

13 문종 27년 9월 동여진의 대란(大蘭) 등 11촌 내부자들이 빈주(濱州)·이주(利州)·복주(福州)·항주(恒州)·서주(舒州)·습주(濕州)·민주(閩州)·대주(戴州)·경주(敬州)·부주(付州)·완주(宛州) 등 11주가 되기를 청하였다[『고려사』 제9권, 世家, 문종 27년(1073) 7월 5일].

적지 않다. 그러나 회령에 이르렀다는 점은 확실하다고 언급하고 있다)"라고 한다.

이 시기 여진에서는 경조(景祖) 오고내(烏古迺)[14]가 백산(白山, 장백산), 야회(耶悔, 미상), 통문(統門, 두만강), 야라[耶懶, 수분하(綏芬河)의 북동 수백 리, 지금의 러시아 연해주에 아란하(雅蘭河)가 있다는데 일본해[동해]로 흘러든다. 청나라 때는 아란로(雅欄路)라 부르기도 했다. 아마도 야뢰(耶瀨)로 보인다. 『대한강역고』에서는 이를 갈라(曷懶)로 혼동했다.], 토골론(土骨論, 아마 종성인 것 같다) 지역을 복속시켰다.

경조가 죽고(1068)[15], 그의 아들 세조 핵리발(劾里鉢)[16] 형제는 숙부 발흑(跋黑)이 거느리는 여러 부가 반란을 일으켜 옛 강역 전부를 통제할 수 없게 되면서 여진은 사분오열되었다. 세조 이후 동생 숙종 파라숙(頗喇淑), 목종 영가(盈歌) 등을 거치며 위의 부를 정벌하는 데 성공하면서 강역이 날로 넓어졌다. 따라서 남동 경계는 을리골(乙離骨), 갈라, 야라, 토골론에 이르렀다. 목종 말년부터 강종(康宗) 오아속(烏雅束)[17] 시기에 이르러 점차 고려와 대규모로 충돌하였다.

충돌은 목종 10년 계미(1103, 즉 강종 원년)부터 강종 7년 을축(1109)까지, 고려는 숙종 8년부터 예종 4년까지 무려 7년이나 계속되었다[『금사(金史)』에는 연도 오류가 있어 『고려사』와 『동국통감』에 따라 정정함].

당시 경계를 살펴보면, 초기에는 고려와 여진 양국에 속해 있었다. 추장 을리골령(乙離骨嶺) 복산부(僕散部)의 호석래(胡石來) 발근(勃堇)이란 자가 있었다. 분쟁 시초는 을리골령 부근 갈라전(曷懶甸)[18]이 여러 부 가운데 어디에도 속하지 않았기 때문이었다. 이 지역이 양국 중간 지역으로 분할되면서 쟁탈 장이 되었다. 고려는 여진 지역에 대거 침입하여 9성을 변경에 구축하였다.[19] 『금사』에서는 위 지역을 갈라전이라 했다. 교전 지명을 벽등수(闢

14 금나라 추존 황제로 1021~1074년까지 재위하였다.

15 1074년의 오기로 보인다.

16 오고내(烏古迺)의 차남으로 요나라 도종(道宗) 함옹(咸雍) 10년(1074) 완안부 수령이 되어 절도사(節度使) 직을 이었다. 부족을 강하게 키우고자 노력하여 환난(桓赧)과 오춘(烏春) 등의 부(部)를 격파하여 기업(基業)을 더욱 굳게 다졌다. 금나라 태종이 추존하여 묘호를 세조(世祖)라 했다.

17 오아속(1061~1113)은 여진 완옌부의 추장으로 자는 모로완(毛路完)이다. 완안 핵리발의 맏아들이자 금 태조의 형이며, 금 말제의 조상으로도 알려져 있다. 1103년부터 1113년까지 재위하였다.

18 이곳은 고려 전기에 동여진이 거주한 지역으로 12세기 초 9성(城) 설치를 두고 고려와 여진 사이에 분쟁이 일어난 지역이다. 오늘날 함남·함북·양강도를 아우르는 지역이다. 금나라 때 갈라로(曷懶路)로 개편되었다.

19 예종 2년(1107) 장군 윤관(尹瓘)이 부원수 오연총(吳延寵)과 함께 고려인 17만 대군을 이끌고 천리장성 동북

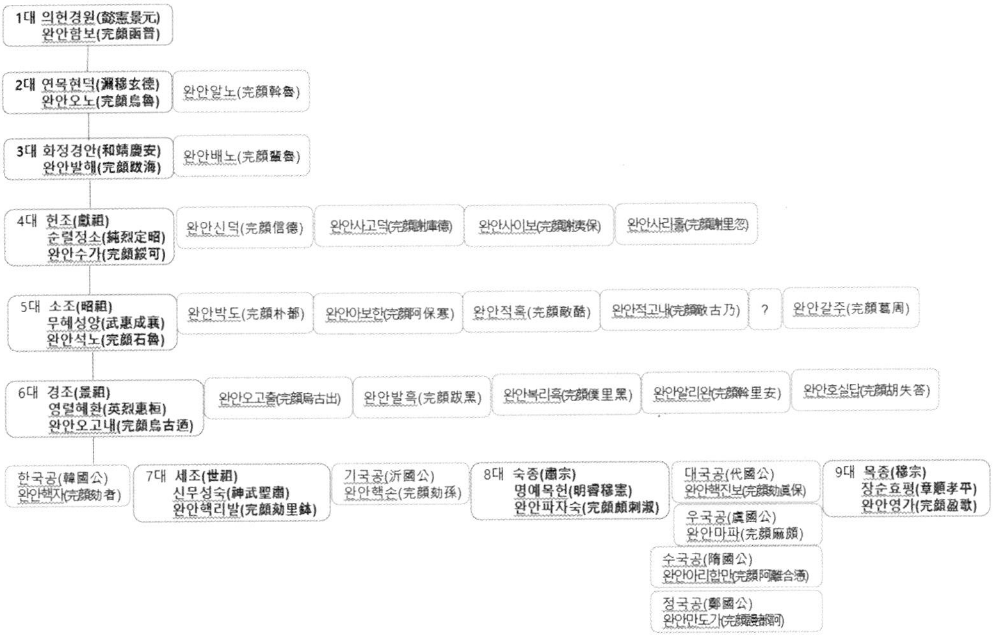

여진 왕조 계보

登水)·아노성(亞魯城)·목리문전(木里門甸)·도문수(徒門水)·갈라수(曷懶水)·타노성(陀魯城)·타길성(駝吉城) 등으로 표기했다. 현재로 추측이 가능한 지명은 득문수·갈라수 정도다. 양국 교전은 주로 두만강, 해란하 지역에서 전개되었다는 점은 의심할 바가 없다.

『고려사』, 『동국통감』에 따르면, 고려의 원수 윤관(尹瓘)[20]이 진격한 결과 구축한 북방 경계인 9성은 몽라골령(蒙羅骨嶺) 아래에 있는 영주성(英州城), 화곶령(火串嶺) 아래에 있는 웅주성(雄州城), 오림금촌(吳林金村)에 있는 복주성(福州城), 궁한이령(弓漢伊嶺)에 있는 길주성(吉州城) 그리고 공험(公嶮)·함주(咸州)·통태(通泰)·평융(平戎)·길주(吉州)의 각 진이다. 비

방의 여진족을 정벌한 후, 이들을 전부 복속시키고 1108년에 쌓은 9개 성을 말한다. 『고려사』 지리지에 그 위치를 함주(咸州)·복주(福州)·영주(英州)·길주(吉州)·웅주(雄州)·통태진(通泰鎭)·진양진(眞陽鎭)·숭녕진(崇寧鎭)·공험진(公嶮鎭)이라 기록하고 있다.

20 윤관(?~1111)은 고려의 명신·명장으로 여진을 정벌하다 실패해 별무반을 창설하여 군대를 양성, 여진 정벌군의 원수로 9성을 쌓아 침범하는 여진을 평정했다. 그 뒤 여진은 9성의 환부와 강화를 요청했고 조정은 9성을 지키기 어렵다고 하여 여진에게 돌려주었다. 이후 정세가 바뀌자, 여진 정벌의 실패로 모함을 받아 벼슬을 빼앗기고 공신호마저 삭탈되었다.

(碑)를 공험진에 세워 경계로 삼았다.[21]

새롭게 확정된 경계는 동쪽으로 대사령(大事嶺), 북쪽으로 궁한이령, 서쪽으로 몽라골령에 이르렀다. 『동국여지승람』에서는 오림금(吳林金)을 지금 단천으로, 궁한이를 지금 길주로, 영주성과 웅주성 2성을 길주 경내로 비정했다. 다만, 공험진 설치와 관련해서는 멀리 두만강 북쪽에 있다고 했다. 공험진과 선춘령(先春嶺) 비는 일시적으로 고려가 침략한 지역의 경계를 나타내는 것으로 간주하여 『동국여지승람』의 기록에 근거하여 논증하려고 한다.

회령 고령진(高嶺鎭)[22]에서 두만강을 건너 고라이(古羅耳)를 지나 오동참(吾童站)과 영가참(英哥站)을 거쳐 소하강(蘇下江)에 이르는 강변에 공험진 고보(古堡)가 있다. 남쪽으로는 패주(貝州)·탐주(探州)와 접해 있다. 북쪽으로는 견주(堅州)에 인접해 있다. 『고려사』 지리지에 "공험진은 예종 3년(1108)에 구축하였고 방어사를 두었다"라고 기록되어 있다. 예종 6년(1111)에 산성을 축조했다 하였다. 일설에 따르면, 이를 공주(孔州)[23]라 하거나, 이와 달리 광주(匡州)라 하기도 하고, 다른 설에 따르면, 선춘령 남동, 백두산 북동에 있다고 했다. 다른 일설에는 소하강변에 있다고 했다. 현재로는 경원을 공주로 비정할 경우, 대체로 선춘령 남동, 백두산의 북동, 소하강변에 있었다고 추정할 수 있다. 그렇다고 하더라도 또다시 고증하지 않으면 안 될 것이다. 그리고 지리지에 등장하는 통태·평융·숭녕(崇寧)·진양(眞陽) 등의 진은 모두 예종 3년에 성을 축조했다. 예종 4년(1109)에 성에서 철수하면서 여진에 넘겨주었다. 나머지 지역은 지금까지 고증되지 않고 있다.

선춘령은 두만강에서 북쪽으로 700리 되는 지점에 있다. 윤관이 영토를 개척하면서 이곳까지 이르러 공험진을 축성하고 산령마루에 비를 세웠다. '고려지경(高麗之境)'이라 비석 4면에 새겨 넣었다. 그런데 호인(胡人)들이 비문을 지워 버렸다. 수빈강(愁濱江)[24]은 백두산

---

21 비의 위치에 대해 여러 논란이 있는데, 공험진비가 선춘령비를 일컬으며 선춘령이 현재 백리장성으로 호칭하는 연변의 북산으로 비정하거나, 여기서 동북으로 약간 북상한 왕청현 남쪽 경계에 있는 高麗嶺으로 비정해 볼 수 있다고 한다(최규성, 2000,「先春嶺과 公嶮鎭碑에 대한 新考察」,『한국사론』 34참고).

22 고령진은 함경북도 회령부에 속한 관방 시설로 회령과 종성의 방원보(防垣堡) 사이에 있다. 세종대에 죽보만호(竹堡萬戶)를 설치한 것에서 기원한다. 세종 시기에 강가로 옮기고 병마만호를 두었다가 1450년(세종 32)에 첨절제사로 승격하여 고령진이 되었다.

23 함경도 경원부(慶源府)의 옛 이름이라고 한다.

24 수빈강은 두만강과 함께 경원도호부 산하의 큰 강으로 백두산 아래에서 발원해 북으로 흘러 길림성과 흑룡강성을 거쳐서 러시아 경내로 들어간다.

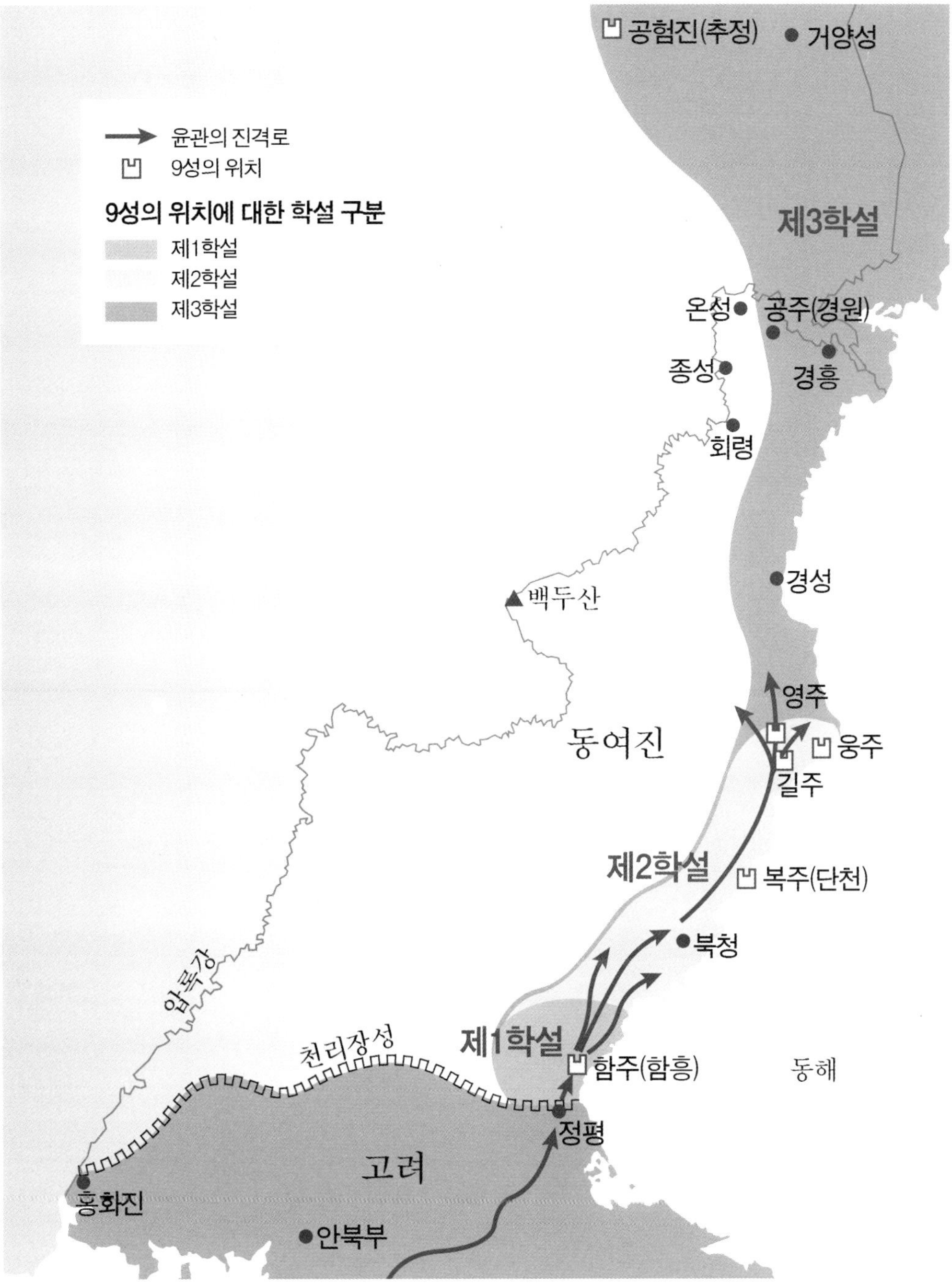

여러 학설에 따른 동북 9성 추정도[최창국, 「공험진(公嶮鎭)과 통태진(通泰鎭) -고려와 여진의 후기 전투를 중심으로-」]

에서 발원하여 북쪽으로 흘러 소하강이 된다. 하나는 속평강(速平江)[25]을 이루면서 공험진, 선춘령을 거쳐 거양(巨陽)에 이른다. 동쪽으로 120리를 흘러 아민(阿敏)에 이르면 바다로 흘러든다.

백두산 위에는 담(潭; 천지)이 있다. 주위가 80리, 남으로 흘러 압록강이 되고, 북으로 흘러 송화강과 혼동강(混同江)이 된다. 북동으로 흘러 소하강(蘇下江)과 속평강이 된다. 동으로 흘러 두만강이 된다. 『대명일통지(大明一統志)』[26]에 동으로 흘러 아야고하(阿也苦河)가 되는데 의심할 바 없이 속평강이라 하겠다.

현성(懸城)[27]에서 북쪽으로 90리 되는 산 위에 고석성(古石城)이라는 불리는 지명이 있는데 어라손참(於羅孫站)이다. 그 북쪽으로 허을손참(虛乙孫站)이 있다. 그 북쪽으로 60리 되는 곳에 유선참(留善站)이 있다. 그 북쪽으로 70리 되는 곳에 토성의 옛터가 있는데 바로 거양성(巨陽城)이다. 전해 내려오는 그대로 고려 윤관이 축조한 성은 서쪽에 있는 선춘령과 60리를 사이에 두고 있다.

경원진 북보(北堡)에서 회질가하(會叱家河)를 건너면 넓은 평야 가운데 큰 성이 있는데 이를 현성이라 부른다. 〈용비어천가〉에 나오는 해관성(奚關城)은 훈춘강[28]에서 7리, 서 두만강에서 5리 되는 곳에 있는 것이 분명하다. 경흥부의 고적은 굴포(屈浦)가 있는 부의 남쪽 15리 떨어진 곳에 있다. 굴포 동쪽으로 5리쯤에 창기(倉基)가 있다. 전설로 내려오는 고려 북벌 시기에 조전(漕轉)[29]하여 위수(委輸)[30]하던 곳이기도 하다.

위의 역사적인 기록과 현재 지명을 대조하여 살펴보면, 수빈강은 지금의 속평강과 훈춘강이 된다. 수빈강은 다른 이름으로 소하강이라 부른다. '하(下)' 글자가 '변(卞)' 혹은 '평(平)'이 와전된 것으로 보인다. 『금사』 세기에는 소빈(蘇濱)으로 되어 있다. 이것이 바로 현재의 수분하이다. 이 강이 바다로 흘러든 곳이 바로 아민(阿敏)이다. 『금사』에서는 아민으로 기록되어

---

25 속평강은 백두산 천지에서 발원해 동북으로 흐르는 두 강 중 하나다. 솔빈강(率賓江)이라고도 한다.

26 명나라 이현 등이 제6대 황제 영종(英宗) 정통제(正統帝)의 뜻을 받들어 1461년(천순 5)에 만든 지리책이다.

27 현성은 관방시설로 두만강과 훈춘하(琿春河) 사이에 있다. 성이 처음 축조된 시기는 정확히 알 수 없으나, 발해 시기에 축성된 것으로 추정된다. 조선 전기에 여진인이 거주하였고, 이들은 조선의 번호(藩胡)가 되었다. 그러나 현성의 번호는 1600년대 초반부터 지속적인 포점태(布占泰)의 침입에 벗어나 누르하치에게 귀속되었다.

28 훈춘하(琿春河)를 일컫는다.

29 지방에서 거둔 세금을 서울로 수송하는 제도를 말한다.

30 물화를 맡아 보관하거나 다른 지역으로 호송하는 것을 말한다.

있는데, 지금의 수분하 하구 부근에 있는 아민하(阿敏河)이다. 북쪽에서 백두산으로부터 발원하여 길게 늘어져 있다. 지난날에는 장백 혹은 백두라 불리던 천리로 늘어선 산맥을 가리킨다. 지금은 노야령(老爷岭)[31]이라 싸잡아 부르는데 의심할 바가 없다. 훈춘강(訓春江)은 지금의 혼춘강(琿春江)이다. 거양성의 소재는 지금으로서는 비정하기 어렵지만, 수분하 강변에 있었을 것으로 추정된다. 공험진도 마찬가지로 수분하에서 멀지 않은 곳에 있었을 것으로 보인다. 윤관의 원정군은 두만강을 건너서 다시 북동으로 진격하였는데, 지금의 합이파령(哈爾巴嶺)에서 선춘령에 이르는 산맥과 수분하를 최북단 경계로 비정할 수 있다.

그러나 정약용은 『대한강역고』에 이설(異說)을 제기하며, "윤관의 발자취는 길주를 단 한 발짝도 넘어 본 적이 없다. 즉 명천(明川)과 경성(鏡城)마저 미친 적이 없는데, 하물며 경원과 선춘령 아래 송화강은 더욱 그렇다"라고 하였다. 정약용은 소하강을 송화강으로 보았는데, 현재 한국인 가운데 일부도 그렇게 비정하고 있다.

그러나 이는 틀렸다. 그 증거로 왕자지(王字之)[32]가 공험진령에서 영주로 가던 도중에 도적을 만났는데, 척준경(拓俊京)이 웅주에서 급히 달려와서 구해주었기 때문이다. 그리고 오연총(吳延寵)[33]이 군사를 이끌고 구해주기 위해 길주로 오다가 공험진에 이르러 도적을 만나 대패하였다.

이로 볼 때, 공험진은 길주의 남서에 있으며 영주성과 웅주성 2성과는 수십 리 떨어져 있다고 하겠다. 그렇게 멀리 떨어졌다면 구할 수도 없었을 것이다. 9성 가운데 영주성과 웅주성 2성 외에 모두 마운령(摩雲嶺)[34] 북동, 마천령(摩天嶺)[35] 북서에 위치해 있었다. 이는 남북으로 축조되었고 내외의 경계를 엄하게 하였기에 10리에 1보(堡), 5리에 1채(寨)를 두어 촘촘히 밀집한 대나무 숲처럼 둘레를 쳤다. 바둑알처럼 모든 도로에 탄탄하게 축조되었다

31 흑룡강성 동남부와 길림성 동부에 위치한 장백산의 지맥이다. 노야령은 만족 언어의 나연점력(拉延粘力)의 발음을 쓴 것으로 '산이 높고 추워 식물들이 얼어 시든다'라는 뜻이다.

32 왕자지(1066~1122)는 고려전기 병부상서지추밀원사, 추밀원사판삼사사, 이부상서참지정 사 판호부사 등을 역임한 문신이다. 1108년(예종 3) 8월 병마판관(兵馬判官)으로 윤관 휘하에서 척준경(拓俊京)과 함께 함주(咸州)·영주(英州)에서 여진을 무찔렀다.

33 오연총(1055~1116)은 고려 중기 문신으로 1109년 동계병마부원수(東界兵馬副元帥)로서 윤관과 더불어 길주성을 포위한 여진을 다시 치다가 실패해 화친을 맺고 돌아왔다. 이로써 그는 탄핵을 받아 한때 관직과 공신의 자격을 박탈당하기도 했다.

34 함경남도 이원군과 단천군 사이에 있는 고개이다.

35 함경남도 단천시에서 함경북도 김책시로 넘어가는 고개로 해발 709m이다.

고 하겠다.

위 주장의 오류는 길주를 지금의 길주로 비정한 데서 비롯되었다. 정약용이 비정한 지금의 길주와 당시의 길주가 같다면 물 위에 뜬 배에 떨어뜨린 검의 자리를 표시해 놓고 검을 찾은 것과 다를 바 없다고 하겠다. 이렇게 스스로 자체 모순에 빠지고 모른다는 점은 기이하다 하겠다.

당시 길주성을 축조한 궁한(弓漢) 지역은 지금도 비정하기 어렵다. 만약 이 글자를 '활(Hoal)'로 훈독하면, 『수도제강(水道堤綱)』[36]에 나오는 활혼산[活渾山, 지리 고증 (二), (ㅁ)의 알아하(嘎雅河) 유역 조 참고]과 비슷하다. '대곶(大串)'을 '불곶'으로 본다면, 지금의 포이합(布爾哈)도 그 지역이 된다. 영주(英州)에 축조하였던 몽나골령(蒙羅骨嶺)은 바로 『금사(金史)』에 나오는 을리골령(乙離骨嶺), 이록고수(移鹿古水) 지역이 된다. 한글에서 '몽(蒙)'과 '의(義)'를 어리근이라 한다. 따라서 몽나골(蒙羅骨), 을리골(乙離骨)이 된다. 여기서 다시 이록고(移鹿古)가 된 것은 의심할 바가 없다.

그렇다면 그 소재지가 지금의 경성(鏡城)이 된다. 경성의 옛 이름은 오롱이(亏籠耳)이다. 몽나골, 을리골과 합쳐진 골(骨)은 한글에서는 산골짜기 골이다. '오롱이'란 뜻도 골에서 비롯되었다. 지금 만주어에서도 '올로(Holo)'가 산골짜기란 뜻이다. 동일한 지역에 있는 두롱이(豆籠耳)[『동국여지승람』 경원조에 나온다. 『고려사』의 두롱골이(豆籠骨耳), 『금사』의 계롱고(桂籠古)이다]도 동일한 어미를 가졌다.

따라서 지금의 만주 지역과 한국에는 'KOL' 또는 'HOLO'라는 어미를 가진 지명이 많다. 영주(英州)가 경성 지역에 있었다면, 이로부터 북쪽에 위치해야 하는 길주와 웅주가 지금의 길주가 될 수 없다는 것은 자명한 일이다. 그리고 『금사』 세기에 도문수(徒門水)·갈라수(曷懶水)에서 교전이 있었다는 기록을 보면, 고려군이 지금의 길주에 머물지 않았었다는 것은 확인할 수 있다.

고려의 경원(鏡源), 9성을 여진에 넘겨줄 수밖에 상황이 벌어진 것은 개척한 영토가 너무나 넓어서 9성과 너무 멀었기 때문이다. 10리에 1보, 5리에 1채를 축조하여 밀접한 연락을 취하지 않을 수 없었다.

---

36 중국 청나라 시기 건륭(乾隆) 연간(1736~1796)에 작성된 중국 전역의 하천지(河川誌)를 말한다.

주목할 점은 복주(福州)를 축조한 오림금촌(吳林金村)도 『금사』에 나오는 해나수(孩懶水) 오림답부(烏林荅部)로 보인다. 해나수는 바로 해란하(海蘭河)다. 길주는 북쪽에 있고 복주가 남쪽에 있었다면, 길주가 더 멀다는 것을 짐작할 수 있다. 수분하 강변에 경계를 두었다고 하는 『동국여지승람』의 주장에 결코 과장이 아니라 하겠다.

또 다른 주장을 살펴보자. 고려 공양왕 4년(1392) 알도리(斡都里)[37]의 추장(아마도 청나라의 조상인 것 같다.)이 귀순해 올 당시 시중 윤관이 나라 국토를 넓혀 고려의 경계를 명시한 비를 세웠다는 기록이 있다. 이 시기 알도리가 훈춘강 안에 있었다는 『동국여지승람』의 기록에 따라 추정할 수 있다. 당시 그 지방 여진인의 전설과 함께 선춘령 입비(立碑) 주장은 오랫동안 끊이지 않고 전해 내려왔음을 알 수 있다.

다만, 고려가 대규모 영토 개척을 시작한 지 2년이 못 되어 그만두게 된 것은 필승의 희망을 보지 못했기에 9성을 버리고 여진에 돌려줄 수밖에 없었다. 따라서 '강종(康宗)[38]의 화의(和議)'를 체결하게 되었다.[39] 그 뒤 여진이 날로 강성해져 강종의 동생인 아골타(阿骨打)[40]는 요(遼)[41]를 쳐부수고 금을 건국하고[42] 두만강 부근 지역에는 갈라로를 설치하여 다스렸다.

---

37 알도리는 알타리(斡朶里), 오도리(吾道里, 烏道里), 알동(斡東) 등으로도 불린다. 이는 울량합(兀良哈, 우량하이), 울적합(兀狄哈, 우디거) 등과 함께 조선 초기 두만강 유역에 살던 여진족 부족으로 세종이 여진족으로 몰아내고 6진을 설치했던 곳이 이곳이다. 알도리·울량합 일부는 두만강 남쪽의 경원·온성·회령 등의 성밖에 살면서 조선에 귀순하는 태도를 보였는데, 이들은 차츰 조선 사람으로 동화되어 후대에 재가승으로 불렸다.

38 강종으로 추존된 완얀 오아속(完顏烏雅束, 재위 1103~1113)은 여진 완옌부의 추장으로 부친은 모로완(毛路完)이다. 완안 핵리발의 맏아들이자 금 태조 누르하치의 형이다. 그는 1104년 동여진에 있는 부락 중 복종을 하지 않는 부족을 쳐서 평안도 정주에까지 이르렀다. 이때 고려는 임간을 보내 그를 공격하였으나 성공하지 못하였고, 윤관이 그를 만나 화친을 맺었다. 하지만 1107년에 윤관이 이들을 공격하여 평정하고 9성을 쌓았지만, 오아속의 간청에 조공을 받기로 하고 9성을 내주었다.

39 9성을 쌓은 뒤로 여진의 공격이 거세지자, 윤관과 오연총이 다시 출정하였으나 전세는 별로 좋지 않았다. 당시 개척한 땅이 넓으며 개성과 거리가 너무 멀고 지세가 험준하여 관리가 어려운 문제가 대두되었다. 또한 계속되는 전쟁, 기근, 전염병 등에 백성들이 삶의 피폐해 있었다. 이때 1109년(예종 4)에 강종이 9성을 반환해 주면 고려를 상국으로 받들겠다며 화친을 청해왔다. 예종은 대신들과 9성 반환문제를 논의한 끝에 9성에서 철수하고 개척한 영토를 여진에게 돌려주기로 하였다.

40 아골타는 완안부의 추장 핵리발의 둘째 아들로 금나라를 건국한 태조이다.

41 요는 10~12세기에 거란이 중국 북방의 네이멍구(內蒙古) 지역을 중심으로 세운 왕조이다. 1125년 여진이 세운 금나라(1115~1234)에 멸망하였다.

42 여진족은 거란족의 요나라에 속해 있었는데, 요나라가 해마다 더 많은 공물을 요구하자, 이를 참지 못한 아골타는 부족장들을 모아 전쟁을 일으켰다. 아골타는 2만의 부대로 요나라의 70만 대군을 무찌르며 요동 지방을 대부분 점령한 후 1115년 금나라를 세웠다.

여진국 군사

고려 역시 갈라전 장성을 3자 높이로 증축하며 맞섰다.[43] 금나라 변방 관리와 병사들이 이를 저지하고자 하였지만, 막을 수 없었다.

『대한강역고』에는 장성을 함흥 경내의 도련포(都連浦) 장성이라 하지만, 이것 역시 오류라 하겠다. 『금사』 지리지에 합라로(合懶路)[44]에 "이록고수(移鹿古水)가 있고 북서로 상경(上京)[45]까지 1,800리다. 남동으로 고려의 경계에 이르려면 500리가 된다"라고 한다. 금나라의 상경은 지금의 아륵초객하(阿勒楚喀河)[46] 부근에 있었다면, 그곳으로부터 1,800리 떨어진 합라는 두만강에서 그다지 멀리 떨어지지 않았을 것이고, 남쪽으로 경성(鏡城) 지역을 벗어날 수 없다. 이록고수의 위치와 부합한다는 것을 알 수 있다. 그리고 남동으로 500리 떨어진 마천령 즉 이판령(伊板嶺)으로 양국의 경계를 삼았다. 그렇다면 위의 경계 이남인 마운령 장성을 증축할 수밖에 없었다고 하겠다.

금나라가 쇠퇴하고 장수 포선만노(蒲鮮滿奴)라는 자가 반란을 일으켜 동하국(東夏國)이라 부르는 나라를 세우고, 백두산 내외에 있는 여진 부족을 근거지로 삼았다.[47] 동하국은 고려에 사신을 보내 자국은 청주(青州)에서, 고려는 정주(定州)에서 각각 시장을 열어 교역하기를 청했다.[48] 이때가 고려 고종 11년(1224)이다. 그 뒤 동하국은 여러 번 북동면을 침탈한 적이

43 고려는 1033년부터 1044년까지 여진족의 침략을 막기 위하여 동쪽으로 압록강 입구에서 서쪽으로 영흥에 이르는 천리장성을 축조하였다. 그 후 약 75년이 지난 1119년(예종 14)에 완안부의 세력을 방어하기 위해 이를 보수하면서, 본래 높이에서 3척이나 높게 쌓았다.

44 합라로는 금나라가 고려에 환원받은 동북 9성 일대에 설치한 총관부이다.

45 상경은 금나라 초기 수도로 지금의 흑룡강성 하르빈시 아성구이다.

46 송화강의 지류인 아러추허 강[阿勒楚喀河]으로 지금 중국 헤이룽장성 하얼빈시 아청구 부근이다.

47 포선만노는 금나라 말의 무장으로 야율유가(耶律留歌)의 반란을 진압하였다. 이때 금나라 국력이 쇠약해진 틈을 이용하여 금나라에 예속되어 있던 거란 유족들이 대요국(大遼國)을 세우자, 포선만노는 1215년(고려 고종 2) 동경(東京: 요양)을 도읍으로 삼고 대진(大眞)이란 나라를 세우고 대요국과 대립하였다.

48 포선만노가 동하국을 세웠지만, 몽골의 위성국가나 다름이 없었다. 이때 1221년 몽골의 칭키스칸이 중앙아시아 등지로 원정을 떠나자 이를 기회로 1221년 1월 고려에 수교를 제안한 것이다. 그런데 고려 입장에서는 이를 받아들일 수 없었다. 몽골의 눈치를 안 볼 수 없었던 데다 결정적으로 동하국을 믿을 수 없었기 때문이다.

있었다. 그렇다고 완전히 경계를 움츠리게 하는 정도는 아니었다. 마천령 이남은 평온한 날이 없었다.

원나라가 흥기함에 따라 포선만노가 생포되었다.[49] 원나라 군대는 개원(開元), 휼중(恤衆)에 이르렀다(1234)[개원은 지금의 개원과 다르다. 휼중은 바로 수분(綏芬)[50]이다] 포선만노에게 을미년(1235) 개원 남경(南京)에 2만 호를 두고 황룡부(黃龍府)[51]를 통치하도록 했다.[52] 지원(至元)[53] 4년(1267)에 동녕로총관부(東寧路摠管府)로 고쳤다. 지원 23년(1286)에는 다시 개원로(開元路)라 하였다. 『원사(元史)』 지리지에 나오는 개원로는 즉 금나라 시조의 부락으로 지금의 영고탑 부근으로 개경(開京) 부근이 아니다.

『대명일통지(大明一統志)』에는 『원사』 지리지를 인용하여 개원성(開元城)의 남서를 영원현(寧遠縣)이라 부른다. 거기서 남서를 남경(南京)이라고, 남쪽을 합란부(哈蘭府)[54]라 부른다. 거기서 남쪽을 쌍성(雙城)이라고 부른다. 그곳에서 직진하여 고려의 왕도[55]에 이르는 정서(正西) 지역을 객주라 부른다. 북서를 상경(上京)이라 부르는데, 즉 금나라의 회령부(會寧府)다. 합몽부(合蒙府)는 금나라의 갈라로(曷懶路)이다. 남경은 즉 『동국여지승람』에 나오는 지금의 동관진(潼關堡)에서 북쪽, 두만강을 건너 사춘천(舍春川) 이북에 있는 고성 즉 지금의 동고성자(東古城子)가 된다고 생각된다(자세한 지리 고증은 알아하 유역 조에 나온다).

『대명일통지』는 송화강은 장백산 호수[천지] 가운데서 발원하여 북으로 흘러 남경성을 거쳐 회배강[灰扒江, 즉 지금의 휘발강(輝發江)]과 합류하여 해서(海西)에 이른다. 혼동강(混同江)과 합류하여 동쪽으로 흘러 바다로 흘러든다고 기록하고 있다. 그렇다면 남경은 지금의 길

49 이때는 아직 원나라가 건국하기 전으로 칭기즈칸의 셋째 아들 오고타이 칸이 통치하던 때이다. 1234년 오고타이는 카라코룸에서 쿠릴타이를 열어 남송 정벌, 킵차크 정벌과 함께 몽골 사절을 살해한 고려 정벌을 선언했다. 이후 칭기즈칸 손자 쿠빌라이는 수도를 몽골고원의 카라코룸에서 화북(華北)에 가까운 상도(上都)와 화북 안에 있는 대도(大都: 베이징)로 옮긴 뒤 1271년에 국호를 '원(元)'으로 칭했다.

50 현재 중국 헤이룽장성 무단장[牡丹江] 동부에 있다.

51 발해의 부여성(扶餘城)이 있던 곳을 말하며 지금의 농안(農安)이다.

52 포선만노는 몽골군에게 붙잡힌 후 피살된 것으로 알려져 있는데, 구유크의 부하가 되어 살아남았다는 이야기도 있다.

53 지원(至元)은 몽골 제국 세조(世祖) 쿠빌라이 세첸 칸의 두 번째 연호로 1264년 8월부터 1294년까지 30년 4개월가량 사용되었다.

54 함경도 함흥부의 옛 이름으로 고려가 원나라의 지배하에 있을 때 부르던 이름이다. 공민왕 때 다시 회복되어 함주(咸州)로 고쳐졌다.

55 고려의 수도 개경을 말한다.

림 지방에 있는 것은 너무나 당연하다 하겠다. 합란부 남쪽의 쌍성은 『동국여지승람』에는 지금의 영흥(永興)이라 하였으나, 공민왕 시기 철령 사건(鐵嶺事件, 아래에 나온다)[56]에 명나라에 올린 상주문(上奏文) 가운데 함주 근교에 화주(和州)[57]의 옛터인 작은 성이 있다고 되어 있다. 이에 따라 화주를 쌍성이라 그릇되게 부르는 일이 생겨났다. 『동국통감』에 조선 태조의 부친 환조(桓祖)가 처음으로 공민왕을 알현한 조에 쌍성은 대단히 비옥하다는 기록이 나온다. 이로 미루어 함흥 평중(抨中) 지명이 아닐까라고 생각된다. 『동국여지승람』은 원나라의 합몽부를 지금의 함흥부에서 5리 떨어진 곳이라 했다. 쌍성을 지금의 영흥이라 했는데 믿을 바가 못 된다(모두가 『동국여지승람』에 함경도 내의 고지명이 한글과 여진어로 남아있는 외에는 믿을만한 것이 못 된다). 위의 쌍성은 조휘(趙暉), 탁청(卓青)[58] 등이 흙으로 쌓아 올렸고, 몽골에 귀순한 결과 원나라의 영토로 편입되었다. 이 시기 고려의 강역은 마천령 이남으로 축소되었다.

원나라 말기에 이르러 고려 공민왕 5년(1364) 장수 유인우(柳仁雨)[59] 등에 의해 쌍성이 함락되었다. 고려를 배반한 신하의 자손인 총관부 조소생(趙小生)[60], 탁도경(卓都卿)[61] 등이 도망쳐 이판령(伊板嶺, 즉 마천령) 이북 지역으로 달아났다[『동국여지승람』 종성부 남쪽, 간합리(幹合里)에 있는 고개이다. 높이가 200여 장(丈) 정도가 된다. 흙과 돌로 쌓아 올렸는데 간합(幹合)이라 한다. 즉 만주어에서 비롯된 지명이다]. 따라서 고려는 8주 5진에 달하는 영토를 수복하게 되었고 원나라

56 1387년(우왕 13) 명나라가 철령(鐵嶺) 이북은 옛 원나라의 땅이므로 이곳에 살던 토착 군민을 명나라에 귀속시켜 편제하겠다고 결정한 후 고려에 일방적으로 통보한 일을 말한다.

57 함경남도 영흥지역의 옛 지명이다.

58 1258년(고종 45)에 몽골병이 동북지방에 침입하자 정주(定州) 출신 탁청과 등주(登州: 함남 안변)·문주(文州: 함남 문천) 등 제성(諸城)의 사람들과 함께 몽골병을 인도하였다. 당시 동북면병마사 신집평(愼執平), 등주부사(登州副使) 박인기(朴仁起), 화주부사(和州副使) 김선보(金宣甫), 경초군(京抄軍) 등을 죽이고 철령(鐵嶺) 이북을 들어 몽골에 붙음으로써 몽골이 화주(和州: 지금의 함남 영흥)에 쌍성총관부를 설치하게 하고 그 총관(摠管)이 되었다. 이듬해 몽골병을 이끌고 한계성(寒溪城)을 치다가 방호별감(防護別監) 안홍민(安洪敏)이 이끄는 야별초(夜別抄)에 패배하였다.

59 고려말 무신 유인우(?~1364)는 1356년 밀직부사로서 동북면병마사가 되어 쌍성총관부를 공격해 고려 영토 수복하는 데 기여했다. 이후 그는 1362년 원에 사신으로 파견되었고, 충선군의 서자 덕흥군을 옹립하기 위해 최유와 함께 고려를 침공하였지만 잡혀 죽고 말았다.

60 항몽전쟁 당시 부원반역자로 쌍성총관(雙城摠管)이 되었던 조휘(趙暉)의 증손이다.

61 몽골이 쌍성총관부(雙城摠管府)를 설치하자 천호(千戶)에 임명된 탁청(卓青)의 후손이다. 1356년(공민왕 5) 원나라의 세력이 약해진 틈을 타서 동북면병마사 유인우(柳仁雨) 등이 쌍성을 공격하자, 조소생과 탁도경은 저항하였지만 끝내 성을 버리고 여진 지역으로 도망쳤다.

에 상주문을 올려 쌍성, 삼철(三撤)은 원래 고려의 영토이니 돌려달라고 요청하였다. 그렇게 이판령에 또다시 관을 설치하고 북방 경계로 삼게 되었다.

그 뒤 고려의 천호 정신계(丁臣桂)는 군사를 거느리고 이판령을 지나 여진군과 전투를 벌여 승리를 거두었다. 이자춘(李子春, 즉 조선 태조 이성계의 부친으로 후에 환조라는 익호를 받는다)을 동북병마사로 임명하여 위의 지역에 파견하였으나 패배하고 도망쳤다. 조소생은 원나라의 심양 지역에서 스스로 행성승상(行省丞相)[62]이라 부르면서 납합출(納哈出)[63]을 유인하여 북청(北青)과 홍원(洪源)에 침입하도록 하였으나, 이성계(즉 조선 태조)가 방어에 나서 이를 격파하였다. 고려는 이수산(李壽山)을 동북면도순문사(東北面都巡問使)로 임명하여 여진의 강역을 평정하도록 했다. 여진의 삼선(三善), 삼개(三介) 등이 침입하여 함주와 화주를 함락하였을 당시에도 이성계가 나서서 이들을 격파하여 패주시켰다. 이것이 공민왕 12년(1363)과 13년에 발생한 일이다.

원나라가 망하고 명나라가 흥기한 후, 홍무(洪武)[64] 20년(1387) 철령 이북 원래 원나라에 속했던 지역을 요동 소관으로 바뀌겠다는 칙령을 고려에 보냈다. 위 지역은 원래 원나라 말기의 소란으로 포기하였던 것을 고려가 압록강 이북 지역인 동녕(지금 회인 지방)을 정복한 것이다. 위 지역에 명나라가 행정기구를 설립하겠다고 나서니 고려는 철령이란 지역은 요동에도 하나 있고 본국 안변(安邊)에 철령이 있다고 상주문을 올렸다. 안변의 철령은 문주·고주·화주·정주·함주 등을 거쳐 공험진(公嶮鎮)에 이르기까지 본국 옛 강역임을 주장하였으나, 그 효과가 확실한 것은 아니었다. 이성계는 고려시대에 자립하기에 이르러 경원 지역에서 두만강 대안에서 이인(李璘)[65]을 끌어들이기를 주저하지 않았던 점에서 보면, 고려의 주장은 수행 불가능한 것이었다는 것을 알 수 있다.

이성계는 동북면병마(東北面兵馬)를 통괄하면서 쌓아 올린 위신을 바탕으로 여진인을 끌

---

62 원나라 중앙 정부 중 행정 업무를 담당하던 중서성(中書省)의 지방파견 기관이었던 행중서성(行中書省)의 승상(丞相)을 말한다.

63 나하추라고 하는데 북원(北元)의 장군이다. 그는 본래 칭기즈칸의 사준 중 한 명인 무칼리의 후예로, 그의 집안은 대대로 요동 지방의 군 지휘관을 역임했다.

64 명나라 태조 주원장(1328~1398)의 묘호이다. 그는 1364년 스스로 왕이 되어 무왕(武王)이라 선포하고, 멸몽홍한이라 하여 반원 한족 독립의 기치를 세웠다. 1368년에 남경에서 칭제건원(稱帝建元)하여 황제라 칭한 뒤 명나라를 건국했다.

65 고려 후기의 문신으로, 조선 태조 이성계의 6대조이다.

어안기 시작하였다. 다른 한편으로 그는 자신의 힘으로 고려 조정에서 중요한 자리를 차지하면서 고려의 동북로 경영을 차근차근 실행시켜 나갔다. 이는 이씨(李氏) 왕업의 기틀을 잡아가는 것과 연관되어 있기에 아래 조목에서 서술하겠다.

3. 조선 6진 시대

한국의 두만강안 경영은 6진(六鎭) 시대에 최고조에 달한다. 대체로 조선의 태조 이성계는 고조 이안사[李安社, 후에 목조(穆祖)로 추존된다]가 고려의 의주(宜州) 관리로 임명되었다가, 후에는 원나라의 관리로 임명되어 남경 5천 호인 달로화적(達魯花赤)[66]이 되었다[남경은 앞에 나오는 달로화적 관직으로 장인관(掌印官)이라 부르기도 했다]. 이안사는 원나라 세조 지원 11년(1274)에 사망했다.

그의 거주지와 관련해서는 아래와 같은 주장이 있다.

목조의 거주지는 경원부 용당(龍堂)에 있으며 사방은 산으로 둘러싸여 있었다. 주위 3리 정도는 강을 따라 이어졌고 돌로 축조하였다(원주를 보면 병사 1만 명이 달려들지라도 도저히 깨뜨릴 수 없게 축조되었다고 했다). 동문성(東門城)이라 불리던 안쪽에는 우물이 있었다. 우물에서 나오는 물이 끊기지 않아 작은 내를 이루면서 동강으로 흘러들었다. 성 뒤쪽 주봉은 지극히 준엄하게 높아서 오르기가 힘들다고 하는 『용당기(龍堂記)』의 기록을 보면, 지극히 기이한 상황이라 하겠다. 성터와 이웃하고 있던 봉우리는 돌로 담벼락을 끝까지 쌓아 올렸다. 산봉우리 최정상에는 오래된 소나무가 있는데 성조가 손수 심었다고 한다. 태조가 퉁두란(佟豆蘭)[67] 과 활쏘기 시합을 할 적에 이 나무에 과녁을 걸어놓았다 한다[『북여요선(北輿要選)』[68]에서는 『북도능전지(北道陵殿誌)』[69] 를 인용하였다].

---

66 다른 이름으로 다루가치라고 하는데 고려 후기, 몽골에서 정복지의 총독, 감독관으로 두었다가 지방 장관으로도 사용된 직명이다.

67 그는 여진족 출신으로 이성계와 의형제를 맺었으며, 그 인연으로 후에 이(李)씨 성을 사성 받아 이지란(李之蘭, 1331~1402)으로 개명했다. 이성계가 왕이 되기 전 고려의 무장으로써 활약할 때부터 그를 따라 여러 전투에 참전했으며 조선 개국에 동참해 개국공신 1등이 되었다.

68 1903년 김노규가 백두산정계비와 한 · 청 국경, 간도의 영유권 문제에 관하여 쓴 책이다.

69 1758년 위창조가 함경도에 산재해 있는 조선왕조 선계의 능 · 전 · 궁에 관하여 서술한 지리서이다.

태조 원년에 도순찰사(都巡察使) 강사덕(姜思德)[70] 에게 명하여 동림성(東林城)을 축조하도록 했다[원주에는 목조가 이곳에 있다가 알동(斡東)으로 이주하였기에 태조가 이를 위해 성을 축조하였다고 한다. 『북여요선』은 『동국여지승람』, 『북관지(北關誌)』[71], 『용당도기』를 인용했다. 〈토지표〉의 고증 (二)(八), 목조가 거주했다는 성은 두만강 조를 참고 바람].

동림고성은 경원부 동쪽으로 40리, 두만강 강변에 있다(『동국여지승람』). 목조는 알동 지역에 거주하며 북동인들의 마음을 얻어 왕업의 기반을 이곳에서 시작하였다[『북여요선』에 '용비어천가'와 『조선왕조실록』을 인용했다. 알동 소재지는 지금의 열아하(裂兒河) 입구에 있는 곳이다. 〈지지(地志)〉의 (二)(八) 온성(穩城) 이하의 두만강 조를 참조].

이성계 가계도

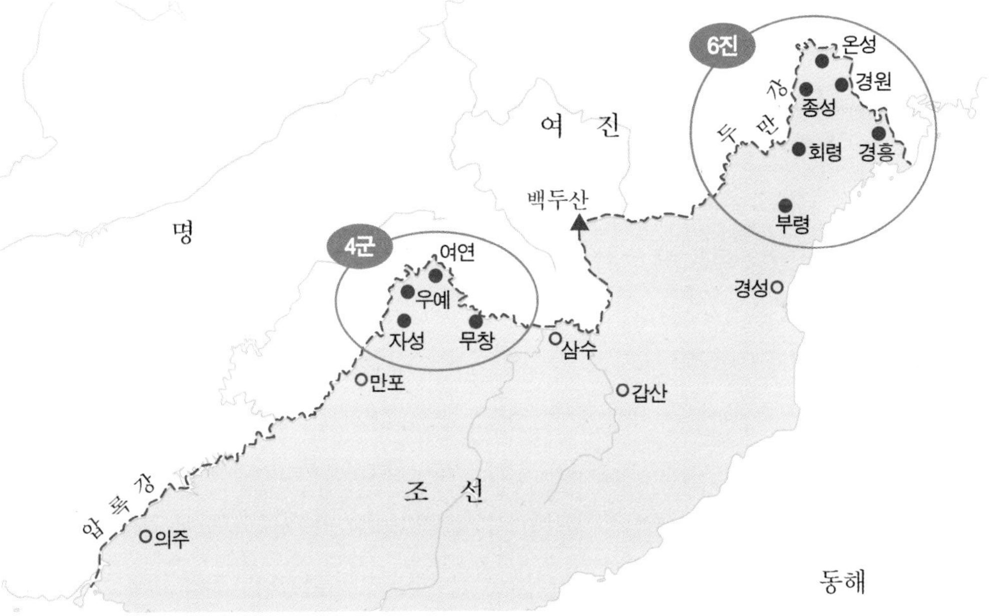

봉금성책에 따른 경계 표시

70 강사덕(?~1410)은 조선시대의 무신으로 경상도 도절제사, 전라도 병마도절제사, 판승녕부사(判承寧府事)를 지냈다. 경상·전라 지방의 해안에 출몰하는 왜구 방어에 공이 많았다.

71 함경도 북부 각 군(郡)의 읍지(邑誌)를 개괄하여 편집한 책으로 조선 광해군 때 이식(李植)이 시작하고 그의 아들 이단하가 완성하였다.

효공왕후(孝恭王后, 목조의 처)[72]와 함께 와서 살 곳을 살폈다. 그리고 익조[益鳥, 목조의 아들 이행리(李行里)]도 동림에서 이곳에 왔다. 그 뒤 그곳에서 20년 동안 거주하였다. 덕릉(德陵, 목조의 묘), 안릉(安陵, 효공왕후 묘)은 처음에는 알동에 있었다[원주에 따르면, 『정릉구비음기(定陵舊碑陰記)』에 기록하기를 천호공(千戶公)[73]의 묘는 알동창(斡東倉)에 있다고 『북도능전지(北道陵殿誌)』[74]에 전한다. 『전지(殿誌)』에 이르기를, 안릉은 즉 명철산(鳴鐵山) 끝자락 산맥의 팔지(八地) 남쪽에 있다]. 위의 내용은 모두 『북여요선』에서 인용한 것이다. 고안릉(古安陵), 고덕릉[古德陵, 경흥부 남쪽으로 10리쯤에 있다. 두 개의 둥근 봉우리가 있는데, 남쪽은 안릉, 북쪽에 덕릉이 있다. 태종 10년에 함흥부로 이장했다. 이를 능평(陵坪)이라 한다. 『동국여지승람』]. 즉, 가장 오랫동안 거주한 지역은 경흥의 두만강 대안인 알아하 입구였다.

이안사의 아들 이행리(훗날 익조로 추존)는 원나라의 관리로 천호(千戶)에 임용되었다. 그의 위신과 덕망이 점차 높아져 여진인들이 모두 그의 수하가 되기를 원했다. 천호는 이들이 소망하는 대로 북쪽 지역을 넓혀 가겠다고 약속하고 적들을 물리쳤다. 익조는 얼마 후에 해관성(奚關城)으로 향하던 중에 나이 든 할머니 한 분을 만났다. 그녀가 말한 대로 우선 가족들을 배로 두만강을 건너서 하류로 내려가라 하고, 자신은 부인 손씨와 함께 말을 타고 대안에서 적도(赤島)에 이르렀다. 알동 사람들은 익조가 적도에 거주한다는 사실에 대해 분분히 이야기했다[『동국여지승람』에 적도는 경흥부의 남쪽 40리에 있다고 되어 있다. 그리고 〈지지(地志)〉 고증(二)(八)에 온성 이하의 두만강 조에 나온다]. 그 뒤 덕원부에 거주하였다. 언제 사망하였는지 알 수 없다.

이안사의 아들 이춘(李椿)의 초명은 선래[善來, 후에 도조(度祖)로 추존]이고 세습하여 천호가 되어 북쪽 변방 망덕산(望德山) 아래에 거주하였다. 옛 거주지는 경흥의 두만강 서안으로 경흥객사로 전해진다(『북여요선』에서 그 책을 인용함). 그가 용을 쏘았다고 하는 옛 유적, 적지(赤地)라고 하는 곳은 망덕산에서 10여 리 떨어져 있고, 주위는 10여 리에 달한다. 북쪽으로 두만

---

72 효공왕후는 목조와 혼인한 뒤 전주에서 살았으나, 전주부윤과 목조의 사이가 나빠져 죽이려 하자 피신하는 남편을 따라 강릉에 옮겨 살았다. 그 뒤 전주부윤이 사혐을 갚기 위해 강원도안렴사를 자청하여 오자, 이를 피해 배를 타고 함길도 덕원부로 옮겨 살았다.

73 이성계의 아버지 환조(桓祖) 이자춘(李子春)을 일컫는다.

74 1747년(영조 23)에 위창조가 함경도의 함흥·영흥·안변·문천·덕원 등에 산재한 태조 내외 팔고조(八高祖)의 능·전·궁에 대해 『북로능전지』를 편찬하였다. 그 뒤 1757년 영조의 명을 받아 새로운 사실을 추가하고 번삭을 가해 이듬해에 간행한 책이다.

강에 잇닿아 있다. 『동국여지승람』에는 경흥부 남쪽에서 10리 떨어진 곳이라 하였다. 원나라 지원 2년(1342)에 사망하였다[도조가 천호를 세습한 사실은 『선원계보기략(璿源系譜紀略)』[75]에 기재되어 있다. 그리고 어제비문(御製碑文) 등에 기재된 내용으로 보아도 의심할 여지가 없다고 하겠다].

도조의 아들 이자춘(李子春, 후에 환조로 추존)이 원나라의 관리가 되어 쌍성자(雙城子) 등지에서 천호가 되었다. 지정(至正)[76] 15년(1355, 고려 공민왕 5) 고려 왕을 알현하고 쌍성 지역 유민을 다스릴 것을 명 받았다. 다음 해에 유인우(柳仁雨)를 따라 쌍성을 공격하여 함락하였다. 함주 이북의 여러 진을 수복하였다. 동북면병마사에서 삭방도(朔方道, 즉 지금의 함경도) 만호 겸 병마사로 진급하였다. 환조가 북도에 들어와 아직 전투하지 않았으나, 여진 땅에 들어와 있던 고려인을 모두 귀순하도록 명하였다. 이자춘은 지정 20년(1360, 고려 공민왕 9) 임지에서 사망했다(사망 연도는 『선원계보기략』에 따랐다).

이성계는 이자춘이 사망한 후 사병 20명을 거느리게 되었다. 그는 이른바 신인계(辛壬癸)[77] 삼란(三亂)에 무공을 세우는 과정에서 나하추[납합출(納哈出)]를 공격, 격파하는 것을 시작으로 여진의 삼선(三善)·삼개(三介)[78]를 격파하였다. 고조(古祖)[79] 이래로 쌓아온 세력을 바탕으로 이성계의 무기■륜(武技■倫)한 위망(威望)[80]으로, 또한 여진의 천호(千戶) 이지란(李之蘭) 첩목아(帖木兒)[즉, 통두란(佟豆蘭), 금패천호(金牌千戶) 아라부카(阿羅不花)의 아들로 공민왕 시기 부하를 거느리고 강을 건너와 북청에 거주했다. 백호(百戶), 보개(甫介)를 보내 1백 호를 거느리고 고려에 귀순하도록 했다. 이 역시 『지지(地志)』 고증(考證) (二)(ㅁ) 알아하 유역 조 참고]를 얻어 날개로 삼았다.

함경도에서 시작하여 여진 ■인의 경내까지 모두 그의 영향을 받기에 이르렀다. 고려 신우 8년(1382, 명 홍무 15) 요동의 호발도(胡拔都)란 자가 동북면 인민을 노략하니, 이성계는 동북면도지휘사(東北面都指揮使)에 임명되어 위의 지역에 파견되었다. 다음 해 호발도가 단주(端州, 단천)에 침탈하여 올 때, 이성계는 모친상을 당하여 청주(靑州, 북청)에 있던 두란(豆

75 1679년(숙종 5)에 처음 편찬되어 1931년까지 100여 회 수정, 복간된 조선 왕실의 족보이다.

76 지정(至正, 1341~1370)은 원나라 혜종(惠宗) 토곤테무르 우카가투 칸의 세 번째 연호이다.

77 신축년(1361), 임인년(1362), 계묘년(1363)을 말한다.

78 삼선과 삼개는 이성계의 고종사촌이다. 이성계는 삼선과 삼개를 무찌르기는 했으나, 죽이지는 않았고, 이후 삼선과 삼개는 다시는 고려를 침략하지 않았다고 한다.

79 목조 이안사를 말한다.

80 위세(威勢)와 명망(名望)을 말한다.

蘭)[81]을 불러 선봉으로 삼아 호발도를 길주(吉州) 전투에서 격파하였다. 이후 이성계는 더욱 여진인의 마음을 얻게 되었다.

이성계는 왜구를 토벌할 때도 여진 군을 이용하여 공을 세웠다. 따라서 공양왕 시기(재위: 1389~1392)에 이르러서는 내외의 전권을 장악하였다. 조정에 상주문을 올려 사람을 보내 동여진 부락을 초유(招諭)[82] 하니 300여 명이 귀순하는 일도 있었다. 바로 공양왕 3년(1391, 명 홍무 24)이다.

다음 해(1392) 2월에는 올량합(兀良哈)과 알도리(斡都里)의 이민들이 고려에 들어오면서 쟁단(爭端)[83]을 일으켰다. 알도리는 "우리는 사달을 일으키려고 온 것이 아니라, 지난날 시중 윤관(尹瓘)이 저희 땅을 평정하여 '고려지경(高麗地境)'이란 비를 세운 일이 있고, 이제 경내의 모든 인민은 제군사(諸軍事)[이성계]의 위신을 우러러 받들고자 왔습니다"라고 하였다. 따라서 쟁단하는 일은 발생하지 않았다. 알도리는 즉 동여진이다. 그들의 군사는 당시 이성계의 관직을 받았다.

1392년 3월 알도리, 올량합 등의 수장은 모두 만호(萬戶), 천호(千戶), 백호(百戶) 등의 직을 제수받았다. 여러 부락에 방을 붙이고 이필(李必) 등에게 방문하도록 하여 여진 지역과 두만강 등지에서 지난 시기에 활약하였던 알도리의 만호, 천호, 두목 등을 초유하게 했다. 그들이 실리를 챙겨 귀순할 수 있는 명분을 만들어 주었다.

> 속빈(速頻)·실적멱(失的覓)·몽골(蒙骨)·개양(改陽)·실련(實憐)·팔린(八隣)·안둔(安頓)·압란(押蘭)·희랄올(喜剌兀)·올리인(兀里因)·고리한(古里罕)·노별(魯別)·올적개(兀的改) 등지는 원래 본국의 공험진(公嶮鎭)에 속했던 지역이어서 초유하려고 하였지만, 아직도 귀순하지 않으니 재차 이필 등을 파견하여 초유하기로 하노라.

속빈은 바로 지금의 수분(綏芬)이다. 몽골은 바로 몽라골(蒙羅骨) 또는 무롱이(無籠耳)로서 지금의 경성 지역이다. 개양은 바로 앞에 나온 수분하 강변의 거양성(巨陽城)이다. '거(巨)'를

---

81 이지란이다.
82 불러서 깨닫게 한다는 뜻이다.
83 다툼의 실마리란 뜻이다.

다른 글자로 '개(改)'로 쓰는 경우는 『동국여지승람』에 나온다. 압란은 『금사(金史)』에 기재된 바와 같은 지역 이름이다. 실련은 『대청일통여도(大淸一統輿圖)』[84]에 나오는 석림하 지역이다. 희랄올은 석랍하 지역이다(모두 지금의 노령 연해주 지역에 있다).

올리인 역시 『금사』에 나오는 해라수[즉 해란하(海蘭河)]의 오림답부(烏林荅部) 혹은 활라혼수(活剌渾水)의 하린강이 된다. 즉 고려가 복주(福州)에 축조한 오림금성(吳林金城)이다. 고리한은 아마도 『금사』 세기에 나오는 고리전으로 『고려사』에는 궁한이(弓漢伊)로, 『수도제강(水道提綱)』에는 활혼산(活渾山) 지역으로 판단된다. 올적개는 올적합(兀狄哈)이라 쓰기도 한다. 즉 『금사』에 나오는 갈뢰로(曷懶路) 오고적혼산(烏古敵昏山) 혹은 통문수(統門水) 온적흔부(溫迪痕部)로 지금의 훈춘 북서, 두만강 밖의 목극덕형령(穆克德亨嶺)이다.

위의 방문은 위로는 고려의 윤관이 영토를 개척하였던 극한을 보여주고, 아래로는 이성계의 위덕(威德)이 미친 지역을 알려준다고 하겠다. 당시 이성계의 경략은 멀리 두만강 밖의 지역에까지 미치면서 윤관이 개척하였던 모든 지역을 회복할 수 있었다. 바로 그해(1392, 공양왕 4) 9월 이성계는 공양왕을 폐위시키고 스스로 왕위에 올라 조선의 태조가 되었다. 그 뒤로 여진에 대한 경략은 더욱 왕성하게 진행되었다. 『국조보감(國朝寶鑑)』[85] 태조 6년(1397, 명 홍무 30)조에 아래와 같은 내용이 나온다.

왕이 즉위한 후 성교(聲敎)[86]는 멀리 미쳤다. 저들의 민은 비로소 생업에 안정을 찾을 수 있었다. 토지는 날로 개척되었고 인구도 날로 증가했다. 여러 사람의 추장은 모두 복종하고 동벌서정(東伐西征)에 따르지 않는 자가 없었다. 왕은 그들에게 만호, 천호의 직을 수여했다. 이두란에게 여진에 대한 교화에 나서도록 했다. 머리와 의복 모양을 고쳐 미개인의 풍습을 버리도록 했다. 예의를 가르쳐 국인들과 서로 통혼하도록 했다. 국가의 부역에 지도록 했다. 편호(編戶)[87]도 국인(國人)과 동일하게 대우했다. 따라서 추장을 따르는 것은 부끄럽게 여기면서 모두 조선으로 귀화하기를 원했다.

따라서 공주(孔州)로부터 동북, 갑산에 이르기까지 읍과 진을 설치하여 민사를 담당하도록 했

84 1863년에 중국 청나라의 호임익(胡林翼)이 편찬한 지도이다.

85 조선시대 역대 왕의 업적 가운데 선정(善政)만을 모아 편년체로 서술한 역사서이다.

86 임금의 명성과 교화(敎化), 또는 임금이 덕으로 백성을 감화시키는 교육을 뜻한다.

87 일반 평민을 호적에 편입시키는 것을 말한다.

다. 교육기관을 세워 경전의 가르침을 공부하도록 했다. 천여 리에 달하는 지역이 모두 조선의 영역에 편입되었다. 강주의 특별한 풍습에 대해 앞다투어 배우고 흠모하여 혹자는 조선에 들어오거나 혹자는 자식들을 조선으로 보냈다.

혹자는 작위를 내려 달라고 요청하였고, 혹자는 내지로 이사했다. 목축업을 하는 자들은 말이나 양구를 얻게 되면, 자신이 소유하지 않고 앞다투어 조선에 바쳤다. 강과 가까이 거주하는 국인들과 쟁소(爭訴)가 발생하면, 관에서 즉시 시비곡직을 가려 주었다. 혹자는 이에 따라서 태형(笞刑)을 당한다고 할지라도 감히 원망을 품지 않았다. 그리고 변방의 장수들이 사냥에 나설 경우는 모두가 군대를 따라나서기를 바랐다. 사냥에서 짐승을 잡게 되면 나라에 바쳤다. 법을 어겨 처벌 받게 되더라도 국인과 다를 바가 없었다.

이두란은 진정으로 형제와 다름없었다. 공주는 경원부의 옛 이름으로 지금의 경흥부 지역이다. 다른 이름으로 광주(匡州)라 부르기도 했다[『동국여지승람』■人■地에서 '광주방어지인(匡州防禦之印)'을 발굴하였다는 기록이 있다]. 태조 7년(1398)에 그 옛터에 석성을 축조하였다. 그곳에는 덕릉(德陵)과 안릉(安陵)이 있다. 그리고 목조의 묘소를 만든 곳이라 하여 경원부라 불렀다. 경성부의 용성 이북 지역을 경원부에 소속시켰다.

태종 9년(1409, 명 영락 7)에 앞으로 옮겨 치소를 소다로(蘇多老)의 고영[古營, 『동국여지승람』에 동림성(東林城)에서 북쪽으로 5리되는 곳에 있다고 했다.]으로 옮겨 목책을 설치했다. 갑산은 원래 고려의 허천부(虛川府)였으나, 오랫동안 여진이 점령하고 있었다. 오랜 전쟁을 거치면서 거주하는 백성들도 없었다. 공양왕 3년(1391) 즉 태조 즉위하던 해부터 비로소 갑주만호부(甲州萬戶府)를 두었다. 태종 13년(1413)에 갑산부가 되었다. 위의 두 지역은 당시 여진을 초접(招接)[88]하는 근거지가 되었다. 특히 경원은 고조 이래의 고적이 있었기 때문에 매우 중요한 위상을 지니고 있었다. 당시 두만강을 경계로 조선의 세력이 강북까지 미친 사실을 알 수 있다.

태조 시기 군현지계(郡縣地界)를 확정한 사실은 정도전(鄭道傳, 1342~1398)을 동북면도선무순찰사(東北面都宣撫巡察使)로 임명하여 관련 업무를 보도록 한데서 알 수 있다. 태종 시기

88 남을 자기 집에 불러들여 함께 산다는 뜻이다.

권근(權近, 1352~1409)이 경원도병마사(慶源都兵馬使) 신유정(辛有定, 1353~1426)을 보내면서 다음과 같이 일렀다(『북여요선』에 인용함).

"국가의 명을 받들어 대동을 기반으로 고려의 옛 영토를 회복할 수 있었다. 그 가운데 공주는 외진 곳이라 가장 멀리 떨어져 있었다. 옛 영광은 쇠퇴하고 가시밭으로 변해 버렸다. 이곳에서 우리나라 태상왕의 위대한 업적이 시작되어 4대를 내려왔다. 고조를 목왕으로 추존하였다. 그곳에 목왕의 산릉이 있었기 때문에 주로 승격시켜 경원부라 하였다. 떠돌아다니는 사람들을 모집하여 거진(巨鎭)으로 만들었다."

위 기록을 통해 고려의 옛 강역을 회복하였다는 주장은 당시에도 있었음을 알 수 있다. 정약용이 윤관이 길주를 벗어나지 못했다고 주장한 것도 믿기 힘들다고 하겠다. 그리고 황경원(黃景源, 1709~1787)이 지은 청해백(靑海伯) 이지란(즉 이두란)의 신도비(역시 『북여요선』에서 인용함)에 따르면, 참찬문하부사(參贊門下府使)를 도병마사로 임명하여 삭방을 다스리도록 했다. 여진을 아울러 모두 국민으로 편입시키고 관직을 세습 받도록 했다. 훈춘강에 이르는 천여 리에 달하는 지역을 국토에 편입시킨 것은 오롯이 공의 공적이다.

그러나 태종 10년(1410) 여진이 또다시 반란을 일으켜 침입하자, 경원의 인민을 경성에 이주시켰다. 두 능을 함흥으로 옮기고 그곳을 비운 지 몇 년이 되었다. 같은 시기 지금의 회령, 종성, 온성 등지도 모두 여진의 침입을 종종 당했다. 그러는 가운데 회령 즉 알목하[斡木河, 오음회(吾音會)라 부르기도 한다]는 알타리(斡朶里)의 추장 동맹가첩목아(童猛哥帖木兒)가 허술한 틈을 타서 차지했다. 동맹가첩목아는 청조의 조상인 조조(肇祖) 원황제(原皇帝) 도독(都督) 맹특목(孟特穆)이다. 명나라 사람들은 맹가첩목아(猛哥帖木兒)라 불렀다. 건주좌위(建州左衛)[89]의 도독으로 대추장이 되었다. '동(佟)'은 동두란(佟豆蘭)의 동과 마찬가지로 부족의 이름일 것이다.

그 후 명나라 사람들이 청 태조 노추(老酋)[90]이 성을 표기할 때, 일관되게 동(佟)으로 썼던

89 명나라에서 남만주에 거주하는 여진족의 통치를 위해 설치한 위소(衛所) 중에 하나이다. 건주좌위는 1416년 알타리(斡朶里)의 추장 동맹가첩목아(童猛哥帖木兒)를 건주위에서 분리하면서 개설되었다.

90 후금 및 청나라의 건국자인 천명제의 별호이다.

점에서 이러한 점을 짐작할 수 있다. 알목하는 명나라 사람들도 동일한 글자를 쓴다. 오음회는 한글에서 비롯된 것으로 청나라 사람들이 말하는 오한회(吳漢繪)의 아타리성[俄朶里城 또는 악모휘(鄂謨輝)의 악다리성(鄂多理城)으로 표기한다]은 바로 회령이다[청나라 사람은 돈화현의 오동(傲東)을 악다리의 옛터라고 하지만 어떠한 근거도 없다]. 알타리는 바로 태조의 기반이었던 알도리(斡都里)다. 훈춘강 바로 지금의 훈춘하 부근에 있다. 『원사(元史)』 지리지와 『대명일통지(大明一統志)』에서 말하는 알타리(斡朶里)도 역시 이를 말한다. 그 시기 종성을 백안수주(伯顔愁州)라 불렀다. 온성은 다온평(多溫坪)이라 불렀다. 모두 여진 이름이다. 백안수주는 부유한 사람들이 거주하는 지역이라는 뜻이다. '다온'은 '섬'이라는 뜻이고 '평'은 한글로 '들'이다.

이 시기 여진의 침입은 조선의 두만강 경영에 일시적인 좌절을 가져다준 측면이 없지 않았다. 그러나 기회가 다시 찾아왔다. 조선의 성왕이라 불리는 세종 15년(1433, 명 선조 8) 올적합(위에서 나옴)은 맹가(猛哥) 부자를 죽였다. 알목하가 추장을 잃은 상황에서 세종은 기회를 놓치지 않고 다음 해 뛰어난 신하 김종서(金宗瑞, 1383~1453)를 함길도 도순문사(都巡問使)[91] 로 임명하여 두만강 경영에 나서도록 했다.

이에 앞서 태종 17년(1417, 명 영락 15)에 한 시기 폐지되었던 경원부를 다시 부흥시키려 하였다. 종성의 두롱이현(豆籠耳峴, 옛적의 덕롱고수 또는 두롱골이령 지역)에 이르는 북쪽 지역을 새롭게 편제했다. 부가참[富家站, 바로 옛적의 부거(富居), 지금의 부령 회수역(懷綏驛) 지역]에 부의 행정 중심을 두었다. 세종 10년(1428)에 이르러 다시 부의 행정 중심을 지금의 경원 즉 회북가에 옮겼다. 경성 석막(石幕)은 동량(東良, 지금의 무산부 경내) 북여진이 왕래하는 요충에 해당하므로 영북진(寧北鎭)을 두어 진출의 원활함을 도모하도록 했다. '맹가의 변'이 발생하면서 영북진을 백안수소(伯顔愁所)로 옮겼다. 알목하의 북서이고 적의 요충지이기도 하고 알타리 유민들도 거주하고 있었기 때문에 성보(城堡)를 축조하고 영북진 절제사(節制使)[92]로 하여금 겸하여 다스리도록 했다. 그러나 거리가 떨어져 있었기 때문에 알목하에 회령진(會寧鎭)을 두었다. 그 뒤로 부로 승격시켰다.

세종 17년(1432) 영북(寧北) 본진 즉 백안수소에도 군을 두고 종성이라 불렀다. 공주의 옛지역에는 공성현(功城縣)을 두었다. 세종 19년(1434)에 공성을 경흥군(목조가 개척한 땅이라 하

91 고려후기에 지방의 군사 관련 업무를 처리하기 위해 임시로 파견하였던 순문사(巡問使)에서 기원한다.
92 조선 시대 각 도의 군사 지휘와 관련 업무 등을 책임졌던 종2품 서반(西班) 관직이다.

여)으로 고쳤다. 세종 22년(1437) 종성 행정 중심을 수주로 옮겼다(적의 침입을 차단하는 요충지이기 때문이다). 백안수소 옛 지역은 도절제사에게 다스리도록 했다. 세종 23년(1438) 종성, 온성을 부로 승격시켰다. 세종 25년(1440) 경흥도 부로 승격시켰다. 세종 31년(1446)에 부령부(富寧府)를 두어 이른바 6진 기반을 비로소 확립하게 되었다. 갑산은 세종 28년(1443)에 삼수보(三水堡)에 삼수군을 설치하였다.

이 시기 조선의 강역은 두만강을 넘지 않았지만, 두만강 밖의 야인 여진은 대부분이 조선에 복속한 상황이었다. 두만강 내에도 함께 거주하는 것을 허락했다. 두만강 내외를 비롯하여 훈춘하에서 알아, 포이합도(布爾哈圖), 해란하 유역은 아직까지 타국의 영역으로 간주되었다.

6진 시대의 전성기에 이르러서는 위의 여진 지역에서 명나라 세력 역시 선조 말년부터 점차 쇠퇴하였다. 정통 14년(1449, 세종 31)에는 와라(瓦剌)의 야선(也先)[93]이 영종(英宗) 황제[94]를 생포하는 충격적인 사건이 발생했다. 동북변의 상황을 파악하려던 세종조차 당황스러움을 감출 수 없었다. 6진 경영 초기부터 여러 가지 이의를 제기하는 부류도 있었지만, 세종은 김종서를 신임하면서 추호도 흔들림 없이 밀고 나갔다. 그런 노력으로 국토 확장의 결실을 거둘 수 있었다.

태조부터 선조에 이르기까지 조선과 여진의 관계를 간략하게 정리하여 6진 시대의 상황을 살펴보기로 하자.

- 정종 원년(1399): 올적합이 조선으로 사신을 보내 오량합(吾良哈) 승냥이를 선물로 바쳤다.

- 세종 14년(1432): 홀라온[忽剌溫, 즉 후란하(呼蘭河)로 지금의 목단강 지역이다], 올적합 등이 여연(閭延), 강계(江界) 등을 침범했다.
- 세종 15년(1433): 파저강(婆猪江)의 야인 건주 등을 지휘한 이만주(李滿住)[95] 등이 경계

93 몽고의 와라부(瓦剌部:Oilat)의 추장 에샌부카(Essenbuka)을 일컫는다.

94 중국 명나라의 제6대 황제 정통제(재위 1457~1464)를 일컫는다. 1449년 왕진의 권유로 와랄야선(瓦剌也先)으로 친정(親征)을 나갔다가 토목보(土木堡)에서 패하고 포로로 잡혔다. 동생 성왕(郕王) 주기각(朱祁珏)이 즉위하고 그는 태상황(太上皇)으로 추존되었다. 다음 해 석방되어 돌아와 남궁(南宮)에 머물렀다.

95 이만주(?~1467)는 건주여진 후리가이(胡里改路) 부족의 대추장으로 아하추(阿哈出, 李思誠)의 손자이며 석가

를 침범하자, 최윤덕(崔閏德)[96]을 파견하여 격파하고 그 소굴을 소탕하였다[파저강은 그 뒤로는 동가강(佟佳江)이라 부르기도 했다는데, 지금의 혼강이다. 이 시기 맹가첩목아의 동생 범찰(范察)[97] 도 이만주와 함께 침범해 왔는데, 명나라 조정의 관리와 가축을 교환하는 조건으로 화의하였다]. 같은 해에 올적합, 알타리의 맹가첩목아 부자가 알목하에서 죽었다. 세종은 김종서에게 명하여 6진 경영책을 수립하도록 했다[명나라의 책에서는 올적합을 칠성(七姓) 야인이라 불렀다. 당시 맹가첩목아의 동생 범찰과 아들 동창(童倉)[98]은 새로 설립된 회령부에 머물면서 조선의 보호를 받았다. 명나라 사람들은 두 사람이 조선으로 도망쳤다고 기록했으나, 사실은 옛날 머물던 땅에 살았는데, 그 지역이 조선의 군현에 편입되었을 뿐이었다]. 이살만답실리(李撒滿答失里) 등이 식량 구제를 요청해 오자 이들에게 보내 주었다.[99] 이살만답실리는 만주의 종형제로서 나란히 건주의 유명한 추장이 되었다.

- 세종 17년(1436): 올량합의 이만주 등이 연이어 침입하였지만, 이들을 격퇴했다.
- 세종 18년(1436): 홀라온의 가은두(加隱豆) 등이 회령을 침입했다. 회령 절제사 이징옥(李澄玉)이 군대를 파견하여 이들을 격퇴했는데, 범찰이 거느리던 무리도 그를 따라나섰다(이들은 범찰이 이끌던 무리로 조선 보호에 의존하는 바가 컸다).
- 세종 19년(1437): 세종이 함길도 절제사 김종서에게 북변 경략책을 물었다. 김종서는 비밀 보고서를 올려 두만강에 방비를 설립하면, 어떤 이로운 점이 있는지를 지적했다. 이로써 6진 설립이 마무리되었다. 같은 해에 평안도 절제사 이천(李蕆) 등이 파저강 야인을 정벌했다.
- 세종 25년(1443): 동양 북쪽의 야인 낭보야두(浪甫也豆)는 그의 종형 도만호(都萬戶) 낭복아한(浪卜兒罕)을 따라 조선으로 왔다. 그런데 낭보야두가 10여 년 전에 자신의 아버

노(釋加奴, 李顯忠)의 아들이다.

96 최윤덕(1376~1445)은 조선 전기의 무신으로 대마도 정벌과 4군 설치, 읍성 축조 등 조선 전기 국방 체계의 강화에 큰 공을 세웠다.

97 건주 여진족의 수령으로 청나라를 세운 천명제의 원조부(遠祖父)이다.

98 동창(1419~1467)은 중국 건주여직(建州女直)의 추장 맹가첩목아의 차남으로 동창(童倉)이라고도 한다. 그는 1437년에 건주좌위(建州左衛)의 장(長)이 되었다가, 조선과 통하여 변경을 침범하여 명나라 장군 조보(趙輔)에게 주살되었다.

99 『조선왕조실록』 세종 15년(1433) 12월 14일자. "이살만답실리(李撒滿答失里)와 이만주(李滿住)에게 쌀을 각각 20석씩 하사하였다."

지를 죽인 것에 대해 유사(攸司)에게 명하여 당시 사건을 조사하여 보고하도록 했다. 위의 보고에 근거하여, 함길도 도절제사 김효성(金孝誠)에게 명하여 낭보야두를 변경에서 주살토록 했다. 여기에 함길도 내의 조선인과 변방 지역에 거주하는 야인들이 저지른 범죄에 대해 똑같은 형률을 적용하여 처결하도록 했다(동량은 두만강 상류에 있다. 위의 사례는 조선에서 야인의 범죄를 처결한 명확한 보기다).

• 단종 2년(1454): 함길도 관찰사에 명하며 가뭄에 농사를 망친 종성과 부령읍의 야인들에게 쌀과 콩을 나눠줘 구휼하도록 했다. 추장들이 함부로 하는 행동에 대비하여 숙위를 서도록 하였다.

• 세조 을해년(1455): 여진 만호 호시내(好時乃) 등이 조공했다.
• 세조 2년(1457): 함길도 절제사 이징옥이 반란[100]을 일으켜 본거지를 야인의 지역으로 옮겨 스스로 대금황제(大金皇帝)라 칭하고 도읍을 오국성(五國城)에 두고자 했다. 6진을 개척하는데 이징옥의 공이 있었다. 야인들도 반란을 일으켜 종성에 도착한 판관 정종(鄭種)을 포박하여 죽였다.[101]
• 세조 3년(1456): 이만주의 아들 도독 이고납합(李古納哈)과 동생 아구(阿具), 건주위 도독 동창(童倉)[102] 그리고 범찰 등이 조선으로 왔다. 평안도 관찰사에게 명하기를, 이만주와 동창 등 야인들이 멀리서 조선에 들어오겠다고 관문을 두드린다면 그들의 성의를 억제하지 말아야 할 것이다. 이들 두 사람뿐만 아니라 다른 야인들도 마찬가지다. 야인들 가운데 한 사람은 중국을 따르려 하고, 다른 한 사람은 우리나라를 따르고 사대의 예

---

100 1453년(단종 1) 10월 함길도 도절제사 이징옥이 일으킨 반란을 말한다. 이징옥은 뛰어난 무장으로 관직 생활의 빈 이상을 함경도에서 보내면서 4군과 6진의 개척에 공을 컸다. 그런데 1453년 수양대군이 계유정란을 일으켜 김종서·황보인 등을 죽이고, 자신을 김종서의 일당이라고 몰아세워 파면하고 후임으로 박호문(朴好問)을 보냈다. 이에 이징옥은 분개해 박호문을 죽이고 병력을 이끌고 북쪽으로 나가 종성에서 스스로 '대금황제(大金皇帝)'라 칭하고 도읍을 오국성(五國城)에 정하고 여진족에게 후원을 요청하였다. 그러나 종성부사 정종(鄭種)·호군 이행검(李行儉) 등에게 살해되어 계획은 실패로 돌아갔다.
101 이는 사실과 다르다. 정종(1417~1476)은 '이징옥의 난' 때 종성 절제사로서 그를 포살(捕殺)한 공으로 군공(軍功) 1등에 책록되었고 당상관으로 승진하였다.
102 동산(童山)인데 동창으로 이름을 바꿨다.

를 파기하려고 한다면 이들을 자소(字小)[103]하는 의(義)로써 갖추어 대해야 할 것이다.

- 세조 4년(1459): 건주위 추장 동산이 조선에서 정헌대부(正憲大夫), 중추원사(中樞院事) 직을 제수받자, 명나라는 사신을 보내 그러한 사실을 책문(策問)했으며, 명분을 만들어 건주에도 사신을 보내 추궁했다. 동산은 동맹가첩목아(童猛哥帖木兒)의 아들이다. 명나라 사람들이 남긴 기록에 여러 군데 나온다. 즉 청나라 사람들이 편찬한 책에는 충선(充善)이라 불렀다. 발음이 다를 뿐이다. 명나라 책에는 맹특목(孟特穆)의 아들 충선, 그의 아들 동산이라 했는데 같은 내용으로 보아야 할 것이다. 명나라 책에는 동산(董山)은 동창(童倉)의 동생이라 했다.
- 세조 5년(1460): 회령 지역에 있던 모련위(毛憐衛)의 올량합랑과 아합 그리고 낭발아한(浪孛兒罕)과 낭이승가(浪伊升哥) 부자가 반란을 도모하자 체포, 주살했다. 이에 낭발아한의 다른 아들 아비거(阿比車)가 올량합의 대호군 김저비(金這比)와 함께 병사를 규합하여 회령, 장성 앞에 진을 치고 목책을 무너뜨리고 침범하자, 함길도 도절제사 양정(楊汀)이 이들을 격파했다. 아비거 등은 도망쳤다.

명나라는 칙서를 보내 이들을 법으로 다스릴 것을 요구했다. 그러나 세조는 이를 수락하지 않았다. 경계를 이웃하는 처지에서 그렇게 할 수 없었다. 모련위는 모린(毛獜)이라고도 한다. 지금의 길림 목릉하 지역일 것이다. 회령 장성은 『동국여지승람』에 부서의 독산연대(禿山烟臺)[104]에서 시작하여 두만강 안을 따라 면면히 이어져 경원부 훈융진(訓戎鎭)[105]에 이른다고 기록되어 있다. 회령 지역은 역시 강 외의 지역을 가리키는 것이 확실하다고 하겠다.

야인(野人) 니마거(尼麼車), 올적합(兀狄哈), 비사(非舍) 등이 조선으로 들어왔다. 세조는 이들을 불러 만나고 낭패아한(浪孛兒罕)의 죄를 이야기하니 니마거 등이 머리를 조아리며 사죄했다(니마거는 청나라 『태조실록』에 나오는 니마찰로 송화강 연안 지역의 이인으로 보인다). 건주위의 동창(童倉)은 조선의 정조사를 북경에서 만나 조선 왕[106]의 은혜에 감사를 표시했다. 낭패아한의 주살에 대해 명나라에 보고하지 않으면, 자신들은 조선의 바

103 잔약하고 작은 사람을 사랑하고 어루만진다는 뜻이다.
104 지금의 회령 서방을 말한다.
105 지금의 경원 북방을 말한다.
106 세조를 일컫는다.

람막이가 되겠다고 했다.

야인들은 명나라 사신이 와서 낭패아한의 일을 추궁하자 이에 노하여 다시 조선 침범을 꾀했다. 세조는 신숙주(申叔舟)를 강원 함길도 도체찰사 겸 선위사로 임명하여 강북의 이만주 야인 무리를 정벌하도록 했다. 이들은 6진에서 군대를 나누어 야인 지역으로 깊숙이 침투하여 그들의 소굴을 격파했다. 야인들은 분분히 무기를 버리고 잠적하였다. 도체찰사 한명회(韓明澮)가 대규모 공격을 가해 야인들의 투항을 요구하자, 야인들은 순순히 이에 응했다.

- 세조 8년(1463): 함길도 절제사 강순(康純)[107], 건주의 이만주, 동산 등이 모련위에 편지를 보내 함께 중국이 아닌 조선에 귀순할 것을 요구했다. 세조는 한명회에게 명하여 군대를 거느리고 이들을 격파하여 섬멸하여 위엄을 보이도록 했다.
- 세조 9년(1464): 건주 3위 중의 하나인 달자(㺚子)[108]는 명나라의 개원(開元) 등지에 침범하여 노략질했다. 요동도사(遼東都司)가 통원보(通遠堡), 봉황산(鳳凰山) 등지에서 방어하였다. 평안도 도절제사 양정에게 이르기를, "중국이 융적(戎狄)[109]과 화의를 이루지 못했기 때문에 이것저것 견주다 보니 스스로 어려움에 빠졌다. 오히려 군대를 일으키기보다는 오랑캐들과의 관계를 돈독히 하여 소란을 일으키지 않도록 하는 것이 낫다"라고 하였다.
- 세조 12년(1467): 어유소(魚有沼)[110], 강순 등에게 명하여 병사 10,000여 명을 이끌고 건주위 이만주와 그의 아들 고납합(古納哈) 타비라(打服剌) 등을 정벌토록 했다. 명나라가 건주위를 토벌하면서 원조를 요청하였기 때문이다[이 시기 정벌 대상이 되었던 건주위 올적합(兀狄哈)은 파저강(婆猪江) 연안 지역으로 지금 통화·회인 지역이다. 명나라 군대는 무정백(武靖伯), 조보(趙輔) 등이 군사 50,000명을 거느리고 소자하(蘇子河)에서 고성(高城)에 이르렀다. 여기서

107 강순(1390~1468)은 조선 전기에 북방 야인을 다스리는 조전절제사(助戰節制使), 우의정 등을 역임한 무신이다.

108 달달족(韃靼族)을 말하는데, Tatar 부족을 일컫는다.

109 융(戎)은 원래 서융·견융(犬戎) 등으로 일컬어진 중국 북서부의 산간 지역에 살던 민족을 통틀어 일컫던 호칭이다. 그들의 활동이 가장 활발한 시기는 상(商)·주(周)나라 때이다. 적(狄)은 적적(赤狄) 또는 백적(白狄)이라 불렸다. 산시성(山西省)부터 허베이성(河北省)에 걸쳐 세력을 떨쳐 춘추시대 중원(中原)의 여러 나라를 괴롭혔다.

110 어유소(1434~1489)는 조선 전기에 영안도순찰사, 영안북도절도사, 병조판서 등을 역임한 무신이다.

분수령을 넘어 건주에 다다랐다. 조선군은 이미 명나라 군이 깊이 침투하여 올적부를 초멸하고 회군하는 것을 보고 군대를 돌렸다.]. 동산도 이 시기 명나라에 의해 주살을 당했다[동산(董山)은 전해(1466)에 광녕(廣寧)으로 가던 도중에 검거되어 이 시기에 주살되었다].

이같이 맹가첩목아가 죽은 후에 건주는 3개 위[111]로 분열되었다. 이들이 차지하던 지역은 두만강 안에서 파저강 연안까지 이르렀다. 두만강 북안 지역은 조선의 영향력이 점점 커졌다. 파저강 연안, 지금의 통화·회인 지방을 차지하고 있던 여진의 추장은 이만주와 동산을 중심으로 하고 있었다. 이만주는 범찰, 동산과 더불어 30년 동안 명나라의 변방을 침범했다. 이들 두 명이 주살을 당한 후 조선의 변강 경략은 제2의 기원을 맞게 되었다.

- 성종 원년(1470): 이때 함경북도 절도사 김교(金嶠)[112]는 귀순을 청하려는 야인 이거을가개(李巨乙加介)를 만났다. 그런데 이거을가개가 갑자기 김교를 찌르려 달려들자, 그는 황급하게 도망쳐 간신히 죽임을 면할 수 있었다. 이후 어유소(魚有沼)[113] 를 보내 김교를 대신하도록 했다.
- 성종 2년(1471): 야인 올적합(兀狄哈), 니마차(尼麻車) 등이 조선으로 와서 이야기하기를, "저희 모두가 왕[114]의 성덕을 우러러 조선의 백성이 되기를 원합니다"라고 하였다. 변장(邊將)[115]에게 명하여 그들을 받아들이도록 했다.
- 성종 10년(1479): 명나라의 요청에 따라 도원수 윤필상(尹弼商)[116], 절도사 김교 등에게 병사 4,000명을 이끌고 건주 여진의 소굴을 소탕하도록 했다. 그들은 요동인을 포로로 잡아서 돌아왔다. 포로를 명나라에 바쳤다.

---

111 건주위(建州衛)·건주좌위(建州左衛)·건주우위(建州右衛) 등을 말한다.

112 김교(1428~1480)는 조선 초기 여진 정벌에 큰 공을 세웠고, 이시애의 난을 진압한 무신이며 어린 성종을 왕으로 옹립한 공신이다. 평양감사로 재직 중 사망하였다.

113 어유소(1434~1489)는 조선 초기의 무신으로 변방 여진족의 토벌과 1463년 이시애의 난 진압 등에 참여하였다.

114 성종을 말한다.

115 변경을 지키는 장수(將帥)로 첨사(僉使)·만호(萬戶)·권관(權官) 등을 통틀어 말한다.

116 윤필상(1427~1504)은 조선 중기의 문신으로 이시애의 난이 평정되자 공신에 책록되었으며, 중국 명나라 건주위 야인(野人)들의 정세를 탐지·보고하여 성종 10년(1479) 우의정으로서 이를 토벌하였다.

• 성종 23년(1492) 지난해에 야인들이 변경을 침범하니 허종(許琮)[117]을 도원수(都元帥) 도원수는 조선 성종 때 건주야인(建州野人)으로 불리던 남만주 지역의 여진족 정벌을 계기로 도원수(都元帥)[118]로 하여 6진에 이르러 니마차(尼麻車)와 대진했다. 니마차는 전투에서 패배하고 숨어 버려 건주 3위에 큰 충격을 주었다.

• 중종 원년(1492): 함경북도 절도사에 명하여 야인들을 후하게 대하도록 하여 국가의 변방을 굳건히 하고자 했다.
• 중종 13년(1518): 이지방(李之芳)[119]을 방어사로 삼아 갑산을 침범한 야인 속고내(速古乃)를 체포하려고 하였지만 성공하지 못했다.
• 중종 18년(1523): 평안도 절도사 이지방에게 명령하여 여연(閭延)[120]의 야인을 구축했다. 이때부터 일단 야인 김아종 등을 부령에서 여연과 무창[121]에 이주하도록 했다. 상기 지역에서 토지를 개간하고 책을 세우니 그 세력이 강대해져 통제하기 어렵게 되었다. 이지방에게 명하여 이르길, 주성합(主成哈)이 이미 조선에 귀순하고 무창에서 강 건너편에 자리 잡았다며, 그들이 나라의 바람막이가 되어 주기를 주문했다. 다른 야인 종족들도 유인하여 강을 따라 거주하도록 했다. 누차 명을 내려 달래고자 하였다. 그러나 야인들은 오히려 입에 담지 못할 말을 서슴지 않았다. 지금 다 잡지 않으면 장차 어떤 상황이 벌어질지 상상하기 어렵다"라고 했다(위의 기록을 보면 압록강 외의 지역에 야인 거주를 허락할지가 조선이 엄격한 행정력을 이행했는지를 평가하는 시금석이라 하겠다).
• 중종 23년(1554): 만포첨사(滿浦僉使)[122] 심사손(沈思遜)[123]이 오랑캐 경내에 들어갔다가

---

117 허종(1434~1494)은 조선 전기의 문신으로 문무에 모두 뛰어나 내직으로는 예조판서·이조판서 등을 거쳐 우의정에 이르렀으며, 외직으로는 함길도경차관·북성도원수 등을 지내며 국경의 경비를 튼튼히 하였다.

118 임명이 본격적으로 시작되었다. 도원수는 원정군 지휘뿐만 아니라 변방 방비도 주도하였으나 주된 임무는 외침을 방어하기 위해 동원된 부대를 통솔하였다. 임진왜란 중에는 장기간에 걸쳐 임명되기도 했다. 대개 2품 이상의 문관 출신이 도원수가 되고 무장은 부원수가 되었는데, 전자는 전체를 통솔하고, 후자는 실제 전투를 책임졌다.

119 이지방은(1466~1537)은 조선 중기의 무신으로 의주목사, 경상좌도수군절도사, 동지중추부사 등을 역임하였다.

120 평안북도 자성 지역의 옛 지명이다.

121 여연 동쪽에 위치하였다.

122 만포진 첨절제사(滿浦鎭僉節制使)의 약칭이다.

123 심사손(1493~1528)은 조선 전기의 문신이자 무신으로 의정부 좌의정 화천부원군 심정의 차남이고, 좌의정을 지낸 심수경의 아버지이다. 만포첨사로 재직 중 여진족의 기습 공격을 받고 살해되었다.

죽임을 당했다. 조정에서 오랑캐 정벌을 논의하였지만 결론은 내지 못했다.

• 명종 원년(1554): 초관(草串)의 야인 골간(骨幹) 등이 변계를 침범했다. 북도병마사 이사증(李思曾)이 병사를 파견하여 그들을 격퇴하였다(초관은 한국어로 '풀곶'으로 '불곶'과 음이 다르지만, 지금의 포이합도(布爾哈圖) 지역이다). 골간(骨幹)이 재차 경원 조산보(造山堡)를 침범했다. 조방장(助防將) 최한정(崔漢貞)이 활로 골간의 추장을 사살하자 적들은 마침내 도망갔다.

• 선조 16년(1583): 북계의 호인들이 반란을 일으켜 경원부를 함락했다. 병마사 이제신(李濟臣), 온성 부사 신립(申砬) 등이 경원부를 수복했다. 당시 경원·종성·회령의 호인들이 모두 반란을 일으켰다. 오로지 온성의 호인들만 반란을 일으키지 않았다. 신립의 무용에 힘입은 바가 컸다. 이제신은 신립을 파견하여 군대를 나누어 두만강을 건넜다. 금득탄(金得灘)·안두리(安豆里)·자중도(者中島)·마전오(麻田塢)·상가암(尙加巖)·우을기(于乙其)·거여읍(車汝邑)·포다통(浦多通)·개동(介洞) 등의 소굴을 습격했다. 참수한 수급만 300에 달했다. 병사 전원을 퇴각시켰다[여기서 열거된 야인의 소굴 가운데 지금 알 수 있는 '마전오'는 『동국여지승람』에서 경흥부 북쪽으로 40리 떨어진 마전도(麻田島)일 것이다. 포다통·개동은 만문(滿文) 성경여지전도(盛京輿地全圖)[124]에서 갈합리하(噶哈哩河)[125]로 흘러드는 마지막 강일 것이다. 상가암은 혹은 『동국여지승람』에서 회령부 강 외의 지역으로 기록한 ■■가하가 아닐까 생각되지만 확신할 수 없다].

호인 율포리(栗甫里), 이탕개(尼湯介) 등은 여러 차례 동관, 종성, 방원보(防垣堡) 등지를 침범했다. 첨사 변기(邊璣)[126] 등이 사력을 다해 이들과 싸워 물리쳤다. 호인들은 스스로 물러갔다. 다시 집결하여 움직일 기미를 보이지 않았다. 다만 율포리, 이탕개 등이 도망쳐 깊숙이 숨었다가 다시 변방을 침범했다[이탕개를 이양개(利陽介)라 부른다. 만문(滿文)『성경여지전도(盛京輿地全圖)』, 〈장백산도(長白山圖)〉, 『대청일통여도(大淸一統輿圖)』에 섭리와집

---

124 1684년 청나라에서 펴낸 『성경통지(盛京通志)』에 수록된 지도이다. 성경은 오늘날의 요녕성 심양을 말한다.

125 오늘날 길림성 연변조선족자치주 왕청현에 위치한 가야하(嘎呀河)를 말한다. 도문과 왕청을 경유하여 흐르는 가야하는 고대로부터 영고탑(寧古塔)과 훈춘(琿春)을 잇는 역참로(驛站路)에 위치하고 있다.

126 조선 시대의 무신으로 임진왜란에서 활약했으며, 전쟁 초기에 조방장이 되어 조령을 지키려 했다.

이 있는데 이는 갈합리하 상류에 있다. 혹시 이곳이 아닐까 한다].

- 선조 21년(1588): 북병사(北兵使) 이일(李鎰)이 순회차 경흥에 이르렀다. 장수[127]를 파견하여 강을 건너서 추도(楸島)의 반란 호인을 습격했다. 또다시 군대를 파견하여 강을 건너 시전(時錢)의 반란한 호인을 습격하여 많은 호인을 참수했다[추도는 경흥부의 대안 북으로 45리 떨어진 곳에 있다고 『동국여지승람』에 나온다. 시전산(時錢山)은 강의 동쪽 입구에 있다는데 『북변릉지(北邊陵志)』에 나온다].
- 선조 27년(1594): 북병사 정현룡(鄭見龍)이 역수부(易水部) 반란 호인을 정벌하여 무찔렀다. 임진년[128] 이후로 호인들은 여러 번 변계를 침범하여 영건보(永建堡)의 역수부를 함락시켰다. 종성과 온성도 그 피해를 보았다. 정현룡은 비밀리에 6진의 군대를 파견했다. 투항한 왜인들을 선봉으로 내세워 호인들의 소굴을 급습했다. 호인들은 산을 의지하여 보루를 쌓고 저항했다. 투항한 왜인들을 선봉으로 군대를 출격하여 성을 함락했다. 노소를 가리지 않고 모든 호인을 섬멸했다(영건보는 온성부 남쪽 30리 되는 곳에 있다고 『동국여지승람』에 나온다).

  역수(易水)는 『청사(靑史)』[129]에 이르기를, 회령 분계에서 온성 분계까지 80여 리가 되는 문암동·이아동·제동·역수 등지를 말한다. 대체로 온성 강 외 지역이 여기 해당한다. 임진년은 우리가[일본] 조선을 정벌한 해다. 선조 27년의 2년 전의 일이다. 투항한 왜인의 사정은 자세하지 않다. 임진년에 일본의 청정(淸正)[130]이 오랑캐에 들어왔다. 다음 해에 해당하므로 확실히 이들과 관계가 있을 것으로 보인다.
- 선조 38년(1605): 홀라온(忽剌溫) 야인들이 변계를 침범했다. 동관보(童關堡)를 함락하고 첨사를 살해하고 철수했다. 우후(虞候) 성우길(成佑吉)[131]은 군사를 거느리고 도강하여 야인의 촌락을 습격, 격파하고 남성 포로들을 압송하여 돌아왔다.

---

127 우후(虞候) 김우추(金遇秋)를 말한다

128 1592년이다.

129 삼국시대로부터 조선 고종대까지 우리나라의 중요한 역사적 사실을 기록한 책이다.

130 가토 기요마사(加藤淸正, 1562~1611)를 말한다. 그는 일본 무장으로 도요토미 히데요시 막하에서 전공 세워 영주가 되었고, 임진왜란 때 일본군의 동군을 이끌고 함경도까지 진격하여 선조의 두 왕자인 임해군 진과 순화군 보를 사로잡았다.

131 성우길(?~1623)은 조선 중기의 무신으로 임진왜란이 일어나자 선전관으로 왕을 호종했다. 북도우후로 북변에 침입한 야인을 무찔러 공을 세웠다.

여진과 조선의 관계는 위의 기사를 통해 대략을 짐작할 수 있다. 번호(藩胡)[132]는 바람막이가 되었던 호인을 말한다. 이들이 강 내에 있든지, 강 외에 있든지 상관없이 조선은 이들을 다스렸다. 죄가 있으면 벌을 주고 반란을 일으키면 정벌했다(이와 더불어 압록강 외의 야인들의 사정과 관계가 밀접하기에 분리하여 기술하기 어렵다).

그리고 명나라와 관계를 살펴보기로 하자. 당시는 명나라의 영락(永樂)[133], 선조 연간[134]에 해당한다. 흑룡강 하류에 노아간도사(奴兒干都司)를 두고 수군을 파견하여 이들을 다스리고자 했다. 지금의 노령에 있는 것으로 알려진 영령사(永寧寺) 두 개의 비석 내용이 저간의 사정을 전해 주고 있다.

건주·모린 등의 대추장이 있었다. 도독 첨사, 지휘, 천호, 백호 등의 직을 제수하여 지역을 다스리는 주역으로 삼았다. 보상을 후하게 하여 그들의 환심을 사고자 하였으나, 실력으로 이들을 통제한 것은 아니었다. 만약 위력을 사용하고자 하는 경우는 반드시 조선의 병력을 차용하고자 한 것이 관례가 되었다. 이런 연유로 조선 세조의 비웃음을 사기도 했다. 세조는 누차 여진인을 감싸 안았다. 따라서 명나라의 책문을 받기도 했다. 그런데도 여전히 6진 경략을 추진해 나갔다.

그러나 지세의 한계로 인해 두만강 유역은 지금의 합이파령, 노야령 이동, 압록강 유역은 지금의 변장(邊墻) 이동은 명나라 입장에서 보면, 너무 멀리 떨어져 있었기 때문에 행정 권력의 힘이 제대로 미치기 어려웠다. 두만강 유역은 더욱 그러했다. 명나라 군대가 동가강(佟佳江) 유역까지 진출한 적은 한 번 있었지만, 6진 지역에는 한 번도 온 적이 없었다. 따라서 조선의 북벌은 물건을 찾는 것과 마찬가지로 지극히 쉽게 진행될 수 있었다.

이런 연유로 지지(地志)의 경우 조선 성종 11년 즉 명나라 홍치 15년(1480)에 완성된『동국여지승람』은 두만강, 압록강 외의 산천을 아주 자세하게 설명할 수 있었다. 이런 내용을 만문(滿文) 성경도, 장백산도, 청조일통여도, 기타 근세의 지지, 지도와 대조한다면 만약 지어낸 것이라 아니라면 바로 확인 가능하다고 하겠다.『대명일통지』의 막연한 기재에 비할 바가 아니다. 그 가운데 종성의 보청포(甫靑浦)와 같은 명칭은 두만강 외 지역에 봉수(烽燧)

132 북방에 있는 변경의 오랑캐라는 뜻이다.
133 영락은 명나라 성조 영락제의 연호로 명나라의 연호이다. 1403년부터 1424년까지 22년간 쓰였다
134 선조의 재위 기간(1567~1608)을 말한다.

가 설치되었던 사적(史蹟)이 나온다. 만약 이런 사실로부터 두만강 외 지역이 명나라와 조선 간 어디에 속하면 지당할지를 따지면 조선이 그 권리를 주장할 수 있는 근거가 될 수 있다는 것은 의심할 여지가 없게 된다.

間島問題調査書 第2

Ⅱ. 강희(康熙)[1] 정계(定界) 이전의 경계 하(下) - 청조 발흥기

1. 모황, 중립지대의 형성

청조 조상으로 명나라 선조로부터 성화(成化)[2] 초기까지 세력을 대규모로 확장하던 동산(童山)[3]이 명에 의해 살해되었다. 추장 이만주(李滿住, ?~1467)[4]도 조선에 의해 죽임을 당하였다. 이에 일시적으로 건주(建州) 세력이 쇠퇴하는 것처럼 보였다. 여진인 가운데 동산의 위망(威望)은 죽은 후에도 큰 감화를 불러왔다. 따라서 여진인들은 동산의 복수를 명분으로 명나라 변강(邊疆)을 침범했다. 명나라는 할 수 없이 동산의 아들 탈라(脫羅, 1467~1481)를 건주 도독으로 임명하고 직을 세습할 수 있도록 했다.

『청조실록』에는 탈라에게 형제 두 명이 있었다고 한다. 한 명은 타일막(脫一莫)이고 다른 한 명은 석보제편고(錫寶齊篇古)[5]였다. 석보재편고의 아들을 도독(都督) 복만(福滿)이라 불렀다. 바로 흥조(興祖) 직황제(直皇帝, 재위 1522~1542)다. 도독 복만에게는 아들 6명이 있었다. 넷째 아들을 각창안(覺昌安)이라 불렀다. 바로 경조(景祖) 익황제(翼皇帝, 재위 1526~1571)다. 경조에게 아들 5명이 있었다. 넷째 아들 탑극세(塔克世)를 현조(顯祖) 선황제(宣皇帝, 재위 1616~1626)라 불렀다. 바로 청태조 노이합제(努爾哈齊)[6]의 아버지다.

명나라는 각창안을 교장(校場) 혹은 규장(叫場)이라 기록했다. 탑극세를 탑실(塔失) 혹은

1 중국 청나라의 제4대 황제(재위 1661~1722). 중국 역대 황제 중 재위 기간이 가장 길다. 삼번의 난을 평정한 뒤, 국가는 재정적·내정적으로 안정되었고 외적으로는 중국의 영토를 크게 확장하였다.

2 성화(成化, 1465~1487)는 명나라 헌종(憲宗) 성화제(成化帝)의 연호이다.

3 동산(1419~1467)은 童倉·充善이라고도 하는데 청 태조 누르하치의 현 조부(5대조)이며, 애신각라(愛新覺羅) 먼터무의 차남이다. 그는 부친이 피살당한 후, 명 제6대 황제 정통제(1435~1449) 재위 때 건주위의 수령이 되었고, 여러 차례 군사를 모아 요동을 공격하였다. 이후 회군하다가 성화제 때인 1467년 광영에 도착했는데, 명 관리가 마을을 정리하라는 말을 하자 그를 죽였다. 뒷날 조선의 변경을 침범하여 명의 장군에게 살해당하였다.

4 이만주(?~1467)는 건주여진 아합출(阿哈出) 부족의 추장으로 아합출의 손자, 석가노(釋加奴)의 아들이다. 가족과 함께 조선군에 살해당하여 대가 끊겼다.

5 석보재편고는 청 태조 누르하치의 고조부로 건주위의 4번째 추장이다. 그는 동산의 3남으로 형 아이신기오로 톨로의 건주위의 추장을 계승하였다.

6 누르하치를 말한다.

타실(他矢)이라 기록했다. 모두 음이 다를 뿐이다. 『청조실록』에는 도독 맹특목(孟特穆) 즉 조조(肇祖) 원황제(原皇帝, 재위 1405~1433) 시기부터 지금의 흥경(興京)·노성(老城) 즉 혁도아랍(赫圖阿拉)에 거주하기 시작했다고 적고 있지만, 그렇지 않다는 점은 제1장에서 다룬 바와 같다(중복을 피해 여기서는 생략한다). 도독 맹특목 즉 동맹가첩목아(童猛哥帖木兒)는 조선의 회령에 있었고 올적합(兀狄哈)[7]에게 살해되었다. 그의 아들 동산은 『청조실록』에 충선(充善)이라는 기록되어 있는데,(이 역시 음이 다를 뿐이다) 지금의 회인 지역에 있었다. 그가 죽은 후에 어느 때 혁도아랍에 옮겼는지 확실하지 않다.

경조의 형제 5명[8]이 혁도아랍에 거주하고 이들 모두를 영고탑 패륵[寧古塔 貝勒[9], 6왕이라는 뜻이다. 만주어에서 패륵은 숫자 '6'을 뜻한다. 『청태조실록』에는 손찰탑성(遜紮搭城)을 공략하였다는 기록이 있다. 여기서 손찰은 '5'라는 뜻이다. 훗날 사람들은 영고탑 부근에서 일어났다고 하여 영고탑 패륵이라 불렀다고 하는데, 이것은 근건가 없는 억측이라 하겠다]이라 불렀다. 이들이 어느 때 이곳으로 이주하였는지는 확실하지 않다.

시간이 흘러 태조 시기에 이르렀다. 경헌(敬軒) 현조(顯祖)가 횡사를 당하면서 영고탑 패륵의 위상에 큰 상처를 냈다. 태조는 현조가 남긴 갑옷 13벌을 가지고 원수를 갚는다는 명분으로 이감외란(尼堪外蘭)[10]과 전투를 벌였다. 명나라 만력(萬曆)[11] 13년(1583)으로 청 태조 25년의 일이다. 당시 여진 마을은 분란에 빠졌다.

만주국에 소극소호하부[蘇克蘇護河部, 즉 지금의 소자하(蘇子河) 연안 지역], 혼하부(渾河部, 혼하의 끝과 소자하 상류를 포함한 연안 지역), 왕갑부(王甲部, 아마도 흥경·노성 북동 수십 리 되는 곳에 있는 왕가대보가 아닐까 한다), 동악부[董鄂部, 혼강(渾江)으로 흘러 들어가는 곳에 동악하(董鄂河)가 있다. 혼강도 역시 동가강(佟佳江)이라 부른다. 상기 본류와 지류에 있었던 것으로 보인다.], 철진부(哲陳部, 소자하와 혼하와 인접한 지역으로 보인다.)가 있다. 장백산에 눌은부(訥殷部, 송화강 상류의 니혁약인과 삼인약인 지역일 것이다), 압록강부(鴨綠江部, 이름 그대로 압록강 연안)가 있다.

---

7 올적합은 호전적인 종족으로 알려졌고, 올적합 300~400명으로 조선 군사 10,000명을 대적할 수 있다는 평가를 받기도 하였다.

8 덕세고(德世庫), 유천(劉闡), 소장아(索長阿), 포랑아(包朗阿), 보실(寶實) 등을 말한다.

9 청나라 시조인 경조와 그의 다섯 형제가 각각 여섯 개 성을 쌓고 살게 되면서 영고탑 패륵(寧古塔 貝勒)이라는 명칭이 생겼다고 한다.

10 니감외란(?~1587)은 건주여진 소극소호부(蘇克素滸部)의 추장이다.

11 만력(1573~1620)은 명나라 신종(神宗) 만력제(萬曆帝)의 연호이다.

동해에 악집부[渥集部, 지금의 목단강(牡丹江) 연안에서 송화강 하류에 이르는 노령, 연해주 지방 전체를 아우르는 이름], 와이객부(瓦爾喀部, 도문강 본류와 지류에서 수분하에 이르는 지역), 고이객부[庫爾喀部, 호이합·호이합 등으로 쓰기도 한다. 하나는 악집부의 고이객(庫爾喀)으로 보는 것이 정확할 것이다. 즉 목단강 하류 지역이다.]가 있다. 호륜국(呼倫國)에 오라부(烏喇部, 지금 길림 지역), 합달부(哈達部, 지금의 개원 남동의 합달 지역), 엽혁부(葉赫部)와 휘발부(輝發部, 모두 지금의 지역과 동일하다.)가 있었다.

위의 부족은 서로 자웅을 겨루면서 전투를 멈추지 않았다. 청 태조는 처음부터 제왕의 대업을 이루고자 한 것은 아니었다. 우선 자신의 주변부터 평정하면서 점차 세력을 키워나갔다. 이렇게 군사를 일으킨 지 7~8년이 지나서 만주국 5개 부, 여러 성의 성주(城主)가 되었다.

만력 18년(1590)에 이르러 비로소 장백산의 압록강로를 평정했다. 그리고 엽혁패륵(葉赫貝勒)[12]과 격돌하기 시작했다. 만력 21년(1593)에 이르러 오랍(烏拉)·휘발(輝發)·합달(哈達)·엽혁(葉赫)[13], 몽골의 과이심(科爾沁), 석백(錫伯), 과이찰(瓜爾察) 그리고 장백산의 주사리부(朱舍里部)와 눌은부(納殷部) 등 9성국(九姓國)의 연합군과 찰객(扎喀)과 고륵산(古勒山)에서 전투를 벌여 격파하고 주사리와 눌은을 정복했다. 주사리는 송화강 원류인 주륜하(珠倫河) 연안이다. 즉 눌은로에 인접한 지역이다.

태조는 만주와 장백산 두 지방을 정복한 다음 만력 26년(1598)에 와이객부(瓦爾喀部)의 안저랍고(按褚拉庫)를 정복했다. 안저랍고는 송화강 원류인 안파도랍고이다. 주사리를 정복한 후 다음 안파도랍고를 정복 대상으로 삼은 것은 지세로 보면 자연스러운 수순이라 말할 수 있다. 이같이 와이객부를 시작으로 와이객 지역을 정복했고 이와 인접해 있던 옥집부(渥集部)에도 세력을 미쳤다.

태종 시기에 이르기까지 역사적 기록이 있지만, 간략한 표를 작성하여 저간의 사정을 열거해 보기라 하자. 와이객부는 조선인이 말하는 올량합(兀良哈)이다[즉, 가토 기요마사(加藤清正)[14]

12 엽혁은 해서여진의 홀룬 구룬의 세력 중 하나로, 현대 길림성지린성 사평시의 관하와 청하로 불리는 여허강(葉赫河) 일대에 근거지를 두었다.

13 이를 호륜사부(扈倫四部)라고도 부른다.

14 가토 기요마사(1562~1611)는 일본의 무장(武將)으로 도요토미 히데요시[豊臣秀吉]와는 6촌간이다. 그는 많은 전투에서 전공을 세웠고 시즈가타케 전투에서 뛰어난 활약을 했다. 임진왜란이 일어나자 함경도 방면으로 출병했다.

가 이르렀던 지역일 것이다]. 『인조실록』 숭덕 2년(1637) 정월 28일조를 보면, 조선 국왕 이종(李倧, 인조)에게 내린 칙서에도 올량합이라는 기록이 나온다. 『연려실기술』에서는 『병자록(丙子錄)』[15]을 인용하여, 올량합이라 기록한 것으로도 확인된다. 옥집부는 조선인이 말하는 올적합(兀狄哈)이다. 『동화록(東華錄)』[16]에는 옥집(渥集)이라 하고, 『황청개국방략(皇清開國方略)』[17]은 와집(窩集)이라 했으며, 『청삼조실록채요(清三朝實錄採要)』에서는 와계(窩稽)라 적었다.

위 지역에 대한 정복이나 귀순을 받아 낸 것은 조선의 6진과 번호(藩胡)[18]의 상태에 일대 변화를 가져왔다고 하겠다. 청과 조선의 관계 연혁에서 매우 중요하다는 것을 알 수 있다(표에서 나오는 와이객과 옥집은 서로 혼란스러운 점이 없지 않다. 주로 원문에 근거하였을 뿐 바로잡지 않고 중대한 사실을 열거했다).

와이객부(瓦爾喀部)	옥집부(渥集部)
만력 26년(1598) 태조 장자 저영(楮英), 어린 동생 파아라(巴雅喇)에게 명령하여 갈개(噶蓋), 비영동(費英東)과 함께 군사 1,000명을 거느리고 안저랍고(按褚拉庫)를 정벌하여 둔채(屯寨) 20여 개를 공략하고, 백성 10,000여 명을 귀순시켰다[비영동에게는 제2차 와이객 정벌이었다. 제1차는 갈가로(噶嘉路)를 공략하여 부장 아구를 죽이고 부하들을 귀순시켰다. 이로써 오라패륵(烏喇貝勒) 포점태(布占泰 ?~1618), 아국(兒國) 소속의 와이객(瓦爾喀) 안저랍고(按褚拉庫), 내외 이로(二路)의 무리를 귀순시켰다. 그 가운데 3명을 엽혁(葉赫)에 넘겨주고 이로의 귀순을 받아 냈다. 이것이 이번 귀순을 성공시킨 요인이다].	만력 27년(1599)동해 옥집부(窩集部)의 호이합로(瑚爾哈路) 장왕격장격(長王格張格)이 100명을 거느리고 조선으로 왔다. 이때부터 매년 배알하였다. 만력 35년(1607) 패륵 파아라(巴雅喇), 대신 액역도(额亦都, 1562~1621), 비영동(費英東), 호이한(扈爾漢, 1578~1623)에게 명령하여 군사 1,000명을 거느리고 동해 옥집부의 혁석흑로(赫席黑), 아막화소로(俄漠和蘇魯), 불눌혁타극색(佛訥赫拖克索)를 정벌하고 2,000명을

15 1636년 병자호란 때 문신 나만갑(羅萬甲, 1592~1642) 자신이 겪은 전쟁 경험과 병자호란 전후의 정치 실정을 정리하여 만든 책이다.

16 장양기(蔣良騏)가 편찬한 청 태조로부터 세종(世宗)의 옹정(雍正) 13년(1735)에 이르는 20권의 편년체 사서를 말한다.

17 청 건륭제가 황가의 청조 개국 역사를 정리한 사서를 말한다.

18 조선은 개국 초기부터 여진 대책에 관심을 쏟았다. 세종은 두만강 유역을 개척하고 6진을 설치하였는데, 그중에 5진의 성 아래에 여진족들을 거주하도록 하고 번리(藩籬)로 삼았다. 조선은 번리의 경제적 요구를 받아들이면서 그들로부터 다른 부족의 정보를 입수하곤 하였다. 번리가 점차 늘어나자 중심 부락이 형성되면서 번호로 발전해 나갔다. 농경 발달과 정착 마을의 확대로 점차 성장해간 여진 사회는 선조 시기에 조선에서 이탈하려는 움직임이 나타났다. 마침내 누르하치가 만주 전역의 여진족을 통합하는 과정에서 번호는 건주여진에 정복 · 흡수되었다.

와이객부(瓦爾喀部)	옥집부(渥集部)
만력 35년(1607) 동생 서이합제(舒爾哈齊), 장자 저영, 차자 대선(代善), 대신 비영동, 호이한에게 명령하여 군사 3,000명을 거느리고 동해 와이객도 비유성(蜚悠城)의 둔채 500여 호를 내지로 이사시켰다. 오랍패륵 포점태가 파견한 저격 군사 10,000명을 도중에서 격파했다[비유(蜚悠)의 구지에 비요라고 기록했다. 『흠정성경통지(欽定盛京通志)』에는 비야로 나온다. 흥개호(興凱湖)의 입구로서 대단히 중요한 지역이다].	포로로 잡아서 돌아왔다(아막화소로는 지금의 악목색(鄂木索)이다. 『길림외기(吉林外紀)』에 액목혁색라(額木赫索囉)(즉 악목색) 잡륜(卡倫)의 통구(通溝)에 있다. 화십혁이란 이름도 있다. 바로 혁석리다. 불눌혁(佛訥赫)은 영고탑 남서 50여 리 떨어진 곳이다.
만력 37년(1609) 태조가 명나라에 문서를 올려 이르기를, 조선의 경계와 인접해 있던 와이객부의 무리는 모두 저의 소속입니다. 사신을 보내 이런 사정 살펴 주시고 저한테 편입시켜 주기 바랍니다. 이에 명나라는 사신을 파견하여 조선에 1,000여 호를 돌려보내도록 했다. 천명(天命) 10년(1625) 객이달(喀爾達), 부객납(富喀納), 탑우(塔羽)에게 명령하여 동해 와이객부(瓦爾喀部)를 정벌하도록 했다. 항복한 무리 330명을 압송하여 귀환했다. 족제(族弟) 왕선(王善), 대신 달주호(達珠瑚), 차이격(車爾格)에게 명령하여 군사 1,500명을 와이객부를 정벌하여 수많은 무리를 포로로 잡았다. 천명 13년(1629) 맹아도(孟阿圖)에게 명하여 군사 300명을 거느리고 와이객을 정벌하도록 했다. 이상은 태조 시기	만력 36년(1608) 옥집부, ■이합로 1,000명이 영고탑성에 침입했다. 살제고로(薩齊庫路)에 주둔하고 있던 아군이 이들을 격파했다. 100명을 참수하고 12명을 생포했다. 말 400필, 갑옷 100벌을 노획했다. 나머지 무리는 모두 투항했다. 투항한 자들 가운데 옥집부의 호엽로(瑚葉路)에 잠적한 이들도 있었는데, 내놓지 않았다[살제고로는 엽합리하에 흘러드는 살기고하(薩其庫河) 부근에 있는 살기고참 지역으로 생각된다. 조정걸(曹廷傑)의 『동북변방집요(東北邊方輯要)』에 따르면, 영고탑 북동 살이호성(薩爾滸城)으로 비정하면 틀렸다고 생각된다. 호란로(虎攔路)는 오소리하에 흘러드는 호야하 부근 지역일 것이다].
	만력 37년(1609) 태조는 시종 호이한(扈爾漢)에게 명하여 군사 1,000명을 거느리고 옥집부 소속의 호야로(滹野路)를 정복하고 2,000호를 포로로 잡아 귀환했다. 옥집부 수분로장에 도릉(圖楞)이란 자가 있었는데, 옥집부의 아람로인(雅攬路人)을 노략했다(옥집은 실록에는 올철로 나온다. 호야는 바로 호야호란이다. 아람은 동해안의 아란하 지역으로 지금의 노령 연해주로 블라디보스토크의 동쪽 지역으로 추정된다).
천총(天聰) 5년(1631)와이객을 정벌했다. 대신 맹아도가 영고탑에서 사람을 보내 보고하기를, 포획한 남자는 1,219명, 여자는 1,284명, 아동은 603명에 달하고 인삼과 짐승 가죽 등을 취득했다고 했다.	만력 38년(1610) 태조는 액역도(額亦都)에게 명하여 군사 1,000명을 이끌고 옥집부의 나목도로(那木都魯), 수분(綏芬), 영고탑, 니마찰(尼馬察 등 4로로 가서 로장(路長)들을 불러 귀순하도록 하고 가족을 공격했다. 액역도는 군사를 돌려 아람로(雅攬路)에 이르러 이들을 공격하여 10,000여 명을 포로로 잡아 귀환했다[바로 전해 수분로장 도릉(道陵) 노략에 대한 보복이었다].
천총 7년(1633) 오파해(吳巴海) 등에게 명하여 조선에 가서 와이객부장(瓦爾喀部) 족속 15명을 넘겨받고 귀환했다.	
천총 8년(1634) 오파해와 형고이대(荊古爾代)에게 명하여, 군사 400명을 거느리고 재차 와이객을 정벌했다. 영고탑에서 출발하여 둔장(屯長) 분득리(分得里)를 포로로 잡았다. 아고리(兒古里)와 니만(泥湾)의 부중 1,000여 명을 귀순시키고 다음 해(1635)에 개선했다[아고리하는 니만하와 만나 오소리강(烏蘇里江)에 흘러든다].	만력 39년(1611) 전해에 옥집부에서 귀순한 로장(路長) 가운데 승격(僧格)과 니객리(尼喀里)가 태조가 하사한 갑옷 40벌을 수분 지역에 두었는데, 옥집부의 오이고신(烏爾古宸)과 목륜(木倫) 이로(二路)의 군사들이 빼앗아 갔다. 호이합부장(虎爾哈部長) 박제리(博濟里)를 파견하여 빼앗긴 물건을 되돌려 받으려 하였지만, 응하지 않았다. 이에 태조는 일곱 번째 아들 아파태(阿巴泰)와

와이객부(瓦爾喀部)	옥집부(渥集部)
천총 9년(1635) 재차 와이객을 정벌했다. 오파해(吳巴海), 다제리(多濟里), 찰복니(札福尼), 오십탑(吳什塔) 등에게 명하여, 네 갈래로 나누어 진격하도록 했다. 오파해가 진격하는 곳은 액혁고륜(額赫庫倫)과 액륵약색(厄勒約索, 오소리강에 흘러드는 강으로 액호하와 호이목하가 있다. 바로 액혁고륜이다. 동해로 흘러드는 강은 액륵하와 약색하가 있다. 바로 액륵약색이다)으로 이곳에서 장정 750명을 포로로 잡았다. 다제리가 진격한 곳은 아란(阿難), 석림, 호란(아란, 석림은 대체로 동해로 흘러 들어가는 강 이름이다. 호란은 오소리강에 흘러 들어가는 강 이름이다)으로 이곳에서 장정 757명을 포로로 잡았다. 찰복니가 진격하는 지역은 아고리(兒苦里)와 니만(泥濟)으로 이곳에서 장정 400명을 포로로 잡았다. 오십탑이 진격한 곳은 약라(若剌)와 아만(兒灣)(약라는 오소리강에 흘러드는 강이다. 아만은 오소리강에 흘러드는 강에 도만하가 아닐까 한다)으로 이곳에서 장정 1,014명을 포로로 잡았다. 총지휘 각 군율은 한 곳을 담당했다. 오파해(吳巴海)와 오십탑(吳什塔)은 군율에 오찰랍부(扎臘臘復)의 100명 장정을 건드리지 말라는 내용을 추가했다. 다제리가 진격한 지역은 섬이 많아 배를 만들어 공격용으로 사용해야 했다. 만약 함락할 수 없다면 잠시 놓아두었다가 다시 도모하기로 했다. 다음 해 승전보를 전했다.	비영동(費英東), 안비양고(安費揚古) 등에게 명하여 군사 1,000명을 이끌고 오이고신(烏爾古宸)과 목륜(木倫) 이로(二路)를 정벌하도록 했다. 1,000여 명을 포로로 잡아 회군했다(목륜은 오소리하에 흘러드는 목릉하 지역이다). 같은 해에 또 하화리(下和裏), 액역부(額亦不), 호이한(扈爾漢) 등에게 명하여 군사 2,000명을 거느리고 옥집부의 호이합로(瑚爾哈路)를 정복했다. 찰고탑성(扎庫塔城)을 3일이나 에워싸고 투항을 권했지만, 굴복하지 않으니 드디어 공격을 개시하여 함락시켰다. 1,000여 명을 참수하고, 2,000여 명을 포로로 잡았다. 그리고 주변 지역의 각로(各路)는 모두 항복을 받아 냈다. 노장(路長) 토륵신(土勒伸), 액륵신(額勒伸) 등이 백성 500호를 거느리고 투항했다(조정걸의 『동북변방집요』에 따르면, 찰고탑성은 도문강 서쪽에 있다. 고려의 온성과 가까운 곳에 있었다. 단성을 찰고탑으로 비정하지만, 그런 것 같지 않아 보인다. 도문강 부근은 와이객로이므로 호이합로에 있어야 마땅하다). 만력 42년(1613) 군사 5■을 파견하여 옥집부의 아람(雅攬)과 서■ 2로를 정복했다. 투항한 백성 200호를 받아들이고, 1,000명을 포로로 잡고 귀환했다(아란하의 서쪽에 석림하가 있는데 동해로 흘러든다. 바로 서■로가 있는 지역이다).
숭덕 원년(1636) 태종은 조선 친정에 나섰다. 조선에 거주하고 있던 와이객의 난신과 마복달이 100여 호를 거느리고 귀순했다. 태종은 조선 친정에 앞서 니감(尼堪), 호십포(扈什布), 계사합(季思哈), 엽극서(葉克書) 등에게 명하여 외번(外藩) 몽골 여러 번의 군사를 이끌고 함경도에 진격하여 와이객을 정벌하도록 했다. 도중에 회령으로 진군하였다가 조선군과 전투를 벌여 격파하였다. 다시 와이객부를 공략했다. 오랍(烏拉)에 이르러 몽골 군사를 돌려보냈다. 복객개 등 24명 장수에게 명하여 군사 1,200명을 거느리고 네 갈래로 나누어 진격하여 와이객(瓦爾喀)을 정벌했다. 양황기(兩黃旗)의 서서(舒書), 탑극주(塔克朱)를 1로로 하여 갑사(甲士) 60명, 아고리, 니만, 목릉 그리고 오이고신(烏爾古宸) 지역, 남■란 우록(牛彔) 수하의 객극독례(喀克篤禮) 형제 등 장정 도합 170명을 거느리고 오이고신으로 진격했다.	만력 43년(1614) 옥집부의 동액흑고륜인(東額黑庫倫人), 아국인에게 소식을 보내 전하기를, "적들이 우리를 침범하려 하니 우리와 함께 일전을 벌여 봅시다"라고 했다. 태조는 군사 2,000명을 파견하여 고눌합고륜으로 진격하여 투항을 권했지만, 응하지 않았다. 따라서 공격을 개시하여 성을 함락했다. 800명을 참수하고, 10,000명을 포로로 잡았다. 주민 500호를 받아들이고 회군했다. 오소리강에 흘러 들어가는 액호하와 호이목하가 있다. 액흑고륜(額黑庫倫)은 대체로 위의 지역에 있을 것으로 보인다. 천명 원년(1616) 대신 호이한(扈爾漢), 안비양고(安費揚古)에게 명하여 군사 2,000명을 거느리고 동해 살합련부(薩哈連部)를 정복했다. 두 사람은 올이간하(兀爾簡河)에 이르러 배 200척으로 나누어 수륙을 넘나들며 진군했다. 올이간하 남북에 있는 36채를 손에 넣었다. 그리고 흑룡강 남안에 주둔했다. 군사를 거느리고 강을 건너 살합련부 11채를 함락시켰다. 여기에 사견로[使犬路, 음달혼탑고라라(音達琿塔庫喇喇)이라 부르기도 한다],

와이객부(瓦爾喀部)	옥집부(渥集部)
양홍기(兩紅旗)의 은고리(恩古里), 극포도(克布圖)를 1로로 하여 갑사 60명, 수분(綏分), 아란(阿蘭), 호란, 오이길의 장정 도합 200명을 거느리고 수분으로 진격했다. 양백기(兩白旗)의 합십둔(哈什屯), 만도우(滿都祐)를 1로로 하여금 약라(若喇)와 아만(阿灣)의 장정 300명을 거느리고 약속된 장소에 이르렀다. 양람기(兩藍旗)를 일로(一路)로 하여 액혁고륜(額赫庫倫)과 액륵(厄勒)의 이동 지역, 새목극륵(塞木克勒) 이서 지역의 장정 도합 120명을 거느리고 약속된 장소로 향했다. 이같이 황, 금, 백 3기는 남자는 188명, 가족은 475명을 포로로 잡았다고 보고했다. 동해로 흘러 들어가는 강에 승고륵하(僧庫勒河)가 있다. 지금의 노령 연해주에 있다. 즉 새목극륵 지역이다.	약락로(諾洛路), 석랍흔로(石拉忻路)의 노장(路長) 40명의 항복을 받고 회군했다(삼성의 송화강 하류에 부이관하가 있다. 북서쪽에서 흘러든다. 바로 와이관하다. 은달목하는 그 상류에 있다. 남동쪽에서 흘러든다. 즉 은달혼일 것이다. 약라하와 서랍석하와 합류하여 오소리강에 흘러든다. 즉 약락로와 석랍흔로다. 살합련도는 바로 흑룡강과 송화강이 합류하는 지역일 것이다). 천명 2년(1617) 군사 4[redacted]을 파견하여 동해 연안에 흩어져 거주하고 있으면서 아직 귀순하지 않은 여러 부락의 항복을 받아 내도록 했다. 섬에 거주하면서 험한 지형을 의지하여 저항하는 무리는 작은 배를 이용하여 모든 섬을 정복하고 회군했다.
숭덕 4년(1639) 이에 앞선 시기에 동쪽의 고이객(庫爾喀)이 반란을 일으켜 웅도(熊島)로 들어갔다. 태종은 조선 국왕 이종(인조)에게 명하여 수군을 파견하여 웅도를 공격하도록 하여 가합선(加哈禪) 등 장수를 생포하여 성경(盛京)으로 압송했다. 그리고 살이규(薩爾糾) 등 4명 장수를 파견하여 군사를 이끌고 와이합 지역으로 진격하여 잔여 세력 500명의 항복을 받아 냈다.	천명 3년(1618) 이미 귀순한 사견로, 약락로, 석랍흔로의 로장 40명은 소속 무리를 거느리고 귀순했다. 동해 호이합부장 납합달은 100호를 거느리고 귀순했다. 천명 4년(1619) 대신 목합련(穆哈連)에게 명하여 군사 1,000명을 거느리고 호이합 유민 전부를 거둬 들이도록 했다. 목합련의 장정 2,000명을 거두어들였다.
숭덕 5년(1640) 다제리, 객주(喀珠) 등을 영고탑으로 파견하여 장경(章京) 종과태(鍾果兌) 등과 합세하여, 군사 300~400명을 이끌고 오찰랍부(兀扎喇部)를 정복하도록 했다. 다제리 등은 오찰랍에서 110여 명을 포로로 잡았다. 살이규 등은 포로로 잡혔다. 남자 336명이 귀순했다. 남자 149명이 포로로 잡혔다. 포로로 잡힌 가족은 796명에 달했다. 귀순한 가족은 480명에 달한다고 보고를 올렸다. 이상은 태종 시기	천명 10년(1625) 세 번째 아들 아배(阿拜), 여섯 번째 아들 탑배(塔拜), 아홉 번째 아들 파포태(巴布泰)를 파견하여 군사 1,000명을 거느리고 북로로 하여 동해 호이합부(瑚爾哈部)를 정벌했다. 대신 박이진(博爾晉) 등에 명하여 군사 2,000명을 거느리고 남로로 하여 동해 호익합부를 정벌했다. 박이진 등은 500호의 항복을 받아 내고 먼저 회군했다. 아배 등은 1,500명을 포로로 잡고 회군했다. 이상은 태조 시기
파살합(擺撒哈)	천총(天聰) 4년(1630) 나감태로의 호이한(扈爾漢)인 마이도(馬爾都) 등이 가속을 거느리고 귀순했다. 이들을 영고탑 변두리 지역에서 주둔하면서 가축을 사육하도록 했다. 천총 6년(1632) 오파해(吳巴海)에게 명하여 올찰라(兀扎喇)를 정벌했다. 악흑하(握黑河)에서 300명을 참수하고 남녀 700명을 포로로 잡았다[올찰라는 『황청직공도(皇淸職貢圖)』에서 말하는 오회륵(於戲勒)으로 7성일 것이다. 악흑하는 오소리강에 흘러드는 액호하일 것이다].

와이객부(瓦爾喀部)	옥집부(渥集部)
	천총 7년(1632) 계사합(季思哈), 오파해(吳巴海)를 파견하여, 300명을 거느리고 조선국과 인접해 있는 동해 와이객부를 정복했다. 다음 해에 승전보를 보내왔는데 포로로 잡은 남녀노소 1,950명에 달한다고 했다.
	천총 9년(1635) 흑룡강 호이객을 정복했다. 파기란(巴奇蘭), 살목십객(薩穆什喀)의 장정 2,483명, 인구 7,302명을 편입시켰다고 보고했다.
	숭덕(崇德) 7년(1642) 사이호달(沙爾虎達), 주마랍 등에게 명하여 송하리강의 호이객부를 정복했다. 10둔의 남녀노소 1,400여 명이 항복했다.
	숭덕 8년(1642) 아이진(阿爾津), 합녕갈(哈寧噶) 등에게 명하여 관병을 거느리고 흑룡강 호이합부를 정벌했다. 3둔을 함락하고, 4둔의 항복을 받아 냈다. 남녀노소 2,703명을 포로로 잡았다. 이상 태종 시기

※ 위의 연표는 『태조실록』, 『태종실록』, 『만주명신전(滿州名臣傳)』, 『황조문헌통고』, 『동화록(東華錄)』, 『황청개국방략(皇淸開國方略)』, 『동북변방집요(東北邊方輯要)』 등 여러 책에서 확실하다고 판단되는 내용을 뽑았다.

조선과 관련한 투항 권고나 정복은 태종 천총(天聰) 8년(1643) 패기란(霸奇蘭) 등에게 명하여 흑룡강을 정벌하도록 한 명령 내용에서 확인할 수 있다.

> "이곳 인민의 언어가 우리나라와 같으니, 이들과 함께하면 나라에 유용한 인력으로 활용할 수 있을 것이다. 이들을 정복하기에 앞서 그들에게 아래와 같은 내용을 알려줄 필요가 있다.
>
> 그대들은 원래부터 우리나라 사람이기에 우리 황제는 오래전부터 그대들을 수복하라 하였소. 아직 귀순하지 않고 나라의 호적에 등록하지 않은 그대들을 위하여 이번에 이곳으로 오게 되었음을 알리는 바요."(청조 태종실록)

또한 같은 시기에 군사를 따라다니던 하(夏)씨 성을 가진 무인(武因)의 둔장(屯長) 객배(喀拜) 등을 불러서 다음과 같이 일렀다.

> "그대들은 지방 [redacted]을 모른다. 그대들은 원래 어떤 원인으로 우리나라에 거주할 수 없게 되었다. 그대들이 우리 군사들을 안내하여 모든 둔채(屯寨)로 하여금 우리나라에 거주할 수 있도록 지시하라 하였다."(실록)

태조 천명 3년(1618) 호이합부장(虎爾哈部長) 납객답(納喀答)이 100호를 거느리고 왔다. 이에 태조는 200명을 파견하여 이들을 영접하고 친히 연회를 베풀었다. 그들 중에 가족과 함께 우리나라에 머물기를 요청하는 무리와 가족들과 함께 오지 않았지만, 머물기를 요청하지 않은 무리를 분리하여 머물도록 했다. 머물기를 요청한 우두머리 8명에게 각각 남성 20명, 말 10필, 소 10마리, 비단, 가죽옷 등 4계절 옷과 경작지와 집 그리고 일용품을 모두 갖추어 하사하니 모두가 크게 기뻐했다. 머물기를 원치 않았던 무리 중에서도 감격하여 머물기를 요청하는 자들이 많았다. 그러나 여전히 돌아가기를 원하는 자들에게는 아래와 같은 말을 전하도록 했다.

청나라 2대 황제[태종] 천총(天聰) 홍타이지 숭덕제

"나라의 군사들은 무력으로 우리를 죽이고, 우리들의 가산을 빼앗으려 했지만, 황제 폐하는 투항한 이들에게 편안하게 머물 수 있도록 우리를 거둬 주셨다. 그 은혜는 저희의 상상 밖이라 할 수 있다. 그러하오니 그대들은 물론이고 형제들도 함께 하루빨리 오기를 바란다."

이는 투항을 권고하는 훌륭한 수단이었다. 그런데도 도망치는 무리도 있었다. 웅도(熊島)로 들어갔던 무리 가운데 일부는 조선과 인접해 있던 와이객부(瓦爾喀部)를 거쳐 조선으로 도망쳤다. 이에 따라 양국 사이의 중대한 교섭 문제가 되기도 했다.

이같이 투항하고 포로로 잡은 무리를 어떻게 대할지 문제가 대두했다. 천총 8년(1643) 계사합(季思哈), 오파해(吳巴海)가 오이합인(虎爾哈人) 1,300여 명을 포로로 잡아 오니 아래와 같이 효유했다.

"이번에 포로로 잡아 온 무리를 이전과 8분으로 똑같이 나누지 말고 장정에 부족한 기(旗)에 보충하도록 하라. 팔기(八旗)[19]의 1우록(牛彔)[20]은 똑같이 30명으로 편제한다. 30우록으로 1기를 편제한다. 30우록이 넘는 경우 이를 분류시켜 30우록이 부족한 기에 충원하도록 하라. 30우록이 부족한 기가 있으면, 건장한 장정을 선발해 능력에 따라 충원하도록 하라. 통령(統領)이 소관하던 장정은 전에는 1보에 거주하였지만, 후에는 포로로 잡은 자들이 오면 충원하도록 하라."[『동화록(東華錄)』]

그리고 숭덕(崇德) 5년(1640) 살이규(薩爾糾) 등이 와이객(瓦爾喀)의 장정을 포로로 잡아 왔을 때도 그 가운데 40명을 각 기(旗) 가운데 부족한 병사 편제를 충원하도록 했던 일이 있다. 이같이 태조와 태종 시기에 전쟁은 끊이지 않고 계속되었다. 전쟁에 필요한 병력 확충은 주로 같은 종족으로 지방 부락에 흩어져 살고 있었던 장정들을 수용하는 방식으로 이루어졌다. 위에서 살펴본 바와 같이 소수 병정의 보충으로 끝난 것이 아니었다.

예친왕(睿親王)[21]『소정잡록(嘯亭雜錄)』[22]에 다음과 같이 기록되어 있다.

"고묘(高廟)(즉 태조) 초기 만주군 [redacted] 때 동악(董鄂)의 온순공(溫順公)은 하화리(何和里, 1561~1624)라 부르고 노훈춘 부장이었다. 그가 거느리던 군사는 막강하였고 그는 한 지역을 호령하는 우두머리였다. 이런 군사력을 바탕으로 세력을 홍경(興京)[23]으로 확장했다. 가례(嘉禮)에 따라 공주[24]를 아내로 맞이했다. 마침내 군사 50,000여 명을 이끌고 귀순했다. 살이호(薩爾滸) 전투

19 팔기(八旗)는 청나라를 건국한 태조(太祖)가 창업에 공로가 있는 만주족을 비롯하여 한인 · 몽고인 · 여진인 등을 중앙집권적으로 통제하고자 태조 원년(1616)에 조직한 군대로, 총군(總軍)을 그 군기(軍旗)의 빛깔에 따라 여덟 부대로 나누어 편제하였다.

20 청대 팔기제의 한 단위인 니루[牛彔]의 한자 음역어이다. 니루는 대략 300명의 군사로 구성되었다.

21 예친왕은 청나라의 주요한 작호이다. 1636년 다이애(多爾袞)가 처음으로 화석친왕(和碩親王)에 봉해지며 예친왕이라 불렸다.

22 청나라 소련(昭槤)이 쓴 책이다.

23 홍경은 중국 요녕성 무순시(撫順市) 신빈현(新賓縣) 영릉진(永陵鎮)의 소자하(蘇子河) 남쪽에 있는 성이다. 누르하치는 건주여진(建州女眞)을 통일하던 시기에 구노성(舊老城)에 거주하였다. 1587년 누르하치가 혁도아랍(赫圖阿拉)에 성을 쌓기 시작하여 1603년에 이주하였다. 이곳은 후금을 건국하단 1616년부터 요양(遼陽)으로 천도한 1622년까지 수도였다. 이후 청 왕조는 1659년 혁도아랍의 이름을 홍경으로 바꾸었다. 이후에도 홍경을 자신들의 발원지로 존중하였고, 현재도 성곽과 건축물 일부가 남아 있다.

24 누르하치의 장녀 단장고륜(端莊固倫)를 일컫는다.

25(명나라의 대군을 격파하여 청나라를 흥기를 마련하였던 결정적인 대전이다) 당시 명나라 군대를 격파할 수 있었던 것은 모두 공의 덕분이었다."

이같이 하화리는 당시 이미 동가강(佟佳江) 연안으로 이주하여 옛 거주지였던 훈춘을 떠난 상태였다. 이처럼 동성수용정책(同性受容政策)은 우선 가장 가까운 곳에 있던 와이객부 즉 올량합에서 시작되었던 지극히 자연스러운 일이라 하겠다. 이는 자연스럽게 조선의 6진 지역에 영향을 미쳤다. 천총 3년(1629) 6월 조선 인조가 금국한(金國汗)[즉, 청 태종이다. 『청조실록』에는 국호를 만주국이라 부르고 있으나, 성경(盛京) 숭모각(崇謨閣)[26]의 옛 당안과 현재의 요양(遼陽) 동경성(東京城)[27] 문의 편액, 요양성(遼陽城) 남쪽 나마분의 비기(祕記)에 의하면, 사실이 아니라는 것이 명백하다. 한문으로는 금국(金國) 또는 대금(大金)이라 기록했다. 만문(滿文; 이하 만주어)[28]으로는 금국이라 기록했다. 위의 만주어는 이른바 무권점(無圈點) 만주문자를 무권점[29] 옛 당안으로 지금의 권점이 있는 것과 조금 차이가 난다.]에게 보낸 문서(성경 숭모각 옛 당안)에 기재된 바에 따르면 다음과 같다.

"즉 북쪽 변방을 지키던 대신의 치보(馳報)[30]에 따르면, 금인(金人) 10여 명이 두만강 지역으로 왔는데, 국한(國汗)[31]의 명령이라 하면서, 20여 년 전의 증거도 없는 빚을 받으러 왔다고 한다. 크게 경아함을 금치 못했다. 대체로 강변의 번락(蕃落)과 우리나라 변민(邊民)은 가깝게 왕래하기를 200여 년이 된다. 귀국에서 이들을 구축(驅逐)하고 강역이 금단(禁斷)되면서 왕래가 끊기게 되었다. 현재 양국 사이에 화의가 이루어지면서 회령 개시(開市)[32]를 시작하였다. 이들은 교묘한 계

---

25 1619년 명나라에 쳐들어온 후금에 대항하기 위해 명나라, 조선, 여진족까지 참전한 전투다. 이 전투에서 명나라는 후금에게 패하여 쇠퇴하게 되었고, 후금은 만주 지역을 완전히 차지하였다.

26 청나라의 역사서를 보관하던 곳이다.

27 후금이 수도를 요양으로 옮기고 그 외곽에 쌓은 성이다. 동경성 수도는 3년 남짓이며, 1625년 후금이 심양으로 천도할 때, 동경성의 건축 자재를 함께 가지고 가면서 폐허가 되었다고 한다.

28 만주 문자를 뜻한다.

29 만문(無圈点滿文)이라고 하는데, 구만문(舊滿文), 노만문(老滿文)이라고도 부른다. 1599년 청 태조의 창안으로 몽골 문자를 변형시킨 것이다.

30 지방에서 역마(驛馬)를 달려 급히 중앙에 보고하던 일을 일컫는다.

31 중국을 통일하기 전의 청 임금을 조선에서 일컫던 호칭이다.

32 회령개시는 조선 후기에 청국과 무역하기 위하여 함경도 회령에 개설된 무역 시장이다. 1638년(인조 16) 병자호란 이후 청나라의 강요에 따라 교역이 이루어졌으며, 양국 관원의 감시 아래 공무역을 하였다.

책을 꾸며 국한의 명령을 사칭하여 시기를 노려 침범하기를 멈추지 않고 있다. 귀국의 법률은 엄하기에 이런 일은 있을 수 없다고 하겠다. 상기 번락을 철수시키면서 귀국의 의도에 따라 조선은 조선대로, 귀국은 귀국대로 서로 혼잡하는 일이 없고, 서로 침범하는 일도 없이 하여 각자 구역을 확실하게 하자고 했다. 그런데도 20여 년이 지난 후에 아무런 근거도 없는 일로 사달을 일으키는 것은 변방의 백성들로 보면 너무나 감당하기 힘든 일이다."

천총 3년에서 20년 전이라면 바로 만력 37년(1609)이다. 청 태조는 명나라와 교섭하여 조선의 변경과 인접해 거주하던 와이객인의 소환을 요청하던 시기이다. 『청조실록』에는 조선의 변경에 인접하여 거주하고 있었지만, 와이객인으로 보면 확실하게 조선의 소관은 아니었다. 따라서 명나라의 유시(諭示)를 받을 필요도 없었다. 이것은 6진의 번호인 올량합의 실제 사정이라 하겠다. 와이객 즉, 올량합의 구축과 관련하여 청과 조선 양국 사이에 존재하던 사정은 아래에 열거한 『청조실록』, 『황조문헌통고』, 성경 숭모각 옛 당안을 통해서 확인할 수 있다.

천총 원년(1627, 인조 5) 태종은 패륵(貝勒)[33] 아민(阿敏)[34] 등을 파견하여 조선을 정벌했다. 당시 패륵 등이 조선 국왕에게 보낸 군사를 일으킨 원인을 알리는 문서 제1조에 따르면 다음과 같다.

"우리나라 군사가 우리나라 소관인 와이객을 취하려고 할 당시에 조선이 이유 없이 경계를 넘어 우리나라 군사를 막았다."(『청조실록』)

그러나 그 연대를 명기하지 않아 정확한 시기를 알 수 없다. 그러므로 와이객의 소속과 관련하여 조선은 금국의 속국이라는 주장을 수긍하지 않았던 것으로 보인다. 천총 원년(1627, 인조 5)에 화의가 이뤄진 후, 금국은 누차에 걸쳐 조선에 포로로 잡혀가거나 와이객 부중 등

---

33 청나라 때 만주인 종실(宗室)과 몽골의 외번(外藩)들에게 봉해진 작위(爵位) 중에 하나이다. 작위는 모두 6가지였는데, 친왕(親王)·군왕(郡王)·패륵·패자(貝子)·진국공(鎭國公)·보국공(輔國公) 등이었다. 패륵은 만주어로 부장(部長)이라는 뜻이다.

34 아민은 누르하치의 동생인 서이합제(舒爾哈齊)의 아들이자 누르하치의 아들 3명과 함께 4대 패륵(貝勒)으로 봉해졌다.

이 조선으로 도망할 경우, 그들의 쇄환을 요구했다. 조선은 이런 요구를 번번이 거절했다. 상기 응접과 관련하여 와이객인과 관련이 있어 보이는 문서는 다음과 같다. 천총 4년(1639) 11월 조선 국왕은 다음과 같은 내용의 문서를 보냈다.

"고을개(古乙介)[즉 고이객(庫爾喀) 또는 호이객(護理喀)이라 한다]는 멀리 해북에 있다. 우리나라 법률에 따라 능히 금제(禁制)할 수 있는 바가 아니다. 그런데도 변방 관리들에게 엄격하게 명하여 금단 조치를 하도록 했다. 따라서 변방 성에 접근하는 것을 금지하도록 했다. 63명이 도망쳐 온 일이 발생하자 즉 변방 관리에게 구경을 추궁하도록 했다. 그 가운데 확실히 8명이 변방에 있었다. 이런 사실이 밝혀진 후에 이들을 개시인(開市人)들이 회령으로 오는 때를 기다려 넘겨주려고 한다."(숭모각 옛 당안)

천총 6년(1632, 인조 10) 3월 조선 국왕이 보내온 문서에는 다음과 같이 기록되어 있다.

"전에 보내온 귀국의 문서를 살펴보면, 38명을 돌려보내달라는 내용이 있었다. 이번 문서에는 그 숫자가 약간 늘어났다. 이에 곧바로 변방을 지키는 신하에게 공문을 보내 그 내용을 조사하여 보고토록 했다. 조사 결과 혹자는 도망쳐 오고, 혹자는 구실을 만들고, 혹자는 원래 그런 사실이 없고, 혹자는 원래 조선인이었다. 그 가운데 9명은 남북의 백성들이 사사롭게 혼인하여 생겨난 자식들이었다. 20명은 확실히 강북 사람이었다. 이들 모두가 화의가 이루어지기 전에 일어난 일이다.

지난해(1632)에 귀국 사신이 왔을 때, 대접하는 자리에서 사신에게 말씀드린 바 있다. 신미년(1631, 천총 5) 윤11월 21일 이전의 일에 대해서는 묻지 않기로 합시다. 그 뒤에 발생한 사건에 대해서는 조선에서 반드시 쇄환하여야 할 것이다. 그 뒤로 귀국에서 보내온 문서를 받고 고아의의 경우 신미년 11월 21일 이전에 온 자들에 대해서는 묻지 않고, 그 뒤로 도망해 온 자들에 대해서는 마땅히 수색하여 돌려보내 달라고 하는 요청나라는 사리에 맞는다고 생각한다. 따라서 마땅히 신용을 저버리는 일이 없게 하겠다. 이번에 보내온 문서도 전번에 한 약속과 다를 바 없다고 하겠다."[고아의는 『청조실록』에 고아전(固我滇)으로 되어 있다. 『통고』에는 고아선으로 나온다.](숭모각 옛 당안)

천총 7년(1634, 인조 12) 8월 조선 국왕이 보내온 문서에는 다음과 같은 내용이 있었다.

"전에 변방을 지키는 신하가 보고에 따르면, 귀국에서 도망한 자가 1명, 도[redacted]한 2명이 우리 나라 경내로 들어왔는데 옥에 가두어 넣었다. 귀국에서 사람이 오기를 기다려 돌려보내려고 한다. 약조가 된 후에 들어오는 자들에 대해서는 숨겨두지 않을 것이다. 약조가 이뤄지기 전에 들어온 자들에 대해서는 추궁하지 않을 것이다. 이를 어기지 않고 이미 서약한 바를 잘 지키도록 하고 하자가 없게 하겠다."(숭모각 옛 당안)

같은 달에 태종이 조선 국왕에 보낸 문서에 따르면 다음과 같다.

"우리나라 회령으로 도망한 자를 색출하는 일은 귀국으로 말하면 원도 아니고 덕도 아니라 하겠다. 우리나라는 일찍이 변민을 내지로 이사시켰다. 변민은 조선의 국인(國人)들과 내왕을 반겼다. 내지로 이사를 시키고자 하니 가축이나 재물을 함께 휴대할 수 없었다. 따라서 잠시 지인을 찾아 상기 가축이나 재물을 숨기고자 하는 자들이 있었고 사사로이 도망치는 자들도 있었다. 이러한 가축이나 재물 그리고 도망한 자들을 색출하여 반드시 돌려보내 주기를 바란다."(『황조통고』에 나오는 기록은 수식을 가하지 않은 것이다.)

천총 7년(1634, 인조 12) 9월 조선 국왕이 보내온 문서 내용은 다음과 같았다. 주로는 태조에게 너그러운 처사를 바란 내용이다.

"회령 사람을 조사해 보았다. 그들이 이야기하는 바에 따르면, 우리나라에 거주하고자 하는 이유가 매우 충분해 보였다. 반드시 귀국의 승낙을 받았다고 판단된다. 우리나라에는 선도 아니고 악도 아니라 생각된다. 동쪽이라면 스스로 동쪽이고, 서쪽이라면 스스로 서쪽이지, 저희는 사람들이 서쪽이라고 하는데, 감히 동쪽이라고 말하지 못할 것이다. 귀국의 사람들이 동쪽이라 하는데 진술하게 우리나라에 신고했다고 생각한다. 그 반대의 경우도 있을 것이다. 우리나라와 인접하여 거주하는 사람들을 귀국에서 조사할 경우, 귀국인이라 할 것이고, 우리나라에서 조사하면 조선인이라 할 것이다. 그러므로 진위를 확실하게 밝히지 않으면 안 될 것이다. 그렇게 하면 귀국의 조치를 엄중하게 여길 것이다.

강북인이라 하면 모조리 쇄환 조치를 했다. 나머지는 나름대로 이유가 있었다. 우리나라 사람과 결혼하여 태어난 경우이다. 귀국에서 요청한 대로 연속 수십 년간 쇄환 조치를 했다. 그 결과 돌아간 자도 적지 않았다. 변방 백성들이 지극히 우둔하다 하더라도 자각하는 바는 있다. 사리에 따르지 않고 쇄환하여야 하는 자를 쇄환하지 않는 때는 없었다. 이를 모르는 자는 혼자 지내는 자들이라 하겠다. 귀국의 요청을 엄중히 여겨 쇄환하게 되면, 애비가 자식을 지킬 수 없고, 남편이 아내를 지킬 수 없게 되어 억울한 이산(離散)이 생길 수 있다고 사려된다. 적당히 이유를 들어 저희 백성을 다독일 방법이 없을 것이다. 그렇게 되면 형제 사이의 정을 어떻게 논할 수 있겠는가. 한(汗)께서는 이러한 점을 정확하게 헤아려 주시리라 생각한다." [숭모각 옛 당안에 나오는 점대는 바로 포점태를 말한다. 오랍국(지금의 길림성에서 북으로 70리 떨어진 송화강 동쪽에 있다.)]

태종은 이에 대해 조선 국왕에게 다음과 같은 내용의 문서를 보냈다.

"왕이 보내온 문서를 보면 포점태가 있는데, 우리나라와 조선과 인접해 있다. 이들 종족을 귀국에서 조사하면, 그들은 귀국인이 되고, 우리나라에 조사하면 우리나라 사람이 되는 경우가 있다. 포점태는 몽골에서 온 몽골 후예이다. 와이객과 우리는 모두 여진국과 대금의 후예이다. 이전에 포점태는 우리나라의 인민을 침범한 적이 있다. 이런 연유로 우리나라와 귀국은 군사를 파견한 적이 있다. 귀국도 이러한 점을 알고 있을 것이다. 이번에 쇄환을 요구하는 바는 우리나라에서 건너간 자들이다. 쇄환과 관련한 사람, 가축, 재물 등 자세한 내역은 귀국에 요구했다. 이들은 사사로이 남기를 원해 귀국에 남은 자들이다. 이번에 쇄환을 요청한 것이 바로 이런 자들이다. 어찌 아무런 연유 없이 요구한다고 하겠는가. 어찌 소인배의 말만 듣겠는가. 따라서 왕공 대신을 회령으로 파견하여 그들이 이야기하는 바를 듣고 시비를 가리고자 한다. 합당한 청원은 받아들이고, 합당하지 않은 청원은 물리치고자 한다. 만약 와이합과 우리는 일국으로 관계가 없고, 대금의 후예가 아니라고 하면 국전(國典)에 밝은 이를 한 명 보내주기를 바란다. 위의 내용과 관련된 명확하게 설명할 수 있다. 금, 요, 원 3대의 역사를 살펴보면, 이러한 사실이 명확하게 확인할 수 있을 것이다. 위 내용에 근거하여 마땅히 쇄환해야 하는 것을 요청한 것이지 억지로 요청한 것이 아니다."(『청주실록』)

천총 7년(1634, 인조 12) 10월 조선 국왕은 다음과 같은 내용의 문서를 보내왔다.

"보내 주시는 내용을 잘 받았다. 알아합(즉 와이객이다.) 유민과 관련된 사안을 말씀드리자면 저는 원래 그들을 차지하려는 생각이 없었다. 절대 알아합(乽兒哈) 종족은 처음부터 잘 알지 못하였다. 이전에는 야인(野人)과 만(蠻)을 하나로 알았는데 이번에 보내 준 문서를 보고 비로소 그들의 내역을 확실하게 알 수 있었다. 다만, 이전에는 귀국의 인구와 포점태(布占泰)와 알아합을 다르게 취급하지 않았다. 이들의 유민도 우리나라에 들어온 자가 있다면, 일일이 쇄환하여 보내겠다. 이를 통해 우리나라의 호의를 전하고자 했다. 다른 바람은 없다. 우리들이 귀국과 국경을 접하고 있었기 때문에 금단 조치를 엄하게 했다. 그런데도 그때 인민들 사이에 왕래가 있었던 것이 사실이다. 귀국은 다만 알아합 유민 가운데 혹자가 우리나라에 흘러들어온 것에 관심을 가졌을 뿐, 우리나라 백성이 귀국에 들어간 자에 대해서는 어떠한 제한을 하려고 하지 않았다. 만약 귀국에서 지명한 대로 쇄환해야 한다고 하면, 우리나라도 당연히 우리나라 백성의 쇄환을 요구해야 마땅한 것이다.

그러나 이런 일이 이미 수십 년 전에 발생한 것이니 지금 와서 새삼스럽게 제기하는 것이 바람직하지 않다고 생각된다. 화의가 이뤄진 후 우리나라는 자국민의 쇄환과 관련해서는 일언반구도 꺼내지 않았다. 이러한 점에 대해 귀국에서도 잘 알고 계시리라 믿는다. 그리고 이전에는 이와 관련된 명확한 규정이 없었다. 신미년 윤11월 21일 이전에 도망해 들어온 자들에 대해서는 일절 추궁하지 않기로 하고 약조하지 않았는가."(숭모각 옛 당안)

천총 8년(1635, 인조 13) 2월 조선 국왕이 보낸 문서 내용은 다음과 같다.

"쇄환과 관련된 일은 신미년의 구약에 따라 엄중하게 지켜지고 있다. 그 뒤로 양국 사이에 주고받은 관련 문서는 하나둘이 아니다. 귀국 역시 이와 관련하여 엄격하게 약속을 지키고 있다. 만약 한 번이라도 지켜지지 않는다면 당연히 서로의 신뢰를 무너지게 된다. 귀국 인민이 우리나라에 들어온다고 하면 변방을 지키는 관원들에게 구약에 근거하여 돌려보내 신용에 금이 가는 일이 없도록 하고 있다."(숭모각 옛 당안)

천총 8년(1635, 인조 13) 11월 조선 국왕이 보낸 문서의 내용은 다음과 같았다.

"김[redacted]수는 원래 전투에서 포로로 잡힌 자가 아니다. 양국이 우호 관계를 맺은 후 즉각 돌려보내야 마땅한 일이었다. 이러한 점은 누누이 이야기한 바와 같다. 지금까지 이런 일을 조금이라도 미룬 바 없다. 따라서 김[redacted]수 한 사람을 돌려보내느냐, 아니냐 하는 문제도 하나의 시금석이 될 수 있다고 하겠다. 양국 사이의 화의에 큰 손실을 입히는 일이 되지 말아야 하겠다. 이런 생각을 가다듬으면서 귀국의 사신이 오게 되면 돌려보내야 귀국의 신의를 저버리는 일이 없다고 생각한다."(숭모각 옛 당안)

이에 대해 태종이 조선 국왕에게 다음과 같은 내용의 문서를 보냈다.

"김[redacted]수는 원래 전투에서 포로로 잡힌 자가 아니고, 양국 사이에 화의가 이루어진 후 흘러들어온 자도 아니라는 점을 구실로 삼는다면, 우리나라 와이객의 도망한 자를 쇄환하려 하지 않는 것에 지나지 않는다."(『황조문헌통고』)

천총 9년(1636, 인조 14) 9월 조선 국왕은 다음과 같은 내용의 문서를 보냈다.

"종전에 귀국인이 우리나라 변방으로 도망하여 들어온 자들을 하나도 남김없이 압송하여 돌려 보냈다. 따라서 근래에는 도망하여 오는 자들이 없다. 만약 있다고 하면, 단 하루도 머물지 못하게 할 것이다."(숭모각 옛 당안)

위의 내용을 종합하여 보면, 태조는 와이객을 정벌하고 그들의 소굴을 손에 넣으면서 모든 부중을 내지로 이사시키는 정책을 주로 펼쳤다. 이러한 전쟁을 피해 조선으로 도망해 온 자들에 대해서는 여러 가지 수단을 동원하여 쇄환 조치를 요청했다. 여러 해 동안 실시된 상기 정책으로 말미암아 와이객의 거주 지역은 인적이 완전히 끊긴 지역으로 변했다.

태종과 태조 시대의 정책은 주로 백성의 획득에 있었고, 그들이 거주하고 있던 땅에 관해서는 관심이 없었던 것이 분명하다고 하겠다. 조선의 경우, 이들 오랑캐 무리가 두만강 내외 지역에 뒤섞여 살면서 그곳에 나오는 물건을 가지고 와서 조선의 물산과 교역하였다. 이들을 번호(藩胡)로 대접하면서 서로 돈독한 관계를 유지하면서 지냈다. 이러한 상황이 돌변하면서 6진의 번영에 찬물을 끼얹으면서 심각한 이익 손상을 가져왔다.

따라서 도망쳐 오는 오랑캐 무리를 숨겨두고 쇄환 요청에 응하지 않았다. 왜이객인을 금나라 사람들과 같은 종족으로 간주하여 이를 승인하는 것이 내키지 않았지만, 국력에서 밀려 점차 승인하지 않으면 안 되는 상황이었다. 와이객이 거주하는 지역은 인적이 드물어지고, 금나라의 영역으로 편입되는 것을 승인하지 않을 수 없게 되었다.

금나라와의 충돌을 최대한 피하는 상황에서 위의 지역에 잠적하여 들어온 오랑캐 무리와 비밀스러운 무역을 하고, 짐승을 사냥하고, 인삼을 캐는 것으로 기존의 이익을 유지하고자 했다. 이는 곧바로 금나라 사람들과의 공연한 개시에 영향을 주어 쇠퇴하는 결과를 가져왔다. 금나라 경내로 깊숙이 들어가게 되면 금나라 사람들과 충동하는 사건도 자주 발생했다. 중요한 교섭 문제가 되던 황무지 개간, 개시와 월경 범죄 등 문제는 서로 엉켜 있는 문제라 하겠다. 위의 문제와 관련하여 경과를 탐구해 볼 필요가 있다.

2. 국경 개시

천총 원년(1627, 인조 5) 금과 조선은 화의를 논의하였다. 그러나 전쟁은 아직 끝나지 않은 상황이었지만,[35] 개시와 관련한 교섭을 시작했다. 동년 11월 조선 국왕[인조]이 태종에게 다음과 같은 내용의 문서를 보냈다.

"요즘 변방 지키는 신하가 보낸 문서를 통해 개시와 관련된 이야기를 들었다. 이와 관련하여 상기 신하가 돌아왔을 때 이미 자세하게 이야기를 나눴다. 귀국에서 지금까지 자세한 내용을 보내오지 않았다. 무릇 개시라고 하면 인민들이 모여들어야 하고, 재화가 시장에 가득 모이기를 기다려 피차 자신이 소유한 것을 가지고 없는 것을 바꾸는 것이라 하겠다. 그런데 지금의 서로(西路)는 천리 땅이 텅 비어 인적이 끊겨 사람들이 모여 재화를 서로 매매할 수 있는 여건을 갖추지 못했다. 즉 개시할 수 있는 여건을 갖추지 못했다고 하겠다."(숭모각 옛 당안)

위 내용을 통해 보면, 금나라는 미곡(米穀)에 대한 수요가 있다는 것을 알 수 있다. 금나라가 일으킨 전쟁의 피해를 입어 평안도 지방에는 미곡을 판매할 여분이 없었으므로 이를 거절했다. 다음 해(1628) 정월 금나라는 미곡이 부족하여 재차 매수 요구를 제기했다. 구하기

35 1627년(인조 5) 후금의 침공으로 조선과 후금 사이에 일어난 정묘호란을 말한다. 광해군을 몰아내고 인조를 옹립한 서인정권은 광해군 때의 양면정책을 버리고 뚜렷한 친명배금 정책을 취했다.

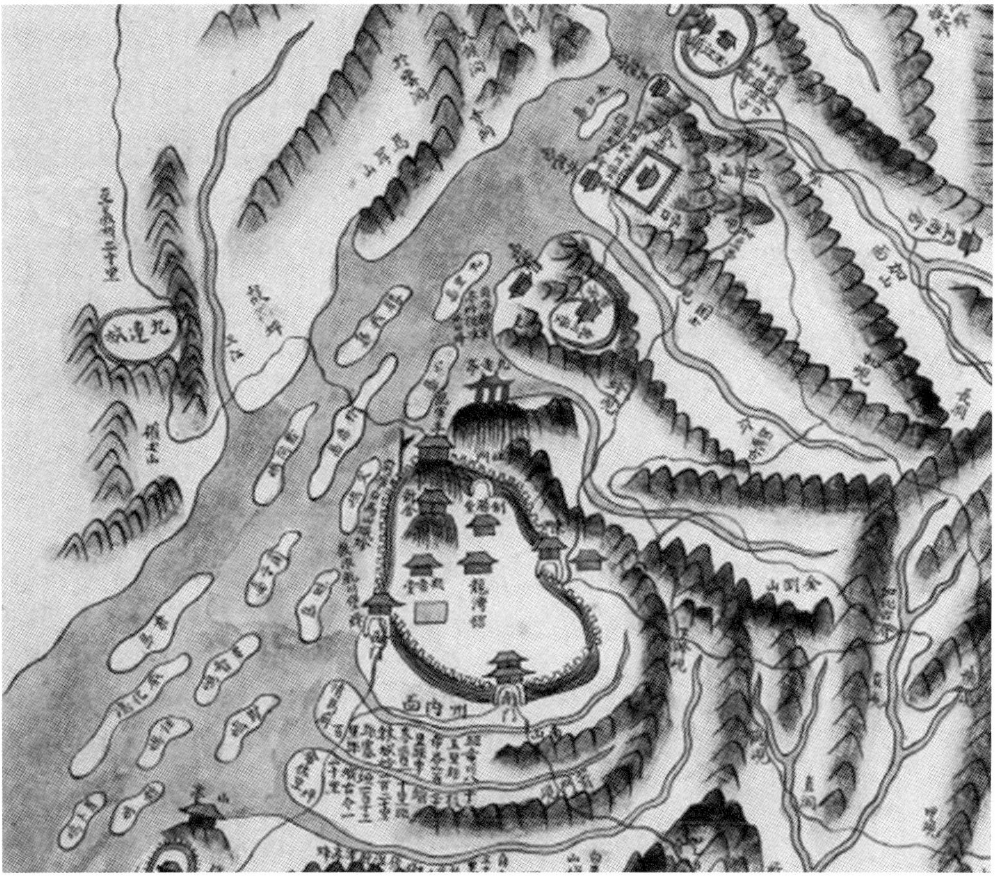
압록강 가운데 어적도를 거쳐 중국으로 건너가는 경로를 표시한 〈해동지도〉 이곳에서 중강개시가 열렸다.

힘든 쌀을 교역 대상으로 하였기 때문에 상당한 이익이 예상되었다. 따라서 강압적이 아니라 하더라도 쌀을 대량으로 모을 수 있고, 상인들도 자연스럽게 눈길을 돌릴 것이라 예상할 수 있었다. 이러한 점을 민간에 널리 알려 다시 정비 작업을 했다.

개시[36]와 관련된 사항은 변방을 지키는 신하의 권한임을 분명히 했다. 2월에 개시를 시작

36 인조 때인 1638년 함경북도 회령에서 청나라와 행하던 회령개시를 말한다. 이는 청 호부(戶部)의 표문(票文)을 가진 영고탑 · 오라(烏喇: 吉林) 방면의 만주인과 교역을 시작한 것인데, 1645년 경원개시(慶源開市)가 격년으로 열리게 되부터 회령 개시를 단개시(單開市), 두 곳에서 열리던 것을 쌍개시(雙開市)라 하여 북관개시(北關開市) 또는 북도개시(北道開市)라고 총칭하였다. 이 개시는 양국 관헌의 감시하에 행해진 공무역(公貿易)이었으나 부수적인 사무역(私貿易)도 행하여졌다.

했다. 미곡 3,000섬 가운데 2,000섬을 증■하고, 1,000섬을 매매하여 압록강의 중강에서 교역하도록 했다. 이것이 중강무역[37]의 시작이다. 그런데도 이 시기 조선은 여전히 완전한 준비가 되어 있지 않았다고 하겠다.

그 뒤 청 태종이 조선을 정벌한 원인을 보면, 조선의 공물과 교시(交市)의 이익이 목적에 있었다. 당시 금나라는 첫째, 일시적으로 많은 군사와 백성을 수용하였기 때문에 식량 부족에 허덕였다. 둘째, 명나라와 완전한 적대적인 관계를 형성하면서 기존 무역이 원천 차단되었다. 따라서 포, 백, 주, 단과 같은 필요한 물품을 구할 길이 막혔다. 인삼, 짐승 가죽과 자연산 물품을 가지고 있음에도 무역에 이용할 수 있는 방편이 없었다. 셋째, 조선과의 맞닿은 국경 지역은 완전히 인적이 끊긴 허허벌판이 되었다. 이런 틈을 타 명나라 장수 모문룡(毛文龍)[38]의 부하가 압록강 안 지역에 잠입하여 휘발하(輝發河) 지역에서 금나라의 배후를 습격하였는데, 엄청난 공황을 안겨 주고도 남음이 있었다.

위의 세 가지 원인 때문에 의식과 기타 필요품을 조선에서 보충받고자 했다. 다른 한편 국경에 대한 금단 조치를 통해 비적의 잠입을 차단하고자 했다. 이런 것이 개시의 중대 원인이었다. 도망한 무리에 대한 쇄환 요구는 와이객 부중을 중심으로 이루어졌다면, 중강 개시는 위의 목적으로 시급하게 이루어졌다. 두만강 강변 개시 관련해서는 평소에 계획된 바 있었다.

중강개시가 시작된 바로 다음 달 즉 천총 2년(1628, 인조 6) 3월 조선 국왕이 태종에게 다음과 같은 내용의 문서를 보냈다.

"회령에 시장을 만들겠다고 하는 계획을 전해 들었다. 양국 사이에 화의가 이루어지면, 자연스럽게 논의되리라 생각한다. 이전에 6진에는 많은 번호(藩胡)가 거주하고 있었다. 따라서 우리나라의 장사꾼[商賈]들이 그곳으로 모여들어 물품을 교역할 수 있었다. 그런데 번호가 자취를 감추면서 교시(交市)할 수 없게 된 지 오래되었다. 이러한 사정에 대해 귀국에서도 잘 알고 있으리라 생각된다. 중강개시가 이미 시작되었다고 하더라도 인민들은 여전히 전쟁의 소용돌이에서 헤어나지 못하고 있다. 원근(遠近)에 있는 장사꾼들에게 위의 소식을 알려 그들에게 이곳으로 모여들

---

37 중강무역은 1646년(인조 24) 압록강의 난자도(蘭子島)를 중심으로 시작된 청나라의 춘추정기관무역(春秋定期官貿易)을 말한다. 이 무역은 1700년(숙종 26) 사무역이 성행하면서 폐단이 심해지자 폐지되었다.

38 모문룡(1576~1629)은 명나라 말기의 무장으로 현재 중국 북동부의 랴오닝성 지역과 조선 북부인 현재의 평안북도에서 활동하면서 후금에 대항했다.

게 하려고 하지만, 지금까지 이뤄지지 않고 있다. 우리나라 혼자 힘으로 개시하기는 실로 어려움이 적지 않다. 따라서 양국의 조건을 잘 따져 미리 결말을 예상한 연후에 시작하면 실효를 거둘 수 있다고 하겠다."(숭모각 옛 당안)

이같이 조선에서는 거절했지만, 금나라에서는 재차 요청했다. 천총 2년(1628, 인조 6) 8월 조선 국왕이 보낸 문서 내용은 다음과 같다.

"의주는 이미 개시했다. 회령만 그렇지 못한 이유를 말씀드리면, 북방 지역은 마을이 적고 인민이 많지 않아서 물품이 원래 결핍하다. 여기에 도로가 멀고, 첩첩산중으로 가로막고 있다. 내지의 장사꾼들이 이를 넘나들려고 하지 않는다. 만약 개시를 시작한다고 하더라도 사람과 물건이 모여들기 힘들다. 따라서 귀국인들이 모처럼 왔다가 빈손으로 돌아갈 우려가 다분하다.

이런 사정 때문에 지난번 문서에도 말씀드린 바 있다. 이번에 보내온 문서처럼 만약 귀국의 북방 변방 주민들에게 자체 힘으로 왕래하도록 하여 교역하도록 하면 그렇게 지장 되는 바가 없다고 하겠다. 관인(官人)을 파견하여 국경에서 호시를 시작한다면, 북방 백성의 힘으로 감당할 수 없으리라 생각된다."(숭모각 옛 당안)

위의 문서에서 관인의 파견을 탐탁지 않게 생각하고 있다. 아마 중강호시(中江互市)에서 금나라의 장사꾼과 군인들이 조선의 변방 관리들에게 식량을 요구했던 것으로 보인다. 이런 강요를 피하고자 한 것으로 보인다. 여하튼 개시가 드디어 이뤄지게 되었다.

다음 해(1629년, 인조 7) 3월 조선 국왕이 보낸 문서에 따르면 내용은 다음과 같다.

"개시는 양국 모두에게 이익이 되는 일이다. 다만 길이 멀고 물품이 적어 생기는 불편을 말씀드린다. 서로의 사정을 감안하여 시작하면 좋겠다."(숭모각 옛 당안)

위의 내용을 통하여 개시가 시작되었음을 알 수 있다. 1629년 6월에는 금나라 사람들이 20년 전의 구채(舊債)를 독촉한 바 있었다. 조선에서는 원래부터 탐탁지 않게 생각하였던 교역이라 공연한 개시는 생각한 바와 같이 진행되지 않았다. 반대로 잠상(潛商)이 성행하게 되었다. 이 시기 조선 국왕의 문서에 다음과 같은 내용이 담겨 있다.

압록강 가운데 어적도를 거쳐 중국으로 건너가는 경로를 표시한 〈해동지도〉 이곳에서 중강개시가 열렸다.

"회령개시에는 반드시 공문서가 필요하다. 그러나 뒤로 가면서 간교하게 거짓을 꾸민 자들이 그 자리를 많이 차지했다. 향후 관에서 공문서를 반드시 발송하여 위의 혼잡이 생기는 것을 미연에 방지하면 좋겠다."(숭모각 옛 당안)

천총 4년(1630, 인조 8) 5월 금국한(金國汗)이 조선 국왕에게 보낸 서한에 다음과 같은 내용이 담겼다.

"우리나라 동방의 백성들 가운데 마땅히 져야 할 역(役)을 피해 종적을 감추고 잠적한 자들이 늘 귀국의 경흥 등 지역에서 교역하고 있다. 누차 금지를 요청한 바 있다. 그런데도 금지가 되지 않고 있다. 오히려 근래에 와서 교역이 다시 일어나고 있다. 이같이 우리나라 백성을 끌어들이거나, 귀국의 백성이 우리나라의 법을 무시하는 경우도 있다. [redacted] 왕이 이를 금지하였다고 합시다. 그런데도 여전히 사사로운 교역이 이뤄질 경우 어찌하겠는가 하는 것이다. 그런데도 우리나라 백성들이 거주하는 지역이 편벽하고 행정 중심에서 멀리 떨어져 있고 이들을 관리하는 관원들도 없었다. 그리고 국가의 중대한 관심사가 따로 있으면서 이들에 대한 관리 감독이 소홀했다. 바로 이러한 허점을 틈타 귀국의 백성들과 교역을 시도하는 자들이 생겨났다. 아무리 편벽하고 도로가 멀다고 하여도 가는 곳마다 성지(城池)가 있고 담당 관직을 두어 단속한다면 무슨 허점이 있어 저들이 사사로운 교역을 할 수 있겠는가"(숭모각 옛 당안)

위의 내용에 대해 조선 국왕이 같은 해(1630) 6월에 다음과 같은 내용의 서한을 보냈다.

"북쪽 변방의 잠상(潛商)은 원래 우리나라에서 엄중하게 금지한 사안이다. 이를 범하는 자는 즉시 사형에 처한다. 법이 엄하지 않은 것이 아니다. 이번에 보내온 서한의 내용을 보고 이것은 변방을 지키는 관원들의 법 집행이 엄하지 않아 생긴 폐단이라 생각한다. 여기에 간교한 자[奸民]들의 생리에서 비롯된 것이라 할 수도 있다. 이들이 간사 짓을 저지르면서 위의 금지 사항은 안중에도 두지 않았던 것에 더욱 경악을 금치 못하겠다. 우리들 때문에 비롯된 것이 아니라고 하더라도 귀국에서 마땅히 져야 하는 역(役)을 피해 도망해 온 자들이나 이들과 사사로이 교역하는 일이 있다고 하니 이미 강직하고 사리에 밝은 관원을 파견하여 착실하게 금단 조치를 하려고 한다."(숭모각 옛 당안)

위의 내용과 더불어 같은 해(1630) 12월 조선 국왕은 다음 내용의 서한을 보냈다.

"잠상인(潛商人) 등 사안과 관련해서는 강직하고 사리에 밝은 가까이 두고 있던 신하를 파견하여 처리하도록 했다. 위의 어사가 보고한 바에 따르면, 모두 적발하여 국경에서 효시하였다고 한다. 그런데도 번호(藩胡)들의 발길이 끊기지 않고 있다. 어떤 때에는 국경을 넘어와서 물건 교환을 요구한다. 변방 지키는 신하는 조정의 명에 따라 엄히 꾸짖어 거절하고 있다. 그럼에도 넓은 강역 때문에 우리나라의 힘으로는 엄중한 금단 조치가 어려운 실정이다. 귀국에서도 엄중한 단속을 한다면, 이들의 왕래를 막을 수 있다고 생각한다."(숭모각 옛 당안)

천총 5년(1631, 인조 9) 정월 금국한은 조선 국왕에게 영고탑에 집결시킨 인민의 식량 공급을 요청[정무(征撫) 연표, 천총 4년조 참조 바람]하는 다음과 같은 서한을 보냈다.

"우리나라 동방의 백성들이 자신들이 마땅히 져야 하는 역(役)을 도피하여 산림으로 잠적한 자들은 이미 영고탑 지역에 집결시켜 생활하도록 하였다. 그런데 이들이 식량이 부족하여 어려움을 겪고 있다. 위의 지역은 귀국의 회령과 가까이 있고 물건을 넘겨받기도 쉽다. 회령관(會寧館) 지방관에게 약간의 쌀을 보내주거나, 빌려주거나 팔 수 있도록 스스로 결정할 수 있는 권리를 주십사 부탁한다."(숭모각 옛 당안)

1631년(인조 9) 3월 조선 국왕은 다음과 같은 내용의 답신을 보냈다.

"이번에 귀국에서 동쪽 지역에 새롭게 정착시킨 백성들이 식량이 결핍하여 어려움을 겪고 있다고 하였다. 양국 사이에 피차 어려움이 있으면, 마땅히 도와야 한다는 도리에서 결코 좌시할 수 없는 일이라 하겠다. 그럼에도 저희 관북 지역은 토지가 척박하고 인구도 적다. 공사(公私) 모두가 빈궁하다. 모두 주현(州縣) 관리가 내지의 지원을 바라보고 있다. 이런 상황에서 회령을 지키는 신하에게 명하여 양곡 약간을 보내라고 하여도 어느 정도 차출할 수 있을지 우려스럽다.

개시와 관련한 사안은 기존의 사례에 따르겠지만, 결코 우리나라가 원한 바는 아니다. 다만 상기 지역의 상인들은 물품이 워낙 넉넉하지 못하다 보니 관아에서 물품을 받아서 편벽한 지역에까지 파는 것이 일상이었다. 그리고 만상(즉 중강임) 교역에서도 살 수 없는 물건이 많았다. 따라서 개시를 하고 이곳에 상인들을 독촉하여 모이라고 하여도 반드시 따를지 우려스럽다. 2월 개시를 목표로 삼고 있지만, 어느 정도 모여들지는 알 수 없는 상황이라 하겠다."(숭모각 옛 당안)

그 뒤로 금나라 사람들의 횡포는 더욱 심해진 것으로 보인다. 이해 8월 조선 국왕은 다음과 같은 내용의 문서를 보냈다.

"양국 사이의 화의는 민생을 위함이다. 진정 민심의 아픈 바를 어루만져야 할 것이다. 개시에서 통화(通貨)는 반드시 공평한 가격으로 거래되어야 할 것이다. 일방적인 이익이 되는 거래가 되어서는 안 된다고 생각한다."

만상(灣上)[39] 개시에서 금나라 사람들이 나라의 힘을 믿고 비리를 저지른 일을 질책한 것이다.

"회령 개시에서 금나라 사람 찰노에게 위탁하여 빚 독촉을 명분으로 빚받이를 한 사실이 있었다. 그리고 공문서에 기재된 숫자를 초과한 수많은 장정을 데리고 와서는 무료 대접을 요구하는 사례가 빈번히 발생했다. 이는 변방의 가난한 백성들이 감당할 수 없는 정도에 이르렀다. 결코 귀국의 뜻이 아니라고 생각한다. 멀리 떨어진 변방이라 국가의 법령이 제대로 미치지 못한 상황에서 이러는 불미스러운 일이 발생하였다고 생각된다.

이같이 심각히 우려스러운 상황에서 개시를 중지하지 않을 수 없을지도 모르겠다. 귀국의 백성들을 엄격히 단속하여 위의 전철을 밟지 않는다면, 우리나라도 우려할 것이 없고 귀국에서도 심각한 손실을 보지 않게 되겠다고 생각한다."(숭모각 옛 당안)

같은 해 1631년(인조 9) 11월 금국한이 보낸 답서 내용은 다음과 같았다.

"보내온 서한에서 제기한 만상(灣上)에서 가격을 마음대로 조정하여 약탈한 일과 회령에서 빚을 받겠다고 독촉한 사안을 보면 우리나라 사람은 나를 속이고, 왕의 나라 사람은 왕을 속인 것이라 하겠다. 위의 사건을 엄중 수사하여 밝혀야 할 것이다. 과연 그런 일이 있었다고 하면, 이것은 양국 사이의 우호를 해치는 것이라 하겠다. (중략) 회령 개시와 관련해서는 양국에서 유능한 관원을 각기 1명씩 그곳으로 파견하여 허실을 파악하였으면 한다."(숭모각 옛 당안)

---

39 평안북도 의주(義州)의 별칭이다.

천총 6년(1632, 인조 10) 정월, 조선 국왕이 다시 다음과 같은 내용의 서한을 보냈다.

"만상(灣上)에서 가격을 마음대로 조정한 일과 회령에서 빚을 받겠다고 독촉한 사안과 관련하여 말씀하시기를 아(我) 국인은 나를 속이고, 왕의 나라 사람이 왕을 속인 사람이 있을 것이라 하셨다. 참으로 바른 지적이라 하겠다. 만약 우리나라 사람이 연루되었다면, 반드시 다스리고 일방적으로 귀국 인의 책임을 돌리지 않을 것이다. 그러나 지금의 상황은 보면, 귀국은 강하고 우리나라는 약하다. 강자가 약자를 업신여기는 일은 늘 있는 일이라 하겠다. 귀국에서 만약 백성들을 엄격히 관리하고 상인들을 잘 단속하여 공평한 가격으로 무역에 종사한다면, 이익을 좇아다니는 자들이 양국의 우호를 무시하는데도 귀국에서 법으로 엄중하게 다스리지 않는다면, 침범하고 강요하는 일을 서슴지 않을 것이다.

이것은 사소한 일처럼 보이지만, 우리나라 백성과 상인들에게는 감내할 수 없는 고통이다. 향후 만약 개시를 방해하는 충분한 요인이 될 것으로 생각한다. 상기 우려를 지난번 서한에서 전달한 것이다. 귀국에서 저희의 우려를 정확히 파악하고, 적절한 대책을 세워 주시기를 바랄 뿐이다. 이러한 지나간 일들을 잘 살펴 다시는 양국 사이의 우호 기상에 손상 주는 일이 없어야 할 것이다. 그리고 보내온 서한에서 이미 저간의 사정을 소상하게 살펴 미리 대비책을 세워 주신다면, 이러한 일로 다시는 우려하지 않을 것이다. 구구절절 부탁드리는 바이다."(숭모각 옛 당안)

1632년(인조 10) 7월, 조선 국왕은 재차 다음과 같은 내용의 서한을 보냈다.

"최근에 회령 지방관이 올린 귀국에서 파견하여 온 사신에 관한 건에 대한 보고와 사신이 가지고 온 국서를 전달받았다. 여러 가지로 많은 위로를 받았다. 상인들은 이익 때문에 오는 것이 분명하다. 일반 백성과 다르다 하더라도 우려되는 점은 분명히 있다. 변방을 지키는 신하로 하여금 식량을 마련하도록 지극한 뜻에 보답하고자 한다.

우리나라 북방은 경성에서 수천 리 떨어져 있고 지역 역시 척박하기 그지없어 이곳 백성들은 보리밥에 개가죽 옷이 일상이다. 이런 곳에서 시장 가격의 높고 낮음은 지역에 따라 다를 수밖에 없다. 나라에서 가격을 정할 수 없을 것 같다. 당연히 공평한 가격으로 교역하여야 한다고 생각한다."(숭모각 옛 당안)

금나라에서 재차 조선에 예물(禮物) 액수를 증가하자고 요구했다. 전 해에 비하여 10배에 달하는 숫자를 제시했다. 천총 7년(1633, 인조 11) 정월, 조선 국왕은 예물 액수를 고치지 말고 원래대로 계속 유지하자고 요구했다. 이에 금국한은 다시 조선에 조서를 보내 예물의 액수도 적고 품질도 좋지 않기 때문에 마땅히 증가해야 한다고 했다. 새로 정해진 액수로 1년에 두 번이 어려우면, 1년에 한 번으로 해도 괜찮다고 했다. 그러면서 다음과 같이 자기 말을 따르라고 강요하였다.

"양국 사이의 왕래를 이전처럼 할 수 없다. 그렇게 되면 모든 사신 왕래를 중지할 것이고, 오로지 호시 교역만 가능하도록 할 것이다. 그러면 금은단포(金銀緞布)는 귀국에서 생산되는 것이 아니니, 명나라 사람들과의 교역으로 해결할 수밖에 없는 상황이 될 것이다. 중국에서 생산된다고 할지라도 그것을 어찌 귀국에서 가지고 있는 것이라 하겠는가. 이러한 점에 대해 내가 잘 알고 있다. 2월 비어랑격(備禦郎格) 등을 회령으로 보내 호시(互市)하도록 했다."

이에 조선 국왕은 다음과 같은 내용의 서신을 보냈다.

"양국이 형제의 사이가 되어 한해에 춘추 두 번에 걸쳐 사신의 왕래가 있은 지도 5~6년이 되었다. 그동안 별고없이 순조롭게 왕래를 이어 왔다. 다만 개시와 관련한 사안에서 귀국 상인들은 평등한 가격으로 교역하려 하지 않았다. 우리나라 상인들은 이를 견디다 못해 심히 회피하기에 이르렀다. 이러한 불미스러운 일들로 인해 결과적으로 양국 사이의 우호 관계를 무너뜨리지 않을까 우려스럽다. 위의 우려를 귀국 사신들이 올 때마다 구구절절 전달했다. (중략)

개시가 어려운 점은 이미 이야기를 드린 바와 같다. 이번에 사신 왕래는 중단하지만, 개시는 한다고 하는데, 이는 여러 가지로 사리에 맞지 않는다고 생각한다. 귀국에서 주장하는 바 외의 뜻에 대해서도 알겠다. 그렇다면 우리나라 상인들은 이런 개시에 가려고 하는 이가 없을 것 같다. 이렇게 되면 귀국에서 오는 상인들도 헛걸음하지 않을까 걱정된다."(숭모각 옛 당안)

이에 금국한은 다음과 같은 내용의 답서를 보냈다.

"지난번에 보내온 서한에서 굳이 사신을 파견하지 않고 다만 호시를 진행하고자 한 것은 귀국에서 보내오는 공물 품질이 점점 떨어졌기 때문이다. 또한 논의를 통해 공물 액수를 증가하지 않았다. 서로의 사신 왕래를 진행하는 것은 전쟁을 종식하고 호시를 하고자 함이다. 그런데 호시를 거절한다고 하면, 귀국에서 전쟁 발발의 불씨를 지피는 것과 다름없다고 하겠다."(『황조문헌통고』에 의하면, 양국이 주고받은 서신에서는 대등한 관계로 공물을 이야기하고 있다. 그런데 후에 와서 위의 내용이 수식되었다고 하겠다.)

1632년(인조 10) 5월 조선 국왕은 재차 다음과 같은 내용의 서한을 보냈다.

"개시의 유리한 점과 어려운 점과 관련하여 이미 보낸 서한에서 누누이 전달했다. 한(汗)[40]께서는 밝은 눈으로 저간의 사리를 명확하게 파악하였으리라 믿어 의심치 않는다. 이에 3월에 개시하자고 약속했다. 위의 사안과 관련하여 저는 의심하지 않는다. 이번에 보내온 서한을 받아보고 귀국에서 진정으로 원하는 바를 확실하게 알게 되었다. 귀국 상인들이 중도에 빈손으로 돌아가는 일이 없기를 바랄 뿐이다."(숭모각 옛 당안)

1632년(인조 10) 8월 조선은 국왕은 다음과 같은 내용의 서한을 보냈다.

"귀국에서 회령에 전달한 국서를 받았다. 여러 가지로 많은 위안을 받았다. 귀국 사신에 대한 공급은 예를 다할 것이다. 귀국 상인들이 와서 식량을 구입할 때 공평한 가격으로 거래를 진행할 수 있기를 바랄 뿐이다. 상기 매매가 과연 생각하는 바와 같이 진행될 수 있을지는 공평 가격으로 진행되는지에 따라 판가름 날 것이다."(숭모각 옛 당안)

이 시기 조선 국왕[인조]은 이미 정해진 예물의 액수를 증가했다. 다만 금·은·우각(牛角) 등 세 가지는 금나라에서도 원래 정해진 바대로 인정해 주었다. 회령 개시와 관련해서도 금나라의 의지를 만족시키려 했다. 상인들도 우대하기로 하고 시가(市價)도 높이기로 했다. 그런데 금나라에는 또 다른 어려운 사정이 있었다. 이는 아래의 조선 국왕 서한에서 잘 나타난다.

---

40 청 태조 누르하치를 일컫는다.

"개시의 건과 관련해서는 지난번 서한에서 자세히 이야기했다. 이번에 보내온 서한을 받아보니 여러 가지 이유를 들어 우리나라를 질책했다. 아직 제가 귀국이 참으로 원하는 바를 잘 이해하지 못했던 것 같다. 교역이란 반드시 양쪽의 평등에 있다고 보내 주신 서한에서 이야기하였다. 양이 모자라는 단포(段布)를 가지고 강제로 가격을 요구하려는 것을 우리 입장에서는 일단 뭐라 말하지 못하겠다.

그러나 백성들은 워낙 무지하고 오로지 이익을 좇는 자들이다. 함경도에서는 잠상(潛商)을 사형으로 다스리면서 엄중히 금지하고 있지만, 제대로 이뤄지지 않고 있다. 만상 교역이 열려도 기꺼이 가려는 자들이 없다. 백성들 사정이 이러하다. 이를 제가 어떻게 할 도리가 없을 따름이다." (숭모각 옛 당안)

금나라 사람들의 가혹한 주구에 대해 한인들은 교역하는 단포(緞布)의 길이를 짧게 하여 그 손실을 미봉하고자 했다. 위의 서한에서 그 책임이 금나라 사람들에게 있음을 암시해 주고 있다고 하겠다. 이에 대해 1632년(인조 10) 9월 금국한은 재차 다음과 같은 내용의 서한을 보내 조선을 질책하였다,

"우호 관계를 맺은 뒤로 짐은 춘하추동 네 번에 걸쳐 교역하기를 바랐다. 그러나 귀국에서 난감해하여 춘추 두 번 교역하는 데 그쳤다. 의주에서 호시를 두 번 열기로 약속했는데 중지되었다. 인삼 가격도 16량으로 정했다. 귀국에서 제시한 인삼은 아국용(我國用)으로 가격이 9량이다. 그런데 효용이 떨어진다고 들었다. 귀국인들이 변계(邊界)를 넘어 우리나라 강역으로 잠입하여 금단 조치도 무시하고 상기 효용이 떨어지는 삼을 캐고 있다. 그러다가 금국에서 시장이 열리면 우리나라의 포복(布服)이 필요하므로 어떠한 어려움도 감안하고자 하는지도 모르겠다. 양국 사이에 개시하기 전에는 옷감은 언제나 부족한 상황이었다. 요동에서 자체로 면을 생산한다. 우리나라는 정의에 입각해 군사를 일으키고 귀국을 신하로 복종하게 하였을 뿐이다. 광비(筐篚)[41] 공물이나 사■(絲■)를 대신해 직포(織布)를 받았으면 한다."(『황조문헌통고』)

41 예물(禮物)을 담는 광주리를 가리키는데, 뜻이 변하여 때때로 높은 사람이 내리는 고귀한 선물을 지칭하기도 했다.

1632년(인조 10) 10월 조선에서 보낸 국서에서 위의 내용에 대해 일일이 해명했다.

"개시와 관련된 사안은 이유 없이 거절하는 것이 아닙니다. 청포(靑布)와 채포(彩布)는 대부분 중국에 난다. 근래에 들어 명나라에서 화물에 대한 수출을 엄격하게 금지하면서 개시에 교역할 물건이 없다. 금나라에서 천신만고 무릅쓰고 먼 길을 온다고 해도 필경 빈손으로 돌아갈까 우려스러워 말하는 것이다. 그리고 현재 우리나라 국고도 고갈되고 도화(島貨)[42] 역시 이미 단절된 상황이다. 인삼 가격의 높고 낮음을 불문하고 인삼 자체가 부족한 상황이다."

천총 8년(1634, 인조 12) 3월 금국에서 보낸 서한 내용은 다음과 같았다.

"호시를 하게 되면 관원을 파견하여 공평한 가격을 유지하도록 하겠다. 상인들을 엄중히 단속하여 포시(布市)가 결단코 무너지지 않도록 하겠다. 이를 통해 양국 사이의 우호에 금이 가도록 하지 않도록 하겠다."

1634년(인조 12) 4월 조선 국왕[인조]은 위의 내용에 답서를 보내 이르기를, "유사(有司)로 하여금 단속하도록 하여 후환을 없애도록 하겠다"라고 하였다. 당시 만상 무역은 진행되고 있었다. 1633년 지난해와는 달리 조선 사신은 춘추 두 번에 걸쳐 금나라를 방문하면서 상인들도 대동하여 금국의 통화(通貨)와 교역하겠다고 약속했다. 금나라 사신이 조선을 방문할 때도 화물을 가지고 와서 국경에서 무역을 진행하도록 했다. 금나라 사람들은 화물을 가지고 나오는 것을 제한하지 않았다.

1634년 10월 조선 국왕은 다음과 같은 내용의 서신을 보냈다.

"사절단이 화물을 가지고 있는 것은 당연하지만, 그 외 사람들이 화물을 가지고 오는 것은 금

42 가도(椵島)와 물화(物貨)를 줄인 말이다. 가도는 평안북도 철산군의 작은 섬이다. 1621년 후금의 요동 공격으로 인해 조선에 도망쳐 온 명나라 모문룡이 후금의 배후에서 싸운다는 명분으로 1629년까지 가도에 머물렀는데, 이는 1627년 정묘호란 발발의 원인이 되기도 하였다. 당시 조선은 가도를 통해 명나라와 인삼 등을 무역하곤 하였다.

지해 달라. 양국 사신이 이미 춘추 두 번에 걸쳐 교역하기로 하였기에 회령 개시는 중복되는 것이므로 반드시 여러 가지 폐단이 생겨 날 것이다. 이는 너무나 명백한 도리라 하겠다. 귀국에서도 이러한 점을 잘 알고 계시리라 사료된다."(숭모각 옛 당안)

이러한 조선의 태도에 금국한은 매우 불쾌하게 받아들였으며, 교역과 관련된 사안은 조선에서 약속을 어겼다고 질책하였다.

"춘추 두 번에 걸쳐 이뤄진 사신 교역 외에도 민간인이 왕래하면서 교역하는 것도 구체적인 일시, 교역 차 수, 교역에 참여하는 인원의 성명 등을 명확하게 기재하여 제시하는데, 어찌 명확하지 않다고 하고, 빈말로 양국 사이의 우의를 해하려는 것이라 하는가. 회령 개시는 폐단을 생기는 것을 우려하였는데, 반대로 우리나라에 도망하여 숨어 다니는 무리와 사사로이 밀무역하는 자체가 폐단을 낳는 것이 아니겠는가. 귀국의 경흥 등 지역에서 우리나라에서 도망한 자들이 밀무역의 정황을 이미 파악하였다. 이러한 폐단을 어찌 귀국에서 비롯된 것이라 아니라 하겠는가."(『황조문헌통고』)

1634년 12월 조선 국왕은 위의 질책에 대해 다음과 같은 내용으로 변명하였다.

"우리나라 북방 지역은 회령 개시, 강북인의 쇄환 등의 사안으로 인해 인민들은 점차 이산(離散)하여 공허한 지역으로 변했다. 저는 한 나라의 국왕으로서 300년 내려온 조상의 국토를 하루아침에 포기할 수 없는 입장이다. 제가 지은 죄로 하여 조상을 욕보이는 일을 절대 할 수 없다. 그리고 형제 간의 우호를 생각하지 않을 수도 없지 않겠는가."(숭모각 옛 당안)

같은 달, 금국한은 재차 다음과 같은 내용의 서한을 조선 국왕에 보냈다.

"회령 교시(交市)는 사절단이 왕래하는 것에 맞추어 열려는데도 화물이 없다고 한다. 그런데 밀무역에 나오는 화물은 어디서 오는지 국왕께서 깊이 생각해 보시기 바란다."(숭모각 옛 당안)

천총 9년(1635, 인조 13) 정월, 조선 국왕은 위의 서한에 대해 다음과 같이 답변하였다.

"회령 개시를 어찌 구실을 대서 열지 않으려고 하겠는가. 다만 우리나라 북방 지역은 땅이 척박하고 백성들도 빈궁하기 그지없다. 개시의 이점과 폐단에 대해 여러 번 이야기한 바 있는데, 사정이 실로 그러하다. 변방 지역 백성들 밀무역은 우리나라에서 가장 엄중하게 금단 조치를 취하고 있는 사항이다. 그런데 위의 지역은 편벽하고 이곳에 사는 자들이 또한 거칠기 그지없다. 간사한 자들이 밀무역으로 이문을 챙기는 일이 가끔 있는 것도 사실이다. 이런 짓거리에 대해 아무리 금단 조처하려 하여도 할 수 없는 지경이다. 이런 상황을 손을 놓고 보고만 있는 것이 아니다. 만약 검거하게 되면, 무조건 극형으로 다스린다. 이러한 점에 대해서도 귀국에서 잘 알고 있다.

밀무역은 백에 하나 혹은 천에 하나에 속하는 일이라 하겠다. 얼마 안 되는 교역량이고, 만약 검거만 되면 목숨을 잃게 되는 위험도 감수해야 한다. 개시의 경우 관에서 주도하고 엄격한 감독을 받는다. 이에 대해 무역하는 백성들은 여러 가지 의문과 우려하는 바가 있다. 지난번 보내온 서한에서 질책하는 바도 아마도 귀국에서 깊이 생각하지 못했던 바라고 하겠다.

귀국은 둔민농작(屯民農作)의 수요를 상당 부분 우리나라에 의지하고 있다. 현재 밀무역의 경우 제가 우리나라 백성만 챙기고 귀국의 백성하는 생각하지 않는 결과를 낳을 수도 있다고 하겠다. 그리고 양국 관계를 한 가족으로 생각하지 않는 것으로 될 것이다. 변방을 지키던 신하들이 이전 개시(開市)의 문제점을 매번 지적하였다. 귀국의 백성과 상인은 개시의 예(禮)와 관련하여 많은 요구 사항을 제기했다.

우리나라 사람들은 위의 요구를 감당하기가 어렵고, 날이 갈수록 안정을 찾을 수 없게 되었다. 저희 북방 지역은 서울에서 아득히 멀리 떨어져 있다. 변방을 지키는 신하들의 언행을 확실하게 감독하기 힘든 상황이다. 귀국의 상인들도 수천 리 길을 걸어오게 되는데, 귀국에서도 그들을 확실하게 감독하기 힘들기는 우리나라와 마찬가지라 하겠다. 그들은 귀국의 강대함을 빙자하여 눈이 보이는 게 없이 행동하는 것은 바로 이와 같은 연유에서 비롯되었다고 하겠다. 이런 상인들을 엄격히 단속하여 자기가 가지고 있는 물건을 가지고 필요한 물건을 교환한다고 하면, 서로에게 도움이 되는 교역이라 하겠다. 그렇지 않다면 유지하기 힘든 폐단이 생길 것이다. 양국 모두에게 도움이 되도록 한(汗)의 뜻에 따라 할 수 있었으면 좋겠다."(숭모각 옛 당안)

1635년(인조 13) 3월 금국한은 다음과 같은 내용의 서한을 보냈다.

"회령 개시가 만약 관리를 파견하지 않으면 양국 상인들 사이에 불미스러운 일이 일어나지 않을까 우려스럽다. 따라서 위의 지역에 귀령관(貴領官)을 파견하여 개시를 감독하고자 한다."(『황조문헌통고』)

1635년(인조 13) 6월 조선 국왕은 다음과 같은 내용의 서한을 보냈다.

"회령 개시에 귀령관을 파견하여 감독하겠다는 대책은 실로 다행스럽기 그지없다고 하겠다. 지난번에 귀국의 사신이 돌아간 지 얼마 안 되어 이런 소식을 듣게 되어 너무나 감격스러웠다. 이런 대책이 가져오게 되는 이해관계에 대해 제가 어찌 모른다고 하겠는가."(숭모각 옛 당안)

천총 10년(1636, 인조 14) 정월, 조선 국왕은 다음과 같은 내용의 서한을 보냈다.

"북방지역 백성들의 밀무역은 우리나라에서 일관되게 엄중히 단속하는 바이다. 감히 범한 자에 대해서는 극형으로 다스리고 있다. 지금도 상기 금단 조치를 조금도 늦추지 않고 있다."(숭모각 옛 당안)

위의 내용은 6진의 번호(蕃胡)인 와이객인이 금나라의 위력(威力)이 있었음에도 불구하고 조선에 귀순한 사실을 말해주고 있다. 그렇다고 오랫동안 귀순할 수 없었던 사정도 있었다. 금나라에서 도망한 무리[逃民] 혹은 잠상(潛商)이라 불렀던 이들이다. 이들은 금나라의 강북지역 거주민 철수 정책을 피해 잔류한 부류임을 알 수 있다. 금나라는 조선을 향해 일관되게 이렇게 잔류한 자들에 대한 쇄환을 요청했다. 그리고 이들의 잠상 행위를 엄중히 단속해야 한다는 내용을 실록에서 기록하고 있다.

그렇다면 이들은 전부 새롭게 정복되고 귀순한 무리라는 것을 증명하는 사례일 뿐이라 하겠다. 위의 지역에 거주하는 백성을 강제 이주시킨 결과로 빈 공간으로 변한 토지가 금나라의 영토라고 말할 수 없다는 점은 논할 필요가 없을 것이다.

3. 월경 범죄

천총 원년(1627, 인조 5)의 화약(和約)[43]으로 양국은 각자 영역을 봉쇄하여 다스리고자 약속했다. 그럼에도 자국의 백성이 사사로운 월경을 금단한다는 명확한 약조가 있었느냐, 없었느냐는 문제는 지금까지 명확하지 않다. 위의 내용과 관련해서는 천총 2년(1628, 인조 6) 5월 조선 국왕이 보내온 서한에 비로소 나타난다.

"강계(疆界)를 엄수하고 사사로운 월경을 금단한다는 약조는 처음부터 엄수되어 왔다. 위의 내용과 관련해서는 명확하게 고시하여야 한다. 절대 어겨서는 안 된다고 생각한다."(숭모각 옛 당안)

그럼에도 조선인이 강계를 넘어 인삼을 사사로이 채취하는 자들이 간혹 생겨났고 적발되기도 했다. 천총 3년(1629, 인조 7) 6월 조선 국왕이 보내온 서한에 다음과 같은 내용이 담겼다.

"강을 건너가 인삼을 채취하는 일은 귀국에서 바라지 않을 뿐만 아니라 우리나라에서도 엄중 단속하고 있다. 만약 이를 범하는 자를 검거하게 되면 귀국에서 압송하여 보내주기를 바란다. 이러한 자들은 엄중한 형을 적용하고 다스리고 절대 용서하지 않을 것이다."(숭모각 옛 당안)

천총 5년(1631, 인조 9) 11월 금국한이 조선 국왕에게 다음과 같은 내용의 서한을 보냈다.

"금년 5월에 귀국인 10명이 말 9필을 이끌고 아국의 복아합토(卜兒哈兎) 지역에 와서 사냥하다가 찰노(札怒)에게 검거되었다. 그 가운데 4명과 말 9필은 놓아주어 돌아가도록 했다. 나머지 6명은 도망쳤다. 9월에 귀국인이 회팔(灰捌) 지역에 와서 인삼을 채취하다가 우리나라 사람들과 대적하였다. 그러다가 귀국인들이 피살되었다. 같은 달에 귀국인과 도인(島人)들이 함께 관전(寬典)에 와서 인삼을 채취하였다. 그 가운데 1명이 아국인에게 붙잡혔다. 평양 관원은 도리어 동남명

43 정묘호란 이후 1627년 4월 조선과 후금 사이에 강화가 성립한 것을 말하는데, 이후 조선은 후금과 형제 관계를 맺었다.

(東南名-금나라 사신 이름)에게 이야기하기를 상기 사람은 도망쳐 우리나라에 있다고 했다. 양국 사이에 우호 조약이 체결된 후, 귀국인들이 누누이 경계를 범하는 일이 있었지만, 아국인 가운데 한 사람도 경계를 넘은 자들이 없다."(숭모각 옛 당안)

위의 서한에서 말하는 복아합토는 바로 지금의 포이합통(佈爾哈通)이다. 당시 포이합통하 이북 지역은 금나라 영토라고 여기고 있었지만, 그럴 수 없다. 회팔은 지금의 휘발(輝發)이다. 관전은 관전(寬甸)이다. 도인은 모문룡(毛文龍, 1576~1629)이 근거로 삼고 있던 해도(海島) 사람들을 말한다. 위의 내용과 관련하여 조선 국왕의 답변은 방문한 금나라 사신에게 구두로 전달하여 금국한에게 보고하였다고 되어 있기에 자세한 내용을 알 수 없다.

천총 7년(1633, 인조 11) 9월 조선 국왕이 다음과 같은 내용의 서한을 보냈다.

"양국은 하늘을 우러러 서약했다. 그 뒤로 귀국인들은 귀국의 약속을 지켰다. 그러나 아국인[조선인]은 나라의 법을 지키지 않고 누누이 귀국에 검거되는 불미스러운 일들이 발생했다. 저는 참으로 책임을 통감하지 않을 수 없다. 귀국에서는 이를 크게 개의치 않았다. 그들이 돌아오게 되면 나라의 형률을 적용하면 엄중히 다스려야 하지만, 그들에게 재발 방지를 약속 받는 선에서 그치도록 했다. 이것이야말로 형제의 우호 관계를 보여주는 일이 아닐 수 없다. 그 고마움을 명심하고 감격할 따름이다."(숭모각 옛 당안)

위의 내용은 금나라가 월경한 한인을 송환한 데 대한 답서이다. 현재는 금국의 서한을 찾을 수 없기에 자세한 내용을 알 수 없다. 이에 저간의 사정을 추론할 수밖에 없다. 금나라가 또다시 조선인 도삼자(盜參者) 2명을 압송해 보내왔다. 이와 관련한 기록은 국경 개시 관련 기록에 다행스럽게 나온다. 천총 7년 9월의 서한(『황조문헌통고』에 기재된 바에 따름)에서 해마다 도삼자가 나타나는 점을 질책했다.

다음은 1633년(인조 11) 10월 조선의 답서 내용이다.

"인삼 가격의 높고 낮음은 우리나라에서 책임질 일이 아니라 하겠다. (중략) 저희들은 인삼 공급의 증감에 그렇게 관심이 없다. 일시적인 귀천에 따라 가격의 높고 낮음이 결정된다고 하겠다. 변방에 사는 백성들은 단순 무식하고 기아에 허덕이게 되면 아무리 적은 이익일지라도 쫓으려 할 따름이다. 그렇다면 어찌 인삼 가격을 감소시키는 것으로 이익을 보겠다는 생각을 스스로 할 능력을 갖춘 무리가 아니다. 금단 조치를 무릅쓰고 월경하는 자체가 스스로 죽음을 각오해야 한다. 이들을 잡아들이는 것과 인삼 가격의 높고 낮음에는 상관관계가 있다고 증명할 수 있다고 할 수 없다.

왕년에 청성(青城)의 첨사(僉事) 안덕간(安德幹)은 3명의 장관(將官)과 함께 상기 금단 조치를 범했다가 즉시 극형에 처했다. 그것도 귀국 사신들이 보는 앞에서 집행되었다. 우리나라는 상기 금단 조치를 시행하는 데 최선을 다해왔다. 지금 만약 확실하게 이런 범인들을 검거하지 못한다고 하면 어떻게 상기 금단 조치를 소중하게 생각한다고 하겠는가. (중략)

현재 인삼 가격이 급격히 하락된 것은 귀국에서 잘 알고 있는 바와 같다. 그런데도 우매한 백성은 법을 범하면서 사사로이 인삼을 채취하는 것을 서슴지 않고 있다. 위의 내용과 관련하여 형제 사이의 국가로서 어찌 두말하겠는가. 이번에 우리나라 사람 2명을 압송해 오는데 도망을 시도하여 철쇄를 채워 엄중 감시를 하였지만, 하루아침에 깜쪽같이 사라졌다고 한다. 참으로 기괴하기 그지없는 노릇이라 하겠다. 상기 도망한 자가 참으로 죄를 범했다면, 그를 검거하여 죄를 물어야 하는데 그렇지 못한 통탄하기 그지 없다."(숭모각 옛 당안)

천총 9년(1635, 인조 13) 4월 조선 창성(昌城)[44] 관원 이익(李檍)은 사람을 풀어 금나라 땅으로 들어가 물고기를 잡고 짐승을 사냥하도록 했다. 이들은 금나라 순시대에 검거되었고 이런 사실을 조선에 통지했다. 1635년 11월 조선 국왕이 다음과 같은 내용의 답서를 보냈다.

"얼마 전에 변방을 지키는 신하의 보고를 받았다. 창성 백성 3명이 사사로이 귀국 경내로 들어갔는데 돌아오지 않다고 한다. 경악을 금치 못했다. 위의 사건과 관련하여 지방관도 책임을 면하기 어렵다고 판단하여 유사(有司)에게 명하여 잡아들여 죄를 다스리라 하였다. 이번 귀국에서 보내온 서한에서 상기 관원에게 극형은 처하지 말라는 부탁에 진정으로 후의(厚意)를 느끼게 되고 감사를 전한다. 그리고 보내 준 서한에서 귀국에서 사사로이 법을 범한 채삼인(採蔘人)을 압송하여 보내오면 우리나라에서 스스로 다스리라고 하였다.

보내 준 서한에 이르기를, '우리나라 백성들이 이전에는 가볍게 귀국의 국경을 넘어갈 수 없었

44 평안북도(平安北道) 창성을 말한다.

다. 그런데 귀국인들은 빈번하게 우리나라로 사사로이 잠입하여 인삼을 채취하였다.' 상기 지적에 저는 참으로 창피함을 느꼈다." (위의 내용은 압록강 대안의 사건과 관련된 내용이지만, 관계가 있다고 생각하여 수록함.) (숭모각 옛 당안)

『황조문헌통고』에 의하면, 1635년(인조 13) 7월 조선에서는 도삼자(盜蔘者) 14명을 극형에 처한 일이 있었다. 이를 두고 금국한은 조선에 다음과 같은 내용의 서한을 보냈다.

"왕의 변방 백성들이 우리나라로 사사로이 잠입하여 인삼을 채취하는 자가 있으면, 이전에는 검거한 후 압송하여 송환하였다. 구체적인 내용은 문서로 작성하여 보내드렸다. 그리고 귀국에서 사절단이 오면 관련 내용에 대해 통보하였다. 명나라 사람들의 경우 혹시 사사로이 국경을 잠입하여 인삼을 채취하는 자가 있으면 검거하여 무조건 극형에 처하라고 변방을 지키는 담당 관원에게 명하였다. 변방을 지키는 관원들은 관할 구역의 산림을 따라 엄중한 검거 작전을 펼쳤다. 귀국 백성이 사사로이 우리나라 국경을 잠입하여 인삼을 채취하는데 저의 고향 흥경성(興京城)[45]에서 50~60리 떨어진 지역까지 들어왔습니다. 그곳에서 우리나라 순졸들과 조우전(遭遇戰)이 발생하면서 칼과 화살에 맞아 부상한 자들이 속출했다. 그러는 가운데 도망치는 자들도 생겨났다. 이처럼 귀국 백성들 가운데 법을 어기는 자들이 많다. 양국 사이의 우호를 다지는데 좋은 일이라 할 수 없다. 왕께서는 이를 엄중히 단속해 주기를 바란다.

귀국에서는 걸핏하면 인삼용이라고 하면서 매번 시가를 하락시키고 있다. 그렇게 되면 이런 인삼은 쓸모없는 것이 되어 버린다. 목숨을 걸고 국경을 넘어와 인삼을 채취하는 그 자체가 법을 무너뜨리는 행위이다. 이런 결과를 분명히 알면서도 이들을 방종하는 이유는 어디에 있겠는가. 모두가 변방을 지키는 대신들이 회뢰(賄賂)[46]를 챙기려는 탐욕 때문이라 하겠다. 국왕의 총명을 흐리게 하고 이를 틈 타 이런 범행을 범하고자 할 뿐이다. (중략) 왕의 변방 백성들의 상기 행동

---

45 요녕성 무순시 신빈현(新賓縣) 영릉진(永陵鎭)의 소자하(蘇子河) 남쪽에 있는 성이다. 누르하치는 건주여진(建州女眞)을 통일하던 시기에 구노성(舊老城)에 거주하였다. 1587년 누르하치는 혁도아랍(赫圖阿拉)에 성을 쌓기 시작하여 1603년에 그곳으로 이주하였다. 이곳은 후금을 건국할 때인 1616년부터 요양(遼陽)으로 천도한 1622년까지 수도였다. 이후 청 왕조는 1659년에 혁도아랍의 이름을 흥경으로 바꾸었다.

46 자기 개인 이익을 꾀하기 위하여 권력 있는 이에게 비밀히 주는 정당하지 못한 금품. 또는 뇌물을 주고받는 일을 말한다.

을 만약 엄격하게 금단하지 않으면 우리나라가 이들에게 베푸는 호의를 알 수 없게 된다고 하겠다."(『태종실록』에서 채록)

1635년(인조 13) 8월에 사사로이 삼을 채취한 조선의 천총(千總, 千摠)[47] 2명과 수하 49명을 검거하였다. 그해 9월에 조선 국왕[인조]은 다음과 같은 내용의 답서를 보냈다.

"보내주신 서한을 잘 받았다. 우리나라 변민들이 또다시 금단 조치를 어기고 인삼을 채취하였다. 그들은 귀국의 천흥성에서 50~60리 떨어진 지역까지 들어갔다. 그곳에서 순라대와 조우하였는데, 오라를 받으라는 명에 순순하게 따르지 않고 사력을 다해 저항하였다. 우리나라 상인은 민적에 등록되어 있지 않고 마음이 내키는 대로 어느 곳에 이문(利文)이 보이면 그곳으로 달려가는 것이 그들의 생리라 하겠다. 이문이 없는 곳으로 관아에서 가라고 해서 움직이는 무리들이 아니다.

오래전부터 강북인(江北人)들과 왕래에 길들어졌고 그것이 생리로 굳어져 나중에는 폐습(弊習)이 되었다. 최근 들어 강북인들이 귀국의 위령(威令)에 무릎을 꿇고 감히 금단 조치를 어기면서 왕래하려고 하지 않았다. 따라서 이들은 원래의 이익을 챙길 수 없게 되면서 사사로이 국경을 넘어 인삼을 채취하는 것으로 생계를 유지하고자 했다.

그렇게 귀국에서 압송하여 보내온 자들은 12명에 지나지 않았다. 이들 모두는 국경에서 극형으로 다스려졌다. 변방을 지키던 관원에 의해 검거된 자들도 많았다. 그들은 이익을 좇아 목숨마저 서슴지 않고 버리려는 무리이다. 요행을 바라는 심리도 한몫하고 있다고 하겠다. 여기에 변방을 지키는 관원들의 심성도 똑같지 않아서 그들의 불법행위를 눈감아 주는 자들도 있다. 이런 불법행위들이 발견되는 대로 엄중히 다스린다고 하지만, 그 폐해를 단절시키지 못하고 있다. 귀국의 간절한 권고에도 불구하고 저로서는 참으로 송구스럽기 그지없다."(숭모각 옛 당안)

위의 서한에서 이야기하는 천흥성은 바로 흥경이다. 『태조실록』에는 천총 5년(1631, 인조 9) 혹도아랍성을 천권흥경(天眷興京)이라 불렀다고 했다. 그러나 이것은 수식으로 지어낸 단어이고 실록은 천흥성이라 불렀다.

---

47 조선 후기 각 군영에 소속되었던 정3품 무관 관직이다.

1635년(인조 13) 10월 금국한이 조선 국왕에게 보낸 서한 내용이 다음과 같다.

"왕은 언제나 신의를 지키는 것을 무엇보다 우선한다고 하였다. 그런데 최근 왕은 전에 맺은 약조를 깨고 백성들을 종용하여 우리나라 내지로 잠입하여 인삼을 채취하고, 물고기를 잡도록 했다. 상인들이 물건을 가지고 우리나라에 와 장사하는 것을 허락하지 않았다. 또한 여러 해에 걸쳐 보내는 예물 수량도 정해진 것보다 적다. 그럼에도 교묘한 언사로 얼렁뚱땅 넘어가려고 하는데 과연 좋은 방법이라 할 수 있겠는가."(『황조문헌통고』)

1635년(인조 13) 12월 조선 국왕의 답서 내용은 다음과 같다.

"월경하여 인삼을 채취하는 위법 행위는 이전부터 있었다. 그래서 귀국의 힐책을 여러 번 받았다. 저도 진심으로 잘못을 통감하고 있다. 그런데도 저들의 위법 행위를 완전히 저지하지 못하는 것은 이익을 위해서는 목숨을 초개같이 여기는 데서 비롯되었다고 하겠다. 지금까지 지방관리들이 알고 있는 바를 감히 이야기를 꺼내지 못한 점도 있다.

우리나라의 법은 무릇 죽을죄를 지었을 경우 절대 경솔하게 다루는 경우가 없다. 죽을죄라도 신중히 처리하도록 한다. 왕년에 청성 첨사(淸城僉使) 안덕간(安德幹)이 이런 죄를 지었을 때도 극형에 처하였으나, 나라 백성들 사이에는 여러 가지로 의론이 많았다. 그 뒤로 금단 조치를 범한 백성을 검거하더라도 범인만을 대상으로 극형을 처하든지 벌을 내리든지 하였다. 관련된 관리일 경우 작위를 삭탈하든지. 정배를 보내는 형을 처하도록 하였다.

1635년 7월 중 함경도와 평안도 감사가 보고한 「범금인명록(犯禁人名錄)」을 보면 70여 명에 달했다. 위의 인명록에 근거하여 관할 군읍진보 등 관리들에게 자세히 조사를 진행하도록 했다. 그들 가운데는 이전부터 실종된 자들이 있었다. 그리고 사사로이 토민(土民)을 따라 인삼 이익을 보려는 자들도 있었다.

위 내역을 보고 받고 저는 경악을 금치 못했다. 죄질이 가벼운 자들은 매서운 곤장에 멀리 정배(定配)[48]를 보냈다. 죄질이 엄중한 자들은 몇 개월 옥에 가두었다가 죄질이 밝혀지는 대로 극형에 처하도록 했다. 변방을 지키는 관리들에게는 봄과 가을 인삼을 채취하는 계절이 되면 중요한 길

48 배소(配所)를 정하여 죄인을 유배시킨다는 뜻이다.

목에 매복을 설치하여 검거하도록 했다. 이를 통해 단 한 명이라도 통과하지 못하도록 했다. 이렇게 매복을 설치한 지역을 점차 넓혀 가도록 했다.

상기 불미스러운 사태가 발생한 것은 오로지 제가 법을 엄중하게 집행하지 못한 탓이라 하겠다. 그래서 이런 상황이 지금까지 이어져 왔다고 생각한다. 귀국에서 질책하는 바에 대해 달리 무슨 말로 변명할 수 있겠는가."(숭모각 옛 당안)

천총 10년(1636, 인조 14) 정월 조선 국왕이 보낸 서한 내용은 다음과 같았다.

"월경하여 사사로이 인삼을 채취하는 것은 우리나라 백성들에게는 큰 이문이 남는다. 지난해까지만 해도 이런 상황이 계속되었다. 이런 상황에 책임을 통감하고 있다. 지금부터라도 지극히 엄중한 령을 내려 반드시 상기 상황을 단절시키고자 하고 있다. 추호의 용서도 하지 않으면서 사태의 추이를 지키보도록 하겠다." (숭모각 옛 당안)

이같이 조선인들이 월경하여 인삼을 채취하고, 번호들과 무역을 하면서 이익을 챙겼다. 그러나 금나라에서 상기 번호를 구축하면서 조선인들은 종래의 이익을 잃게 되었다. 반대로 금나라와의 무역에서 가격을 강요당하면서 바라던 이익을 얻지 못하는 경우가 많았다. 위의 범죄인은 압송하도록 하여 처벌받도록 하는 것이 상례였다. 따라서 당시는 경계라고 하는 것이 분명하게 존재하지 않았다. 금나라가 스스로 자국의 경계라고 하는 지역이 포이합통하 이남에 이르렀다는 증거가 없다.

4. 병자호란 이후의 상황

숭덕 원년(1636, 천총 10, 인조 14) 금나라는 국호를 대청으로 고쳤다. 나라의 칸(國汗)은 관온인성황제(寬溫仁聖)[49]로 고쳤다. 같은 해 12월 재차 조선을 침략했다.[50] 조선 국왕[인조]은

49 청 태종을 일컫는다.

50 병자호란을 일컫는데, 음력으로 1636년(인조 14) 병자년 12월 8일부터 정축년 1월 30일까지, 양력으로는

남한산성에 의지하여 이들과 항쟁을 벌였다. 그러나 다음 해 2년 정월에 조선이 더는 견디지 못하게 되자 항복하기를 청했다. 따라서 조선과 청나라는 종래 형제의 나라에서 이제는 군신의 예를 갖추지 않을 수 없었다. 명나라와의 고명(誥命)[51]을 거두고 청국의 책봉을 받아들이지 않을 수 없었다. 이후 양국 경계 교섭은 매번 조선에 불리하게 진행되는 것을 피할 수 없었다. 조선도 이러한 시세 변화를 살피면서 부득이하게 이에 적응하지 않으면 안 되었다.

1637년 정월 28일, 즉 조선 국왕이 항복하기 2일 전 청 황제는 조선 국왕에게 항복과 관련한 문서를 보냈다. 그 가운데 다음과 내용이 있다.

삼전도비. 병자호란 때 승리한 숭덕제가 자신의 공덕을 알리기 위해 조선에 요구하여 1639년(인조 17)에 세워졌다.

"조선에 있는 모든 와이합인(瓦里哈人)을 무조건 쇄환하도록 한다. 일본과의 무역은 종전대로 할 수 있다. 일본에서 사신이 오면 청나라로 안내하도록 한다. 짐도 장차 사신을 파견하여 그들과 교역하려 한다. 동쪽 변방에 있는 와이객인(瓦爾喀人)[52] 들이 사사로이 도망쳐 조선에 거주하고 있는데 그들과 무역 거래를 하지 말아야 한다. 조선에서 와이객인을 보면 반드시 압송하여 쇄환하여야 한다."

1637년 1월 3일부터 1637년 2월 24일까지 청나라가 52일 동안 조선을 침략했다.

51 전근대 중국에서 사용한 황제 명령 문서의 하나로, 명 · 청 시기 관직 임명 및 봉증(封贈)에 사용되었으며, 조선 국왕과 같은 외국의 국왕을 책봉할 때 이용되었다.

52 와이객(瓦爾喀)은 지금의 오소리강(烏蘇里江) 상류에서 수분하(綏芬河) 이서(以西) 빈해(濱海) 일대의 부족으로 조선의 함경도와 서로 이웃하고 있었다.

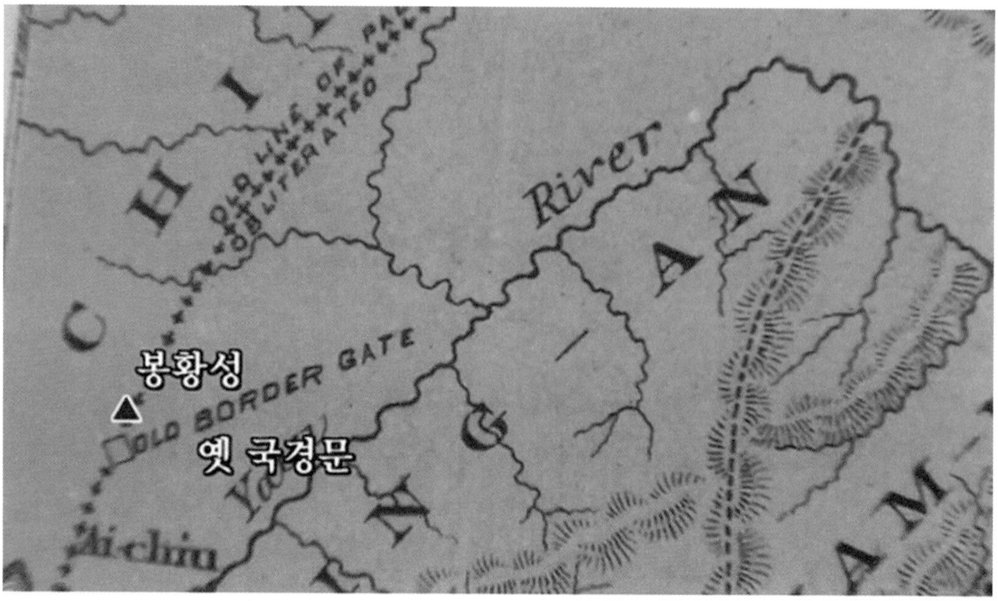

Korea Without and Within

그런데 당시 반드시 있어야 한다고 생각되는 강계 획정에 대한 청한 양국 사이의 관련 서류는 하나도 발견할 수 없다. 그러나 프랑스인 레지(Regis, 雷考思, 1664~1738), 자르투(Jartoux, 杜德美, 1668~1720)의 『데스쿠리 푸시욘. 라. 시이누』에 아래와 같은 내용이 있다.[53]

"두만강 외 지역에서 녹둔(鹿屯)을 포함한 흑산산맥(黑山山脈)에서 보포산(寶髻山)에 이른다. 압록강 상류에 흘러드는 두도구에서 12도구에 이르는 여러 강물과 송화강의 양대 수계의 분수령인 장백산 지맥에서 동가강 본류의 조금 서쪽 지역을 거쳐 크고 작은 고하(皷河)의 각 수원에서 압록강과 봉황성(鳳凰城)의 중간 지역에 이르는 선을 그었다."[54]

여기에 대해 아래와 같이 설명하였다.

---

53 1701년 청나라 강희 황제의 칙령에 따라 프랑스의 레지, 자르투 신부와 독일의 프리델리 신부가 9년에 걸쳐 작성하여 강희 황제로부터 「황여전각도(皇輿全覺圖)」라는 명칭을 받은 지도를 말한다. 프랑스 왕실지리학자 당빌 신부가 약간의 수정을 가하여 1772년 「새청국(淸國)지도」를 제작하였다.

54 이를 간황지대(間荒地帶)라고 일컫는다.

"봉황성 동쪽에는 조선국 서쪽의 분계표(分界標)가 있다. 대체로 만주는 지나(支那)[55]를 공격하기 전에 우선 조선과 전쟁을 벌여 항복을 받아냈다.[56] 그리고 장책(長柵)과 조선의 국경 사이에 무인지대를 설정하기로 합의하였다. 상기 지도에 점선으로 표시한 것이 이 시기 양국의 국경이다."

위의 기술은 강희 48년(1709, 숙종 35) 청나라 성조[57]의 명을 받고 청·한 국경의 실측에 참가한 서양인 레지스의 비망록에서 인용한 것이라면, 상당히 신빙성이 있다고 하겠다. 조선의 북방계선은 양국 모두 인정하는 것은 모두 지금의 두만강과 압록강 이외의 지역이었다. 그렇다면 간황지대(間荒地帶)는 상기 계선 밖에 존재하였다고 보아야 마땅하다. 숭덕(崇德) 년간(1636~1643)에 와이객인을 쇄환한 내용은 아래와 같다.

숭덕 3년(1638, 인조 16) 청국 호부에서 조선에 보내온 자문(咨文)에 따르면 다음과 같다.

"남한산성 화약을 체결할 시기에 모든 올량합인은 반드시 쇄환하기로 했다. 그리고 군대의 포로나 압록강을 건너 도망한 자들 가운데 돌아오지 않은 자들이 있다면, 원주인에게 압송하여 돌려주기를 바란다고 이미 요청한 바 있다. 그런데 올량합인의 쇄환은 아직 이뤄지지 않고 있다. 포로로 잡혔다가 도망친 자들 가운데 아직 압송하여 돌려준 사례도 없으니 지난번 성지에 따라 주기를 바란다."

위의 자문에 따라 훈련첨정(訓鍊僉正) 蔡■한을 파견하여 조선에 귀화한 올량합인 36명을 압송하여 쇄환하였다.

자보(咨報)에 의하면 아래 예와 같다(『통문관지』) (화를 향하였다고 하는 것은 올량합인이 조선으로 귀화했다는 뜻이다. 도망쳐 돌아왔다고 함은 청에 포로가 되었던 조선인이 도망쳐 돌아온 자를 가리킨다).

같은 해에 올량합을 수사했다. 훈련첨정 박형(朴泂)을 파견하여 조선에 귀화한 올량합인 8명을 압송했다.(『통문관지』)

---

55 명나라를 일컫는다.

56 병자호란을 말한다.

57 청나라 제3대 황제 강희제(재위 1661~1722)를 말한다.

숭덕 4년(1639, 인조 17) 웅도 정벌이 있었다.(정무년표를 참고하라.)

같은 해에 조선의 좌의정 신경정(申景禛) 등이 올량합과 청에 포로가 되었던 조선인이 도망쳐 온 자 45명을 쇄환했다.(『통문관지』)

숭덕 5년(1640, 인조 18) 영중추부사(領中樞府事) 이성구(李聖求) 등에게 부탁하여 조선에 귀환한 온성의 올량합인 3명을 자문에 따라 압송 쇄환했다.(『통문관지』)

숭덕 7년(1642, 인조 20) 청국 호부에서 야춘(也春, 지금의 훈춘)에서 도망친 자가 조선에 있다고 하면서 검거하여 속히 쇄환할 것을 요청했다.(『통문관지』)

국경 지역 개시(開市)는 숭덕 년간(1636~1643)에도 영고탑인들은 매년 회령에서, 고이객인들은 2년에 한 번씩 경원에서 무역하는 것을 정례화하였다. 숭덕 3년(1638, 인조 16) 영고탑인들은 호부에서 발급한 증명서[票文]를 소지하고 와서 농기(農器)를 무역했다. 상기 무역 역시 정례화되었다. 당시 회령 부사 정익(鄭榏)은 상기 상인에 대한 대접을 소홀히 하였다는 이유로 직을 박탈당했다. 이 사건을 계기로 접대 절목(節目)을 만들었다. 이외에도 교역과 관련된 사례를 살펴보면 아래와 같다.

숭덕 5년(1640, 인조 18) 야춘(也春) 둔민(屯民)은 임의로 월경하여 조선에 들어와서 곡식을 강요했다. 관아에서 금지한 사안이므로 이에 응할 수 없었다. 그러자 상기 지역[列鎭]에서 소요를 일으켰다. 조선 국왕[인조]은 청국 호부에 자문을 보내 이르기를 향후 증명서[文憑]를 소지한 자를 제외하고 금단 조치를 취하겠다고 하였다. 이에 호부에서 다음과 같은 내용의 자문을 보내왔다.

"처음에는 귀국에서 이런 자들을 용납하여 경내에서 마음대로 돌아다니도록 하였지만, 성지를 받들어 담당 관원을 파견하여 이를 금지하도록 하였다."(『통문관지』)

"숭덕 7년(1642, 인조 20) 야춘인들은 증명서[票]를 가지고 와서 무역하였다. 숙식은 자체로 해결했다. 그런데 지방관들은 대부분 위의 규정을 지키려 하지 않았다. 따라서 조선은 금단 조치를 취하겠다고 청국 호부에 자문을 보냈다. 호부는 조선 관리와 청국 지방관 등이 담판을 통해 위의 문제를 해결하라 하였다."(『통문관지』)

그리고 월경 범죄와 관련된 사실은 아래와 같다.

숭덕 3년(1638, 인조 16) 조선 유원진(柔遠鎭)[58] 의 백성 김유선 등 4명은 후라도인(厚羅島人)의 니응고태(泥應古太) 부락(즉, 영고탑이다)에 가서 자아을두리(社頭) 등 7명을 겁살(劫殺)했다. 상기 범죄 사실을 추문했다. 온성 유원의 지방관에게도 죄를 물어 처리하고 청국 호부에 보고[咨稟]했다.(『통문관지』)

숭덕 4년(1639, 인조 17) 조선의 사절 윤휘(尹暉)는 청국에서 돌아왔다. 청국 대신 ■아아대는 니응고태 부락에서 가(架)를 놓아 사조(四鵰)를 잡았다. 조선 훈융진(訓戎鎭)[59]의 백성은 월경하여 와서 밀렵하였다. 독수리 · 꿩 · 토끼 등을 사냥해서 돌아갔다. 위의 밀렵꾼을 검거하고 사냥물도 함께 보내달라는 요청에 훈련 첨정 정윤성(鄭允誠)을 파견하여 즉시 경원인 이입을 압송해서 보냈다. 여기에 청국 포로로 잡혔다가 도망쳐 돌아온 조선인 1명도 함께 보냈다. 청국 호부에 위의 상황을 보고했다.

호부에 보내온 자문 내용은 다음과 같다.

"조선 국왕[인조]은 이입은 관련 범죄 사실이 없는 것처럼 이야기하였는데, 본부에서는 그렇게 생각하지 않는다. 종래 강을 경계로 삼는다면 꿩이 어느 곳으로 떨어지는지를 확인할 수 있고 경계를 넘는 일도 없을 것이다. 그런데 이자는 월경하여 밀렵하였다. 독수리를 잡는다는 자체는 별일이 아니라 하겠지만, 이런 사소한 일이 큰일로 혼란을 초래하게 된다. 따라서 마부달(馬夫達)에게 자세한 조사를 명하여 보고하도록 하였다."(『통문관지』)

청국 병부에서 자문을 보내왔다.

58 조선 시대 6진에 속한 이십구 진보 가운데 하나로 온성진 북쪽 18리에 위치하였다.

59 조선 시대에, 6진에 속한 이십구 진보 가운데 하나로 경원진 북쪽 25리에 위치하였다.

"상지(上旨)를 받들어 조선은 귀부의 자문에 회답을 보내왔는데 어떠한 채삼인도 없다고 했다. 그렇다면 이것이야말로 고의로 헛된 거짓말을 하고 있는 것이라 하겠다. '저희들은 채삼인들을 발견하면 이들을 징벌할 것이다'라고 했음에도 이런 자들이 없다고 했다. 만약 군사를 상기 지역에 파견하여 입경하는 자를 발견하여 죽이거나 검거한다면 귀국에서 거짓말을 하는 죄는 더욱 크게 된다고 하겠다."(『통문관지』)

"숭덕 7년(1642, 인조 20) 북변인 이유극 등 65명이 관아에서 파견한 채삼인으로 사칭하여 진동대에서 사사로이 강을 건너 인삼을 채취하였다. 청국 형부에서 이들을 검거하여 압송하여 넘겨오니 범인들에게 죄를 물어 정배를 보냈다. 갑산·길주 등지의 관리들과 관련 지역의 진장(鎭將)[60] 등은 모두 관직을 삭탈하는 조치를 내리고 이를 청국 형부에 보고했다."(『통문관지』)

숭덕 8년(1643, 인조 21) 청국 호부의 중태평고가 칙유(勅諭)를 가지고 왔는데, 내용은 다음과 같았다.

"최근에 귀국의 북쪽 변계를 월경하여 인삼을 채취하여 사사로이 명조(明朝: 명나라)와 밀거래하는데 승인명은 왕복 문서를 가지고 혼자 다닌다. 그는 은전과 양곡을 가지고 첩자 행위를 거듭하고 있다. 명나라의 선박이 도착한다고 하였음에도 그대로 두고 보라고 하였다. 짐이 명을 내려 수군을 파견하였지만, 시간이 지체되면서 예정된 기간에 도착하지 못하고 돌아왔다고 한다. 이번에 첩자를 파견한 죄를 지은 대신 최(崔)[61]와 대중을 미혹시켜 나라의 큰일을 그르치게 한 죄를 지은 대신 김(金)[62]을 하옥시키라 하였다. 등주(登州)·영원(寧遠) 그리고 섬 안을 왕래하면서 무역한 고충원(高忠元), 신금(申金) 등에게 극형을 처하여 다른 자들이 감히 이를 범하지 못하도록 하였다. 명나라와 왕래하거나 사사로이 밀무역하는 자들에게는 모두 죄를 면하는 조취를 취했다.

지금부터 상기 관련 금단 조치를 범하거나 선박이 들어와도 검거하지 않은 자들이 있다면, 법

60 1627년(인조 5) 각 도의 지방군대를 관할하기 위하여 설치한 진영의 정3품 당상직 장관을 말한다.

61 병자호란 당시 주화론을 펼쳤으나 청 수도 심양에 붙들려 간 이조판서 최명길(崔鳴吉, 1586~1647)을 말한다. 1645년에 귀국하여 계속 인조를 보필하다가 죽었다.

62 병자호란 당시 척화론을 펼치다 심양에 끌려 간 예조판서 김상헌(金尙憲, 1570~1652)을 말한다. 청나라에 압송된 지 6년 만에 풀려나 귀국하였다

에 따라 조처하라는 칙유를 모화관에서 선독하였다. 위의 칙유를 조선어로 번역하여 도민들에게 널리 알리도록 했다."(『통문관지』)

순치(順治)[63] 이후로 월경하여 벌목하거나 인삼을 채취하는 범인은 종종 있게 되면 청국의 위령(威令)에 따라 조선에서 이를 집행했다. 따라서 숭덕 시기처럼 그렇게 빈번하게 발생하지 않았다.

대체로 천총, 숭덕 시기는 6진 시대부터 강희 정계[64]에 이르기까지 과도기라 할 수 있다. 청한 양국의 변계 연혁에서 가장 중대한 관계가 있었다. 그런데도 관련 기록문서가 갖춰져 있지 않기 때문에 명확한 판단을 내리기 쉽지 않은 아쉬움이 있다.

그렇다면 간황(間荒), 즉 중립지의 형성은 오롯이 청국에서 그곳에 거주하는 인민을 구축하여 자국민으로 수용하면서 생겨났다. 그 결과 위의 지역을 포기하였다면, 이런 지역을 당연히 청국의 영토라 할 수 없다. 청국 스스로가 인정하는 바와 같이 포이합통 이남 지역을 자기의 영토라 인정한 증거가 없다는 점에 반드시 주목할 필요가 있다. 이를 뒷받침하는 레지스, 자르투의 지도에 의하여 강희 정계 이전의 실상을 알 수 있을 것이다.

63 중국 청나라 세조 때의 연호(1644~1661)이다.
64 1712년 백두산정계비를 세울 당시를 말한다.

間島問題調査書 第3

Ⅲ. 강희(康熙) 정계(定界) 사건

1. 정계(定界) 유래

청나라 성조(聖祖)[1]는 장백산을 영험한 발생지로 삼으려 했기에 그 지리를 명확히 하고자 했다. 강희 16년(1677) 내대신(內大臣) 각라무목눌(覺羅武木訥)에게 장백산을 답사하도록 했다. 답사단은 길림에서 납단불랄(納丹弗埒) 지역, 휘발하(輝發河)를 거쳐 탁융악하(卓隆鄂河)에서 액현눌은(額赫訥殷)을 거쳐 장백산 담수에 이르고자 했다. 그런데 답사단은 서북면에서 답사하는데 그쳐 송화강원과의 관계는 파악하였지만, 압록강과 두만강의 관계를 파악하지 못했다.

청나라 4대 황제 강희제, 성조(聖祖)

그 뒤 강희 23년(1684) 재차 주방협령(駐防協領) 늑출(勒出)[『성경통지(盛京通志)』[2] 권 48권, 「길림외기(吉林外紀)」에 따랐다. 『대청일통지(大清一統志)』[3], 『흠정성경통지(欽定盛京通志)』 그리고 『길림통지(吉林通誌)』에는 늑

1 청나라 4대 황제 강희제를 일컫는다. 강희제는 60년간의 통치를 통해 청나라의 성장과 안정에 큰 영향력을 발휘했다. 청나라를 가장 큰 국가로 만든 것은 대체로 그의 지적 능력, 정치적 직감, 체력 덕택이었다고 평가 받고 있다.

2 만주 지역의 지리지로서 청에서 동병충(董秉忠), 손성(孫成) 등이 처음 성경지(盛京志)를 펴낸 것은 1684년으로 조선 숙종 10년의 일이다. 그 뒤 이 책은 여요증(呂耀曾, 1734년, 34권), 왕하(王河, 1736년, 48권), 아규(阿桂, 1778년 130권) 등에 의해 증보 수정본 『흠정성경통지(欽定盛京通志)』가 만들어졌다.

3 강희제의 명에 따라 서건학(徐乾學) 등이 참여하여 1743년(청 건륭 8)에 356권으로 완성된 역대 중국 최대의

철이라 했다. 통문관지에서는 늑초(勒楚)라 했다.]을 파견하여 장백산 주위를 답사하면서 산의 모양과 넓이 등을 답사하도록 했다. 늑출은 아마도 장백산과 압록강 사이의 관계에 주위를 둘러본 것으로 보인다. 위의 사명을 가지고 다음 해(1685) 4월 압록강 삼도구(三道溝) 지역에 이르렀다. 답사단은 이곳에서 불의의 변고를 당하여 위의 목적을 이루지 못했다.

『통문관지』에 따르면, 숙종 11년(1685) 즉 강희 24년에 청나라 예부에서 보낸 자문(咨文)[4]은 다음과 같았다.

> 성지(聖旨)[5] 를 받들어 압록강 삼도구에서 여도(輿圖)를 그리던 주방협령 늑초 등은 조선인들이 발사한 총에 맞아 부상을 입었습니다. 상기 범인들은 대신이 도착하기를 기다리고 있었습니다. 이들을 지체없이 검거하기 바랍니다. 우선 이들을 검거하여 자세한 범죄 내용을 파악하기 바랍니다.

위의 자문에 따라 조선은 경력(經歷)[6] 김중하, 행사 김[redacted]문 등을 파견하여 엄중히 수사를 펼쳐 검거에 나서도록 했다. 그런데 이들은 삼도구가 조선의 어느 지역과 맞닿아 있는지 파악하지 못했다. 따라서 위의 사정을 자보(咨報)[7]로 청나라에 알렸다. 청나라는 호군통령(護軍統領) 동보(佟寶) 등을 조선에 파견하여 〈칙유〉를 전했다. 그 내용은 대략 아래와 같았다.

> "짐은 동번(東蕃)[8]에 아낌없는 덕택(德澤)을 베풀었노라. 이번에 짐의 명을 관련 지역에 알리고 지형과 산천을 그리도록 했다. 귀국인들이 험요(險要)한 곳에 잠복해 있다가 조총을 발사하여 상처를 입혔다. 위의 지역으로 전담 관원을 파견하여 상기 범인과 관리를 소홀히 한 관원들을 엄중히 조사하여 그 결과를 보고하기를 바란다. 어떠한 지체도 하지 말고 동보 등과 함께 즉시 행동에 옮기기를 바라노라."

지리서이다

4 조선시대 중국과의 사이에 외교적인 교섭이나 통보, 조회할 일이 있을 때에 주고받던 공식적인 외교문서를 말한다.

5 중국 황제, 강희제의 명령을 가리킨다.

6 고려 말부터 조선시대에 걸친 주요부서의 실무담당 종4품 관직이다.

7 자문(咨文)으로 알린다는 뜻이다.

8 동쪽에 있는 오랑캐라는 뜻으로 조선을 일컫는다.

다음 해 25년(1686, 숙종 12) 조선에서는 범인 27명을 칙사와 함께 심문하였다.

한득완(韓得完) 등 6명의 자백에 의하면, 저희는 후주(厚州)[9]의 여울에서 사사로이 삼장동을 건넜습니다. 그곳에서 상국인(上國人)[10]들과 마주쳤습니다. 활을 쏘아 쫓겨나는 것을 막아보려 하였습니다. 그리고 검거되는 것이 두려워 총을 쏘면서 도망쳤습니다. 상기 자백에 근거하여 이들을 극형에 처하고 처자는 노비로 삼기로 했습니다. 그리고 김태성(金太成) 등 21명이 자백하기를 자기들은 따라갔다고 했습니다. 그들의 자백을 살펴보니 사실과 부합되었습니다. 이들은 총을 가지지 않았고 기회를 보아 도망을 쳤던 것입니다. 이들도 극형에 처하기로 했습니다. 후주 첨사(厚州 僉使)는 3,000리 정배(定配)를 보내기로 하였습니다. 감·병사(監兵使)[11]는 직을 박탈하기로 하였습니다. 범월인 가운데는 희천, 안주 등 출신이 있었으므로 상기 지방관은 직 5급을 강등하기로 하였습니다. 평안감사는 직 2급을 강등하기로 하였습니다.

위 내용을 상주문(上奏文)[12]으로 올렸다. 동보(佟寶) 등은 상기 사건을 심사하면서 조선 국왕 이순(李焞)[13]에게 은 20,000냥을 벌주기를 상주하였다. 예부(禮部) 의견도 동보의 상주에 따르기로 하였다. 예부에서는 상기 처리 결과 조선에 자문을 보내 실행하도록 요구하였다.

당시 조선의 사은사(謝恩使)[14] 정재숭(鄭載嵩)[15] 등은 예부에 정문(呈文)[16]을 올려 위의 내용과 관련하여 억울함을 호소하였다. 관대한 처분을 내려 줄 것을 호소하였다. 당시 전년(1685) 조선에서 연속 우역(牛疫)이 돌아 잠시 봉황 책문, 회령, 경원 개시를 중지할 것을 요청하였는데, 청나라의 분노를 사서 은 10,000냥 벌금을 받았다. 한 번을 기회로 상기 벌금을 면제받았다. 위의 요청에 대해 청나라 예부에서 다음과 같이 언급하였다.

---

9 평안북도 후창군(厚昌郡)에 있었다.

10 청나라를 높혀 부르는 말이다.

11 지방 장관인 감사(監使)와 병사(兵使)를 일컫는 말이다.

12 임금에게 아뢰는 글이다.

13 숙종을 하대하여 이름을 부른 것이다.

14 사은사란 조선시대 명나라와 청나라가 조선에 대하여 은혜를 베풀었을 때, 이를 보답하기 위해 보내던 사절 또는 그 사신이다. 진하사(進賀使)·진위사(陳慰使)·주청사(奏請使)·진향사(進香使)와 함께 주로 행해졌으며, 수시로 보내던 임시 사절 가운데 하나였다.

15 정재숭(1632~1692)은 조선후기 판의금부사, 우의정, 영중추부사 등을 역임한 문신이다.

16 하급 관청에서 상급 관청으로 보내던 공문서를 말한다.

"국가[17]에서 조선에 베푼 은덕(恩德)은 어느 지역보다 컸다. 매번 사신들이 오면 이런 은덕을 더 받지 못해서 안달이다. 배신(陪臣)[18]들은 북경에 오게 되면 누차 여러 가지 금기 사항을 범하면서도 일본을 이유로 많은 것을 요구하려 한다. 정작 자세히 살펴보면, 그렇지 않은 경우가 많다. 소추(小醜)[19]는 아직 말끔하게 정리되지 않았다. 군사를 동원하여 이를 정벌하려고 할 때 여러 가지 과장된 언사를 동원하여 아국(我國)의 허실을 노려 이득을 최대한 챙기려는 것이 그들의 본색이었다. 이를 어떻게 관대하게 봐 줄 수 있겠는가. 배신(陪臣)들은 위의 내용과 관련하여 군주에게 제대로 보고하지 않는다. 가볍게 필(筆)을 놀리기가 일쑤다. 반드시 엄중히 다스려야 할 것이다.

중국에 바치는 예물과 관련해서도 허위로 상주문을 작성하는 경우가 있었다. 이런 배신들의 행태는 반드시 엄중히 다스려야 한다는 명을 받았다. 죄인 한득완 등 6명은 모두 극형에 처해야 한다. 김태성 등은 모두 관대하게 처리하여 죽음을 면하도록 한다. 지방관 등의 정배, 직위 박탈, 직위 강등 등은 청나라의 처분에 따르기로 한다. 죄인들이 사사로이 채취한 인삼 65량 5전은 원판결 그대로 집행하기로 한다."

위의 처분을 위해 좌의정 남구만(南九萬)[20] 등을 파견하여 벌금에 매겨진 은을 가지고 가서 상기 사건을 마무리 지었다[당시 청나라는 흑룡강에서 나찰(羅刹),[21] 즉 러시아와 충돌하고 있었다.[22] 소추는 이들을 가리킨다. 일본을 이유로 들었다고 하는데, 구체적으로 어떤 내용인지 명확하지 않다. 다만 조선은 왕왕 일본과의 관계를 이유로 들면서 청나라의 강압을 벗어나려고 한 것은 사실이다].

숙종 16년, 즉 강희 29년(1690)에 또다시 두만강안에서 조선인 임인(林仁) 등 6명이 금단

---

17 청을 말한다.

18 신하의 신하. 곧 제후의 신하. 제후의 신하인 대부(大夫)가 천자를 대할 때의 자칭.

19 보잘것없는 추악한 사람이란 뜻으로, 남을 얕잡아 이르는 말이다.

20 남구만(1629~1711)은 조선 후기 함경도관찰사, 형조판서, 영의정 등을 역임한 문신이다.

21 청나라 문서에는 러시아족 조상인 로스(羅斯)부락을 음역하여 '나찰(羅刹)'이라고 하였다. 이와 달리 조선에서는 나선(羅禪)이 가장 널리 사용되었다.

22 1665년 폴란드계 러시아인 귀족 출신 니키포르 체르니고프스키와 몇몇 카자크들이 알바진에 요새를 세웠다. 다른 한편 다우르족-어웡키족 계통의 추장 간티무르가 휘하의 전사들을 이끌고 1666년 러시아로 귀순하였다. 이때 삼번의 난을 진압한 청나라의 강희제는 루스 차르국(훗날 러시아 제국)과 본격적으로 외교에 나섰다. 이에 앞서 강희제는 수천 명의 병력을 보내 1685년 알바진을 함락시켰다. 청나라는 알바진에서 사로잡은 포로들을 풀어주었지만, 이들은 청군이 떠나자 다시 요새를 점거하였고 1686년 요새는 재차 함락되었다. 알바진 문제가 일단락된 이후 청과 루스 차르국은 1689년에 네르친스크 조약을 체결해 국경을 확정하였다.

조치를 어기고 사사로이 강을 건너 청나라의 채삼인들을 타살하고 인삼과 의복을 빼앗는 사건이 발생했다. 위의 사건과 관련하여 단순히 죄인과 지방관을 처형하는 선에서 사건을 마무리했다. 같은 해에 북경 예부에서 자문이 왔다.

"이번에 『대청일통지(大淸一統志)』를 찬수(纂修)하면서 보니 기록되어 있는 성타산하, 성경(盛京)[23]과 영고탑(寧古塔) 내용에 오류가 발견되었다. 발상지와 관련된 내용이라 대단히 중차대한 일이라 하겠다. 따라서 대신 사산 등을 관련 지역에 파견하여 자세하게 확인하기로 하였다. 압록강에서 토문강에 이르는 남안 지역은 모두 조선의 역참과 관계되므로 미리 사람을 보내 대신 일행이 오기를 기다려 길을 잘 아는 사람에게 안내토록 하기를 바란다."

청나라는 위의 자문에 따라 성지를 받들라고 했는데, 조선은 번거로움을 피하려고 김익한(金翊漢)을 파견하였다.

"보내주신 자문에 따라 역참(驛站)[24]을 준비하여 성심껏 모시려고 합니다만, 워낙 길이 험난하기 그지없어 사람과 마필(馬匹)이 통과할 수 없는 지역입니다. 이러한 점을 미리 보고드리지 않으면 정작 일에 부닥치면 소홀한 책임을 면하기 어렵다고 생각됩니다."

위의 내용을 청나라 예부에서 자보(咨報)했다. 예부는 청나라 황제의 명의로 다음과 같은 내용의 칙서를 보냈다.

"신 등은 파견한 대신들과 상의하였다. 조선에서 온 관원에게 물어보니 혜산은 통과하기 어렵다고 하니 상기 지역을 에둘러 갈 수밖에 없다고 하였다. 지나가는 지역을 두루 살펴보고 지도를 그려야 하기에 위의 지역을 잘 아는 사람을 찾아내어 동행시키는 것이 꼭 필요하다. 지난번에 보낸 자문에 길을 잘 아는 사람을 찾아달라고 하였는데 혜산을 통과할 수 없다고 답복하였다. 그리

23 청나라의 세 번째 수도로서 지금의 선양(瀋陽)이다.

24 말을 타고 가서 외국 사신을 맞이하고 접하는 일과 국가의 명령이나 공문서를 전달하는 일을 위해 마련된 교통 · 통신 기관을 말한다. 지친 말을 바꿔 타고 가는 곳이다.

고 역참을 준비해 달라고 하였는데 역참에 대한 답복도 없었다. 그러면서 이르기를 상기 가고자 하는 지역이 인연이 끊긴 지역이라 역참이 없다고 하였다.

위의 지역에 대한 지도를 그리려면 장백산에서 조선에 이르러야 한다. 위의 지역을 순시하는 조선 사람과 만날 수 있다. 지금 조선은 성지(聖旨)를 받들어 청나라의 조사단을 도와야 하지만 구실을 찾아 책임을 회피하려고 하는데, 참으로 마땅한 처사가 아니라 생각한다. 마땅히 전번에 보낸 자문 내용을 따라 주기를 바란다."

청나라 황제는 위의 지역이 매우 험준함을 미처 생각지 못했다. 그 전에 늑초(앞의 총상 사건에서 나옴)도 상기 지역의 험준함에 대해 보고한 바 있었다. 그런데도 이런 지역을 굳이 가고자 하면, 조선 사람도 청 조사단 역시 힘들게 고생만 하고 아무런 결과도 얻지 못할 우려가 있다며 조선은 이미 보고를 올렸다. 조선의 보고에 근거하여 청나라는 다시 의론하라는 성지를 내렸다. 청나라 조사단이 조사한 바로 토문강 지역은 험난하기 그지없고 도로 또한 기구하다고 조선에서 보고하였다. 그렇다면 조선을 거쳐 상기 지역으로 가는 방법을 강구하라는 성지를 받들어 조선은 당시 일시적으로 경계 문제의 갈등을 피할 수 있었다.

숙종 18년(1692, 강희 31) 앞에서 살펴본 임인 범죄 사건과 관련하여 영고탑(寧古塔) 장군은 관련자가 6명이 아니라 30여 명이 된다고 주장했다. 이에 청나라의 삼법사(三法司)[25]는 나머지 관련자들을 검거하여야 한다며 논의하였지만, 청나라 황제[26]의 성지에 따라 사건을 마무리할 수 있었다.

숙종 25년(1699, 강희 38)에는 조선인이 기근에 악마가색낙(鄂磨呵索落) 역참(지금의 액목색(額木索)이다)에 살길을 찾아간 자들이 있었다. 청나라는 이들을 압송하여 돌려보냈다.

숙종 30년(1704, 강희 43)에는 경원·경흥·종성 등지의 백성들이 청나라에 잠입하여 4명을 죽이고 인삼과 단포(段布) 등을 빼앗았다. 이에 위의 범인과 지방관을 처벌한 사건이 있었다. 하지만 이는 잠정적으로 중대한 문제로는 야기되지 않았다.

강희 황제는 양국의 변계(邊界)를 명확히 하여 장백산을 발상지로 자국의 영토에 확실하

---

25 명·청대에는 대리시와 형부 그리고 기존의 어사대를 확대 개칭한 도찰원(都察院)이 함께 재판하였는데, 이를 삼법사(三法司)라 하였다.

26 강희제를 일컫는다.

게 편입시키는 것이 숙원 사업이었다. 따라서 몇 년 지나서 늘 발생하던 월경 살인 사건을 계기로 양국 경계를 명확히 살펴보는 계기가 되었다.

2. 정계 시말(始末)

조선 숙종 36년 즉 강희 49년(1710) 한인 이만지(李萬枝) 등이 월경하여 살인하는 사건이 발생했다. 조선의 평안감사 권성(權惜)이 국왕[숙종]에게 다음과 같은 계문(啓聞)을 올렸다.

"상국인 28명이 위원(渭原)[27]에 와서 이르기를, 이만지 등 5명이 강[압록강]을 사사로이 건너와 자신들의 친구 5명을 죽이고 인삼과 황피를 도적질하였다고 합니다. 이에 다급하게 이들에 대한 수색 검거에 나섰는데, 3명은 도망하고 2명을 체포하였으나, 범행 일체를 거부하고 있다고 합니다."

이들의 신고를 받은 권성은 사직(司直) 김상직(金相稷)을 파견하였다.

"죄인은 스스로 자신의 잘못을 뉘우치지 못하니 지금 별도로 근신(近臣)을 파견하여 위의 사건을 엄중히 조사 처리하도록 하였습니다. 이미 검거된 자들은 죄를 자백받아 도망친 자들은 검거하는 대로 죄를 추궁하여 결과를 보고하도록 하였습니다."

이와 같은 내용을 북경 예부에 보고를 올렸다. 이런 보고에 청나라 예부는 다음과 같은 답신을 보내왔다.

"부내(部內)의 뛰어난 장경(章京) 1명, 성경 장경 1명을 봉황성(鳳凰城)[28]에 파견하여 조선국에

27 지금의 평안북도 위원군 지역에 해당한다.

28 고구려 산성 가운데 가장 큰 산성의 하나로, 오골성(烏骨城)이라고 불리다가 명 때부터는 봉황성이라고 고쳐 불렀다. 압록강 하류에 위치한 중국 요녕성 단동시의 동북쪽 20여 km쯤에 자리하고 있다. 17세기 이후에 조선 사신인 연행사(燕行使)가 중국을 오가면서 봉황성을 접하였다. 봉황산의 최고봉은 해발 836m의 찬운봉으로 봉우리를 정점으로 우뚝 솟은 여러 봉우리와 가파른 바위 절벽들이 험준한 산세를 이루는데, 가파른 바위

서 파견한 관원 1명과 함께 합동 수사를 벌이려고 합니다. 살인 장소가 상국 경내 혹은 조선 경내인지를 확인하여 자세한 보고서를 올리라는 성지를 받들었습니다.

얼마 안 되어 청나라에서는 오랍총관(烏喇總管)[29] 목극등(穆克登), 병부낭중(兵部郎中) 상태, 예부주사(禮部 主事) 하순(河順), 성경예부시랑(盛京 禮部侍郎) 소이덕(蘇爾德), 봉천부도통(奉天副都統) 탁류(托留) 등을 파견하여 사건을 조사하도록 했다.

다음 해(1711, 숙종 37, 강희 50)에 이르러 조선에서 지난번에 파견하였던 검토관(檢討官) 정식(鄭栻)이 국왕에게 다음과 같이 치계(馳啓)[30]하였다.

"이선의(李先義) 등 3명을 신고에 따라 검거하였습니다. 이미 검거된 이만지 등과 함께 심문을 벌였습니다. 이들의 자백에 따르면 거주지가 모두 강변[31]입니다. 이들은 법을 무시하고 상국인들과 사사로이 밀거래하다가 빚을 지게 되었습니다. 상국인들이 매번 빚을 재촉하니 이것이 발각되지 않을까 하는 우려 때문에 동료 8명과 함께 상국인 2명을 유인하여 살해하고 강에 유기하였다고 합니다.

다시 상국인의 막으로 찾아가 재차 3명을 살해하고 인삼과 청포를 약탈하였다고 하는 사실을 인정하였습니다. 따라서 관찰사 이하 담당 관원과 범인의 범행 사실을 자세히 밝혀 처리를 기다리도록 하였습니다. 이런 시기에 청나라 예부의 관원을 봉황성으로 파견하여 조선국의 관원과 함께 조사하라는 성지를 받들었다는 자문을 받았습니다."

조선 국왕[숙종]은 별도로 형조 참의 송정명(宋正明)[32]을 봉황성으로 파견하였다. 사역원

절벽을 성벽으로 삼았고, 봉우리 사이의 낮은 지대에도 성벽을 쌓았다. 조선 인조 20년(1642)에 청과의 척화를 주장하였던 이경석(李景奭), 김상헌(金尙憲) 등은 청 군사에 의해 선양(瀋陽)에 끌려갔다가 1년 동안 봉황성에 구금되기도 하였다.

29 오라(烏喇)는 촌락의 이름으로 원래는 호륜국(扈倫國)의 촌락이었으나, 청이 건국된 이후 이곳에 총관을 두었다.

30 임금에게 급히 서면으로 상주하는 것을 일컫는다.

31 압록강을 말한다.

32 송정명(1670~1718)은 조선 후기 문신으로 과천현감 · 문학 · 정언 · 지평 · 헌납 · 이조정랑 등의 청요직을 두루 거쳐 경상도 · 충청도 · 전라도 관찰사 등을 역임했다.

정(司譯院正)[33] 김경문(金慶門)을 파견하여 청나라 예부에 자보하도록 하였다. 예부는 상기 자문을 당시 열하(熱河)[34]에 행차하고 있던 강희 황제에게 보고했다. 강희제는 조선국 관원에게 봉황성에 가서 기다리라는 성지를 내렸다. 위 사정은 예부의 사관 1명을 급히 봉황성으로 파견하여 이미 조사에 착수한 관원들과 함께 조사하여 자세한 결과를 보고하라는 성지를 내렸다. 만약 이미 파견된 관원들이 살인 사건 현장으로 출발하였다면 봉황성에서 기다렸다가 함께 조사 결과를 자세하게 보고하라는 성지를 내렸다.

이에 예부 외랑(禮部 外郎) 편두(偏頭)를 파견하였다. 그는 조선의 사역원정 김경문과 함께 봉황성으로 와서 기다렸다. 당시 목극등 등 조사단 일행은 이미 봉황성에 도착하여 조선 관원과 함께 합동 수사를 시작했다. 목극등은 강의 북안에서, 조선 관원 송정명 등은 의주에서 출발하여 위원에 도착하여 살인 현장에서 합동 수사를 진행했다. 자문을 송정명을 통해 조선에 통보하도록 하였는데 그 내용은 대략 아래와 같았다.

> "이 살인 사건은 비적들이 사사로이 월경하여 벌인 것입니다. 이번 조선에서 파견된 관원들과 살인 현장을 확인하였습니다. 범인들은 조선 국왕[숙종]에게 넘겨 사건을 처리하도록 하겠습니다. 압록강 연안 지역에 사사로이 월경하여 범행을 자행할 수 있는 곳들이 있을 수 있으니 이번 기회에 함께 조사, 보고하라는 성지를 받들어 함께 조사를 진행하였습니다.
>
> 그 결과 위원군 북장항(北獐項)에서 2명을 살해하고 강을 건넜습니다. 조[redacted]덕에서는 3명을 살해하였는데 시체는 온데간데없습니다. 상기 범인들도 범행 일체를 자백하였으니, 이들도 함께 처리하여 주시기를 바랍니다."

목극등 등은 여전히 압록강안을 따라 거슬러 올라가 폐군(廢郡) 경계(폐군은 원래 여연·무창 등 4군이 있었는데 폐지되어 당시는 강계군에 소속됨)에 이르렀다. 조선에서 참판 유집일(兪集一)을 파견하여 접반(接伴)[35]하도록 하였다. 목극등은 임토(林土)[36]에 있었다.

---

33 조선시대 사역원(司譯院)에 두었던 정3품 관직이다.

34 열하는 '열하행궁' 또는 '피서산장'으로 불리는 건륭제의 여름 별궁을 말하는데 오늘날에는 허베이성 승덕이란 곳이다.

35 중국 사신을 수행하며 접대하던 일을 말한다.

36 평안북도 벽동(碧潼)의 옛 이름이다.

또다시 합동 조사를 하라는 성지를 받들어 남안에서 봉황성으로 돌아갔다. 목극등은 함께 하였던 여러 조사관을 남겨두고 혼자서 열하로 달려갔다. 목극등은 성조로부터 국경을 살피라는 성지를 받았을 것으로 보인다. 강희 50년(1711, 숙종 37) 5월 강희제가 내각대학사(內閣大學士)[37] 등에게 다음과 같이 상유(上諭)하였다.

"하늘의 도수는 지상의 넓이와 맞아떨어진다. 땅의 넓이를 측량하는 데 있어 하늘의 1도는 지상의 250리에 맞먹는다. 지금의 자로 계산하면 하늘의 1도는 지상의 200리가 된다. 옛날부터 여지도(輿地圖)를 그릴 때 하늘의 도수에 근거하여 지상의 원근을 추산(推算)하지 않았기 때문에 오차가 나는 경우가 많았다.

짐이 이전에 특히 계산에 밝고 그림도 잘 그리는 사람을 파견하여 동북 지역의 산천지를 하늘의 도수에 따라 추산하여 자세한 지도를 그리도록 했다. 이에 근거하여 보면 혼동강(混同江)은 장백산 뒤에서 흘러나와 선창(船廠, 즉 길림) 타성오랍(打牲烏喇)에서 북동으로 흘러 흑룡강과 마나 바다로 흘러든다. 위의 지역은 모두 중국에 속한다. 압록강은 장백산에서 남동으로 흘러나와 남서로 향해 흐른다. 봉황성과 조선 의주 사이의 중간 사이를 흘러 바다로 흘러든다. 압록강의 북서 지역은 중국에 속한다. 압록강의 남동은 조선에 속한다. 압록강을 양국의 경계로 삼는다. 토문강(土門江)은 장백산 동쪽에서 흘러나와 남동으로 향해 흘러 바다로 흘러든다. 토문강의 남서는 조선에 속한다. 토문강의 북동은 중국에 속한다. 역시 토문강을 양국의 경계로 삼는다. 상기 지역의 양국 경계는 확실하다.

다만 압록강과 토문강 사이의 지역이 명확하지 않다. 따라서 부원 2명을 봉황성으로 파견하여 조선인 이만지 사건을 합동 수사하도록 했다. 또한 타생부(打牲部) 오랍총관 목극등을 파견하여 동시에 위의 지역으로 가서 이들에게 성지를 전달하도록 했다.

짐이 전에 내린 밀유(密諭)에서 이야기한 대로 그대들은 이번에 지방 답사도 겸해야 할 것이다. 조선의 관원과 함께 강을 따라 거슬러 올라가라. 만약 중국 지방으로 갈 수 있으면 조선의 관원들과 함께 중국 소속 지방을 이용하도록 하라. 만약 중국 소속 지방이 막혀서 통과할 수 없다면, 그대들은 조선 소속 지방을 통해서 올라가도록 하라. 이번 행차에 반드시 목적한 바대로 끝까지 올라가서 자세하게 답사하고 양국 변계를 확실하게 밝히도록 하라. 합동수사단이 이미 출발

37 '내각학사(內閣學士)'는 명 · 청 시대 조정의 관직으로서 그 지위는 종2품에 해당했다.

하였다면 그대도 함께 따라가서 상기 지역의 자세한 상황을 명백하게 파악하도록 하라."

한편, 조선에서는 합동 수사의 시말을 다음과 같이 북경 예부에 자문을 올렸다.

"합동 수사 사절은 정해진 목적에 움직이기 때문에 따로 다른 행동을 할 수 없는 것도 사실입니다. 그런데 합동 수사 사절은 또 다른 밀지(密旨)를 내놓으면서 육로와 수로를 함께 이용하면서 적동(逖洞)에 이르렀습니다. 이곳의 물살이 너무 급하여 배가 더 이상 거슬러 올라갈 수 없었습니다. 강안(江岸)이 끊어진 상황에서 수사단은 더 이상 지나갈 수 없게 되었습니다. 어떻게 할지 깊이 고민하던 중에 다시 수사하라는 성지를 받들어 전에 파견하였던 참핵사(參覈使)[38] 조태동(趙泰東)을 파견하여 죄인들을 넘겨받으러 보냈습니다."

이 시기 참핵사는 국왕[숙종]에게 다음과 같은 장계를 올렸다.

"상태 등이 봉황성에 합동 수사에 참여하였습니다. 범인들은 다른 자백을 하지 않았습니다. 피살된 사람의 이름을 끝내 밝혀내지 못했습니다. 관동인(關東人)들이 모두 이야기하기를 창두(蒼頭, 창두는 청나라 황실의 노복이다. 조선 변계의 가까운 곳에서 국고의 은전을 자본으로 차를 고용하면서 이익을 독점하는 무리를 말한다.) 등이 사람들을 사사로이 보내 인삼 채취를 시켰다가 살해되었기에 그들은 그러한 진실이 들통나는 것이 두려워 하루빨리 무마하려는 경우가 많다고 합니다. 이런 사정 때문에 범인 중 3명을 처형하고 2명은 관대하게 처리하라는 성지를 받들어 사건을 마무리하게 되었습니다. 청 관원 등은 참핵사와 범인을 귀국하도록 하였습니다."

이로써 상기 피살 사건은 일단락되었다. 목극등은 그 전에 받은 밀지에 따라 새로운 행동을 시작하려고 하였으나, 끝내 실행에 옮길 수 없었다. 당시 성조(聖祖)[39]의 상유(上諭)[40] 내

---

38 조선시대 중국에 보내던 특별사행의 하나이다. 중국에서 일어난 조선인 범죄에 대한 심사 등 양국 관원이 공동으로 처리해야 할 특별한 사건이 발생했을 때 중국에서 지정한 장소로 보내던 임시 사절(使節)로 정3품 당상관 이상의 관원 중에서 임명되어 파견되었다.

39 강희제를 일컫는다.

40 황제의 말씀을 뜻한다.

용은 다음과 같았다.

"전에 타성 오랍총관 목극등 등을 파견하여 봉황성에서 장백산에 이르는 변계를 살펴보도록 했다. 그들에게 답사한 지역의 지도를 그려 보고하도록 했다. 그런데 가는 길이 멀고 강물도 거셌기 때문에 목적한 곳까지 이를 수 없었다. 따라서 다음 해(1712, 숙종 38, 강희 51) 봄 얼음이 녹는 시기를 기다려 의주에 작은 배를 타고 거슬러 올라가도록 했다. 배가 더 이상 올라갈 수 없는 곳까지 다다라 그곳에서 다시 육로를 이용하여 토문강을 향해 답사하도록 했다. '가는 길이 멀어 만일 중도에서 막히게 되면 조선인들의 도움을 받도록 하라'는 성지를 받들어 예부에서 조선 관원들에게 효유(曉諭)한 서문(書文)을 가지고 조선 국왕[숙종]에 부탁하도록 했다."

북경 예부가 상유(上諭)에 따라 조선에 보낸 자문의 전부 내용은 아래와 같았다.

"예부에서 아래와 같은 내용을 알려 드립니다. 지난해 강희 50년(1711) 8월 4일 태학사(太學士)[41] 온달(溫達) 등이 올린 상주문에 따르면, 금년(1711)에 목극등 등은 봉황성에서 장백산까지 이르는 우리나라 변계를 살피려고 하였습니다. 그러나 가는 길이 멀고 강물도 거셌기 때문에 아직 계획한 대로 목적지에 이를 수 없었습니다. 따라서 내년(1712) 봄에 얼음이 녹기를 기다려 전에 파견하였던 사원(司員)들은 목극등 등과 함께 의주 강원(江源)에서 작은 배를 만들어 강을 거슬러 올라가다가 배가 더 이상 올라갈 수 없는 곳에서 다시 토문강을 향해 조사하도록 하라 하였습니다. 이번 답사단 목적은 우리나라[청] 변계를 확실하게 밝히는 것이기 때문에 조선과는 상관없습니다. 그런데 우리나라 경내의 도로가 너무 멀고 지형이 험하여 가는 길이 끊기게 되면 조선에서 어느 정도 보살펴 줄 것을 요청합니다."

예부는 위 사정을 금년(1712) 조선에서 오는 진공 관원(進貢官員)에게 알려 그 내용을 베껴 가서 조선 국왕에게 전달하라고 했다. 예부는 성지를 받들어 조선국의 진공 정사 여산군(礪山君) 이방(李枋)[42] 등에게 효유하여 위의 내용을 베껴 가지고 가서 조선 국왕에게 전달하

41 조선시대 홍문관(弘文館)과 예문관(藝文館)에 둔 정2품 관직이다.

42 태종과 효빈김씨 소생의 장남인 경녕군(敬寧君 李裶, 1402~1458)의 3대손으로, 아버지는 은천군이다.

도록 했다. 그리고 예부는 별도로 자문을 조선 국왕에게 보내 위의 요청을 확실하게 실행에 옮길 수 있도록 하라고 하였다.

강희 51년(1712, 숙종 38) 2월 27일 조선은 참판 권상유(權尙游)[43]를 파견하여 목극등을 서로 즉 평안도에서 접반하도록 했다. 권상유는 북도 즉 함경도에서 출발하여 중화에 이르렀다. 이때 함경도관찰사가 장계를 올렸다. 우선 사역원정 김경문을 후주로 파견하여 목극등 등 사절단을 맞이하도록 하였다. 그리고 참판(參判)[44] 박권(朴權)[45]을 접반사로 하여 함경도관찰사 이선부(李善溥)[46] 와 함께 후주에서 그들을 맞이하도록 하였다.

목극등 등은 흥경(興京)[47]의 변[변장변문(邊將邊門)을 말한다.]에서 출발하여 작은 배 10척을 만들어 두도구(頭道溝)에서 출발하여 압록강을 거슬러 올라갔다. 수로와 육로를 병행하여 거슬러 올라가 10일 만에 후주(厚州)에 도착하여 조선의 접반사와 감사 등과 만났다. 출발한 지 4일 만에 혜산(惠山)에 도착 후 배에서 내려 산으로 올랐다. 90여 리를 가니 도로가 더욱 더 험준해졌다. 목극등은 부사 포소륜(布蘇倫), 악세(鄂世) 등과 조선의 접반과 감사 이하 수행원들에게 무산으로 가서 기다리도록 하였다. 이에 조선의 접반과 감사 등은 편지[帖]를 목극등에게 올려 동행하기 요청하였다.

"조선국 접반사 의정부 참판 박권, 함경도관찰사 이선부 등은 삼가 재배하고 글을 올립니다. 흠차대신(欽差大臣)[48] 오랍총관 합하(閤下)[49]에게 삼가 말씀드립니다. 대인 등은 황명을 받들어 욕을 보이지 않고 먼 나라에까지 오셔서 산과 강물을 넘고 건넜습니다. 가는 길이 아무리 험하다

---

43 권상유(1656~1724)는 조선시대의 학자로 자는 계문(季文)·유도(有道), 호는 구계(癯溪)이다. 송시열의 문하에서 수학하였고, 이조 판서를 지냈다.

44 참판은 종2품으로 하위 관직인 참의(參議)와 더불어 장관인 판서(判書)를 보좌하고 낭관인 정랑과 좌랑을 지휘하면서 조(曹)의 운영에 참여하였다.

45 박권(1658~1715)은 조선후기 경기감사, 강화유수, 병조참판 등을 역임한 문신이다.

46 이선부(1646~1721)는 1673년(현종 14) 춘당대시(春塘臺試)에 병과로 급제하고 고창현감·지평·정언·헌납·사간·집의를 거쳐 1696년(숙종 22) 충청도관찰사, 경상도관찰사를 역임하였다. 1710년에는 대사간, 이듬해 함경도관찰사를 지냈으며, 1713년에는 이선부의 건의로 북도 친기위(親騎衛) 개혁안을 제출하기도 하였다. 1714년 경기감사, 1716년 형조판서를 역임하였다.

47 중국 요녕성 무순시(撫順市) 신빈현(新賓縣) 영릉진(永陵鎭)의 소자하(蘇子河) 남쪽에 있는 성을 말한다.

48 중국 청 때의 임시관직으로 황제가 특정의 중요 사건을 처리하기 위하여 둔 관직으로, 3품 이상을 흠차대신, 4품 이하는 흠차관원이라고 하였다.

49 존귀한 사람에 대한 경칭으로 목극등을 가리킨다.

고 한들 당당한 기상으로 앞으로 나아가길 조금도 서슴지 않으셨습니다. 맡으신 사명을 다하시겠다는 충성심은 보는 사람들에게 오로지 감탄만을 자아내게 할 뿐입니다.

저희는 접반 임무를 맡게 되어 황제의 거룩한 은혜를 입게 되어 오로지 성심을 다하여 모셔서 우리 국왕께서 입으신 은혜를 갚고자 할 따름입니다. 그러나 우리나라 변방의 군읍은 물자와 인력 모두가 빈약하기 그지없어 여러분을 모시는데 여러 가지로 서툴기 그지없습니다. 송구하기 그지없어 눈물만 흘릴 뿐입니다. 이러한 심정을 대인에 어떻게 말씀드려야 할지 몸 둘 바를 모르겠습니다. 그런 데도 합하께서는 넓은 아량으로 우리를 감싸 안으시고 접반과 관련된 모든 사안에서는 절약하도록 하였습니다. 답사단의 음식 제공과 관련하여서는 우리나라에 어떠한 부담도 주지 않으셨습니다. 이러한 후의에 어떻게 감축드려야 할지 몸 둘 바를 모르겠습니다.

합하께서는 양강[50]의 수원을 살펴보시기 위해 나서려 하고 계십니다. 특히 장백산정에 오르려 하고 계십니다. 우리는 참으로 우려스럽기 그지없습니다. 장백산[백두산] 정상에 있는 큰 못[51]에서 흘러넘치는 물은 서쪽으로 흘러 압록강 상류가 됩니다. 산기슭에서 정상까지 수백 리에 달합니다. 그럴 뿐만 아니라 모두가 단애절벽(斷崖絶壁)이고 깊고 깊은 절벽이 가로막고 있습니다. 사냥꾼이나 농사꾼이나 겨우 그런 곳을 기어오르고 지나다닐 수 있는 정도입니다. 촉나라로 가는 길이 힘들다고 한들 이곳에는 비하지 못할 것입니다.

지금 합하께서는 천금같이 귀한 몸으로 선불리 아무도 예측할 수 없는 곳으로 향하려 하십니다. 아무리 신명의 가피(加被)[52]가 있다고 한들 가는 길이 험하다고 하지 않을 수 없습니다. 우리는 떨리는 마음을 금할 길 없습니다. 이번에 변계를 살펴보시고자 함은 황제 폐하께서 우리나라를 어여삐 여겨 간민(奸民)들이 범월(犯越)하는 폐단을 완전히 차단하고자 하심을 잘 알고 있습니다. 따라서 대인께서는 반드시 상기 변계를 친히 살펴보시고자 하심을 잘 알고 있습니다.

다만, 우리가 우려하는 바는 산길이 험악하다는 점입니다. 대인께서 가시고자 하는 길이 너무나 어렵다는 겁니다. 나라를 위하는 일이라 성심을 다하려고 하십니다. 그렇기에 반드시 지켜야 할 바도 크다고 하겠습니다. 따라서 우리는 합하(閤下)의 이번 걸음에 여러 가지로 논의하고 신중히 처리하지 않을 수 없습니다. 만에 하나 불상사가 생기라도 하면 그 죄를 면하기 어렵다는 것을

50 압록강과 두만강을 일컫는다.
51 천지를 일컫는다.
52 부처나 보살이 자비심으로 중생에게 힘을 준다는 뜻이다.

잘 알고 있기 때문이다.

따라서 외람됨을 무릅쓰고 한 말씀 올리려고 합니다. 지금 합하께서는 오로지 필첩식(筆帖式)[53], 대통관(大通官) 각기 1명, 갑군(甲軍) 20명을 거느리고 떠나시려 합니다. 대오가 너무나 단출하다고 하겠습니다. 그리고 타고 가는 말과 짐을 싣고 가는 말은 모두 23필입니다. 여기에 말몰이꾼이 따릅니다.

우리나라 관원들이 함께 간다고 하여도 5, 6명에 지나지 않습니다. 이들이 타고 가는 말과 말몰이꾼이 따라붙습니다. 길 안내하는 자와 길을 내는 자 모두 합한다고 하여도 70여 명밖에 되지 않습니다. 상기 70여 명은 10여 일간의 식량을 준비해야 합니다. 가는 길은 험하고 마필은 허약하여 이렇게 무거운 짐을 싣고 갈 수 없습니다. 만약 마필도 가기 힘든 곳까지 가게 되면 상기 짐은 오롯이 짐꾼들이 지고 날라야 합니다. 이렇게 되면 짐을 실은 마필은 100여 필에 달하고 짐꾼도 100여 명이 필요하다 하겠습니다.

장백산은 높이는 천하제일을 자랑합니다. 사시장철 눈이 녹지 않습니다. 지금은 비가 연일 그치지 않아 이미 장마가 되었습니다. 갑자기 산속에서 강한 바람이나 폭우라도 만나게 되면 이렇게 많은 대오가 가다가 반드시 사상자가 나오지 않을까 걱정됩니다. 합하께서 가시고자 하는 길에 만에 하나 불상사라도 생겨서 한 사람이라도 다치게 된다고 생각하면 두렵기 그지없습니다. 황제 폐하의 가피를 입어 인과 예를 다한다고 할지라도 만에 하나 불상사가 생긴다면 합하의 측은지심으로 감당하기 어려울 것이 당연합니다. 어찌 황제 폐하의 어진 정치에 해가 되어서는 안 될 일이 아닙니까.

우리에게 아둔한 생각 하나 있습니다. 압록강은 장백산 정상의 큰 못에서 발원합니다. 여러 갈래 물기를 이으면서 그 갈래가 분명하기에 한 눈으로 확인이 가능합니다. 합하께서는 수행 일꾼 중에 건강하고 민첩한 자 몇 명을 선발하고 우리나라 통역관과 길을 아는 자를 함께 보내 살펴보도록 하고 화사(畵師)[54]가 답사한 지역을 자세하게 그림으로 옮겨 와서 보고하게 되면 안 될 일도 아니라고 생각됩니다. 이런 우리의 생각에 대해 합하께서 어떻게 생각하시는지요? 합하께서는 우리는 동행하지 말고 먼저 무산으로 가서 일행을 기다리라 하십니다. 이것은 합하께서 우리가

53 중국 청나라 때의 관직명이다. 각 아문에 소속되어 한족어와 만족어로 된 공문서의 번역을 담당하였다. 특히 만주어의 번역을 담당한 만주족들이 관료로 진출하는 주요한 통로로 이용되었다. 공문서의 기록과 번역을 담당하였던 것에서 조선의 녹사(錄事)에 비견되었다.

54 도화서(圖畵署)에서 그림 그리는 일에 종사한 잡직(雜職)을 일컫는다.

나이 들고 기력이 달리는 것을 가엽게 여겨 이렇게 분부하시는 줄 알고 있습니다.

그러나 우리는 국군(國君; 숙종)의 명을 받들어 흠차대신을 모시는 임무를 받드는 입장입니다. 우리는 편안하게 지내고 오로지 합하만이 험한 곳으로 가시는 것을 쳐다본다는 자체가 있을 수 없는 일이라 생각됩니다. 엎드려 청컨대 합하께서는 부디 이러한 점을 살펴 주십사 부탁드립니다. 특히 우리 가운데 단 1명이라도 험한 길에 동행할 수 있도록 허락해 주신다면 천만다행으로 생각하겠습니다.

강희 51년 5월 7일"

목극등은 다음과 같이 답신하였다.

"보내주신 편지를 잘 받았습니다. 잘 아시는 바와 같이 장백산은 험준하여 가는 길이 힘듭니다. 이번에 갔다 오는 길은 오로지 우리를 위한 길이라 할 수 있습니다. 여러분들이 힘하고 어렵다고 하는 걱정을 알고도 남음이 있습니다. 그런 데도 우리는 성지를 받든 몸이라 죽음을 무릅쓰고 가야만 합니다. 어찌 어렵다고 피하고 쉬운 것만 골라 하겠습니다. 하물며 황제 폐하는 하느님의 자식이라 반드시 하늘의 묵묵한 가피가 따를 것으로 생각합니다.

그리고 보내온 내용을 살펴보니 접반사 2명 가운데 한 명이라도 함께 가기를 간절히 청했습니다. 국군의 명에 욕되게 하지 않으려는 여러분의 충정심에 높은 치하를 드립니다. 다만 가는 길이 멀고 험하기 그지없어 오로지 한 몸으로 보행하기조차 힘든 지역입니다. 여러분은 나이가 드셨으니 따라간다는 자체가 힘든 일이라 하겠습니다. 만약 동행하게 되면 일을 그르칠 우려가 있기도 합니다. 따라서 함께 가시겠다는 청을 다시는 하시지 말기를 바랍니다.

강희 51년 5월 8일"

목극등은 스스로 통관과 필첩식 그리고 가정(家丁) 20명을 거느리고 떠났다. 조선 관원 6명, 길 안내자 2명과 15일분의 식량을 챙기고 동행하도록 했다. 이렇게 200여 리 되는 강원(江源) 지역을 답사하면서 백두산 정상에 있는 담수(潭水; 천지) 가에 이르렀다. 여기에 다음과 같은 내용의 비를 세웠다.

대청 오랍총관 목극등 등은 성지를 받들어 변계를 살펴보며 이곳에 이르렀다. 여기를 보니 서쪽은 압록이요 동쪽은 토문이다. 따라서 분수령 위에 돌을 깎아 이를 기록한다.

강희 51년 5월 15일

烏喇摠管 穆克登, 奉旨査邊, 至此審視, 西爲鴨綠, 東爲土門, 故於分水嶺上, 勒石爲記

康熙 五十一年 五月 十五日

필첩식 소이창	筆貼式 蘇爾昌
통관 이가	通官 二哥
조선군관 이의복 조태상	朝鮮軍官 李義復 趙台相
차사관 허량 박도상	差使官 許樑 朴道常
통관 김응헌 김경문	通官 金應瀗 金慶門

(비석 모양에 대해서 따라 적는다)

비의 높이가 2자 7척이고 넓이가 1자 7촌이다. 석질(石質)은 청색이다. 비석을 쪼았지만 마모되지는 않았다. 비석 좌대는 만들지 않고 홈을 파 세우고 큰 돌로 뒤를 든든하게 받쳤다. 지금 백두산 대택(大澤)[55]에서 동쪽으로 10여 리 떨어진 곳에 있다.

당시 조선군관 이의복(李義復)과 관련된 기사를 실은『북여요선(北輿要選)』[56] 에 다음과 같이 기록되어 있다.

"강희 51년 임진년 5월 접반사 박권, 관찰사 이선부 등은 허항령(虛項嶺)[57]에서 서로 이야기 나누길, 양국의 국계(國界)를 정하는 일이 얼마나 중요한 일이요, 모두 연로하고 병든 몸을 끌고 간신히 이곳까지 이르렀네요. 이제 더 이상 도보로 가기 어려우니 죄송하기 그지없군요. 천평(天

55 백두산 천지를 일컫는다.

56 1903년 김노규가 백두산정계비와 청나라와의 국경 문제, 간도의 영유권 문제에 관하여 서술한 지리서를 일컫는다.

57 함경남도 혜산군 보천면과 함경북도 무산군 삼장면 사이에 있는 고개를 말한다.

坪)[58]에 우리를 남기고 오로지 만호(萬戶)[59] 이의복, 조태상만 동행하라 하네요. 이렇게 우리는 함께 가지 못하고 상기 2명만 오랍총관 목극등을 접반하면서 경계를 정했다"라고 한다[위의 기행문이 있었다. 지지(地志) 고증에 다행스럽게 기록이 남았다].[60]

돌이켜 보건대, 우리가 이야기하는 바와 같이 양국의 국계를 정하는 일이 얼마나 다행스러운지 모르겠다. 목극등 일행은 토문강 수로를 따라 아래로 200, 300여 리를 내려와서 무산에 다다랐다. 여기서 작은 배 4척을 만들어 수로와 육로로 하류를 따라 내려와 경흥의 바다 입구에 이르렀다. 다시 돌아서서 경원에 이르러 강을 건너 후춘(훈춘이다. 한인 지도에는 후춘이라 하였다)에서 되돌아갔다.

목극등은 이번 걸음에 화사를 대동하여 가는 곳마다 산천을 그림으로 남기도록 하고 양국의 경계를 그려 책 두 권을 만들었다. 하나는 황제에게 바치고 다른 한 책은 조선 국왕[숙종]에 보냈다. 그리고 조선의 접반사 감사에 다음과 같은 내용의 자문을 보냈다.[61]

"성지(聖旨)를 받들어 국경 답사를 한 대인(大人) 목극등은 조선의 접반사, 해당 지역 관찰사에 자문을 보내 국경 답사와 관련된 사안을 이르기를, '내가 국경 답사를 위해 백산에 이르러 답사하니 압록강과 토문강은 모두 백산의 근저(根底)에 발원하여 동서 양쪽으로 흐릅니다. 원래부터 강북을 대국의 경계로 하고 강남을 조선으로 경계로 삼은 지 오래되었습니다. 여기에 대해서는 논의할 것이 없습니다. 두 강이 발원하는 분수령 가운데 비를 세웠습니다.[62]

토문강 강원을 따라 아래로 내려오다 보니 수십 리 되는 구간에서는 물이 보이지 않습니다. 강

58 허항령은 비탈져 북방으로 길게 뻗어 절정을 이룬 곳으로 삼수, 갑산의 척추가 되고, 백두산과 소백산의 출입문이 된다. 이곳은 무산으로 가는 길과 백두산으로 가는 길이 나뉘는데, 여기를 천평(天坪)이라고 부른다.

59 고려 · 조선 시대 외침 방어를 목적으로 설치된 만호부의 관직이다.

60 『북여요선』 상권은 백두고적고(白頭古蹟攷) · 백두구강고(白頭舊疆攷) · 백두도본고(白頭圖本攷) · 백두비기고(白頭碑記攷) 등으로 되어 있다. 하권은 탐계공문고(探界公文攷) · 감계공문고(勘界公文攷) · 찰계공문고(察界公文攷) · 사계공문고(査界公文攷) 등으로 되어 있다. 이 가운데 「백두도본고」에서는 청나라의 목극등과 함께 정계비를 백두산에 세우는데 직접 갔던 이의복의 기행문을 비교하여, 양국의 정계비 설립 장소가 동일함을 들어 이미 그 당시에도 토문강(土門江)을 국경으로 인식하고 있었다고 주장하고 있다.

61 이와 관련한 내용은 『동문휘고(同文彙考)』 원편(原編) 48권(疆界), 강희(康熙) 51년 5월 28일; 김지남의 『북정록』, 5월 28일 자에도 같은 내용이 수록되어 있다.

62 백두산정계비를 일컫는다.

물은 돌 틈으로 암류로 흘러 100리에 이르러서야 비로소 거대한 물줄기로 나타납니다. 무산까지 흘러내리는 지역은 풀이 적고 땅이 평평합니다. 사람들은 어느 것이 경계인지를 잘 모르고 서로 오가면서 집을 짓고 길 또한 복잡하기 그지없습니다.

따라서 접반사, 관찰사와 더불어 상의하기를 무산, 혜산과 가깝고 강물이 보이지 않는 지역에는 초소를 두어 여러 사람에게 변계가 있다는 사실을 알리고 감히 변계를 넘나드는 일이 없도록 하기로 하였습니다. 이로써 황제 폐하께서 백성을 어여삐 여기는 지극한 마음을 전달하도록 하기로 하고, 양국 변계에서 불상사가 일어나지 않도록 하자고 하였습니다. 이를 위해 상의한 내용을 자문으로 보내기로 하였습니다.

강희 51년 5월 28일"

조선 접반사 박권 등이 자문에 답하여 「설책편의(設柵便宜)」을 논의한 문서 내용은 다음과 같았다.

"삼가 보내드립니다. 대인께서 황제 폐하의 명을 받들어 욕보이지 않고 우리나라까지 오셔서 험난한 산천을 건너면서 양국의 변계(邊界)를 확실하게 밝혔습니다. 분수령 위에 비(碑; 백두산정계비)를 세워 표식으로 삼았습니다. 또한 토문강 강원에서 강물이 땅 밑으로 흘러 양국 경계가 명확하지 못한 것을 우려하였습니다. 이에 우리에게 경계를 나타내는 책(柵)을 세우면 어떨까 문의하였습니다. 그리고 함께 위의 내용을 논의하였습니다. 그리고 위의 내용을 자문으로 주고받았습니다.

황제 폐하의 천하 백성을 똑같이 생각하는 어진 정치의 덕분으로 우리나라에 불미스러운 일이 일어나는 것을 가볍게 생각하지 않고 여러 번에 걸쳐 대응책을 논의하도록 하였습니다. 합하께서도 이런 황제 폐하의 자비로운 뜻을 받들어 목책(木柵)을 세우면 어떨지 하는 사안을 우리에게 문의하였습니다. 우리는 목책을 세우는 것은 장구지책(長久之策)이 아니라고 여겨 흙을 쌓든지 돌을 모으거나 수책(樹柵)하는 일은 농한기에 시작하겠다는 뜻과 이를 대국에서 관원을 파견하여 감독하면 어떨지에 대한 의견을 내놓았습니다.

대인(大人; 목극등)께서는 이미 양국의 경계를 정해 놓았으니, 이후에 표(標)를 세우는 일에 굳이 대국인들이 와서 감독하지 않아도 되고 농민들을 동원하지 말라고 하였습니다. 또한 하루아침에 해야 할 정도로 시각을 다투는 급한 일이 아니라 하였습니다. 위의 사안을 감사(監司)가 주관하여 편의를 봐가면서 공사를 시작하여 2, 3년 후에 완성하여도 별 지장이 없겠다고 하였습니다. 그리고 조선 사절이 북경에 올 때 위의 사안의 결과를 우리에게 알려주면 그것을 다시 황제께서 전달하도록 하겠다고 하였습니다.

우리는 대인과 작별한 후 위의 내용을 국왕께 보고하겠습니다. 양국 변계에서 길이 없는 지역과 도달하지 않은 지역과 관련하여 왕복 자문에서 누락된 부분이 있다면 대인께서 잘 살펴 주십사 부탁드립니다.

강희 51년 6월 2일"

한국 기록과 『북여요선』에 당시 목극등이 성조(聖祖)[63]에게 올린 상주문을 실었다. 『북여요선』에 기록된 내용은 다음과 같았다.

"오랍총관 목극등은 우선 필첩식(筆帖式) 3인을 파견하여 청 황제께 상주문을 올려 이르기를, 금년(1712) 4월 29일 후주강(厚州江)을 떠나 30리 되는 곳에서 조선 국왕이 파견한 접반사 박권, 함경도 관찰사 이선부가 와서 맞이하였습니다. 4월 30일 강을 건너 조선 말을 타고 조선 북부 지역을 따라 200여 리를 행군하여 혜산에 도착했습니다. 조선 국왕은 재차 호조참의를 파견하여 연회를 베풀었습니다. 그들의 모습에서 황제 폐하의 은혜에 감복하여 대국의 사절을 진심으로 대접하는 것을 느낄 수 있었습니다.

혜산(惠山)부터는 가는 길이 험난하기 그지없었습니다. 조선 접반사 2명은 나이가 많고 가지고 떠난 짐이 너무 무거워 부사(副使) 1명과 함께 무산에 가서 기다리도록 하였습니다. 저는 가지고 떠나는 식량을 줄이고 함께 떠나는 대오도 간출하게 하여 오로지 조선의 하급 관원 몇 명을 동행하도록 하였습니다.

백두산에 올라 못의 물[천지]을 살펴보니 서쪽은 압록이고 동쪽은 토문이었습니다. 따라서 분수령 위에 돌을 세워[백두산정계비] 기록을 남겼습니다. 북으로 흐르는 강은 어느 방향으로 흐르는지 알 수 없었지만, 흑룡강이 되었을 겁니다. 토문강을 따라 아래로 내려오면서 살펴 이번의 관찰하는 일을 완성하고 북경으로 돌아오게 되었습니다."

---

63 강희제를 일컫는다.

같은 해에 북경 예부는 범월(犯越)과 관련한 사건을 원래의 판결에 따라 처분하지 않기로 하였다. 조선 국왕의 처분에 대해서도 조사하여 의론하라는 사건 처리령을 내렸고 범죄 원인에 대해 조사, 보고하라고 하였다. 따라서 조선 국왕의 처분을 다시 들여다보지 않을 수 없었다. 조사 결과를 성조(聖祖)에게 상주하여 처분할 것이니 기다리라는 자문을 조선에 보내왔다.

이에 조선은 상기 자문에 성조의 처분을 기다리려 처단하겠다고 하였고, 그 외에도 접반 책임과 의무를 다하겠다고 다짐하였다. 이로써 황제의 은혜로 양국의 변계를 살펴보는 일을 끝낼 수 있게 되었다. 이에 대해 조선은 "죽어도 마땅한 2명의 백성을 사면해 주신 은혜에 감축드릴 뿐입니다. 모든 일에서 조선 국왕으로서 책임을 다하도록 하겠습니다"라고 하였다.

이같이 정계와 관련된 사안은 조선 국왕이 감사표를 청국에 보내면서 완전한 결말을 보게 되었다.

"사정계표제(謝定界表製) 홍우서(洪禹瑞) 사(使) 김창집(金昌集)

조선 국왕 신 이순(李焞: 숙종)이 삼가 올립니다.

지난 여름 황제의 은혜로 양국의 변계를 살펴보게 되었습니다. 우리나라에 아무런 번거로움을 주지 않고 변강계선(邊疆界線)을 바로 잡았습니다. 황제 폐하께서 작은 나라에 보여주신 충분한 예우라 하지 않을 수 없습니다. 이를 통하여 간민(奸民)들이 금단 조치를 범하는 우환을 두절(杜絶)하고자 함이라 하겠습니다. 우리나라 군신(君臣)들은 위의 조치에 감사함을 표합니다. 하늘을 우러러 높이 모시고 감사표를 지어 그 은혜을 칭송하고자 합니다.

신 이순은 진실로 황공(惶恐)하여 머리를 조아리고 또 조아립니다. 제가 제후(諸侯)의 법도를 삼가 지키고 있음에, 외람되이 먼 나라를 회유하는 인애(仁愛)를 입어 사절(使節)이 먼 곳까지 와서 몸소 경계를 살피는 일까지 하니, 다행함이 처음의 기대를 넘어서 마음속 깊이 감격하였습니다.

삼가 생각건대 신(臣)은 창성한 때를 만나 어설프게나마 선조의 유훈을 받들며 궁벽하게 하토(下土)에 살면서 공신(拱辰)[64]의 정성을 도결(徒結)하였으나, 내봉(內封)과 마찬가지로 대우해 주

64 여러 별들이 북극성을 향하는 것처럼 사방의 백성들이 천자(天子)의 덕화(德化)에 귀의(歸依)하여 복종한다는 뜻이다.

셔서 오래도록 하해(河海)[65]와 같은 교화(敎化)에 젖어 있었습니다.

그런데 생각지 못하게 사절이 친히 왕림하여 특별히 변경을 밝히고 닦아 양쪽 지역의 금지(禁地)를 엄격히 정하고 물을 가리켜 경계로 삼으셨으며 산의 남북을 표시(表示)하는 것은 돌에 새겨 세웠습니다. 이러한 일을 하시면서도 우리나라에서 대접하는 비용을 덜어주는 데에도 몹시 신경을 써주시고 간악한 백성들이 국경을 넘나드는 우환을 없애 영원히 유지될 계획을 만들어 주셨으니, 은총이 베풀어지는 바에 대해 너무 황송하여 어찌할 바를 모르겠습니다. 이는 대개 황제 폐하의 공(功)과 참(參)을 모두 길러 주심을 만났기 때문입니다.

업광(業光)[66]이 거듭 비춤은 동식물을 막론하고 모두 화(和)하고, 혜택이 널리 미침은 제(梯)·항(航)[67]을 막론하고 서로 이어졌습니다. 성교(聲敎)[68]가 멀리까지 미쳐 심지어 조선까지도 남다른 은혜를 입게 하셨으니, 신이 어찌 미련하고 둔함[駑鈍]을 힘써 다하고 충정(忠貞)[69]을 더욱 독실하게 하지 않을 수 있겠습니까? 홍휴(洪庥)를 우러러 받들며 오직 운결(隕結)[70]의 보답함을 생각하고 있으며, 항상 정제(定制)를 준수해 왔으니, 어찌 경계하는 마음을 해이(解弛)하게 하겠습니까? 신이 하늘을 보고 황상(皇上)[71]을 우러름에 격절(激切)하고 병영(屛營)[72]하게 됨을 감당할 수 없습니다.

삼가 표문(表文)을 바쳐 고마움을 전하고자 합니다.

강희 51년 11월 3일

조선 국왕 신(臣) 이순이 삼가 표문(表文)을 올립니다."

『통문관지(通文館志)』[73] 인물 편에 이번 행차에 수행하였던 역관들의 사적을 기록하였다.

---

65 큰 강과 바다를 아울러 이르는 말로 은혜와 공덕 등이 한없이 크다는 것을 비유적으로 표현하는 말이다.

66 일의 성과가 널리 미치다는 뜻이다.

67 제산항해(梯山航海)의 준말로 험악한 산을 넘고 배로 바다를 건넌다는 뜻으로, 다른 나라에 사신(使臣)으로 간다는 말이다.

68 임금의 명성(名聲)과 교화(敎化), 또는 임금이 덕으로 백성을 감화시키는 교육을 뜻한다.

69 충성스럽고 절개(節槪·節介)가 곧음을 뜻한다.

70 죽어서 결초보은(結草報恩)을 한다는 뜻이다.

71 강희제를 일컫는다.

72 마음의 안정이 안 돼서 방황하거나 두려워하는 모양이나 상태를 말한다.

73 1720년 조선 숙종 때 역관이던 김지남이 그의 아들 경문과 함께 조선시대 사역원(司譯院)의 내력과 고대로부터 외국과의 통교(通交)에 관한 사적 및 의절(儀節) 등의 사실을 수록한 책이다. 권1은 연혁편(沿革篇)으로 사역원의 관제(官制)·위직(衛職)·외임(外任)·등제(等第) 등의 연혁과 현황이, 권2는 권장편(勸獎篇)으로 사역

그 내용을 살펴보면 다음과 같다.

"김지남(金指南)의 자는 계명(季明)이다. 잠성(岑城: 황해도 금천) 출신이다. (중략) 임진년(강희 51) 청나라 황제[강희제]는 오랄총관(烏喇總管) 목극등(穆克登)을 파견하여 압록강과 토문강(土門江)이 바다로 들어가는 곳까지 조사하여 양국의 변계를 확실히 하도록 하였다. 옛날부터 양국은 강으로 동쪽 경계를 삼고 있다고 알고 있었다.

그러나 백두[원주 중원인(中原人)[74]들은 장백산이라 부름]에서 이남, 장백에서 이북 지역은 거의 천여 리에 달하였다. 옛적부터 황폐하였다. 여지(輿志)에 기록된 내용을 보면, 여러 가지로 오류가 많아서 조야(朝野)에서 의혹하고 지나친 염려가 많아서 서로 상소하여 논하기까지 하였다.

접반사(接伴使) 판서 박권(朴權)은 공을 대동하여 청나라 답사단과 논변(論辨)하였다. 공은 목극등에게 이야기하기를, 양국에서 양강으로 경계로 삼은 것은 오래전 일입니다. 양강은 백두산 정상의 담수(潭水)에서 발원합니다. 담의 북쪽은 상국의 경계이고 남쪽은 우리나라의 경계라고 반복적으로 목극등에게 말하였다.

공의 이런 이야기에 목극등도 결국 크게 깨닫고 드디어 백두산 정상에 이르러 비를 담반(潭畔)에 세워 경계로 삼았다. 그리고 산의 모양과 강역을 지도로 그려 두 책을 만들었다. 한 책은 황제에게 바치고 다른 한 책은 조선에 남겨 근거로 삼도록 했다.

동쪽 아래 무산(茂山)에 이르니 우리나라 사람들이 살고 있는데 경계를 넘어 나무를 베어 오기도 했다. 그렇게 산을 수십 리를 넘는 경우도 있었는데, 이런 일들이 답사단에 발각되었다. 답사

원의 입속(入屬)·승차(陞差)·과거·원시(院試)·취재(取才) 등이, 권3은 사대편(事大篇) 상(上)으로 부경사행(赴京使行)·부경품역마(赴京品驛馬)·행중거행문서(行中擧行文書)·경외노비(京外路費) 등이 수록되어 있다. 권4는 사대편 하로 칙사행(勅使行)·빈행차견(儐行差遣)·중강연향(中江宴享)·압록강영칙(鴨綠江迎勅)·각무차사원(各務差使員)·부마입파수(夫馬入把數) 등이 수록되어 있어 중국에의 사행 절차(使行節次)와 사행 및 무역 개시, 중국에서의 칙사에 대한 영접·의식 등을 살필 수 있다. 권5는 교린편(交隣篇) 상(上)으로 접대일본인구정사례(接待日本人舊定事例)·접대대마도인신정사례(接待對馬島人新定事例)·연례송사(年例送使)·왜관(倭官)·다례의(茶禮儀)·진상물건간품식(進上物件看品式) 등이 수록되어 있다. 권6은 교린편 하로 동신사행(通信使行)·도구전식(都口傳式)·경외노자(京外路資)·국서식(國書式)·삼사신사례단(三使臣私禮單)·아경사연(我境賜宴)·관진차비(關津差備)·수륙노정(水陸路程)·일광산치제의(日光山致祭儀) 등이 수록되어 있어 일본사신·대마도인이 우리나라에 올 때의 접대·조약·개시(開市) 등과 우리 사절이 일본에 갈 때의 정원·의식·노정·노자·서계(書契) 등을 알 수 있다. 권7은 인물편으로 조선 초기 이래의 공적이 특기할만한 원임역관(原任譯官)의 행적이, 권8은 고사(故事)·솔속(率屬)·집물(什物)·서적(書籍) 등 4편으로 되어 있다.

74 중국인을 가리킨다.

단은 위의 사건을 조사하려고 하였다. 공이 지극히 간절한 말로써 설명하니 목극등은 이를 다시 추궁하지 않기로 하였다." [김지남은 비문에 적힌 김응헌(金應瀗)으로 보인다. 그런데 그의 이름이 이렇게 바뀌었는지는 명확하지 않다.]

"김경문(金慶門)의 자는 수겸(守謙)이고 지남의 아들이다. 임진년(1712, 숙종 38) 북사 목극등이 와서 백두산 경계를 정할 때 이들 부자가 함께 파견되었다. 강원(江原)을 끝까지 살펴보고 정상에 올라 구역을 확인하여 나누는데 응대하면서 따질 것은 따졌다. 직접 목극등과 시시비비를 따지니 대부분 공이 말한 대로 따랐다."

위 내용은 강희 정계와 관련하여 확인할 수 있는 내용을 취합하였다고 하지만 부족한 점들이 많다. 그런데도 위 내용에 근거하여 추론하여 보면 청나라는 본래부터 장백산을 자신들의 영역에 편입시키려는 목적을 가지고 있었고 이를 시행에 옮겼을 뿐이다. 양국을 분계(分界)한 석비(石碑)[백두산정계비]는 산 남쪽의 분수령에 세워졌다. 청인은 물론이고 조선인들도 모두 두만강과 압록강의 본류를 양국의 계선(界線)으로 삼고 있었다. 숭덕(崇德)[75] 시기 두만강 이북의 산줄기와 압록강의 지류인 동가강[76](佟佳江, 지금의 혼강)을 계선으로 삼았던 점은 전혀 알려지지 않았다.

조선인은 간도문제가 발생한 후에 목극등이 지정한 경계를 분계강(分界江)[77]이나 송화강의 지원(支源)에 붙이려 하였지만, 김지남이 무산에서 경계를 넘어선 한인들을 위해 적극 변호하였던 점으로 미루어 보면, 무산의 두만강을 경계로 인식하였던 것이 확실하다. 이것은

75 숭덕은 청 태종(太宗) 숭덕제(崇德帝) 홍타이지의 두 번째 연호이다. 1636년부터 1643년까지 7년 9개월 가량 사용하였다. 1636년에 나라 이름을 후금(後金)에서 청(淸)으로 바꾸고 황제로 즉위한 뒤, 연호를 천총(天聰)에서 숭덕으로 바꿨다.

76 동가강은 길이 약 80km이며 요녕성에서 발원하여 남쪽으로 흘러 압록강에 합류한다. 강 유역은 고구려의 발상지인 북부여에서 남하한 고구려족이 환인(桓仁) 지방을 근거지로 나라 기틀을 다졌다고 한다. 강 이름도 시대에 따라 염난수(鹽難水)·비류수(沸流水)·대충강(大蟲江)·파저강(婆豬江)으로 바뀌었다. 조선시대 세종 때 동가강(파저강) 유역에서 출몰하여 조선으로 넘어와 노략질을 일삼던 여진족을 토벌하기도 하였다.

77 분계강은 백두산에서 발원하여 두만강 위쪽을 흐르다가 두만강으로 합류하는 것으로 여겼던 강을 말한다. 사실상 해란강(海蘭江), 혹은 해란강에 합류하는 부르하통하에 해당한다. 이는 처음에는 '경계를 나눈다'는 의미가 없었는데, 백두산정계비 설치 이후 조선과 청나라의 경계에 관한 관심이 증가하면서 '경계를 나눈다'는 의미로 쓰이기 시작했다.

당시 한국의 관원들이 이전의 사실에 대해 밝지 못했다는 것을 알 수 있다. 오로지 두만강 이남 지역을 잃어버리지 않을까 전전긍긍했다는 것을 알 수 있다. 그러면서 청나라 답사단의 접대 번거로움에 대해 신경을 쓰고 이를 어떻게 하면 하나라도 더 면할 수 있을까에 급급하였던 것을 알 수 있다. 따라서 한국의 관원들은 문제 본질을 바로 보지 못하고 있었다. 이런 과실에 대해 한인들도 명확하게 인식했던 이들이 있었다.

김선[78](金鐥, 일본으로 사신으로 왔던 김기수[79]의 조부)은 종성 원수대(元帥臺)[80] 비각기(碑閣記)에 다음과 같은 내용을 기록으로 남겼다.

"성지(聖旨)를 받들어 [redacted]주(종성)[81], 온평(溫平, 지금의 온성)[82]에서 출발하여 드디어 불함(不咸, 장백의 옛 이름)의 정상에 이르러 선춘과 오랍(烏喇)[83] 지역을 바라보았다. 일망무제(一望無際)[84]한 밭들이 거의 천여 리에 이어졌다. 조[redacted]의 시에서 이르기를, '소공은 하루에 국토를 개척하기를 100리에 달했노라. 지금에 이르러 하루에 국토가 축소되기를 100리에 달했노라. 어찌 통탄할 노릇이 아니라 하겠느냐.' 오랍총관(烏喇總管) 목극등(穆克登)이 와서 경계를 정함에 접반사는 병을 핑계로 동행하지 않고 토교(土校, 만호 등 토착 군관을 이름) 등 몇 명만이 따라붙었다.

박도상(朴道翔)[85]이 이를 두고 이르기를, '사람을 죽이니 성(城)과 교외(郊外)에 넘쳐 나는 형국과 다를 바 없구나. 후에 이를 잃는다고 하여도 앉아서 잃으면서도 무엇 때문에 이를 잃었는지를 모르는 것과 다를 바 없구나. 그러면서 국토가 축소된 것을 논의조차 하지 않는 지경에 이르렀다.

---

78 김선(1772~1833)은 1797년 형 김려(金鑢, 1766~1821)와 함께 강이천(姜彝天) 비어 사건에 연루되었고, 이어 1801년 신유옥사 때는 초산(楚山)에 유배되기도 하였다. 그는 조선후기 문학사에 뚜렷한 족적을 남겼다.

79 김기수(金綺秀, 1832~1894)는 조선 말기의 문신으로 1876년 예조참의로 있을 때, 강화도조약 이후 일본 수신사의 대표로 결정되어 일행 75명과 함께 일본 기선 고류(黃龍)호를 타고 일본으로 건너가 근대화한 일본의 문물을 둘러봤다. 1876년 음력 6월 귀국하여 『일동기유(日東記游)』, 『수신사일기(修信使日記』 등을 남겼다.

80 여진족을 물리치고 개선한 윤관의 공적을 기리기 위해 함경도 관찰사 윤헌주(尹憲柱, 1661~1729)가 승암구역 해변가에 기념비를 세웠다고 한다. 기념비가 있는 해변가 언덕을 원수대라고 한다.

81 함경북도에 있었던 군으로, 세종 때 4군 6진을 개척하면서 1433년 영북진을 종성이라고 이름을 붙이시면서 시작되었다. 현재는 옛 지명은 사라지고 온성군 산하의 종성로동자구로 변했다.

82 함경북도 최북단에 위치한 군이다.

83 오라(烏喇)는 촌락의 이름으로, 원래는 호륜국(扈倫國)의 촌락이었으나, 청이 건국된 이후 이곳에 총관을 두었다.

84 눈을 가리는 것이 없을 만큼 바라보아도 끝이 없이 멀고 먼 모습을 뜻한다.

85 박도상은 조선 후기 의금부도사, 예조좌랑, 연천현감, 영양현감, 장령 등을 역임한 문신이다. 시문에 능하였으며, 특히 변려문(騈麗文)과 제술(製述)에 뛰어난 재능이 있다고 평가받았다.

도저히 통탄을 금할 길 없구나.

청나라 사람들은 발상지를 찾는다고 말한다. 이야말로 구실에 지나지 않는다. 주례에 천자는 오악에 제사를 올렸다. 한무제(漢武帝)[86]는 노(魯) 지역의 태산(泰山)[87]에 제사를 올렸다. 오악(五岳)[88]은 원래 제후국에 속해 있었다고 해서 해가 된 것이 없었다. 만약 주나라와 한나라가 예에 따라 제사를 올렸다면 반드시 모두가 기꺼이 따랐을 것이다. 그렇지 못할 때는 다툼이 생기고 따르는 자가 없었을 것이다. [redacted]

박도상의 답기(劄記)에 이르기를, 사람은 날아다니는 사람과 같았다. 말은 날아다니는 말과 같았다. 마치 키가 작은 난쟁이가 꺽다리를 쳐다보는 것과 같았다. 도토리 키 재기요, 자화자찬이 아닐 수 없었다. 조[redacted]가 그렇게 생각했다. 윤문숙공(尹文肅公, 고려 윤관[89]의 익호)은 금나라의 오랑캐 천하를 석권하니 그 기세가 어찌 청나라 사람들에 못했다고 하겠는가. 군사를 거느리고 승승장구로 수천 리 강토를 개척하니 어느 누가 이를 따를 손가. 오로지 그 한 사람이 아닌가 하노라."(『북여요선』)

청나라 사람들은 목극등이 비석을 세운 것은 경계를 획정하는 것과 관계가 없다고 말하지만, 강변(强辯)에 지나지 않는다. 그러나 전후의 문서를 통람(通覽)하면 목극등은 월경 범죄를 끊기 위해 경계[界限]를 명백히 할 목적에서 출발하였다는 점은 의심할 의지가 없다.

다만 한인들이 현존하고 있는 토석퇴(土石堆)로부터 송화강 지원(支源)을 가리켜 토문강

86 전한 시기의 7대 황제(재위 BC 141~BC 87)이다. 그는 유학을 바탕으로 국가를 다스렸으며, 해외 원정을 통해 흉노를 크게 무찌르고 남월, 위만 조선을 멸망시켜 한사군을 설치했으며, 한족 역사상 두 번째로 넓은 영토를 확보하였다. 그는 진 시황제 · 당 태종 · 영락제 · 강희제와 더불어 중국의 가장 위대한 황제 가운데 한 사람으로 꼽힌다.

87 태산은 중국 산동성 타이안 북쪽에 있는 중국의 대표적인 산 가운데 하나로 산동성에서 가장 높은 산이다. 중국의 다섯 명산인 오악 가운데 하나로서 예부터 신령한 산으로 여겨졌다. 진시황제나 전한 무제, 후한 광무제 등이 천하가 평정되었음을 하늘에 알리는 봉선 의식을 거행한 장소이다.

88 중국 5대 명산의 총칭으로 산서성(山西省)의 북악 항산(北岳 恒山)과 서악 화산(西岳 華山), 하남성(河南省)의 중악 숭산(中岳 嵩山), 산동성(山東省)의 동악 태산(東岳 泰山), 호남성(湖南省)의 남악 형산(南岳 衡山)을 일컫는다.

89 윤관(尹瓘, ?~1111)은 고려 때 동지추밀원사, 지추밀원사, 한림학사승지 등을 역임한 문신으로 여진 기병에 대항할 별무반을 창설하고 예종 때 정벌을 개시하여 9성을 축조하고 남도 지방 사람들을 그곳으로 이주시켰다. 그러나 조정에서 여진의 적극적인 강화 요청과 9성 관리의 어려움을 들어 반환을 결정하면서 윤관은 문신들의 시기와 모함을 받고 관직에서 물러났다.

이라 주장하고 있기 때문에 이를 증명하기 위한 논쟁을 피하고자 이런 강변을 늘여 놓을 따름이라 하겠다. 사실 청나라 입장에서는 목극등이 사명을 지니고 경계를 정하고자 하였다면 더욱 유리할 수 있게 된다. 토문강이 두만강임을 입증하면 되기 때문이다. 따라서 양국 모두 목극등의 사명을 논거로 삼고 있고 자신에게 유리한 주장만을 펼치고 있다. 참으로 웃기는 교섭이라 하지 않을 수 없다.

문제의 본질을 들여다보면, 강희 정계의 결과는 조선의 경계가 축소되었다는 점이다. 김선이 비판한 바와 같다. 다만, 이른바 경계선이라 하는 것은 늘 변동 상태에 놓여 있었다. 조선은 상기 경계 내를 행정구로 생각하고 실질적으로 통치하고 있었다. 반면에 청나라는 위의 경계 내에 직접적인 통치 구역을 두지 않고 여전히 무인 중립지 즉 간황(墾荒)[90] 상황에 있었다. 이러한 점에 대해 다음 장에서 구체적인 사례를 들어 살펴보기로 하겠다.

3. 정계 후의 국경 지역 상황

목극등이 국경을 살펴보고 비석을 세운 지 2년이 되던 숙종 40년, 강희 53년(1714)에 청나라 사람이 경원에서 월경하여 2리 되는 곳에 움막을 지었다. 훈융(訓戎)[91]에서 월경하여 3리 되는 곳에 움막을 지었다. 조선에서 사역원정(司譯院正)[92] 김경문(金慶門)[93]을 북경에 파견하여, "북방 경계는 오로지 강을 사이에 두고 있기에 공광(空廣, 사람이 없는 중립지로 간황의 상태를 말함)하기 때문에 가끔가다 간민(奸民)들이 금단 조치를 어기고 사사로이 넘나드는 우려가 있습니다. 여기에 요즘 들어 서로 접촉하면서 다툼이 생기기도 쉽습니다. 따라서 의외의 불상사가 생기는 것을 막아 주십사 부탁드립니다"라는 내용을 예부에 자문을 보냈다.

---

90 황무지를 개간한다는 뜻이다.

91 훈융은 야인의 경계와 가장 가까운 육진의 요충지였다. 6진 중 하나인 경원에 훈융보(訓戎堡)가 설치된 것은 1441년(세종 23)이다. 훈융보는 경원도호부 요해처(要害處) 아홉 곳 중의 하나로, 1464년(세조 10)에 훈융을 첨절제사진(僉節制使鎭)으로 했다.

92 조선시대 사역원(司譯院)에 두었던 정3품 관직이다.

93 김경문(?~?)은 조선 후기 조선과 청 간의 외교적 사안을 담당한 역관이었다. 그는 백두산정계비 설립, 국경 분쟁 사건, 무기 수입 등 조선과 청 사이의 국제적 분쟁을 해결하는 데 많은 활약을 하였다. 이러한 외교적 경험을 바탕으로 『통문관지(通門館志)』를 편찬하였다.

이에 예부에서 다음과 같은 내용의 자문을 보내왔다.

"본 부[예부]는 조선 변방에 가까운 두 곳에 집을 짓고 거주하는 자가 어떠한 사람인지, 어디에 소속된 사람인지, 어떤 원인으로 거주하게 되었는지를 알 수 없으나, 논의할 여지도 없이 마땅히 장군 혹은 부윤, 영고탑 장군에게 위의 사실을 알려 조사하여 확실하게 밝히도록 할 것입니다. 사건에 대한 조사가 끝나는 대로 보고하도록 하고 담당 지역 관원에게 엄중히 단속하도록 보고하라는 성지를 받들었습니다."

다음 해(1715)에 예부에서 조선에 자문을 보냈다.

"영고탑에서 보내온 보고에 따르면, 안도립타목노둔(安都立他木奴屯), 영고탑에서 옮겨온 관군은 조선의 경원과 훈융에 가까운 지역에서 서로 내왕한 사실이 있었다고 합니다. 아직 정해지지 않았지만, 두 마을의 집은 모두 부서졌고 강에서 조금 떨어진 곳에서 농사짓기 좋은 땅을 찾아 거주하도록 하였다고 합니다. 향후 강과 가까운 지역에서는 집을 짓거나 농사를 짓는 자를 엄격히 금지하도록 하였습니다. 그리고 담당 관원들에게 불시로 엄중히 검사하도록 하였습니다. 만약 조선에서 이와 같은 사안에 대한 자문이 있을 때는 담당 관원과 상의하여 죄를 범한 자와 관원을 처리하도록 하라는 성지를 받들었습니다."

이같이 경원과 훈융 대안의 마을은 조선의 희망한 대로 모두 금지되었다. 조선 국왕은 황은은 감사하는 내용을 예부에 자문을 보내는 것으로 위의 사건을 마무리했다.

영조 24년, 건륭 13년(1748)에 또다시 훈융진 대안에서 청국인이 월강하여 동쪽으로 2~3리 되는 집을 짓고 농사하는 일이 있었다. 강희 54년(1715, 숙종 41)에 보낸 집을 부수고 철수를 요청한 자문에 따라 청나라에 같은 내용으로 자문하였다. 담당 장군에게 즉시 이를 금지토록 하고 집은 부수고 금단 조치를 범한 백성은 죄를 다스리도록 했다. 그리고 담당 관원도 조사하여 관련 법에 따라 처리하도록 하였다는 청나라의 자문을 받았다.

이와 같은 사례는 많았다. 압록강 대안에서도 똑같이 시행되었으나 앞장에서 다루었기 때문에 여기서는 다루지 않겠다. 당시 청나라의 두만강 북쪽에서 행정 시행 상황을 살펴보면 아래와 같다. 경원 대안의 훈춘에 훈춘협령(琿春協領)을 설치한 것이 강희 53년(1714, 숙종

40)이었다. 동치(同治)[94] 9년(1870, 고종 7)에 이르러 비로소 부도통(副都統)으로 승격되었다. 간도를 둘러싼 지역은 훈춘, 영고탑, 애목혁색라(額木赫索囉)[95], 길림 등 지역의 관할에 속했다. 해당 지역 관원들은 자신들의 지역만을 관리하였을 뿐 서로의 연락하는 역참과 잡륜은 설치하지 않았다.

『길림외기(吉林外記)』[96]에 다음과 같은 내용의 글이 실렸다.

> "영고탑에서 훈춘에 이르는 지역에는 역참이 없었다. 여점(旅店)도 없었다. 잡륜(卡倫)[97] 6개를 두어 공문을 전달하도록 했다. 영고탑에서 동쪽으로 90리는 되는 곳을 마륵호리(瑪勒瑚哩)라 불렀다. 여기서 120리 되는 곳을 살기고(薩其庫)로 불렀다. 여기서 80리 되는 곳을 갈합리(噶哈哩)라 불렀다. 여기서 4리 되는 곳을 합순(哈順)이라 불렀다. 여기서 80리 되는 곳을 목극덕화(穆克德亨)라 불렀다. 여기서 70리 되는 곳을 밀점(密占)이라 불렀다. 위 지역을 왕래하는 행려는 스스로 식량을 챙기고 숙박을 잡륜에서 해결했다."

무릇 잡륜은 두 가지가 있었다. 관병(官兵)을 매월 교대하고 1년 동안 철수하지 않는 것을 은특혁모(恩特赫謨) 특포극(特布克) 잡륜이라 불렀다. 즉 상설 잡륜이라는 뜻이다. 관병을 2개월 한 번씩 교대하고 3월 1일 포부(인삼을 채취하는 자)가 산으로 들어가기 전에 파견하고, 10월 1일 포부가 산에 나오는 것을 기다려 철수하는 것을 마극십모 특포극 잡륜이라 불렀다. 즉 임시 잡륜이라는 뜻이다.

위에서 살펴본 영고탑에서 훈춘 사이의 잡륜은 상설 잡륜이었다. 위 지역의 지지에 따르면, 대부분이 갈합리하 동안(東岸)에 설치되었음을 알 수 있다. 훈춘에 소속된 아밀달이라고 하는 임시잡륜은 대체로 갈합리하가 바다로 흘러드는 애미탑하(艾米塔河) 강변에 설치되었던 것으로 보인다.

액목혁색라에 소속된 영액달파한(英額達巴漢) 상설 잡륜은 포이합도하의 지원(支源)인 영

94 동치(同治, 1862~1874)는 청나라 목종(穆宗) 동치제(同治帝)의 연호이다.

95 액목혁색라(額木赫索囉)는 길림 오랍성(烏拉城)에서 동남으로 345리 되는 곳에 있는데, 영조 14년(1738) 여기에 좌령(佐領) 및 방어(防禦), 효기교(驍騎校) 등 인원을 두고 각 기호(旗戶)들을 관리하였다.

96 청 도광(道光, 1820~1850) 년 간에 살영액(薩英額)이란 사람이 쓴 책이다.

97 감시 초소를 일컫는다.

액하가 발원하는 영액령에 설치되었다. 길림 소속의 평정산(平頂山) 임시 잡륜은 대해란하 원의 서쪽에 있었다. 훈춘 소속의 달이화하확락 상설 잡륜은 포이합도하에 흘러드는 달아화하(達兒花河) 부근에 있었다. 영고탑 소속의 오력호확락 임시 잡륜은 마찬가지로 포이합도하(布爾哈圖河)에 흘러드는 부아음화라에 있었다고 추정된다. 즉, 포이합도하 이남 즉 지금의 장산령(長山嶺), 합이파령(哈爾巴嶺) 이동(以東) 지역에는 하나의 잡륜도 없었을 것으로 추정된다. 그렇다면 간도 지역은 이 시기 청나라의 통치권 밖에 있었던 것이 명백하였다고 하겠다.

헌종 7년, 도광(道光) 21년(1841) 성경(盛京) 예부에서 조선에 다음과 같은 내용의 자문을 보냈다.

"평정산 잡방어(卡防禦) 서륭아(舒隆阿)가 나포한 조선인 정광란 등 3명이 자백한 바에 따르면, 이들은 모두 온성과 종성 관아의 파견을 받고 호추(胡椒)를 채취하려고 온 자들이라 하였습니다. 큰 눈을 만나 길을 잃고 본의 아니게 강을 건너게 되었다고 하였습니다. 관병을 파견하여 이들을 압송하여 경계로 보낸다"

이에 조선에서 보낸 자문은 다음과 같다.

"북쪽 변방의 우둔한 백성들이 길을 잃고 본의 아니게 강을 건넌 일에 대해 경악을 금치 못합니다. 정광란 등은 법에 따라 처리하겠습니다. 방어를 소홀히 한 지방 관원들로 모두 파직하는 조치를 취하겠습니다. 해당 지역의 담당 관원에게 순찰을 강화하여 다시는 상기 불미스러운 일이 발생하지 않도록 조치하도록 하였습니다."

위 자문을 통해 평정산 잡륜은 변계를 감시하는 임무를 담당하고 있었다는 증거가 될 수 있다. 그렇다면 간도를 둘러싼 다른 잡륜들도 대체로 비슷한 임무를 수행하였다고 하겠다. 여기에 간도에는 위 잡륜이 하나도 설치되어 있지 않았고, 또한 감시하는 임무를 수행했다는 사실도 없었다.

위 내용을 요약하면, 강희 정계(定界)[98] 후에 명의상 경계는 두만강이었다. 그러나 실제 간황지에는 청국인의 거주와 개간이 허락되지 않았다. 만약 이런 일이 발생하면 조선에서 항의하여 철회하는 사례가 있었다. 따라서 간도 지방은 청나라의 통치권이 완벽히 행사되지 않았음을 이상의 여러 사례를 들어 증명할 수 있다.

98 백두산정계비를 세운 것을 말한다.

間島問題調査書 第4

Ⅳ. 간도문제 상(上) - 청일전쟁 이전

청나라는 종래로 성경(盛京)의 왕청(汪淸), 함창(堿廠), 애양(靉陽), 봉황(鳳凰) 등 변문(邊門) 이외의 지역을 공광(空曠)으로 하여 청인과 한인의 진입을 금지하였다. 그런데도 산동 지역의 유민은 오래전부터 사사로이 잠입하여 땅을 개간하고 서서히 촌락을 이루어 갔다. 비적(匪賊)들도 위의 지역을 근거지로 자칫하면 소동을 일으켰다. 도광(道光) 년 간(1821~1850)에 이르러 변방을 늘리자는 논의가 있었다.

동치(同治)[1] 6년(1867, 고종 4)에 이르러 민간인 하명경(何名慶) 등이 공공연하게 승과[升科; 종래의 사간(私墾)을 승인하여 납조지(納租地)로 만드는 것]를 요청하였다. 광서(光緖)[2] 초기에 이르러 서리(署理) 장군 숭실(崇實)은 동변 지역에 관아를 설치하자는 상주문을 올렸다. 이를 계기로 위 지역을 개방하는 물꼬가 틔었다. 대체로 개방 이전에는 청나라의 흠차대신(欽差大臣)이 봉황 변문을 나서게 되면 조선에서 응접하는 것이 관례였다.

그런데 광서 7년(1881, 고종 18)에 이르러 변내의 주현 관아 즉 안동현 관리가 관례에 따라 흠차대신을 응접하게 되었다. 위 관례는 두만강 지역에서도 매우 유사하게 진행되고 있었다. 하반령(下盤嶺, 합이파령) 이서(以西) 지역은 명의상 변리라 불렀다. 또한 변계강(邊界江)과 장인강(長引江) 사이에 모아산(帽兒山)이 있다. 지명을 발가토[즉 포이합도(布爾哈圖), 옛 당안에는 복아합토(卜兒哈兎)라 불렀다]라 불렀다. 개시를 시작한 이래로 수백 년 동안 청나라 관리와 상인들이 종성에서 교역을 마치고 돌아올 때 화물은 모두 한인들에게 부탁하여 이곳까지 나르도록 하였다. 종성에서 거리가 90리 되었다.

함경북도 관찰사 조존우(趙存禹)가 광서 원년(1875, 고종 12) 담판에 나섰다. 지금의 국가자(局子街) 남쪽에 모아산이 있다. 포이합도하를 사이에 두고 있다. 청나라 옛 당안에 기록된 한인 월계자(越界者)들이 복아합토 지역에 이르렀다는 것은 대체로 두만강에서 포이합도하에 이르는 가운데 지역에서 동쪽으로 경원 대안으로 이어지는 이른바 간황(墾荒)[3] 중립지라

1 중국 청 목종(穆宗) 때의 연호(1862~1874)이다.
2 중국 청 덕종(德宗) 때의 연호(1875~1908)이다.
3 황무지를 개간한다는 뜻이다.

하겠다. 위 지역에서의 응접은 매번 청나라의 위세에 따라 조선에서 담당하는 것이 관례가 되었다. 그런데도 위 지역에 잠입, 개간하는 인민은 이른바 청나라 사람이 되었다. 압록강안은 이와 달리 소국인이 되면서 중대한 분요(紛擾)를 일으키게 이르렀다.

조선 고종 18년(1881, 광서 7, 명치 14) 청나라에서는 성경 동변(東邊) 개황 개간의 예에 따라 두만강 동북의 황지를 개간하고자 한다는 자문을 예부를 통해 조선에 보내왔다. 그 내용은 아래와 같다.

"광서 7년 9월 9일 성지를 받들어 오대징(吳大澂)[4]은 토문강 동북안의 황지를 옛 제도를 변통하여 개간하자는 요청을 상주하였습니다. 토문강 동북안 지역의 황지는 조선과 강 하나를 사이에 두고 있을 뿐입니다. 종래로 개인의 개간을 금지하였습니다. 오대징은 지금의 옛 제도를 변통하여 백성을 모집하여 간종(墾種)[5]하려 합니다."

이런 내용을 예부를 통해 조선 국왕[고종]에게 자회(咨會)[6]하도록 하였다.

"이번 개간은 관에서 주도한 것이기 때문에 해당 지역 변계관(邊界官)들에게 의구심을 해소하도록 하였습니다. 그리고 명안(銘安)과 오대징에게 변계관들을 독려하여 주민들이 경계를 넘는 일이 없도록 단속하도록 하였습니다. 만약 이를 지키지 않을 때는 엄중하게 처리하도록 하였습니다. 위 내용을 명안과 오대징에게도 전달하였습니다. 위의 성지를 받들어 종래의 관례에 따라 정중하게 조선 국왕에게 알려 드리고 시행에 옮기고자 합니다."

명안은 당시 길림 장군이었다. 오대징은 흠차대신으로 길림에 있었다. 오대징은 개간에 착수하려고 하니, 두만강 북안 지역에서 한인들이 사사로이 개간하고 있는 것을 발견하였다. 명안과 오대징은 재차 위의 한인에 대한 처분을 주청(奏請)하였다.

이에 예부에서 다음과 같이 의주(議奏)하였다.

---

4 오대징(1835~1902)은 청 말기의 관료로 동치 7년(1868)의 진사로 제관을 역임하고 광동 및 호남 순무(巡撫)에 이르렀으나, 청일전쟁 시 패전의 책임을 지고 해직되었다.

5 개간하여 경작하다라는 뜻이다.

6 자문(咨文)으로 조회(照會)하는 일을 뜻한다.

"조선국의 백성이 토문강을 건너와 간종(墾種)하는 자라면 중국의 토지에 농사를 짓고 있기에 중국인으로 보아야 할 것이다. 담당 장군 등의 청에 따라 그들에게 토지 증명서[照]를 발부하고 조세를 납부하도록 하여야 한다. 그뿐만 아니라 그들에게 반드시 우리나라[我版圖, 청][7]에 예속토록 하여 우리나라 법에 따르도록 하여야 할 것이다. 그리고 이주 연한을 참작하여 우리나라 복식을 하도록 하여야 할 것이다. 지금은 잠시 운남(雲南)과 귀주(貴州) 지역의 묘인(苗人)[8]의 예에 따르도록 하였다."

명안과 오대징에게 위의 내용에 따라 처리하도록 하였다. 월계간지(越界墾地)는 원래대로 하면 마땅히 처벌 대상이었다. 그런데도 이런 사람들이 개간을 시작한 지 오래되고 그 인원도 많았기 때문에 관대하게 처리하여 그 책임을 묻지 않기로 하였다. 그들에게 증명서를 발부하고 조세를 납부하도록 하였다. 명안과 오대징은 위 지역 답사를 위해 관원을 파견하여 호적을 조사하였다. 이들을 훈춘과 돈화현의 관할로 귀속시켰다. 이들 사이에서 발생하는 소송, 살인 혹은 도적 사건은 길림에 조회하여 일률로 처리하도록 하였다. 이들이 생업에 편안하게 집중할 수 있도록 중국인과 다를 바 없이 대하도록 하였다. 위 조치를 조선 국왕[고종]에게 자문으로 알리도록 하였다. 향후는 엄중히 단속하도록 하고 만약 사사로이 변계를 넘는 일이 발생하면 법에 따라 엄중하게 단속하도록 하였다.

위 내용을 성지(聖旨)로 예부와 명안과 오대징에게 보냈다. 예부는 성지를 다시 조선 국왕에게 자문으로 알렸다. 광서 8년(1882, 고종 19) 5월 이른바 답사원(踏査員)으로 초간훈춘변황위원 후선지부(招墾琿春邊荒委員候選知府) 이금용(李金鏞)을 임명하였다.

조선에서는 광서 8년 8월 북경 예부에 다음과 같은 내용의 자문을 보냈다.

"월간(越墾)한 사람이 우리나라[조선]에서 출생한 자라면 농사를 짓고 있다는 하나의 사실만으로 귀국민으로 인정(版圖에 귀속)한다 할지라도 만약 법에 따르지 않고 양국에서 사달을 일으킬 우려가 있습니다. 그리고 조선은 북쪽으로 러시아와 동쪽으로 일본과 인접해 있습니다. 다른 변

---

7 청을 일컫는다.

8 중국의 소수민족 묘족을 일컫는다. 묘족은 주로 중국 남방지역의 귀주, 운남, 사천, 광서, 호남, 호북, 광동 등 성과 자치구에 거주하고 있다.

방에서도 토문과 마찬가지의 일이 발생할 때는 모두 위의 사례에 따르려고 할 겁니다. 사대(事大)와 교린(交隣)의 법도가 다르다고는 하지만, 이를 빙자하여 다른 나라에 귀속하겠다고 무리가 나오지 않을까 우려하지 않을 수 없습니다.

이에 사역원 부사직(副司直) 김재신(金載信)을 파견하여 자문을 가지고 다급하게 보고하도록 하여 귀부에서 황제 폐하께 전달하도록 하였습니다. 길림 장군[9]으로 하여금 훈춘과 돈화 지역의 조선 유민을 쇄환하여 우리나라 지방관에게 교부토록 하고 호적에 따라 처리하도록 부탁합니다. 길림 변지(吉林邊地)에서 농사를 짓는 조선인은 길림에서 자유롭게 조세를 받도록 하고 향후는 마찬가지로 엄중 금단 조치를 취하도록 유민들이 강계(疆界)를 넘지 못하도록 하여 주십시오."

1882년 10월 청나라는 자문 요청을 받아들였다. 따라서 명안과 오대징은 또다시 관원을 해당 지역에 파견하여 호구를 조사하도록 했다. 조선 지방관에게 조회하여 유민들을 돌려받도록 했다. 그러나 유민들 수가 워낙 많고 토지를 버리고 떠나려는 자는 없었다. 여기에서 즉시 구축하고 조선 지방관들이 이들을 수용할 능력을 갖추지 못한다면, 그들은 떠돌이 신세를 면치 못할 것이니 1년이라는 유예 기간을 주겠다고 하였다. 위 내용을 예부에서 조선에 자문으로 알렸다.

이를 계기로 다음 해(1883) 4월 돈화현에서 종성과 회령의 월변(越邊)과 관련하여 고시(告示)하기를 조선인들은 전부 돌아갈 것을 명령하였다. 1883년 7월 회령부사는 돈화현에 아래와 같은 내용으로 조회를 보냈다.

"토문강 이북의 조선 월간(越墾) 유민을 쇄환하는 것과 관련하여 우선 월간 지명부터 조사하여 밝히는 것이 위의 사안을 추진하는데 첫 번째로 해야 할 일이라 하였겠습니다. 돈화현에서는 연안 지역의 중국과 대응하는 지명을 살펴보지 않았습니다. 귀국의 지명에 따를 경우에 온성, ■달, 이중, 광역, 종성, 패왕성, 고려진, 회령, 무산 등지에서 관할하는 경계는 강을 사이 두고 있습니다. 그 동쪽은 온성에서 시작되고 서쪽은 무산에 이르러 끝납니다. 강의 북쪽에는 모두 월간 유민들이 있습니다. 위의 지역에 있는 전체 유민을 일률적으로 쇄환하라 하였고 토지는 돈화현에서 중국 인민을 모집하여 농사를 짓는다고 하였습니다. 이를 통해 변계를 확실하게 정리하겠다

9 명안(銘安)을 일컫는다.

고 하였습니다. 쇄환 사안을 온성과 종성에 조회를 보내왔습니다. 위의 조회가 보내오기 전에 돈화현에서도 월간 유민들에게 올해 가을 수확을 기한으로 조선으로 돌아가서 생업을 찾으라는 내용을 통보하였다고 자문으로 알려왔습니다."

위의 쇄환 명령에 월간 유민들은 상당한 경악을 느낀 것으로 보인다. 이들은 사람을 파견하여 백두산 비석 상황을 조사하여 종성부사에게 보고했다. 위 내용을 종성부사가 돈화현에 문서를 조회했다. 그 내용 전체를 옮겨보면 다음과 같다.

"조선국 함경도 종성 도호부사 이(李)[10]가 조회를 보냅니다. 종성, 온성, 회령, 무산 인민 등이 올린 호소문[呈狀]에 이르기를, 소인들은 오로지 농사로 살아가는 무리들이라 국가의 사무에 대해서는 아는 바 없습니다. 소인들이 개간하여 농사를 짓고 있는 땅은 토문 남쪽에 있습니다. 먼 옛날부터 동방에서 나라를 세운 지 오래되고 그 영역을 개척하면서 토문을 경계로 삼게 되었습니다.

그러다가 물러나서 두만강을 지키면서 토문과 두만강 사이를 황지(荒地)로 만들고 민간인이 들어가 사는 것을 금지하였던 원인은 변환(邊患)이 일어날 것을 우려해서입니다. 상국(上國)[11]이 동토(東土)에서 일어나면서 동북은 무사하게 되었습니다. 강희 임진년(1712)에 이르러 오랄총관 목극등 대인이 성지를 받들어 변계를 살펴보았는데, 역시 토문강을 경계로 서쪽은 압록으로, 동쪽은 토문으로 삼으시고 돌로 새겨 백두산 분수령에 세웠습니다. 토문 남쪽으로 상국의 백성들이 잠입할 때마다 상국에서는 쇄환 조치를 단행했습니다. 우리나라에서 바라보이는 지역에 백성들이 거주하지 못하도록 하였습니다.

근래에 변방 금단 조치가 해이해지면서 이곳에 들어와 거주하는 자가 육속(陸續) 늘어났습니다. 여러 지방 관헌은 재직 기간에 변방 사무에 마음 두지 않았습니다. 백성들이 강을 건너는 것을 금단하였다고 하지만 관아에 보고하지 않았습니다. 최근에 이르러 아시는 바와 같이 농사를 망쳐 농민들은 본업을 잃게 되었습니다. 따라서 중국의 변방에서 황무지를 개간하여 농사를 지었습니다. 그리고 강을 건너 땅을 개간하여 농사를 짓게 되었습니다. 위 지역에 들어가 거주하여

10 이정래(李正來)이다.
11 청을 일컫는다.

도 좋다는 관아의 명이 없었기 때문에 봄에 들어가 농막을 짓고 농사를 짓다가 가을이 되면 수확하고 철수하였습니다. 그러면서 경계를 확실하게 하여 감히 깊게 들어가지 않았습니다.

최근에 길림 장군 대인께서 우리나라에 문서를 보내 이르기를, 성지를 받들어 토문강 이북과 이서에서 토지를 개간하여 농사를 짓는 조선 빈민을 쇄환하라 하였습니다. 소인들이 보기에 우리나라 유민들이 금단 조치를 어기고 길림 경계에 들어간 자들이 너무 많습니다. 왕년에 쇄환하였다고 하지만, 아직 완전히 이뤄지지 않았다고 하겠습니다. 올해(1883) 4월 돈화현에서 종성과 회령 월변(越邊) 지역에 고시를 붙여 철저한 쇄환을 요구하였습니다.

그런데 돈화현에서는 두만강을 토문으로 잘못 간주한 것으로 알고 있습니다. 이에 소인들은 저간의 내용을 살펴보니 참을 수 없어서 상국에서 파견한 담당 관원 팽정랑(彭正郎)과 돈화현 지사에게 상소문을 올렸습니다. 그러나 명확한 답을 받지 못했습니다. 그래서 우선 토문강과 두만강을 확실하게 파악할 목적에서 사람을 파견하여 백두산에 세운 비석 상황을 살펴보도록 하였습니다.

비에서 동쪽으로는 흙담[土堆]과 목책으로 연결하여 경계를 나타냈습니다. 아래에는 토문이 있었습니다. 양안이 서로 마주 보고 있는 모습이 문과 같았고 돌이 아니라 흙이었습니다. 그 아래에는 물이 있어 강원(江源)을 이루었습니다. 그런데 이와 따로 흘러내리는 여러 물줄기가 합류하는 곳은 강안에서 흐르는 길이 끊어져 땅 밑으로 흘렀습니다. 그리고 종성 건너 90리 되는 곳에 감토산 밑에 분계강이 있습니다. 강의 이름에서 알 수 있듯이 이 강이야 말로 양국의 경계임이 확실합니다. 잡포(卡鋪)가 있습니다. 그리고 분계강에 상국의 변계가 끝나는 점도 파악하게 되었습니다. 동서(東西)가 확실히 다르다고 하겠습니다.

봉황성과 책문 밖은 황지(荒地)라 하지만 압록강 연안 지역에는 전부 잡포가 설치되어 있습니다. 만약 두만강을 토문강이라 하면 상국에서 어찌하여 잡포를 두만강 북안에 설치하지 않았습니까. 그리고 개시(開市)가 되는 시기에 상국 상인들은 매번 우리나라의 백성을 고용하여 짐을 소와 말에 실어 분계강까지 옮기도록 했습니까. 만약 중간에 짐을 바꿔 실으려 한다고 하더라도 나라의 경계까지 날라야 한다고 했습니다. 이것도 하나의 근거라 생각합니다. 우리가 살펴보건대 돈화현은 이제 막 설치되었고, 어디서부터 어디까지 관할 구역인지 아직 명확하지 않다고 하겠습니다.

그리고 두만강 이북을 가리켜 토문강 이북이라 합니다. 상국의 자문과 길림 장군의 명령을 살펴보아도 토문을 양국의 경계라 합니다. 그리고 조선인이 개간한 땅이 토문강 이북과 이서에 있다고 했습니다. 두만강 이북이라 말하지 않았습니다. 토문강은 분수령을 살펴 양국의 경계로 삼았던 곳에 있습니다. 두만강은 우리나라의 경내에서 발원하지 상국에서 알고 있는 곳에 있지 않습니다. 혹자는 '두만'과 '토문'의 음이 비슷하다 하여 같은 것이 아니냐고 의심하지만, 양자를 구분할 수 있습니다.

상국에서는 '토문'으로 혹은 '도문'이라 부르기도 합니다. 모두 그 이유가 있습니다. '토문'은 분계를 이루는 '토문'이고, '도문'은 경원 이하 바다로 흘러 들어가는 구간을 말합니다. 우리나라를 통하여 우리나라 경내에서 발원하여 바다로 흘러 들어가는 곳까지 흘러가는 강을 두만강이라 부릅니다. 따라서 '도문'이라는 부른 것과 우리나라의 '두만'의 음역은 확연히 다르다고 하겠습니다.

지금 두만강 이북을 가리켜 토문강 이북이라 하는 것은 토문강 이남에 거주하는 상국의 유민과 우리나라 백성이 봄에 강을 건너 농사를 짓고 가을에 수확하여 강을 건너 돌아오는 것을 점경(佔耕)이라 합니다. 이를 돈화현에 무고(誣告)하고 돈화현에서는 고시를 붙여 이들의 철저한 귀환을 요구하였습니다.

위의 내용을 돈화현에 조회를 보냈습니다. 즉 양국의 경계를 조사하여 양국 백성의 거주지를 명확히 구분하여 각자의 나라로 돌아가도록 하고 그곳에 거주하는 백성들을 농사하는 토지에 안주시키자고 하였습니다.

양국 국경을 살펴보면, 원래 토문강을 경계로 삼았습니다. 우리나라는 두만강 밖에 토문강이 흐르고 있다는 것을 알고 있습니다. 이를 뒷받침하는 지도를 가지고 있습니다. 그런데도 그때까지 토문강의 원류를 따라가지 않았습니다. 이번에 여러 지역의 백성들이 자체적으로 토문강의 원류를 끝까지 답사하고 돌아와서 보고서를 올렸습니다.

그렇다고 이런 백성들의 주장에 의거할 수 없는 노릇이 아닙니까. 따라서 관아에서 전문 인원을 파견하여 백두산 분수령을 살펴보고 강희 시기에 목극등이 세운 비기를 탁본할 수 있었습니다. 토문강 원류를 답사한 결과 백성들의 주장과 부합하였습니다. 그리고 상기 강이 흐르는 곳은 전부 단애절벽뿐이었습니다. 황구령(黃口嶺)까지 갔다가 돌아섰습니다. 이번 답사에서 그린 지도와 옛 지도를 비교하여 보면, 토문과 분계강이 경계를 이루는 사이에 어느 곳에서도 속하지 않는 곳이 있습니다. 이를 가지고 뷴계가 아닌지 의심합니다. 따라서 사람을 파견하여 답사하고 확인하도록 하였습니다. 이를 통해 토문강이 분계강인지를 확인하도록 하였습니다.

제가 강역국지(疆域國誌)를 살펴보아도 자세하게 나오지 않습니다. ■■■■■■■■■■■■ ■■■■■■ 확실하게 답사하여 정하도록 하여 강희 시기에 획정된 강계에 따라야 한다고 봅니다. 청컨대 양국에서 전문 답사대를 구성하여 일단 백두산 정비계를 살펴보아야 합니다. 그리고 토문강의 발원지를 알아야 합니다. 이어서 양국 경계를 밝혀 양국의 강토를 분명히 하는 것이 타당하다고 생각됩니다. 백성들이 올린 보고서, 토문강과 분계강 이남 지도 사본 한 책, 백두산 분수령에 있는 정계비 탁본 2장을 함께 보내드리니 이를 검토하여 보시면 아실 것 같습니다."

위 조회문을 보낸 종성부사는 이정래이다. 조회문은 이정래 이름으로 되었으나, 사실은 서북경략사(西北經略使)[12] 어윤중(魚允中)[13]의 명에 따른 것이었다. 변민들이 백두산정계비를 답사하고 이정래에게 호소하였을 때 어윤중은 경원에 있었다. 그 일을 전해 듣고 종성인 김우식(金禹軾)[14]을 파견하여 정해진 시간 내에 정계비를 답사하도록 했다.

광서 9년(1883) 조선의 지금 왕[15] 20년 5월 15일이었다. 5월 29일에 김우식은 돌아와서 경략사에게 보고서를 올렸다. 그해 6월 경략사는 재차 김우식에게 분계강 강원을 답사하도록 하였고, 김우식은 6월 18일 정계비가 있는 곳에 도착했다. 이때 마침내 토문 분계강의 원류를 찾았다. 7월 상순 그는 회령으로 돌아와 경략사에게 저간의 내용을 보고했다[두 번 모두 기행문을 남겼다. 『북여요선』에서 절록(節錄)했다. 두 번째 기행문의 별초본은 지금 남아 있다].

종성부사의 조회문(朝會文)[16]은 사실상 위의 탐계(探界) 보고를 기초로 작성된 것이었다. 두만강과 토문강이 하나가 아니라는 것은 사실은 어윤중의 주장이라 해야 마땅하다. 훗날 청·한 양국이 관원을 파견하여 정계비를 답사할 때도 어윤중은 조선 대표 이중하(李重夏)[17]

---

12 1882년에 어윤중이 청과의 통상조약에 따른 후속 조치 문제를 처리하고 서북지역의 각종 폐단 시정과 재정 절감을 위한 개혁 조치를 실시하라는 임무와 함께 임시로 부여받은 관직이다.

13 어윤중(1848~1896)은 조선 후기의 문신 겸 학자로서 1869년 별시 병과에 합격하여 교리, 지평 등을 지내고, 박정양·홍영식 등과 함께 조사시찰단의 일원으로 일본에 다녀온 후 서북경략사로서 청·러 등과 국경을 정하는 데 힘썼다.

14 1882년(고종 19) 초 청나라는 조선인들이 간도로 넘어오지 못하도록 관리할 것을 조선에 요구하였다. 청나라는 1883년 4월에는 간도의 조선인을 모두 소환하도록 압력을 가하였다. 조선 정부는 그해 5월에 영토 문제를 해결하기 위해서 어윤중을 서북경략사로 임명하였다. 이때 어윤중은 간도에 살고 있던 함경도 종성 출신의 김우식에게 1712년(숙종 38)에 건립한 백두산정계비를 조사하도록 하였다. 김우식은 백두산의 분수령과 토문강(土門江)의 원류도 답사하였으며 정계비기(定界碑記)도 구하였다.

15 고종을 일컫는다.

16 벼슬아치들이 정전(正殿)에 모여 임금에게 문안을 드리고 정사(政事)를 아뢰는 글을 일컫는다.

17 이중하(1846~1917)는 조선 후기의 문신으로 1885년 공조참의·안변부사가 되었다가 토문감계사(土門勘界使)로서 청 측 관리들과 백두산정계비와 토문강지계(土門江地界)를 심사하였다. 국경 문제를 놓고 담판을 벌였으나 견해차가 심한데다 청 측의 강압적인 태도로 회담은 실패하였다. 1886년 덕원항감리가 되었다가 1887년 다시 토문감계사가 되어 회담을 재개했다. 이때 청 측이 조선 측의 주장을 거절, 위협하자 "내 머리는 자를 수 있을지언정 국경은 줄일 수 없다."라며 끝내 양보하지 않았다.

에게 담판 자료를 비밀리에 건넸다고 한다. 지금은 이중하가 보관하고 있다.

광서 11년(1885) 조선의 지금 왕[고종] 22년에 이르러서 양국 위원이 경계 회감(會減)을 하였다.[18] 회감하는 동안 양국이 왕복 문서와 각자의 권리를 주장하기 위해 상대방을 비난할 자료를 가지고 맞섰기에 진실을 찾기란 쉽지 않았다. 조선 기록에 따르면, 어윤중은 경략사가 되어 북으로 파견되었는데, 조선인 쇄환이라는 사건과 맞닥뜨렸다. 그가 6진에 이르러 위의 사건을 조사한 후 작성한 보고서에는 조선인이 청에 들어가 거주하고 있다고 하였는데, 그것이 아니라는 점을 알게 되었다. 따라서 그는 조선인을 쇄환하려고 하지 않았다. 그가 주장한 바는 토문강 이남에 들어가 개간한 유민은 쇄환 범위에 포함되지 않는다는 것이었다.

어윤중은 우선 관련 지도를 찾았다. 종성부에 관액(關阨) 지도가 있었는데, 분명히 토문강을 경계로 삼고 있었다. 두만강 북쪽에 토문강이 있었다. 물론 두만강에 속해 있지 않았다. 그리고 사람을 파견하여 백두산에 가서 정계비의 내용을 살펴보도록 하니, 과연 토문강을 경계로 삼고 있었다. 6진의 인민들도 그 근거를 가지고 팽랑중(彭郎中)[19]에게 호소문을 올렸다. 종성부사 역시 민의 호소문에 근거하여 돈화현에 조회문을 보냈다.

위 조회에 대한 회답은 받지 못했지만, 어윤중은 재차 사람을 파견하여 조선인이 그곳에 유입한 상황을 조사하도록 하였다. 그는 초간국(招墾局)[20]에서 조선인들에게 소와 양식을 제공하고 조선인의 쇄환을 원치 않다는 것을 알게 되었다. 6진의 수령들이 초간국에 조회를 보냈으나, 초간국은 이런저런 이유를 들어 시간을 끌고 사실을 덮고 감추려 한다는 것도 알게 되었다. 그곳 조선인들도 가을 수확을 기다리는 처지라 조선으로 돌아가는 것을 거부하고 있었다. 따라서 가을 수확을 기다려 쇄환하기로 하였다.

돈화현에서 재차 쇄환을 요청하자, 회령부와 종성부로 하여금 돈화현에 답장을 보내도록 했다. 조회문에 따르면, 유민들의 거주지를 거론하면서 상기 지방의 지명이 분명하지 않다는 점과 조선에서 부르는 지명을 함께 적어 보냈다. 내용은 다음과 같다.

---

18 을유감계(乙酉勘界)를 말한다.

19 형부낭중(刑部郎中) 팽광예(彭光譽)을 일컫는다.

20 초간국은 청 정부의 기구로 1881년에 설립되어 20여 년 간 두만강 이북 지역의 토지 개간을 관리했다. 1881년 훈춘에서 설립된 초간국은 1890년에 이름을 무간국(撫墾局)으로 바꾸었고 그 이듬해 연길로 이전했다.

"상기 지역의 지명이 분명하지 않은데, 돈화현에서 관할하는 지역을 길림의 황지(荒地)라고 하면 양국의 경계도 분명할 수 없습니다. 우리나라 백성들이 들어간 토문강 이남도, 경계도 명확하지 않으니 새로운 논의가 필요합니다. 돈화현에 이를 알렸습니다. [redacted] 후에는 조선인들이 귀환을 원치 않은 것을 보고 천방백계(千方百計)로 어떻게 하면 길림에 속할 수 있을까를 궁리하였습니다."

청나라의 생각은 이홍장(李鴻章)이 당시 총판조선상무도원(總辨朝鮮商務道員) 진수당(陳樹棠)[21]에게 보낸 문서에 분명하게 드러난다. 어윤중이 위 사건과 관련되어 있고 그 후 사건에도 관여하고 있었던 점을 적고 있다.

광서 9년(1883) 가을, 조선 사절 어윤중은 조선의 지방관으로 임명되어,[22] 그해 가을을 기한으로 월간(越墾)한 유민을 모두 되돌려 받기로 하였다. 그런데 기한이 되었지만 되돌려 받지 않았다. 오히려 더욱 많은 백성이 넘어가도록 부추겼다. 그리고 두만강과 토문강이 다른 강이라는 점을 여러 가지 근거를 들어 주장하면서, 정계비를 탑본하여 감계(勘界)를 요청하였다.

광서 10년(1884) 10월 훈춘 부도통(副都統)에 자문을 보냈다. 청나라는 협령(協領) 덕옥(德玉), 초간국 위원 부경력(府經歷) 가원계(賈元桂)를 파견하여 회감(會勘)에 나섰다. 조선 위원은 수원지가 있다는 이유로 다음 해(1885) 봄을 기다려 다시 회감을 하자고 요청했다. 그런데 올해(1885) 여름이 되어서도 조선 측은 정부의 지령을 기다리고 있다면서 미루었다. 여러 차례 위의 위원에게 조회를 보내 독촉하였지만 거절당했다. 조선 관원들은 교활하게 엉겨 붙어 임의로 시간 끌기 작전을 구사했다.

돈화현에서 보고한 바에 따르면, 조선 유민은 날이 갈수록 많아졌고, 그들이 점한 토지는 더욱더 넓어졌으며 또한 거리낌이 없었다. 더욱이 청나라 사람들의 집과 밭도 점거하는 자들도 있었다. 여기에 더하여 청나라 상인들의 행장, 마필, 옷감 등을 훔쳐 무산성 내로 돌아간 자들도 있었다. 또한 남강 일원이 자신들의 국계(國界)에 속한다며 떠들고 다녔다. 여기

21 진수당은 주샌프란시스코총영사를 역임하였으며, 1882년 10월 조청 간에 조청상민수륙무역장정(朝淸商民水陸貿易章程)이 체결된 직후 총판조선상무위원(總辦朝鮮商務委員)으로 조선에 파견되었다. 그는 인천·부산·원산에 청국 조계지를 설치하여 청 상인의 조선 진출과 통상 무역을 확대하는 데 공을 세웠다.

22 서북경략사(西北經略使)로 임명된 것을 말한다.

에 얼마 있으면 조선 유민들에게 청인 머리와 복장으로 바꾸도록 할 것이라 하였다. 이들의 그러한 언동은 이곳에 거주하는 청나라 상인들을 당황하게 만들어 안도하게 할 수 없게 하였다.

만약 군대를 보내 이들을 탄압하지 않으면, 어떤 사달이라도 일으켜 그 후과(後果)를 감당하기 어렵게 될 것이다. 이에 훈춘 부도통과 상의하여 병사 수십 명을 파견하여 탄압하도록 하였다. 그런데 유민들의 수가 워낙 많아 구축하려 하여도 떠나질 않았다. 이들의 언동을 금지하려고 하여도 듣지 않았다. 청나라 관원은 조선인들의 초가집 수십 채를 불태워 버리고 반항하는 자들은 채찍으로 다스렸다. 비로소 진정 기미가 보이자, 대오를 철수하여 돌아섰다.

조선 관원들은 유민들이 사달을 피운 것은 무시하고 청나라 군사가 농막을 불사르고 인민을 구축한 것만 부풀려 국왕에게 보고했다. 이런 상황에서 하루속히 위원을 파견하여 국경 답사를 진행하여 위의 지역이 길림에 속하는지 아니면, 조선에 속하는지를 밝혀야 위의 유민을 되돌려 받아들이든지, 혹은 청에 귀속시켜 청나라 변방에 거주하는 백성으로 안정된 생업을 찾고 양국의 쟁단도 불식시킬 수 있다고 하였다.

당시 조선 국왕[고종]은 청나라 예부에 다음과 같은 내용의 자문을 보냈다.

> "우리나라의 북쪽 강역은 원래 토문강을 경계로 삼았습니다. 강희 51년 오랍총관 목극등이 성지를 받들어 양국 변계를 답사하고 석비를 분수령 위에 세웠습니다. 토문강 이남과 이북 지역을 정하여 상국과 조선의 경계를 확정하였습니다. 우리나라는 변민(邊民)의 다툼이나 소요를 일으켜 상국[청]에 누를 끼칠까 염려하여 토문강 이남 지역을 비워 백성들이 들어가서 거주하는 것을 금지하였습니다.
>
> 그런데 최근 들어 토문강 이남 지역의 공지(空地)에 들어가 집을 짓고, 밭을 일구는 자들이 점차 늘어나면서 오랫동안 유지되었던 금단 조치가 해이해지게 되었습니다. 이런 상황이 발생하게 된 것은 오로지 우리나라 지방 관원들이 책임이라 하겠습니다. 만약 그곳이 참으로 우리나라에 속하고 우리나라 백성이 우리나라 땅에 거주하는 것이 잘못된 것이 아니라고 생각됩니다.
>
> 그런데 시간이 흐르면서 훗날 사람들은 이 사실을 잊고 두만강을 양국의 국계라고 여기게 되었습니다. 계미년(1883)에 이르러 돈화 지현은 우리나라 지방 관원에게 조회를 보내 농민들을 쇄환하라 요구하였습니다. 이같이 양국의 경계가 명확하지 않으면, 양국 백성들 사이의 쟁단(爭端)

은 불식시킬 수 없으리라 생각합니다. 이런 우려 때문에 지난해(1883) 동지 겸 사은 정사 김만식(金晩植), 부사 남정철(南廷哲)[23]은 이런 사정을 예부에 보고서를 올렸습니다. 지도와 비문 등 관련 문서들도 함께 예부에 보내 향후 있게 될 답사 자료로 활용하여 달라고 부탁하였습니다.

위 사건은 양국 경계와 관련되고 여기서 파생되는 후환도 무시할 수 없습니다. 마땅히 양국 경계를 답사하여 분명히 할 필요가 있습니다. 따라서 부사직 이응준(李應俊)을 파견하여 자문을 챙겨서 귀 대신을 만나도록 하였습니다. 귀 대신에게 이런의 사정을 설명하고 황제 폐하에게 전달하여 전문 관원을 파견하여 국경을 답사하고 확실히 해 달라고 요청했습니다. 이렇게 되면 옛 경계가 명확해져서 변방의 소요를 불식할 수 있을 겁니다."

위 자문은 유민 쇄환 문제를 요구하던 이전의 자문과 모순되는 점이 확연하게 많았다. 따라서 이홍장 문서에서는 위 자문이 서로 모순되고 속내를 감추려고 한다는 점에 불만을 나타내기도 했다. 총리아문에서는 상의(議奏)를 거쳐 적당한 위원을 파견하여 조선에서 파견된 관원들과 함께 답사하여 국경을 명확히 하기로 하였다. 그와 관련한 상주문 내용은 다음과 같았다.

"조선 백성들이 국경을 넘어 땅을 침점(侵占)하여 개간한 사안과 관련하여 조선 국왕은 어디까지나 자세히 살펴 엄중한 금단 조치를 취해 왔습니다. 그런데도 월강한 백성들을 타당하게 되돌려 받지 못하게 되자, 변방을 지키는 관원들의 편파된 주장만을 믿고 몇 번이고 진정(陳情)하였습니다.

따라서 훈춘의 지방 관원들이 군대를 파견하여 탄압하려고 할 때, 일단 조선의 변방 관리에게 문서를 보내 비난하였지만, 그들은 백성을 종용하여 월간(越墾)하는 것을 죄로 간주하지 않았습니다. 그리고 초가집[棚屋]을 부숴버리는 것은 ■■에 속하고 능사가 아니라 하겠습니다. 조선은 대대손손 번복(藩服)을 지키고 직공(職貢)을 어김없이 수행한다면 조선의 변계도 자연스럽게 안정되고 무사하였습니다. 유민들도 농사를 지을 수 있어 생업의 안정을 찾을 수 있었습니다. 이를

23 남정철(1840~1916)은 흥선대원군과 가까웠으며 개화를 반대하는 수구파 관료였다. 1884년 갑신정변 당시에 청나라의 원세개에게 편지를 쓰고 김윤식과 함께 개화파의 축출을 위한 청 출병을 요구하는 등 정변을 좌절시키는 데 일조했다. 갑신정변 직후인 그해 겨울, 동지부사로 임명된 남정철은 동지정사 김만식을 수행해 북경을 방문하였다.

통하여 성조(聖朝)[24]가 자소(字小)[25]의 은혜를 베풀 수 있을 겁니다."

이같이 지극히 온당한 주장을 내렸다. 그리고 도문강과 두만강이 다르다는 주장을 반박했다. 목극등의 정계 상황은 길림 장군 서내(署內)에 당안이 있을 것이다. 길림 장군으로 하여금 위의 당안을 찾아서 그 내용을 확실하게 밝히면 관련 의혹을 해소할 수 있을 것이라 하였다.

회감(會勘)은 같은 해(1885) 가을과 겨울 사이에 드디어 시작되었다. 조선에서는 안변부사 이중하를 감계사(勘界使)로 하여 9월 27일 종사관 조창식(趙昌植)과 함께 회령부에 도착했다. 청나라에서 파견한 관원 덕옥(德玉) 가원계(賈元桂), 진영(秦煐) 등도 도착했다. 9월 30일과 10월 1일에 두 차례 걸쳐 담판을 진행했다.

양측이 주장하는 바가 많이 달랐다(『문답기』 한 책이 남아 있다). 10월 3일 출발하여 무산에서 두만강 세 개의 줄기가 회합하는 곳에 이르렀다. 청나라 대표는 오로지 정류(正流) 조사만을 고집했다. 감계사는 우선 정계비(定界碑)를 살펴보고 그런 다음 강원(江源)을 따져보는 것이 순서라고 했다.

여러 차례의 변론을 거쳐 드디어 답사단을 3대로 나누기로 하였다. 10월 15일 종사관 조창식, 수행원 이후섭(李垕燮), 김우식(金禹軾)은 훈춘에서 온 파견원(派員) 덕옥과 함께 홍단수의 수원을 답사하기로 했다. 수행원 오원정(吳元貞)은 중국의 회도관(繪圖官) 염영(廉榮)과 함께 서두수(西豆水)[26] 수원을 답사하기로 했다.

감계사는 안무중군 최두형(崔斗衡), 수행원 최오길(崔五吉), 유흥조(柳興祚)와 중국 파견원 진영, 가원계 등과 함께 홍토산 수원을 따라 답사하면서 백두산을 향해 출발하여 정계비가 세워진 곳을 찾았다. 단애절벽(斷崖絶壁)과 난목 총림 사이를 뚫고 200리를 전진했다. 이곳부터는 산천이 더 험준하고 풍설(風雪)이 앞을 막았다. 중간에서 노숙했다. 가원계는 정계비를 찾는 데는 관심이 없고 감계사를 곤궁에 빠뜨리면서 자기는 돌아가겠다고 투정을 부렸다. 답사대는 앞으로 나가는데 쌓인 눈을 허리까지 올라왔다. 온 천지가 어두컴컴하고 우

24 청을 일컫는다.
25 작은 나라나 약한 사람을 사랑하여 어루만진다는 뜻이다.
26 함경북도 무산군 삼사면에서 시작하여 두만강으로 흐르는 개천으로 길이는 164.1km이다.

중충하기 그지없었다. 수많은 사람이 위험에 빠졌다. 그러던 중 홀연히 남동 하늘이 열리면서 아침 해가 떠올랐다. 드디어 정계비가 서 있는 곳을 찾았다. 그렇게 걸어온 길이 60리나 되었다.

비문을 탁본한 뒤 파견원과 각기 하나씩 나누어 가졌다. 동서 수원의 토석퇴 모양을 확인하고 산에서 내려왔다. 조창식은 답사하면서 허항령(虛項嶺)에 이르렀으나, 눈을 만나 하는 수 없이 돌아섰다. 서두수를 답사했던 팀들도 귀환하여 합류했다. 10월 27일 일행은 무산에 이르렀다. 감계사는 저간의 사정을 국왕에게 다음과 같은 내용으로 치계(馳啓)하였다.

"삼가 감계하였던 일을 보고드립니다.

정계비의 형편을 이야기해 드리겠습니다. 정계비는 대택(大澤)[27]의 남쪽 기슭 10리 되는 곳에 있습니다. 그리고 정계비 서쪽으로 수 보 되는 곳에 골짜기가 있는데 압록강의 강원입니다. 동쪽으로 수 보 되는 곳에 골짜기가 있는데 토문강의 강원이 있습니다. 석퇴(石堆)와 토퇴(土堆)로 이어지기를 90리가 됩니다. 그 높이가 몇 자에 달합니다. 위에는 나무들이 자라나서 아름드리가 된 것도 있습니다. 그 시기에 만든 표식임을 명확하게 알 수 있습니다. 대각봉 끝자락에 이르게 되면 중간 골짜기의 모양이 갑자기 좁아지는데 문 같이 보이기 때문에 이를 가르쳐 토문이라 하였습니다.

두만강 상류의 여러 줄기 강물 가운데 가장 상기 표식에 가까운 것은 홍토수의 수원입니다. 가로로 누은 산등성이가 있고 이들 사이가 거리가 40~50리가 됩니다. 이것이 토문강 상하의 형편입니다. 정계비 동쪽의 건천(乾川)에서 동쪽으로 100여 리가 떨어진 곳에서 드디어 강물이 모습을 드러냅니다. 북동으로 흐르다가 방향을 틀어 북으로 송화강으로 흘러듭니다. 송화강은 바로 흑룡강 상원의 한 갈래입니다. 길림과 영고탑은 모두 송화강 유역에 속합니다.

중국의 파견원은 중국과 조선은 경계는 도문강(圖們江)이라 주장합니다. 총서와 예부의 상주문에서도 도문강의 줄기를 사감해야 한다고 하였습니다. 정계비의 동쪽 골짜기가 송화강의 상류이면, 동쪽이 토문이라는 뜻과 부합되지 않습니다. 여기서 여러 가지 주장들이 비롯되었습니다.

신이 보건대 하류가 송화강에 흘러들고 경계 표식으로 축조하였던 퇴는 토문 모양을 하고 이어지는데, 그것이 두만강의 상류와 이어지지 않는다면, 우리나라 백성들은 오로지 토문으로 양

27 백두산 천지를 가리킨다.

국의 경계로 보아야 한다는 주장은 추호의 오차도 없다고 하겠습니다. 저희도 이를 근거로 주장을 굽히지 않았으나, 중국의 파견원들은 도문강의 정원(正源)으로 경계로 정하려고 하였습니다. 저희는 정계비를 시작으로 축조된 석퇴와 토퇴를 경계로 삼아야 한다고 주장하였습니다. 양측의 주장이 팽팽히 맞서 서로 양보하지 않았습니다. 따라서 각자는 답사하면서 그렸던 지도책을 가지고 돌아가서 조정에 보고하기로 하였습니다.

10여 일 동안 논의를 거쳐 비로소 지도 초본을 만들 수 있었습니다. 조회와 공람(公覽)을 거쳐 다시 정본을 그렸습니다. 회도관(繪圖官)[28]의 화법은 정확하고 세심하였습니다. 정간(井間)[29]을 나누고 이수(里數)를 표기하고 윤도(輪圖)[30]를 계산하여 방위(方位)를 분별하는데 여러 날 걸렸습니다. 위 작업을 거쳐 완성본을 만들어 냈습니다.

산수(山水)의 모양과 흐름은 그렇게 명확하게 표기되지 않았습니다. 홍단수 형편은 서쪽의 압록강 지류와 75리 떨어진 것으로 표기하였습니다. 정계비에서 남북 사이의 거리를 130리로 표기하였습니다. 서두수의 정류(正流)는 길주 지역에 이르게 되면 정계비에서 남북 사이의 거리가 400~500리 됩니다. 그렇다면 정계비에서 동은 토문이라고 하였기에 아예 관계가 없음을 알 수 있습니다. 이렇게 위의 내용을 하나하나 따져서 양측의 의문 나는 점을 풀었습니다.

중국 파견원들은 비계(碑界)의 강원이 중국의 도지(圖誌)와 맞지 않다는 이유로 끝까지 의문점을 풀지 못했습니다. 수삭(數朔)에 거쳐 서로가 고집하다가 끝내 지정할 방도가 없어 각자 비문 1본, 도회(圖繪) 1본을 가졌습니다. 도회에는 각자의 인감을 찍고 조회문을 만들었습니다. 11월 30일 회령부를 떠나 각자 귀환하였습니다."[31]

이중하는 의견서, 조회 등사본, 『문답기(問答記)』를 국왕[고종]에게 바쳤다. 비밀 보고서도 함께 바쳤는데, 조선 측 주장이 지극히 박약한 점을 지적했다. 그 내용은 다음과 같다.

---

28 지도를 제작하는 관원을 일컫는다.

29 바둑판처럼 종횡으로 된 간살을 말한다.

30 무덤 자리나 집터를 정할 때 풍수가나 지관이 사용하던 나침반을 가리킨다. 가운데에 지남침을 장치하고 가장자리에 원을 그려 24방위로 나누어 놓아, 방위를 헤아리는 데 쓰는 기구로서 흔히 나침반 · 지남반 · 지남철(指南鐵) 혹은 패철(佩鐵) 등으로 불렸다.

31 이 계초(啓草)는 『통감부문서(統監府文書)』 2권(국사편찬위원회, 1998)에도 실려 있다.

"목극등 정계 시기의 사적(事蹟)은 북영(北營)의 『강희임진정계록(康熙壬辰定界錄)』에 있습니다. 당시 왕복 문서를 보면 두만강을 경계로 삼고 있습니다. 비변사 관문(關文)에 기록된 것을 보면 토문강(土門江)은 화음(華音)[32]으로 바로 두만강(豆滿江)을 말합니다. 이를 통해 알 수 있습니다. 위의 내용에서 두만강이 양국의 경계임이 명확합니다. 정계비의 형편을 살펴보면, 동쪽의 토석퇴(土石堆)는 송화강 상원(上源)과 이어졌습니다. 당초 정계 사실을 의심할 수 있습니다. 자세하게 옛일을 들여다보면 사실은 의심할 수 없습니다. 우리나라 백성들이 토문강원(土門江源)으로 여기는 것도 바로 이런 연유에서입니다.

목극등은 오로지 비의 동쪽 구도(溝道)를 두만강의 상원(上源)을 잡아 비를 세웠습니다. 이를 근거로 동은 토문(土門)이라 하였습니다. 우리나라는 목극등이 비를 세운 몇 년이 지나서 비의 동쪽에 토석퇴를 쌓아 동쪽의 두만강원(豆滿江源)으로 이어가려 하였습니다. 그런데 두만강원은 원래 북구(北溝)와 이어지지 않았습니다. 따라서 평파(平坡)에 목책을 세웠습니다. 그로부터 수백 년 지나면서 목책은 이미 썩어버렸고 잡목이 울창하게 자라나 지난날 세웠던 표식을 양국 사람 모두가 명확하게 확인할 수 없게 되었습니다.

따라서 오늘날의 쟁론을 불러오게 된 겁니다. 지금 산에 들어가 모양을 자세히 살펴보니, 지난날에 세웠던 표식 흔적을 다행스럽게도 총림(叢林) 사이로 드문드문 확인할 수 있습니다. 긴가민가하는 점은 있음에도 불구하고 사안이 워낙 중대한지라 실상 그대로 아뢰지 않을 수 없습니다."

경략사 어윤중이 북방으로 갔을 때, 주민들의 말을 듣고 사람을 보내 비문을 탁본하도록 했다. 그 후 관련 문서를 자세하게 검토하도록 하였다. 그런데도 저간의 형편을 살피지 않고 서둘러 두만강 북쪽은 조선의 땅이라 주장하면서 직접 소장을 만들어 종성 백성을 내세워 부사에게 올리도록 하였다. 종사 부사가 이를 근거로 돈화현에 조회를 보내면서 양국의 쟁단이 일어났다. 그 뒤 변민(邊民)들은 오로지 위의 주장을 믿게 되었다. 경략사는 돌아가서 땅을 찾고 백성들의 개간을 허락하게 되었다.

이를 계기로 아무런 거리낌도 없이 강을 넘어 땅을 개간하기에 이르렀다. 그 뒤 국경 지역의 지방관들은 강토(疆土)의 중차대함을 깨달아 달리 논의(異論)하기보다는 그전부터 주장

32 중국음(中國音), 또는 한자(漢字)의 중국음을 말한다.

하던 쟁집(爭執)을 강화하면서 갈등은 더욱 크게 번졌다. 조선은 청나라 총리아문의 상주문이나 북양대신의 문서에 대해서도 문제점을 제기했다.

위 지역에 대해 생각해 볼 때, 그동안의 처사에 원통함을 금치 못했다. 따라서 변강(邊疆)의 중요성을 인식하고 명확한 결론을 내고자 하였다. 조선의 조정 대신들은 감계사를 부르고 경략사와 더불어 모든 사안에 대해 변론(辯論)하도록 하였다. 사실과 형편을 상세하게 밝혔다. 변경 사무를 감정(勘定)하는 것이 무엇보다 타당하다고 판단하였다. 사실이 이러함에 위의 주장을 자문으로 주고받았다. 그러면서도 상대방에게 감추는 것도 있었다. 국가의 근본과 관련된 문제라 한발도 물러서지 않고 자신의 주장을 굽히지 않았다. 따라서 끝까지 청나라 파견원과 함께 산으로 올라가 강원(江源)을 끝까지 살펴보고 정계비의 내용을 확인하였다. 그리고 위의 사실을 일일이 열거하여 청나라 사람들에게 확실한 인상을 남겼다. 그렇다고 저간의 사정을 처음부터 청나라에 대놓고 보여준 것은 아니었다.

다음 해 광서 12년(1886, 고종 23) 청에서는 길림 장군의 상주문에 따라 총리아문의 의주(議奏)를 거쳐 재차 위원을 파견하여 새롭게 양국 국경을 정하자는 뜻을 서울에 주재하는 총리교섭통상사의 원세개(袁世凱)[33]를 통해 조회를 보냈다. 조회에 대해 조선에서 답복하기를 여전히 분계강의 지류를 토문자(土門子)라 부르는 사실을 증명하여 상원(上源)인 토문과 관계가 있다고 하였다. 따라서 토문강으로 경계를 삼자고 주장하였다. 그러한 주장이 담긴 조회를 청나라 북양대신에게 보냈다. 청나라의 주장에도 확실한 논거가 있었다. 그러나 분계강 즉 포이합도하 정계 주장은 어떻게 보아도 성립할 수 없었다.

북양대신이 보내온 자문 내용은 다음과 같았다.

"길림과 영고탑은 조선의 함경도와 대도문강을 경계로 삼는다고 『흠정회전(欽定會典)』, 황조

---

33 1882년 임오군란이 일어나자 경군통령(慶軍統領) 오장경(吳長慶)을 따라 조선에 들어와, 대원군을 포로로 잡고 군란을 진압, 일본 세력을 견제하는 데 성공했다. 1884년 이홍장(李鴻章)의 명을 받아 총리외교통상사의(總理外交通商事宜)가 되어 조선에 머물면서 내정과 외교를 간섭하는 한편, 청나라 세력을 심어 일본에 대항했다. 갑신정변 때는 창덕궁을 공격하여 개화당과 일본군을 몰아내고 고종을 청진(淸陣)으로 옮겼다. 1894년 청일전쟁에서 패한 뒤 귀국하였고 1906년 이홍장이 죽은 후 그 뒤를 이어 직례총독·북양대신(北洋大臣)이 되었고 신식 군대를 양성하여 북양군벌로 불렸다. 1898년 무술정변을 일으켜 서태후(西太后)의 총애를 얻고 군기처 대신·외무부 상서 등 요직을 역임했다. 1911년 신해혁명 후 총리대신이 되어 혁명 주동자 손문(孫文)과 손을 잡고 청제(淸帝)의 퇴위를 요구했다. 1912년 중화민국 초대 대총통이 되었고, 1916년 1월 스스로 황제라 칭했다.

삼통(皇朝三通),[34] 『대청일통여도(大淸一統輿圖)』[35]에 기재되어 있습니다. 그 증거가 확실합니다. 최근에 조선의 유민들이 경계를 넘어 토지를 점하고 농사를 지었습니다. 이런 유민들을 누누이 쇄환하거나 생업을 마련해 주는 조치를 취하여 강계(疆界)를 명백하게 하려고 하였습니다.

그럼에도 조선의 안변 부사는 그릇되게 두만강과 도문강은 다른 강이라 주장하였습니다. 이에 따라 양국의 경계를 답사하여 명확하게 하여 피차의 관할 구역을 확실하게 구분해야만, 유민들의 쇄환이나 생업을 마련해 주는 것을 논의할 수 있다고 했습니다. 이를 위해 봄이 되면 양국에서 관원을 파견하여 만나 회담을 진행하자고 답변하였습니다.

도문강은 두만강의 또 다른 이름이라 할 경우, 양국 강계(疆界)는 큰 틀에서 이미 정해졌기 때문에 다시 답사할 필요가 있습니다. 다만 강의 수원(水源)이 여러 개가 있다. 홍단수와 서두수는 분수령에서 발원하지 않는다. 홍토산수만 분수령에서 발원하여 땅 밑으로 흐르다가 40리 되는 곳에서 두만강원이 되면서 비퇴(碑堆)와 부합된다. 이를 저버리고 다른 것을 논의할 대상이 있을 수 없다. 이전에 답사하면서 그렸던 지도[繪圖]를 보면서 정해야 할 것이다. 다만 국가의 경계란 워낙 대사인지라 신중하지 않을 수 없습니다."

정부의 여러 대신에게 알려 일일이 자문받아 처리하지 않을 수 없는 사안이라고 하였다. 이렇듯 위의 문제는 오로지 두만강 강원을 조사 결정하는 문제로 축소되면서 간도문제는 여기서 포함되지 않게 되었다.

광서 13년(1887), 고종 24년 4월 재차 감계를 시작했다. 감계사 이중하의 장계(狀啓)[36] 내용은 다음과 같았다.

"회령부에 도착하여 길림의 파견원 진영(秦瑛)과 만났습니다. 대도문강(大圖們江) 강원인 홍단수와 홍토산수를 가지고 여러 차례 변론(辯論)을 거듭했습니다. 함께 장백산으로 들어가 우선 홍단수의 강원을 답사하여 보니 조선 경내에서 흐르는 것을 확인하고 도전(圖典)[37]에도 부합됨을

34 『황조문헌통고(皇朝文獻通考)』, 『황조통전(皇朝通典)』, 『황조통지(皇朝通志)』 등을 일컫는다.
35 모두 31권으로 1863년에 중국 청나라의 호임익(胡林翼)이 편찬한 지도책이다. 청나라의 판도를 중심으로 전 아시아에 걸친 강역(疆域)의 지도로서 이연소와 왕사역이 수정하였다.
36 왕명을 받고 지방에 나가 있는 신하가 자기 관하의 중요한 일을 왕에게 보고하던 일을 말한다.
37 그림으로 그린 지도책을 일컫는다.

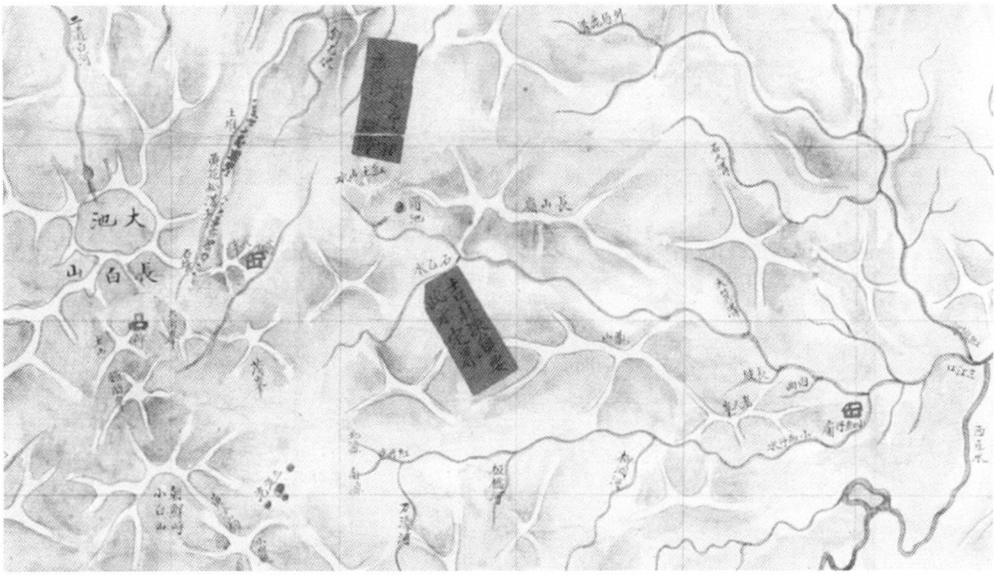

「정계감계지도」(1887)(서울대학교규장각한국학연구원 소장)

알게 되었습니다. 다음으로 홍토산수 강원을 끝까지 올라가면서 비가 세워진 곳까지 살펴보았습니다. 주변 산수 상황을 살펴보고 돌아섰습니다.

총리아문의 상주문(上奏文)[38]에서 하나같이 '대도문강을 경계로 삼는다'라는 내용을 근거로 모든 수원을 하나하나 답사하였습니다. 『흠정회전(欽定會典)』[39]과 『일통여도(一統輿圖)』[40]에 근거하여 확인하여 보니, 홍토수가 대도문강임이 의심할 바 없이 확실하였습니다. 그런데도 진영은 홍토수와 비[41]와 너무 떨어져 있고 분수령과 이어져 있지 않았기 때문에 석을수라는 이름을 가진 강을 경계로 삼으려고 하였습니다. 석을수는 무산의 장파(長坡)에서 홍토수를 따라 80리를 올라가더라도 홍토산(紅土山)[42]에 다다르지 못합니다. 10여 리를 남서로 와서야 홍토수와 회합

38 임금에게 아뢰는 글을 말한다.

39 『흠정대청회전(欽定大清會典)』을 일컫는데, 청 행정의 기본 법규를 일컫는다.

40 『황조일통여지전도(皇朝一統輿地全圖)』를 일컫는데, 1832년 동방립(董方立) 이조락(李兆洛) 등이 8권의 지도첩으로 제작되었는데, 이후 수차례에 걸쳐 간행되었다. 각본(刻本) 제작으로 지도가 거칠기는 하지만, 청대에 제작된 전국적 지도 중에서 가장 많은 지명과 산수(山水)명을 표기하고 있는 지도로 평가받고 있다.

41 백두산정계비를 일컫는다.

42 적봉(赤峰, 해발 1,321m)이라고 하는데, 허리가 굵은 절구통에 삿갓을 씌워 놓은 듯하고 땅의 색깔이 붉다고

합니다. 위의 강원은 소백산 남동 기슭 30리 되는 곳에서 발원합니다."

위의 내용 역시 〈일통여도〉에 기재되어 있다. 진영은 석을수를, 이중하는 홍토수를 대도문강의 강원으로 주장하였다. 드디어 합의를 보기를, 조선 정부는 이중하의 장계에 따라 도문강의 경계[界址]를 답사하여 홍토수와 석을수가 합류하는 곳에서부터는 다행스럽게 이를 확정하기에 이르렀다. 다만, 그 상류에 대해서는 합의를 보지 못했다. 홍토수는 장백산 동쪽 기슭에서 발원한다. 도전(圖典)에 기록된 대도문강과 부합된다. 분수령의 비퇴(碑堆)와 서로 조응(照應)된다. 석을수는 소백산의 남동 기슭에서 발원하여 두 번째 흐름이 되었다. 장백산과는 너무 먼 이유를 서술하고 감계 회인 지도 하나, 회담록 공문 절략 한 책을 첨부하여 예부와 북양대신에게 자문을 보내 상주하도록 하였다.

광서 14년, 고종 25년 2월 북양대신은 마침내 조선에 자문을 보내 석을수를 양국 경계[界址]로 정하고 계비(界碑)하자고 하니, 조선에서도 관원을 파견하여 회동 추진을 촉구하였다. 이에 조선 정부는 홍토수를 양국 경계로 하자는 이전의 주장을 들고나왔다. 청나라는 유민 문제가 중대한 안건으로 부각한 것을 감안하여 조선의 주장을 들어주지 않고 계비를 설정하여 무산에서 소백산에 이어지도록 하였다.[이것이 바로 화하금탕고하산대여장(華夏金湯固河山帶礪長)[43] 십자계비(十字界碑)이다.]

광서 15년(1889), 고종 26년, 조선 관원이 강을 건너와 유민들한테서 돈과 양곡을 징수하지 말 것을 요구하는 조회를 보냈다. 광서 17년(1891), 고종 27년에 이르러 한인들에게 청나라 사람들처럼 머리를 깎으라고 강요하자, 조선 정부는 이에 항의하였고고 원세개는 이를 본국에 전달하였다.

하여 붙여진 이름이다.

43 정해감계 당시 청 측이 세우려고 시도했던 열 개의 글자가 비석표시를 말한다.

間島問題調査書 第5

V. 간도문제 하(下) - 청일전쟁 이후

청일전쟁을 거쳐 조선은 독립국으로서 자격을 갖추었다. 대한(大韓)이라 국호를 바꾸었다. 청나라의 통제에 벗어났다. 한국의 지방 관원들도 문제의 재연에 주의를 기울였다. 광무 원년(1897), 광서 23년, 명치 30년 가을, 함경북도 관찰사 조존우(趙存禹)가 부임한 후 이전에 있었던 탐계(探界)와 감계(勘界) 관련 내용을 다시 검토하여 형세를 살펴보고 자세한 도본(圖本)을 부록으로 붙여 아래와 같은 다섯 가지 내용에 대해 이의를 제기하였다.

1) 백두산 분수령의 형편.
2) 북증산(北甑山), 하반령(下盤嶺), 분계강(分界江), 장인강(長引江), 올구강(兀口江, 紅旗河)의 형편.
3) 두만강의 형편
4) 거주민의 상황
5) 두 번 감계의 핵심 쟁점이었던 두만강과 토문강이 다른 강이라는 기존의 주장 등을 들고나와 이전 두 번 감계에서 조선이 강압에 눌렸던 점을 지적하였다.

광무 2년(1898) 가을, 종성 주민 오삼갑(吳三甲) 등이 백두산 천지 아래 정계비의 사적, 분계강과 두만강 사이의 지역이 아직 경계가 정해지지 않은 점, 월강민이 국적을 잃은 점에 대해 상주문을 올리니 한국 황제는 위의 사안에 대해 정부에서 나서서 처리하라 하였다.

이듬해(1899) 봄, 오삼갑 등은 다시 내부에 상소문을 올렸다. 내부대신 이건하(李乾夏)는 함경북도 관찰사 이종관(李鍾觀)에게 위의 상소문과 관련한 훈령을 내렸다. 이종관은 경원군수 박일헌(朴逸憲)을 사계위원(査界委員)으로 내정하고 본부의 주사 김응룡(金應龍)과 함께 동행하여 답사에 참여하도록 했다. 이들은 답사 결과를 관찰부에 보고하였다. 관찰사는 위의 보고 내용을 내부대신에게 다음과 같이 보고하였다.

"전에 감계사 이중하는 분수령 정계비의 토문강을 양국 국경의 기준으로 삼으려 했지만, 소기의 목적을 이루지 못했습니다."

그런데 내부대신 등은 위의 문제를 공공연하게 다시 제기하지는 못했다. 광서 26년(1900)에 북청사변(北清事變)[1]이 발발하면서 큰 혼란이 야기되었기 때문이다. 러시아는 훈춘지역에도 군대를 파견하였다. 따라서 훈춘지역의 사태도 큰 변화를 가져왔다. 간도 한인들은 치발역복(雉髮易服)을 하였지만, 내심으로 불만을 가진 자들이 많았다. 러시아 군대가 위의 지역을 점령하면서 영향력을 미치게 되자 머리를 기르고 한복으로 바꾸어 입는 자들이 많아졌다. 혹자는 러시아 관헌에 의지하여 청 관헌의 주구(誅求)를 피하고자 하는 자들도 있었다.

광무 6년(1902), 광서 28년, 명치 35년 훈춘 부도통은 함경북도 교계관(交界官) 채현식(蔡賢植)에게 다음과 같은 내용의 조회를 보냈다.

> "지난해(1901) 말 한국 경무관(警務官) 이경순(李敬順), 유진호(兪鎭浩) 등이 군대를 거느리고 경계를 넘어 월간 한인을 관리하러 왔다고 했습니다. 남강의 거주민을 총을 죽이고, 부근의 인민을 포박하고 물건을 빼앗기도 하였습니다."

한국 주재 청국 공사 허태신(許台身)은 한국 외무대신 박제순(朴齊純)에게 다음과 같이 조회를 보냈다.

> "청나라 변강에서 마적들이 횡행하면서 한국이 자국의 인민을 보호하기 위해 자연스럽게 이들을 어떻게 대처할지 고민하였습니다. 이들 마적을 대처하는 방법은 양국이 함께 방법을 강구해야 하는 문제라 생각합니다. 그동안 본국 정부는 단독으로 이에 대한 방법을 강구하려고 하였

1 '의화단의 난' 혹은 의화단 운동이라 하는데, 청 말기 1899년 11월부터 1901년 9월까지 중국의 산동 지방, 화북(華北) 지역에서 의화단(義和團)이 일으킨 외세 배척 운동을 일컫는다. 청일전쟁 후 제국주의 열강이 중국 내로 깊숙이 침입하자 배외적 기운이 높아져 그리스도교와 비교도 사이에 분쟁이 빈번하였다. 의화단 세력이 점점 커지자, 1899년 말 위안스카이(원세개)는 산둥 순무(巡撫)가 되어 이들의 진압을 강화했다. 하지만 이들은 부청멸양(扶清滅洋)을 내걸고 그리스도교도나 선교사는 물론 일반 외국인을 습격하며 외국 제품의 약탈, 교회와 병원의 소각, 철도와 전선의 파괴도 자행하였다. 이에 1900년 6월 영국·미국·러시아·독일·프랑스·오스트리아·이탈리아·일본은 연합군을 조직하여 이에 대항하였다. 당시 서태후를 중심으로 한 청나라의 보수 정권은 의화단을 원조하면서 그해 6월 연합군에 선전 포고를 하느가 하면 의화단과 같이 공사관 구역을 공격하였다. 그러나 연합군이 그해 7월 천진을 함락, 8월에는 베이징에 진주하자 서태후와 광서제는 시안으로 탈출하고 경친왕(慶親王)과 이홍장이 열국과 화의, 난항 끝에 1901년 9월 최종 의정서에 조인하였다.

습니다. 그 뒤 왕복 문서를 주고받으면서 해결책을 강구하였지만, 결과를 가져오지 못했습니다."

간도 주민 여형섭(呂衡燮) 등은 재차 한국 정부에 관아를 설치하여 한인을 보호해 줄 것을 요청했다. 한국 정부는 한편으로는 머리를 기르는 문제와 관련하여 「한청조약」 제12조의 '변민은 이미 월간(越墾)한 자의 경우 생업의 안정을 보장하고 생명과 재산을 보호한다'는 내용에 근거하여 머리를 깎는 것을 강요하는 것은 도리가 없다고 반박하였다.

다른 한편으로 내부(內部)에서는 시찰 이범윤(李範允)을 파견하여 간도 한인을 조사, 보호하도록 하였다. 1902년 8월 이범윤은 다음과 같은 내용으로 내부에 전보를 보냈다.

"지난 달[8월] 23일 강을 건너 고시를 붙이니, 간도 주민 모두가 한국 정부의 보호 조치에 기뻐하지 않는 자가 없었습니다. 청나라 관원의 강박으로 치발역복을 하지 않을 수 없으니 민간 정서가 뒤숭숭하기 그지없습니다. 여기에 종성 대안 무간국(撫墾局)[2]의 청나라 관원 엽함분(葉含芬)은 간도 주민을 구축하려고 군대를 풀어 곳곳에서 한인을 가두고, 매질하고, 불로 지지고, 금전을 강요하는 등의 악형을 가하자 견딜 수 없게 되었습니다. 사경(死境)에 처한 한인들은 사방으로 흩어지고 억울함을 호소하는 일이 날마다 이어졌습니다. 이들은 곡식밭을 훼손하여 목장으로 만들기도 하였습니다.

이번 달[8월] 13일에는 청나라의 비적 수백 명이 무산 간도로 쳐들어와 3명을 총살하고 학동(學童) 13명을 붙잡아 갔습니다. 훈장(訓長)에게는 은전, 총탄, 화약 등을 강압적으로 요구했습니다. 주민들은 이들에게 도륙당할 위험한 상황을 보고해 왔습니다."

다음 해(1903) 5월 다음과 같이 다시 보고하였다.

"한인이 간도에 들어가 땅을 개간하여 농사를 짓기 시작한 것은 무진년(1868)입니다. 지금부터 36년 전이라 하겠습니다. 지난 경인년(1890)에 청나라 관리 엽연갑(葉聯甲)은 길림에서 와서 군대를 풀어 몽둥이를 들고 머리를 깎도록 강요하였습니다. 한인들은 경악을 금치 못하고 하는 수 없

2 19세기 말 길림-조선 통상국을 설립한 후 아예 '한인 무단점거자들을 위무'한다는 뜻의 '무간국(撫墾局)'이란 지방 행정기구를 설치하였다.

이 머리를 깎지 않을 수 없었습니다. 한인 가운 수백 명은 하는 수 없이 조선으로 혹은 러시아로 도망쳤습니다.

지금은 또 청 관원 장조기(張兆祺)가 화룡욕(華龍峪-종성 간도에 있음)의 청관(淸館)에 와서 향약과 갑장을 선출한다면서 부근의 한인들을 불러 모아서는 가두고 억지로 머리를 깎도록 강요하였습니다. 머리를 깎는 비용으로 향약의 이름으로 50량, 갑장의 이름으로 30량을 거두도록 강요하였습니다. 한인들은 마두(馬頭)에게 억울함을 호소하니 상황이 우려스럽고 비참하기 그지없었습니다. 또한 군인들은 마을을 돌아다니며 강박으로 호구를 등록하도록 하였습니다."

이범윤은 또 간도 주민 한빈권(韓斌權)·김양문(金陽汶)·김병규(金秉奎) 등의 고소를 받았다. 그 내용은 다음과 같다.

"지타소(芝他所)의 청나라 관원 조종한(趙宗瀚)이 군대를 풀어 한인을 박탈하고 학대하니 지금 감금된 자가 30여 명에 달합니다. 조종한이 한인들을 여지없이 학대하고 강압으로 빼앗은 금액만 하여도 너무나 많습니다. 신속히 관아를 설치하여 보호해 줄 것을 요청합니다. 정부에서 군대를 파견하는 명령을 빨리 내리지 않을 경우, 도민 스스로 병사를 모집하고 비용을 마련하여 사포(私砲)를 설립하여 눈썹에 붙은 불을 끄지 않을 수 없습니다."

이같이 조종한이 길림에서 지타소로 왕래하면서 3개월 동안 저지른 악행을 계기로 한국 정부는 회의를 열고 서북도(西北島)에 군을 설치하기로 합의를 보았다. 청나라 사람들은 이곳이 한국 땅이 되면 오랫동안 머물 수 없다는 것을 감지하고 재산을 처분하고 떠나는 자들이 많았다. 이에 청나라 관원들은 간도 주민을 더욱 강탈하려는 욕심으로 군대를 풀어 재산을 빼앗고 지조(地租)를 더욱 높이 받아냈다.

피해는 고스란히 무고한 한인들에게 돌아갔다. 한국 정부가 관아를 설치하여 간도 주민을 보호하지 않는 상황에서 절망에 빠진 도민(島民)들은 하는 수 없이 스스로 사포(私砲)를 설치하지 않을 수 없게 되었다. 외부(外部)가 나서서 청나라에 조회하여 청나라 관원들의 한인 박탈과 학대를 막고 신속히 관아와 군대를 설치해 줄 것을 요청하였다. 내부지방국장대판(內部地方局長代辦) 우용정(禹用鼎)은 위의 보고에 근거하여 다음과 같은 내용의 의견서를 정부에 올려보냈다.

"한청조약[3] 제12조에 양국 육로(陸路) 교계 지역의 변민은 이전부터 호시(互市)를 했습니다. 이번 조약이 체결된 후, 「조중상민수륙무역장정(朝中商民水陸貿易章程)」[4] 세칙을 다시 정하기로 하였습니다. 변민으로서 이미 월간(越間)하여 농사를 짓는 자에 대해서는 생업의 안정을 기하도록 하고 생명과 재산의 보호하도록 했습니다. 외부에서는 청 공사와 상의한 후 위의 지역 지방 관원에게 문서를 보내 강압적으로 머리를 깎는 것을 금지하도록 하여야 합니다.

강계와 관련해서는 정계비 이하 토문강 이남의 아국 계한(界限)을 확정하고 관아를 설치하고 세금을 정하여야 할 것입니다. 다만 수백 년 비어 있던 지역을 재정비한다는 것은 여러 가지 사안이 함께 맞물려 있는지라 우선 보호 관원을 특별 설치하여 이들을 관리한다는 명의로 간도에 주재하도록 하여 주민의 생명과 재산을 보호는 업무를 전담하도록 하여 정부의 주민 보호의 정책 의지를 표시하여야 합니다."

같은 해(1903) 8월 의정부 참정 김규홍(金奎弘)이 위의 의견서에 근거하여 상주문를 올렸다. 그 대략은 아래와 같다.

"북간도는 한청 국경지역으로 비어 있은 지가 수백 년이 되었습니다. 수십 년 이래로 북도 연변(北道沿邊)의 각 군의 우리나라 백성들이 위의 지역으로 이주, 거주하면서 농사를 짓는 자가 수십 만 명으로 증가하였습니다. 그들은 청인의 가혹한 억압을 받았습니다. 분수령의 정계비 이하 토문강 이남 지역은 원래부터 우리나라 경계로 확정되어 있었고, 경작지의 면적에 따라 세금을 받아 왔습니다. 수백 년 동안 비어 있었던 지역을 재정비한다는 것은 여러 가지로 사안이 맞물려 있는 지라 우선 보호관을 설치하여야 할 것입니다."

이에 시찰 이범윤을 특별 관리로 임명하여 간도에 주재하도록 하고 간도 주민을 관리하도록 했다. 외부에서 위의 내용을 청국 공사 허태신에게 조회문을 보냈다. 허태신이 다음과 같이 답신을 보내왔다.

---

3 1899년(광무 3) 9월 11일 대한제국의 전권(全權) 박제순과 청나라의 전권 서수붕(徐壽朋) 사이에 체결된 한청 양국의 우호 · 왕래 · 통상에 관한 조약문이다. 한청조약은 15조의 본문으로 구성되었다.

4 1882년(고종 19) 8월 23일 조선의 주정사(奏正使) 조영하(趙寧夏)와 청나라의 직례총독(直隷總督) 이홍장(李鴻章) 사이에 체결된 조선과 중국 상인의 수륙 양면에 걸친 통상에 관한 규정을 말한다.

"한인들이 우리나라 변지(邊地)에 월간(越墾)한 사안과 관련하여 누차에 걸쳐 귀부에 이들을 쇄환할 것을 요청한 바 있습니다. 위의 지역에서 우리나라는 이곳에 거주한 한인들에 대해 우리나라 지방 관원들이 모든 사무를 관장하도록 하였습니다. 우리나라 관할 지역인데 귀국이 관원을 파견하여 관리한다는 것은 불가합니다."

이범윤이 군대를 거느리고 간도에 주재하면서 청나라 관민들과의 충돌은 날이 갈수록 빈번해졌다. 청나라에 대단한 위압감을 가져다 준 것으로 보인다. 외부에서 양국 국경과 관련하여 문제를 제기하지 않았음에도 불구하고 청나라는 한국이 영토 회복에 뜻을 두고 있는 것은 아닌지를 우려하였다. 이범윤의 방약무인(傍若無人)[5]의 거동과 러시아의 원조에 의거하려는 것에 그러한 의심을 더욱 키웠다. 이범윤은 시찰로서 간도로 향하던 때에 한·청·러 3국이 합동으로 정계비를 살펴보고 토문강 강원에서 시작하여 강을 따라 바다로 들어가는 곳까지 자세하게 답사하여 이를 근거로 정확한 지도를 작성하고 각국에서 통용되는 관례에 따라 공평하고 타당하게 처리하면 양국 국경은 자연스럽게 분명하게 될 것이라는 보고서를 올린 바 있었다.

광서 29년(1903) 음력 12월 보고서에는, 신기선(申箕善)의 기사와 관련하여, 러시아에 군대 파병의 요청을 주장한 바 있다. 무슨 이유로 이런 주장을 하였는지는 판명하기 쉽지 않다. 광서 30년(1904) 러일전쟁이 발발하면서 사태가 또다시 급변하였다. 청나라 관민은 대체로 일본에 동정심을 보내고 있었다. 당시 한국은 이미 우리나라[일본]의 세력권에 들어와 있었다. 이범윤의 거동은 조선 정부에서도 인정받지 못하는 지경에 이르렀다.

청나라 공사가 이범윤의 쇄환을 요구하자, 한국 정부는 드디어 수락하기에 이르렀다. 한·청 양국 교계관(交界官)은 1904년 11월 15일 「중한변계선후장정(中韓邊界善後章程)」[6] 12조를 의결하였다. 제1조에는 양국의 경계는 비기(碑記)[7]에 명기한 바 있다. 양국 정부에서

5 곁에 아무도 없는 것처럼 여긴다는 뜻으로, 주위에 있는 다른 사람을 전혀 의식하지 않고 제멋대로 행동하는 것을 이르는 말이다.

6 이에 따르면, 두 나라의 경계는 백두산정계비에 증거로 삼을 만한 것이 있다고 하더라도 양국 대표의 감계를 기다려야 하고, 그 이전에는 예전대로 도문강을 경계로 하여 각자의 영지로 삼고 불법으로 넘어와 경작하지 않는다는 약정이었다. 이는 어디까지나 분쟁을 피하기 위한 임시 조치이며, 양국 감계에 의해 국경선을 획정하기 전까지의 잠정 협정이었다.

7 백두산정계비를 일컫는다.

관원을 파견하여 공동 답사하여 정하기를 기다린다. 그전에는 원래대로 두만강을 경계로 삼기로 한다. 양측은 군대를 파견하여 무기를 소지하고 경계를 사사로이 넘어 도발 행동하는 것을 금한다고 규정하였다.

그 후 청나라 공사 허태신은 청 달력으로 (1904) 8월 29일 조회를 보내, 동방의 대국이 점차 안정 찾기를 기다려 양국에서 관원을 파견하여 국계를 확정하자고 하였다. 수십 년 전에는 한국이 한 번도 주동적으로 문제를 제기할 입장이 아니었다. 국계 문제는 언제든지 부활할 수 있는 불씨를 남겼다. 그런데도 이범윤을 포기한 것은 여러모로 보아도 이해 가지 않은 부분이 많다.

「선후장정」을 체결한 결과 이범윤은 교계관에서 배척받았다. 이범윤은 원래대로 러일전쟁 기간에는 러시아의 편에서 힘을 다했다. 간도 지역의 청나라 관리는 도리어 일본을 지지하는 입장이 되었다. 이렇게 완전히 전도되면서 이범윤은 설 자리를 잃고 러시아로 망명하였다.

위에서 살펴본 연혁을 아래와 같은 두 가지 청 조회를 통해 문제의 본질이 무엇인지를 살펴보기로 하자. 광서 30년(1904), 광무 8년, 명치 37년 1월 29일, 조회문의 대략적인 내용은 아래와 같았다.

> "중·한 양국이 접경하고 있고 도문강과 압록강을 천연 경계로 삼은 지 이미 오래되었습니다. 광서 13년(1887) 양국 국경 담판[會勘]이 결과를 보지 못하고 현재까지 끌고 오면서 여러 가지 갈등을 빚고 있는 상황입니다. 바라건대 하루빨리 관원을 파견하여 위의 안건에 대해 확실한 조사를 실시하고 함께 신속하게 국경를 정할 수 있기를 희망합니다.
>
> 그런 다음 다시 육로 장정(陸章)을 체결하여 장기적으로 양국에서 이를 준수할 수 있기를 바랍니다. 위의 국경 담판을 진행하기 전에는 지방 관원과 군대들을 엄격히 단속하여 국경을 사사로이 넘어 사달을 일으켜 양국 사이의 우의를 손해를 가는 일이 없도록 하여야 할 것입니다."

광서 30년 11월 21일 청나라 공사 조회문의 대략적인 내용은 다음과 같았다.

> "우리나라 외무부의 전보를 받아 보니, 서울에 주재하는 일본 공사는 아래와 같은 내용을 요청하였다고 합니다. 도문강 간도의 중·한 경계는 양국 사이의 쟁론으로 관원을 파견하여 공동 조

사를 진행하기로 합의를 보았지만, 일러전쟁이 한창 진행 중이라 위의 사안을 추진할 여건이 조성되어 있지 않습니다.

따라서 잠시 논의를 접어두고 각 지방 관원에게 명하여 군대와 백성들을 사달을 일으키지 않도록 단속하기 바랍니다. 그리고 적절한 시기가 되면 국경 담판을 재개하기로 일단 지금의 상황을 유지하기 바랍니다."

즉, 아직 여건이 조성되어 있지 아니하니 국경 담판을 잠시 미루자고 하였다고 하였다.

間島問題調査書 第6

Ⅵ. 지지 고증

1. 간도의 명칭과 구역

간도 명칭의 기원은 조선감계사 이중하가 「을유장계」 별단(제6호 문서 イ ニ)에 기재한 내용에 따르면 다음과 같다.

> "'간도'라고 하는 것은 종성, 온성 사이에 두만강이 분류(分流)하는 지역의 수궁(數弓)[1]에 지나지 않은 곳을 말한다. 원래부터 농사짓는 땅이 척박하기 그지없었기 때문에 정축년(1877) 고종 14년, 청 광서 3년, 1887년부터 주민들이 이곳에서 농사를 짓기 시작하면서 간도라 부르기 시작하였다.
>
> 그 뒤 종성, 회령, 무산, 온성 등 4개 읍의 주민들이 간도 이외의 지역으로 땅을 개간하기 시작하였다. 강 연안의 이르는 곳마다 개간되면서 위의 지역을 통틀어 간도(間島)라 불렀다. 따라서 강물 가운데 있는 땅은 아니다."

새롭게 개간한 땅이었기에 '간도(墾島)'라 부르기도 하였다. 위의 지역은 포이합통하 이서 장백산으로부터 합이파령에 이르는 산맥을 이으면서 두만강에 이르는 지역(즉, 청에서 설립한 연길청 남서의 대부분 지역)을 통칭하기에 이르렀다. 위의 지역을 또 북간도(北墾島)라 불렀다. 장백산의 남서, 압록강 상류, 청나라의 모아산 이상, 두도구부터 24도구를 연결하는 지역을 가리켜 서간도(西墾島) 혹은 서간도(西間島)라 불렀다.

그리고 최근에는 통감부 답사원 일행이 두만강에서부터 가야하[알하하, 嘎雅河]에 이르는 지역을 통칭하여 동간도(東間島)라 불렀다. 송화강 상원(上源) 지역을 가리켜서 서간도라 부른 것은 하등 근거가 있는 것이 아니다. 여기에 일진회 회원 등의 한인들이 정계비와 이른바 토문 하류를 근거로 간두의 구역을 영고탑과 길림지방까지 확장하려는 것은 견강부회한 점이 많다고 하겠다.

---

1 활 쏘는 거리의 두 배 되는 거리로 백 보 정도의 거리를 말하는데, 여기서는 넓지 않다는 것을 강조하기 위해 사용되었다.

2. 두만강 원류

1) 4대원(大源) 그리고 의사 수원(疑似水源)

간도문제의 본질은 두만강 원류(源流)에 있다. 간도문제에 대해 정당한 판단을 내리고자 하는 근거로 두만강 원류를 연구하는 것은 필연의 순서라 하겠다. 따라서 아래와 같이 청·한 양국의 기록문서 그리고 서양인의 저서를 고증하여 가장 정확(精確)한 논단을 내리고자 한다.

『동국여지승람』에 다음과 같이 기록되어 있다.

"두만강은 경원부의 동쪽으로 25리 떨어진 곳에 있다. 백두산에서 발원하여 북사지(北斜地)·아목하(阿木河)·수주(愁州)·동건(童巾)·다온(多溫)·속장(速障) 등의 지역을 거쳐 회질가(會叱家)에 이르러 남쪽으로 흐른다. 경흥부의 사차마도(沙次麻島)에 이르러 갈라진 뒤 바다로 흘러든다. 여진어에서는 '만(萬)'을 '두만(豆滿)'이라 한다. 여러 갈래의 물이 여기로 합류하기에 이렇게 부른다."[권 50, 경원부 산천조(山川條)]

그리고 백두산과 관련한 기록은 다음과 같다.(권50 회령부 산천조).

"백두산은 바로 장백산이다. 부(회령부를 가르킨다)에서 7~8일 걸린다. 산은 대체로 3층, 높이는 200리, 넓이는 1,000리에 달한다. 산 정상에는 못(潭)[2]이 있다. 둘레가 80리, 남쪽으로 흐르는 강이 압록강이다. 북으로 흐르는 강이 송화강과 혼동강(混同江)이다. 동북으로 흐르는 강이 속평강(速平江)이다. 동으로 흐르는 강이 두만강이다.

동량(東良)은 회령부 두만강 밖의 야인들이 사는 지역으로 상동량, 중동량, 하동량으로 나눈다. 아목하는 알목하(斡木河) 또는 오음회(吾音會)라고도 부른다. 회령의 옛 이름은 '수주', 종성의 옛 이름은 '동건'이다. 종성부의 북쪽으로 27리 떨어진 '다온'은 온성의 옛 이름이다. 다온평이라 부르기도 한다. 북사지와 속장은 아직 명확하지 않다. 사차마도, 녹둔도 농보(鹿屯島農堡)는 다른 이름으로 사차마도(沙次磨島)라 한다. 경흥부에서 남으로 56리 떨어져 있다. 두만강이 바다로 흘러

2 천지를 가리킨다.

드는 곳이다."(경흥부 관방 조)

'사차마'는 '사슴'이라는 뜻이다. 여진어는 만주의 고어이다. 만주어에서 '만'을 청나라 사람들은 '토문' 혹은 '도문'이라는 한자로 표기하였다. 즉 '두만'과 음이 가깝다.『금사(金史)』에서는 통문(統們)으로,『명일통지』에서는 '도문(圖們)'이라 표기하였다.

두만강에 회합하는 하류로『여지승람』에서 거론된 것은 다음과 같다.

경원부 조

회질가천(會叱家川): 경원부 남쪽에서 1리 떨어진 곳에 있으며 원증산(原甑山)에서 발원하여 동쪽으로 흘러 두만강에 흘러든다.

임성동천(林成洞川): 경원부 남쪽에서 9리 떨어진 곳에 있으며 나단산(羅端山)에서 발원하여 동쪽으로 흘러 두만강에 흘러든다.

오롱초천(吾弄草川): 경원부 남쪽에서 45리 떨어진 곳에 있으면 경성부의 유성동(柳城洞), 회령부의 세곡리(細谷里) 등에서 발원하여 동쪽으로 흘러 두만강에 흘러든다.

훈춘강(두만강 외의 지역): 여진 지역에서 발원하여 동림성(東林城)에 이르러 두만강에 흘러든다. 알타리(斡朶里) 야인(野人)들이 거주하는 지역이다.

종성부 조

동관소천(潼關小川): 종성부 북쪽 1리 떨어진 곳에 있으며 서쪽으로 흘러 두만강에 흘러든다.

서풍천(西豊川): 종성부의 북쪽 1리 떨어진 곳에서 있으며 나단산(羅端山)에서 발원하여 두만강에 흘러든다.

오롱소수(烏籠所水): 종성부 남쪽 120리 떨어진 곳에 있으며 녹야현(鹿野峴)에서 발원하여 두만강에 흘러든다. 경원부 조의 오롱초천(吾弄草川)과 합류한다.

회령부 조

팔을하천(八乙下川): 회령부 북쪽 1리 되는 곳에 있으며 원산에서 발원하여 회령부의 북오산(北鰲山) 아래를 거쳐 두만강에 흘러든다. 3개 물줄기가 있다.

풍산천(豊山川): 회령부 남쪽 20리 되는 곳에 있으며 전괘현(錢掛峴)의 여러 골짜기에 발원하여 풍산보를 거쳐 회령부 성 서쪽에 이르러 알목하가 되고 두만강에 흘러든다.

어후강(魚厚江, 두만강 외 야인 지역): 어후강 이름은 온성부 조에서도 강외 야인지역으로 나온다.

위의 내용은 두만강 강원을 기재한 가장 오래된 문헌이다. 그런데도 상기 발원지와 관련하여 송화강, 압록강과 함께 백두산에 발원한다고 할 뿐 상세하게 언급하지 않았다. 혹자는 『원명일통지(元明一統志)』의 기사를 답습한 것에 불과하다고 한다. 장백산이 3대 강의 발원지라고 한 것은 『대원대일통지(大元大一統志)』[3]의 기록에서 비롯된다. 『원일통지』는 지금 유전본은 없으나, 『만주원류고(滿洲源流考)』[4]는 이를 인용하고 있다.

개원로(開原路)의 장백산은 구회령현(舊會寧縣)에서 남쪽으로 60리 떨어진 곳에 있다. 넓이가 1000리, 높이는 200리, 정상에는 못[潭]이 있는데 주위가 80리, 깊이는 측량할 수 없다. 남쪽으로 압록강이 흐르고, 북쪽으로 혼동강이 흐른다. 지금은 송아리강(松阿里江)이라 부른다. 동쪽으로 흐르는 강은 아야고하(啊也苦河)가 된다.

『대명일통지(大明一通志)』[홍치 18년(1505) 각본(刻本)에 근거함]의 기사는 완전히 위의 내용을 그대로 답습하고 있다. 옛 글자를 고치고 '깊이는 측량할 수 없다'라는 구절과 '지금은 송아리강이라 부른다'라는 구절을 없앤 정도이다. 『동국여지승람』의 기사도 위의 내용을 점찬(點竄)[5]하고 추가하기를 속평일강이라 하였다. 『동국여지승람』은 위의 속평강(速平江)을 아야고하라고 하였다. 『건륭어제성경부(御製盛京賦)』[6]와 『흠정성경통지(欽定盛京通志)』[7] 등의 책자에서는 모두 '아야고하'를 '두만강'이라 하였다. 지금 어느 것이 옳은지를 판단할 수 있

3 원 왕조 시절 편찬된 지리지로서 중국에서 가장 방대한 분량의 지리지로 평가받고 있다. 원 관리였던 회족 자말 앗 딘이 지리지 편집을 제안하고 우응룡(虞應龍)과 협력하여 이를 제작하였다. 원 세조 쿠빌라이 칸 당시 1285년부터 시작하여 1294년에 755권의 초안을 완성하기까지 9년이 걸렸다.

4 만주인의 정체성을 강조한 역사책으로 청 건륭제 42년(1777) 대학사 아구이·우민중 등이 칙명을 받들어 이듬해인 1778년에 완성하였다. 당시 한림원(翰林院)이 주관하여 관학자(官學者)들과 관리 30여 명이 참여하였다. 기존 역대 사서와 지리지, 개인 문집 등에서 만주, 한반도와 관련한 방대한 자료들이 모아 편찬하였다. 『흠정만주원류고(欽定滿洲源流考)』라고도 한다. 흠정(欽定)은 황제의 판단, 또는 판단한 것을 가리키는데 황제가 내용에 직접 관여하여 편찬한 경우에 붙인다.

5 문장(文章)의 자구(字句)를 고쳐 다듬었다는 뜻이다.

6 건륭제가 건륭 8년(1743) 가을에 황태후를 모시고 열하(熱河)를 거쳐 청 발흥지인 옛 도읍지 '성경(盛京)'에 도착하여 조상들의 능에 참배하고, 호종한 왕과 신하들을 봉황루 앞에서 포상한 다음, 득의하여 며칠 동안 개국의 위업을 회고하면서 지은 부(賦)이다.

7 청 왕조에서 편찬한 만주 지역의 지리지이다.

는 자료가 없다.

위의 내용은 한국 고지지의 기술이다.

두만강원과 백두산의 관계를 자세하게 다룬 것은 강희정계사건(康熙定界事件) 시기[8]에 비롯되었다. 송화강원이 장백산에서 발원한다는 것을 답사한 것은 정계 30여 년 전[9] 청나라 내대신 각라무목눌(覺羅武穆訥) 등 일행이다. 당시 두만강과 압록강 발원지는 전혀 언급하지 않았다. 정계 시기 조선 군관 이의복(李義復)의 기사에 나온다.

"청나라 사신을 동반하고 보호하면서 나갔다. 백산(白山) 석류게원(石留憩院)에 이르러 묵었다. 해가 돋아 우러러보니 백산 앞에 금성(金星)이라 할 수 있는 작은 산이 있었다. 전설로 전해오던 가차봉(可次峰)[10]이었다. 쉴 수 있는 곳은 물이 가득 스며든 곳이고 나무만 있고 꽃은 없었다. 높이가 수 자에 달했다. 샘이 있었는데 작은 연못과 비슷하였다. 이곳을 지나가자 삼화(杉樺) 나무가 울창하게 자라나는 지역이었다. 이른바 박달나무(박달은 한국 음으로 복달이고, 양류의 한국 음은 ■■에 비슷한데 다시 살펴볼 부분이다.)가 사람들의 얼굴을 가려 행군하기 어렵게 만들었다. 5~6리를 행군하니 중천이 나타났다. 속된 말로 옥류동천이라 부른다.

드디어 주토봉(朱土峰)을 바라볼 수 있는 산 밑까지 행군하기를 6~7리가 되었다. 책을 세운 곳까지 이르러 백산(白山)을 바라볼 수 있었다. 서쪽은 등성이와 산은 눈이 녹아 등성마루가 드러나 있었다. 동쪽은 항곡(巷谷)이 반설퇴락(斑雪頹落)하였다. 나무 숲을 뚫고 절벽을 타고 올라 자세히 살펴보니 백두는 해임(亥壬; 북북서를 말함)으로 앉아 사병(巳丙; 남남동을 말함)을 앞에 두고 있었다. 아래로 대택(大澤)을 바라보니 신령스러운 용이 꿈틀거리고 있었다. 푸른 파도가 넘실대고 있었다. 보■회, 장백 등의 산들이 멀리 한눈에 들어왔다. 감계방(북북동)은 다른 땅(청나라를 가르킴)의 산이다. 인갑방(동북동)은 육진의 산이 한눈에 들어왔다.

토문강 물은 축인방(북동)으로 흐른다. 80리 되는 저 멀리 혼동강은 대택에서 발원하여 감계방(북북동)으로 흐른다. 두 산이 벽처럼 서 있는데 멀리서 보면 문처럼 보인다. 자세하게 살펴보면 앞면 4개의 봉우리가 있다. 풀 하나 없고 흰 모래와 검은 자갈이 섞여 있다.

---

8 1712년 조청 간에 백두산정계비를 세운 것을 말한다.

9 강희 16년(1677) 당시를 말한다.

10 백두산 앞에 종이나 가마솥을 엎어 놓은 것과 같은 모양의 작은 산을 일컫는다.

내명당(內明堂)[11]은 길고 넓어 거의 10리에 달한다. 외명당(外明堂)[12]은 내명당보다 조금 낮은데 100여 척이 된다. 사방을 살펴보면, 우리나라나 청나라 땅은 모두 평평한 경사를 이루고 있었다. 그렇게 수백 리를 이어진다. 시야가 확 트인다. [redacted] 백산 일맥은 평지다. 경 [redacted](서서남)으로 발락(發落)하였다. 협곡을 건너 다시 축간인(북동)으로 굴곡한다. 발종(發踪)하여 소백두산을 이룬다.

돌아오는 길에 노전(蘆田)에서 묵었다. 20여 리를 행군하여 토문강변에 이르렀다. 강물의 넓이가 30여 보에 달했다. 흰모래가 평평하게 깔려 있었다. 강물이 낭자하게 흘러내렸다. 강물을 따라 5~6리를 행군하였다. 골짜기는 굽이굽이 깊었고 바위들도 많았다. 다시 강물이 나타났다. 재차 왼쪽을 따라 언덕에 올라 4~5리를 행군하였다. 점차 승(陞)이 높은 세를 이루었다. 북쪽 변을 따라 산에서 내려왔다.

드디어 토문강원이 솟아 나오는 곳에 이르렀다. 2~3리를 흐르다가 다시 땅속으로 흘러들어 30여 리를 모습을 보이지 않는다. 그곳에 다시 솟구쳐 오르면서 대천이 된다. 강물이 없는 곳은 혹은 확 트였다가 좁아지고 산은 높고 골짜기가 깊은 경계가 분명하다. 이를 통해 남북의 경계를 나눈다.

분수령의 넓이는 30여 보 된다. 오른편은 미곤(未坤; 남남서)이고 좌편은 인신(寅神, 동북동)인데 모두 계곡이다. 좌편의 산 아래는 평지다. 돌출한 곳에는 암석이 있다. 이곳을 용대(壠臺)하여 청나라 관리는 이곳에 여러 날 머물렀다. 분수령의 주위를 두루 살폈다. 돌에 글자를 새겨 기록으로 남기고 그것을 언덕에 의지하여 비석을 세웠다."

그때 『청사(淸史)』 기사는 지금 찾아볼 수 없다. 그러나 위의 탐험 결과는 만주어로 된 『성경도』[13], 『장백산도』, 『일통여지도』 등에서 확인된다. 따라서 제소남(齊召南)[14]의 『수도제강

11 풍수지리에서, 혈(穴)의 앞 청룡 · 백호 안의 평지를 이르는 말이다.

12 풍수지리에서, 안산(案山)과 조산(朝山) 사이, 또는 청룡(靑龍) · 백호(白虎)와 안산 사이에 있는 평지를 일컫는다.

13 『성경통지(盛京通誌)』를 일컫는데, 청 강희제 때인 1684년(강희 23) 윤파한(尹把漢) · 동병충(董秉忠) · 손성(孫成) 등이 참여하여 편찬한 지지이다. 이후 청 조정의 적극적인 지원으로 대대적인 증수 작업이 이루어져 1734년(옹정 12)에 『성경통지』 33권이 간행되었고 1736년(건륭 원년)에 48권으로 증보 간행되었다.

14 제소남(1703~1768)은 건륭 원년(1736) 박학홍사과(博學鴻詞科)로 천거되어 검토(檢討), 예부시랑(禮部侍郎)에 올랐는데, 말을 타다 떨어져 부상을 입고 사직, 귀향했지만, 족인(族人) 제주화(齊周華)의 일에 연루되어 체

(水道提綱)』[15]도 이와 부합된다. 그 가운데 기재가 가장 자세한 것은 『수도제강』이다. 최근 답사 결과를 바탕으로 완성된 『길림통지(吉林通誌)』에는 지명 연혁이 있다. 수도(水道) 내용과 관련하여 간략하게 되어 있지만, 그대로 믿을 만하다. 강원(江源)과 관련한 상기 두 책의 기사를 대조하여 보고 다시 한인의 기술을 보완하였다. 그리고 하류 내용과 관련하여 두만강에 대한 양국 고금의 기재를 하나로 모을 필요가 있다. 양국 경계 담판에 관련된 내용을 살펴보면 혼란 분잡하기 그지없어 어느 것에 따라야 할지 종잡을 수 없다.

『수도제강』에는 다음과 같이 기술되어 있다.

"토문강은 장백산 정상 동쪽 기슭에서 발원한다. 토문색금(圖們色禽)이라 부른다.
동쪽으로 흐르다가 땅 밑으로 종적을 감춘다.
수십 리를 꺾어 동북으로 흐른다.
또다시 수십 리를 흐르니 하나의 강물로 합쳐진다.
서북에서 하나의 강물이 흘러오니 두 강이 만나 남으로 흐르면서 모두가 합쳐진다.
장백 지봉(支峰)에서 동남쪽으로 100여 리 흐르면 강물 하나가 나온다.
두 강물이 합해지면서 서남으로 흘러 합류한다(강물 남쪽은 바로 조선 서쪽이다)."

'토문색금'은 만주어 『성경도』, 〈장백산도〉에 나오는데, '색금'은 '원(源)'이라는 뜻이다. 〈장백산도〉에는 남쪽에서 두 강원이 합쳐져 흐르면서 하나의 강원이 된다고 하였다. 발원하는 곳에 산이 하나 있는데, 절첩(摺疊) 『성경전적도(盛京戰蹟圖)』[16]에는 포담산(蒲潭山)이라 기재하였다. 지에 아루도의 프랑스어 지도에서도 동일한 위치에 상기 산이 표기되어 있다. 다른

포되기도 하였다. 그는 경사와 천문, 율력, 지리 등에 뛰어나 『통감강목삼편(通鑑綱目三編)』, 『속문헌통고』, 『대청일통지』, 『대청회전(大淸會典)』의 편찬에 참여하기도 했다. 강희 57년(1718) 실측하여 그린 『황여전도(皇輿全圖)』를 참고하여 『수도제강(水道提綱)』을 저술했다.

15 건륭 연간에 지은 중국 전영토의 하천지(河川誌)이다.

16 성경길림흑룡강등처표주전적여(盛京吉林黑龍江等處標注戰蹟輿)를 일컫는다. 건륭 41년(1776) 대학사 아계(阿桂) 등이 칙령을 받들어 〈황여전도(皇輿全圖)〉에 표시하였다. 청이 빼앗은 장백산 발상지부터 심양과 요양 일대까지, 건국, 천도(天都)까지 매우 상세하게 표시되어 있다. 청이 관내에 들어오기 전의 역사를 연구하는 데 중요한 자료이다.

지도에는 위의 산에 대한 표기가 없다. 『흠정대청회전도(欽定大淸會典圖)』[17]에 대도문강이 발원하는 장백산 남쪽에 비덕리산(費德理山)이라 표기되어 있다.

만주어 『성경도』에 따르면, 이 산은 삼음약인 그리고 합아혼모회[즉 탕하(湯河)]의 발원지이다. 비덕리산에서 [redacted]출하는 [redacted]산인 것 같다. 『길림통지』 부도를 살펴보면, 서두수(西頭水)의 북쪽 발원지는 포담산(蒲潭山)이고, 남쪽 발원지는 남보태산(南寶髢山)이다. 『도문계변석고증』(圖們界辨晰考證; 제6호 문서)과 한국 지도(제2호)에는 홍단수(紅端水)의 발원지로 보모로 잡고 있다. 모두가 〈장백산도〉와 프랑스어 지도와 일치한다.

광서 12년(1886) 길림 장군 상주문(제6호 문서)에는 서두수를 대도문강으로 비정하고 발원지를 포담산으로 보았다. 비덕리산으로 보는 것은 총서의 주의(奏議)에 나오지만, 확실한지는 알 수 없다. 『수도제강』에서 강원을 장백산 정상 동쪽 기슭이라 한 것은 목극등이 정계비 동쪽을 토문이라는 지적한 것과 일치한다. '땅으로 흘러 종적을 감추기를 수십 리'라는 기술은 목극등이 조선 접반사에게 보낸 조회문에 나온다. '수십 리를 흘러 강물이 종적을 감추니 땅 밑으로 흐른다'는 내용과 일치한다. 이의복의 기사에 암류(暗流)가 10여 리라는 내용과도 일치한다. 〈대청회전도(大淸會典圖)〉에는 대도문강은 장백산 동쪽 기슭에서 발원하여 두 개의 강물이 합류하여 동으로 흐른다고 하였다. 〈일통여도〉는 『수도제강』 그리고 『성경도』와 같다. 다만 '토문(土門)'을 '도문(圖們)'이라 적었다.

『길림통지』에서도 마찬가지로 도문강은 장백산 남쪽 기슭 분수령의 동쪽 기슭에서 발원하는데 두 개의 발원지를 가지고 있다. 북쪽의 발원지는 하을수(下乙水)라 하고 남쪽 발원지는 석을수(石乙水)라 한다. 동류(東流)하여 벽도화전(碧桃花甸)의 남쪽에서 합류한다. 동북으로 흐르는데 좌안을 조선의 경계로 삼는다. 다시 동북으로 흘러 홍토산(紅土山)[18]을 지난다. 홍토하는 북에서 흘러와 합류한다. 홍토하는 성(훈춘성이다)의 서남쪽 산에서 발원하여 원지가 된다. 원지(圓池)[19]에서 넘쳐흐르는 물이 남쪽으로 20여 리 흘러 도문강에 합류한다.

---

17 청대에 총 6차에 걸쳐 역대의 전장제도(典章制度)의 연혁을 집대성한 『흠정대청회전(欽定大淸會典)』이 간행되었다(『崇德會典』·『康熙會典』·『雍正會典』·『乾隆會典』·『嘉慶會典』·『光緖會典』). 그 가운데 6차본인 『흠정광서회전(欽定光緖會典)』에는 『흠정대청회전사례(欽定光緖會典事例)』 1,220권과 『흠정대청회전도(欽定大淸會典圖)』 270권이 부가되어 있다. 보통 『대청회전』이라 하면 이 판본을 가리킨다. 『회전도』는 5차본인 『가경회전』부터 새롭게 추가되었는데, 그림을 통해 청나라의 문물, 제도, 전례 등을 살펴볼 수 있다.

18 산에 붉은 흙이 많다고 하여 생긴 이름이다.

19 함북 무산군 삼장면의 한·중 국경에 있는 호수이다.

『수도제강』과 『길림통지』에는 강의 정원(正源)[20]에 대한 기재가 각기 다르다. 『수도제강』에서는 정원을 '토문색금' 즉 '홍토수'라고 한다. 하을수와 석을수는 『수도제강』에서는 두 원이 합류하여 서남쪽에서 흘러와 합류한 것이라고 한다. 정원을 어느 것으로 볼 것인지에 대한 문제는 정해감계(丁亥勘界)[21] 시기에 청 · 한 두 나라의 대표단이 격돌했던 부분이다.

지금 살펴보면, 한국 대표단에서 홍토수를 근원으로 삼아야 한다는 주장은 근거가 있다고 하겠다. 『길림통지』의 주장은 견강부회하고 쟁론을 불러오기에 충분한 점이 많다. 그리고 『수도제강』에서 석을수 남쪽을 조선의 경계로 삼아야 한다는 내용은 청나라 대표단의 주장과 합치된다. 『길림통지』에서 석을수와 하을수가 합류하는 좌안이 조선의 경계라는 주장은 도리어 한국 대표단이라고 우기는 것은 너무 기이한 주장이라 하겠다. 『길림통지』의 부도와 정계비에 관한 기사에서 좌안(左岸)이라고 한 것은 안(岸)의 오기로 보인다.

한국에서 상기 원류에 대해 가장 자세하게 서술한 것은 도문계변석고증(圖們界辨晰考證)[22](제6호 문서)이라 하겠다.

홍단하(紅丹河)가 도문강으로 흘러드는 곳에서 강을 따라 20리를 올라가다 보면 나온 곳의 지명이 장파(長坡)다. 여기서 인적이 끊긴다. 작은 계곡물 두 줄기가 남쪽의 북증산(北甑山)에서 발원하여 이곳에서 합류한다. 이곳에서 강을 따라 올라가면 장백산 속으로 들어간다. 80리를 올라가면 작은 계곡물 하나를 만나는데 남서쪽에서 흘러와 합류한 것이다. 소백산 남동에 천평(天坪)이 있다. 토인(土人)[23]들은 돌앙수(乭央水)라 부른다. '돌(乭)'은 '동방'이라는 뜻이다. 앙(央)은 작은 계곡물이라는 뜻이다. 길림 위원들이 가리켰던 석을수라고 하는 것은 돌(乭)자를 '석을'로 이해한 데서 비롯되었다고 하겠다.

다시 강을 따라 북서로 5리를 올라가면 강물 하나가 서쪽에서 나와 합류한다. 가척봉(加隲峯) 뒤에서 발원하여 10여 리를 흐르면, 다시 솟구쳐 올라 강원을 이룬다. 강물은 점차 작아진다. 강을 따라 10여 리 올라가면, 강물이 두 개의 강원으로 나눠진다. 하나는 북서쪽으로

---

20 '진정한 원류'라는 뜻으로 물줄기가 나오기 시작하는 곳을 말한다.

21 1887년(고종 24) 조선과 청이 1885년 을유감계회담(乙酉勘界會談) 이후 지체되던 백두산정계비의 양국 변경 영역의 한계와 국경선 획정을 위하여 진행한 국경회담을 일컫는다.

22 고증변석팔조(考證辨晰八條)를 이중하가 조목조목 반박한 글이다. 고증변석팔조는 청이 주장하는 양국의 경계에 대해서 분석해야 할 것 세 가지와 고증해야 할 것 다섯 가지를 말한다.

23 어떤 지방에 대대로 살아온 토착민들을 뜻한다.

10여 리 되는 원지에서 발원하여 홍토산 앞으로 흐르고, 다른 하나는 홍토산 이서(以西), 대각봉(大角峯)[24] 이동(以東)에서 발원하여 동쪽으로 10여 리를 흘러 홍토산을 에돌아 원지수와 합류한다.

위의 강물은 도문강의 제일 첫 번째 발원지이다. 이곳에서 북쪽의 모든 강물은 송화강 발원지의 한 부분을 이룬다. 따라서 홍토수와 원지 물은 경계를 이룬다고 하겠다. 이곳에 거주하는 사람들은 이 강물을 가리켜 두만강이라 부르는 것은 그것이 두만강의 강원이 되기 때문이다.

홍토산은 작은 구릉[小邱]이라 중외(中外)의 도지(圖誌)에 기재되지 않았다. 암벽은 모두 붉은색으로 되어 있기에 이곳에 거주하는 사람들은 홍암(紅巖)이라 불렀다. 지난 감계 시기[25]에 길림 위원은 두만강이라는 이름을 버리고 홍토산수(紅土山水)라 불렀다. 이로부터 홍토산수란 이름이 즉문즉답(隨問隨答)을 비롯한 여러 공문에 나타났다. 위의 이름을 병기하였다. 홍토수원에서 서쪽으로 장백산의 정계비 그리고 정계비 서쪽 압록강 강원 사이의 거리는 약 70리다. 위의 두 강 사이 지역을 살펴보면, 정계비에서 동쪽으로 수십 리 되는 곳에 대각봉이 있다.

대각봉은 장백산 동쪽의 가장 큰 산맥이다. 산봉우리가 동쪽으로 이어지기를 50~60리나 된다. 이곳에서 계속 산맥이 이어져 장산령(長山嶺), 북산(北山), 출개타(秫稭垜)가 된다. 목극등이 비를 세웠을 적에 토석퇴(土石堆)를 대각봉 측면에서 쌓아 나가면서 삼포(杉浦)에 이르러 끝냈다. 삼포로부터 남쪽으로 홍토(紅土), 원지(圓池) 등의 강물과 약 40리 떨어져 있었다. 지세는 평평하다. 조선의 구지(舊誌)를 살펴보면, 위의 지역에 '퇴책(堆柵)'이란 글자가 있다. 현재는 '퇴'가 있지만 '책'은 없다. 세월이 오래 지나면서 책이 부식하여 변계(邊界)가 뚜렷하지 않게 되었다고 하겠다. 따라서 장백산 동쪽 기슭의 강물이 도문강에 흘러드는 것은 홍토수와 원지에서 비롯된다고 하겠다. 그 아래로 내려오면서 여러 강물을 합류하면서 대도문강 상원(上源)을 이룬다.

돌앙(乭央)은 한국 음으로 ■앙으로 소■구■의 한국 음에서 비롯되었다('하을수' 역시 한국 이름이다). 가척봉(加隲峯)은 을유 청원 조회문(제10호 문서)에서 나오는 가차을봉(可次乙峯)

24 백두산에 있는 봉우리의 하나로 높이는 2,170m이다.

25 조청 간의 국경 문제를 위해 1885년 9월 30일부터 11월 30일까지 진행되었던 을유감계를 일컫는다.

이다. 이의복의 기사에 나오는 가차봉(可次峯)일 것이다. 홍토산수는 위의 문서에서 두 개의 강원으로 나오지만, 대요(大要)는 『수도제강』이나 『길림통지』 내용과 일치한다. 이의복의 기사에서 주토봉(朱土峰)이라고 하는 것 역시 홍토산일 것이다. 「강희정계」 시기에 처음으로 압록강을 거슬러 장백산에 이르렀다. 을유·정해 두 차례 감계 시기에 통과하였던 길과 동일하였음을 유의해야 할 것이다. 아래의 「을유감계」 시기 청나라 대표의 조회문(제10호 문서)도 참고하여야 할 것이다.

"소백산(小白山) 동북파에서 분류한다. 무봉(無峰)[26]에서 동남 일원, 북동으로 향하는데 모두 완만한 기복을 이루고 있다. 산봉우리들이 촘촘히 이어지기를 100여 리가 되어 홍토산에 이른다. 소백산과 장백산[백두산]이 동서로 서로 마주 보고 있는데, 거리가 120리 된다. 홍토산 동쪽은 장백산 봉우리가 시작되는 지점이다. 홍토산에서 북서로 향해 5리, 평강(平岡) 위에 원지가 있다. 원지의 양측에서 2~3리 되는 곳에서 두 줄기 강물이 있다. 완만하게 경사진 곳에서 발원하여 홍토산을 에돌아 장산령 남쪽에서 곡절(曲折)하여 남동쪽으로 흐른다. 증산 북쪽을 거쳐 장파를 지나서 소홍단(小紅端)[27] 지역에 이른다. 100여 리 되는 홍단수와 합류하여 흐르다가 도문강에 흘러든다."

청나라 대표는 홍토수를 가리켜 도문강의 정원으로 삼고자 하였다. 따라서 서두수를 정원으로 하고자 주장하였지만, 홍토수를 정원으로 기술한 것으로 그래도 정확한 것은 『도문변석고증』과 답사 결과를 통해 얻는 결과에 근거한 것이라 하겠다.

그리고 참조하여야 할 것은 〈대동여지도〉에서 기술한 퇴책(堆柵)은 정계비에서 확실하게 홍토수와 연결되어 있다. 홍토수를 버리고 분계강이라는 이름을 붙였다. 위의 목책은 을유감계 시기에 여전히 존재하였다. 이중하의 밀계(密啓) 중(제6호 문서 イニ)에 다음과 같은 내용이 있다.

"함경도 관찰사 조존우(趙存禹)가 고증한 문서[讀辨](『북여요선(北輿要選)』[28]) 제3에 이르기를 두

26 무두봉은 백두산의 동남쪽에 있는 봉우리로 산봉우리가 두루뭉술하여 비롯된 지명으로 해발 1,930m이다.

27 백두산 부근의 소연지봉(小臙脂峯)과 소백산태산(北胞胎山) 등에서 발원하며 높이 800~1,000m의 대지성 고원지대를 흐른다.

28 1903년 김노규가 백두산정계비와 청과의 국경 문제, 간도의 영유권 문제에 관하여 서술한 지리서이다.

만강 강원은 장산영지(長山嶺地)에서 발원한다. 분수령 입비(立碑)한 곳에서 90리가 떨어져 있다."

여기서 이야기하는 장산영지는 홍토수의 강원인 원지를 말하는 것이라 하겠다. 『길림통지』에는 아래로 내려오면서 따로 장산영하(長山嶺河)가 있지만 못(池)이 아니다. 한인들이 이야기하는 것과 맞지 않는다.

<상기 내용은 제1 대원이다.>

『수도제강』에 아래와 같이 이른다.

"꺾여서 북동으로 흐르기를 백 수십 리를 흐른다. 남안(南岸)에서 작은 강물 2개, 큰 강물 1개를 받아들인다[원주: 위의 작은 강물 2개는 모두 증산(甑山)에서 발원하여 북쪽으로 향해 흐른다. 불과 100여 리 떨어진 곳에 큰 강물이 있는데 홍단하(紅丹河)라 부른다. 강원은 남서쪽의 큰 산에서 발원한다. 삼지원의 강물을 따라서 동쪽으로 백 수십 리를 흐르다가 꺾여 북동쪽으로 흐른다. 동쪽의 작은 강물 하나가 합류한다. 다시 북쪽의 증산 동쪽을 거치고 꺾여 북동으로 100여 리 흐르다가 토문강에 흘러든다]."

『길림통지』, 만주어 『성경도』에는 모두 남안에서 받아들이는 강물 즉 조선에서 흘러오는 강에 대해서는 기재하지 않았다. 다만, 『길림통지』 부도에서만 이를 자세하게 기록하였다. 『길림통지』에서는 별도로 『수도제강』에 실린 북쪽의 세 갈래 강, 즉 장산령하(長山嶺河)는 서북에서, 대기겸하(大箕謙河)는 그 북서에서[상기 두 줄기의 강물은 모두 대출개타산(大秫楷垜山)에서 발원한다], 외칠도구하[外七道溝河, 장파령(長坡嶺)에서 발원한다]는 북쪽에서 흘러 들어오는 것으로 기재하였다. 부도에 나오는 남안의 두 줄기의 작은 강물 가운데 하나는 장산령하의 위에 있고, 다른 하나는 대기겸하의 아래에 있다.

홍단하(紅丹河)는 『길림통지』와 부도에서 모두 홍단수(紅丹水)라 하였다. 부도에 의하면, 홍단수는 남북에 두 개의 강원을 가지고 있다. 이른바 삼지연(三池淵), 삼급포(三汲泡)는 두 강원 사이에 있다. 위의 이원(二源) 모두 이곳에서 발원한다. 두 원이 합류하여 북동으로 흐른다. 동남쪽의 도릉하(刀陵河), 판교하(板橋河), 유동하(柳洞河)[「을유감계」 조회문 제10호 문서 ホ에서는 교동하(喬桐河)로 기록하였다]와 합류하여 도문강으로 흘러든다.

「을유감계」 시기 한국 대표의 종사관 조창식(趙昌植), 수행원 이후섭(李垕燮), 김우식(金禹

軾), 청 대표 덕옥(德玉)과 함께 홍단수 강원을 답사한 내용이 이중하의 계문(啓文)에 보인다. 홍단수(紅湍水)는 바로 홍단수(洪丹水)다. 「정해감계」 시기 이중하 계문에는 홍단수(洪丹水)라 적었다. 계문 중(제6호 문서 イ)에 다음과 같이 기술되어 있다.

"1887년 윤 4월 2일 함께 출발하여 홍단수(洪丹水) 강원을 찾아 나서서 이르렀다. 그곳에서 다시 삼지, 허항령(虛項嶺)에 이르러 자세하게 답사하여 보니 처음으로 교계(交界)가 아님을 알게 되었다.

「을유감계」 시기 양국 사신 조회문(제10호 문서)에서도 포(泡)의 동쪽, 황사령파(黃沙嶺坡)를 따라 내려오면서 동쪽으로 약 30리를 행군하니 샘이 솟구쳐 오는 것을 발견하였다."

즉, 홍단수가 발원하는 곳이라는 구절이 있다. 위의 내용을 통해 삼지가 홍단수의 강원이 아님을 알 수 있다. 〈장백산도〉, 〈일통여도〉의 부도 역시 삼지를 기재하였다. 홍단수원과 이어져 있지 않다. 한국 지도 가운데 다른 것도 모두 청나라의 여러 지도와 같다. 어떤 지도는 제3지를 수원에 이어놓았다. 만주어 『성경도』, 『회전도설』 그리고 만한 『성경전적도』에는 아래 조선 경내의 여러 강물을 기재하지 않았다.

『도문계고증』(제6호 문서)에는 홍단수의 강원을 보태산의 북쪽 기슭에서 발원한다고 기재하였다. 보태산은 뒤에서 자세하게 살펴보기로 하겠다. 만주어 『성경도』와 프랑스 지도의 위치와 부합되지 않는다.

광서 12년(1886) 1월 길림 장군이 총리아문에 보낸 자문(제6호 문서 ハ)에 홍단수의 상류는 남북으로 두 갈래 강원으로 나누어지는 것을 지적하고 있다. 이를 근거로 〈직성여지전도〉에서 소도문강이라 표기한 것은 청나라의 여러 도지와 하나도 일치되지 않는 부분이라 대단한 오류라 하겠다.

<상기 내용은 제2 대원이다.>

『수도제강』에 아래와 같이 기술되어 있다.

"조금 동쪽에 아궤회상문(阿几會上門)이 있다. 북서쪽에서 한 줄기 강물이 합류하여 남동쪽으로 흘러 합류한다.(원주) 아궤회색금(阿几會色禽)은 장백(長白)의 정상에는 '東 立石 大山岩 涯牙 母

涯牙庫色禽'으로서 북서로 흘러 송화강이 된다. 위의 강물은 산에서부터 동쪽으로 백 수십 리를 흘러 내려가면 한 줄기 강물이 만난다. 위의 두 강원을 합하여 북서에서 흘러온다. 다시 꺾여서 남동쪽으로 백여 리 흘러 ■문에 흘러들어서 또 다른 발원지가 된다.

만주어 『성경도』에 '아궤회'는 만주어로 '작다'는 뜻이다. '색금(色禽)'은 원(源)이라는 뜻이다. 이미 앞에서 각주로 살펴본 바 있다. 〈장백산도〉는 틀렸다. 즉 대도문(大圖們)은 오사(誤寫)[29]라는 것이 분명하다. 상기 두 개의 지도와 더불어 『일통여지도』에 기재된 원류 역시 『수도제강』과 동일하다. 다만 〈만한전적도〉에 이원(二源)이 합류하여 흘러 내려온 지류 가운데 하나는 소도문강(小圖們江)이라는 이름으로 기재하였는데 이것 역시 틀렸다. 『회전도설』은 너무나 서술이 간략하여 참고할 내용이 없다.

『길림통지』는 위의 강을 홍계하(紅溪河)라 기재하였다. 홍계하는 대출개타산(大秫楷垜山)에서 발원하여 동쪽으로 흐르다가 남쪽으로 방향을 튼다. 이곳에서 북에서 흐르는 작은 강물 하나가 합류한다. 다시 남쪽으로 흐르면서 서쪽으로 흘러오는 작은 강물과 만난다. 다시 남쪽에서 외마록계하(外馬鹿溪河)라고 하는 작은 강물 하나가 합류한다. 서쪽에서 흘러와 이곳에 흘러 들어간다.

(원주) 하(河)는 성 서쪽의 무명산(無名山)에서 발원하여 송화강에 흘러든다.
이마록구하(裏馬鹿溝河)와 하나의 령(嶺)을 사이에 두고 있을 뿐이었다.
이곳에서 동쪽으로 50여 리를 흘러 북에서 흘러오는 작은 강 하나와 만난다.
다시 동쪽으로 40리를 흘러 홍계하에 흘러 들어간다.
방향을 꺾어 남동으로 흐르다가 북쪽에서 흘러 내려오는 작은 강 한줄기와 만난다.
다시 남쪽으로 흐른다.
석인구하(石人溝河)가 서쪽에서 흘러 들어온다.
다시 동남의 홍계하령(紅溪河嶺)을 거친다.
북쪽에서 흘러오는 작은 강물 한 줄기를 합류시키면서 남쪽으로 흘러 도문강에 흘러든다.

을유감계 청사 조회문(제10호 문서 ホ)에는 홍계하가 홍기하(紅棋河)라고 적혀 있다.

---

29 잘못 베꼈다는 뜻이다.

『수도제강』과 『길림통지』를 대조해 보면, 『수도제강』에서 정원으로 삼고 있는 것은 바로 『길림통지』에서 기재하고 있는 외마록구하(外馬鹿溝河)이지 『길림통지』의 홍계하 정원을 두고 한 것이 아니다. 이마록구하는 『길림통지』 부도에 의하면, 낭낭고하(娘娘庫河)[다르게는 '니아목니아(泥雅穆泥?)'라고 기재하였다. 즉 『수도제강』에서는 '니아모니아고하(泥牙母泥牙庫河)'다]에 합류하여 송화강에 흘러든다. 따라서 『수도제강』에서는 이마록구하를 니아모니아고하(泥牙母泥牙庫河)의 정원(正源)으로 비정하였다.

한인들은 위의 강을 올구강(兀口江)이라 불렀다. 김우식(金禹軾)[30]은 계미 분계강 『탐계일기(探界日記)』(제4호 문서 ホ)에서 다음과 같이 기술하였다.

"북증산(北甑山)[31]은 산 위가 평평하여 넓은 평야 같았다. 둘레가 30여 리, 주위는 어림 잡아도 100여 리가 된다. 그 가운데 3개의 못[澤]이 있다. 산의 배꼽처럼 보였다. 동남쪽에서 대천이 흘러나오면서 합류하여 정남쪽으로 200여 리를 흘러 두만강으로 흘러 들어간다. 이를 올구강이라 부른다. 서남쪽에 두 줄기 대천이 흘러 나와 토문강에 흘러든다."

여기서 서남쪽의 두 줄기 대천은 이마록구하 등을 가리키는 것 같다. 토문강은 한인들이 말하는 토문으로서 삼포 하류의 강, 송화강에 흘러드는 것을 가리킨다. 『청서(淸書)』에서 말하는 토문강은 바로 두만강이다(상기 삼포 하류의 강에 대해서는 뒤에서 자세히 서술하도록 하겠다).

조존우 독변 제2(『북여요선』)에서도 다음과 같이 기술되어 있다.

"백산의 분수령에서 산맥으로 동쪽으로 300여 리 이어지다가 아래로 떨어지면서 북증산이 된다. 증산의 남쪽에 강이 있는데, 올구강이라고 한다. 정남쪽으로 200여 리를 흐른다. 무산의 삼하(三下)에 이르러 두만강에 흘러든다."

『길림통지』의 대출개타산(大秫稭垜山)은 바로 여기서 나오는 북증산이다. 이중하 「을유감

30 김우식은 함경도 종성 출신의 유학(幼學)으로 1883년 서북경략사 어윤중의 지시에 따라 두 차례에 걸쳐 백두산정계비와 경계표지물 그리고 이른바 '토문강'과 '분계강'을 탐색하였다.

31 증봉산(甑峰山)을 가리킨다.

계」장계(제6호 문서ㅓㄷ)에 나온다. 『길림통지』에는 별도로 소도문하가 있다고 기재하였는데, 여기서 이야기하는 소토문강과는 전혀 다르다.

<이상 내용은 제3대원이다.>

『수도제강』에 또 아래와 같은 내용이 나온다.

"다시 북동쪽으로 100리를 흐르다가 남안에서 강물을 한 줄기를 받아들인다[원주: 하나는 어순하(漁順河)라 부르고 남쪽에서 두 줄기의 강원을 합류시켜 북쪽으로 흐르다가 또 다른 한 줄기의 강을 만나 100여 리를 흘러 토문강에 흘러든다. 다른 하나는 파하천(波下川)이라 부르는데 세 줄기의 강원을 합류하면서 북으로 백 수십 리를 흘러 토문강으로 흘러 들어간다]."

〈장백산도〉에서는 Yoi jen ho라는 강으로 기재하고 있는데, 『수도제강』과 일치한다. 프랑스어 지도에서는 (영문 지명) 혹은 (영문 지명)이라 기재하였다. 〈일통여도〉에서 '어순'을 '어윤(漁潤)'으로 기재하였다. 『길림통지』 강역부(疆域部)에는 '파하천'을 '박수(樸水)'로, 부도에서는 '박하(朴下)'로 기재하였다. 『동[redacted]요(東[redacted]要)』에서는 박하(搏河), 한국 『여재촬요(輿載撮要)』[32]에서는 박하천(朴下川)으로 기재하였다.

「을유감계」 조회문(제10호 문서ㅎ)에 다음과 같이 기술되어 있다.

"황사령(黃沙嶺) 위에 삼급포(三汲泡), 동남의 포담산(蒲潭山)은 조선에서는 보태산(寶髢山)이라 부르는데, 석비(石碑)[33]에서 약 180리 떨어져 있다. 보태산은 두 개인데 동남 쪽의 것을 남보태산, 서북 쪽의 것을 북보태산이라 부른다. 서산 가운데 완만한 고개가 있다. 고개 서파(西坡)에 한 줄기 강이 있는데 서북쪽으로 흘러 압록강으로 들어간다. 고개 동파(東坡)에서 한 줄기 강이 있는데 동쪽으로 흐른다. 즉 서두수 지류의 발원지이다. 북보태산 동북파에 한 줄기 강이 있는데 동남쪽으로 흐른다. 남보태산의 동파에 한 줄기 강이 있는데 동쪽으로 30리 흐른다.

---

32 1893년 오횡묵이 세계와 우리나라에 관하여 편찬한 지리 교과서이다. 세계 지리는 1886년에 영국에서 발간된 정치연감의 내용을 요약한 것이고, 우리나라 지리는 전국 및 각 지방의 읍지(邑誌)를 요약한 것을 지도와 같이 싣고 있다.

33 백두산정계비를 일컫는다.

위의 세 줄기 강이 하나로 합류하면서 동북으로 수십 리 흘러 판교의 아래, 평보평(平甫坪) 위까지 이르러 서두수의 지류(支流)와 합류한다. 여기서 방향을 꺾어 동북쪽으로 흘러 강구 지역에 이른다. 홍단수와 더불어 소홍단에서 홍단수로 흘러드는 홍토수와 합류하여 도문강이 된다. 포담산에서 강구까지 280여 리 된다. 서두수의 지류는 토인들이 말하는 바에 따르면, 상기 강의 발원지는 길주 북계의 학항령(鶴項嶺) 북파에 있다. 이곳에서 강구까지 약 400리 된다. 학항령은 장백산 석비에서 갈라져 나오는데 약 400~500리 떨어져 있다."

『길림통지』 부도에서는 위의 서두수(西豆水) 경류(經流)를 서두수 남원으로, 남북 보태산에서 발원하는 두 줄기의 강물을 서두수 북원으로 보았다. 이중하 「을유감계」 장계(제6호 문서 イ)에서는 서두수(西頭水)를 서두수(西豆水)라 기재하였다.

광서 12년(1886) 3월 총리아문 주의(제6호 문서 ハ)에 다음과 같이 기술되어 있다.

"길림 장군 상주문에 홍단수(紅湍水)는 바로 소도문강(小圖們江)이고 서두수는 바로 대도문강(大圖們江)이고, 포담산은 바로 비덕리산(費德理山)이라 부릅니다. 위의 내용이 확실하다 할 수 없기에 다시 살펴볼 필요가 있습니다.

『황조일통여도』에 열거된 홍단수는 바로 홍단하이고 무산 남쪽에 있습니다. 무산에서 북쪽에 소도문강이 있는 것을 알 수 있습니다. 서두수는 홍단수의 남쪽에 있습니다. 조선의 길주 지역의 학항령에서 발원합니다. 따라서 대도문강과 다르다는 것을 알 수 있습니다. 비덕리산은 흑산의 남쪽, 도문강의 북쪽에 있습니다. 서두수 서쪽 발원지인 포담산이 아님을 알 수 있습니다."

위의 내용을 한인의 『도문계고증』(제6호 문서 ニ)에서 보완하여 다음과 같이 기술하였다.

"포담산은 바로 보태산이다. 지난번 감계 시기 길림 위원은 위의 산이 포담산인 줄 몰랐다. 『황조여도』와 기타에서 이 이름이 나온다. 포담산은 원래 장백산 남쪽 100여 리 떨어진 곳에 있다. 무산과 길주의 경계를 가로 타고 있다. 장백산의 갑을이라 하겠다. 서두수는 바로 그 남쪽의 길주에서 발원한다. 여도(輿圖)에 기재된 어윤하(魚潤河)이다. 홍단하 역시 기재되어 있다. 여도에 명확하게 나타난 대도문강의 남쪽 한 줄기 강이다. 자세히 살펴보면 발원지가 보태산 북쪽 기슭임을 확인할 수 있다. 시작은 장백산의 강물이 아님을 논할 여지가 없다고 하겠다."

보태산은 바로 〈장백산도〉의 포태산, 〈만한 전도〉의 포담산, 〈지에 아루도〉의 [redacted]산임을 위에서 논의한 바가 있다. 그러나 그 위치는 차이가 있다. 대체로 「강희감계」 이전에 한인들은 여전히 서두수를 두만강의 정원으로 상상하였다. 백산 분수령의 수원을 답사하고 그 발원지를 서두수의 수원과 일치한다고 추단(推斷)하였다. 여기에 목극등 일행이 강압적으로 밀어붙인 결과 지도에 상기 착오가 나타난 것으로 보인다. 목극등은 그때 조선 대표를 향해 "귀국이 땅을 매우 차지하였다고 하여도 아무런 의미도 없다고 하겠습니다. 이것은 〈일통여도〉에서 비롯된 착오로 그 뒤로 회전을 비롯하여 모두 이를 답습하였습니다.

그 내용을 요약하면, "가장 확실한 것은 만주어 『성경도』에서 송화강의 서원(西源), 탕하(湯河)의 발원지로 비정한 만주어 영문명이 잘못되면서 시작되었음을 알 수 있습니다"라고 하였다.

광무 3년(1899) 경원군수 박일헌(朴逸憲)의 「사계보고(査界報告)」(『북여요선』)에서 『관북읍지(關北邑誌』[34]를 인용하여 다음과 같이 언급하였다.

> "옛사람들은 동건(童巾) 이상을 일러 어이후강(於伊後江)이라 불렀습니다. 그 이하를 두만강이라 불렀습니다. 바로 온성과 종성의 접계(接界)입니다. 무산 · 회령 · 종성 3읍의 강은 모두 어윤강입니다. 따라서 어이후강이 이름이 바뀌면서 비로소 두만강이란 이름이 나왔음을 알 수 있습니다."

위의 내용은 또 하나의 이문(異聞)에 속한다. 무산 · 회령 · 종성 3읍의 강을 어윤강(魚潤江)이라고 할 경우 이전에 서두수가 두만강의 정원으로 비정한 경우와 같다고 하겠다. 그렇게 되면 어이후강의 또 다른 이름이라고 하는 것 역시 큰 착오라 하겠다(아래에 나온다).

<상기 내용은 제4대원이다.>

위에서 살펴본 4대원 외에도 한인들이 이야기하는 토문강이 있다. 그 하류는 송화강에 합류한다. 두만강과는 하등의 연계가 없음에도 불구하고 강희 정계비와 접속하는 형상이 되

34 1894년 함경도 내 각 읍의 읍지를 총괄 수록하여 편찬한 읍지를 일컫는다. 1617년(광해군 9) 이식(李植)이 착수하여 아들인 이단하(李端夏)가 완성하고, 1693년(숙종 19) 신여철(申汝哲) · 이삼석(李三碩)이 증보하고, 1782년(정조 6) 신대겸(申大謙)이 수정하여 간행한 『북관지(北關誌)』가 현전하는 함경도 최초의 읍지로서 『관북읍지』의 저본이 되었다.

었다. 때로는 분계강 즉 포이합통하의 발원지로 인식되기도 했다. 쟁계문제(爭界問題)와 큰 관계가 있기에 이는 피해 갈 수 없다. 따라서 위의 문제를 명백하게 하기 위해서는 뿌리가 되는「을유감계」시기 양국 위원들이 남긴 기술을 근거로 논증하기로 한다.

한국 위원 이중하는「을유장계」별단(제6호 문서 イ ニ)에 다음과 같이 기록되어 있다.

"정계비는 백두산이 처음 떨어지는 남쪽 기슭에 있다. 좌우에 골짜기[溝壑]가 있다. 비기에 나오는 서쪽은 압록하고 동쪽은 토문으로 한다고 하였는데, 바로 이곳을 가리킨다. 위의 골짜기 모양은 있지만, 강물 흔적은 없었기에 동쪽으로 골짜기[溝岸]를 토석퇴를 쌓았다. 길이가 90리가 된다. 모두 180여 리를 쌓았다. 위의 퇴 중간은 양안의 토벽이 대치하기를 문과 같다고 하여 토문이라 불렀다. 토문에서 흙담[土堆]이 끝나는 곳까지 10리가 된다. 토퇴가 끝나는 곳에서 따라 수십 리를 걷다 보면 드디어 강물이 나타난다. 토인들은 이알력개(伊戛力盖)라 부른다. 또 다른 이름으로 삼포(杉浦)라 한다. 중국인들은 황화송구자(黃花松溝子)라 부른다. 위의 강물은 동쪽으로 흐르다가 북쪽으로 꺾어 송화강으로 흘러든다. 그리고 다시 흑룡강이 된다."

청 위원 조회문(제10호 문서 ホ)은 위의 내용보다 더욱 자세하게 기록하였다.

"중국 장백산은 조선에서는 백두산이라 부른다. 장백산 남쪽 기슭에 비석 하나가 있다. 비석[35]이 세워진 곳을 분수령이라 한다. 남동쪽으로 가면 학항령(鶴項嶺)에 이르는데 중국령으로는 황사령(黃沙嶺)이다. 조선은 황사령의 북쪽 끝머리[北首]를 장백산의 시작으로 보고 분수령이라 부른다. 중간을 허항령(虛項嶺)이라 부른다. 남쪽 끝머리[南首]를 학항령이라 부른다. 비에서 서쪽으로 몇 걸음 가면 작은 냇물[溪]이 있다. 남서쪽으로 흘러 압록강으로 들어간다. 비에서 동쪽으로 몇 걸음 가면 작은 냇물이 있다. 바로 이알력개(伊戛力蓋)의 상원이다. 중국어로 번역하면 황화송구자(黃花松溝子)[36]이다. 황화송구자 아래가 바로 장백 기슭의 경계다.

북동으로 나가게 되면, 그 남동안의 위 끝머리[上首]에 석퇴가 있다. 아래 끝머리[下首]에 토퇴가 있는데 모두 180여 개다. 대각봉을 경과하면 ■형이 급하게 내려오면서 양안의 토퇴와 냇물

35 백두산정계비를 일컫는다.
36 오늘날의 흑석구를 가리킨다.

이 몇 장(丈)이나 떨어져 있다. 조선에서 토문이라 부르는, 퇴가 끝나는 곳은 비석[37]에서 90리가 떨어져 있다. 이곳에서 아래로 수십 리 내려오게 되면 위의 냇물을 보게 된다. 다시 내려오면 이 곳 골짜기 동쪽에서 사을수(斜乙水)[38]와 합류한다. 사을수는 서쪽의 이알력개수(伊戛力蓋水)와 합류하여 낭낭고하(娘娘庫河)에 흘러든다. 낭낭고하에서 북서쪽으로 가게 되면 양강에 이르고 송화강에 흘러든다."

위의 두 문장 내용이 부합되는 것은 답사를 통해서 얻은 결과이기 때문이다. 청나라 위원 조회문에는 다시 이알력개수(伊戛力蓋水)와 사을수원을 다음과 같이 서술하였다.

"석비에 조금 남쪽으로 떨어진 곳에 2개의 토산이 있다. 조선에서는 가차을봉(可次乙峯)이라 부른다. 다시 남쪽으로 가면 연지봉(臙脂峯)이 있다. 다시 남쪽으로 가면 소백산이다. 석비에서 40리 떨어진 곳인 소백산 북동파에 하나의 골짜기가 있다. 골짜기의 중간 부분[溝掌]이 매우 넓다. 산기슭[山坡]을 따라 북동쪽으로 수십 리 내려가다 보면 ■의 모양으로 좁아진다. 여름철이 되어서야 강물을 볼 수 있다. 그 남안이 바로 무봉(茂峰)이다. 그 북안이 바로 대각봉으로 나눈다. 동쪽으로 모두 8개의 봉우리가 있다. 8봉 동쪽 끝머리[東首]의 동유와붕(董維窩峰)에 이른다. 이 곳 계곡물은 끊기지 않는다. 여기서 북동으로 10여 리 흐른다. 강물은 돌들 사이로 흘러들면서 보이지 않는다. 다시 수리를 지나 강물이 다시 나타난다. 이 강물은 서쪽에서 흘러오는 사을수(斜乙水)와 합류한다. 그리고 다시 서쪽에서 흘러오는 이알력개수(伊戛力蓋水)와 합류하여 낭낭고하에 흘러든다. 낭낭고하는 송화강에 흘러든다. 사을수의 발원지는 바로 8봉의 북파에 있다."

이에 대해 『도문계변석고증』(제6호 문서 ㄷ)에서 다음과 같이 기술하고 있다.

"두 개의 강(송화강과 두만강) 사이의 지역은 다만 대각봉과 8봉뿐이다. 그 외는 혹은 끊어지거나 강물이 흐르는 골짜기[溝壑]는 그 수를 알 수 없다. 길림 위원이 가리킨 동붕수(董峰水)의 한 줄기와 만난다. 무봉의 서쪽에서 나온다. 동(董)씨 성을 가진 지은 와붕(窩峰)이 오래전부터 전해 내려

37 백두산정계비를 일컫는다.

38 '석을수(石乙水)'를 중국어 발음에 맞게 옮긴 것으로 보인다.

온다고 하여 길림 위원은 이를 동붕수라 이름을 지었다. 동붕수에서 북동으로 20리를 흐르게 되면 산만(散漫)[39]이 스스로 끝난다. 바로 산 가운데의 흐름이 끝난다[斷流]. 도지(圖誌)에 실려있는 바와 같이 단류(斷流)가 된 곳이다. 송화강원과 20여 리 떨어져 있고 남동쪽의 홍토수와 8리 떨어져 있을 뿐이다. 모두 이어져 흐르는 것을 볼 수 없다. 위의 강물은 모두 땅 밑에서 흐른다고 하겠다."

청나라 위원 조회문에는 그 아래로 명백하게 이알력개수에 합류한다고 적혀 있다. 암류(暗流)하는 강물과 각각 나타나는 곳을 기재한 것은 차이를 보인다. 상기 양국의 기술을 가지고 이의복의 〈정계기사〉를 검정하여 보면, 이른바 토문강원은 동유와붕수(董維窩峰水) 그리고 이알력개수를 가리킨다는 것을 알 수 있다. 위의 강물이 홍토수원과 연접된다면 두만강원이 될 것이다.

따라서 지세의 실제와 부합되지 않는다고 하여도 장백산이 송화, 압록, 토문 세 개 강의 발원지라는 믿음[理想]을 가지고 있었기 때문에 이를 사실로 받아들였다고 하겠다. 어떤 방법을 통해서라도 해결을 보아야 하는 것만 틀림없다고 하겠다.

위의 이알력개와 동유와붕, 사을 등 여러 줄기의 강물이 『수도제강』과 『길림통지』에 기재되어 있는 어느 강인지 아주 명확하지 않다. 따라서 우선 두 책을 가지고 강들의 강원을 궁구하여야 할 것이다. 『수도제강』에서 송화강의 동원(東源)을 이루고 있는 여러 줄기를 강을 기재하였다.

아아개토랍고(阿几介兎拉庫, 만주어로 폭포라는 뜻이다. 즉 작은 폭포수다.)

아모팔토랍고(阿母八兎拉庫, 대폭포수라는 뜻이다.) 위의 두 강이 합한다.

니아모니고하[泥牙母泥庫河, 장백산 정상 북동 60리 되는 지산(支山)에서 발원한다. 북서쪽으로 흐르는데 색금(色禽)이라 부른다. 다른 줄기가 동쪽으로부터 흘러나와 합류한다. 100여 리를 흘러 앞의 강과 합류한다.]

활동궤하(活同几河) 또는 혼동강[混同江, 흑산(黑山) 서쪽 기슭에서 발원하여 위의 두 강과 합류한다.]

부이ㅎ하(富爾虎河, 세 개 줄기의 강원을 합류하여 활동궤에서 만난다.)

요아타하(了兒拖河)와 만나 니아모니아고하에 흘러든다.

색마냉하(色米冷河) 또한 이에 합류한다.

---

39 눈으로 해를 보면 눈물이 퍼지듯 흩어지고 퍼지는 것을 일컫는다.

송화강의 서원(西源)은 송알리오나(松嘎里烏喇) 발원지는 장백산 정상에서 발원하여 북서쪽으로 7~8리를 흘러 산을 빠져나온다. 남쪽에서 흘러오는 한 줄기 강물을 받아들이고 북서로 흐른다.

액혁낙인하(厄赫諾引河)라고 부른다.

삼인낙인하(三引諾引河, 두 줄기 강원을 합한다.)

탕하(湯河)

아합하(雅哈河)

나고하(羅庫河)

나이혼하(那爾混河)

니타합하(泥他哈河)

만주어 『성경도』, 〈일통여도〉 역시 거의 비슷하다. 다만 음의 번역을 보면 〈일통여도〉에서는 대산(大山) 아랍고(兒拉庫)의 위치를 바꾸어 기재하였다. 요아타하[아마도 요아려(了兒旅)의 와자(訛字)로 보인다]를 아이점하(雅爾占河)로 기재하였다. 니타합하를 니■합하(泥■哈河)로 기재한 것을 우선으로 하였다. 나고하는 〈일통여도〉, 아고하(雅庫河)라 기재한 것도 오래되었다. 『흠정성경통지』의 기아고하(奇雅庫河)로 기재한 것이 정확하다고 하겠다.

『길림통지』에 따르면 다음과 같이 기술하고 있다.,

"서원(西源)은,

송화강 서원[장백산 정상에 못(담)이 있다. 도문이라 부른다. 주위는 9리 남짓. 송화강은 북쪽에서 발원한다.]

액혁낙인하(額赫諾因河)

삼음낙인하(三音諾因河)

합륵혼목극하(哈勒渾穆克河, 바로 탕하임)

수합하(雖哈河)

나이혼하(那爾渾河)

니불합하(尼不哈河)

그 동원(東源)은,

안파도랍혼하(安巴圖拉渾河)

아제격도랍고하(阿濟格圖拉庫河)

니아목니아고하(尼雅穆尼雅庫河, 두 줄기 강원을 합류하여 북쪽으로 흐르다 방향을 꺾어 서쪽으로 흐른다. 아제격도랍고하와 합류한다.)

부이합하(富爾哈河) 또는 부태하(富太河)라 부른다.

고동하[古洞河, 두 줄기의 강을 합류하여 하나의 강이 된다. 두 도랍고하(圖拉庫河)와 만난다.]

새주륜하(塞珠倫河)

살목십하(薩穆什河)"

위의 두 책에 기재된 발음이 다소 차이가 난다. 『길림통지』는 서원(西源)으로 액혁낙인(額赫諾因)을 송화강의 정원에서 분류되어 나온다고 하였다. 그런데 여기에는 기아고하(奇兒庫河)가 빠져 있다. 동원(同源)으로 아이고하(雅爾庫河)가 없고 살목십하(薩穆什河)가 추가되었다. 그 외는 모두 같다.

그런데도 위의 두 책에 기재되어 있는 동서 양원 중 어느 것이 이알력개와 동유와붕(董維窩峰) 그리고 사을 등 여러 줄기의 강물과 일치하는지는 정확하게 알 수 없다. 다만, 『길림통지』 부도는 본문과 다르게 달문포(달門포) 아래의 여러 줄기 강물을 아래와 같이 기재하였다.

달문포의 적수하(吊水河) 그리고 이도백하[二道白河, 즉 『수도제강』의 송알리오나(松嘎里烏喇), 『길림통지』의 송화강 정원]

삼도백하[三道白河, 즉 대토랍고하(大賚拉庫河)] ─┐
사도백하[四道白河, 즉 소토랍고하(小賚拉庫河)] ─┤─ 동원(東源) 정류(正流)
무명수(無名水) ─┐
무명수(無名水) ─┘─┐
황화송구(黃花松溝) ─┘─┐
이마화록구하(裏馬花鹿溝河, 두 줄기 강원) ─┘─ 낭낭고하(娘娘庫河) ─┤
부태하(富太河) ─┐
활동하(活洞河) ─┘─┘

부도에서 낭낭고하를 이같이 자세하게 기재했다. 이알력개수 즉 황화송구의 위치를 확실하게 비정할 수 있게 되었다. 동봉수(董峰水), 사을수의 경우는 은견(隱見)하여 잘 보이지 않는데, 아마도 위의 지도에는 기재되지 않은 것이 아닌지 모르겠다.

한인(韓人)이 갑신(甲申) 9월 토문강(土門江) 분계강(分界江) 지형과 대소(大小) 국인호(國人戶) 청사기(淸査記)(제5호 문서)에 다음과 같이 기술되어 있다.

> "삼포(杉浦)(즉 이알력개)에서 이하 능구(陵口), 황구수(黃口水), 대사허(大沙墟), 소사허(小沙墟) 등지를 거쳐 200여 리를 흐르면 북증산 이서(以西), 황도(黃徒), 석이(石耳), 구등허(九等墟) 각동(各洞)의 강물과 합류한다. 다시 북서쪽으로 100여 리를 흐르면 양강 어구에 이르러 소하강(蘇下江)에 흘러드는데 500리가 된다. 길림 남성(南城)에 이른다."

능구, 황구수는 이마록구와 기타 다른 한 줄기 강물에 해당하는 것 같다. 지금 확실하게 짚을 수 없다. 대사허, 소사허, 대소토랍고(大小兎拉庫)로서 구등허는 활동아임이 분명하다. 황도는 황동(黃洞)이라 부른다. 석이는 석이동(石耳洞)이 부른다. 대체로 부이합하(富爾哈河)의 강원 가운데 하나로 추정된다.

조존우의 담판(談判)[40] 그리고 박일헌의 보고(『북여요선』)에는 모두 양양구(兩兩溝) 이름이 있다. 대음(對音)[41] 할 경우 낭낭고와 비슷하다. 지세를 보면 양강어구를 가리키는 것 같다. 양강구(兩江溝)라 기재한 것도 있다. 대체로 송화강의 동서 양대 강원이 합류한 곳이다. 이른바 소하강은 한인들이나 다른 이들이 말하는 송화강 본류라 하겠다. 옛 이름으로 정확한 것은 아니다. 그리고 참조 편리를 위해 『수도제강』과 『길림통지』 두 책의 압록강 강원에 관한 기술을 아래와 같이 부기한다.

『수도제강』에 다음과 같이 기술되어 있다.

> "압록강은 장백산 남쪽 기슭에서 발원한다. 두 줄기의 강원이 나뉘었다가 합류하여 남쪽으로

---

40 함경북도 관찰사 조존우가 백두산정계비와 그 일대의 분수령의 강수(江水)에 관해 조사 후 제출한 도본(圖本)과 대요 설명서 담판오조(談判五條)를 일컫는다.

41 음을 맞추다라는 뜻이다.

흐른다. 소백산에서 동쪽으로 흐르다가 압록강에 들어온다."

『길림통지』에 다음과 같이 기술되어 있다.

"압록강은 장백산 남쪽 기슭에서 발원한다. 동쪽으로 도문강(圖們江) 발원지와 고개 하나를 사이에 두고 있을 뿐이다. 이를 분수령이라고 부르기도 한다. 분수령 위에는 강희(康熙) 시기에 세운 길림과 조선의 분계비[42]가 있다(원주: 비문은 생략하기로 한다). 두 줄기 강원이 각기 흐르다가 합류하여 남쪽으로 200여 리 정도 흐른다."

『길림통지』 편찬은 쟁계(爭界) 사건이 발생한 후에 편찬되었다. 따라서 정계(定界)를 압록강원 아래에 기록하고 도문강원 아래에는 기록하지 않은 것 역시 이상하다고 하겠다.

<이상은 의사(疑似) 수원(水源) 내용이다.>

2) [redacted]동 그리고 갈아하(葛雅河) 본지류 수역

『수도제강』에는 또 다른 내용이 있다.(제3대 수원을 말함)

"대산(大山)의 동쪽 기슭에 이르러 방향을 꺾어서 북쪽으로 흐른다.

동쪽에서 흘러오는 두 줄기 물을 받아들인다. 그 동쪽이 조선의 무산성(武山城)이다[원주: 무산성 북쪽에 있는 강물을 서수락천(西水洛川)이라 부른다. 발원지는 동해빈(東海濱)의 대산이다. 북서쪽으로 흐르다가 남쪽에서 흘러오는 두 줄기 강물을 받아들이고 다시 북쪽으로 흐른다. 무산성을 거쳐 서쪽으로 흘러 토문강으로 들어간다]."

위의 주문은 틀렸다. 하문(下文)[43]에 들어가야 할 내용이 정문(正文)[44]이 되었다. 위의 내용을 살펴보고 〈장백산도〉와 〈일통여도〉를 참조하여 바로잡아 위의 주문에 넣었다.

42 백두산정계비를 일컫는다.
43 아랫글이란 뜻으로 본론에 덧붙이는 글을 말한다.
44 문서의 본문을 뜻한다.

『수도제강』은 또 다음과 같이 기술하고 있다.

"꺾여서 북서쪽으로 흐르다가 서쪽에 흘러오는 두 줄기 강물과 합류한다. 그 동안(東岸)은 조선의 양옹성(良雍城)이다."

'양옹'은 한국 지명 양영(梁永)의 대음(對音)이다. 『동번기요(東藩纪要)』[45]에 곡강(曲江)의 양영만동영(梁永萬洞營) 서남쪽으로 55리 떨어진 곳이 바로 무산현이다. 『길림통지』와 부도에는 홍계하(紅溪河) 이동(以東), 양영 이서(以西)에서 북쪽에서 흘러오는 다섯 줄기 강물을 기재하였다. 외육도구하(外六道溝河), 비파구하(枇杷溝河), 외오도구하(外五道溝河), 석동하(石洞河), 외사도구하(外四道溝河) 등이다. 서쪽에서 흘러오는 한 줄기 강은 지리로 볼 때 외사도구하로 추정된다.

『수도제강』에 아래와 같이 기술되어 있다.

"다시 꺾여 북동쪽으로 평지 가운데를 수백십 리를 흐른다. 남쪽에서 흘러오는 세 줄기 강물과 합류한다. 그 남동안(南東岸)은 조선의 방산보(方山堡), 회령, 고령(高嶺), 오원(五垣), 종성, 동관(潼關), 옹대(雍大) 등 7성(城)으로 모두 강역에 있다."

『동번기요』에 의하면 다음과 기술하고 있다.

"온성(穩城)의 유원영(柔遠營)에서 40리 가면 영달영(永達管) 즉 옹대(翁大)다.
영달에서 35리 가면 동관영(潼關營)이다.
남쪽의 종성현에는 15리 가면 이른다.
동관에서 60리 가면 방원영(防源營)인데 여기서 이야기하는 오원(五垣)이다.

45 설배용(薛培榕)이 광서 8년(1882) 오장경(吳長慶)의 군대를 따라 조선에 들어와서 조선의 정황 · 정사(政事) · 풍토(風土) 등을 탐구하고자 지형(地形) · 병제(兵制)를 조사하고 사승(史乘) · 전적(典籍)을 수집해서 책으로 엮은 책이다. 모두 12권으로 되어 있으며 보록(補錄) 1권과 지도 10폭이 덧붙여 있다.

방원에서 40리를 가면 고령령이다. 여기서 이야기하는 고령이다.

남쪽으로 25리 가면 회령현에 이른다.

고령에서 25리 가면 회령현 오산(鰲山)이다.

보을영[甫乙營, 『여재촬요』에서는 보을하(甫乙下)라 기재하였다]에서 25리 가면 풍산영(豊山營) 바로 방산보(方山堡)다.

보을에서 80리 가면 곡강의 양영만동영(梁永萬洞營)이다."

〈장백산도〉와 〈일통여도〉에 양옹 이동(以東), 옹화 이서(以西)에서 남쪽으로 흘러오는 여섯 갈래의 강을 기재하였다. 방산보 전안(前岸)에서 동쪽으로 흘러 토문강으로 들어가는 강물을 기재했다. 이것은 『수도제강』도 마찬가지였다. 〈장백산도〉에는 방산과 회령 사이에 흐르는 강을 보을하로 기재하였다. 『길림통지』 부도에 기재된 수도(水道)는 많다.

중요한 수도를 비정하자면, 『길림통지』와 부도를 비교하여 좌안(左岸)에서 받아들이는 여섯 줄기의 강을 기재하였다. 금사구하(金沙溝河), 삼송배하(杉松背河), 달호리구하(達呼哩溝河), 석문구하(石門溝河), 마평령하(馬平嶺河), 시건평하(始建坪河), 대화광산하(大花光山河) 등이다.

달호리구하의 수원은 화룡욕(和龍峪) 부근에 있다.[한인들은 화룡(華龍)이라 부른다] 청나라 통상국[46]이 있다. 마평령하의 수원은 광제욕(光霽峪)[47] 부근에 있다. 청나라 통상분국이 있다.

『동국여지승람』에 기재된 회령부에 속한 팔을하천(八乙河川), 풍산천(豊山川), 종성부의 동관소천(潼關小川), 서풍천(西豊川)은 『길림통지』 부도에서 국계(國界)와 가까이 있는 것으로 기재하였으나, 어느 것 하나 이름을 밝히지 않았다. 위의 내용이 중요하다고 판단하기에 이를 살펴보기로 하자.

『수도제강』에 다음과 같이 기술되어 있다.

46 1899년 9월 대한제국의 전권(全權) 박제순과 대청국의 전권 서수붕 사이에 체결된 한청통상조약에 따라 청상통상국이 설치되었다.

47 현재 용정시 개산둔진 광소촌(光昭村) 부근이다.

“작은 강물이 있어 북서쪽에서 흘러든다.

북안에는 큰 산의 남쪽 기슭에서 이르는 갈합리하(喝哈哩河)가 있다.

북쪽 방흥안령(方興安嶺)의 남서 기슭에서 남서쪽으로 흐르는 여러 갈래 물줄기를 합류하여 남동으로 흐른다.

서쪽에서 흘러오는 복아합토하(卜兒哈兎河)와 합류하여 남동쪽으로 흐르면서 거천(巨川)이 된다. 그 남쪽 대안은 바로 조선의 종성이다[원주: 갈합리하는 흥안령에서 발원하여 동 14도(度), 극 44도다].

두 줄기 강물이 있다.

하나는 령(嶺) 남쪽 기슭에서, 다른 하나는 령 남동쪽 수십 리 떨어진 지산(支山)에서 서쪽으로 수십 리를 흘러 합류한다.

그곳에서 남서쪽으로 수십 리 흐른다. 북쪽에서 흘러오는 한 줄기 강물과 합류한다.

다시 남서쪽으로 수십 리 흐른다.

서북쪽 마견호리령(馬見呼里嶺)이라는 큰 산에서 발원하는 합달하를 합류하여 남동쪽으로 흐른다.

서남쪽 활혼산(活渾山)에서 흘러오는 애의육하(艾衣六河)와 합류하여 남동쪽으로 흐른다.

서쪽에서 흘러오는 활궤하(活几河) 그리고 동쪽에서 흘러오는 살기고하(薩其庫河)와 합류하여 남동쪽으로 흐른다.

동쪽 살극득형령(薩克得享岭)에서 흘러오는 부궤합하(付儿哈河)와 합류하여 다시 남동쪽으로 흐른다.

동쪽에서 흘러오는 합순하(哈顺河)와 합류한다.

위의 강물은 수원에서 이곳까지 400여 리를 흘러왔다.

복아합토하가 서쪽에서 두 줄기의 큰 강물과 합류하여 동쪽으로 흐른다.

합류한 복아합토하의 강원은 활혼산 북서쪽으로 인접한 큰 산이다.

그 남서쪽에 영액령(英額嶺)이다.

세 줄기 강물의 강원을 합류하여 남쪽으로 수십 리 흐른다.

영액령 서쪽 아래 기슭에서 동쪽으로 흘러나와 합류한다.

다시 남동쪽으로 수십 리 흐른다. 화토하(和土河)를 만난다.

서쪽 큰 산에서 흘러나와 합류한 후 꺾여 동쪽으로 수십 리 흐른다.

북쪽에서 흘러오는 부아합대라(付兒哈大羅)와 달아화천(達兒花川)을 합류하여 다시 동쪽으로 수십 리 흐른다. 애단성(艾丹城) 남쪽을 경과한다.

동쪽에 토문하(土門河)가 있다.

북서쪽 활혼산 남쪽 기슭에서 남동쪽으로 흘러나오는 강물을 합류하여 남동쪽으로 흐른다. 남서쪽에서 흘러나오는 해란하와 합류한다.

해란하는 세 개의 발원지가 있다. 중간 발원지는 흑산 북쪽이다. 즉 장백산이다.

북동쪽에서 200리 떨어진 알산(斡山)은 혼동강의 발원지다. 이 강물이 북동쪽으로 수십 리 흐른다. 아궤개해란(阿几个海蘭)이라 부른다.

남원(南源)은 황정자산(黃頂子山) 기슭이다. 흑산에서 남동쪽으로 100리 떨어졌다.

다시 북쪽으로 수십 리 흐른다. 파액하(巴颜河)라 부르는 중원(中源)과 합류한다.

여기서 방향을 꺾어 북동쪽으로 80리 흐른다. 이곳에서 북원(北源)과 만난다.

흑산 북쪽에서 수십 리 흘러나와 북동쪽으로 100여 리 흐른다. 이곳에서 아모팔해란(阿母八海蘭)라고 부르는 강과 합류하여 북동쪽으로 백 수십 리를 흘러 큰 산 남쪽 기슭에 이른다.

이곳에서 꺾여 동쪽으로 흐른다.

다시 북서쪽으로 향한다.

다시 방향을 틀어 북동쪽으로 백 수십 리를 흘러 복아합토하에 들어간다.

다시 남동쪽으로 백 수십 리를 흘러 큰 산 북쪽 기슭을 경과하여 갈합리하와 합류한다.

갈합리하는 다시 남동쪽으로 수십 리 흘러 토문강과 합류한다.

위의 여러 줄기의 강물을 합류하면서 거대한 토문강을 이룬다."

만문 『성경도』, 〈장백산도〉, 〈일통여도〉, 『회전도설』 등 내용을 참조하여 보면, 갈합리하로 보이는 애의육하(艾衣六河)를 〈일통여도〉에서는 애미탑하(艾米塔河)라 하였는데 정확하다. 살극득형령(薩克得享岭)은 〈일통여도〉에서 목극득형령(穆克得享岭)이라 하였는데 정확하다.

민주어 『성경도』에서 갈합리하 본류가 최후에 동쪽에서 흘러드는 (만주어)라 기재하였는데 ■현에 그 강물에 있다. 『수도제강』에서는 위의 강물을 기재하지 않았다. 『길림통지』의 기술은 『수도제강』과 다른 부분이 너무 많다.

『길림통지』에 다음과 같이 기술되어 있다.

“십삼도갈아하(十三道噶雅河)는 바로 갈합리하다. 발원지는 혼춘성 북쪽에서 170여 리 떨어진 소도문산(小圖們山)이다. 이곳에서 곧장 서쪽으로 흐른다. 북안은 영고탑 경계다.

삼차구(三岔口) 북쪽을 경과하면 살기고하(薩其庫河)가 북쪽에서 흘러와 합류한다.

살기고하는 영고탑에서 남쪽으로 140리 떨어진 노송령(老松嶺)에서 발원하여 남동쪽으로 흐른다.

동쪽에서 삼도하(三道河)를 품에 안는다.

다시 남동쪽으로 흐르면서 우권하(牛圈河)와 합류한다.

다시 동쪽으로 흐르면서 석두하(石頭河)를 품는다.

다시 남동쪽으로 흘러 살기고참(薩奇庫站) 서쪽을 경과하면서 서쪽으로 흘러오는 낙타■자하(駱駝■子河)와 만난다.

다시 남동쪽으로 흘러 소삼구를 경과하면서 서쪽에서 아목달하(阿穆達河)와 만난다.

동쪽에서는 소갈아하(小噶雅河)와 합류한다.

이렇게 합류하여 남쪽으로 흘러 십삼도갈아하에 흘러 들어간다. 강의 남쪽은 훈춘 경계다.

십삼도갈아하는 다시 남서쪽으로 흘러 태평령(太平嶺) 동쪽을 경과한다.

곧장 남쪽으로 흐르면서 동쪽에서 흘러오는 대황구하(大荒溝河)와 합류한다.

서쪽에서는 고수하(苦水河)와 만난다.

그리고 남동쪽의 동세자(東歲子)를 거치면서 대소(大小) 왕청하(汪清河) 등 여러 줄기 강물과 합류하여 동쪽으로 흐른다.

여기서 방향을 꺾어 서쪽으로 흐르면서 과회정자(鍋盔頂子)를 경과하고 다시 남쪽으로 흐르면서 모단천하(牡丹川河) 등 여러 줄기 강물들이 서쪽에서 흘러와 합류한다.

다시 남쪽으로 흐르면서 서쪽에서 흘러나오는 백채구하와 만난다.

이곳에서 다시 남동쪽으로 흐르면서 묘령하, 굴륭산하(窟窿山河)를 품는다.

다시 남동쪽으로 흐르면서 금사구하(金沙溝河) 등 북쪽에서 흘러나오는 수십 갈래의 강물을 받아들인다.

다시 남동쪽으로 흐르다가 동쪽에서 흘러오는 뇨지구하(鬧枝溝河)를 품는다.

다시 남서쪽으로 흘러 소반령을 경과하면서 포이합통하와 십여수와 합류하여 서쪽으로 흐른다.”

위의 내용을 『수도제강』과 대조하여 보았다.

『길림통지』에서 기재한 살기고하는 『수도제강』에서는 합달하(哈達河)로 기재하였다. 『수도제강』의 살기고하는 『길림통지』에서는 대황구하로 기재하였다. 가장 크게 차이가 나는 부분이다. 『수도제강』의 애미탑하(원래 애의육하로 기재하였으나 바로잡았다)는 『길림통지』에서 기재한 아목달하다. 강물 이름이 같은 것이 얼마 되지 않는다.

『수도제강』의 부아합하(付兒哈河)는 『길림통지』에서 대소 왕청하로 기재되었다.

『수도제강』의 활궤하(活几河)는 『길림통지』에서는 모단천하로 기재되었다.

『수도제강』의 합순하는 『길림통지』에서 금사구하로 기재되었다.

그런데도 지금은 옛 이름이 존재하지 않기에 과연 그러한지는 변증할 길이 없다.

『길림통지』에 또 다음과 같이 기록되어 있다.

“포이합통하를 포이합도라 부른다. 발원지는 돈화현 합이파령(哈爾巴嶺)이다.

남동쪽으로 흐르면서 동쪽에서 흘러나오는 두도구, 북두도구, 이도구, 북이도구 등 네 줄기 강이 합류하여 남동쪽으로 흐른다.

동쪽에서 흘러나오는 염창구하(鹽廠溝河)와 만난다.

여기서 다시 남동쪽으로 흘러 철반령(鐵盤嶺)을 경과한다.

동쪽에서 흘러오는 양미점하(糧米占河)와 합류한 뒤 남동쪽으로 흐른다.

고룡산(膏龍山)을 거쳐 북쪽에서 흘러나오는 묘아구하(廟兒溝河)와 만난다.

다시 동쪽으로 흐르면서 동쪽으로 흘러나오는 소묘구하(小廟溝河)와 합류한다.

다시 남동쪽으로 흘러 오봉산(五峯山)을 경과하면서 남쪽에서 흘러나오는 유수하(柳樹河)와 만난다.

다시 남동쪽으로 흐르면서 북쪽으로 천보산(天寶山)을 지난다. 이곳에 광무국(礦務局)이 있다.

이곳에서 다시 남동쪽으로 흐르면서 화복산(花福山)을 거쳐 서쪽에서 흘러오는 호선동하(胡仙洞河)와 합류한다.

여기서 다시 남동쪽으로 흘러 편험암자(偏驗暗子)를 거쳐 흘러나오는 석림하(錫林河)와 만난다[원주: 세린하(細麟河)라 부른다].

다시 연통약자(煙筒趼子)의 북쪽을 경과하면서 태평구하(太平溝河)가 북쪽으로 흘러와 합류한다[원주: 태평구하는 오산(五山) 동쪽에서 발원한다. 세 줄기의 강원이 합류하여 굽이굽이 20리를 동쪽으로 흘러간다. 이곳에서 조양하(朝陽河)와 소고수(小苦水)로 나뉘어 남동쪽으로 흐른다. 서대파(西大坡)를 남쪽으로 거치면서 완전히 하나로 합류한다].

다시 동쪽으로 흐르면서 북쪽에서 흘러들어오는 연길하(延吉河)와 만난다[원주: 연길하는 선집강(选集罔)의 서쪽에서 발원하여 남동쪽으로 30리 흘러 포이합통하에 흘러든다].

다시 동쪽으로 흘러 근도산(謹圖山)의 남쪽으로 흐르면서 해란하 등 수십 개의 강줄기와 합류한다."

위의 내용을 『수도제강』에 나오는 복아합토하의 원류와 대조하면, 『수도제강』의 토문하를 가리킨다. 연길하의 부아합(付兒哈)과 달아화(達兒花) 두 줄기의 강물은 태평구하의 본지류(本支流)에 해당한다. 화토하(和土河)는 석림하일 것으로 생각하지만, 그 외에는 하나도 일치하는 것이 없다.

최근에 통감부 출장원 등이 지도에 '연길하'를 '연집하(烟集河)'로, '조양천'을 '태평구'라 원래의 이름으로 표기하였다. '세린하' 즉 '석림하'는 '세밀하'라 기재하였다.

『길림통지』에 다음과 같이 기록되어 있다.

"해란하는 『금사(金史)』 세기(世紀)에 나오는 해라수(孩懶水)다. 훈춘 서쪽에서 200여 리 떨어진 우심산(牛心山)에서 세 줄기 강물을 합류하여 북동쪽으로 흐르면서 동쪽에서 흘러나오는 삼도구하와 합류한다[원주: 삼도구하(三道溝河)는 토문자에서 발원한다].

여기서 북쪽에서 흘러나오는 이도구하를 받아들인다(원주: 이도구하는 합이파령에서 발원한다).

다시 동쪽으로 꺾어서 북쪽으로 흐른다.

남쪽에서 흘러나오는 사도구하(四道溝河)와 합류한 뒤 다시 동쪽으로 흐른다.

진개문(進開門) 남쪽으로 흐르다가 남쪽에서 오도구하(五道溝河)와 합류한다[원주: 오도구하는 무명산(無名山)에서 발원하여 북동쪽으로 흐르면서 고려대자(高丽戴子)를 거쳐 북쪽에서 흘러나오는 해란하와 합류한다].

다시 동쪽으로 흐르다가 권안산(勸鞍山) 남쪽으로 흐른다.

육도구하는 칠도구하, 소칠도구하(小七道溝河), 견도산하(犬禱山河)와 합류한 뒤 남쪽에서 동쪽으로 흘러 위의 강에 들어간다(원주: 육도구하는 화룡욕에서 발원하다).

다시 북동쪽으로 흘러 남쪽에서 흘러오는 돈매구하(墩賣溝河)와 합류한다.

다시 북동쪽으로 흘러 남쪽에서 팔도하(八道河)와 합류한다.

다시 북동쪽으로 흘러 포이합통하에 들어간다.

포이합통하는 해란하와 합류한다. 북동쪽으로 흘러 북에서 흘러오는 의란정고하(依蘭呈蠱河)와 합류한다.

다시 북동쪽으로 흘러 동자구하(童子溝河)와 합류한다.

여기서 방향을 틀어 남동으로 흘러 십일도속아하(十一道贖雅河)에 흘러 들어간다.

십일도속아하는 다시 남쪽으로 흘러 도문강에 들어간다."

『수도제강』과 『길림통지』의 해란하 유역에 대한 기술은 완전히 일치한다. 통감부 출장원의 지도는 두도구하, 이도구하, 삼도구하의 위치가 상기 두 책의 기술과 일치한다. 그렇다면 『수도제강』에서 이야기하는 3원은 위의 세 줄기 강물을 가리킨다. 『길림통지』는 위의 내용을 그대로 가져왔다. 따라서 삼원(三源)이 삼수(三水)와 중복한다고 하겠다. 『길림통지』 부도에는 '해란'을 '해란이'라 기재하였다. 속칭(俗稱)을 말하는 것 같다.

한인의 지도에는 갈합리하(噶哈哩河)라 부르는데 바로 위의 강을 가리키는데, 어이후강(於伊後江)이라 부르기도 한다.

박일헌의 보고(『북여요선』)에 다음과 같이 기록되어 있다.

"지금 관북지를 살펴보면 고인, 동건(童巾) 이상을 어이후강이라 부르고 그 이하를 두만강이라 부른다. 바로 온성과 종성의 접계(接界)다."

다시 『동국여지승람』을 살펴보면, 회령부 조에서 어후강(魚厚江)이 나온다. 음이 어이후강과 비슷하다. 지세로 추정하여 보면 갈합리하에서 나온 것이 틀림없다. 두만강 상류는 어윤강(魚潤江) 즉 서두수를 정원으로 하고 있다. 어떤 때는 어이후강을 즉 갈합리하를 두만강의 정류(正流)로 보았다고 하는데 그것이 확실한지는 알 수 없다. 이를 더 자세히 천착하여야 할 것이다.

『북여요선』에 다음과 같이 기록되어 있다.

"태조[48] 17세에 개강(价江)의 정장(停長)[49]으로서 광성(匡城)(원주: 바로 경흥의 옛 이름이다)에 가서 몽가독(蒙苛毒)을 막았다. 이때 동두란(佟豆蘭)[50]에게 개강의 산에 거주하도록 하였다. 개강은 온성의 두만강 북쪽에 있다[원주: 청해백(青海伯)[51] 세가(世家)에 이르기를 지금의 온성 유원에서 흘러나오는 강물이다]."

음으로 추정하면 '개강'은 바로 '갈합리하'가 된다.

이중하의 「을유감계 장계」 별단(제6호 문서 イニ)에 다음과 같이 기록되어 있다.

"백두산 남동쪽에 장산령(長山嶺)이 있습니다. 장산령이 쭉 뻗어나가 북증산이 됩니다. 중국인들은 출개타(秫稭垛)라 부릅니다. 다시 동쪽을 뻗어나가 하반령(下畔嶺)이 됩니다. 하반령에서 한 줄기 강물이 흘러나옵니다. 바로 토문자(土門子)입니다. 중국인들은 박이합통수(博爾哈通水)라고 부릅니다. 러시아인들은 분계강(分界江)이라 부릅니다."

이 강이 바로 포이합통하다. 토문자는 그 상류의 계곡 사이에 있다.

박일헌의 보고(『북여요선』)에 다음과 같이 기록되어 있다.

"하반령에서 발원하는 강을 혹자는 박이합통하라 부르고 혹자는 분계강이라 부른다. 옛날 사람들은 이를 가리켜 토문강 하류라 하였다."

여기서 분계강이라는 이름이 나온 것으로 보인다. 이른바 토문강은 바로 이알력개수를 가리키는 토문강이다. 두만강의 본류가 아니다. 이런 사실을 논증해 줄 자료로 김우식의 『탐계일기』(제4호 문서 ■)와 토문분계 지형인호 청사기(제11호 문서)다.

---

48 이성계를 일컫는다.

49 지방관의 이름이다.

50 여진족 출신의 이지란(李之蘭, 1331~1402)을 일컫는다. 조선 왕조 개창자인 이성계(李成桂)와 의형제를 맺었으며, 그 인연으로 후에 이(李)씨 성을 사성 받아 개명했다.

51 이지란의 작위이다.

『탐계일기』에 다음과 같이 기록되어 있다.

"서쪽의 높은 산에 올라 하반령 일원을 바라보았다. 강물의 발원지는 령 동쪽에서 흘러나오면서 분계강이 불린다. 그리고 평하통수(坪下通水)라 불리기도 한다."

'평'은 한음으로 '벌'이다. 하통(下通)은 합통(哈通)이다. 그리고 포이합통(布爾哈通)의 대음으로 하반, 하반, 하발 등은 모두 합이파(哈爾巴)의 대음이다.

『토문분계지형기(土們分界地形記)』에 다음과 같이 기록되어 있다.

"북증산의 정동쪽에서 분계강원이 시작된다.

남동쪽으로 100리 되는 곳에 북증산맥이 있다.

정남으로 흐르다가 다시 동쪽으로 흐른다. 분계강이 20리 흐르면 웅동어구(熊洞於口)에 이른다.

북증산 북서쪽에서 흘러나오는 강물을 합류하여 동쪽으로 내리 30리를 흐른다. 혹석뢰자[紅石瀨子, 홍석랍자(紅石碣子)의 대음(對音)이다]가 나온다.

다시 30리를 흐르면 왕팔항자(王八項子)에 이른다.

다시 20리를 내리흐르면 토문자(즉 이중하 「장계별단」에 나오는 토문자다)가 나온다. 길이가 30리, 넓이가 15리 되는데 가운데 강이 있다. 오음령자[五音嶺子, 통감부 파원의 지도에 오개■자(五個■子)라 하였는데, 아마도 동일한 지명인 것 같다]에서 내려오면 소굴(巢窟), 백석■■(白石■■子)[백석랍자(白石碣子)의 대음으로 보인다]가 나온다.

70리 흐르면 관덕거우(館德巨隅)에 이른다[한국어 '거우'는 '구(溝)' 음과 가깝다. 통감부 파견원 지도의 관도구(官道溝)일 것이다].

여기서 20리 내리흐르면 ■■■(■■■)에 이른다. 지금까지 가장 넓은 지역이다. 동서가 길이가 100여 리나 된다. 남북의 넓이는 10리 혹은 20리 된다. 가운데 강물이 흐른다.

여기서 동북으로 흐른다. 물살이 급하지 않다. 산도 높지 않다. 참으로 양안을 마주 세워 관(館)을 만들고 무역하는 곳이다. 양국 통상 길목이다. 길림, 태성, 산동, 오라(烏懶) 등지의 상인들은 모두 이곳 하반령을 통로로 삼는다. 훈춘의 각 지역에서 왕래하는 자들도 모두 이곳을 거쳐 동쪽으로 100리를 가면 종성이다. 남동으로 120리를 회령이다. 정남쪽으로 250리를 가면 무산이다.

강북에 구■허동(九逞墟洞)이 있다. 정서쪽으로 100리를 가면 ■중■(■中■)이다.

동쪽은 모자령(帽子嶺)이다[바로 지금의 모아산(帽兒山)이다].

모자령을 넘어 40리를 가면 서전평(鋤箭坪)이다.

남쪽이 마안현(馬鞍峴)이다[지금의 마안산(馬鞍山)·모아산, 마안산은 통감부 파견원의 지도와 『길림통지』 부도에 모두 나온다].

마안현을 넘어 40리를 가면 해난[害難, 즉 해란(海蘭)의 대음이다]이다.

북동쪽으로 50리 떨어진 곳이 지타소평(地他所坪)이다.

지타소에서 아래로 30리를 내려가면 협심자(夾心子)다[『길림통지』에 협신자(夾信子)로 나온다].

북강과 장인강(長引江, 해란강의 한국어 이름)과 합류하여 동쪽으로 20리 흐르면, 온성의 어우[魚隅, 바로 어후(魚厚), 어이(於伊)의 대음이다]에 이르러 두만강에 흘러든다."

박일헌이 분계강 강원을 살펴본 『행정기(行程記)(『북여요선』)』에 다음과 같이 기록되어 있다.

"관원을 파견하여 분계강을 답사하였다. 강을 거슬러 올라가면서 발원지를 찾아 나섰다. 하반령에서 발원하여 소지명(小地名)으로 토문자수와 합류하여 200여 리를 흘러 협심자(夾心子)에 이른다. 온성의 어이후수와 합류한다."

위의 내용은 한인의 포이합통하에 관한 기술이다.
해란하와 관련하여 김우식의 『탐계』에 다음과 같이 기록되어 있다.

"북증산에서 발원하여 동쪽으로 흐르는 것은 관난강(官難江)(바로 해란하다)이다. 북동쪽으로 100리를 흐른다. 남쪽으로 평야로 향한다. 이른바 청산(靑山) 산천이 수려하고 인가가 즐비하다."

『토문분계지형기』에 다음과 같이 기록되어 있다.

"북증산에서 발원한다. 장인강은 북증산 북동쪽에서 발원하여 청산에 이른다. 이곳에서 60리를 흐르면 초대 거우(巨隅), 2대 거우, 3대 거우, 4대 거우 등 네 골짜기에서 흘러나오는 강을 합류하여 장인강을 만든다.

상기 지역의 강을 기(箕)처럼 품에 안고 남쪽으로 향해 흐른다.

남서쪽을 에돌아 남동쪽으로 40여 리를 흐르는데 이를 청산우(青山隅)라 부른다.

여기서 북동쪽으로 흘러 해난(害難) 지역에 이른다. 길이가 100여 리, 넓이가 10~20리 혹은 30~40리에 달하는데 가운데 강이 흐른다.

강 서쪽이 이고성허(二古城墟)인데 60리 떨어져 있다. 고왕성(古王城)이라 부르는데, 흙과 돌로 쌓았다. 뚜렷한 담장 터가 그곳임을 말해준다. 그 둘레를 강물이 감쌌는데 요충지로 방어의 중심을 이루고 있다. 해난에서 북동쪽으로 30리 떨어졌다.

서전평의 길이는 30리, 넓이는 20리고 중간에 강물이 흐른다. 땅이 비옥하고 산의 모양 역시 그지없다. 서전의 남동쪽에 동(洞)이 있는데 불동(佛洞)이라 부른다.

남쪽으로 50리를 가면 회령이다. 지난 시기 개시를 하게 되면 이곳이 바로 통로가 되었다.

서전에서 동으로 20리 내려가면 화전자(火箭子)다.

남쪽으로 50리 가면 장이도[redacted](長伊道[redacted])에 이른다. [redacted]우산([redacted]右山)을 끼고 중간에 작은 시냇물이 흐른다. 이곳에서 화전자에 이르고 다시 장인강에 흘러든다.

화전자에서 동쪽으로 20리에 우가(牛加)에 이른다.

우가에서 다시 협심자에 이른다.

이곳에서 20리를 흐르면 분계강과 합류한다."

초대 거우에서 4대 거우에 이르는 네 골짜기는 두도구에서 사도구에 이르는 네 줄기 강원을 말한다. 이고성허는 지금의 동고성자(東古城子)와 서고성자(西古城子)(통감부 파견원의 지도에 나온다.)를 말하는 것이라 하겠다.

박일헌의 『행정기』에서도 남쪽으로 흘러 장인강을 거쳐 청산, 평강(平岡), 사도구, 광평 등 지역을 지난다고 하였다. 이를 통해 위의 지세를 대체로 파악할 수 있다.

『북여요선』에 「선원기략」, 「정계능비」 구비문을 인용하여 다음과 같이 기술하고 있다.

"목조는 원나라의 관리직을 받아 남경 오천호소(五千戶所) 달로화적(達魯花赤)[52] 이 되었다."

---

52 다루가치를 일컫는데, 고려 후기에 몽골 제국에서 정복지의 총독, 감독관으로 두었다가 지방 장관으로도 사용된 직명이다. 고려에는 1232년(고종 19)에 처음 설치되었다. 고려가 몽골에 항복하여 개경으로 환도한 후인

남경(南京) 고성(古城)은 두만강 북쪽의 종성에 있다. 『동국여지승람』에 이르기를 동관에서 두만강을 건너 보청포(甫靑浦)를 거친다. 사오천(舍吾川)을 건너면, 고성이 있는 남경이라 부른다. 북동에도 산성 하나가 있는데 이름은 아직 알려지지 않았다. 지리적으로 보아 남경을 동고성자라 부르니 서북에 있는 산성을 서고성자가 아닐까 생각한다.

3) 온성 이하의 두만강

『수도제강』에 다음과 같이 기룩되어 있다.

"토문강은 방향을 꺾어 동쪽으로 100여 리 흐른다. 북쪽에서 흘러오는 세 줄기 작은 강을 받아들인다[원주: 하나는 강물 이름이 없다. 다른 하나는 호란하(呼蘭河)라고 부른다. 그리고 하나는 미첨하(米瞻河)라 부른다]. 남안은 조선의 미천진성(美踐鎭城)이 있다."

『길림통지』에는 북쪽에서 흘러오는 다섯 줄기 강물을 기재하였다. 즉 대도하(大道河), 양수천하(凉水泉河), 건하(乾河), 동태평구하(洞太平溝河), 밀첨하(密瞻河) 등이다. 밀첨을 다른 이름으로 밀점(密占)으로 기재하였다. 『수도제강』에 나오는 미첨하(米瞻河)를 말한다. 호란하는 오로지 『일통여지도』에만 기재되어 있다. 한국어 지명으로 미천(美踐), 밀점(密占), 밀첨(密瞻) 등은 모두 같은 음에서 비롯된 것이다. 『동국여지승람』에는 온성조에 미전탄(美錢灘)이 있다. 『길림통지』 부도에 이곳부터 남안에 이르는 사이에 강물 하나를 기재하였다.

『수도제강』에 다음과 같이 기록되어 있다.

"방향을 꺾어 동남쪽으로 수십 리 흐른다. 그리고 동황액하(東黃額河)가 흘러나와 합류한다. 그 남안이 바로 조선의 순진성(循鎭城)이고 남쪽은 경원부성이다."

『길림통지』에는 동안(東岸)에서 받아들이는 두 줄기 강물을 기재하였다. 바로 노하신하(老河身河)와 음양하(陰陽河)이다. 음양하는 『수도제강』에 기재된 동황액하(東黃額河)의 위음으

1270년부터 1278년까지 개경에 상주하였다.

로 보인다. 순진(循鎭)은 훈융(訓戎)의 위음이다. 『길림통지』 부도에는 훈융진(訓戎鎭) 서쪽 황반파(黃板坡), 동쪽의 남안에 한줄기 강물이 흘러든다고 기재하였다. 그리고 경원부(慶源府) 남동쪽에서 흘러들어오는 강물 하나를 기재하였다. 후자는 바로 『동국여지승람』에 나오는 이른바 경원부 남쪽 회질가천(會叱家川)일 것이다.

『수도제강』에 다음과 같이 기록되어 있다.

"다시 동남쪽으로 흘러 혼춘촌(渾春村) 서남쪽을 경과한다. 다시 동남쪽으로 흐르면 혼춘하가 나온다. 동북쪽에서 수십 줄기의 강물을 받아들인다. 서남쪽으로 흘러간다[원주: 혼춘하는 동북쪽의 여러 산 가운데서 발원하여 서쪽으로 흐른다. 북쪽에서 흘러나오는 우비첨사리하(牛非尖舍利河), 서쪽으로 흘러나오는 부답족혼하(夫答足渾河)와 합류한다].

방향을 꺾어 서남쪽으로 100여 리 흐른다. 동남쪽에서 흘러나오는 서백하(西白河), 북쪽에서 흘러나오는 심계랍고하(心鷄拉庫河)와 합류한다.

다시 방향을 꺾어 서쪽으로 수백 리 흐른다.

북쪽에서 흘러나오는 합이달산(哈爾達山)에서 발원하는 강물 그리고 동남쪽에서 흘러나오는 한 줄기 강물, 남쪽에서 흘러나오는 호로하(虎魯河), 니아하(汝牙河), 복화리하(卜禾里河)와 합류한다.

다시 꺾어 서북으로 흐른다. 북쪽에서 흘러나오는 합달하, 늑특하(勒忒河)와 합류한다.

다시 서남쪽으로 수십 리 흐른다. 동쪽에서 흘러나오는 합달하(哈達河)와 합류하고 서남쪽으로 흘러 토문강으로 흘러든다."

혼춘하는 원래 휘춘하(輝春河)로 불렸다. 오류로 확인하였기 때문에 이를 바로잡았다. 『금사(金史)』 세기에는 혼■수(渾■水)라 기재하였다.

『길림통지』에 다음과 같이 기록되어 있다.

"도문강은 다시 남쪽으로 흘러 서보강(西步江)을 경과한다. 동북쪽에서 흘러나오는 혼춘하를 받아들인다.

혼춘하는 훈춘성 동북쪽 통긍산(通肯山)에서 발원하는 세 줄기 강을 합류하여 서남쪽으로 흐른다.

동쪽에서 흘러나오는 향방구하(香房溝河)와 만나서는 다시 서남쪽으로 흐른다.

동쪽에서 흘러나오는 작은 강물 한 줄기를 받아들인다.

다시 서남쪽으로 흘러 토문자(土門子)를 지나간다. 이곳에 초간분국(招墾分局)[53]이 있다. 이곳에서 소도문하, 북쪽에서 흘러나오는 만구하(湾溝河)와 합류한다. 대마구하, 흑할배하(黑瞎背河)가 차례로 남쪽에서 합류한다.

조금 서쪽으로 흐르면 대도내하(大圖仍河)가 북쪽에서 흘러든다[원주: 대도내하는 성북의 토문자산(土門子山)에서 발원한다].

다시 서남쪽으로 흐르다가 육도구하(六道溝河), 대육구도하(大六道溝河)와 만난다.

남쪽에서 태평천, 뇨지구(鬧支溝), 여수구(黎樹溝) 등 세 줄기 강을 받아들이고 다시 서쪽으로 흐른다.

남쪽에서 빙림하(冰林河)와 사방정산하(四方頂山河)와 합류한다.

북쪽에서 오도구하(五道溝河)와 대오도구하(大五道溝河)와 합류하여 서쪽으로 흐른다.

북쪽에서 삼송구(杉松溝), 수송구하(秀松溝河), 유수하(榆樹河), 사도구하(四道溝河), 소유수하(小柳樹河)와 합류한다.

남쪽에서 석백하(錫伯河)[원주: 지금은 속칭으로 서북구하(西北溝河)라 부른다. 전사(傳寫)하면서 나온 착오다], 서뇨지구하(西鬧枝溝河), 호로하(胡盧河)[원주: 속칭으로 호로필랍하(胡盧畢拉河)라 부른다. '필랍'은 '국어하(國語河)'를 말한다. 잘못된 사용이다. 이런 착오는 홍안령과 마찬가지다]를 받아들이고 다시 서쪽으로 흐른다.

노용구(老龍口)를 거쳐 삼도구하 즉 외랑구하(外郎溝河)와 합류한다.

이도구하(二道溝河)는 작은 강물 한 줄기를 합류한다. 모두 북쪽에서 흘러나온다.

조금 더 서쪽으로 흘러 사금구하(沙金溝河), 황구하(荒溝河), 두도구하가 북쪽에서 흘러나와 합류한다.

대홍기하둔하(大紅旗河屯河)는 남쪽에서 흘러들어온다.

조금 더 서쪽으로 흐르면 지류를 나누어 남쪽으로 흘러 팔대둔(八大屯)을 에두른다.

다시 북쪽으로 흘러 합류한다.

---

53 청나라는 1881년 초간국(招墾局)을 설치하여 한국으로부터 사람들의 유입을 통제하였고, 1885년에는 화룡욕(和龍峪)에 통상국(通商局), 광제욕(光霽峪)과 서섭강(西涉江)에 통상분국(通商分局)을 설치하였다.

북쪽에서 흘러나오는 낙타하(駱駝河)와 합류한다.

다시 서쪽으로 흘러 훈춘성 동쪽을 통과한다.

여기서 남쪽으로 흘러 서쪽에서 흘러오는 차대인구하(車大人溝河)를 동북쪽에서 받아들인다.

다시 서남쪽으로 흘러 소이도구하(小二道溝河)와 대이도구하(大二道溝河)와 합류하면서 동쪽으로 흐른다.

다시 서남쪽으로 흘러 동쪽에서 흘러나오는 용수산하(龍首山河)와 판수구하(板壽溝河)와 합류한다.

조금 더 서쪽으로 도문강에 흘러든다."

여기서 석백하(錫伯河)는 『수도제강』에 나오는 서백하(西白河), 호로하는 『수도제강』에 나오는 호로하, 낙타하는 『수도제강』에 나오는 늑특하(勒忒河)일 것이다(『길림통지』 본문의 오탈자는 뜻을 가지고 바로잡았다).

혼춘하는 바로 『동국여지승람』에 나오는 훈춘강이다. 여진 땅에서 발원하여 동림성(東林城)에 이르러 두만강에 흘러든다. 알타리(斡朶里) 야인들이 거주하는 지역이라 기재하였다. 『동국여지승람』과 『북관지』에 의하면, 동림 고성은 경원부의 동쪽 40리 떨어진 두만강에 위치해 있다. 태종 원년(1400) 도순찰사 강사억(姜思億)이 축조하였다고 한다. 지금 훈춘에서 가까운 강 서쪽에 축조되었을 것으로 보인다. 동림이라는 이름은 알타리 야인들이 거주하는 지역이라는 뜻에서 비롯되었을 것으로 보인다. 어쩌면 건주의 맹가첨목아(猛哥帖木兒)가 알목하 즉 회령으로 들어가지 전의 아타리성(俄朶里城)이 아닌지 모르겠다.

『수도제강』에 다음과 같이 기록되어 있다.

"토문강은 다시 동남쪽으로 100리를 흐른다. 조선 서안에서 두 줄기 강물과 합류한다[원주: 한 줄기는 경원부 남쪽에서 흘러나온다. 다른 한 줄기는 서남쪽에 있는 산에서 발원하여 동북쪽으로 흘러나와 토문강으로 흘러 들어간다. 다른 한 줄기는 전원포(前原鋪) 앞으로 흐른다. 서쪽에서 동쪽으로 흘러 토문강으로 흘러든다. 길이가 100여 리다]."

경원부 남쪽으로 흐르는 강은 『동국여지승람』에 나오는 임성동천(林成洞川)이다. 『길림통지』 부도에는 수도만 기재하였을 뿐 이름을 기재하지 않았다. 전원포는 바로 조선의 건원보

(乾元堡)다. 건원보 앞을 흘러 지나가는 강은 『동국여지승람』에 오롱초천(吾弄草川) 또는 오롱초수(吾弄草水)다. 『북여요선』의 〈백두고적고〉와 『길림통지』 부도에도 오롱천하(五龍川河)라 기재하였다.)

『수도제강』에 다음과 같이 기록되어 있다.

"방향을 꺾어서 남쪽으로 20리를 흐른다.

다시 동쪽으로 흐른다. 남안(南岸)에서 흘러오는 한 줄기 강과 만난다[즉, 아산포(阿山浦) 남쪽의 한 줄기 강이다. 길이가 백수십 리다]."

『동국여지승람』에는 기재되지 않았다. 『길림통지』 부도에 기재되어 있지만 이름은 없다. 아산포는 바로 조선의 아산보(阿山堡)다.

『수도제강』에 다음과 같이 기록되어 있다.

"다시 방향을 꺾어서 동북쪽으로 20여 리를 흐른다[원주: 조아곤산(鳥兒滾山)에서 남쪽으로 80리 되는 곳이다]."

『수도제강』에는 위의 내용이 다음과 같이 기록되어 있다.

"동안(東岸)의 무산성(茂山城) 북쪽에 있는 강을 서수락천(西水洛川)이라 부른다.

동해빈(東海濱)에 있는 큰 산에서 발원하여 서북쪽으로 흐른다.

다시 두 줄기 강을 받아들인다.

다시 북쪽으로 흐른다.

굽이굽이 흘러 무산성을 동쪽으로 경과한다.

여기서 방향을 꺾어 성북을 통과한다.

그리고 서쪽으로 흘러 토문강으로 들어간다."

〈일통여도〉, 만주어 〈장백산도〉 등과 대조하면 상문의 무산성 아래의 주문이 착간(錯簡)임이 의심할 바가 없다. 상문을 바로잡아 여기서 삭제했다.

『수도제강』에 다음과 같이 기록되어 있다.

“다시 북쪽에서 흘러나오는 한 줄기 강물을 받아들이는데,(원래는 북쪽에 한 줄기 강물을 기재하였다. 지금 내용에 따라 보완하였다) 이름은 없다. 그곳에서 남안은 강물이 굽이를 치는 곳이 바로 조선의 경원성이다.

다시 동남쪽으로 흘러 대해로 흘러든다[바다는 동 14도 5분, 극 42도 5분 되는 곳의 남쪽에 두 줄기 작은 섬(小水州)이 있다. 서단하봉(西旦河峰) 동쪽에 산이 하나 있는데 바로 대도살합(大都薩哈)이다. 다시 동쪽으로 수십 리를 흐르면 바로 서단하봉이다. 섬과 산 사이에 바로 화요화하(火擢火河)라는 강이다. 화요화하의 강원은 100여 리다. 서안은 경원부서에서 남으로 흐른 강에 붙어있는 것을 색봉파(索鳳坡)라 부른다. 다시 남쪽으로 흘러 대해에 이른다. 서수락성(西水洛城)이라 부른다].”

색봉파는 〈일통여도〉, 〈장백산도〉, 〈지에 아루도〉 지도에 의하면, 이봉파(李鳳坡)의 와전이라 하겠다. 화요화하(火擢火河)는 일통지에 화탁화(和卓和)라 기재하였다. 서단하도(西旦河島)는 〈일통여도〉에 석■혁둔(錫■赫屯)으로 기재하였다. 대음(對音)이 다른 삼둔(三屯)은 바로 만주어의 도(島)란 뜻이 된다. 대도살합(大都薩哈)은 〈일통여도〉에서 달리도살합(達里都薩哈)이라 기재하였다.

만주어 『성경도』를 참조하여 『수도제강』의 내용을 바로잡도록 하겠다. 서수락성은 바로 『동국여지승람』에 나오는 서수라보(西水羅堡)다. 경원부 남쪽에서 ■십칠리 된다(또는 서수라보라 한다).

『북여요선』에서 어제(御製) 비문과 북도능전지(北道陵殿志)를 인용하여 살펴보면 다음과 같다.

“익조의 옛터[舊基]는 경흥부의 동도(東島) 가운데 있다. 섬 주위는 10여 리 된다. 사면에 바위가 여기저기에 솟아 있다. 따라서 이름을 ■봉이라 부른다. 섬 남쪽은 조금 넓다. 도자기를 굽던 터가 13곳이 있다. 봉 동쪽으로 20리에 되는 곳에 서수라보가 있는데, 바로 이를 말한다(두만강이 바다로 흘러 들어가는 곳이다).”

『길림통지』에서 훈춘하가 도문강에 흘러 들어가는 곳에서 아랫부분에 관해 다음과 같이 기술하고 있다.

"다시 남쪽으로 흐른다. 서안(西岸)은 조선을 경계로 한다. 동쪽에서 흘러나오는 세 줄기 작은 강물과 합류한다.

다시 동남쪽으로 흘러 동쪽에서 흘러나오는 연화포하(蓮花浦河)와 만난다.

다시 동남쪽으로 흐르면서 옥천동(玉泉洞)을 거쳐 남쪽으로 방향을 꺾어 흐르는데 북쪽으로 흘러나오는 오과수(五과樹)와 합류한다.

다시 방향을 꺾어 동만 쪽으로 흐르면서 운대산(雲臺山)을 통과한다. 북쪽에서 흘러나오는 권아하(圈兒河)와 합류한다[원주: 권아하는 사타자(沙坨子)의 북쪽에서 흘러나와 서쪽에서 동쪽으로 흐른다].

그리고 다시 남쪽으로 흐른다. 이곳에서 강이 막히면서 8개 못을 만든다.

권아하둔의 서쪽을 지나 서남쪽으로 흘러 운대산의 북쪽 기슭에서 서쪽으로 도문강에 흘러든다.

다시 토자계패(土字界牌)를 거쳐 남쪽으로 흘러 바다로 들어간다."

『수도제강』은 훈춘하 이남의 강물은 거의 무시하였다고 하겠다. 그럼에도 오로지 하나의 무명 강인 권아하만 예외라 하겠다. 모두 대조하여 보아도 예외가 없다. 토자계패 이남에 이르면 러시아의 영역에 속하였기 때문에 『길림통지』 역시 전혀 기재하지 않았다. 『동국여지승람』에 나오는 사차마도(沙次亇島) 즉 녹둔도 역시 러시아 영역에 귀속되었다. 『수도제강』에 나오는 화요화하(火擢火河)는 『길림통지』에 나오는 불다석하(佛多石河)로 적혀 있다. 지금 러시아 영역으로 되어 있는 암■하(巖■河)가 아닐까 한다.

『북여요선』에 이르는 알동(斡東)은 경흥 무이보(撫夷堡)에서 두만강 동쪽 켠에 있다. 큰 벌판에 기이한 봉우리들이 높이 솟아 있고 그 가운데 8개 못이 있다. 못이 서로 이어져 있다. 오색 연못이 이어져 있다. 제3 못이 바로 금당촌(金塘村)이다. 바로 목조의 옛터다[원주: 자세한 것은 『북도능전지(北道陵殿志)』와 남문충공(南文忠公)[54] 『무이회기(撫夷回記』[55], 정경산(鄭經山)[56] 원

54 남구만(南九萬), 1629~1711)을 일컫는다. 그는 조선 후기에, 함경도관찰사, 형조판서, 영의정 등을 역임하였다.

55 남구만이 지은 『북관십경도기(北關十景圖記)』를 일컫는 것으로 보인다. 그가 1674년 함경도관찰사 시절에 함흥과 함경북도 변방에 위치한 산수의 승경을 기록한 작품이다. 총 10개의 승경을 소개하고 있는데, 순서대로 나열하면, 학포(鶴浦), 국도(國島), 도안사(道安寺), 괘궁정(挂弓亭), 석왕사(釋王寺), 성진진(城津鎭), 칠보

용(元容)의 기풍가요(岐豊歌謠)[57]에 나온다]. 그리고 『북도능전지』를 인용하여 이르기를, 안릉(安陵)[58]은 바다 시전산(時錢山)의 여맥(餘脈) 팔지(八池)의 남쪽이라 하였는데 바로 권아하의 팔지일 것이다.

3. 경계선

「강희정계」[59] 이전의 지지 혹은 지도에는 명백한 경계선을 그은 것이 없었다. 「강희정계」의 결과 청나라 지도 가운데 만주어 『성경도』는 『수도제강』 기술에 부합된다. 지금의 석을수에서 남동쪽의 지명과 수명은 삭제되었거나 석을수를 양국의 경계로 삼고자 하였던 것은 『수도제강』도 다르지 않았다.

「강희정계」의 목적은 토문을 정원으로 삼아 분계(分界)하고자 하였음은 물론이다. 만주어 『성경도』, 『수도제강』 모두 석을수를 경계로 삼았다. 여기서 하나의 의문이 있다. 같은 '강희실측'을 바탕으로 하였던 지에 아루도 지도에는 홍단수 즉 대도문강에서 홍계하 즉 소도문강이 합류하는 곳으로부터 흑산산맥 중앙을 긋고 있다.

온성 훈융진의 대안은 여전히 멀리 강외 지역을 통과하여 황액하(黃額河) 부근에서 강의 동안(東岸)으로 밀접한다.

다시 녹둔에 이른다.

산(七寶山), 창렬사(彰烈祠), 용당(龍堂), 무이보(撫夷堡) 등이다.

56 정원용(鄭元容, 1783~1873)을 일컫는다. 그는 조선 후기에 좌의정, 중추부판사, 영의정 등을 지냈다. 특히 1821년 서북 지방에 괴질이 크게 번져 10여만 명의 사망자를 내는 등 민심이 흉흉하게 되자 관서위유사(關西慰諭使)가 되어 이를 진정시켰다. 이어 강원도관찰사 등을 지내다가 1831년 동지사(冬至使)로 청나라의 연경(燕京)에 다녀왔다.

57 정원용이 지은 『경산북정록(經山北征錄)』을 가리킨다. 정원용은 1829년(순조 29) 8월 북관(北關)에 홍수가 나자 4차례의 망단자(望單子) 끝에 회령부사에 낙점 받았다. 이후 그는 북관이 관방(關防)에 중요한 땅인데도 준비가 소홀하다고 여겨 『북략의의(北略擬議)』와 『철북습록(鐵北拾錄)』을 저술하는 등 회령부사로 재임하던 1년 4개월 동안의 시문을 집대성하였는데 그 책이 『경산북정록(經山北征錄)』이다.

58 안릉은 조선 태조의 4대조 목조의 비 효공왕후 평창이씨의 능이다. 목조 덕릉과 쌍릉으로 조영되어 있어서 덕안릉이라고도 한다. 안릉은 경흥부성 남쪽 덕릉과 4리쯤 떨어져 있었으나, 1410년 현재의 위치로 천릉하였다. 안릉은 현재 함경남도 신흥군 가평사(加平社)에 자리한다.

59 1712년(강희 51, 숙종 38) 백두산정계비를 세웠던 것을 말한다.

다시 강을 떠나 이를 포괄하여 바다에 이르는 하나의 계선(界線)을 긋는다. 양국의 경계임을 나타냈다. 그리고 변의 내외를 그은 것이 틀림없다. 그 계선을 연장하여 압록강 외의 지역에 이른다. 변장(邊墻)과 압록강 중앙 즉 동가강(佟佳江)(지금의 혼강)의 서북쪽을 따라 바다에 이르는 것을 볼 수 있다. 굳이 변 내외를 긋지 않은 것이 틀림없다. 하나의 의문이 아닐 수 없다. 자세한 탐구가 필수라 하겠다.

조선의 『대동여지도』는 지금의 황화송구(黃花松溝)의 가장 위쪽(上頭 즉, 조선인들이 이야기하는 토문의 소재)에서 홍토수를 향해 토석퇴와 목책을 쌓아 이를 분계강으로 삼았다. 그 뒤에는 포이합통하에 분계강이란 이름을 지어준 것도 있었다.

김우식의 『탐험일기』에 의하면, 포이합도하를 분계강으로 삼고자 하였던 것은 한인들이 경계 문제에 자극받아 억지로 지어낸 것이 아님을 알 수 있다. 이것 역시 하나의 의문이라 하겠다.

『길림통지』에 다음과 같이 기록되어 있다.

"훈춘성에서 서남쪽으로 도문강과 박수(樸水)(즉 박하 또는 박하로서 『수도제강』에는 파하천으로 나온다)와 합류하는 곳인 장자계비(長字界碑)에 이른다. 3개의 비석[三石] 사이의 거리는 30리다.

도문강과 서두수가 회합하는 곳인 여자계비(礪字界碑)까지 361리다.

석을수와 홍단수가 회합하는 곳인 대자계비(帶字界碑)까지 403리다.

장파 부교 남안의 산자계비(山字界碑)까지 426리다.

석을수와 홍토수가 회합하는 곳인 하자계비(河字界碑)까지 524리다.

석을수 강원에서 고자계비(固字界碑)까지 546리다.

황하송전자(黃花松甸子)가 끝나는 골짜기 어귀(溝口)에 세워진 탕자계비(湯字界碑)까지 558리다.

황하송전자의 두도구구(頭道溝口)에 세워진 금자계비(金字界碑)까지 563리다.

소백산 동쪽 기슭의 구구(溝口)에 세워진 하자계비(河字界碑)까지 585리다.

장백산 동남 소백산 정상에 세워진 화자계비(華字界碑)까지 600리다.

위 계비의 도문강 남안은 하나같이 조선의 계(界)다.

위의 '화, 하, 금, 탕, 고, 하, 산, 대, 여, 장' 등 10자 계비는 「정해감계」 이후 청나라에서 새롭게 세운 것이다. 이보다 훨씬 중요한 「강희정계비」를 도외시하고 세워졌다. 정계비는 국경분쟁[爭界]에서 관계가 그리 깊지 못한 압록강 강원에서 이를 기록하였던 점은 매우 이해할 수 없는 부분이라 하겠다. 따라서 10자 계비와 정계비의 관계는 다시 답사 연구를 요하는 것이라 하겠다.

간도문제 私見

1. 지세로 본 간도문제

장백산(長白山), 즉 한인들이 말하는 이른바 백두산(白頭山)에서 북동으로 두 갈래로 뻗은 지간(支幹) 산맥은 두 손가락을 벌린 모양과 매우 흡사하다. 손바닥에 해당하는 부분이 장백산 일원의 고원(高原)이다. 그 가운데 북동 두 방면의 산맥과 인접된 부분이 낭낭고(娘娘庫)와 고동하(古洞河)[1] 지역이다.

두 손가락에 비견되는 산맥 가운데 내가 지나온 지역으로는 제일 처음으로 한국의 무산령(茂山嶺)[2]이다. 이 산맥의 남쪽은 수성(輸城)과 경성(鏡城)의 두 골짜기다[谷地]. 용성천(龍城川)은 무산령 중간에서 발원한다. 이 산맥의 북쪽은 바로 두만강 유역으로 흑산령산맥(黑山嶺山脈)과 함께 위의 유역을 품고 있다. 그 지류들은 하곡 지역[谷地]에서 몇 리에 달하는 평원을 형성하고 있다. 회령(會寧)의 알목하(斡木河) 유역은 바로 이런 경우에 해당한다.

흑산령산맥은 내가 두 번째 거쳐 온 지역이다. 장백산 일원의 고원이 점차 고도를 낮추면서 산들을 형성하고 있다. 우심산(牛心山)[3]을 기점으로 두만강 본류를 따라 북동으로 가면 그 북쪽에 해란강(海蘭江)과 부르하도하(布爾哈圖河)를 만난다. 두 강은 광활한 유역을 품고 있다. 이 지역이 바로 간도(間島)다. 두 강의 사이 혹은 구릉 지역을 경계로 한다. 그 가운데 조금 융기된 부분이 모아산(毛兒山)과 마안산(馬鞍山)을 이루고 있다.

간도에서 북서로 길림(吉林)으로 향하는 길을 따라가면 노두구(老頭溝)와 오개정자(五箇頂子)를 만난다. 이곳을 넘으면 부르하도하를 따라 네 번째로 만나게 되는 곳이 하얼바령(哈爾巴嶺)이다. 이곳에 이르면 지세가 점차 높아진다. 계속 따라가면 점차 장백산 주변 고원에 이르게 된다. 하얼바령의 해발고는 흑산령산맥에 미치지 못하지만, 이곳을 넘다 보면 산비탈 비슷한 작은 언덕을 넘어갔다는 느낌이 든다. 경사도는 노두구령이나 오개정자령에 미치지

1 고동하는 이도백하로 흐르는 큰 물길로 원래 작은 시냇물이었는데 큰 물길로 바뀌게 되면서 '고동하'란 이름으로 불리게 되었다고 한다.

2 무산령은 함경북도 부령군 서상면과 회령군 창두면 사이에 있는 해발 606m의 고개이다. 함경산맥의 북단에 있는 신봉(新逢)과 옥성산(玉城山)과의 안부(鞍部)에 있다. 기반암이 화강암으로 이뤄져 있고 완만한 북쪽은 두만강의 지류인 회령천(會寧川)으로, 급경사의 남사면은 청진만으로 흘러드는 수성천(輸城川)으로 이어진다.

3 길림성 연변조선족자치주 화룡시에서 남쪽으로 20여 리 떨어진 곳에 세모꼴 모양의 우뚝 솟은 산을 말한다. 산세가 소의 형상을 닮았다고 하여 붙여진 이름이다.

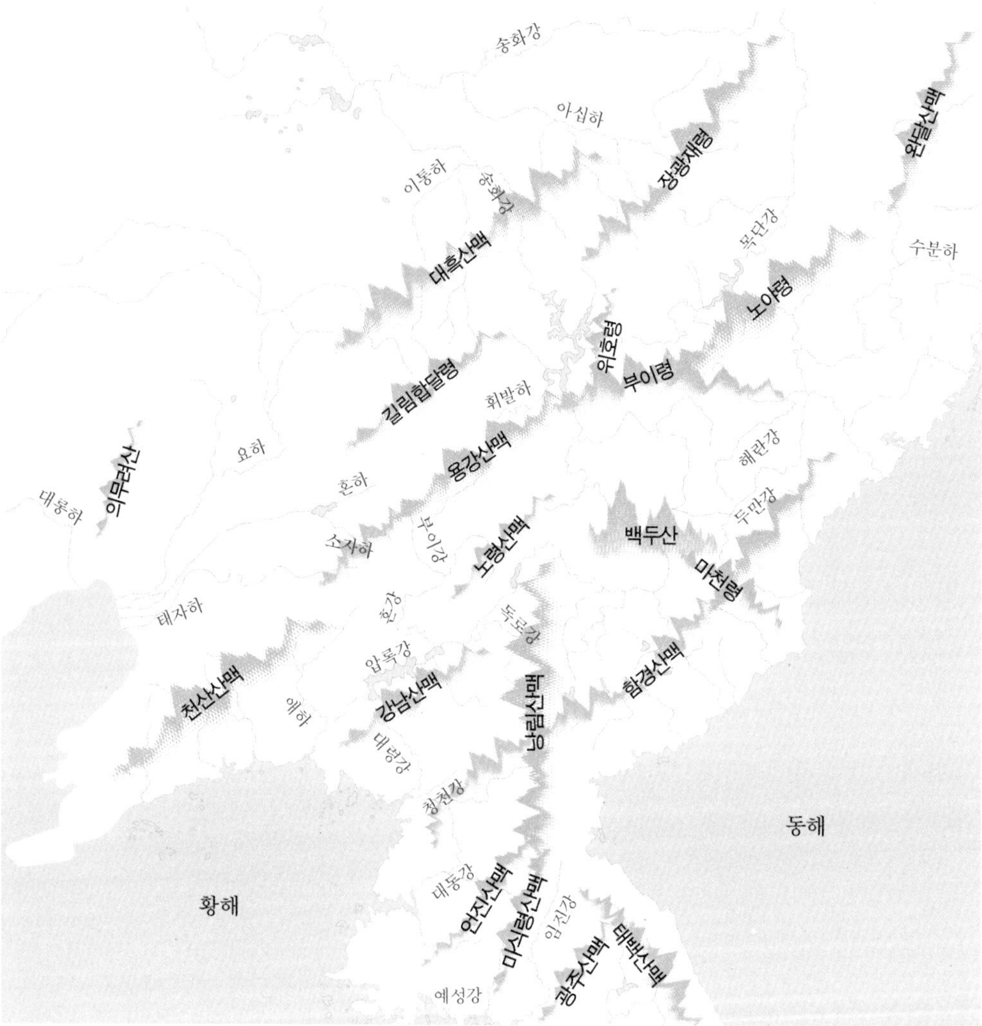

장백산의 지간 산맥과 고원

못함을 확연히 느낄 수 있다.

노두구와 오개정자의 복령(復嶺)은 오직 관도 부근에서 돌출된 것만 아니다. 그 동쪽의 영고탑 가도 즉 알아하 연안 도로에 이어져 있는 고려령에 이어져 포이합도하 유역의 병풍을 이루고 있다고 상상하여도 좋다.

이전에 간도 지질 조사에 참여하였던 교토대학 문과대학 교수 이학사 소천탁치(小川琢治) 씨에게 질문하였더니 그도 나의 소견이 정당하다고 단언하였다. 위의 병풍이 산 정상에서 끊어지는 부분도 있다. 이런 곳에 평평한 현무암이 노출되어 있다. 여기서 합이파령과 연속되는 노야령에 이르기까지 매우 넓은 고원을 이루고 있다. 즉 복령의 동쪽은 고려령과 이어지면서 포이합도하 유역의 병풍을 이루고 있다.

따라서 위의 유역과 지형이 완전히 다른 고원지대를 격리시키는 분계가 된다. 위의 합이파령과 상대하면서 고원을 끼고 있는 포이합도하와 해란강 유역은 목단강 유역 사이의 구분을 확연하게 한다.

합이파령 이서(以西)는 목단강 상원 유역이다. 돈화의 동쪽 10여 리(청 거리 단위)되는 홍륭천 부근은 여전히 고원이다. 돈화도 해발 2000자에 가깝다. 목단강 유역에 가깝게 위치해 있다. 돈화 서쪽 위호령(威虎岭)을 넘어 길림으로 향하는 통로는 마치도 합이파령을 넘어 국자가로 향하는 길과 비슷하다.

만약 돈화에서 목단강을 따라 북쪽을 내려가면 액목색에서 거의 정서 방향으로 다섯 번째로 만나게 되는 장광재령(張廣才螺)과 돈화 이서(以西) 고원과 서로 등을 지고 점점 멀어진다고 하겠다. 장광재령은 목단강 유역의 지원을 확실하게 받으면서 산세를 험준하게 키웠다. 여기서 점차 서쪽으로 노야령[앞에 나오는 것과 동명 이산(異山)]에 이르면서 여섯 번째 산맥을 만나게 된다. 장광재령에서 노야령에 이르는 지역은 높고 큰 산에 있는 곡지(谷地)라 하겠다. 이런 계곡에서 발원하는 여러 줄기의 강물은 노야령 산맥의 남쪽 끝머리를 끊으면서 송화강으로 흘러든다.

따라서 노야령에서 서쪽으로 곧추 송화강안에 이르는 지역은 바로 길림평원을 이루고 있다. 위의 장광재령과 노야령은 장백산의 북쪽 고동하의 고원지방에서 지맥(地脈)이 뻗어온 것이다. 북쪽으로는 저 멀리 삼성(三姓)의 서쪽 그리고 합이파령에서 동북으로 뻗은 산맥과 함께 목단강 유역을 품고 있다. 따라서 장백산 동북쪽의 지맥을 개설(概說)하면 그 주위의 고원을 출발하면 목단강 유역을 중심으로 일종 특이한 지질 즉 광대한 '용암'을 형성하고 있음을 알 수 있다.

따라서 오른쪽은 합이파령에서 노두구령에 이르는 고원이다. 왼쪽은 장광재령에서 노야령에 이르는 산맥들이다. 상기 오른쪽에 다시 오른쪽은 포이합도하와 해란강 유역인 간도다. 왼쪽에서 다시 왼쪽은 바로 송화강 유역인 길림평원이다.

위의 지세를 보면 간도에서 한국 6진으로 이르려면 흑산산맥 하나를 넘으면 된다. 돈화에 이르려면 노두구령을 넘고 다시 합이파령을 넘지 않으면 안 된다. 영고탑에 이르는 것도 고려령에 이어 태평령을 넘고 다시 노야령을 넘지 않으면 안 된다. 따라서 떨어져 있는 거리로 보더라도 간도의 중심이라 할 수 있는 용정촌 즉 청나라 이름으로 육도구에서 한국의 회령까지 12~13리(일본의 거리 단위)다. 종성까지 더욱 가깝다. 여기에 비해 돈화까지는 30여 리, 영고탑에 이르기까지는 40여 리나 된다.

이 같은 지세가 지역 개발에 영향을 미치는 것은 예나 지금이나 마찬가지라 하겠다. 간도에 인류가 서식하기 시작한 가장 오래되고 가장은 면적이 큰 유적은 해란하의 상류 두도구 부근이다. 바로 동서 고성자 부근이다. 그리고 가장 군거(群居)가 번성하게 이루진 지역은 바로 용정촌 부근 즉 육도구 곡지(谷地)라 하겠다. 크고 작은 유적지가 바둑판 위의 바둑알처럼 분포되어 있다. 포이합도하 곡지는 해란강 곡지처럼 유적지가 많지 않다. 노두구령 이북에서 합이파령에 이르는 사이에 하나의 유적도 찾아볼 수 없다.

그렇다면 이전에도 이곳에 서식하던 인종들은 주로 한국의 6진을 기반으로 생활의 편리를 도모하였을 것으로 보인다. 때로는 정복에 복종하고 때로는 그곳을 침습(侵襲)하기도 하였다. 하여튼 6진을 기반으로 하는 것을 피할 수 없었다. 영고탑과 돈화 지역과는 관계가 깊지 못했다. 조선시대 한인들과 번호(藩胡)를 유지하고 있던 이 지역 사람들을 청 태조는 하나도 남기지 않고 다른 지역으로 끌고 갔다.

최근에 간도문제가 발생하면서 한인들은 누구보다 먼저 위의 지역으로 들어왔다. 위에서 살펴본 지세의 영향이 컸기 때문이다. 지금도 간도에서 생산되는 곡물은 북한으로 수출할 수 있기에 생산 가치가 있다고 하겠다. 청나라에 수출하려고 해도 돈화 이서, 길림지방은 원래 더욱 큰 곡물 생산지기 때문에 용도를 개척할 희망이 없다.

따라서 북한에 대한 방곡령(防谷令) 시행은 오로지 생산지인 간도 거주민에게 고통을 더해주는 데 불과하다고 하겠다. 잡화 등은 국자가 상인들이 중국인들이기 때문에 일본 제품마저 길림지방으로 수출하는 것을 억제당하고 있다. 지금은 청진에서 간도로 이어지는 교통기관이 갖추어져 있지 않다. 만약 교통이 편리하게 되면 상업 상황이 큰 변화를 가져올 것으로 예상할 수 있다. 지금 국자가에서 유통되는 잡화가 블라디보스토크에서 수입되는 것을 보아도 알 수 있다.

블라디보스토크에서 국자가로 수입되는 물품은 우선 해로로 '노우키에프스크[연추]'에 도착하고 다시 훈춘을 거쳐 국자가에 도착한다. 위의 교통로는 육로로 하면 34~35리(일본 거리 단위)에 지나지 않는다. 청진에서 국자가까지는 40여 리다. 무산령과 올량합령(청 이름으로 화호리구령 즉 흑산산맥이 가로놓은 것) 등 2중으로 된 령을 통과하지 않으면 안 된다.

위의 구간에 청진과 회령 사이에는 경편철도가 있다. 손으로 미는 대차(臺車)가 다닌다고 하지만 그 수가 많지 않다. 그리고 운임이 저렴하지 않다. 따라서 상품은 운반은 손수레가 유독 많다. 올량합령도 전부 말 등에 실거나 손수레를 이용한다. 훈춘 거리의 지나 마차 즉 큰 수레에 비해 운임이 저렴하지 않은 이유가 바로 여기에 있다.

이같이 간도가 지세로 보면 한국에 속하는 것이 청나라에 속하기보다 편리하고 지당하다는 것을 증명할 수 있다. 암흑시대의 사실(史實)은 변화를 거듭하였고 위의 지세에 따라 이루지지 않은 것이 없었기 때문에 간도는 청나라에 비해 한국에 연고가 더욱 깊었던 것이 확고하다 하겠다.

〈비고〉

1. 국자가 북쪽 2리 되는 일량구를 넘어가는 고개 위에 토벽(土壁)이 있다. 길이가 수 리에 달한다. 지금도 흔적이 보인다. 나는 이곳을 답사하였다. 이곳은 청 태종이 조선을 정복하여 화의하였을 때의 경계선이 아닐지 생각해 보았다. 이곳을 중심으로 양쪽을 끝까지 정밀 조사해 줄 것을 통감부파출소에 위탁하였지만, 아직 회답을 받지 못했다.

2. 포이합도하 강변에 고비(古碑)가 있다. 통감부파출소 통역생 山崎誠一郎 씨가 보았다고 하여 나도 찾아보았지만, 그때는 비가 온 뒤라 강물이 많이 불어 비가 있는 곳을 찾지 못했다. 비를 탁본하고 사진을 찍어 줄 것을 통감부파출소에 위탁하였지만, 눈이 와서 착수하지 못했다는 회답을 받았다.

2. 간도 철도 의견

만약 간도에 철도를 부설한다고 하면 한쪽은 청진 혹은 부근의 해구(海口)로 하고 다른 한쪽은 길장철도(吉長鐵道)와 연계하지 않으면 안 될 것이다. 청진에서 국자가에 이르는 거리는 대략 100리다. 국자가와 길림 사이는 270리가 된다.

국자가로 철도를 부설할 경우 많이 우회하기 때문에 동불사(銅佛寺)에서 직접 용정촌을 경과하는 것이 지당하다고 하겠다. 그렇게 되면 철도를 수 리나 단축할 수 있다. 길장철도는 70여 리다. 청진과 장춘 사이는 대체로 440리 이다. 장춘과 대련 사이는 435리 이다. 그런데 이 사이에는 6개의 산이 가로막고 있다. 노두구와 합이파령을 제외하고도 4개의 산이 가로막고 있다. 모두 험준하기에 터널 공사에 막대한 자금이 소요된다. 평지라고 하더라도 만주어로 합탕(哈湯)이라 부르는 대습지가 도처에 있기에 시공의 어려움이 장춘과 대련 사이와 비교할 수 없다.

내가 이번 여행에서 가장 어려웠던 것이 바로 합탕이다. 위의 지역을 여행하고자 하는 자는 대체로 겨울철에 한다. 내외인(內外人) 기행자 모두 이를 언급하였음에도 불구하고 나는 이에 주의를 돌리지 않아 큰 낭패를 보았다. 차 바퀴가 완전히 빠져 꼼짝달싹 못 하기도 하고 하루에 1~2시간 허비하는 일이 하루에 3~4회 이상이었다. 무릇 이전의 여행객은 수레 위에서 가장 곤혹스러웠던 것이 돌자갈[石礫] 때문에 하적(河磧)이나 산파(山坡)를 주로 이용했다.

그런데도 이번 여행은 돌자갈이나 우수(雨水)는 그런대로 견딜 만 하였다. 산파도 어렵게 여겨지지 않았다. 다만 합탕을 만나는 것이 너무나 두려움을 떨칠 수 없었다. 따라서 그 지세에 대한 생각도 많이 할 수 있게 되었다. 최악의 계절에 여행했던 덕분으로 돈화 지역에서 노야령에 이르는 지역에 널려 있는 드넓은 땅이 왜 버려져 있는지를 알 수 있게 되었다.

만약 겨울에 이 지역을 지났다고 하면 위의 지역을 광활한 경작지로 오인하기에 충분하다. 위의 습지는 경작에 적합하지 못하기 때문에 최근 청에서 개간 정책을 돈화 지역에서 실시한다고 하여 성공할 수 없을 것이다. 반대로 간도는 토질과 지세로 보아도 경작에 적합한 곡지(谷地)가 여기저기 널려 있다는 것을 확실하게 알았다.

따라서 이를 경과하는 지역을 보면 길림 이서 지역을 제외하고 토지의 비옥도를 보면 간도를 능가하는 곳이 없다. 간도의 농산물도 중부 만주에 비하면 실로 미소하다고 하겠다. 돈화 지역은 어느 곳보다 습지가 많은 고원이기 때문에 지금은 대부분 아편 원료가 되는 앵속(罌粟; 양귀비) 재배로 상당한 수익을 올리고 있다.

그러나 앵속 재배도 3년을 기한을 금지하기 때문에 지방 관헌 역시 백성의 생명과 직결되는 중차대한 문제라 고심하지 않을 수 없다면 나한테 고충을 직접 털어놓았다. 다른 농산물 생산량은 간도에 비할 수 없다.

액목색과 돈화 사이의 지역 모두 마찬가지다. 영고탑 지역은 동청철도의 세력범위에 속하는 지라 비교 대상에 넣지 않았다. 액목색과 길림 사이는 모두 산간 계곡 사이의 곡지(谷地)라 농사는 매우 잘 된다고 하지만 중요한 농산물 산지라 할 수 없다. 만약 돈화에서 길림까지 액목색을 거치지 않고 따로 남쪽 길로 가려고 한다고 하여도 여름이 되면 습지 때문에 교통은 완전히 차단된다고 하겠다. 물론 농산지로도 전혀 가치가 없다고 하겠다. 따라서 향후 가장 중요한 곡물 산지로는 장광재령과 노야령 사이의 대산림뿐이라 하겠다.

장광재령은 만주어로는 대산림이라는 뜻이다. 노야령은 소산림이라는 뜻이다. 침엽림수와 활엽수가 서로 섞여서 광대한 밀림을 이루고 있다. 만주의 명물 가운데 와집(窩集; 삼림)은 더욱 유명하다. 우리가 횡단한 것도 전자는 동서의 길이가 8~9리 이고 후자는 6~7리 이다. 남북의 길이는 수 배가 된다. 모두가 장백산 삼림이 연속된 일부분이다.

지금 장백산 남쪽은 압록강채목공사가 채벌하고 있다. 북쪽에서는 송화강 상류에서는 매년 길림지방으로 운반하는 목배(木排) 즉 뗏목이 200여만 원 정도가 된다. 랍림하의 상류와 삼성 지역에서도 대삼림의 일부 지역이라 이곳에서도 채벌이 이루어지고 있다. 장광재령과 노야령은 주요한 생산지가 될 수 있음에도 불구하고 수리(水利)의 편리가 없었기 때문에 거의 채벌이 이루어지지 않고 원시림 그대로 남아있다. 만약 철도가 개통된다고 하면 이 지역도 삼림 채벌의 길이 열리게 되면 중요한 물산으로 부상될 수 있음이 틀림없다. 그 외에도 합이파령과 이어지는 노야령산맥과 흑산산맥 역시 다소 삼림이 있다.

만약 우리나라[일본]의 북해도와 추전과 같이 임업지(林業地)를 대안에 두고 북한의 해구(海口)와 연결된다면, 위의 임산물은 상당한 수익을 거둘 수 있을 것으로 예상할 수 있다. 이렇게 되기까지 상당한 시일이 걸릴 것으로 예상된다.

현재 예상되는 철도 노선은 돈화와 연결시키면 대련과 경쟁할 수 있게 됨으로써 비상한 희망을 가지고 있다 하겠다. 블라디보스토크의 자유항의 개폐(開閉)에 따라 북만주 무역에 상당한 영향을 미치고 있다고 하겠다. 군사상에 보면 동청선에도 유력한 압박이 될 수 있을 것으로 보인다. 따라서 위의 철도 특권을 반드시 보류하여야 할 것이다. 그리고 철도 부설은 빠른 시일 내로 반드시 실행하여야 한다고 생각된다.

3. 간도문제 협정안 화의

간도문제의 발생은 한국이 여전히 청나라를 종주국으로 봉대할 경우 문서상으로 보면 증거가 한국에게 불리한 것은 어쩔 수 없는 흐름이라 하겠다. 따라서 청이 협정에 조금이라도 성의를 가지고 있으면 이런 시세를 감안하지 않을 수 없을 것이다.

그럼에도 불구하고 여러 가지를 종합하여 검토하면 청나라의 입장에서 위의 지역이 이전부터 중립지였을 뿐만 아니라 한국의 영토가 아니라는 점을 확실하게 증명할 만한 완전히 유력한 증거도 가지고 있는 것이 아니다.

따라서 위의 문제는 결과적으로 양국 협정을 통하여 종래의 현안을 해결하는 것이 가장 바람직하다고 하겠다. 즉 청나라의 이른바 연길청 관할에 속해 있는 영토권은 승인하고 다음과 같은 교환 조건을 받아내는 것이 바람직하다고 하겠다.

1. 현재 청이 주장하는 국경선으로부터 청 측에서 직경 20리(이하는 일본 거리 단위) 내(혹은 연길청 관할 범위 전부)에서 한국민의 토지권, 각종 영업권을 허락해 줄 것. 위의 토지 양여는 청·한 양 국민에게만 제한할 것.
   단, 위의 토지 양여에 따라 발생하는 권리에 따르는 의무 즉 과세는 청나라 인민과 동일하게 할 것. 따로 과중한 부담을 지우지 않도록 할 것.
2. 상기 지역 내에서 일본인의 기득권을 승인할 것.
3. 통감부에서 설치하는 관아 부지는 청나라에서 그 가격을 상환하면서 소유권을 회복할 수 있다. 향후 통감부가 이사관 등을 주재시키려고 할 경우 적당한 부지를 조차할 수 있다. 위의 조항은 청나라의 제안을 기다렸다가 착수하여야 할 것이다. 굳이 우리나라가 제안할 필요가 없다. 그리고 우리나라가 가설한 전선의 경우도 마찬가지다.

4. 상기 지역 내의 통상은 청·러 국경 무역 장정의 예에 따라 무관세로 할 것. 위의 지역 밖으로 화물을 반출하는 경우에도 위의 장정에서 100리 밖으로 반출하는 경우와 동일하게 처리한다.
5. 상기 지역 내의 생산품을 한국에 수출할 경우에도 국경에서 20리 내외를 정하여 위의 장정 원칙을 적용한다.
6. 청나라 관리는 위의 지역 내 생산품을 한국에 수출할 경우 청인, 한인, 일본인을 불문하고 자유롭게 방임하여 검속을 가할 수 없다.
7. 통감부와 한국 정부는 일본과 한국 양국 국민을 관리하기 위해 이사관을 위의 지역 여러 곳에 주재시킬 수 있다.
8. 상기 지역에 거주하는 일본인과 한국인에 대한 재판권은 위의 이사관이 집행하도록 한다. 청나라 사람과 일본·한인 사이의 교섭 사건은 청국 각 거류민지에서 시행되는 현행 조약의 원칙에 준한다.
9. 향후 길림에서 위의 지역 내에 이르는 철도를 부설할 경우 반드시 한국의 해안까지 연장하도록 한다. 여기에 소요되는 자본은 일청한 3국이 공동 부담하도록 한다. 그리고 청한 양국은 상기 예정 선로의 성립을 방애하는 다른 노선 계획을 수립할 수 없다.

〈비고〉

이사관과 경찰관 주재지로서 현재 청 관아 소재지와 한국 헌병 주재지를 참조하여 아래와 같이 열거한다.

용정촌 즉 육도구	국자가
두도구	동불사
조양천	대랍자
걸만동	무산 대안의 한 지점

경찰관 주재와 관련하여 주의를 돌려야 할 부분은 한인 순사는 전혀 필요하지 않다는 점이다. 한인 순사는 청국인에 대해 어떠한 위력이 없고 무시를 당하기 때문에 오히려 일을 그르칠 우려가 있다.

위의 지역 내에서 요새 구축은 금지되어 있고 타국 자본을 이용하여 위의 지역 내의 사업에 투자할 수 없다 등 비밀 협정의 내용에 대해 당국은 유념하기 바란다. 그럼에도 청나라는 국자가 대안인 남영에 영구적인 병영 건축에 하였는데 위의 협정은 무효로 돌아갈 수 있을 것 같다.

4. 부언

압록강 대안 혹은 장백산 북쪽 지역에도 한인 거주자가 결코 적지 않다. 만약 한인들이 간도를 북간도로 부르면서 압록강의 모아산 두도구에서 24도구까지 이르는 지역을 서간도라 부르는 것도 위의 상황을 말해준다고 하겠다. 서간도에 거주하는 한인 수만 하여도 30,000명 이상이라 한다.

장백산 북쪽, 낭낭고, 고동하 지역에서도 간도문제의 영향으로 청국 관헌이 한인들에 대한 치발 강요에 귀화와 복장을 바꾸어 교섭의 번거로움을 피하려고 하는 자들이 나타난다. 통감부 파출소 파견원의 실지 시찰 보고서에도 위의 상황을 적고 있다. 특히 압록강 하류 의주 관할구역 내에서는 신도 황초평 관할 문제가 아직 해결되지 않았다. 만약 가능하다면 위의 문제와 더불어 처리하면 쉽다고 판단된다. 그 해결 조건으로,

1. 청 성경성과 길림성의 한국과 접경 지역에 이주 거주한 한인들이 이미 청국의 지권(地券)을 구입하여 실질 소유권을 행사하고 있는 자에 대해 그 기득권을 승인하고 상기 기득권의 양여는 청한 양국인으로 제한할 것.
2. 상기 한인의 과세 부담은 청인과 동일하게 할 것.
3. 상기 한인에 대한 재판권은 일본 영사가 이를 보류할 것. 위의 여러 건과 관련하여 동의할 경우 신도 황초평(黃草坪)[4]을 청국의 영토로 인정할 것.

---

4 압록강 하구에 위치한 섬으로, 황금평(黃金坪)이라고도 한다. 면적은 11.45km²이다. 이 섬은 부근의 비단섬, 서호섬 등 압록강 하구의 하중도(河中島)들과 함께 행정구역상 평안북도 신도군에 속한다. 압록강의 오랜 퇴적

그리고 소작인과 기타 노동자의 신분으로 청국으로 이주하고자 할 한인들이 향후 결코 적지 않을 것으로 예상됨으로 관련 규정을 정하여 청국과 타당한 협정을 체결하여 번잡한 교섭을 미연에 막아야 할 것으로 소망한다.

〈비고〉

신도 황초평 또는 노초평이라 부르는 안건은 서류 ■■ 광무 6년 청안 제7, 광서 27년 12월 25일 허공사 조회, 조록 성경장군 증래문, 광무 6년 4월 5일 유외부대신 조회, 광서 28년 2월 29일 허공사 조회, 광서 28년 6월 9일 허공사 조회 그리고 초록 봉천장군 봉천부윤 자문, 서류 ■■ 광무 8년 청안 제9, 조회 제30호, 광무8년 11월 23일 이외부대신 조회, 광서 30년 11월 7일 허공사 조회를 참조하라.

으로 인해 중국 영토에 맞닿아 있으며, 중국 측 영토와의 경계에는 철조망이 설치되어 왕래가 통제되고 있다.

Ⅱ

『間島問題調査書』 원문

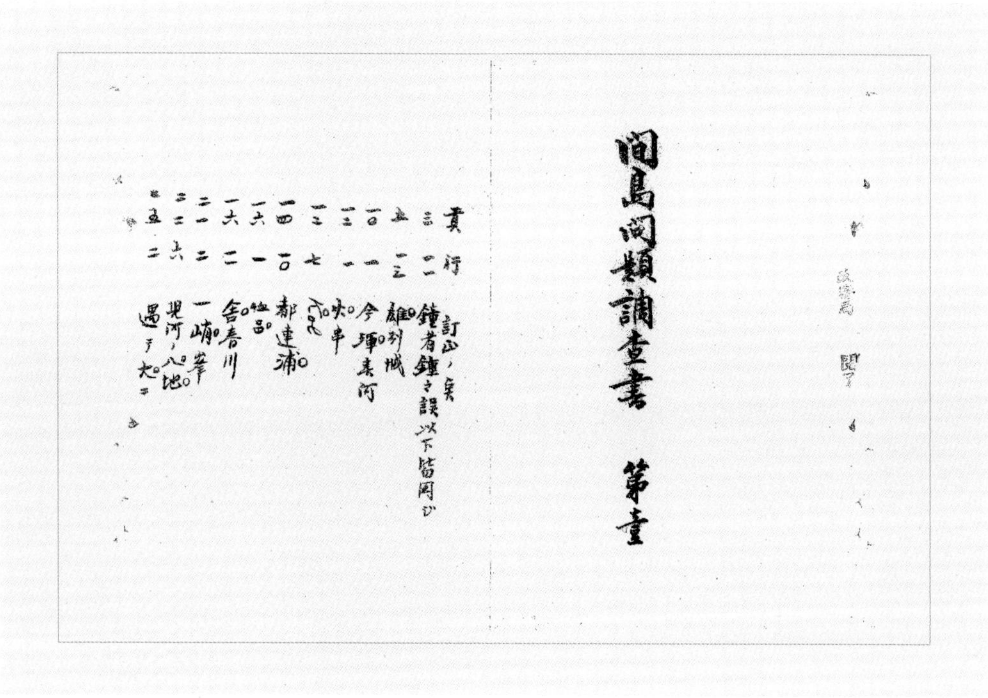

間島問題調査書 第壹

頁 行 訂正ノ点

三二 二 鍾者鍾ヲ誤ル以下皆同シ

五 一三 雄列城

一百 一 今彈素河

一三 一 吹串

一四 一百 都連浦

一六 二 舍春川

二一 二 一峙峯

二二 六 児河ノ八池

五 二 遇テ大

01

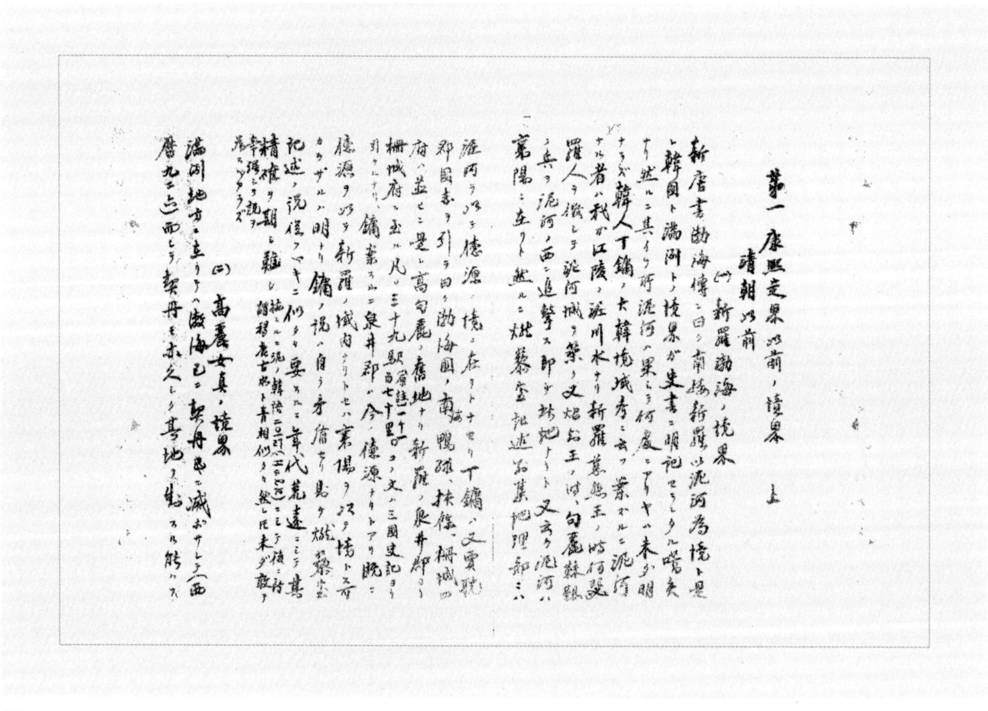

第一 康熙定界以前ノ境界 上

清朝以前

(一) 新羅渤海ノ境界

新唐書渤海傳ニ曰ク南ハ新羅ト泥河ヲ以テ境ト為スト是レ韓国ト満洲トノ境界ガ史書ニ明記セラレタル嚆矢ナリ然ルニ其イワユル泥河ハ果シテ何処ニアリヤハ未ダ明ナラズ韓人丁鏞ハ大韓疆域考ニ於テ泥河ナル者ハ我ガ江陵ノ泥川水ナリ新羅慈悲王ノ時何瑟羅人ヲ徴シテ泥河城ヲ築ク又炤知王ノ時高句麗靺鞨ノ兵ヲ泥河ノ西ニ追撃ス即チ其地ナリト又云ク泥河ハ一ニ葛陽ニ在リト然ルニ欽定盛京通志[illegible]地理部ニハ泥河ヲ以テ徳源ノ境ニ在リトナセリ丁鏞ハ又賈耽郡国志ヲ引テ曰ク渤海国ノ南海鴨緑扶餘柵城四府ハ並ニ是レ高句麗ノ旧地ナリ新羅ノ泉井郡ヨリ柵城府ニ至ル凡ソ三十九駅(原註一千一百七十里)ト又ハ三国史記ヨリ引カルナリ鏞案ズルニ泉井郡ハ今ノ徳源ナリトアリ既ニ徳源ヲ以テ新羅ノ域内ナリトセハ葛陽ヲ以テ境トスベカラザルハ明ナリ鏞ノ説ハ自ラ矛盾セリ且ツ盛京通志記述ノ説ニ従フベキニ似タリ要スルニ年代荒遠ニシテ其精確ヲ期シ難シ[illegible]

(二) 高麗女真ノ境界

満洲地方ニ在リテハ渤海已ニ契丹ニ滅ボサレテ(西暦九二六)而シテ契丹モ亦久シク其地ヲ保ツ能ハズ

02

堂ニ於テ女真ノ種族、各、自ラ雄長ニテ統一スル所ナシ
韓国ニ在テハ高麗ノ太祖ノ統一ハ渤海ノ亡滅ヲ距ルコ
ト十年ニ過ギズ(西九三六)故ニ其初世ニ於テ女真ノ或
ハ朝貢シ或ハ侵寇スルコト頻繁ナリシガ中世ニ及
ビテ女真ノ内附スルモノ漸ク多ク州縣ニ帰スルコト多シ文
宗ノ二十七年頃(西一〇七三)ニハ前ニ七州ノ建置アリ後ニ
十一州ノ隷属アリテ大韓疆域考ノ論証スル所ニ従ヘバ
後建十一州中ノ属部・蘇名ニ三山(即チ三撒ニテ北青ノ古名ナリ)アルヲ以テ
州名建置ノ地方ハ少クトモ今ノ北青ニ及ビ其餘内附シ
テ州縣タランコトヲ請ヘトモ未ダ允サレザルモノニハ至乙骨
併、録伐漢等アリ前者ハ今ノ鍾城ニシテ後者ハ慶大嶺
ナリトイヘリ ロノ鍾城トイフ説ハ尚疑フベシ
畎時女真ニテハ景祖烏古廼ガ白山(即チ長白山)耶懶(統門即チ豆満)
江耶懶 ノ地方ヲ役属スル且其
死スルヤ(西一〇六八)其子劾里鉢之ニ代ハリ一時紇石烈部
黒水諸部ノ擾乱ニヨリテ盡ク舊疆ヲ統御スル能
ハズ四世ニ亘リ常ニ隣ニ争ヒシガ既ニシテ世祖ハ其弟粛宗頗
剌淑、穆宗盈歌等ト相継ギ該部ヲ討平シテ日ニ疆盛ヲ
致シ其東南境ハ乙離骨、曷懶、耶懶、土骨論ニ及リ
テカハ穆宗ノ末年ヨリ康宗烏雅束ノ時ニ及ビ遂ニ高麗
ト大ニ衝突ヲ起セリ
粛宗ノ晩年ハ穆宗ノ十年癸未(西一一〇三)即チ康宗ノ元年ヨリ
始マリ康宗ノ七年己丑(西一一〇九)ニ終ル高麗ニテハ粛宗
ノ八年ヨリ睿宗ノ四年ニ至ル尹瓘七年ニ渉リ
當時ノ境界ヲ考フルニ初メ高麗女真

03

ノ両国ニ介在シ酋長ニ乙離骨嶺ノ僕散部、胡石来勃
菫トイフ者アリ而シテ其傳ハ實ニ乙離骨嶺附近曷
懶甸諸部ノ何レニ属スルカヲ問ハズ是レ其地
方ガ両国ノ間ニ介在スル爭地タリシコトヲ知ルベシ高麗ハ此等
ニテ女真ノ地ニ侵入シ此城ヲ撫諭シ築キシガ金史ハ之ヲ
地ヲ以テ曷懶甸ト称シ其交戦セシ地名ハ閼登水
蒙豊城、乗里门甸、復州水、曷懶水、隆魯城、駝吉城等
アリ(ヒ)今ニ於テ推想シ得ルハ復州水、曷懶水ノミ
ハ其交戦ガ主トシテ曷懶水、海蘭河附近ニ行ハレタルカトハ
疑フベカラズ高麗史、東国通鑑等ノ記スル所ニ依レバ高
麗ノ元帥尹瓘ガ進撃ノ結果トシテ築キタル北界ノ九
城ハ咸州、英州、雄州、吉州、福州、公嶮鎮
鎮ハ宜州、通泰、平戎三城ニシテ
書州城及ビ公嶮、咸州、通泰、平戎、宜州ノ新鎮ニ至テ碑
ヲ公嶮鎮ニ立テ以テ界ト為シ而シテ新ニ畫定セル地界
ハ東ハ海ニ至リ北ハ蓋馬山ニ至リ西ハ長白山ニ至リ
至ルトイヘリ東国輿地勝覧ハ之ヲ其全ク豆満江ノ北ニ
トシ高麗史ヲ引テ之ヲ蘇下江ノ辺ニ遠ク
アリトシタルガ公嶮鎮ハ位置ニ関シテハ此碑ノ存在ハ一時高麗
北ニ在リトシタリ然ル公嶮鎮ノ地ト先春嶺ノ碑ハ一時高麗
ノ侵略セシ地方ノ限界ヲ示スモノニシテ極メテ重要ナルモノナリ
テ左ニ輿地勝覧ノ記スル所ヲ引テ以テ之ヲ論証スベ
シ
會寧ノ高嶺鎮ヨリ豆満江ヲ渡リ古羅耳ヲ経テ吾童
沙吐、蘇下江ノ辺ニ至ル公嶮鎮ノ古基
アリ南ハ貝州、探州ニ隣シ北ハ堅州ニ接ス[illegible]

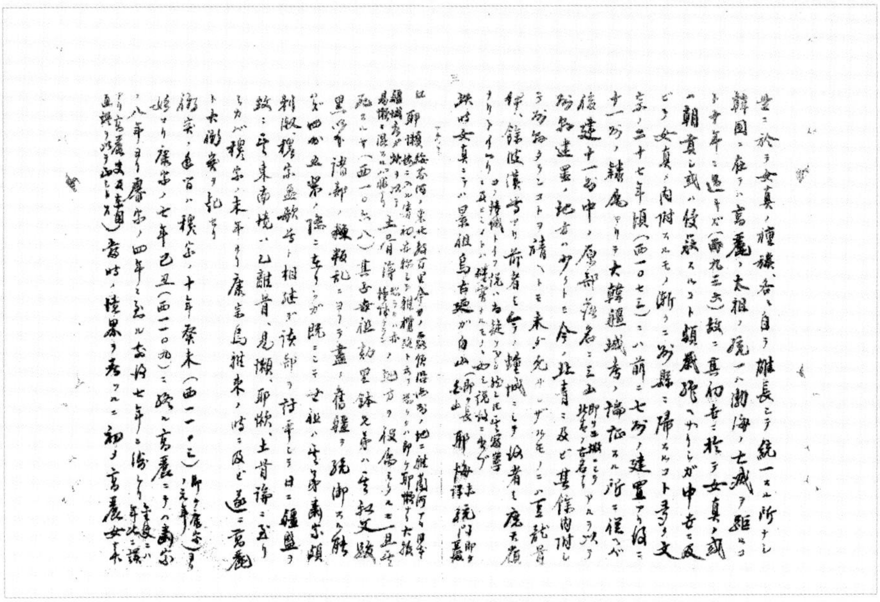

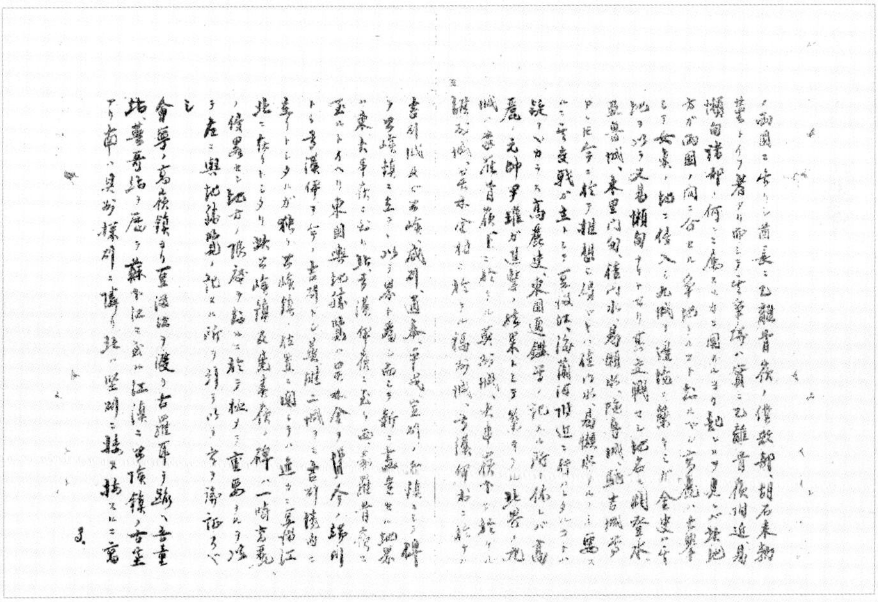

04

麗史地理志ニ公嶮鎮ハ睿宗ノ三年、城ヲ築キ鎮ヲ置キ防禦使ト爲ス六年ニ山城ヲ築ク注ニ一ニ云ク孔州ト一ニ云ク匡州ト一ニ云ク先春嶺ノ東南、白頭山ノ東北ニ在リト一ニ云ク蘇下江邊ニ在リト今既ニ慶源ヲ以テ孔州ト爲スハ誤ラタハ先春嶺ノ東南、白頭山ノ東北、蘇下江邊ニ在ルモノヲ是トセン猶ニ北来ダ考ヘザルヘカラズ又地理志ニ通泰、平戎、寧塞、眞陽等ノ鎮ハ皆睿宗ノ三年ニ城ヲ築キ四年ニ撤シテ女眞ニ還セリ其地面ハ今亦未ダ考フベカラス

先春嶺ハ豆滿江ノ北七百里ニ在リ尹瓘地ヲ拓キテ此ニ至リ公嶮嶺ニ築キ遂ニ碑ヲ嶺上ニ立テ刻シテ曰ク高麗之境ト碑ノ四面ニ書アリ諸胡人ニ割キ去ラル

愁濱江ノ源ハ白頭山ニ出テ北流シテ蘇下江トナル一ニ速平ニ作ル公嶮鎮、先春嶺ヲ歷テ巨陽ニ至リ東流スルコト一百二十里、阿敏ニ至リテ海ニ入ル

白頭山上ニ潭アリ周八十里、南流シテ鴨綠江ト爲リ北流シテ松花江混同江ト爲ル東北流シテ蘇下江ト爲リ速平江トナリ東流シテ豆滿江トナル大明一統志ニ東流シテ阿也苦河ト爲ルト謂フハ速平江ヲ指スナラン

縣城ノ北九十里、山上ニ古石城アリ名ケテ於羅孫站ト云フ其北ニ時(?)孫站アリ其北六十里ニ留善站アリ其地七十里ニ土城ノ古基アリ即チ巨陽城ナリ世ニ傳フ城ハ乃高麗ノ尹瓘ガ築ク所ト西、先春嶺ヲ距ルコト六十里ナ許リト

慶源ノ鎮北堡ヨリ會叱家河ヲ渉レバ大野中ニ上城アリ名ケテ縣城ト云フ○按スルニ龍飛御天歌ニ[illegible]城ハ東

05

訓春江ヲ距ルコト七里、西豆滿江ヲ距ツコト五里ト疑フラクハ之ナラン

慶興府ノ古蹟ニ造浦アリ府ノ南三十五里ニ在リ浦ノ東五里許リニ倉基アリ俗ニ傳フ高麗北伐ノ時漕轉ノ遺跡ナリト云フ、

此等記述中ニ示ス所今ノ地名ニ對照シテ考證ノ根據トナスベキハ愁濱江即チ速平江及ヒ訓春江ナリ愁濱江ノ一名蘇下江トナスモノ和ノ字ヲ下ニ蘇下ハ平ノ訛ナルヘク金史世紀ニハ蘇濱ニ作レリ豈ニ即チ今ノ綏芬河ナリ平海ニ入ル處ヲ阿敏ト曰フモ金史ノ錄派ニシテ今鹽(?)蒙河ノ河口ノ附近ニ阿氏河アリ蘇ヲ以テ白頭山ニ出テタリトスルハ大ニ誤レリ方蓋シ當時ノ長白山ヲ白頭ト云ヘルハ綿亘千里ノ山脈ヲ總稱セルモノニシテ今ノ老爺嶺等ヲ合セテ稱セルモノナランハ

又之ヲ證スルニ足ルハ訓春江ハ即チ今ノ琿春江ニシテ巨陽城ノ所在ハ今之レヲ知ル能ハザルモ要スルニ綏芬河辺ニ在ルモノナラン公嶮鎮モ亦同シク綏芬河ニ遠カラザル可シ雖尹瓘ノ遠征軍ハ豆滿江ヲ過キテ更ニ東北ニ及ビ今ノ哈爾巴嶺及老爺嶺ニ亘ル山脈及ヒ綏芬河ヲ以テ其最北限トシタリト斷ズベシ

然レトモ丁鏞ノ大韓疆域考ニハ異説ヲ出シテ尹瓘ノ跡ハ未曾テ吉州ヲ踰ユルコト一歩セズ即チ明川鏡城スラ未ダ一麾ヲ窺ハズ況ンヤ慶源ニ於テヲヤ況ンヤ先春嶺下松花江上ニ於テヲヤト云ヒ（丁鏞ハ蘇下江ヲ以テ松花江トセルコト今ノ一派儒人ト同一ナルモノ如シ是レ誤レリ）其證據トシテハ王字之ガ公嶮鎮ヨリ英州ニ往ク時中路ニ賊ニ遇ヒシニ拓俊京雄州ヨリ急ニ之ヲ救ヒシコト及ヒ吳延寵ガ兵ヲ引テ吉州ヲ救ヒ行テ公嶮鎮ニ至リ賊ニ遇テ

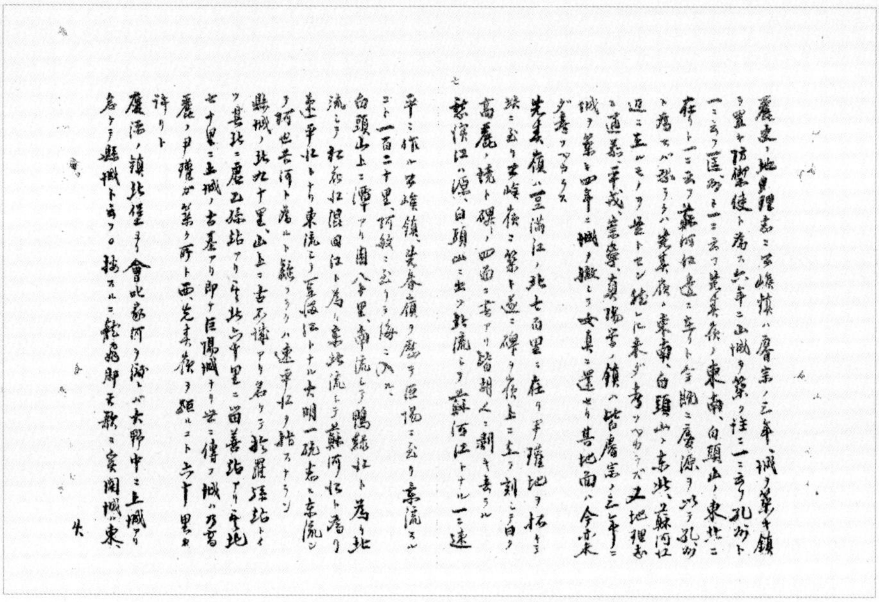

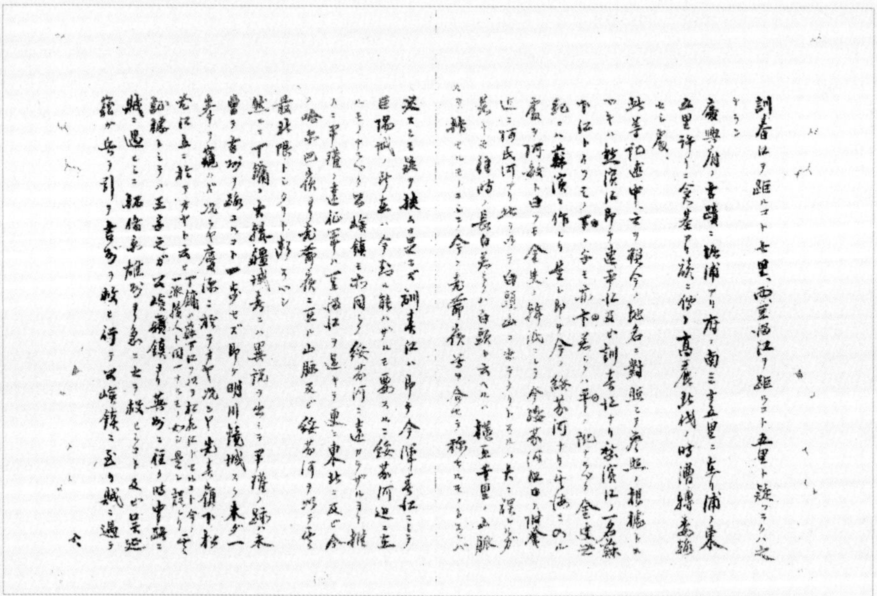

06

長嶺ナルコトヲ異ル磨天嶺ハ吉州ノ西南ニ在テ相距ル二
城ト数十里ノ前ニ過ギザレバ遠ク求ムルヲ要セサルナリ且九城中
咸宜二城ノ外ハ皆今ノ咸鏡南道ノ東北、咸興府ノ西北ニ在リテ咸
北ノ限リヲ設ケ内外ノ界ヲ厳ニスル者ハ十里ニ一堡、五里ニ
一墩ノ如キ類ナリシコト砂場ノ如ク環シ石ヲ築キ如クス況シテ全ク一
道ニ亘リ訓導セシト同ジヘシ
此説ノ誤リハ吉州ノ界ニ当リ今ノ吉州ナリトセルヨリ
生ズ丁鏡ガ一面ニハ今ノ吉州ハ未ダ決スル能ハ吉地遠カラズ
トハザルヲ得ズ当時総兵ノ詳ナル吉州及鏡ニ類スルヲ以テ叙ヲ求ム
ルカ故ナリ且ツ口ヲ無カラ而シテ此誤ニ陥リタル自ラ怪シムニ足ラザルハ奇ト云
フベシ当時吉州城ヲ築キタルハ吉州ノ地ハ今詳ニシ
難シ且又今ノ訓読シテ[illegible](Hor[illegible])トセバ[illegible]ハ水
道提綱ニ出ヅル清濬山[illegible]([illegible]) 地理ノ考ニ於[illegible]

統城ノ参考者ニ似タリ大串ハ豊邑([illegible])ナレバ今ノ佈爾哈図地
方ナラン而シテ[illegible]ハ蒙古語ナル赤羅音欲ハ即チ金史ノ
乙離骨嶺、[illegible]ノ地ナリ韓語ニテ[illegible]ヲ어리은(O[illegible]
[illegible])ト謂フ故ニ[illegible]骨、乙離骨ナリトモ又移鹿古ナリトモ
ハ疑ナシ而シテ[illegible]地ハ今ノ[illegible]鏡城ナラン鏡城ノ古名ハ于
籠耳[illegible](O[illegible])ニシテ又[illegible]骨、乙離骨ト全ク音
([illegible])ハ韓語[illegible]ノ[illegible]ニシテ([illegible])モ同一語
[illegible]化タリ今ノ満洲語ニシテモ[illegible]([illegible])ハ[illegible]地ノ義ナリ
([illegible])ノ地ニ在ル[illegible]籠耳(輿地勝覧慶源ノ条ニ出ヅ即チ高麗史
ノ[illegible]籠耳[illegible]金史ノ[illegible]ナリ)
[illegible]同一語ニ有リ而シテ[illegible]ニ[illegible]方ニ[illegible]韓国ニ於テ
([illegible])又ハ[illegible]ノ[illegible]ヲ有スル[illegible]ニシテ鏡城ノ
地ニ在リト[illegible]北方ニアルヤ吉州雄州カ今ノ吉州
ノ地ナラザルハ明カナリ且ツ全史[illegible]ガ[illegible]曷懶[illegible]

6.

07

ノ交戦ノ地タルヲ見レバ高麗軍ノ今ノ吉州ニ止マラザルハ
言フヲ待タズ又高麗ノ経議、九城ノ女真ニ還サントセシ時
地ヲ拓クコト太ダ広ク大抵相距ルコト遼遠ナリトテヘリ蓋
十里一堡、五里一墩ノ類ナラザリシト又高麗ノ史ニ[illegible]
ヲ築キシ吴林[illegible]ヲ金史ニ所謂族懶[illegible]烏林荅
部ナルニ似タリ族懶[illegible]即チ[illegible]吉州ノ北ニ在テ
総ガハ東ニ在リトアレバ吉州ノ更ニ遠キコト知ルヘク総荅河
辺ヲ界トナストハ輿地勝覧ノ説ク所ハ甚ダ謬リト云
ザルナラン
更ニ一歩ヲ高麗ノ恭譲王四年韓都里ノ酋長[illegible]
来朝セル時、昔侍中尹瓘兵士ヲ率ヰ碑ヲ立テ、高麗地
境ト曰フト云ヒシコトアリ此時韓都里ハ訓春江岸ニ在リシ
コト輿地勝覧ニ記スル所ニ依テ推スベキナリ当時彼
地方女真人ノ伝説ヲ記シタル者ナラン先春嶺立碑ノ説ガ由ル
所ナキニ非ザルベシ
但ダ高麗ガ十万ノ大軍ヲ以テ北辺ニ留メテ地ヲ拓キタルハ僅カニ
二年間ノ事ニシテ[illegible]ノ築キシ者ナキヲ以テ九城ヲ棄テテ女
真ニ還シ遂ニ康宗ト和ヲ講シタリ而モ女真ハ稍々強
盛ニシテ康宗ノ弟タル太祖阿骨打ハ遼ヲ破リテ金国ヲ建
テタレバ豆満江附近ノ地ハ曷懶路ヲ置キテ之ヲ治メテ後ニ吉
麗ニテハ曷懶甸ノ長城ヲ以テ界ト為シタリト三尺全ノ辺疆兵
ヲ為シテ之ヲ止メシモ従ハザリキ大[illegible]城者ニハ北長城ヲ以テ
咸興境内都連浦ノ長城ナリトナセル[illegible]豈ニ図ランヤ[illegible]全
史地理志ニ合懶路ハ移鹿古水ヲ西北上京ニ至ル一千八
百里、東南高麗ノ界ニ至ル五百里トアリ全ノ上京ハ今ノ
阿勒楚喀河ノ附近ニ在レバ一千八百里ノ合懶ハ豆満江

7.

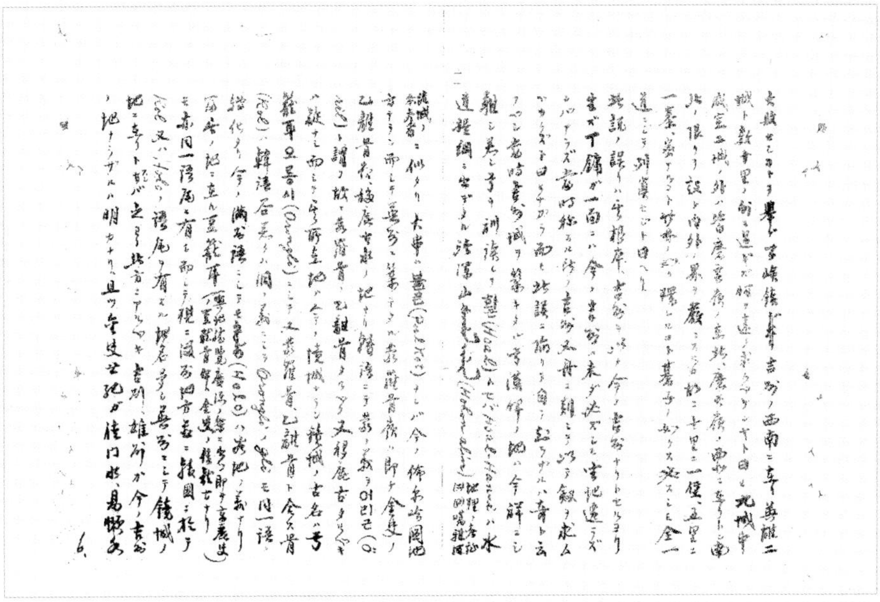

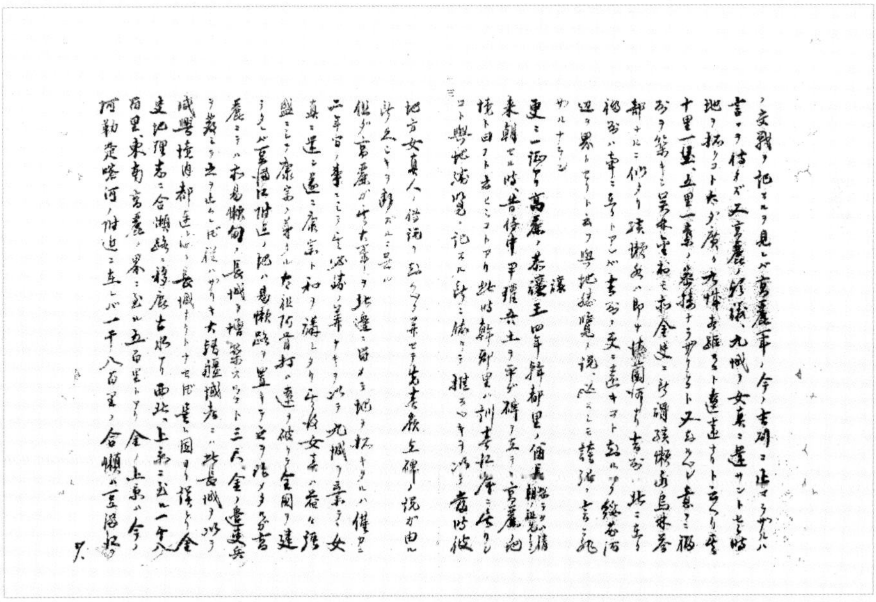

08

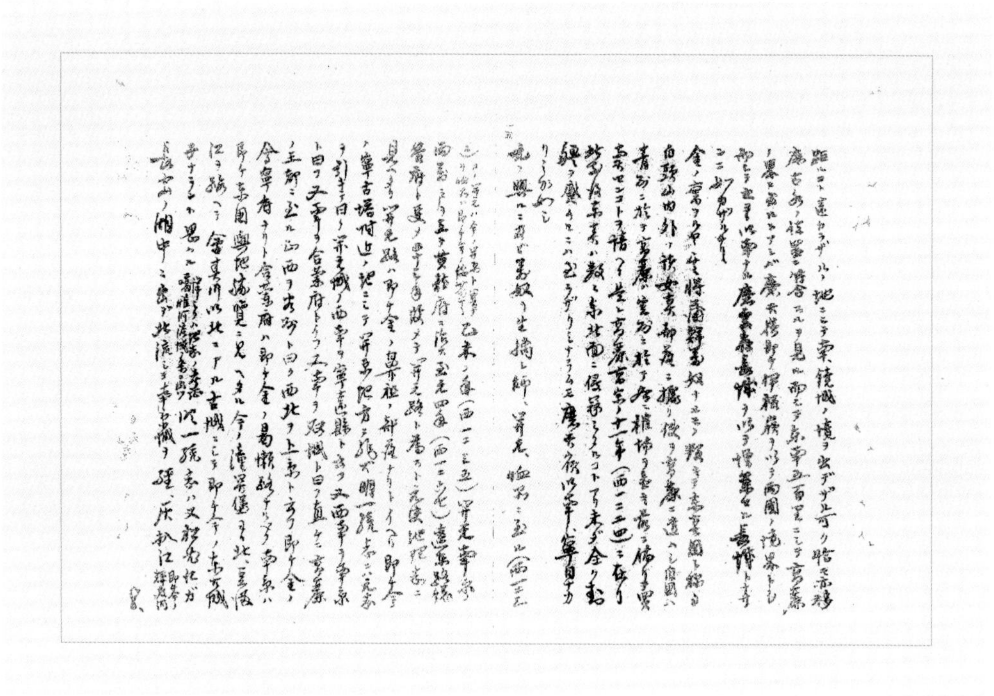

09

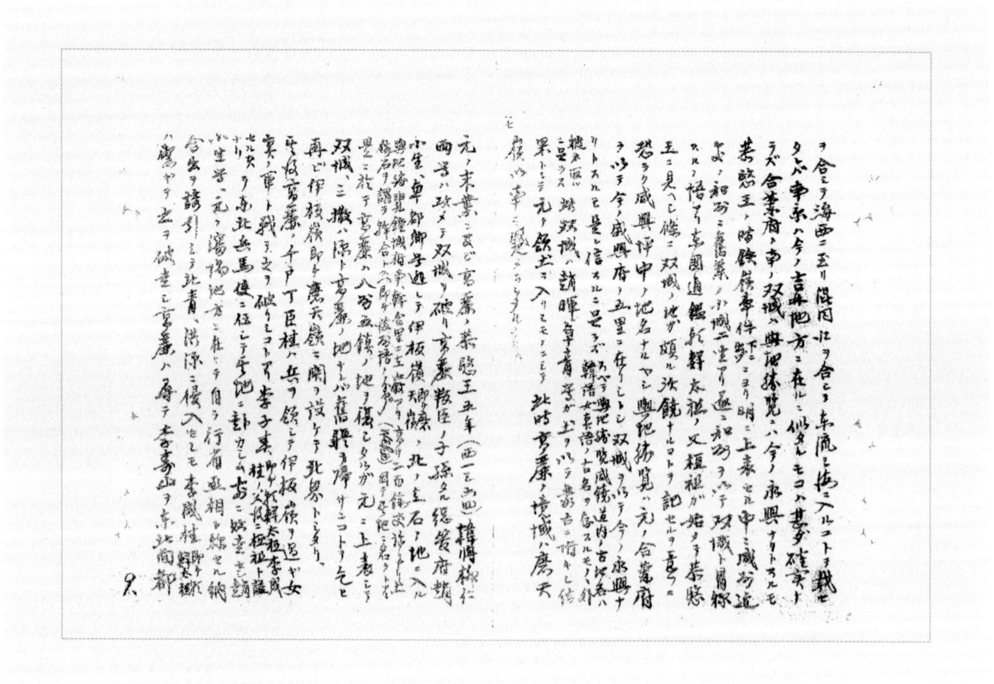

10

巡問使トシテ女真ノ部族ヲ定メタルコトアリ 女真ノ三善三介等
入寇シテ咸州和州ヲ陥レタル時モ亦李成桂撃テ之ヲ敗リ
定州等諸県悉ク其ノ旧ニ復スルノ事アリ
元亡ビ明興ルヤ洪武二十年(西一三八七)鐵嶺以北ヲ元ニ
朝ニ属セシ諸方ハ遼東ノ所管ト為サントスルノ旨ヲ高麗ニ下
シタリ是ニ於テ元魏ノ乱ニ乗シ高麗ガ曠縣ヲ拡張セシ地方
ナル東寧[illegible]ヲ伝達セシコトアリシヲ以テ之ガ還附ヲ求
ムルノ意ナリシナラン 然ルニ高麗ハ鐵嶺ノ地ニ二アリ一ハ遼
東ノ鐵嶺ニシテ一ハ本国安辺ノ鐵嶺ナルヲ以テ上奏シテ
安辺ノ鐵嶺以北ハ元来高麗ノ[illegible]ニ属スルヲ以テ鐵嶺ニ至ル
マデハ本国ノ版図ナルコトヲ主張シ[illegible]
李成桂ガ高麗ニ代リテ自立スルニ及ビ慶源地方ヨリ豆
満江[illegible]ノ女真人ヲ招撫シテ[illegible]ヲ以テ[illegible]京畿ノ
主張ハ遂ニ行ハレタルモノノ如シ
李成桂ガ東北面ノ兵馬ヲ統轄シ威信アリテ女真人ヲ招撫
セシ一面ニハ其ノ力ニヨリテ高麗ノ朝廷ニ重キヲ為セシモノニシテ高
麗ノ東北経略ノ基ヲナセシ後ニ李氏ガ王業
ノ基トナリ事情ハ[illegible]ヲ以テ其ノ[illegible]遷ヲ[illegible]

(三) 朝鮮ノ六鎮時代

韓国ノ豆満江岸経営ハ六鎮時代ヲ以テ最モ著シトス蓋
シ朝鮮ノ太祖李成桂ノ高祖李安社[後ニ穆祖ト追尊ス]高麗ノ末
世ニ於テ東ニ来リシカ後ニ元ニ仕ヘテ斡東五千戸所達魯花
赤トナリ[李安社ハ元ニ仕ヘテ達魯花赤トナリ太祖ノ宜差文字ヲ受ケタリ]元ノ世祖ノ至元十一年(西一
二七四)ニ死セリ其ノ旧地ニ関シテハ下ノ如キ記事アリ穆祖ノ旧
基ハ慶源府ノ乾尚上ニ在リ四周皆山ニシテ関王[illegible]
ニ沿ヒテ一枝ノ石礦城ヲ成セリ[興地勝覧ニ曰ク[illegible]]

10.

門城ト称ス其ノ内ニ三井アリ泉脉潜通シ合シテ小溪トナリ而シテ東江ニ
注グ城ノ傍ノ主峯ハ極メテ峻高ニシテ雲際ニ聳ユ眼界ハコレヨリ豁ク[illegible]
[illegible]基趾ノ一峰峯ハ即チ石礦ノ
尽クル頭ニシテ峰頂ニ老松樹アリ俗ニ伝フ聖祖ノ手栽
セシモノニシテ太祖ガ侍臣李之蘭ト射ヲ較セシ時亦青ノ弓ヲ此
ニ掛ケシト[北興要選ニ北道陵殿誌ヲ引ク]
太祖元年[illegible]姜思信ニ命シテ東林城ヲ修築セシム
[原註 穆祖[illegible]北興要選ニ[illegible]北界諸[illegible]]
東林古城ハ慶源府ノ東四十里ノ豆満江辺ニ在リ[興地勝覧]
穆祖ハ斡東ノ地ニ徙リ東北ノ人心ヲ得テ帰スル者多ク興
ルコト此ニ始マル[北興要選ニ[illegible]]
[illegible]孝恭王后[illegible]穆祖ノ[illegible]翼祖
ニ至リテ翼祖[穆祖ノ子]李行里ニ随ヒ東林ヨリ此ニ至リ
後北ニ在ルコト二十年、徳陵穆祖ノ安陵孝恭王后ハ初メ斡
東ノ地ニ葬ル[原註 定陵[illegible]]
古安陵 古徳陵[illegible]
即チ其ノ最モ長ク在リシハ慶興ノ豆満江ノ対岸ニシテ間
島河ノ八地ノ地方ニアリシナリ
李安社ノ子李行里[後ニ翼祖ト諡ス]元朝ニ仕ヘテ千戸ノ職ヲ襲ギ
威徳漸ク盛ニシテ女真諸千戸ノ人皆心ヲ服ス諸千戸ノ
忌ミテ之ヲ害セントシ謀リ北地ニ猟セントシテ約シテ詐リ
遣ハシ来リテ[illegible]ニ往ク時ニ途ニ
一老嫗ノ其ノ謀ヲ告グルニ依リ先ヅ家人ヲシテ舟ニ乗シテ豆
満江ニ順ヒテ下ラシメ自ラ亦夫人孫氏ト馬ニ乗リテ海岸ヲ
赤島ニ至リ陶穴シテ居リシガ斡東ノ人翼祖ガ赤島ニ

11.

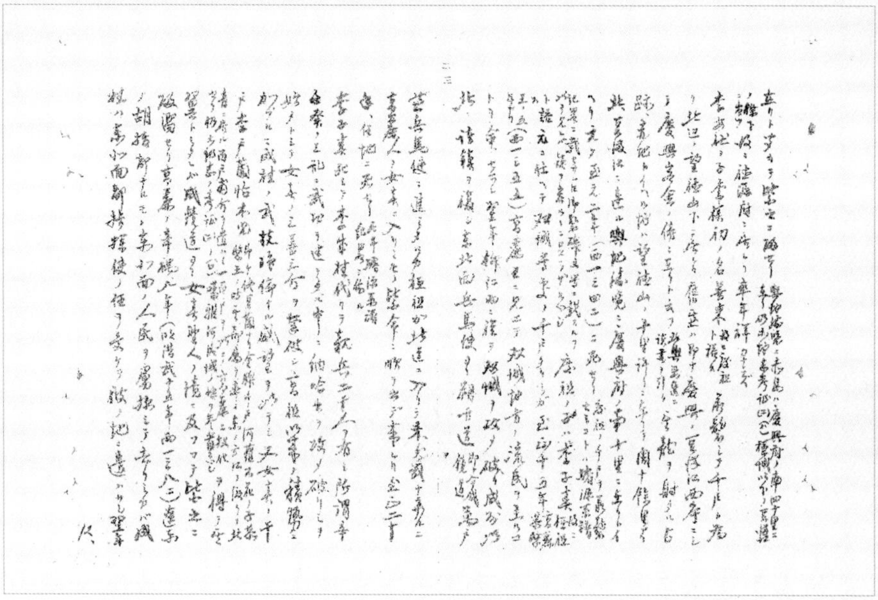

13

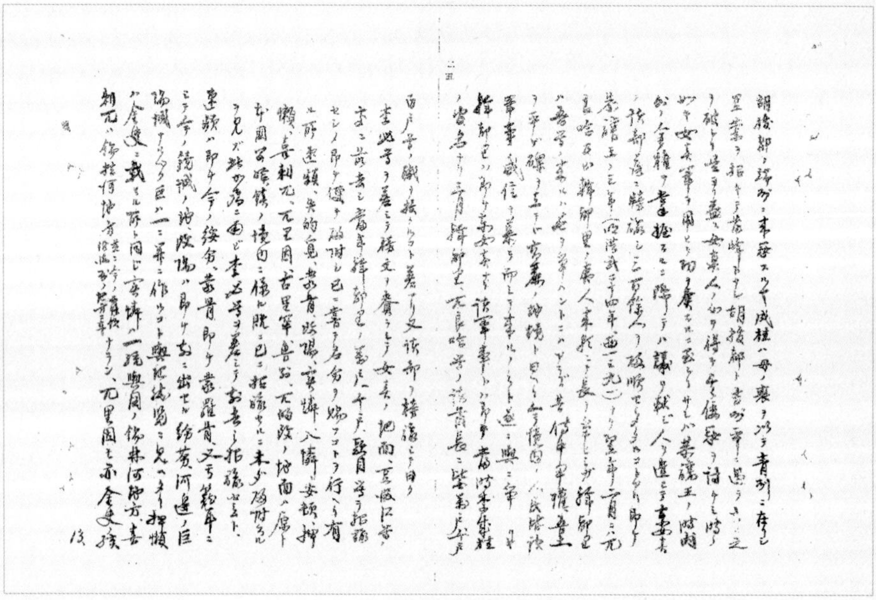

14

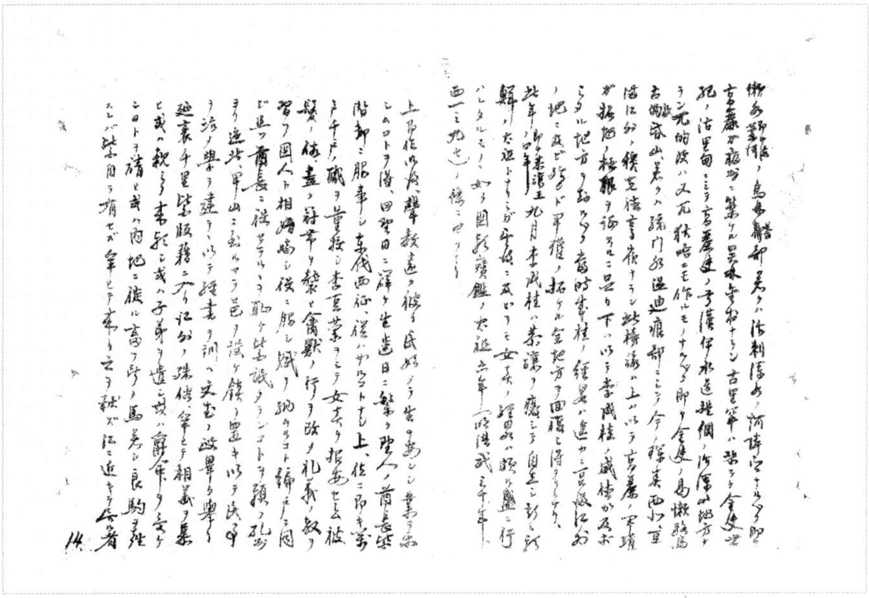

15

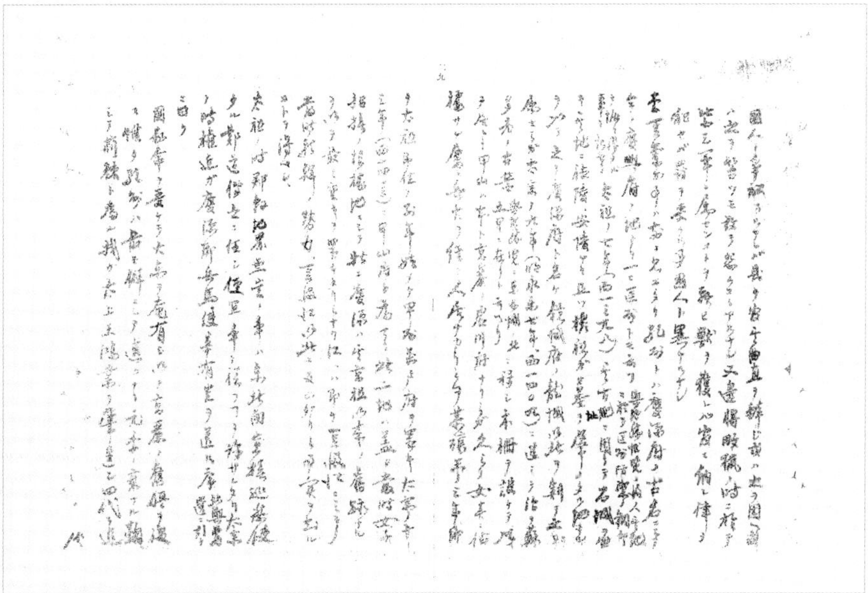

16

三ル高祖ヲ穆ニシテ穆王トシ元ヲ陵ニ在ルヲ以テ故ヲ
陞セテ慶源府トシ遠祖ヲ招揖シテ以テ巨鎮ト為セリ
ト
見ユル高麗ノ田謙ヲ攘セリトノ語ハ当時巳ニ互ニ道ヒシコトナラン 丁鏞ノ説ノ尹瓘カ吉州ヲ踰エ如トイフモノ信ズルニ足ラサルヲ又黄景源ガ青坡伯李家業 即チ李(?)ノ神道
碑ニ亦北興要選ニ日ク
参贊門下府事以テ都兵馬使ニ充テラレ朝命ヲ鎮シ女真ノ風議シテ之ヲ綏来ス女真深ク国民トナラントヲ欲シ其ノ酋帯ノ韓イノ(?)ヲ訓来セシニ擬ル迫ラ
信里(?)国ニ入リシハ当ノ初ナリト
然ルニ太宗ノ十年(西一四一〇)女真ハ又叛乱シテ不安セシカバ
慶源ノ人民ヲ鏡城ニ徙シ二儀ヲ咸興ニ移シ遂ニ其地ヲ
棄テラルルコト数年ニ及ヘリ 此時今ノ会寧、鍾城、穏城ノ
各地方モ皆同時ニ女真ノ侵佔スル所トナリ中ニモ会寧即
チ斡木河(又吾音会ト曰フ)ハ斡朶里ノ童孟哥帖木児虚ニ乗ジ
テ入リ居リ此ノ童孟哥帖木児コソ即チ今ノ清朝ノ祖先
タル肇祖原皇帝即チ猛哥帖木児ニシテ明人ハ之ヲ孟哥帖
木児ト云ヒ建州左衛ノ都督タリシ大酋長ナリ 童ハ蓋シ
クハ猛哥ノ修ト同ジク其ノ稀名ナルヘク明人ガ蔣ニ従ハ
太祖奴児哈赤ノ姓ノ如キモ又母ニ依リテ(?)ヲ覚羅
トモ云ヒ(?)ルモノ 斡木河ハ明人ノ用ヒシ此字ヲ用ヒ
吾音会トハ譯音ニヨリテ字ヲ撰ラレタル者ニシテ清人ノイハ
ユル俄朶里城(多里城ニモ作ル)又ハ鄂謨輝ノ鄂ハ此会寧ナル如シ
清人ハ此ヲ称化府ノ東方ニ於テ鄂多理ノ城ト看セシモ其所在ノ相(?)セシ 斡朶里ハ即チ其
祖ノ部落セル斡朶里ニシテト訓来セシ即チ今ノ輝発河
16.

17

瑚通ニ作ルモノハ元史地理志ノ明一統志ノ所謂斡朶憐モ亦
蓋シ此時穏城地方ハ伯顔愁州ト称シ穏城ハ多温平ト称
セリ 皆ニ女真名ニシテ伯顔愁州(Bayan Sure)ハ富(?)
人ノ住所ノ義多温(?)ハ島ノ義ナリ 平ハ韓語ノ邑(?)
ナルベシ
此女真侵入ハ朝鮮ノ豆満江経営ニ取リテ一ノ頓挫ナリシモ
幾クナラズシテ機会ハ再ビ来レリ 朝鮮ノ聖主ト称セラルル世
宗ノ十五年(明ノ宣徳八年、西一四三三)ノ秋嗜満出ハ孟哥帖木児
ヲ殺シ斡木河ノ酋長ヲ襲ヒシカバ世宗ハ機失フベカラズトシ
翌年名臣金宗瑞ヲ咸吉道都巡問使トシ豆満江ノ経営
ニ従ハシメタリ 是ヨリ先キ太宗ノ十七年(明ノ永楽十五年西一
四一七)一旦廃セシ慶源府ノ復興ヲ図リ鏡城ノ豆龍耳峴
(古ノ龍城ニシテ又豆龍耳峴トモ称セリ 即チ今ノ[illegible]ノ地方)以北ヲ割キ富居站ノ(?)
ニ府治ヲ置キシガ世宗ノ十年ニ至リ更ニ府治ヲ今ノ
慶源即チ会叱家ノ地ニ移シ鏡城ノ石幕ノ地ガ東良
(今ノ穏城地)北ノ女真往来ノ衝ニ当ルヲ以テ寧北鎮ヲ置キ
以テ進兵ノ拠点ヲ擬セシニ孟哥ノ変ニ及ビ寧北鎮ヲ伯
顔愁州ニ移シ斡木河ノ西北、賊衝ニ当リ且ツ斡朶里ノ
遺種モココニ居ルヲ以テ城堡ヲ設ケ寧北鎮節制使ヲシ
テ之ヲ兼ネシメタリシニ其鎮ノ鏡ヲ距ルコト阻隔セルヲ以テ
更ニ斡木河ヲ以テ会寧鎮トシ尋デ陞セテ府トシ十七年
寧北ノ本鎮即チ伯顔愁州ニモ郡ヲ置キテ鍾城ト號
シ孔州ノ旧地ニハ孔城ヲ置キ十九年ニ孔城ヲ改メテ
慶興郡(稗祖肇基ノ地ナルニヨル)トシ二十二年鍾城郡治ヲ愁州ニ
移シ(?)城伯顔愁州ノ旧地ヲバ郡節
制使ノ(?)トシ二十三年ニ鍾城、穏城ヲ陞セテ府トシ
18.

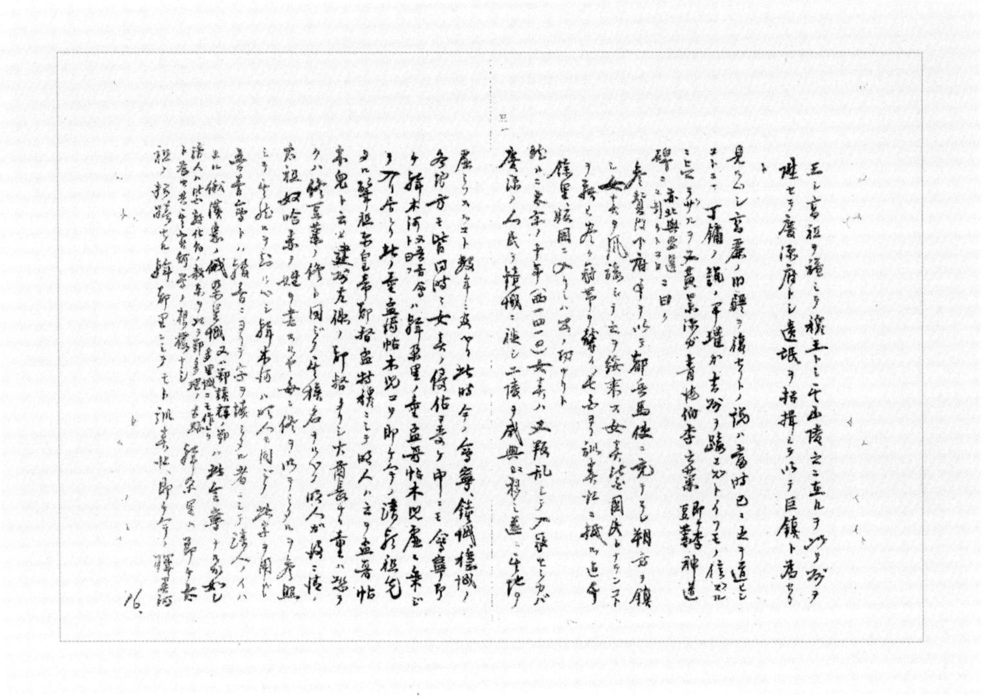

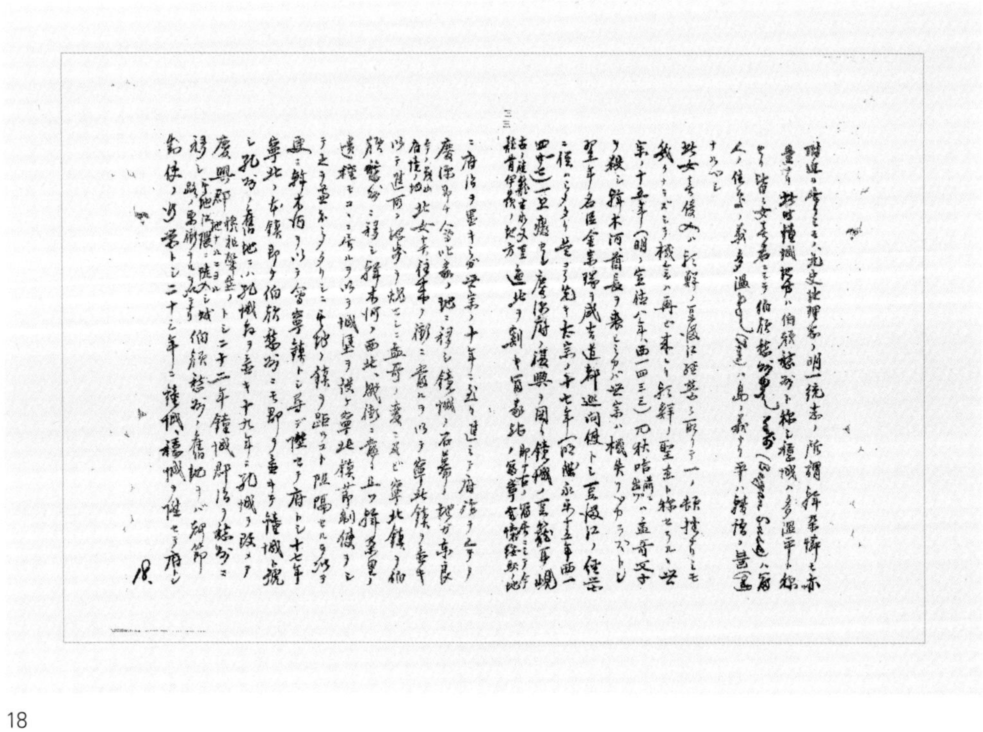

18

三五

二十五年慶興ヲモ陞セテ府トシ三十一年ニ富寧府ヲ置キ所
謂六鎮ノ基礎始メテ確立セリ甲山ノ地方ニ至リテハ二十八年
ニ三水堡ニ郡ヲ置キ三水郡トシ以テ之ニ屬セシム
當時朝鮮ノ疆域ハ豆滿江ヲ以テ限ヘリト雖モ江外ノ野
人女眞ハ殆ンド藩屏ノ状ヲ為シ域内ニモ雜居ヲ許シ江
内外トモニ蘇素河ヨリ噶雜伊爾哈圖、海蘭河ノ流
域ハ未ダ曾テ他國ノ侵土タルヲ見ザリキ是レ六鎮
時代ノ全盛期ニシテ是ノ時ニ當リテハ朝鮮ノ勢力ガ
宣祖ノ末年以来漸ク女真地方ニ京畿ニ西鏡十四年頃
鮮世宗二十九年（西一四四九）ニハ英宗ガ瓦刺ノ也先ニ禽ニセラ
レタルガ如キ大変アリテ東北辺ノコトヲ問フニ遑アラザリシニヨル
ナラン鎮置ノ初メ頗ル異議アリシモ世宗ハ金宗瑞ヲ信任
シテ鎮ノ遠謀ヲ遂ゲシメ加ヘテ勧メサリシナリガ遂ニ之ヲ經營
シテ大ニ國ヲ開クコトヲ得タリ
左ニ太祖以後宣祖ニ至ルマデノ間朝鮮女眞ノ關係要表ヲ
擧ゲテ以テ六鎮時代ノ情勢ヲ示スベシ
定宗元年（西一三九九）兀狄哈來投ス又兀良哈猛哥帖木兒
世宗十四年（西一四三二）忽剌温兀狄哈等、哈即忽剌温、呼爾哈
ニシテ今ノ牡丹江地方ノ閭延、江界等ノ地ニ寇ス
同十五年（西一四三三）婆猪江ノ野人、建州衛李滿住ヲ
征シ其巣窟ヲ覆ス
住等敗レテ闘陵ヲ遁レ又兀狄哈等ハ其巣ヲ擣ク
婆猪江ハ松花江ニ近キ佟佳江ナリ又鴨綠江ナリト云フ此時孟哥帖木兒
ノ弟凡察モ亦李滿住ト同ジク入寇セシガ此時ノ和解ニ依リ
帰附ス人畜ヲ返
還セシテ講和ス
此年兀狄哈、猛哥帖木兒父子ヲ斡木河ニ
殺ス世宗因テ金宗瑞ニ命ジ六鎮經營ノ策ヲ進
ム兀狄哈ハ野人ノ一種ニシテ婆人ニ依ル此時孟哥帖木兒
ノ弟凡察、子童倉ハ共ニ斡木河ノ会寧府ニ止マリテ住

18

19

三七

鮮ノ保護ヲ受ケタリ明人ハ二人進ンデ朝鮮ニ入リシガ如ク記
セルモ其二人ハ舊地ニ止リタルモ其地ハ朝鮮ノ郡縣トナリタリ
李撒滿答失里ヲ告ゲテ米ヲ乞フ乃チ之ヲ給シ
撒滿答失里ハ撒住ノ孫兄弟ニシテ共ニ建州ノ酋
長ナリ
同十七年（西一四三五）兀良哈ノ李撒住等来リテ侵掠
ス総ニ之ヲ退ク
同十八年（西一四三六）忽剌温、豪穆兀等會寧ニ寇ス
大將李澄玉兵ヲ遣シテ之ヲ退ク凡察等
下モ亦此種ノ移住ヲ来ナシモノ凡察及ビ董山等ハ朝鮮ニ
附シ建州衛ノ保護ニ依ルコト多カリシモ
同十九年（西一四三七）咸吉道都節制使金宗瑞ニ北辺
經略ノ策ヲ問フ金宗瑞密書ヲ上リ豆滿江ニ防
禦ヲ設クルノ利ヲ言フ是ヨリ六鎮ノ建置始ト
定ムトナル
此年平安道都節制使李蔵ヲシテ婆猪江ノ野人ヲ征ス
同二十五年（西一四四三）東良北ノ野人、童也陽至ハ十
兄都萬戸浪卜兒罕ト謀リテ来リ投ス童也陽至ハ十
餘年ヲ書テ兵ヲ殺セルモノナルヲ以テ有司ニ命ジ
テ誅スルコトヲ議シタルニ殺スベキ罪ナシトテ咸吉道都節制使
金孝誠ヲシテ之ヲ境上ニ誅シ且ツ道内ノ軍民ヲ
近界ニ使ノ族類野人ヲ招撫シテ告人ノ疑アリシ
ニ律ノ如ク之ヲ決セシム
東方ニハ豆滿江ノ東北方ニ至リテ野人ノ和解ヲ歡セル者ニ
之ヲ頒ツ
端宗二年（西一四五四）咸吉道都節制使ニ論シテ鍾城
寧北邑ノ野人昇ニ爵ヲ授ケ朱ニ罪ヲ治メ
大ニ之ヲ来直ナリテ心ヲ服セシメ杖椥セシメシ

19

20

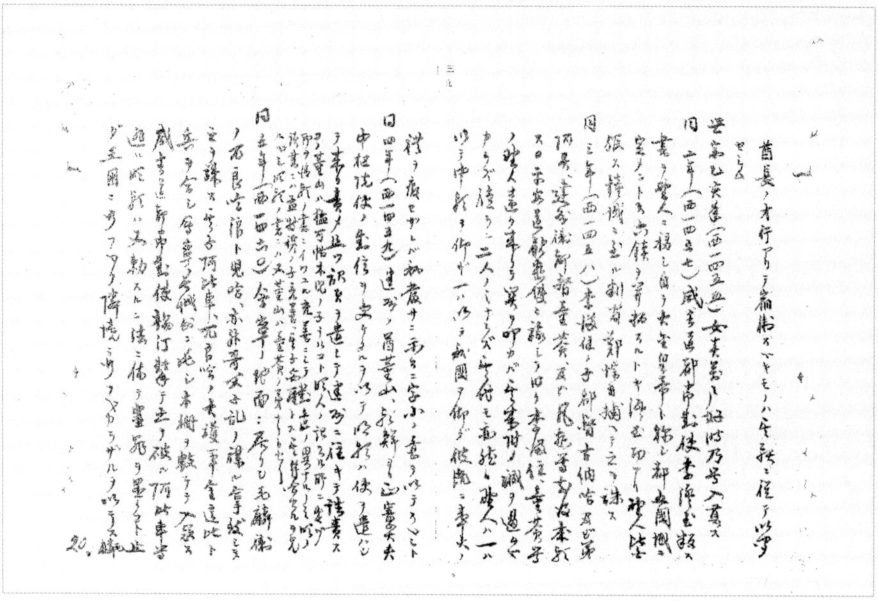

21

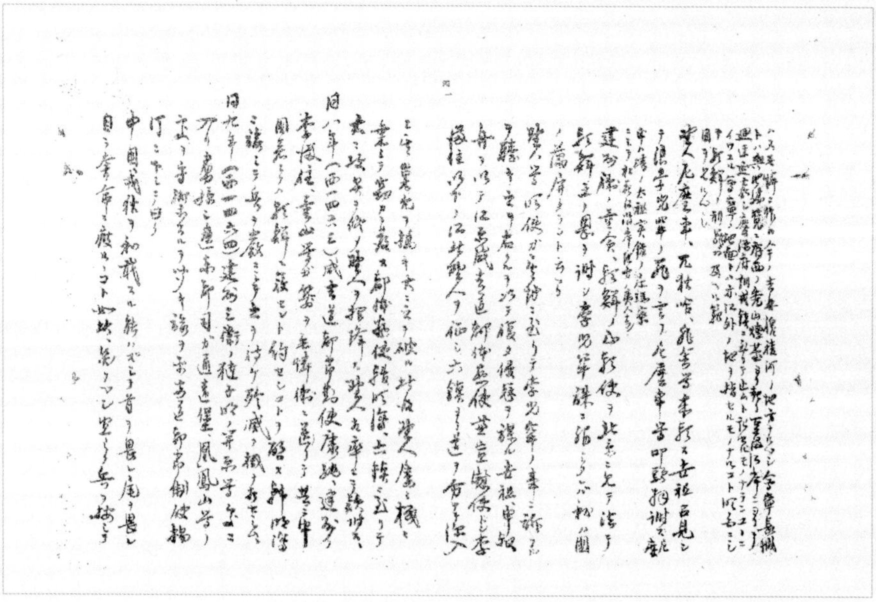

22

動モスレハ虜ヲ誘ヒテ辺ヲ寇シ自ラ辺患ヲ生セ
シムルヲ以テナリ

同十三年（西一四六七）魚有沼康純等ニ命シテ兵ヲ率ヒ
テ諸子ヲ建州衛ノ李満住及ヒ其子古納哈、
胆新等ヲ斬リ其ノ巣穴ヲ覆シ辺ニ来リ
寇スル者ヲ討ス

葉山ヲ鎮ニ移シ昌(?)ニ伏ス

諸スルニ猶可(?)木児ノ死後建州ハ分レテ三衛トナリ其地ハ婆猪江ニ移リ婆猪江岸ニ亘リ李満住ハ新鄭ノ族ヲ率ヒ移ハルル

ニ属シ蓋シ婆猪江沿岸ノ通化懐仁地方ヲ郡(?)首長ハ李満住、董山ヲ中心トシ後従ハ猛哥、董山ヲ殺シ時ノ江ヲ侵ス
コト二十年ニ及ヘリ此ニ人ノ滅亡ハ新鄭ノ近接
諸半ニ於ケル第二ノ紀元ナリト云フカ如シ

成宗元年（西一四七〇）是ヨリ先キ永安北道節度使
李嶠北ニ伸ヘ野人ヲ懐ケ欲スル所ヲ許
サス嶠ヲ刺サシム数々嶠ヲ撃テ之ヲ避ケ免カル
魚有沼ヲシテ之ニ代ラシム

同二年（西一四七一）野人兀狄哈、尼麻車等来貢
シテ曰ク我土ノ人ハ盛ナリ聖徳ヲ仰キ之ヲ誠タラシムル
ト乃テ之ヲ遠勝ニ処ムト

同十年（西一四七九）時新ノ元ニ備ヘ都元帥尹弼商

23

節度使金瑞ヲシテ兵四千ヲ以テ建州女真ノ賊
窟ヲ擣カシメ虜ニセラレシ遼東人口ヲ得テ還ラシム
時歳ニ飢ス

同二十三年（西一四九二）去年野人辺ニ寇セルヲ以テ許琮
ヲ以テ都元帥トシ兵一万ヲ率ヰテ車ト輜隊トシ
テ之ヲ討スルニ至リ其ノ巣穴ヲ覆シ三衛大ニ衰フ

中宗元年（西一五〇六）咸鏡北道節度使ニ諭スニ厚
ク野人ヲ待シ国ノ藩籬タラシムヘキヲ以テス

同十三年（西一五一八）李之芳ヲシテ防禦使ト為シ甲山
ヲ犯セル野人速古乃ヲ掩捕セシメントス尋テ罷メテ
遣サス

同十八年（西一五二三）平安道節度使李之芳ニ命シテ
閭延ノ野人ヲ招撫ス是ヨリ先キ野人金仇音等
閭延茂昌ニ入リ田ヲ墾シ柵ヲ設
ケ警備ヲ為シ之芳等ニ請ヒテ曰ク其地哈音
テ我ニ帰セシ茂昌早ク江ヲ越ユルノ地ニ属ス国ノ藩
籬タランコトヲ請セシニ於テ廣他種ヲ誘リヒテ江ニ沿
メテ窺伺ニ慮ス講シテ作遠スル所ヲ恐ル
コレニヨリテ国ヲ失フニ至ランカ許ヲ為シ粗カラント云
ヒ之ヲ諭スト雖モ新鄭ノ族トハ其ノ地ニ野人ノ居住
ヲ許サス

同二十三年（西一五二八）掩捕ノ命使沈思遜、虜情ヲ
詗ヒ殺サル新議、虜ヲ討セントス果サス

明宗九年（西一五五四）是年串ノ野人辞音不等ノ寇ス
咸鏡道兵使李思曾兵ヲ遣シ撃テ之ヲ却ク
ノ帰順ヲ許シ叱(?)ニテ大事トナル

世宗(?)以来慶源ノ撫山堡ニ寇ス助防将金(?)

24

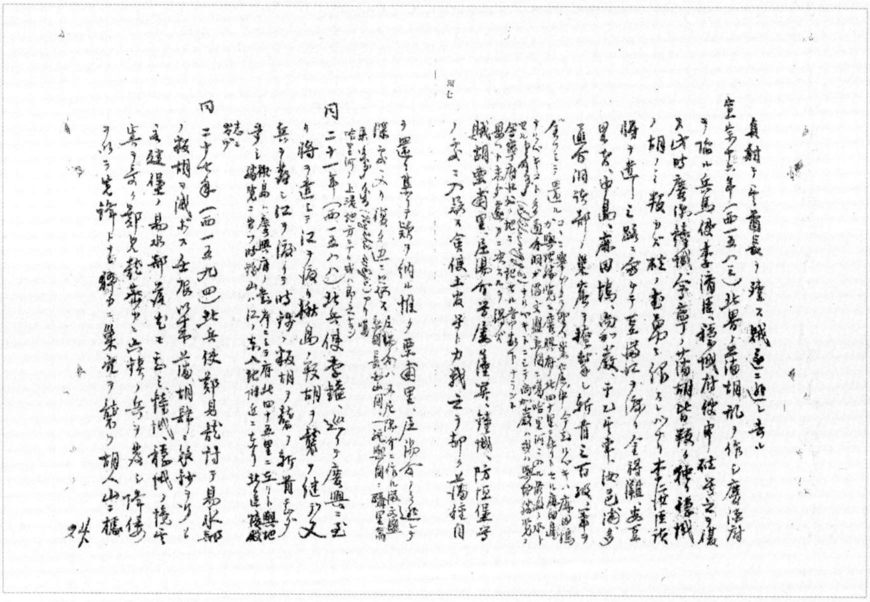

25

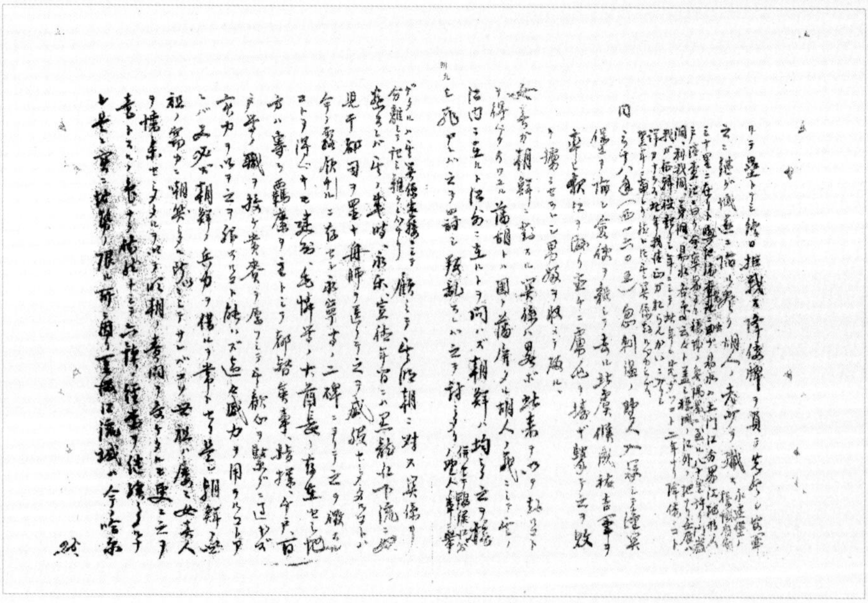

26

五一

巴嶺、長白嶺以東、鴨緑江流域ハ今ノ遼瀋以南ハ之ヲ以テ朝鮮ヨリ見ルニ地方僻遠ニシテ長鞭馬腹ニ及バザルノ勢アリ而シテ豆満江流域ノ如キモ高麗ノ時ニ尹瓘ノ足跡僅カニ一タビ佟佳江辺ニ及ブモ六鎮ノ地方ニハ未タ曾テ駐留ノ実ヲ得ザリシ所ニシテ朝鮮ノ北伐ガ極メテ容易ニシテ之ヲ掌ヲ握ルガ如クナリシモ亦偶然ニ非ズ殊ニ其ノ経略ノ如キモ朝鮮ノ成宗ノ十一年即チ明ノ成化十五年（西一四八〇）ニ成リシ東国輿地勝覧ハ豆満鴨緑二江沿ノ州郡ヲ挙ゲテ其ノ疆界ヲ詳ニスルコト頗ル詳細ニシテ其ノ極北ニ至ル迄、長白山周辺ニ一統ノ輿図、皆其ノ地志、地図ニ載スルニ於テ其ノ柱礎ニアラザルヲ証スベシ手モ亦明ノ一統志ノ満洲ノ記載ト比ニ然ズシテ其ノ中ニハ鉄嶺ノ南ニ青満等ノ如キ豆満江沿ノ地ニ経セル族ヲ載セタルニ至ルモ是等ハ事實ニ於テ豆満江ノ豆満江沿ノ地ヲ以テ朝鮮ノ朝鮮ト称スルニ似タルモ當時アルヘキト云カシ之ハ朝鮮ガ其ノ権利ヲ主張スベキ材料ノ悲ノ唯ナルコト決シテ疑ヲ容レザル所ナリ。

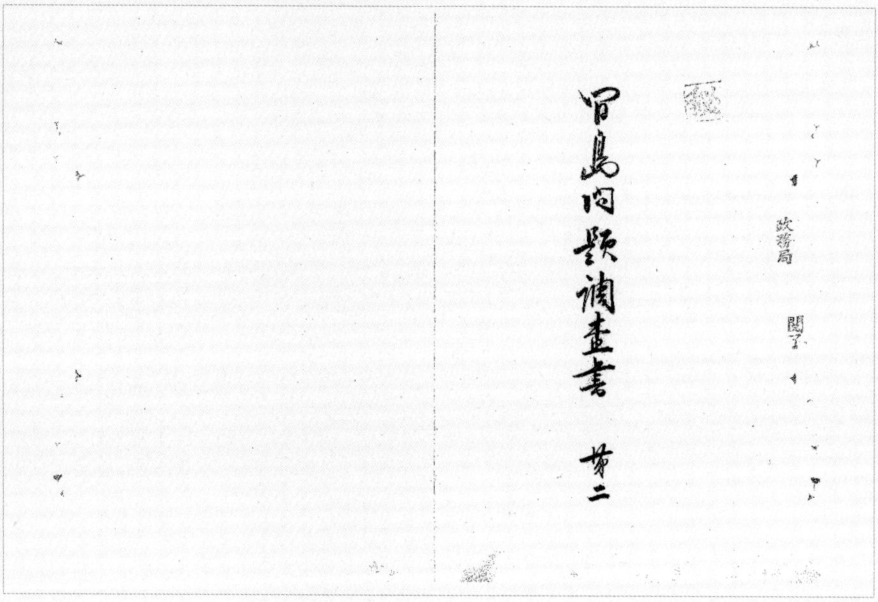

政務局

間島問題調査書 第二

01

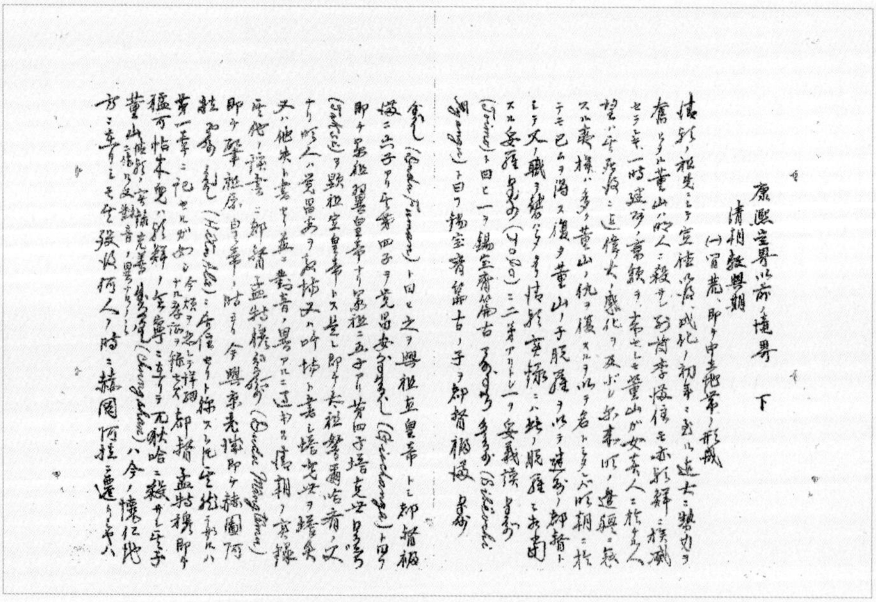

康煕定界以前ノ境界 下

清朝發興期

02

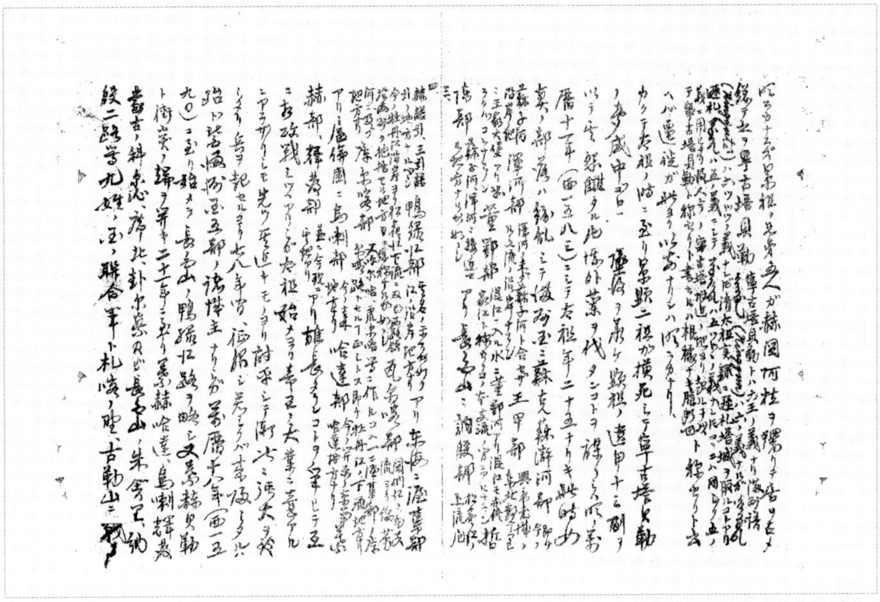

03

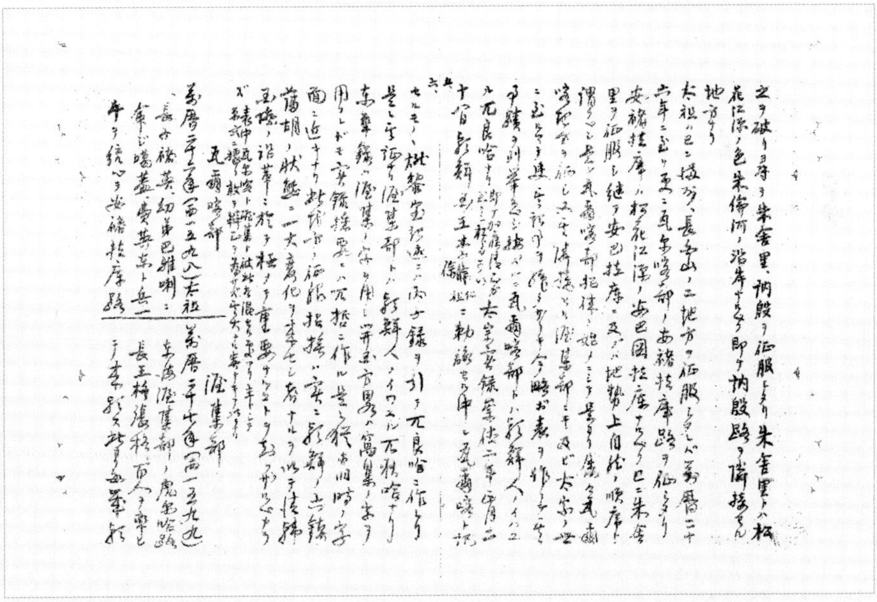

04

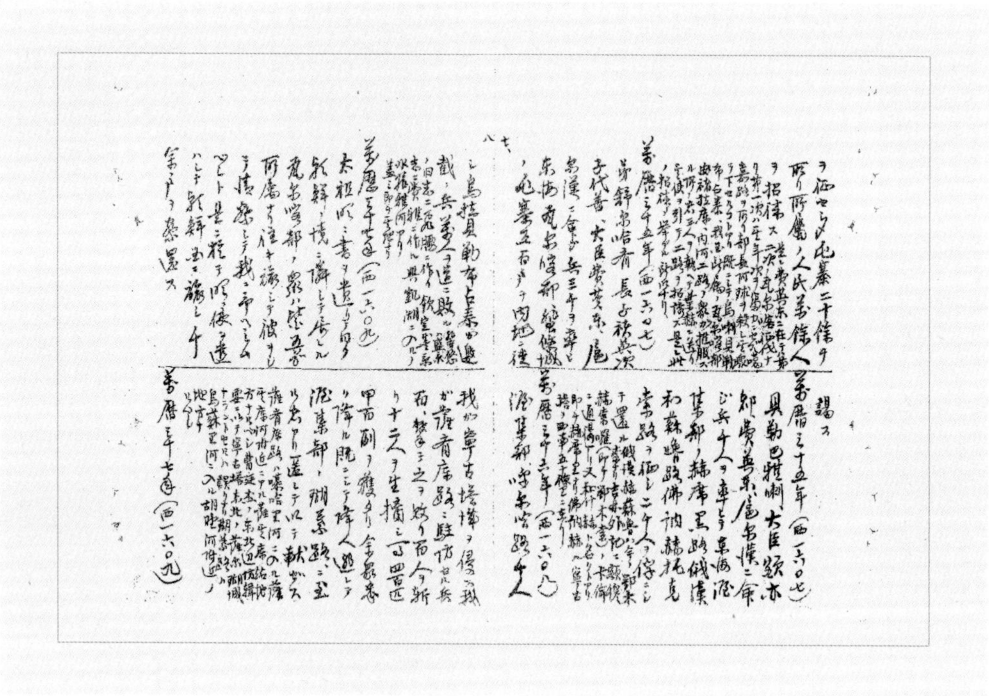

05

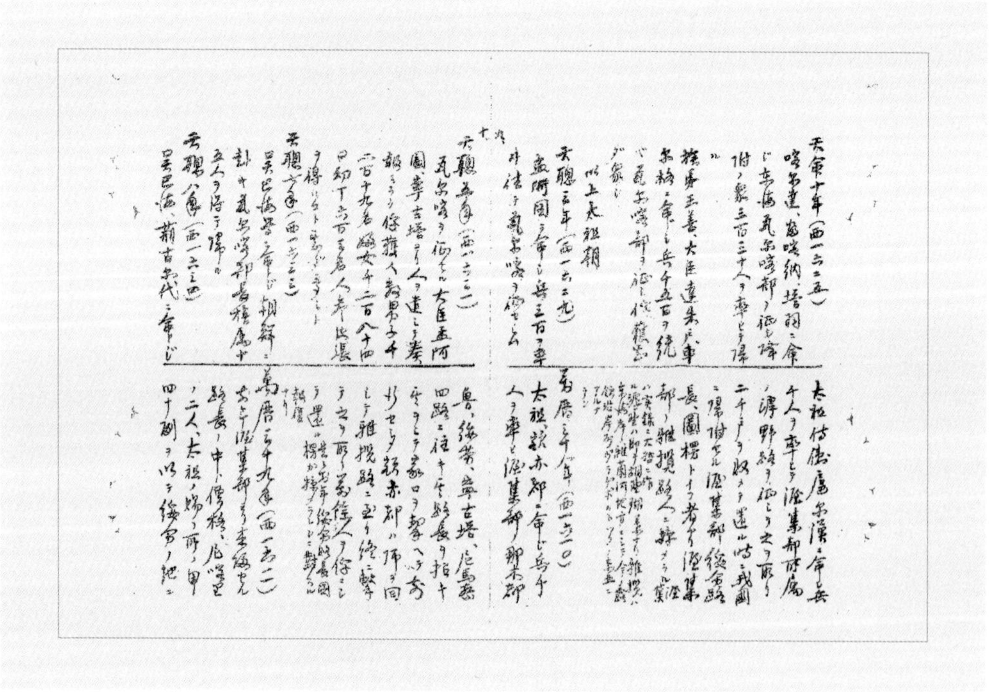

06

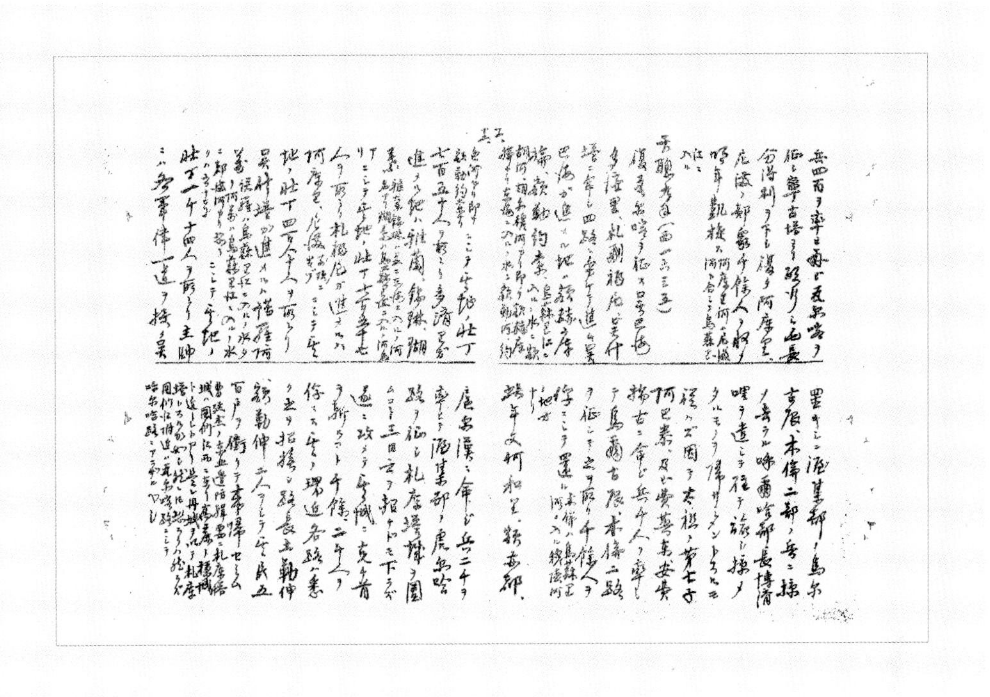

07

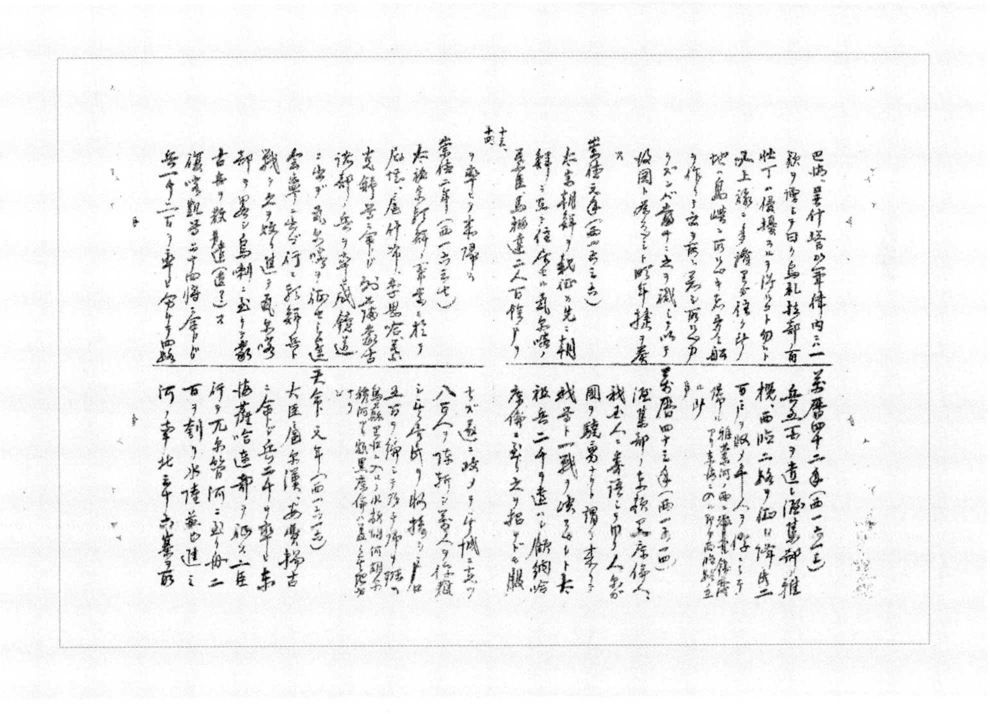

08

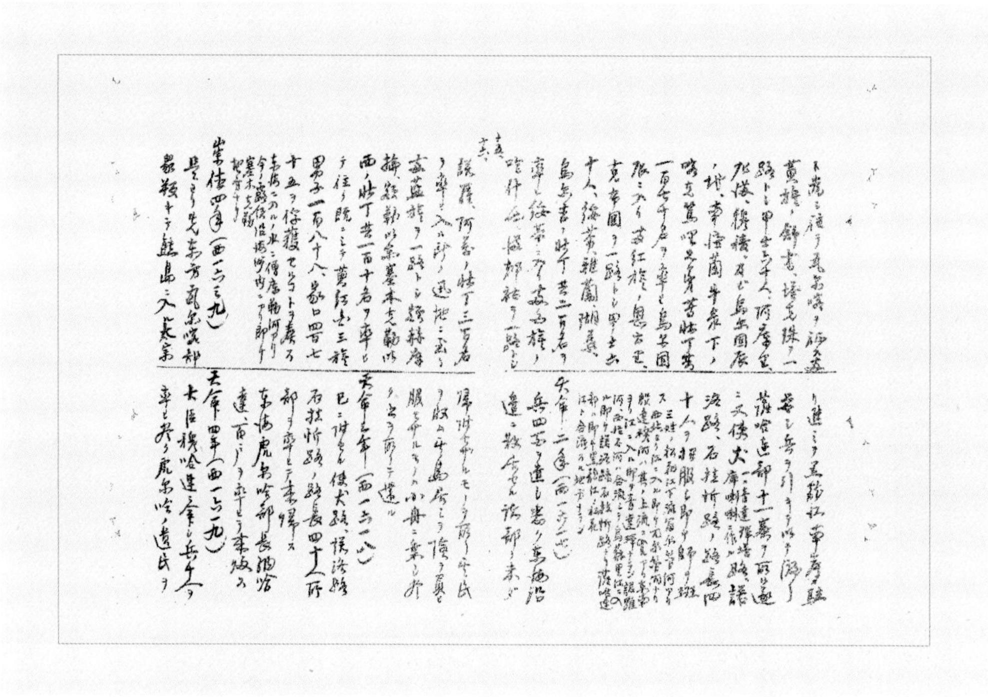

09

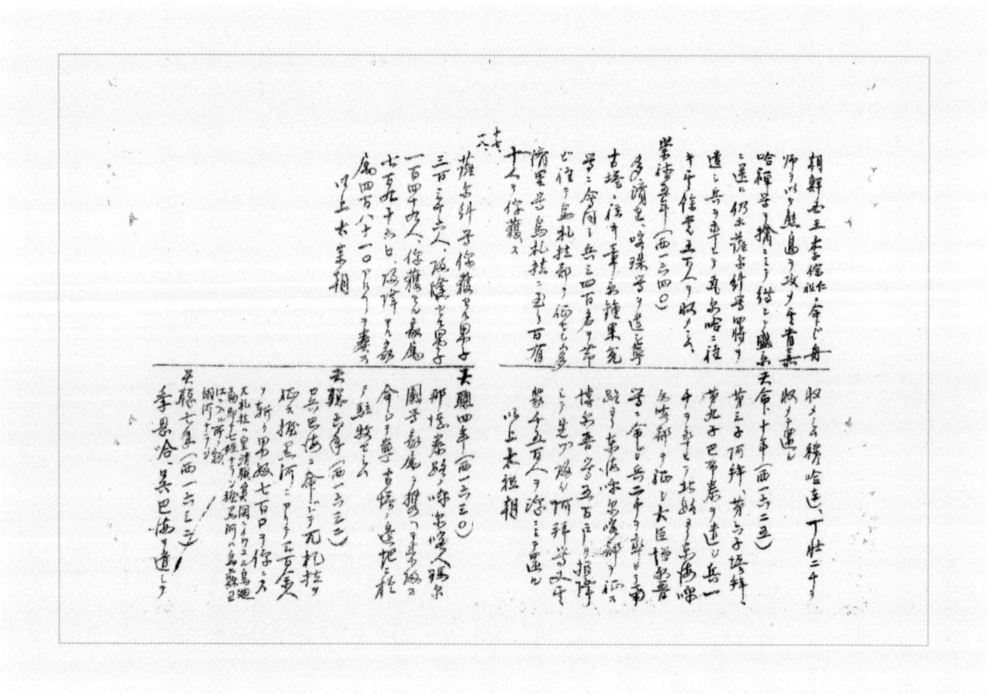

10

二〇七

兵三千ヲ率ヰ朝鮮ヲ撃ニ援
撫セシ東海呼爾哈部ヲ征
シ其ノ捷ヲ奏スルヲ得タル男
婦幼小千九百五十名
天聰九年（西一六三五）
黒龍江虎爾哈ヲ征セシ霸
奇蘭、薩木什喀、編シ壯
丁二千四百八十三人口七千
三百二ヲ獲タルコトアリ又
崇徳七年（西一六四二）
沙爾虎達、珠瑪喇、庫爾
松阿里江呼爾哈部ヲ征シ
十名ノ男婦幼少一千四百餘
人ヲ招降ス
崇徳八年（西一六四三）
阿爾津、哈寧阿ノ嚮導ニ命
シ官兵ヲ率ヰテ黒龍江虎
爾哈部ヲ征シ攻メテ三屯ヲ
克チ四百人ヲ招降シ男婦
幼少二千七百三十口ヲ俘獲ス
以上太宗朝
○以上ノ事實ハ太祖太宗實錄、滿洲名臣傳、
皇朝奉獻類徵、東華錄、皇朝開國方略
東北邊防輯要等ノ書ヲ雜取シテ確實ナ
ルモノニ據ル、
斯ノ如ク太祖ニ降シテ招撫征服セシ所ハ太宗ノ天聰八年

11

霸奇蘭等ヲシテ黒龍江ヲ征セシムル時ノ上諭ニモ亦曰ク
トヲ得ベシ云々
此地人民ハ語音、我ト同ジキヲ攜ヘテ来ラバ以テ我ガ
用ヲ為スベシ攻略スル時ニ之ニ語ゲテ曰ク爾等ノ先世ハ一
本ト我國ヨリ出ヅ服属セン欲スル者ハ来リ服セザル
ノミ典籍ヲ載セテ此ヲ記セリ故ニ竟ニ悉ク出ルト爾等ヲ當サ
ニ此ノ如ク諭スベシト（實錄）
又此時軍ニ従ヒシ頁雄東國ノ屯長喀拜等ヲ召シテ
慰諭シテ曰ク
爾等ガ樹木叢ヲ出デ来テ彼ニ来ラシメタルハ何ノ事ナリヤ
我ニ依テザル未ダ嘗テ我兵ヲ引キテ寄信セシ所アリ
今爾ガ来ルハ以テ善ク之ヲ指示セヨト（實錄）
又太宗ノ天聰元年虎爾哈部長納喀答ガ百人ヲ率
井テ来服セル時太祖ハ二百人ヲ遣ハシテ之ヲ迎ヘ厳ニ御シテ
親シク出テ宴ヲ設ケ其ノ口ヲ數ヘテ我ガ地ニ留マランコトヲ願
フモノアレバ一門ト為シ来ガ為ニ家口ヲ攜ヘテ帰ラント
欲スル者ハ帰ラシメ首ナル八人ニ各々男婦二十口、馬十匹
牛十頭、錦蟒服並ニ四時ノ衣ヲ賜ヒ田廬器用諸
物畢ク具ヘシメ部衆大ニ喜ビ留マランコトヲ願ヒシ人
モ感激シテ國ノ為ニ力ヲ竭サンコトヲ願フモノ多シ
リシテ寄謀シテ國ノ軍士ハ攻伐シテ以テ我等ヲ殺シ我
ガ族ヲ擄掠セント欲スル者アラバ上ハ招来安集ヲ以テ
念ト為シ我ヲ收メテ親戚ト為シ恩賚ヲ被ルニ至ル吾郷
ノ兄弟ハ何ゾ即チ来降シテ来ラザルヤト勿レト
豈ニ樂シテ招撫ノ手段ナリ能ク其ノ權衡ニ出ヅルコト句

12

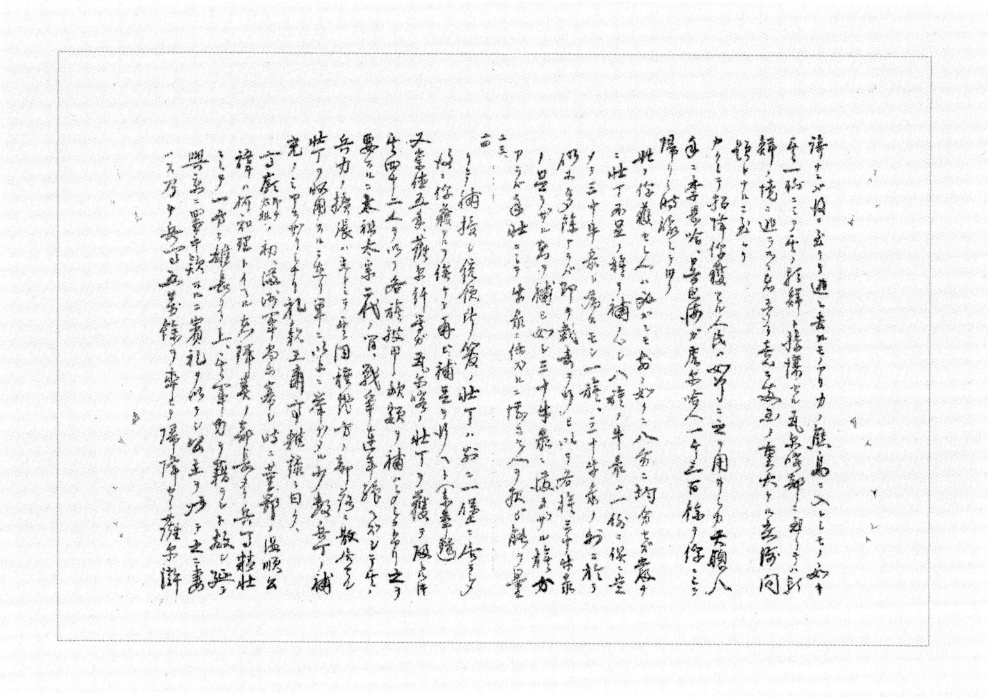

13

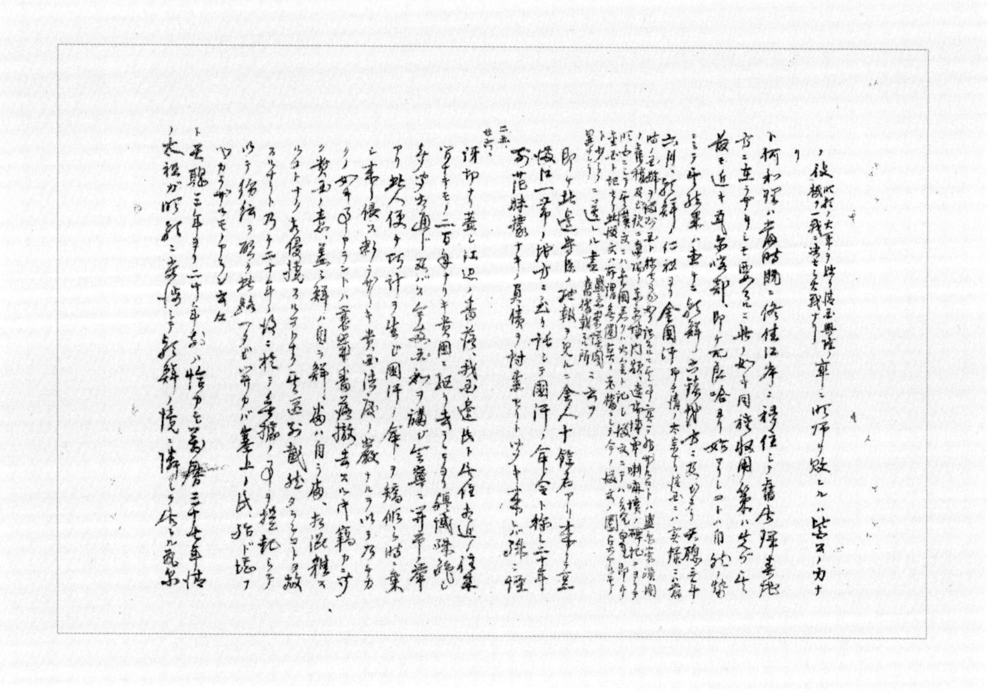

14

喀人ヲ要還セラレタル時ニ當リ實録ニハ朝鮮ノ境ニ講ジ
テ居レリトアルモ瓦爾喀人ニシテ果シテ朝鮮ノ領土ニ在ラ
ザリシナランニハ特ニ之ヲ擯示セラルヘキ必要ナシ豈ニ以テ其境ノ
論明ナル兀良哈ノ當時ニ於ケル實情ヲ徴スベキナリ
瓦爾喀即チ兀良哈ノ記書ニ異ニシテ使種支那官ニ在リシ
タル實情ハ更ニ左ニ列記セル實録、皇朝文獻通考及
ビ崇謨閣舊檔等ニ載スル所ニヨリテ之ヲ推知スルヲ得
ベシ

○

一 天聰元年太宗ハ貝勒阿敏等ヲ遣シテ朝鮮ヲ伐タシ
時貝勒等ガ朝鮮國王ニ移シテ與ヘタル檄ニ言ヘル第
一條ニ
向ニハ我兵往キテ我屬國ノ瓦爾喀ヲ取リシニ爾國ハ却
テ境ヲ出テ我兵ト戰ヘリ（實録）

二七
二六
トアリ但ガ瓦爾喀ヲ征伐セルヲ以テ何ノ時ニ於ケルカヲ知ラズト
雖モ而シテ瓦爾喀ノ所屬ニ就テハ朝鮮ハ與リ知ラズ
金國ノ屬國タリシ言ニ照ス所アリ
天聰元年滿洲ノ將ハ中國ハ屬ニ朝鮮ノ役ニ於テ俘獲セ
ル瓦爾喀人民ヲ瓦爾喀都衆等ノ遁レテ朝鮮ニ
在ル者ノ刷還ヲ求メタルモ朝鮮ニテハ毎ニ之ニ應ゼザリキ
ノ要請ニ瓦爾喀人ニ關係アリト見ユル文書ハ
天聰四年六月ノ朝鮮國王ヨリノ來書ニ曰ク
古ヨリ瓦爾喀人遼ノ海北ニ居ル我國ノ諸部ノ族ノ業
ヲ為スニ非ズ我國ノ嚴ニ邊界ヲ防ギテ備フ
所無キヲ知ル事アリテ邊境ニ逃ルヲ許サズシテ六人ニ丁
逃レ來ルハ即チ邊吏ヲシテ査究セシメ其ニ果シテ
八個人アリテ來リテ邊上ニ至リ而シテ今ハ皆之ヲ一例

15

ヲ以テ瓦爾喀人ノ自寧ニ至ルヲ待チテ便ク與ニ並付セン
ト（崇謨閣舊檔）
天聰六年正月朝鮮國王ヨリノ來書ニ曰ク
前ニ貴國書ヲ見ルニ三十八名推還ノ請アリ今ノ書ニモ亦
其ノ數アリ謹シテ即チ邊臣ニ移文シテ另ニ査覈
ヲ行ハシムレバ則チ或ハ逃亡シ或ハ故ト作リ或ハ原ト實ニ
ナシ我ノ界ノ本無人ニ係ル者十九名ハ則チ豈シ事此ノ
民私ニ相交媾シテ生メル者、二十名ハ則チ果シテ江北人
タル而シテ身ハ此ノ皆始和前ニ來リ上年貴國ニ事ヲ附
據シノ状臣ト兩ヲ言フコト年末ニ經閏十月ニ至リテ以
前ハ並ニ並テ論ズル所アラズ此ノ如キ者ハ亦一ク刷還セ
ントスル而シテ此ノ如キ又貴國書ニ據ルニ瓦爾喀人ヲ
卑シテ先ハ與ニ已ニ書ヲ索メズシテ遁レシモノハ供
二九
二〇
ニ屬セズ查送スルニ及ビ此ノ書ノ實ニ理アリトシテ屬セザル邊寺
ニシテ失フコト勿カルベキ所、而シテ事書ニ前々ニ見ユル所
ト同ジカラザルニ似タリ（庫爾喀ハ瓦爾喀ノ庫見爾ニ作リ
邊考ニ庫爾喀爾ニ作ル）（同上）
天聰七年八月朝鮮國王ヨリ來書ニ曰ク
前ニハ邊臣ノ報ニ據ルニ貴國ノ逃人若干名逃躱シ來
リテ我境ニ投ズ已ニ本國セシメ貴國ノ逃レ来ルヲ待チテ
使ヲ押付セントス乎、則チ此ニ在ル者ハ未ダ知ラザト雖モ救
ヲ容隱セズ來、則チ此ニアル者ハ勤メテ其ノ命ヲ少
キ難キ者ニ信誓ヲ守リテ或ハ違哉スルナキ者ハ乃
チ本ヨリ雖モ道ナルベキ所ナリ（同上）
此月朝鮮ガ朝鮮國王ニ與ヘタル書ニ曰ク
瓦爾喀ノ逃人ヲ索ムルハ蓋シ其ノ怨ナキ徒ナル時ニ
當リ我書ヲ邊民ニ出シテ邊ニ還サシメ邊民ハ我ガ國人

16

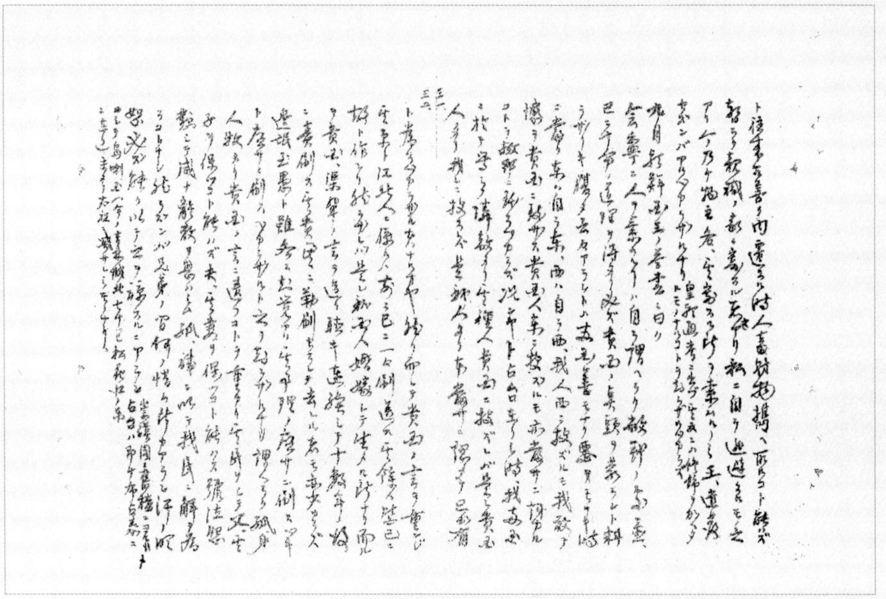

17

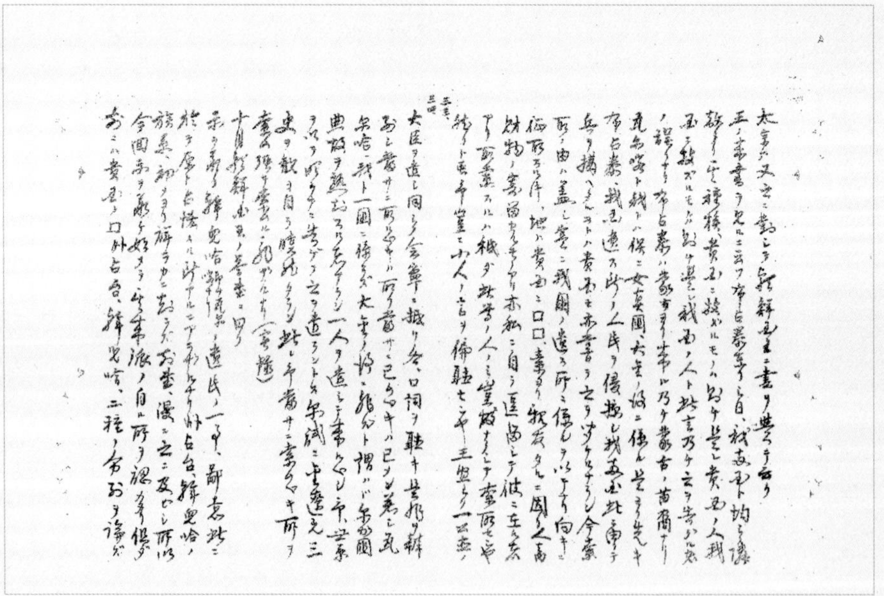

18

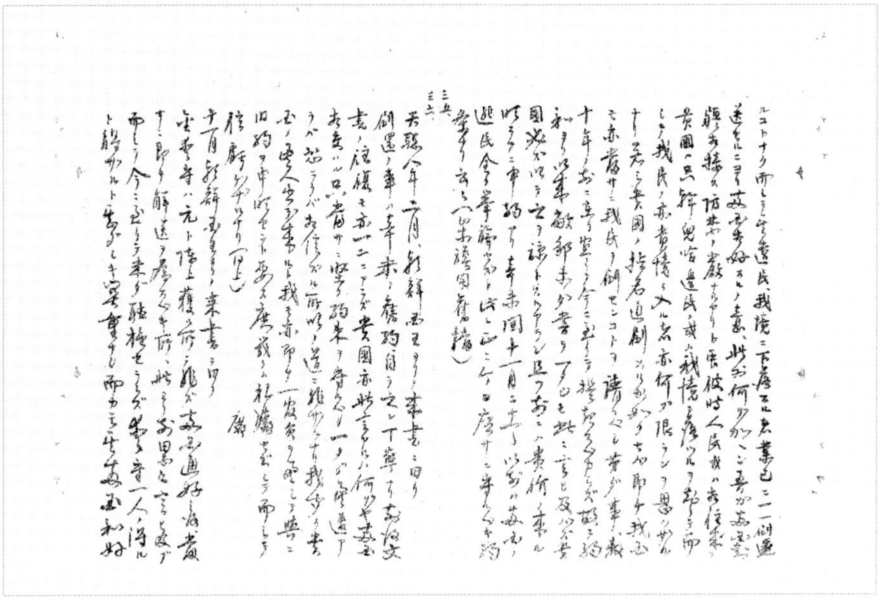

19

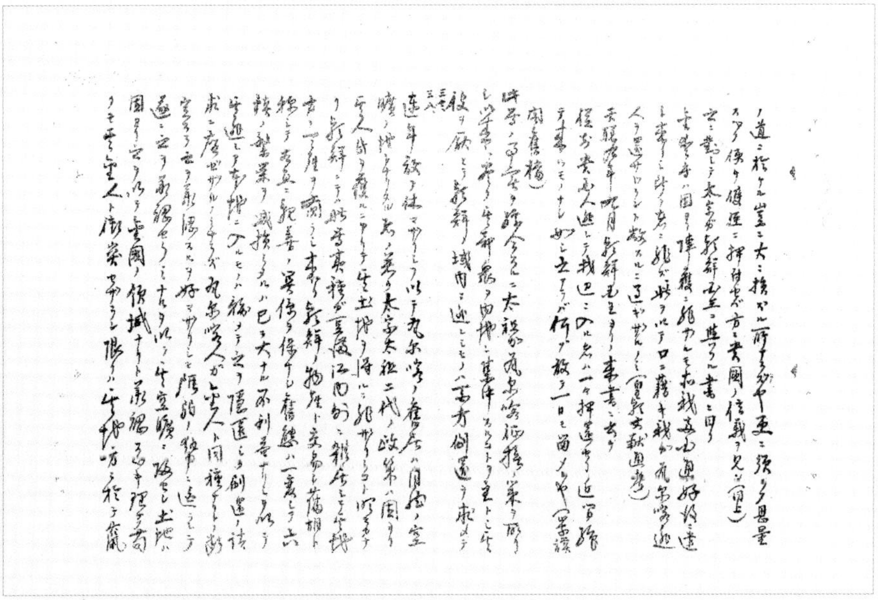

20

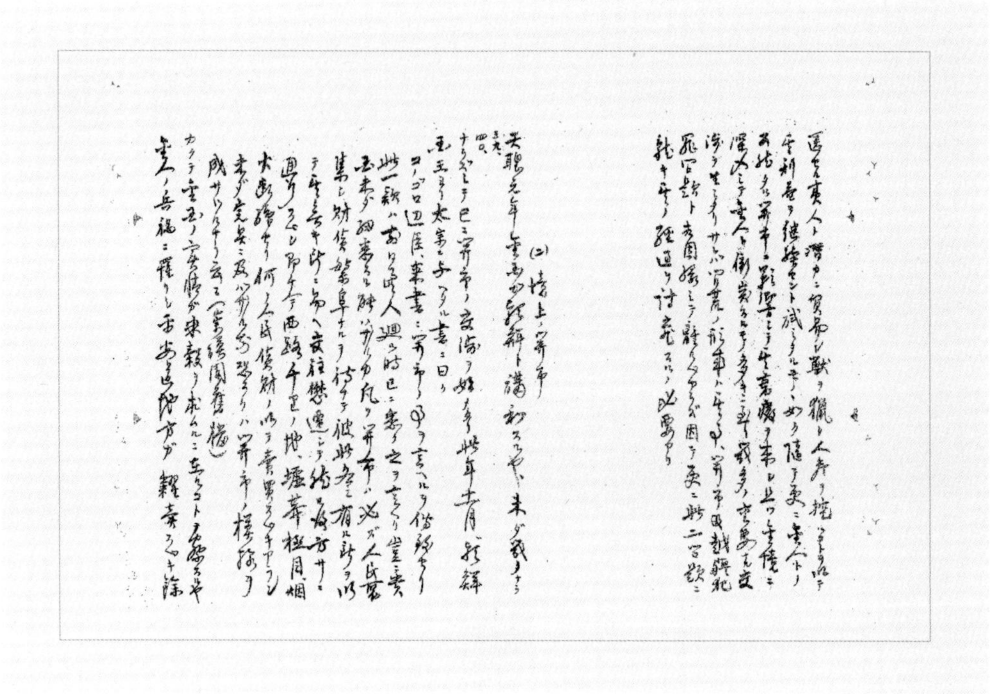

21

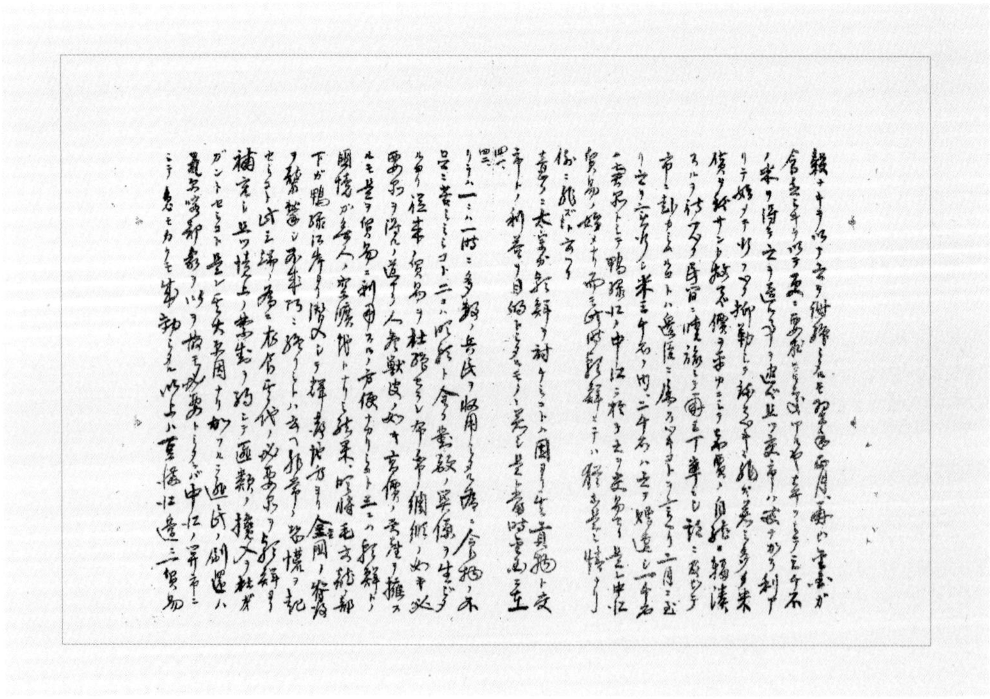

22

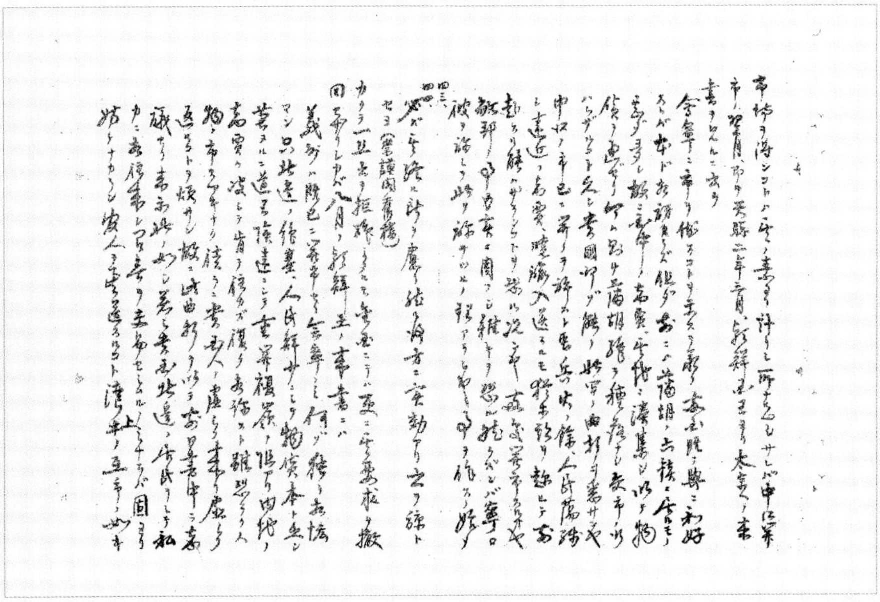

23

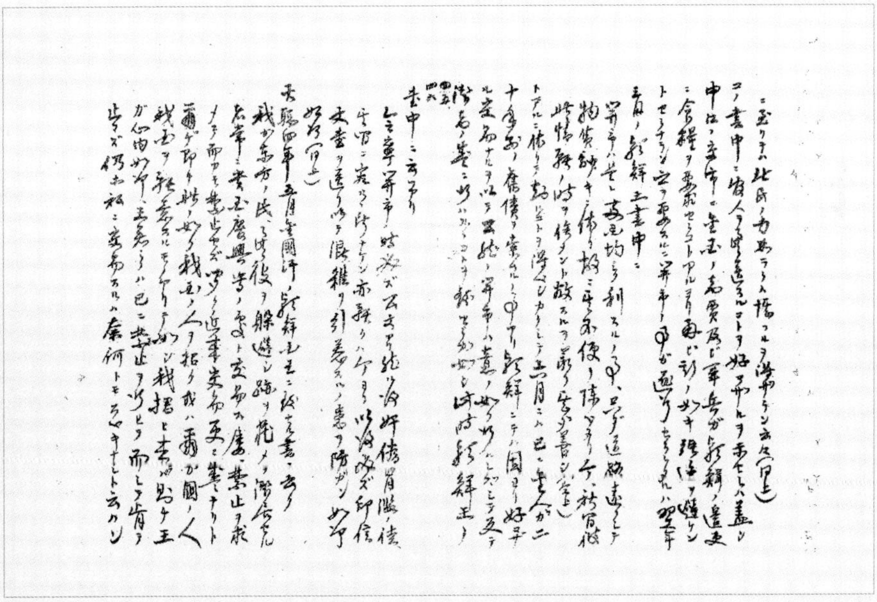

24

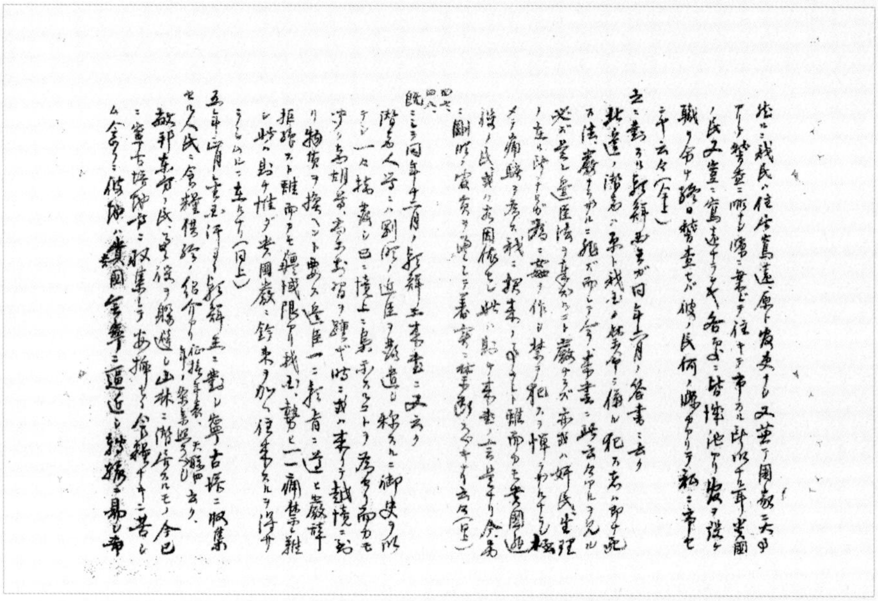

25

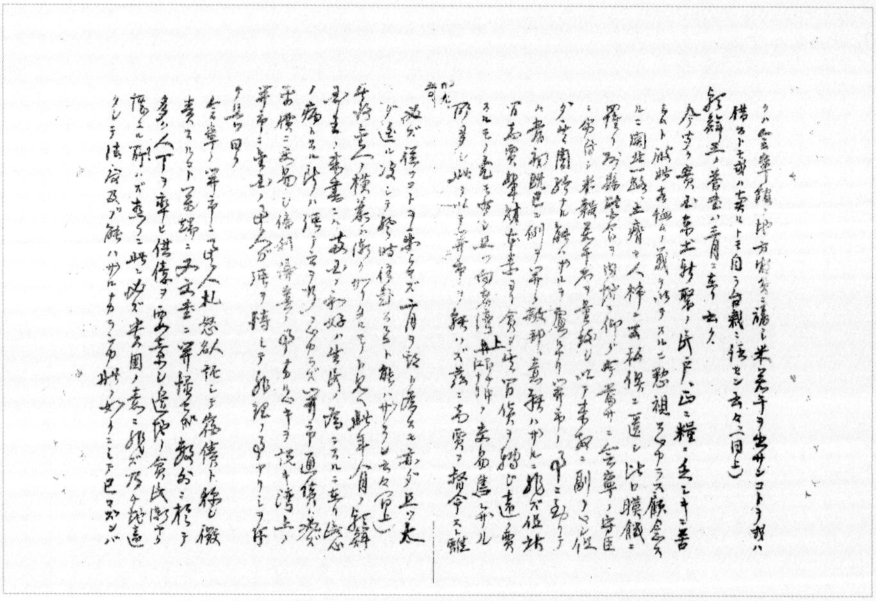

26

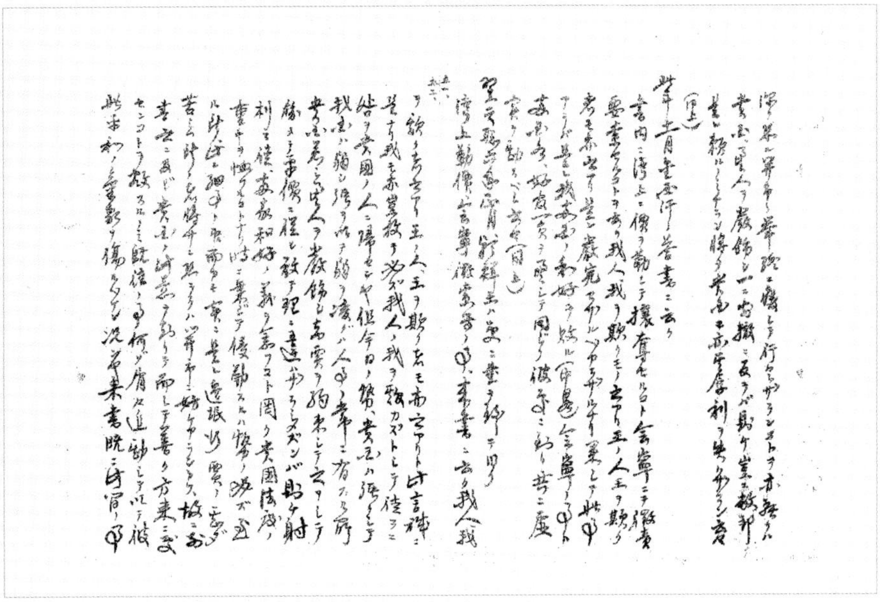

27

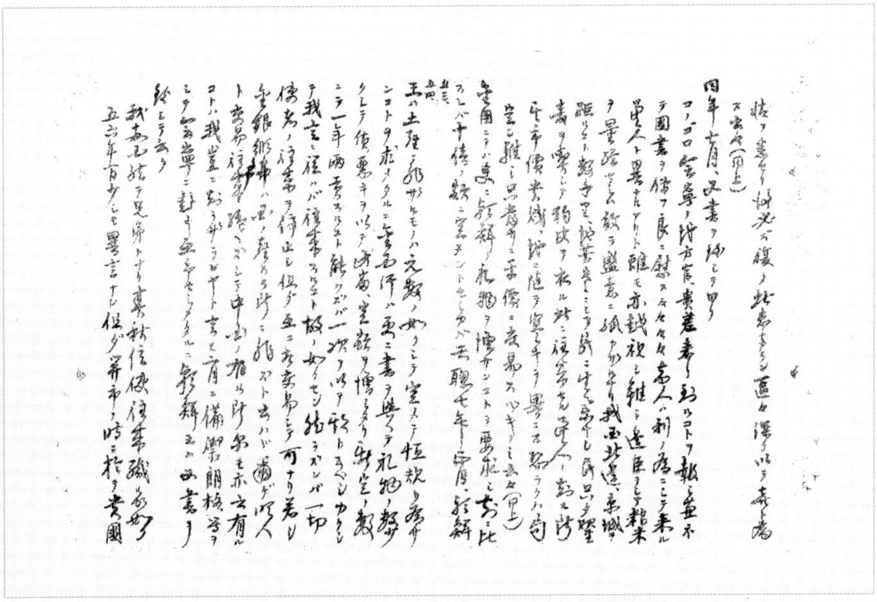

28

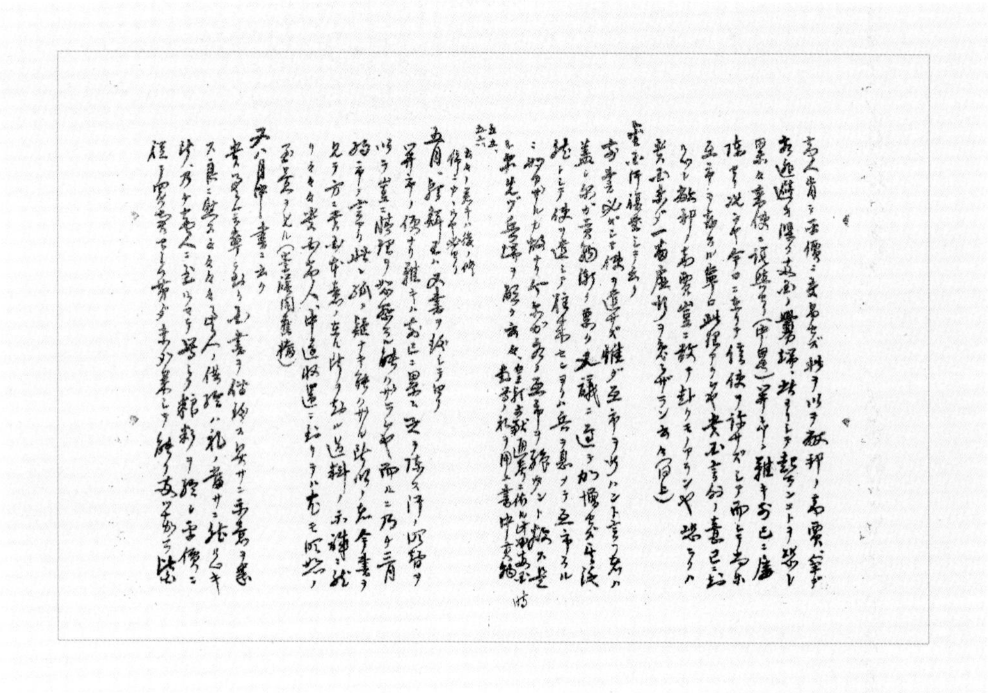

29

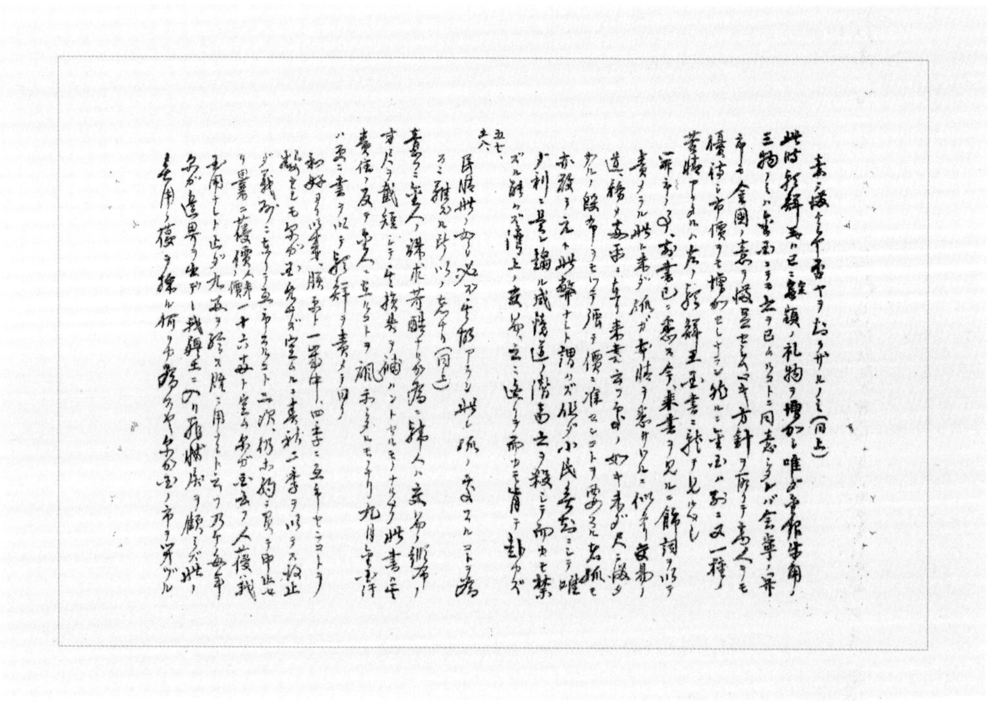

30

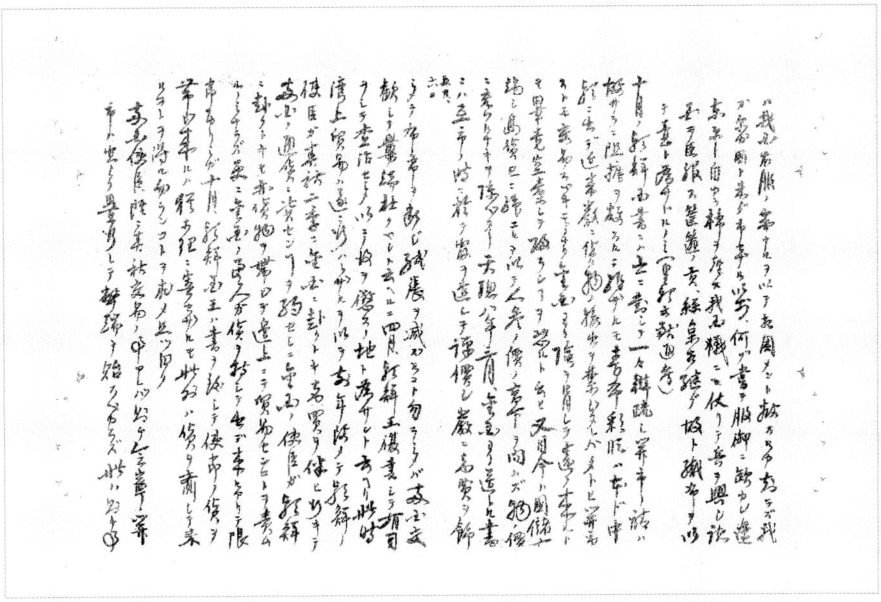

31

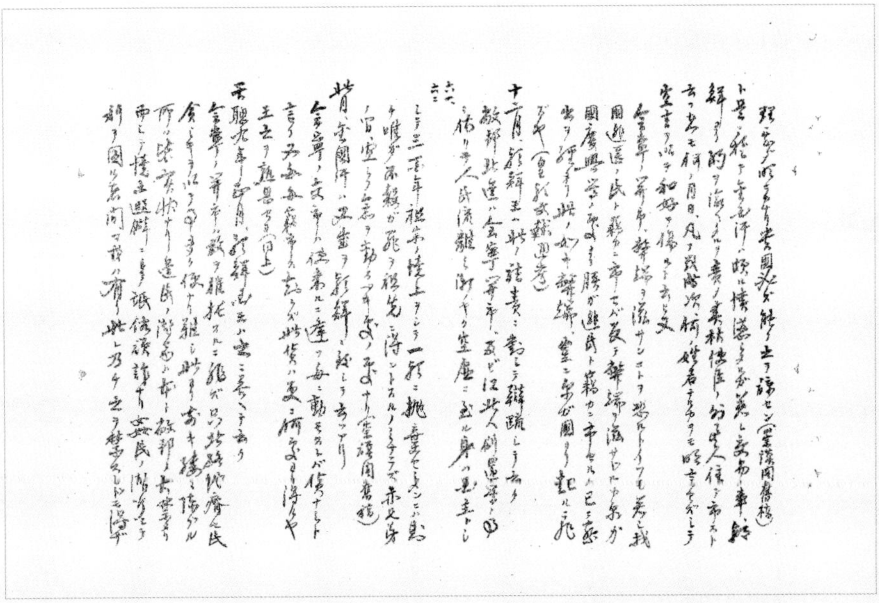

32

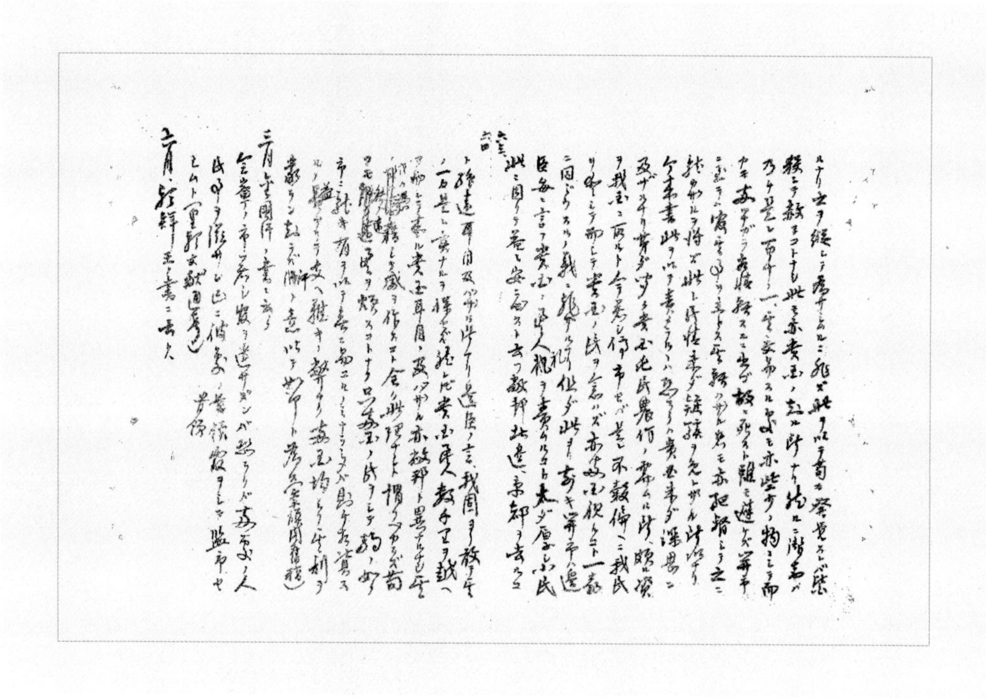

33

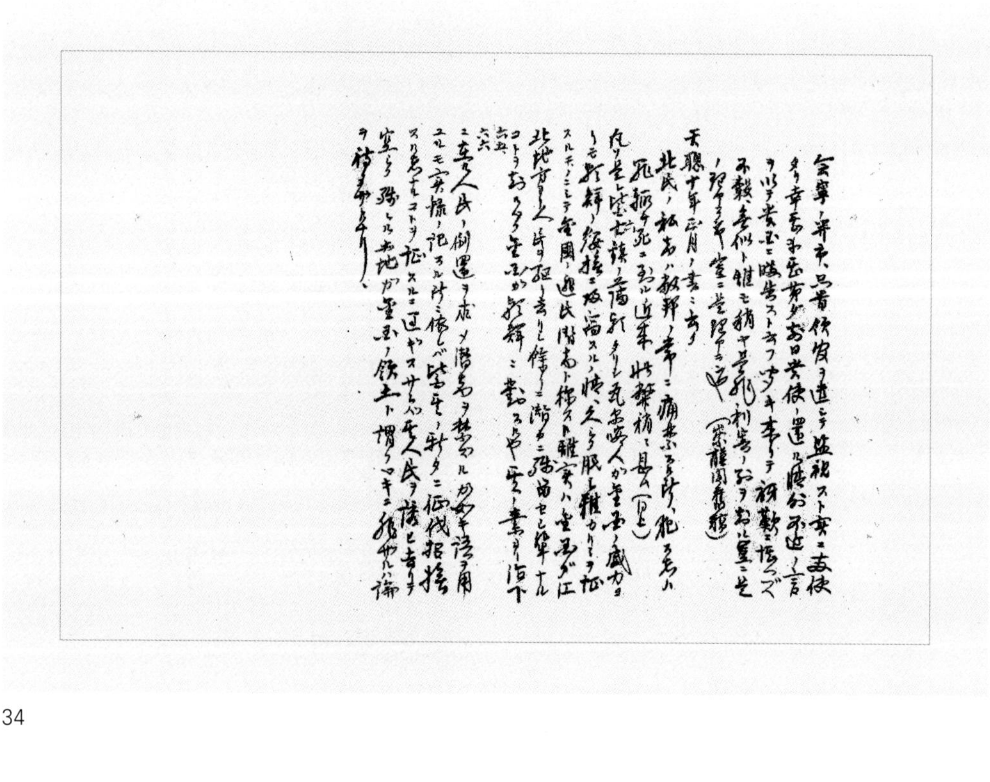

34

(三) 越境ノ犯禁

天聰元年ノ和約ニ於テハ亦互ニ封疆ヲ守ルノ語アリシガ
若クナルモ互ニ人民ノ私越ヲ禁ズルノ明約アリシヤ否ヤハ尚未
ダ詳ニスルコト能ハズ只天聰二年五月ノ朝鮮国
王ノ書ニ見エタリ
疆界ヲ嚴守シ私越ヲ禁斷セシ等ノ語ニ至リテハ本
来極メテ豈ナル者サニ十分ニ申明スベシ負クナカレ負ク
ナカレ(東華同月條)
然ルニ朝鮮人ノ疆ヲ越エテ人蔘ヲ偷採スルモノハ皆モトヨリ已
ニ露ハレタルガ為ニ天聰三年六月ノ朝鮮王ノ書ニ云ク江
ヲ越エテ蔘ヲ採ルコトハ彼ノ貴国ノ悪ム所ナルノミナラズ亦
我ガ禁憲ヲ犯スナリ如シ犯スモノニ遇ハバ貴国ノ卿遂ニ
一任シ便宜ニ處サシメ律ヲ以テ之ヲ斷シテ懲
サルベキナリ(同上)

六七
六八

天聰五年十一月金国汗ノ朝鮮王ニ致セル書中ニ云ク
今年五月内貴国ノ十人九馬我国ノト児哈密地方ニ至
リテ貂ヲ獵リシニ札努ニ程棲セル四人九馬ハ放チ回ス其六
人ハ逃散セリ九月内貴国人庆扎地方ニ来リテ宅者シ
(宅者ハ擄者ヲ即チ人蔘ヲ採ル者ナリ)我人ト對戰シ貴国人殺サルル子九月内ニ
於テ貴国人島人ト同ジク寛典ニ来リテ宅者シ我人
一名ヲ捕ヘ得タルハ和好ノ實ヲ失ヒ東事名(東事ハ人名)ニ對
シテ説ク此人逃レテ我国ニ至ルト盟好ヲ以テ事只貴国
人ノ疆ヲ男ヲ越テ命ヲ失ヒタルガ為メナリ我国豈ニ一人ノ男ヲ
戮ヘシカラヤ(同上)
コノ書ニイハユル卜児哈密ハ即チ今ノ佈爾哈通ナレバ當時佈
爾哈通河以北ハ金国ノ領土ナリシテ認メラレタルモノト見ルモ
不可ナシ庆扎ト即チ今ノ輝發ナリ寛典ハ寛甸ナリ島人
ハ毛文龍ガ據レル椵島中ノ人ヲ指ス之ニ對スル朝鮮
王ノ答ハ當時来使ニ口授シテ金国汗ニ面達セシメ
タリトアルノミニシテ今詳ナルハ傳ハラズ
天聰七年九月朝鮮王ノ書ニ云ク
吾ガ両国天ニ告ゲ誓ヲ成セシ後貴国ノ人ハ能ク貴国ノ
約束ヲ守ルモ我人ハ孤ノ法令ニ遵ハズ屢々貴国ノ獲
ル所トナル孤誅之ヲ痛ム然ルニ貴国ガ以テ送ト為
サズ渠ヲシテ来ラシテ邦ノ刑ニ即カシムルヲ鄰ニ至事
タルニ亦勉メルノ意ヲ以テス然ニ於テ益々見ル所ノ親
ヲ見ル殺ス于格心感激セザランヤ(同上)
六九
豈シ貴国ガ越境ノ韓人ヲ送還セルニ對スル答書ナル
ガ若シ今金国ノ書ヲ得タルヲ以テ今詳ナルコト能ハズ然ルニ由ナ
七〇
キモ以テ其ノ德ヲ擬推スヘシ既ニシテ金国又朝鮮ノ盗参
者二人ヲ押送シ而シテ此時朝鮮ニ於ケル盗ハ更ニ甚ダシク境
上野年ノ書中ニ記セル天聰七年九月ノ書(皇考貳ノ書ノ意ナシ)
ヲ十年々盗蔘者ヲ出スコトヲ責メタリ十月朝鮮ノ
答書ニ曰ク
寡人ノ傷ク閣下ノ如キニ至リテハ亦敢テ郵遣貢スル時
アルニ能ハザルナリ(中略)我ガ博換ニ意アルニ非ズ一時
貴賤ヲ視テ閣下ヲ望ムルニ過ギザルナリ豈民
ニ至リテハ汗濫無識ニシテ飢寒ニ迫ラレ尺寸ノ利ヲ得テ
欲スルヲ貪ラントスルノミ豈寡人ノ威力ヲ以テ使
ケ自ラ止ムヲ為ランヤ其禁ヲ冒シ境ヲ越ユルハ本
ト自ラ死スベシ然ルニ若シ此ヲ執リテ以テ寡人ノ罪ト
ナ為スルハ乃チ未ダ之ヲ思ハザルナランカ往年責懺

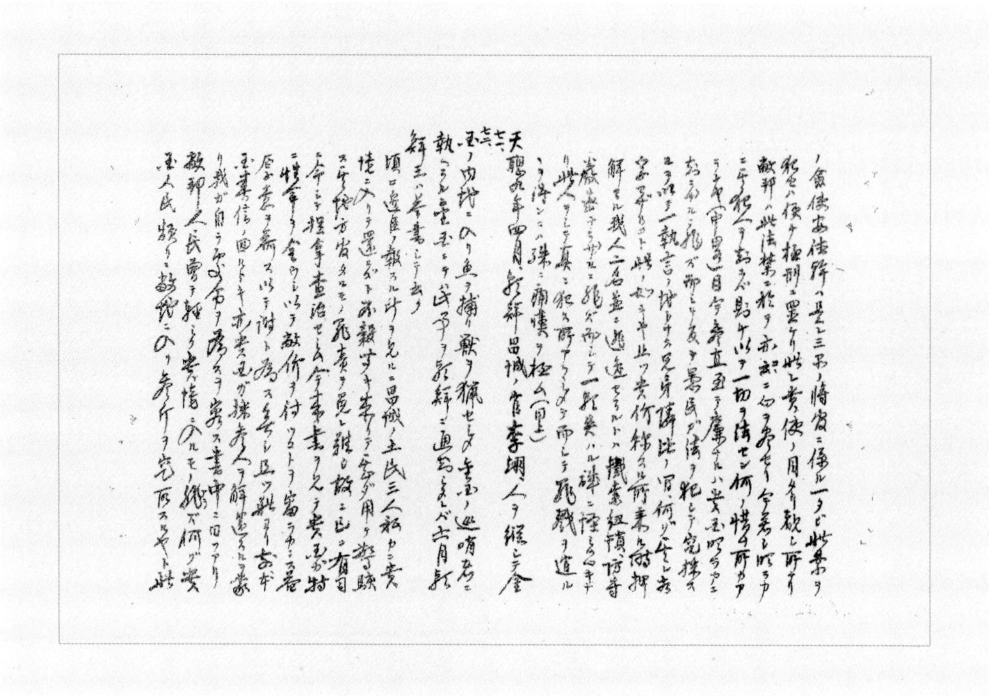

37

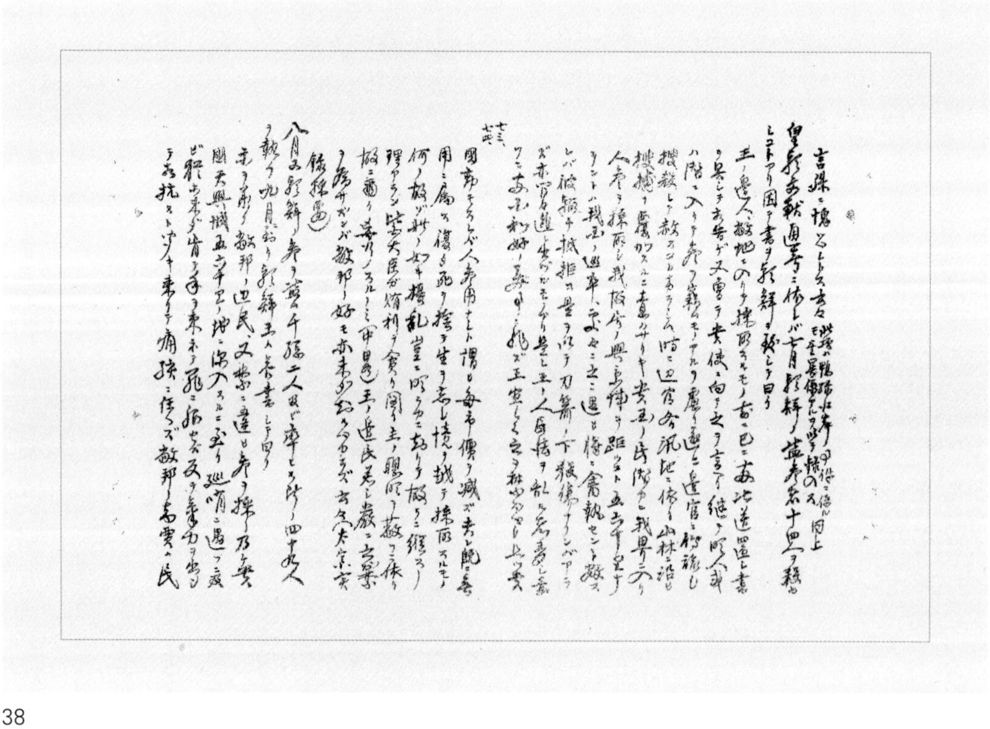

38

籍ニ其衣食ニ随テ来ル利ヲ見レバ始テ茲ニ論スルコト無シ
ナカラシメ利ナキ島ヲ遣テ而シテ之ヲ責ル沿岸ノ郡令
復タ此輩ニ没シテ不ヲ集ルコト久シ且ツ従来江北人ト雑住
来ルニ慣レ以テ其限ナシ踪ニ禁習トナル年来江北
人ハ寛キ威令ニ服シ敢ニ禁ヲ冒シテ出遇セズ此輩頗
ニ生理ヲ失シ乃チ私採貨生ノ計ヲ為シ出没無定
ニ従テ遠ク至ルモノモ一二ニ非ズ遂ニ之ヲ探テニ斬レリ今後
臣ニ義共セラレ其罪ヲ得タルモノ亦比々之アリ然ルニ利ヲ
見テ生ヲ忘ルルノ輩頻リニ僥倖ノ心ヲ懐キ且ツ辺臣ノ
仰性モ亦一ノ如クナラズ往々其姦ヲ掩匿シテ覚ハルルガ
頼ナ命ヲ拘スルモ犯ヲ且ツ其ノ弊ヲ除ク能ハズ毎
両ノ勤聚ヲ致スハ不穀ノ懼ニ緯ノ意ヲ徼スナシ（崇禎関
係書類）

七五
七六
書中ニ云フ所ノ天興ト謂フハ即チ興京ナリ実録ニハ天聡五
年里岡阿済格ナ天着興京トストアリ然レドモ之ヲ文辞ノ
原辞ニシテ実録ハ天興ト称セシナラン
十月金汗ガ朝鮮ニ致セル書ニ云ク
王毎ニ言フ信義ヲ以テ尚ヒトスト近日ロ王ガ前盟ヲ毀
海ノ民ヲ縦シテ我内地ニ入テ参ヲ採リ魚ヲ捕リ
島民ヲ禁ジテ信貨ヲ以テ我国ニ市スルヲ許サズ又累年
礼物薄ク致ギ巧言飾辞スルハ善策ニ非サルナリ（瀋陽状啓）
十二月朝鮮王答書シテ曰ク
境ヲ越テ参ヲ採ルコトハ素ヨリ姦濫ナリ貴国ノ詰
責ヲ竢タルモノ多シ不穀嘗ニ痛悪切ナリ然ルニ犯者ニ
毒ヲ蒙リテ失ヘル数民ガ習々利ヲ冒シ生ヲ忘レテ犯
ルヲ致スニ迨ビテ来テ敢テ遠カニ地方官吏ノ為ル

39

所ト謂ハズ而シテ敢邪ヲ法令ハ犯シ従フレバ必ズ誅ヲ
ヲカシテ常ニ軽蔑ヲ以テ戒ト為ス往年貴国ノ差使
安陸鎮北ニ来リ誘シテ云フ雖国人犯者ノ情罪ヲ審ニ
ニ厳ニ禁ジ侵ス土民ヲ獲ト雖モ而モ只ダ犯人ヲ
セシメテ其首罪ヲ治メ或ハ誅シ或ハ罰ス所部ノ官吏
ハ其ノ例ニ爵ヲ削リ没ニ配スルニ止ル今年七月官咸
境ニ安辺道監司ノ報スル所ハ犯越人名総ノ捉ヘルニ
数ハ七十余人ニ及ヒ各所ノ郡邑鎮堡等ニ資ヲ将テ
細カニ査問ヲ加フルニ其所国ヲ情ナクシテ失脱シ此
ヲ検スルモノアリ而シテ亦私カニ土民ヲ縦チテ自ラ其利ヲ
占ムルモノアリ不穀姑メテ驚懐切ナリ其情軽キモノハ已
ニ重根ヲ遠配シ重キモノハ累月囚繋シ方ニ極ヲ拆ヲ議
又仍ホ近臣ニ飭シテ来執棟参ノ将帥ニ至ル毎ニ諭

七七
七八
雖ノ径路ニ於テ偵伏機捕セシメ一夫モ闌逸スル者ナ
ラシム庶クハ此ヲ以テ将ニ過ヲ補フノ地ト為サン今来ル
来スヲ前キテ懲醜ニ便フズ此不穀ガ法ヲ用ルコト厳
ナラザルニ因リ頑賊ニ冒犯懲遣ナリ貴国ノ責メラルル
固ヨリナリ更ニ何ノ説カアリテ自ラ辨ゼン（寧辺関係書類）
又天聡十年正月朝鮮国王ノ書ニ曰ク
越境採参ハ乃チ我民大利ノ在ル所、上年ニ在リテハ
又令シテ之ヲキカシテ不穀嘗ニ之ヲ痛ム然ルニ今年ヨリ更ニ申
飭ヲ加ヘ必ズ痛断シテ乃チ止マン幸ニ姑ク寛恕シテ以
テ後日ヲ観ヨ（同上）
按スルニ朝鮮人ガ潜ニ境ヲ越ヘテ人参ヲ採ルコトハ原ト満胡
ガ空国ニ移リ去リシテ従来貿易ニ依リテ得タル利益ヲ失ヒ
生活ノ貿易ハ常ニ其歴郷ニ依リテ価ヲ定メ之ニ利ヲ得ルコト

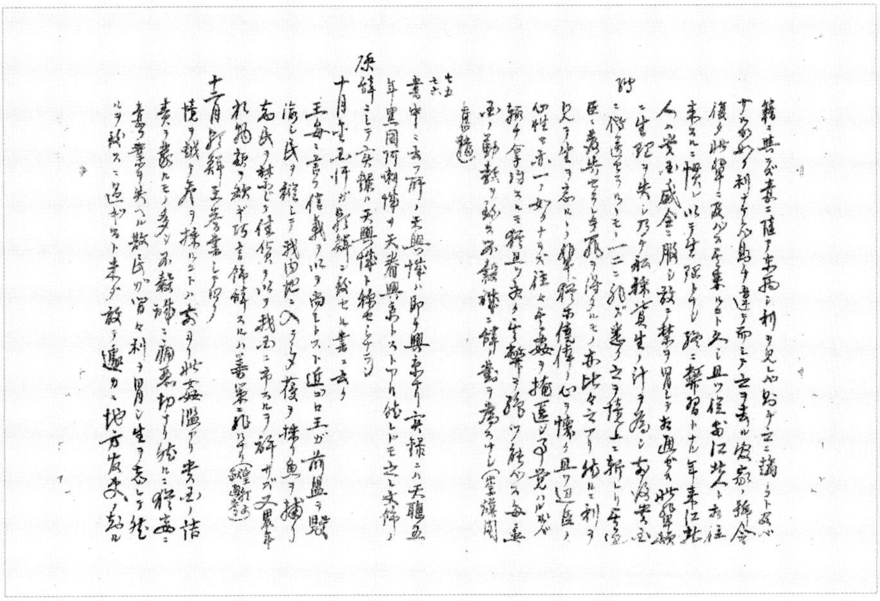

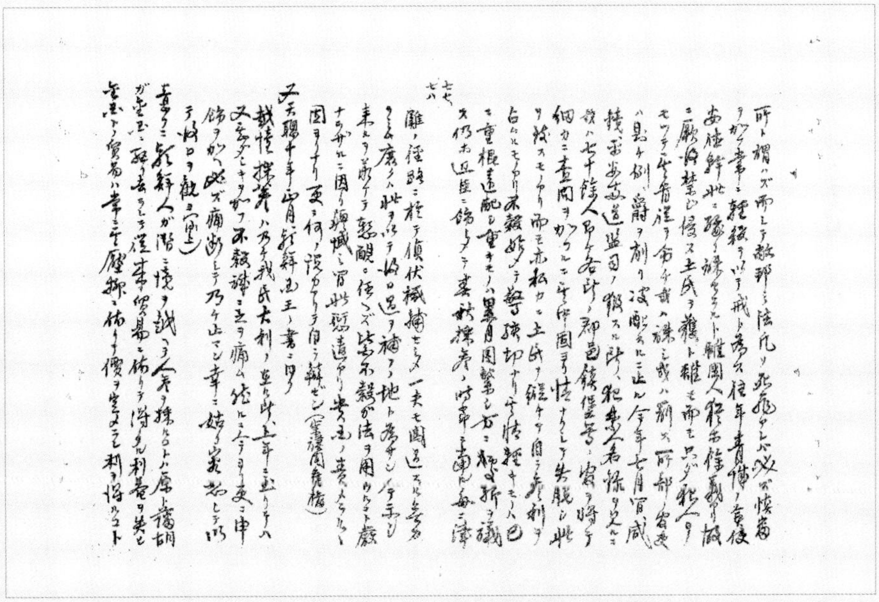

40

モノダルベキヨリ生ズルコトナルガ、更ニ犯ハ常ニ本国ニ送リテ
其ノ罰スルヲ例トセリ而シテ当時ノ界トセル所ハ今ノ何所ナリシカハ
未ダ明白ナラザルモ彼ノ自ラ其ノ境ト称セル人々ハ即チ兀良哈ノ住地ニ及ビ
タル遺跡ナリ

(四) 崇徳後ノ状態

崇徳元年(西一六三六)朝鮮仁祖十四年 金国ノ国號ヲ大清ト改メ国号
ハ寛温仁聖皇帝ノ尊號ヲ受ケタルガ此年十二月再ビ朝
鮮ヲ伐チ朝鮮国王ハ南漢山城ニ據リテ之ヲ防ギシモ翌
二年正月ニ至リ力竭キテ降ヲ乞ヒ清帝是ヲ受ケ君臣ト為リ
シモ是ニ至リテ君臣ノ礼ヲ執リ昭顕ノ諸命ヲ奉シテ
彰ク清国ノ藩冊ヲ受クルコトナリタルハ此年ヲ以テ始メトス其ニ於ケル
八〇
境界ノ交渉ハ毎ニ朝鮮ニ不利ナルヲ免レズ是レ朝鮮ノ屈
ニハ大ニ其ノ勢ヲ論ゼザルベカラザル所ノ者ナリ。
正月廿八日即チ朝鮮王ガ降服ノ前二日、清帝ガ朝鮮王ニ
下セル勅諭ハ降服ノ条件ヲ指定シタルモノナルガ其中ニ
左ノ一節アリ云ク、
朕ガ王有ル所ノ瓦爾喀人ハ倶ニ当ニ刷還スベシ日本ノ貿
易ハ爾ガ旧ノ如クスルヲ聴ス当ニ其使者ヲ導キテ
来朝スベシ朕モ亦将サニ使ヲ遣シテ彼ト往来セント
ス其東辺ノ兀良哈ノ私ニ自ラ逃レテ彼ニ居ルモノアラバ復
タ与ニ貿易往来スルヲ許サズ果シテ兀良哈ヲ見バ使
ヲ督サシテ執ヘ送ルベシ
此時ニ於テ兀良哈ニ有リシモ彊界劃定リタルニ異ナラズ、[illegible]
鮮ノ書類ニ一モ徴証スルモノ無シ[illegible]アルドノデスクリ

41

プレヨンドラシーヌノ中ニハ豆満江ニ於ケル庭[illegible]ヲ包括
シ黒山山脈ヨリ窶髪山ニ亘リ鴨緑江ノ上流ニ至ル疑道隅ヨ
リ十五道溝ニ至ル諸水ト松花江ノ西方諸水トノ分水嶺
タル長白ノ支脈ヨリ佟佳江本流ノ稍ヽ西方ヲ経テ大小
餓河ノ分源ヨリ鴨緑江ト鳳凰城ノ中間ニ至ル線ヲ図
上ニ劃シ而シテ宮ガ提示トシテハ
鳳凰城ノ東方ニハ朝鮮国ノ西方ノ分界標アリ蓋シ彼
等ハ支那ヲ攻ムルニ先ナテ朝鮮ト戦ヒ之ヲ征服シタ
ルガ柳条辺柵ト朝鮮ノ国境トノ間ニ无人ノ地帯ヲ
置クコトヲ議定セリ此ノ国境ハ同ク吳線ヲ以テ表セルモノ
是ナリ
トイヘリ此記述ハ康熙四十八年(西一七〇九)ニ於テ清ノ聖祖
ノ命ヲ奉ジ清韓ノ国境ヲ実測ニ従事シタル西洋人(レージ
八一
八六
(雷孝思)ノ撮影ニ引用シタルモノナルガ彼ニテ根據ナキモ
ノニ非ズ蓋シ朝鮮ノ北界トシテ支那ニ認メラレタルハ全ク今
ノ豆満鴨緑両江以南ノ地ニ在リテ其間荒地帯ハ又其ノ
ニ存セシコトヲ認ムベシ
崇徳年間ニ於ケル瓦爾喀人ノ刷還ヲ屢ハ其ニ并列ス
ルガ如シ
崇徳三年清国ニ[illegible]朝鮮ニ告ゲテ曰ク
南漢ニ在ル時有ル所ノ兀良哈人ハ倶ニ当ニ刷還セ
シム又軍中ノ俘繫鴨江ヨリ脱シ逃レ回ル者アラバ
本主ニ執ヘ送ルトハ已ニ約議アリ今ニ至リテ兀良哈人ハ
未ダ刷還ヲ見ズ俘繫逃レ去ル者亦未ダ送ラズ
旨ニ違フアリ云々
ト因テ訓錬僉正蔡[illegible]ヲ遣シテ北ニ向ヘル兀良

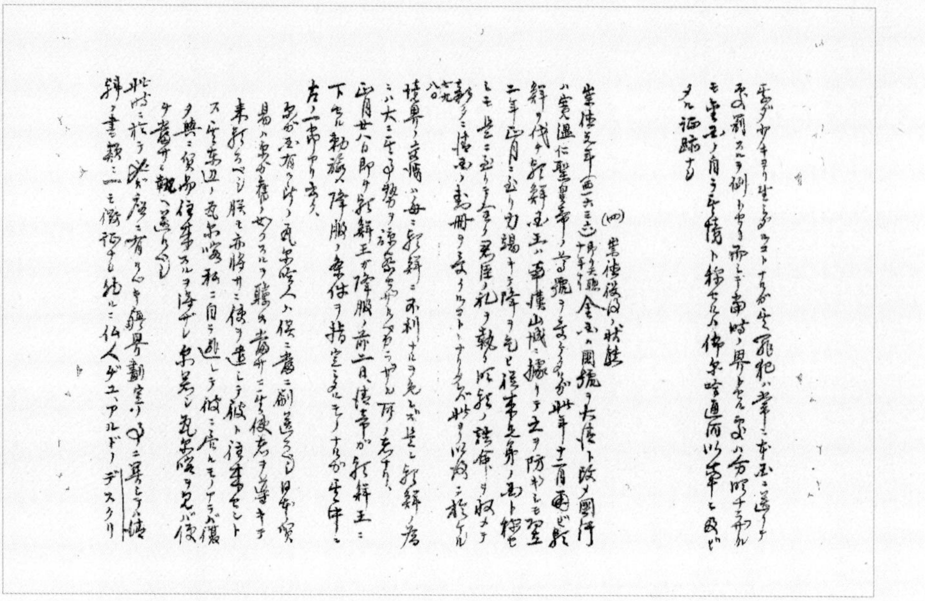

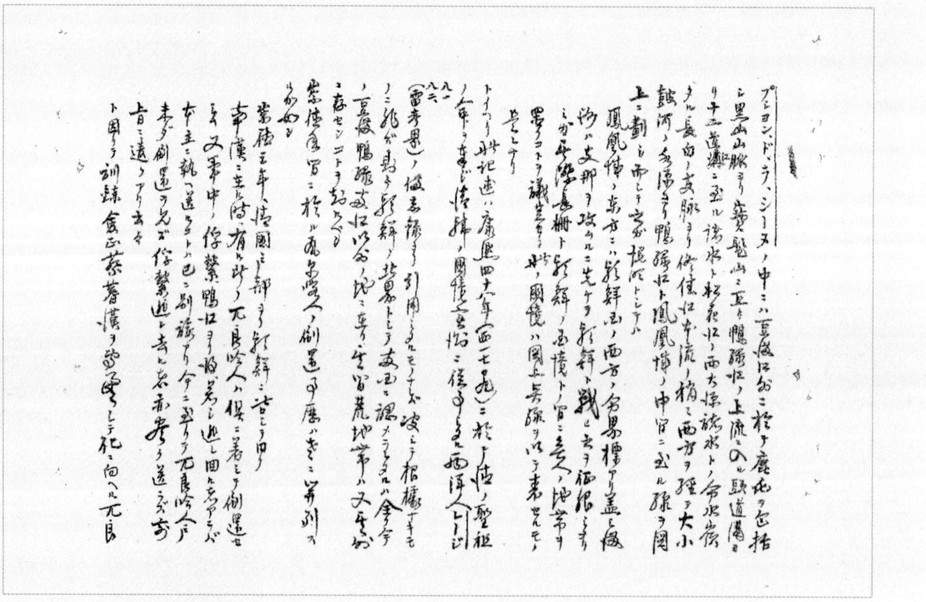

42

哈爾巴嶺ヲ踰リシ人参三十五口ヲ押解シ咨報セシコト例ノ如シ（
通文館志）[illegible]
此年又北ニ不良輩ヲ査シ訓戒シ禀白朴淵ヲ寧古塔ニ化
ニ向ヘル人ニ輝瀋等八口ヲ押解セリ（同上）
崇徳四年、魁島祐[illegible]ノ事アリ[illegible]
此年朝鮮ノ左議政申景禎等甘良哈及ヒ九十四人
四十五口ヲ刷還セリ（通文館志）
崇徳五年ハ使臣相府甲孝聖等ニ付シテ[illegible]
向化人三名ヲ咨解セリ（同上）
崇徳七年清国ノ郡王ヲ世宗[illegible]犯人ヲ送リテ朝鮮
ニ来ルモノハ軍官ヲ送リテ刷還セシム（同上）
[illegible]寧古塔ニ会寧等ニ於テ互市[illegible]
ニ於テ市易ヲ廃シ慶源ニ於テ市

八三
易アルノ定例ナリシガ其ノ崇徳三年寧古塔人戸部ノ
票文ヲ持シテ来リテ牛馬ヲ貿シ始メテ例トナル此年会
寧府使鄭檣ハ接待ノ事ヲ周旋スルコト因リ職ヲ褫ハル
是ヨリ接待ノ事[illegible]年々会寧ニ処[illegible]

八四
ハ左ノ如シ
崇徳五年、世宗[illegible]ハ使臣ニ犯越ノ朝鮮ノ地ニ
入リ米糧ヲ需索スル官禁スルコト能ハス刺探騒擾セ
リ朝鮮王ハ清国戸部ニ移咨スルニ今ヨリ以後文憑ヲ
責給スルモノ外別ニ差官ヲ要ハンコトヲ以テス[illegible]
郡ノ田畓ニ至リ[illegible]帰ルノ際ニ[illegible]シテ境
内ヲ犯越シ[illegible]乱賊ヲ[illegible]
録ニ依リテ該部人ヲ遣シテ[illegible]
セリト（通文館志）

43

崇徳七年、世宗人ハ票文ヲ持シテ貿易ニ借[illegible]自ラ規例ヲ作リ
而シテ[illegible]多ク式ニ違フヲ以テ朝鮮ハ其弊ヲ
禁サンコトヲ清国戸部ニ移咨セシニ戸部ハ朝鮮官
吏ト清国官吏トヲ会同セシメ各々之ヲ約セシメタリ（通
文館志）
又々越境者ノ犯罪ニ関スル事実ハ左ノ如シ
崇徳三年ハ朝鮮[illegible]境ノ民、金惟善等四名、慶源
島人ノ応慶吉[illegible]部落等ニ往キテ[illegible]
等七口ヲ殺シ因テ[illegible]仍テ搶掠来
遠ノ地方民ノ罪ヲ論シテ清国礼部ニ咨稟セリ
（通文館志）

八五
八六
崇徳四年朝鮮ノ使甲暉ハ清国ヨリ回ル清国大臣
[illegible]ガ応慶吉[illegible]ニテ[illegible]四頭ヲ
捕ヘニ朝鮮ノ訓戎鎮ノ民、界ヲ越ヘテ来リ猟シ[illegible]
鵰及ヒ雉兎ヲ盗ミ去リ[illegible]
[illegible]訓戎僉使鄭[illegible]即チ慶
源ノ人李士[illegible]押解シ仍テ[illegible]人一口ヲ付シ清国戸部
ニ咨報セシニ戸部ノ回咨ニ曰ク朝鮮国王ハ既ニ李士
[illegible]似タリト言ヘバ本部ハ[illegible]
[illegible]界ト為サバ[illegible]ノ地ニ[illegible]
[illegible]理ナシ今反テ辺ヲ出テ
[illegible]鵰ハ乃チ微物ナルモ[illegible]大ニ
[illegible]馬夫達ヲシテ査察ニ回
奏セシメント云々（同上）
清国兵部ヨリ咨文ニ云ク上旨ヲ奉ズルニ朝鮮ノ係
ル郡ノ咨ニ回答シテ[illegible]ノ人ハ竟ニ[illegible]ト云フ[illegible]

44

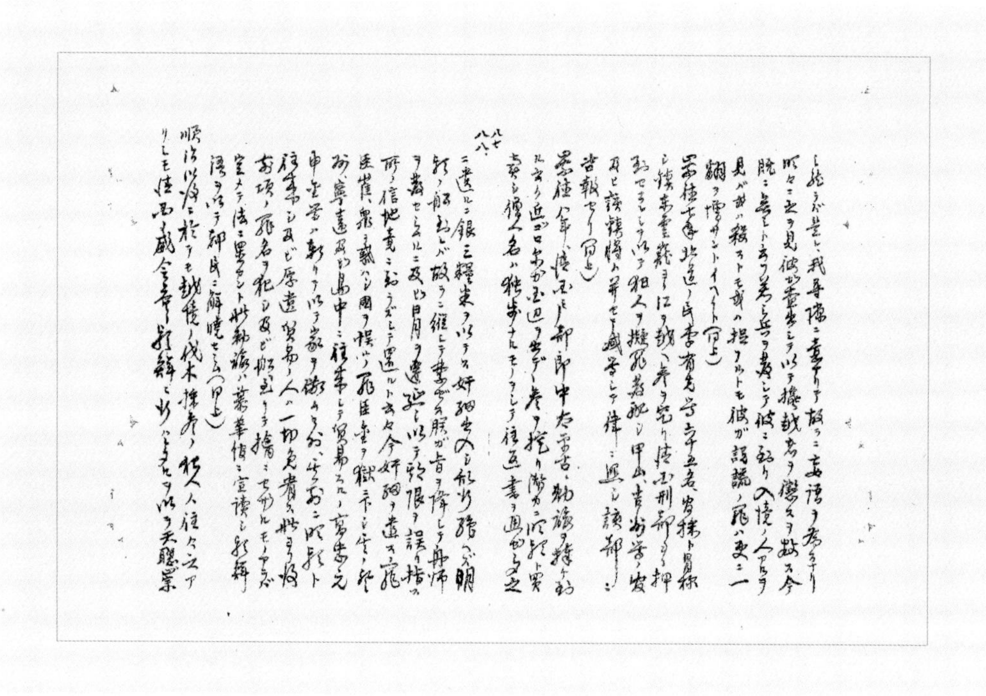

45

46

秘

政務局 閲了

間島問題調査書 第三

01

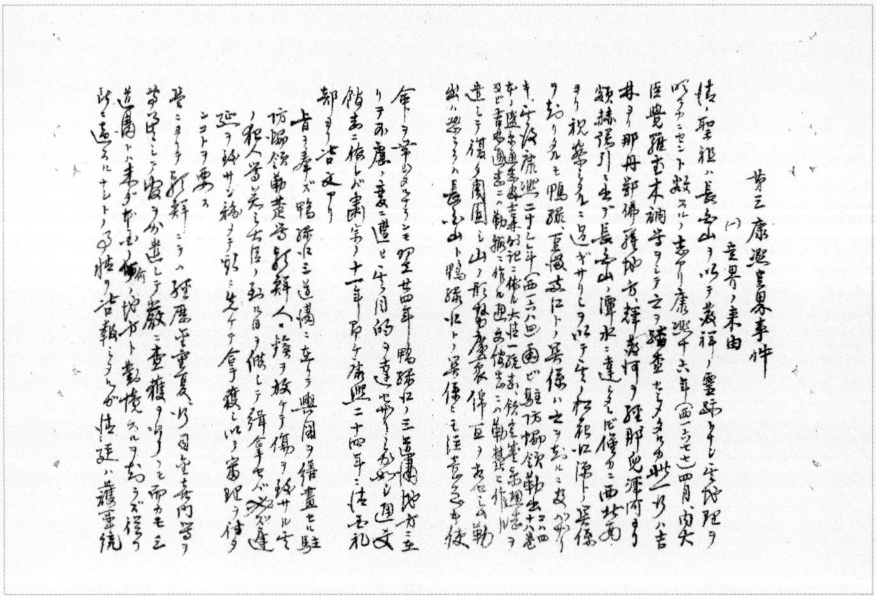

第三 康熙定界事件

(一) 定界ノ来由

02

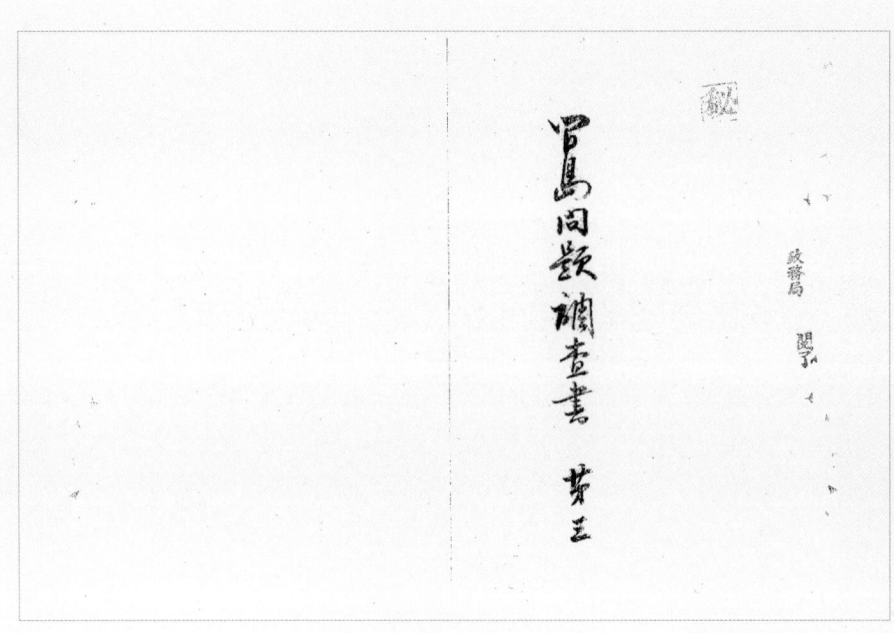

欽使賓等ヲ朝鮮ニ遣シ勅諭セシ略ニ曰ク
朕寡薄ニ於テ德澤尤モ厚シ今昔ニ違フ界由ニ前
諳シ與地山川ヲ繪畫セル人ヲ爾國人僭越ニ潜服シ
島鎗ヲ放テ傷ヲ加セリ特ニ使ヲ遣シテ爾往シテ其項
ノ犯人ト地方ノ踈縱ナル官トヲ嚴察擬奏セシムル
急忽ノ罪モ亦貰シ難シ即チ着シテ使臣ヲシテ並ニ
擬シテ以聞セシムト云々
翌三十五年ハ朝鮮ヨリハ犯人二十七名ヲ勅使ト共ニ究
問セシ韓得完等六人ノ口供ニ依レバ年凶ナルニ因テ唐子以テ
淺灘ヨリ潜ニ三長國ニ越ヘテ上國人ニ逢ヒシモ矢ヲ放チ
驅逐セラレタルノミ物ヲ掠メンコトヲ怒シ鎗ヲ放チテ逃竄
セリ因テ其ヲ斬シ妻子ヲ奴ト為スニ擬シ又李成等二
十人ハ口供ニ依ルニ隨ヒ往ケルハ罪ト異ナルモ曾テ鎗ヲ掌
ニ遂ニ遇テ逃避シタル亦其ヲ斬ニ擬シ家財ハ貫使
ハ流三千里ニ擬シ監兵使ハ革職ニ擬シ犯越人中ニハ
巡川ノ郡守ノ地方官アリ俱ニ降五級ニ擬シ其他ノ監司
ハ降二級ニ擬シテ具奏セリト
使臣等ハ事件ヲ審査シテ朝鮮國王李焞ニ館訊等ノ
兩ヲ罰スベキコトヲ奏シタルニ禮部ノ議奏モ使臣ノ議
ニ依ルベシトシ禮部ヨリ朝鮮ニ咨シテ其旨ヲ通セリナリシニ
此時朝鮮ノ謝恩使鄭載崙等ハ禮部ニ呈文シテ王ノ為
ニ冤ヲ鳴シ寛免ノ特奏ヲ請ヘリ然ルニ此際ハ其年朝
鮮ガ連年ノ歉荒ニ依リ姑ラク三年（鳳凰柵門ニ開市ヲ停止ス朝鮮請）ノ開市
ヲ停止センコトヲ乞ヒ朝廷ノ怒ニ觸レテ銀一万両ヲ罰セラ
ルヽコトナリ一次限リトテ宥免セラレシ際ニモ有リ清國禮部

八

03

國家ノ朝鮮ニ於ケル恩德甚タ多シコレヨリ大ナラン毎ニ聞ク
使臣彼ニ至ルトキ多ク供億アリ陪臣等ニ索ムル屢ク
禁令ヲ犯スト又毎ニ日本ノ事ヲ以テ辭シ而シテ之ヲ察
スルニ實ナシ小醜未ダ靖センズ師ヲ興シ征討スルノ時甚
タ懲タ浮辭ニ憑リ我ガ處實ヲ瞞ク豈ニ事理ナリ
即チ寄卿アラズトモ豈ニ陪臣等君ニ告ゲズト難シ
筆端ヲ弄セシヤ宜シク即チ嚴拿スベシ其ノ
不道ノ非ナル禮物モ收メルコトヲ得ザルベシト議奏シタルニ陪
臣ハ其ノ嚴拿ヲ免レシメシ餘ハ議ニ依レトノ命ヲ奉シタ
リ其ノ節人韓得完等六人ハ俱ニ斬ニ處セラレ金大成
等ハ俱ニ寛ニ從テ死ヲ免レシメ地方官等ハ徒流革職降
級リシタリシニ清廷ノ旨ニヨリテ處分スルコトナリ犯人ガ盜
掠セル人參ニ千五百觔五錢ハ其ノ縣ニ儲ルヲ以テ報告ヲ並

五六

示テ奉セシ進メ尋テ左議政第九萬等ヲ遣シテ冤罪
銀ヲ付シ以テ此事ヲ結局セリ（此時陪臣ニ人宜都北ノ稱判即チ陪臣西亞トノ衙衆中ナリキ小醜云々トハ云ヲ指セルナリ日本ノ事ト云フ事ヲ伴テ俱ニ朝鮮ハ往々日本トノ關係ヲ以テ清國ノ強壓ヲ免レントセシハ事實ナリ）
肅宗ノ十六年ハ即チ康煕二十九年（西一六九〇）又三道江岸ニ於
テ朝鮮人林仁等六名ガ禁ニ違ヒ江ヲ渡リ清國ノ採參
人馬ヲ打死シ衣服ヲ換ヘ奪リシコトアリシガ此時ハ單ニ
罪人及地方官ノ刑ヲ以テ了レリ
此年北京禮部ヨリ咨文アリ
今一統志ヲ纂修スルニ載スル所ノ採訪山河ノ等ト
寧古塔ト本冊互ニ誤リ疑靜ノ地界徐ヒタレバ大ナラントテ
果シテ然ラバ寧古塔ヨリ書山等冊ヲ將テ前往シ辨閲セシメ而シテ
鴨緑ヨリ前ニ至ル事岸ハ一帶ニ俱ニ朝鮮ノ驛站ニ傳ヘバ俱
ニ預備シ彼ノ大臣ノ往キ看ルヲ候チ其ノ驛人ヲシテ指引セシ

04

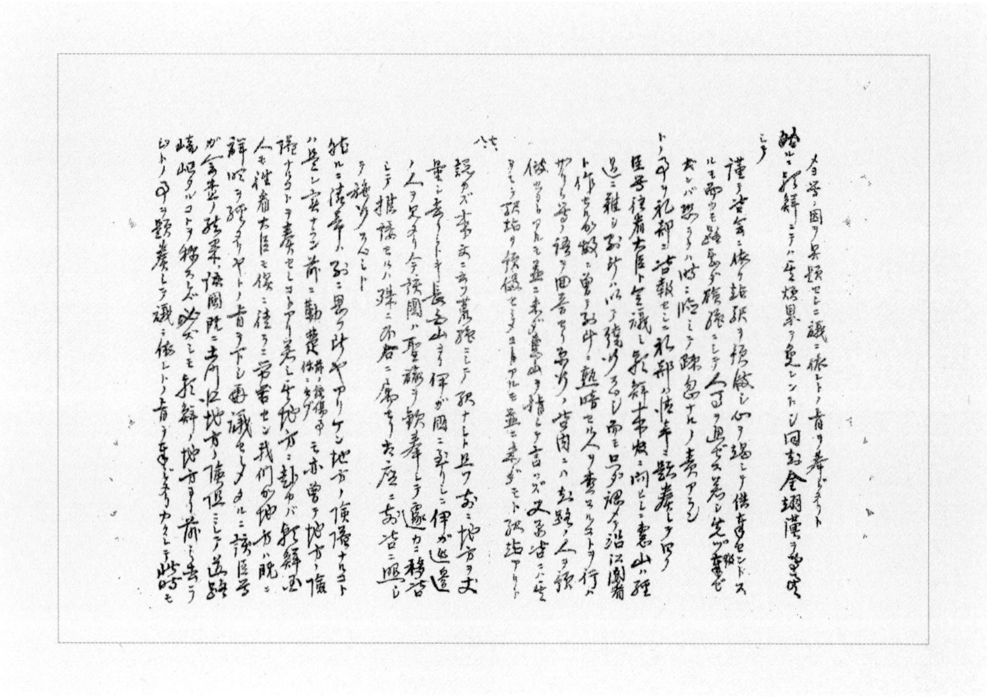

05

06

(二) 李萬枝事件

朝鮮肅宗三十六年即チ康熙四十九年（西一七一〇）韓人李萬枝等ガ越江殺人ノ事アリ朝鮮ノ平安監司權𢢜ハ國王ニ馳啓シテ曰ク

上國人二十余名渭原ニ到リテ傳言スラク李萬枝等五人ハ夜ニ乗シテ江ヲ越ヘ我人五人ヲ殺シ我人蔘銀貨ヲ偸ミ去レリト因テ火急ニ搜捕セルニ五人ハ既ニ逃レ二人ハ捕ニ就ケルモ終ニ抵賴セリト

乃チ特ニ宣全弘趾ヲ賫遣シテ罪人（李萬枝等ヲ指スナリ）自ラ服スル所ニ忌ラズ今方ニ別ニ近臣ヲ遣シテ按覈セシメ且ツ國家ガ謹ヲ失ヘル[?]逃亡者ガ捕得ラルヽヲ待テ謹ヲ嚴ニ待奏スヘシ

トノ由ヲ北京礼部ニ咨報セシニ其回咨ニ曰ク

（三）

都内ノ資格ノ章京一員盛京ノ章京一員ヲ派遣シテ鳳凰城ニ前往シ朝鮮國官一員ニ會同シテ人ヲ殺セル地方ガ我ハ上國界ニ在リヤ或ハ朝鮮國界内ニ在リヤヲ查明シ詳議シテ具奏セヨトノ旨ヲ奉シ前去ス

嗣テ清國ヨリハ烏喇總管穆克登、吏部郎中常[?]、刑部主事何順、李永礼[?]部侍郎蘇尔得、副都統[illegible]等ヲ派シテ來リ會セシム

此ノ年ニ至リ朝鮮ヨリモ亦近臣鄭拭ハ國王ニ馳啓シテ曰ク李萬枝等五人ハ夜ヲ利ケテ越殺シ又國人ノ蔘ヲ掠奪セル事實ヲ同訊セルニ猶ホ江邊ニ在テ上國人ノ蔘ヲ採リテ[illegible]ヲ採ル者ト業ヲ同フシテ潜通シ情ヲ貪リテ互ニ事ヲ謀セントスルノ妙計ニ乗シ殺害セントテ屢ヽ男ヲ同伴シ八人ト三人ヲ[?]誘引シ合ヲ殺シテ江ニ投ジ仍テ之ヲ掌ニ至リ五三人

ヲ殺シ亦人蔘青布ヲ掠メ而シテ去レリト是レ實ナリ

因テ敬差使以下該管等ノ官及ビ犯人ノ罪状ニ照シ勘斷ヲ難儀スルノ際ニ清國礼部ヨリ官ヲ遣シテ鳳凰城ニ到リ會同查究セシムルヨトノ旨ヲ奉シタリトノ咨文ニ接シタレバ

朝鮮國王ハ別ニ刑曹參議宋正明ヲ選ビテ鳳凰城ニ前去セシムルコトヲ回報シ[?]西金慶門ヲ差添ヘシテ礼部ニ咨報シ[illegible]ヲ答ヘ又何時熟河ノ行在ニテ奏聞セシコトヲ廣遜帝ニ馳奏シ其ノ奏セラル為ニ來リ

テ朝鮮國官ナルモノ鳳凰城ニ前往シ會備セシムヘキヨトノ旨下リ又這ノ事情ハ礼部ノ司官一員ヲ遣シ馳驛シテ鳳凰城ニ前往シ前ニ遣セル官員及ビ司官等ニ會同シテ會議セシメヨ且ツ前遣ノ司官等ヨリ殺人地方ニ向テ赴キ檢セシメ即チ鳳凰城ニ在リテ官僚ニ會同詳議

（四）

具奏スヘキトノ旨下リ仍テ礼部員外郎倫顯ヲ派セシ朝鮮ノ使臣ハ營内ト共ニ來リテ鳳凰城ニ待ス故ニ檢查等ノ査使ハ一行ハ已ニ鳳凰城ニ至リテ朝鮮官ト會査シ仍テ檢使等ハ江ノ北岸ヨリ朝鮮宋正明等ハ親カラ從ニ渭原ニ到リテ同シク殺人地方ヲ査シ咨文ヲ宋正明ニ付シテ朝鮮ニ致サシム其略ニ曰ク

此ノ案殺サレタル人ハ匪類ノ偷越セルニ非サルモ李萬枝等ハ朝鮮官ト同ジク殺人ノ事ヲ査明シ該國王ニ交シテ定擬セヨ今渭江一帶ニハ更ニ出入偷越ノ路ナキコトヲ免レズ仍テ査照ヲ以ヘトシ上諭ヲ欽奉シタルヲ以テ查スルニ渭原郡ノ北韓境ニテ五名ヲ殺シ江ヲ過ヤテ照録徒ニテ五名ヲ殺セルモ私ニ越ハ命ヲ喪シ犯人等ハ並ニ家ヲ傷ケ及屋ニ火興シテ逃ゲリト云云

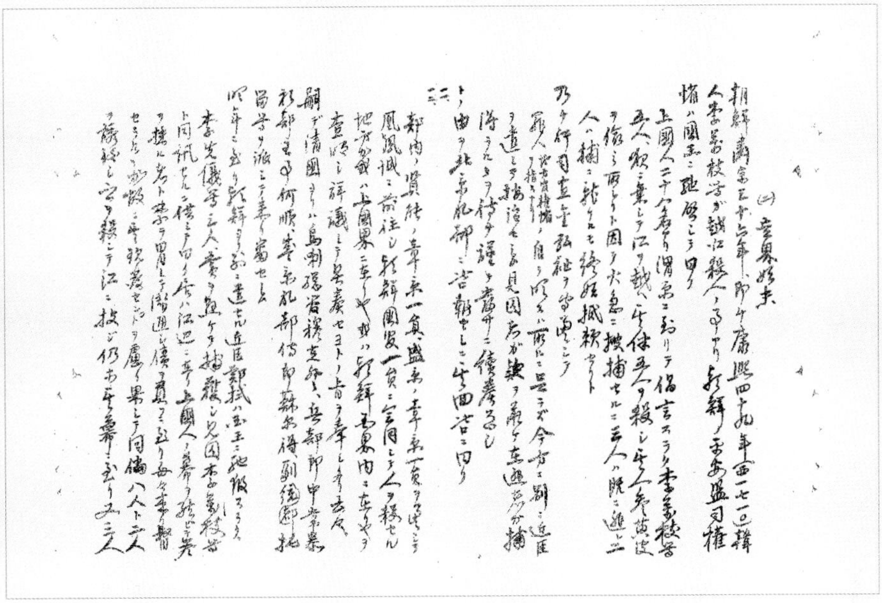

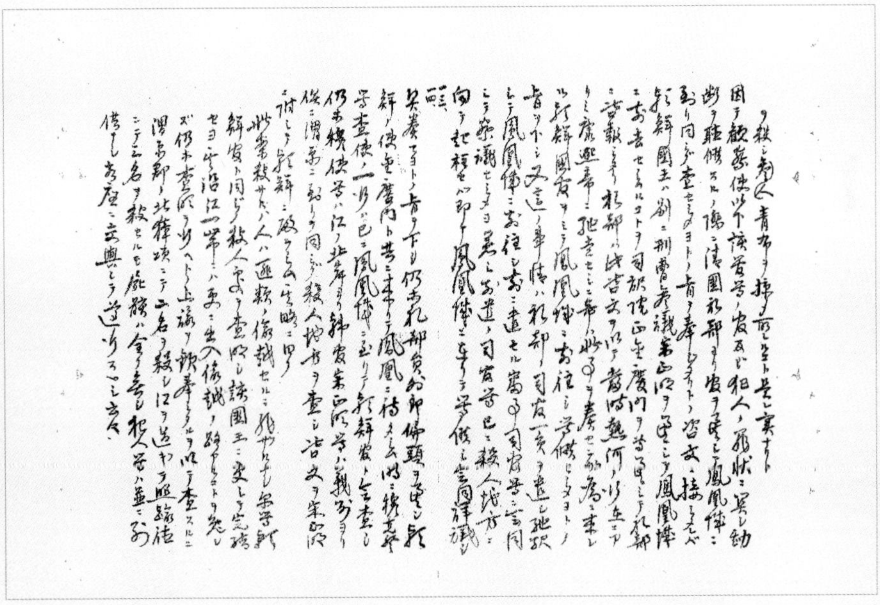

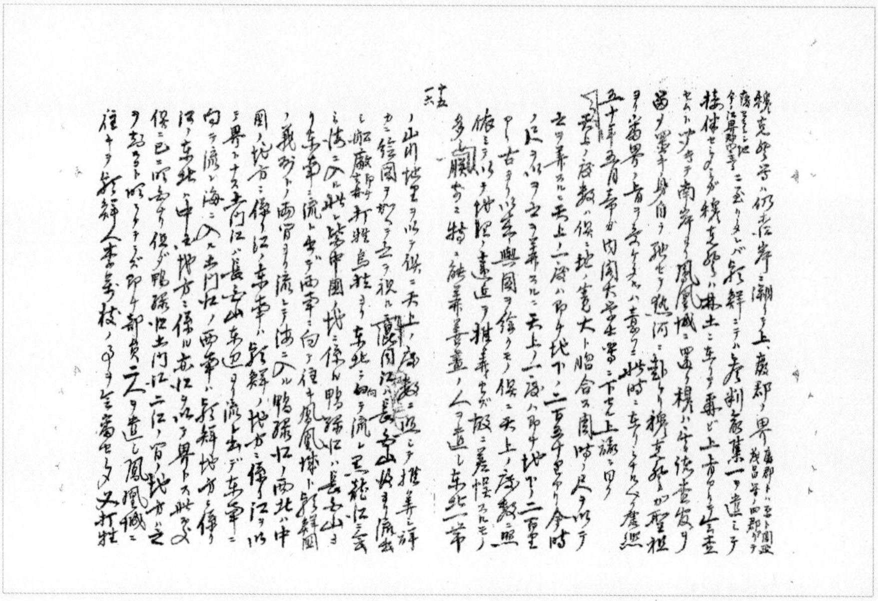

09

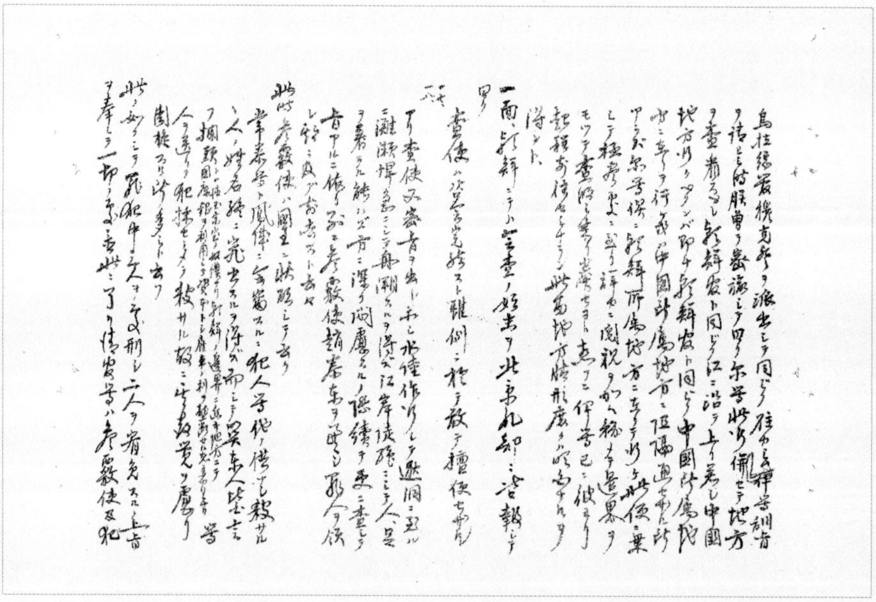

10

人ヲシテ帰国セシメ朝鮮ニテハ首ニ逆ヲ為シテ此殺人一案
ハ甚奇ヲ告ゲタルガ穆克登ガ之ニ委ケタル嚮者ハ甚之
ヲ帰ヲ設メテ貴ク為ルコトナカルモ此年ノ際ニ之ヲ果
サザリキ嚮時霊徴ノ上諭ニ曰ク
前ニ打牲烏拉総管穆克登ヲ遣シテ鳳凰城ヨ
リ長白山ニ至ル辺界ヲ査看セシメタルニ彼ガ路ニ遠ク
スル時ノ諸事ノ往聞ヲ以テ呈覧セリ路遠クシテ水大ナル
ニ因ルガ故ニ未ダ境ヲ抜フ此ノ地ニ至ルコト能ハズ旨シテ
来春氷解クルノ時ニ於テ義州ヨリ小舟ニ乗リ流ニ
溯リテ上ラシム如ク可ナラザルモノ所ハ小ニシテ陸路
ヨリ土門江ニ向テ査セシムベシ但ダ道路遥遠ニシテ第一
中途ニ阻テラバ朝鮮人ヲシテ供應セシメヨ此依由
ヲ以テ礼部ニシテ来リテ朝鮮ニ咨文セシメヨ

一九
二〇

陵議セシメ書文ハ給与シテ常中ヲ伊州ニ附セシ
メヨ、
北京礼部ヨリモ此ノ上諭ノ旨ニ依テ朝鮮ニ移咨シテ
全文ニ曰ク
礼部題為者ハ肅ノ時ニ於テ康熙五十年八月初四日大
学士温達等ガ啓奏セル折本ニ旨ヲ奉ズ今年穆
克登ヲ鳳凰城ヨリ長白山ニ至ル我ガ辺境ヲ査看セ
シニ路遠ク水大ナルニ因リ未ダ即チ彼ノ処ニ到ル
能ハズ来春氷解クル時ヲ候テ別ニ司員ヲ遣シ穆克登
ト同ジク義州江源ヨリ小船ヲ作リ流ニ泝リテ上ラシメ若
シ小船ガ進ミ得ル能ハザレバ即チ陸路ヨリ土門江ニ行キ
我ガ地方ヲ査セシメヨ此ガハ特ニ我ガ辺疆ヲ査セシガ
為ニシテ彼国ト涉ルモノニ非ズ但ダ我ガ辺内ノ道途遥遠ニ

11

我方ヲ按ラ倚ナル差遣ニ阻アラバ朝鮮国ヨリ稍ヤ
照管ヲ為サシメヨ此特由ヲモツテ着シテ礼部ヨリ朝
鮮王ノ本年進貢官員ニ交付シテ其ヲシテ朝
ラシテ該王ニ賚セシメヨ此ヲ欽遵シ朝鮮国ノ進貢正使
礪山君李枋等ニ陵議シ其ヲシテ抄寫シテ賚シテ該
王ニ賚セシムルコトヲ除ク外仍ホ應ニ朝鮮国王ニ知会
スベクシテ行ナリ此ガ為ニ合ニ咨シテ前去ス査照セヨ
等ノ語アリ云々
康熙五十一年二月初廿日朝鮮ニテハ参判権尚游ヲ遣シ
テ接伴使ニ西路節中重要道ニ於テ接伴セシメントシタルニ穆
使ガ北道即チ咸鏡道ヨリスト云フノ中ノ報ニ接シテ使ヲ遣
リ此ノ咸鏡道ノ観察使ヨリ状啓アリタレバ先ヅ司訳院
正堂蔵門ヲ厚昌ニ遣リテ以テ穆使ヲ迎ヘシメ旋カテ

二二

参判朴権ヲ以テ接伴使トシ咸鏡道観察使李善
溥ト同ジク厚州ニ迎ヘシメタリ
穆克登等ハ興京ノ辺塞ヨリ道ヲ開キ小舟ヲ作
リテ鴨緑江ニ入リ水源ヲ進ミ遡リ
行クコト十日ニシテ厚州ニ到リ朝鮮ノ僚佐監司等ニ会
シ四日ニシテ恵山ニ至リ舟ヲ捨テ山ニ上リ行クコト九十余里
剣ヲ道ナル験ニ臨ミテ関ヲ開キ其ノ接伴使布蘇等ニ告ク此朝
鮮ノ接伴使監司以下ニシテ険路ヨリ蔵山ニ留在セシメ朝鮮
ノ接伴監司等ハ帖ヲ穆克登ニ呈シテ従ハンコトヲ請
フテ曰ク
朝鮮国接伴使議政府右参賛朴権咸鏡道観察
使李善溥謹テ再拝シテ書ヲ欽差大臣烏喇総
管閣下ニ上ル伏テ以ミルニ大人奉ジテ皇命ヲ承ケ辱

12

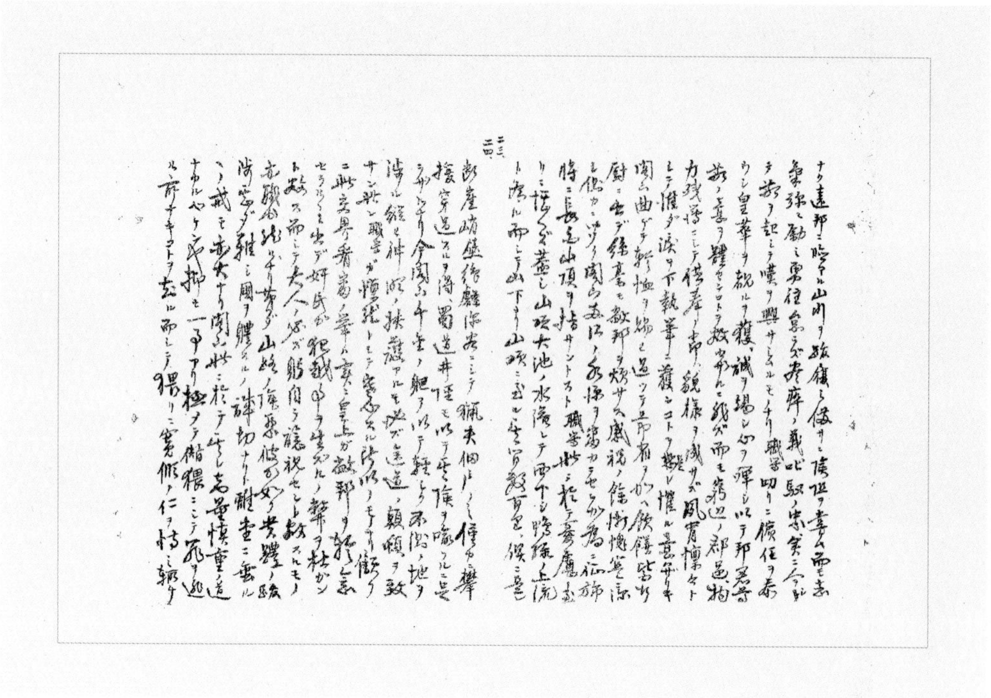

13

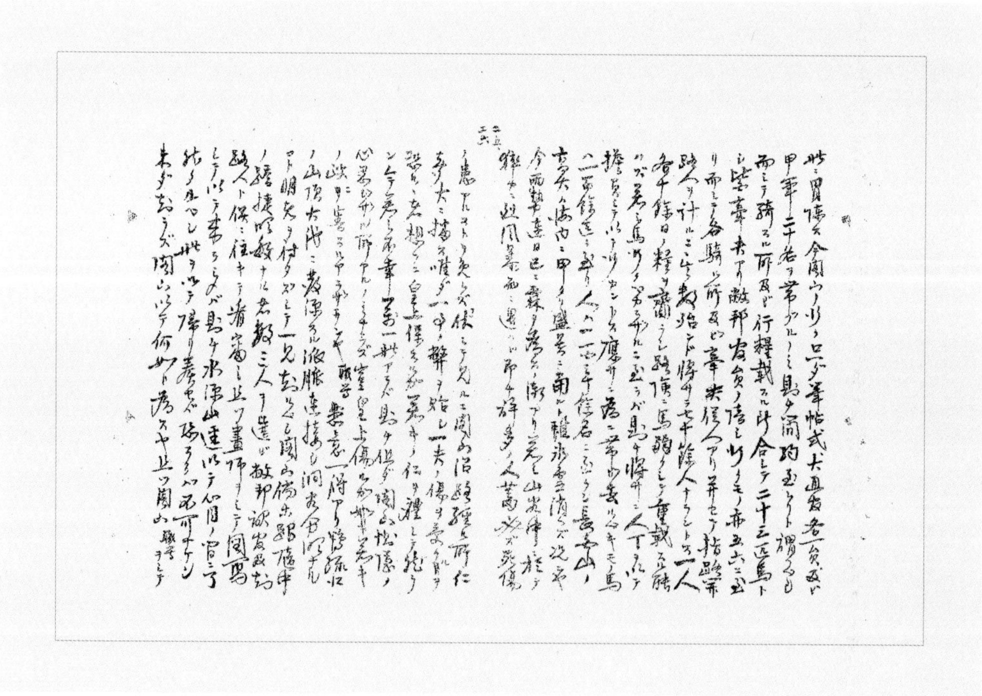

14

憾ナク之ヲ為シタルコトアリ先ツ雖山ニ往キテ打候セシム数
穴閭山職掌ガ菖苑庭践ノ状ヲ惆悵シテ此曲ノ
数アルチテン所カモ職掌既ニ国君ノ命ヲ受ケ勅ヲ奉シ
以テ償接シ而シテ自ラ保安ノ地ヲ占ノ閭ニテシテノ
獨リ畏道ヲ因ル所ニムルハ此ノ実ニ義命ノ数ヲ失フカ
ナリ依テ勅タル閭ノ備シテノ禅察ヲ加ヘ特ニ職掌一人
ヲ許シテ遊歷ニ陪スルヲ得ム千萬幸甚康熙五
十一年五月初十日

接伴ノ啓書ニ云ク

臣等ノ来ル所ノ関スルニ偏サニ長白山険峻ノ崎ニ雑ノ恐
タルハ僕ラニ後送セントノ情状ヲ陳ブ我ガ為ニ之ルノ
計議ナリト謂フベシ償価ノ豪諱ニ非ズバアラジ
無ク語様開借スルコト此ノ如クナラシヤ候ダ哉

六八

聖旨ヲ奉ゼズ死スト雖モ雖ハセズ豈ニ難ヲ避ケテ易ニ
就クベケンヤ況ヤ吾皇帝ハ天眷ノ子天ノ必ズ黙佑
センモノナレ懐ニ禁ズルコト勿クシテ可ナリ又聞ク貴国カ
ニ在ルニ償价ノ二臣ニ一人ノ情ヲ以テ懇求スル此ノ禅ニ至
ル命ヲ得ラルサルノ義大ニ未ダ妥ナルニ據リテ但ダ
山道崎嶇険ナル鋒ハ壽ヲ擇リ保ニ各出ルヲ不求
宜草有壽ノ人ハ益随ヒ往キ雖ニ偏シ去ラバ必ズ
西ヲ中リ慎ミ必ズ果ト共ニ同ジ従ヒ随フ可
ヲ用ユルコト勿レ

康熙五十一年五月初八日

穆克登ハ自ラ親衛筆帖式並ニ家丁二十人ヲ率ヒ朝
鮮官六員並ニ騎二十人下十五人ノ糧ヲ齎ラシスベシ
ト二十人ノ住セ行保シ等メテ白頭山頂ノ潭水ノ辺ニ到リ石ヲ刻ミ

15

刻シテ碑ヲ立テ曰ク

大清烏喇總管穆克登奉旨查邊至此審視西為鴨綠
東為土門故於分水嶺上勒石為記康熙五十一年五月十
五日筆帖式蘇爾昌通官二哥朝鮮軍官李義復趙台相
差使官許樑朴道常通官金應瀗金慶門（碑式ハ別ニ之ヲ
碑ハ高サ二尺七寸廣サ一尺七寸ニシテ石質ハ青ク滑ニシテ
セズ又ト宝臺ナル巌ヲ鑿ケテ立テ大石ヲ以テ於ニ捧ム現
ニ白頭山大池ノ東下十里許ニ立テリ
此ノ時朝鮮軍官李ハ義復ノ記中ニ載セテ北興要選
ニ左ノ如ク曰ク

康熙五十一年壬辰五月接伴使朴權觀察使李善溥
溥頃歲ニ令シテ議シテ曰ク白頭ヲ以テ界ヲ定ムルハ何等
ノ事ゾ而ルニ使臣亮高日ニ侵ス鄭幸此ニ至ル
二九
三〇
臣等ハ雖レ難ハ惺惧ナルモ天使ニ淹留スル事此其異ヲ
多カラズト雖モ善遂ナシキモノハ莫ク本乃義儀請於本官所
而臣亮ヲ往ガズト居レ此ノ克ヲ以テ烏喇總管穆克
登ニ接待シテ往キ審シテ界ヲ定メントス（冊官記
以テ謂孝者ノ幸ニ瑞遂戯シテ我人ニ謂テ曰ク...
国地ヲ得ルコト数ル廣シト云フ
一以テ凡ハ其門外道ヲ以テ下リ約以テ之ト三五里ニシテ歳山
ニ到リ四ノ舟ヲ作リ水勢ニ流ニ從ヒ下リ慶興西ニ到リ
還リテ廣渠ニ到リ江ヲ越テ居ル者ノ...ニ...
乃チ去ル
穆克登カ此ノ画師ヲ率ヒテ随ニ山川ヲ描キ其ノ界
域ヲ僕ム等シテ一ハ国ニ一ハ白皇帝ニ進メ一ハ朝鮮ニ
進メ朝鮮ノ使臣ニ嘱シテ曰ク

16

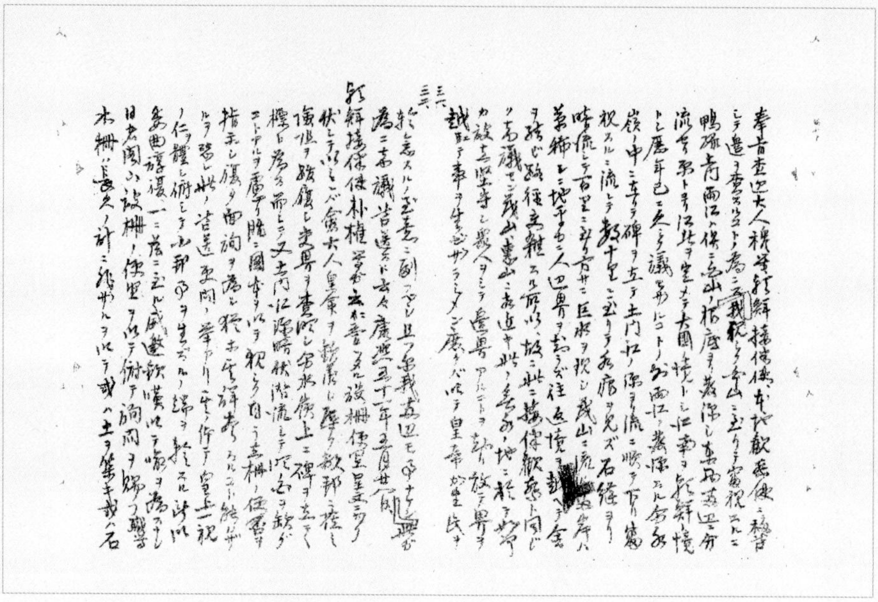

17

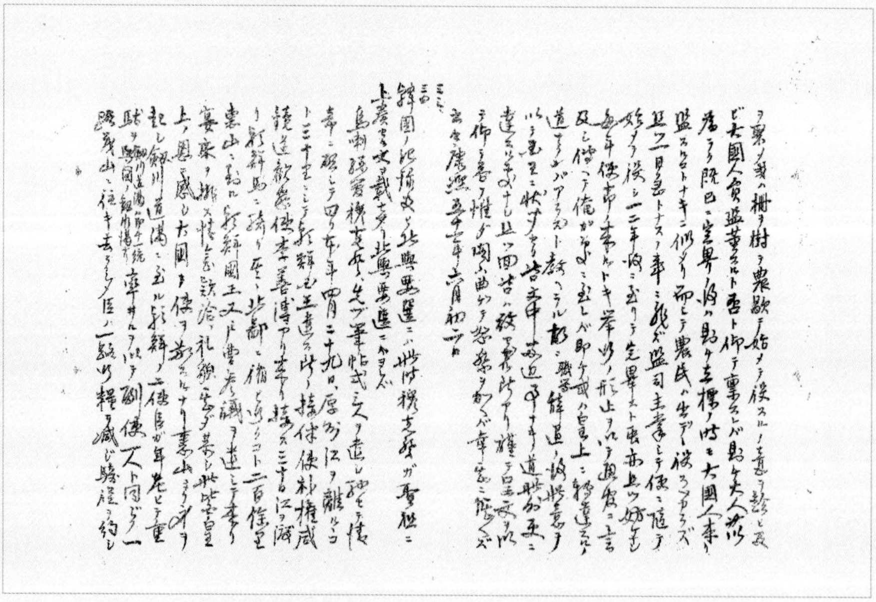

18

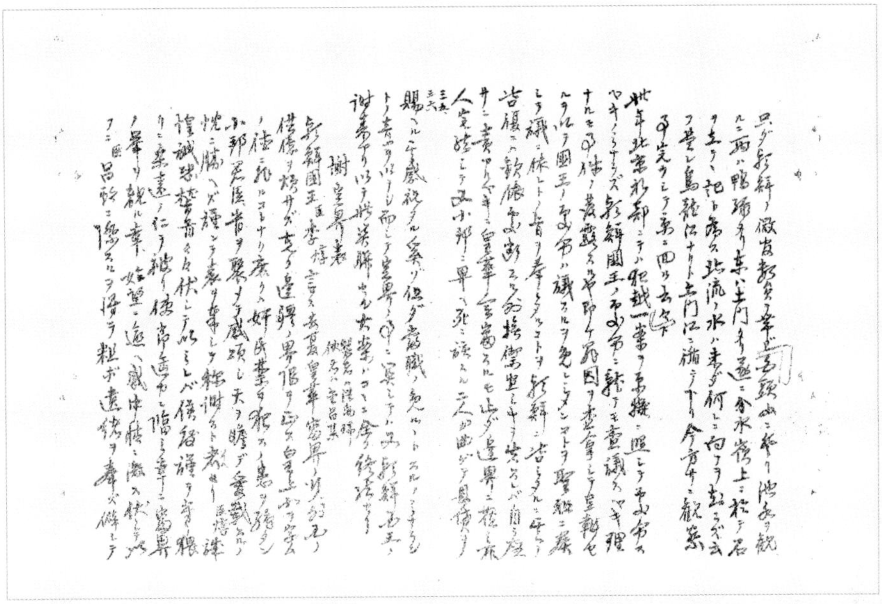

19

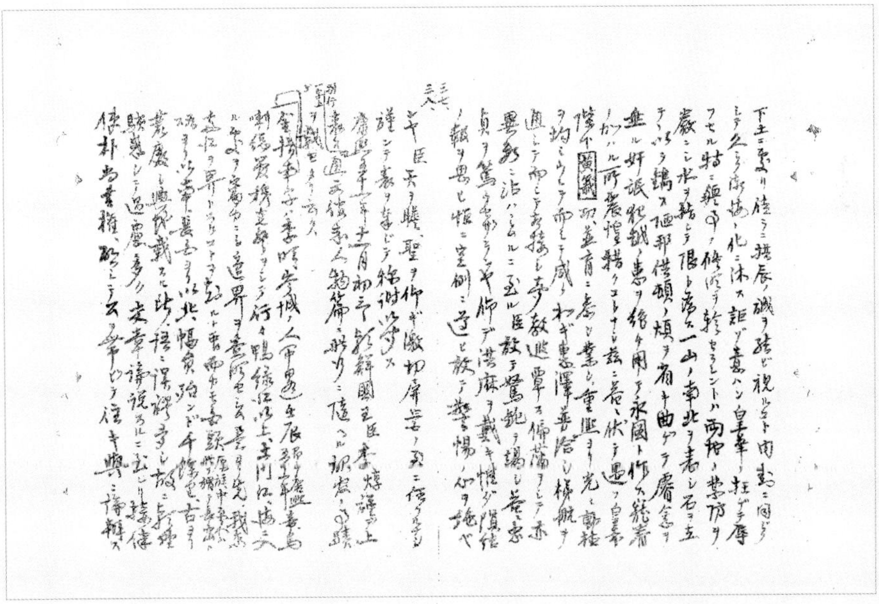

20

土稱ニ謂テ四ノ夫レ両江ヲ界ト為スハ古ヨリ也ニ定ル
而シテ雲ニ曰ク、ノ係ハ白頭山頂ノ潭水ヨリ出ヅ潭ノ北
ハ上國ノ界タリ、此ノ事ハ即チ吾地ナリト反復陳告
ス穆克登モ大ニ悦ヒ遂ニ導キテ山巓ニ至リ碑ヲ
潭畔ニ立テ以テ界ト為シ大山形勝ヲ畫キ二本
ヲ作為シ一ハ皇帝ニ進メ一ハ本國ニ留キ以テ左契ト
為セリ、東ノ方茂山ニ下ルニ及ビテハ我人アリテ界ヲ識
エテ木ヲ斫リ石ヲ山ヲ築ニスルコト数千里、事依ニ覚
ユ事阻ミレザランカトモシニ云窓辞嗽解セラルバ彼之
ガ為ニ不同ニ盡サ（四）（接事ハ碑文ニイヘル金應憲ナルニ碑ニ而モ其ノ改名ノ事ヲ詳カニセズ）
金慶門等ハ守護、接事子ナリ、金服北使穆克登
リテ白頭山地界ヲ定ムルヤ宏文子供ニ認遣ノ命ニ
膺リ深ク密ノ嶺ニ涉リ其ノ區域ヲ指畫シ應對辞
三九 四〇
ミシテ且ツ直ナリ、穆伸ノ能ク之レヲ輔ケ成ガ言ニ從
ヘリ。
以上ハ康煕壬辰界ヲ定メシテ勘ルヲ得ルケル事實ノ概ニシテ
ノモ不可ナシ此ニヨリテ推断スレバ清國ニテハ國ヨリ長白山
ヲ其版圖内ニ抱括スルノ目的アリテ遂ニ去テ波ヲ分界
石碑ハ之ヲ山巓ノ分水嶺ニ立テ而シテ清國人ハ分讓ヲ朝
鮮人ニ迫ラ豆満、鴨緑ノ二江ノ本流ヲ以テ其國ノ界限
ト認メ崇信ノ時豆満江以北ノ山脊及ビ鴨緑江ノ支流
タル佟佳江暖江ヲ以テ界限トセルコトハ全ク夢想セザ
リシガ如シ
於朝鮮人ハ官吏ノ發生セシ後、穆使ガ指定セシ境
界ヲ或ハ分界江ニ或ハ松花江ノ支源ニ附會セントスルモ
全指事ガ茂山ニ於テ界ヲ識ヘタル韓人ノ為ニ辨疏ヲ

21

費セルヲ見レバ茂山ノ豆滿江ヲ以テ界ト認メタルハ疑ナシ
豈ニ其ニ當時韓官ガ穆使ノ使實ニ昧クシテ單ニ豆
滿江以ナ事ノ失ハンコトヲ恐レ穆使ノ供應ノ煩累
ヲ厭ヒテ之ヲ免レンコトニノミ汲々トシ間数ノ本体ヲ窮
探セザルノ過ナリ、此ノ過失ハ韓人ニモ亦明ラカニ認ムル
所アリ金瓊儔（四字ニ作セシ金ガ）韓撰元帥臺碑閣ノ記ニ
曰ク
不佞、嘗ヲ事ヲ以テ土ヲ整分（縉紳撫）ニ比ベ遂ニ其ノ脈
ヲ冒シテ承蔵（長白ノ古名）ノ頂ニ躋リ以テ先真、烏剌ノ
界ヲ望ム、鄭攏陽ヌノ田、殆ド千里ニ関ル、烏摩
詰ニ去リ、呂武ノ問ニ国ヲ姑（クコト西）西里ト今ヤ日ニ國ヲ
蹙ムルコト、而宜、気炎ヲ仰キテ嘘キ嘆ジテ息
ス、烏剌傷罷穆克登ノ事アリテ界ヲ定ムルヤ巡撫
四五 四六
ヨリ下、鹿ト称シテ官セズ悄タ土枝（ヲ古ノ定義ノ界寄ヲ括ス）、若而人
從ヒ朴道常無ヨリ豈ニ宜ニ人ヲ殺スコト城ヲ盈テ人ヲ殺
スコト野ニ盈テテ稀ナル乎ニ其ヲ失ハンヤ。其ナガラニシテ之ヲ
喪ヒ而シテ之ヲ喪フ所以ヲ知ラザルナリ、五典ニ處國ヲ論ズ
ルニ只ニ知ラザルナリ、惜慨嗟嘆、殆ンド怒髮将ニ冠ヲ衝カン
トスルナリ、徒人ノ書ル義禪ノ地ヲ尋ルト其ノ言ヲ書シ請フ二曰
舍テハ以テ堂ナヅモ、獲ルニ國礼ニ天子五嶽ヲ祭ル、漢武
帝ノ時、魯泰山ヲ秋ズ五嶽國ヨリ諸侯ノ國ニ在ルヲ患モ
サルナリ、況シ團欒ノ礼ヲ以ナ之ヲ徒テバ彼必ズ承ンテ之ヲ
聽カン、不幸ニシテ爭フテ從ハレザレバ備シ蒙秦ニ人アリト謂
ハジ、程ホ遠ナガラニシテ之ヲ喪イ而シテ之ヲ喪フ所以ヲ知
ラザルニ鑑ミルヤ道常ノ剖視アリ、去ク人ハ飛人ノ如ク
其ハ万里ノ如シト、蓋シ穆使ノ長人ヲ見ルガ如シ、震

22

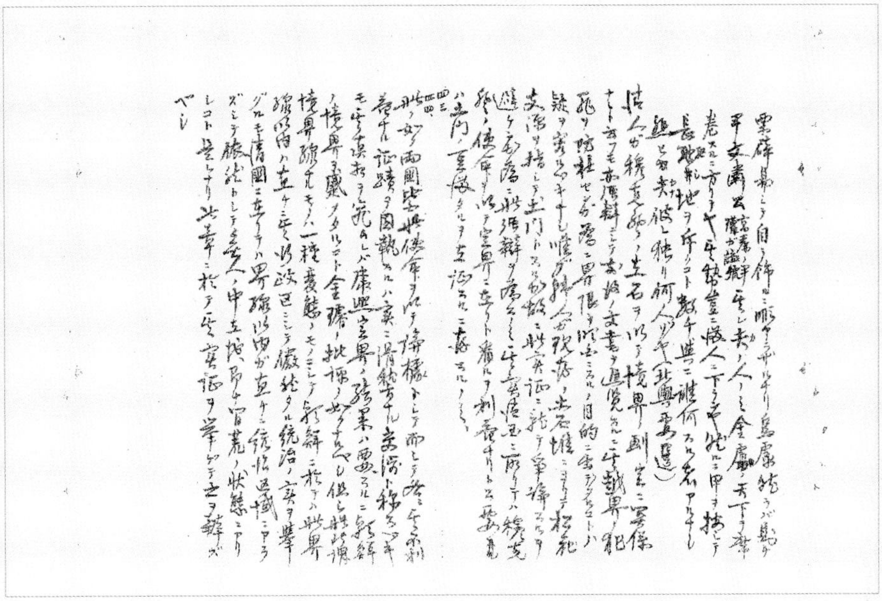

粟碎鼎ニシテ自ラ飾ルニ暇アラザルナリ烏ンゾ康熙ガ畏ルヽガ
平文粛公(宮慶ノ子擢ガ諡號)ノ如キ其ノ人ノミ金廣ノ天下ヲ席
巻スルニ方リテヤ其ノ勢豈ニ満人ニ下ランヤ然ルニ甲ヲ捲シテ
長驅其ノ地ヲ斥クコト数千里ニ誰何スル者アルナシ
進ミテ知ル者ハ彼レ独リ何人ゾヤ(北輿要選)
清人ガ穆克登ヲシテ定界碑ヲ以テ境界ノ劃定ニ関係
ナシトスルモ亦之ヲ遺籍ニテ其ノ故ノ文書ヲ遍覧スルニ其ノ越界犯
罪ヲ防禁セシメン為ニ界限ヲ明ニスルノ目的ニ出デタルコトハ
疑ヲ容ルベキナシ唯ダ韓人ガ後ニ於テ其ノ石碑ニ依リテ松花
支流ヲ指シテ土門ナリトスル所ハ初メニ実証ニ於テ争論スベキ
題ヲ成スナリ此ノ碑ノ為ニ此ノ時ニ至リテハ緩慢
ニシテ使命ヲ以テ定界ニ在リト看ルヲ判定セリト云フ要スル
ハ土門ノ豆滿タルヲ立証スルニ存スルノミ

四三
四四
此ノ如ク両國共ニ其ノ使命ヲ以テ條標トシテ而シテ後ニ今ニ至リ
實ナル証跡ヲ固執スルハ実ニ清韓ガナル実際ト称スベキ
モノ真ニ其ノ究ムレバ康熙定界ノ結果ハ要スルニ朝鮮
ノ境界ヲ蹙メタルコト全ク穆ノ批標ノ如クナルモ係ル此ノ境
境界線ナルモノハ一種ノ虚態ノモノニシテ朝鮮ニ於テハ此ノ界
線以内ハ直チニ行政区ニシテ儼然タル統治ノ実ヲ挙ゲ
タルモ清國ニ在リテハ界線以内ガ直チニ統治区域ニアラ
ズシテ依然トシテ多クハ中立地即チ曠荒ノ状態ニアリ
シコトヲ知ルナリ此ノ章ニ於テ其ノ実証ヲ挙ゲテ之ヲ辯ズ
ベシ

(三) 定界後ノ境上状態

穆克登ガ定界立石ノ後二年、粛宗ノ四十年、康熙五十三
年(西一七一四)清國人ノ舎ヲ慶源ノ越邊ニ築キ及ビ
訓戎ノ越邊三里許ノ處ニ作ルモノアリシガ朝鮮ニテハ
司訳院正官ヲ北京ニ遣シテ
邊北輿界ハ只ダ一水ヲ隔ツルノミニテ空曠之地
(細字)ノ時ニ穆ガ特ニ界ヲ設クルヲ以テ邊民ヲ禁ジ
憂フルニ況ヤ今其ノ近クニ居住スルニ農作ノ致シ
易カランヤ恐ラクハ犯越シテ事端ヲ生ゼン
ノ憂アランコトヲ
ト云フ由ヲ礼部ニ咨報シタルガ礼部ヨリ回咨ニ曰ク
本部ハ朝鮮邊ニ近キ二處ニ居ヲ作リ人ニ令シテ
居ルハ何等ノ人何等ノ所属ナルカ之ヲ調査シテ然ル後

四四
六五
住スルコトヲ知ラサレバ遠カニ禁ズルニ便ナラズ甚ダ處ニ
在リテ将軍及ビ府尹並ニ寧古塔将軍ニ移咨シテ
査明セシメ而シテ日再ビ議ヲ定センコトヲ題奏シタルニ議
ニ依リ議ニテ該管ノ大臣ヲシテ嚴禁シテ遠カニ撤去セシメヨ
トノ上旨ヲ奉ジタリト
此ノ年ニ至リ朝鮮ヨリ朝鮮ニ移咨セルニ因リ
寧古塔ノ將軍ニ依リテ本部ハ再ビ安郷立候ホ奴ノ
處、寧古塔ヨリ挪シ去リ兵ノ屯ハ朝鮮ノ慶
源、訓戎ニ近ク又タ人ヲ遣ハシテ禁セシモ亦
未ダ其ノ所ヲ知レバ二屯ノ房屋ヲ以テ拆毀
シ僅カニ江ヲ離ルヽ稍ヤ遠キ好田ナル地ニ在リテ房ヲ
於テ居住セシメ顧フニ沿江ノ近キ處ニ在リテ房ヲ
蓋シ地ヲ種ユル者ハ嚴ニ禁止ヲ加ヘ検査ヲ

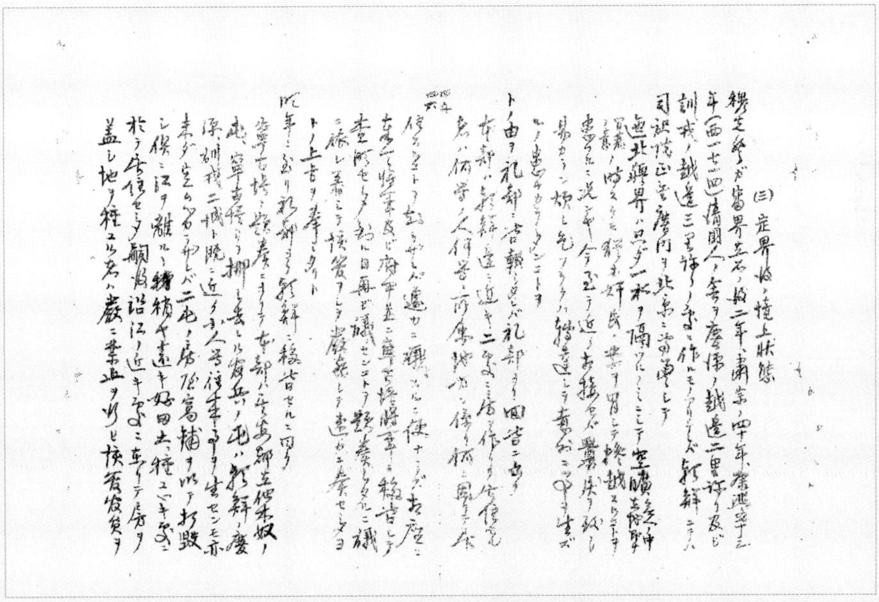

シテ不時ニ厳査セシメ如シ犯禁ニ遇ヘバ仍ホ其ノ或ハ朝
鮮國又報ゼバ該官ヨリ議處シ其ノ民ハ罪ヲ治セ
シムト欽奉セシ議ニ依ルトノ旨ヲ奉ジタリ
カクテ慶源訓戎ノ對岸ニ於テ屋ヲ構フルコトハ永ク朝鮮ノ
希望セシ如ク全ク禁絶セラレタレバ國王ハ皇恩ヲ感
謝スルコトヲ礼部ニ咨報シテ其ノ事ヲ結メタリ
其ノ後二十四年ノ乾隆十三年（西一七四八）ニ至リ又訓
戎ノ對岸越江東四二三巴ニ清國人家ヲ作リテ墾田
セシモノアリシニ因リ康熙五十四年ニ稟咨シテ毀撤セ
シ例ニ照シテ清國ニ具咨セシカバ該将軍ヲシテ確査
セシメ即チ禁止ヲ加ヘシハ蓋シ此ノ悉屋ハ例ニ照シテ拆
毀シ其ノ禁ニ違ヘル民人ハ悉ク禁ヲ犯シタル該官モ並
マサニ査照シテ例ニ照シテ辨理スベシトノ回咨アリタリ
四七
四八
此ノ禁例ハ其ノ後多少ノ弛張アリシモ對岸ニ於テ屋ヲ作ラシメザ
ルモ今モ之ヲ厳守シ護シテ此ニ辨録セン
當時ニ於ケル情形ハ其ノ後ハ北ノ設ノ宮状ヲ査セシムル
ニ慶源對岸ノ琿春ニ駐防協領ヲ置カシメ而シテ康
熙五十三年ニ至リ同治九年ニ至リ始メテ之ニ副都統
衙ヲ加ヘタリ即チ而シテ官島ヲ圖據スル地方ハ琿春ノ寧
古塔・鑲藍旗・委参将ノ所轄ニシテ職官ノ
手ヲ直轄ニ處理スルモノナリシハ知ラズ然レ共之ヲ通ゼ
ル琿路卡倫アルモ設ケラレアリシニ其ノ事ヲ記ニヨルベ
キタ
寧古塔ヨリ琿春ニ至ル站ハ寧古塔ヨリ高嶺唐モナシ其ノ卡倫
ニハアリテ其ノ文ヲ附近ス寧古塔ヨリ東北九十里ヲ瑪勒
呼哩ト云ヒ一百二十里ヲ薩奇庫ト曰ヒ八十里ヲ噶哈

25

哩ト曰ヒ四里ヲ哈順ト曰ヒ八十里ヲ穆克徳和ト曰ヒ七
十里ヲ密占ト曰フ従来ノ琿春ノ旗人ハ自ラ糧ヲ裏シ
宿ヲ卡倫ニ借ルト
凡ソ卡倫ニハ二種アリ常兵毎月交換シテ一年撤セザルヲ
恩特赫議特倫赫卡倫ト曰フ即チ常設卡倫ノ義
ニシテ常兵毎月ニシテ交換シ三月初一日創夫収拾ガ
山ニ入ルノ為ニ出派シ十月初一日創夫山ヲ出ヅルノ後撤
回スルヲ雅克什議特倫赫卡倫ト曰フ即チ添設卡
倫ノ義ナリ上ノ寧古塔琿春官ノ六卡倫ハ皆常
設ナリ今所在地方ハ之ヲ地志ニ照セバ多ク噶哈里
河ノ東岸ニ在ルコトヲ見ルベシ而シテ琿春所屬ノ
阿密達ト云ヘル官設卡倫ハ恐ラク噶哈里河ニ入ル
其来塔河邊ニ在リシモノナルベク穆赫索羅所屬其
四九
五〇
額達巴罕常設卡倫ハ伊克噶國河ノ支源タル英額
河ノ源ニ出ヅル英額嶺ニ在リ吉林所屬ノ西頂山官
設卡倫ハ大清薬河源ノ西方ニ在リ琿春所屬ノ
達色歡霍洛常設卡倫ガ伊克噶國河ニ入ル達兜
嶺川附近ニ在リ寧古塔所屬ノ烏勒喀霍洛官設
卡倫ガ圖們伊克噶國河ニ入ル舟兜喀大羅ニ在リタ
ラントモ思ハルル外伊克噶國以東ノ長白山嶺、哈克巴
嶺以東ニ於テ一カ所ノ卡倫モ置ラザリシヲ見レバ官島
ノ地ハ當時ニ於テ清朝統治権ノ範外ニ置カレタリシ
ハ明カナリ
寫真ノ七年、道光二十二年（西一八四二）盛京礼部ヨ
リ朝鮮ニ移セル咨文ニ云フアリ
平頂山ノ吉卡防禦、西隆阿ガ拿獲セル朝鮮人

26

鄭廣潤等三名ノ口供ニ據ルニ彼等ノ假ニ穩城鍾城ノ官ヨリ要セラレテ胡椒ヲ採取セル者ナルガ霧大ニシテ失途シ以テ誤テ越ユルコトヲ知ラザリト因テ官兵ヲ職シテ送リテ境界ニ至ルト云々

敕辭ニテハ皆覆シテ

北墺ノ愚民路ヲ失ヒテ誤テ越ヘ禁條ニ觸ルヽハズ即チ鄭廣潤等ノ律ニ依リテ勘處シ疎防ノ地方官ハ一併ニ革職シ仍ホ沿邊ノ官吏ヲ飭シテ易ニ巡察ヲ加ヘ更ニ典憲ヲ干スニ至ルコト勿ラシムトノ緣由ヲ述ヘタリ是レ天頂山ノ卡倫ガ邊界ノ監視ニ任シタル實證ニシテ彼ノ冒島ヲ圍繞セル卡倫モ蓋シ同様ノ職務ヲ有タシメタル而カモ冒島ノ地ニハ今ノ此等ノ設備モナク又吏ノ監視ニ任シタル證跡ヲモ無

五一 五二

ザルナリ

之ヨリ先キニ康熙定界以後ニ於テ吾國上ノ境界ハ豆滿江ニ在リト爲スナルモ實際ニ於テ其冒荒ノ地ニハ清國人ノ居住耕墾スルヲ許サズ之ヲ發見スルモノアレバ敕辭ヨリ抗議シテ毀撤スルノ例アリ中ニ就テ冒島地方ノ如キハ清國ノ統治令ヲ及ボサシメザルコトハ以上ノ數例ニヨリテ之ヲ證スルコトヲ得ベシ

27

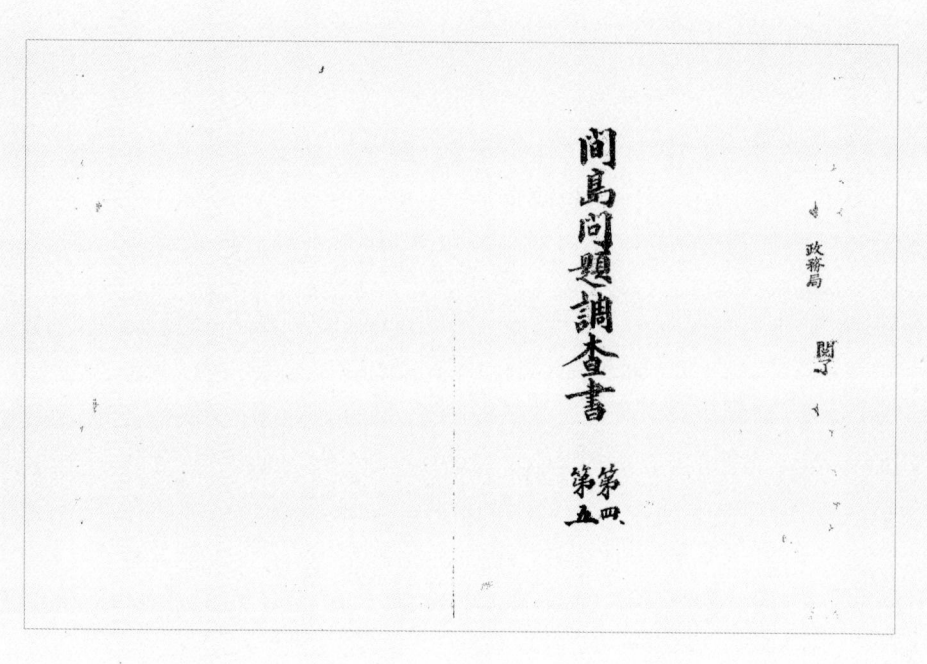

間島問題調査書

第四
第五

政務局

閲了

01

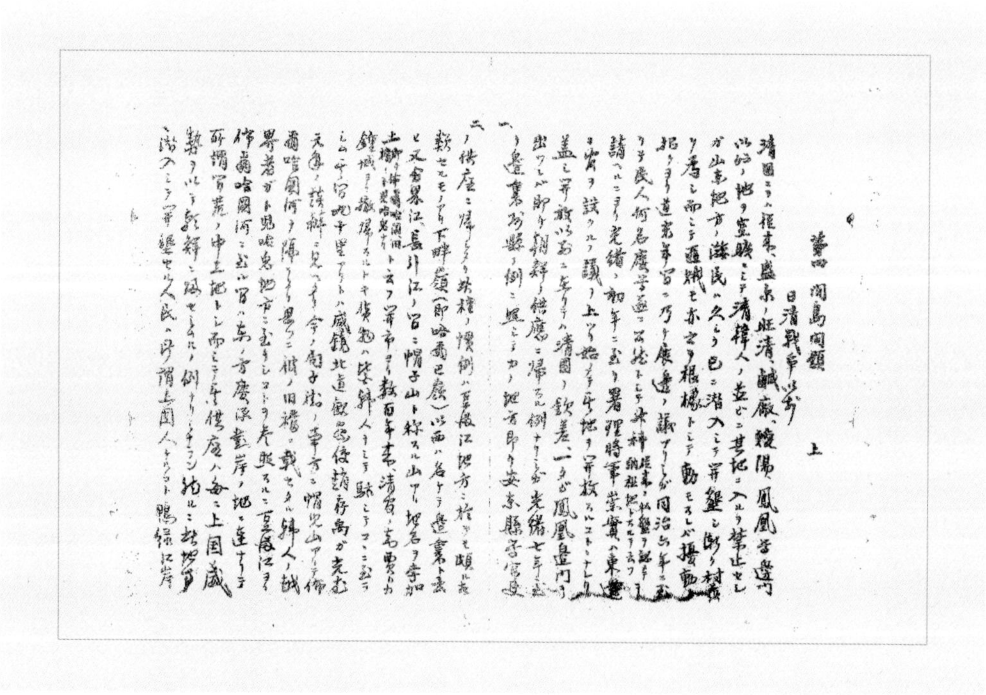

第四 間島問題

日清戦争以前 上

02

四三

ノ如クナラズシテ小国人ナルヲ以テ郎ニ広大ノ施措ヲ賜ハンコトヲ
朝鮮ノ今王十八年（清国光緒七年、我明治十四年）清国ニテハ盛京東邊閑荒ノ開
墾ノ例ニ倣ヒ豆満江以北ノ荒地ヲ開墾セントシ禮部ヨリ左ノ如
キ咨文ヲ朝鮮ニ送レリ
光緒七年九月初九日、上諭ヲ奉ズ、呉大澂ハ土門江東
北岸ノ荒地ハ招商シテ変通シテ開墾ヲ辦理セシコトヲ請
フ等ノ語ヲ奏ス、土門江東北岸一帯ノ荒地ハ朝鮮ト
僅カニ一江ヲ隔テ向キニ私墾ヲ禁ズ。呉大澂ハ現ニ旧章
ヲ変通シテ民ヲ招キテ開墾セントス擬スル所ニ照シテ行
ハシム即チ禮部ヨリシテ朝鮮国王ニ咨会セシム此ハ開墾
ハ要ヨリ経理ヲ為スニ係レバ飭シテ所属辺界官ヨリシテ諭慮
ヲ生ズルコト勿ラシメ並ビニ銘安、呉大澂ヨリシテ該処ヲ
督飭シ居民ヲ約束シテ界ヲ越ヘ事ヲ滋スコトヲ得ザ
ラシメヨ、之ヲ遵ハザルアラバ即チ厳ニ従テ懲辦スルコトヲ行
ヘ欽ヲモツテ礼部ニ諭知シ並ビニ諭シテ銘安、呉大澂ヲ
シテ之ヲ知ラシメヨ欽ヲ欽スト旨ニ遵テ信ヲ寄セテ到来
スル所ナリニ朝鮮国王ニ知照シ欽遵照シテ可ナリト
銘安ハ當時吉林将軍、呉大澂ハ欽差大臣トシテ吉林
ニ在リシナリカクテ開墾ニ着手セントシテ急ニ豆満江北ニ
於ケル韓人ノ私墾ヲ発見セシカバ銘安、呉大澂ハ雨ビ奏文
勿ニ就キテ奏請スル所アリ礼部ハ議奏スラク朝鮮国民
人ノ土門江ヲ越ヘテ墾種スル所ノ地ハ中国ノ地ニ係ルバ即
ケ中国ノ民タリ該将軍等ノ請フ所ニ照シテ其照ノ例ヲ
租ヲ納シムルカ上ニ及バズ版図ニ隷シ裁断スルニ遵ヒ並ニ
当期限ヲ酌量シテ我冠服ニ易ヘシム又目下ハ姑ラク其
故人ニ照シテ其ノ各便ニ従ハシメント銘安、呉人ヲ此議ニ

03

五

照シテ辦理スルコトハナリ越界墾地ハ亦ド原サニ懲辦スベキ
モノナルモ該民人等ガ開墾年アリテ人数衆多ナルヲ以テ格外
寛大ニ従ヒ既往ヲ究メズ其照ヲ領シテ租ヲ納ムルコトヲ准
シ並ニ銘安二人ヲシテ地方踏査ノ官員ヲ派遣シテ籍ヲ査
明シ各ヲ分テ琿春及ビ敦化縣ノ管轄ニ帰シ有ラユル地方詞
訟及ビ命盗ノ案件ハ均シク吉林ニ照シテ一律ニ辦理セシ
ムル等語該民人ヲシテ業ニ安ンジ以テ一視同仁ノ至意ニ副ハ
シムル旨ヲ以テ朝鮮国王ニ咨照シテ知悉セシメ嗣後ハ厳
ニ禁令ヲ申ネテ備ヘシ再ビ越界ヲ以テコトアラバ例
ニ照シテ懲辦使サルベキノ旨ヲ礼部並ニ銘安、呉
大澂ニ諭知セントスト上諭ヲ奉ジタレバ礼部ハ之ヲ朝鮮国
王ニ咨照シ議ス所謂踏査官トシテハ招墾、琿春辺荒
委員徐還、知府李、金鏞ニ命ジテ其ノ先緒八年
六ノ事ナリ
然ルニ朝鮮ニテハ其ノ會入員北京礼部ニ咨文ヲ送リ越
墾ノ民人ハ寧邨ニ生長セルモノナルガ佔種ノ一日ニヨリ便チ
版図ニ隷シ莫ダ一政令ニ循ハズシテ而四ニ事ヲ滋スコトア
ラバ深ク慮ル所ナリ且ツ朝鮮ハ此識ニ日、隈ニ境ヲ連スル
ヲ以テ設シ官吏ノ辺民ニモ土門ト図們ノ卑アリカ關係
更ニ其ノ擾ナキ例ナカラシニハ事大ト交隣ト體勢ヲ迥カニ別
ナリト雖而モ辺遠ノ際ニ瓶髮見ヤスシト憂ウル所ヨリ憂慮シ
図們江副司丞全ニ土信ヲ遣シ咨文ヲ齎ラシテ地職ス貴
部ヨリ大堂、欽差ニ吉林将軍ヨリシテ琿春敦化地方ニ
散在セル朝鮮流民ヲ刷還シ本国地方官ニ交付シ籍ニ復シ
テ辦理セシメラレシヲ其ノ図地ハ朝鮮民ガ墾種シタルモノハ
害毒ニテ自由ニ収租セラルルヲ願フ所ヲ勢全ナ厳ニセバ

04

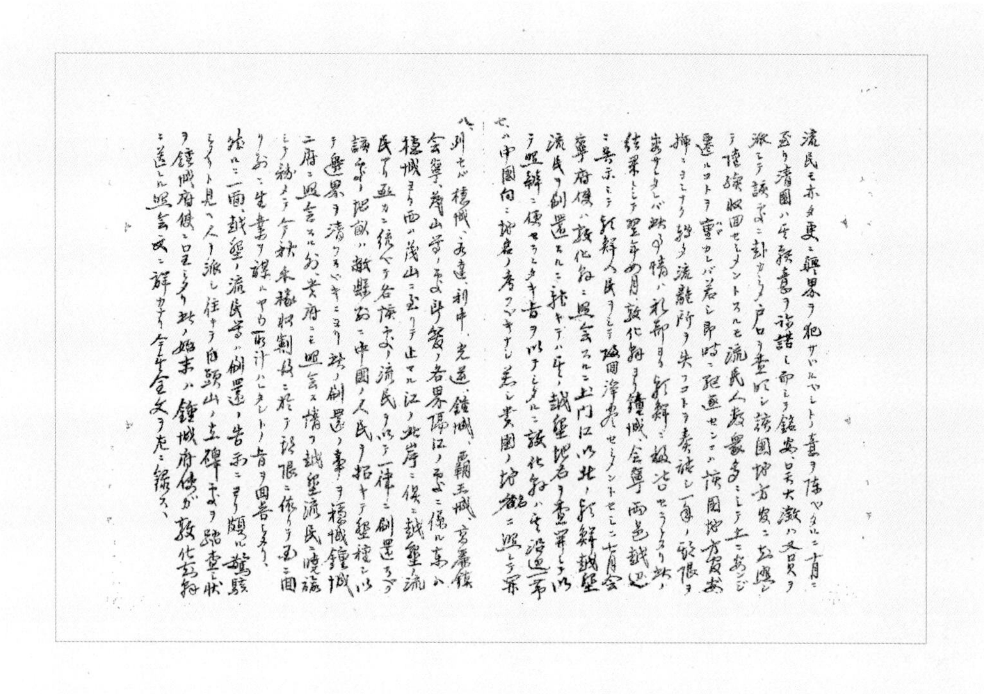

05

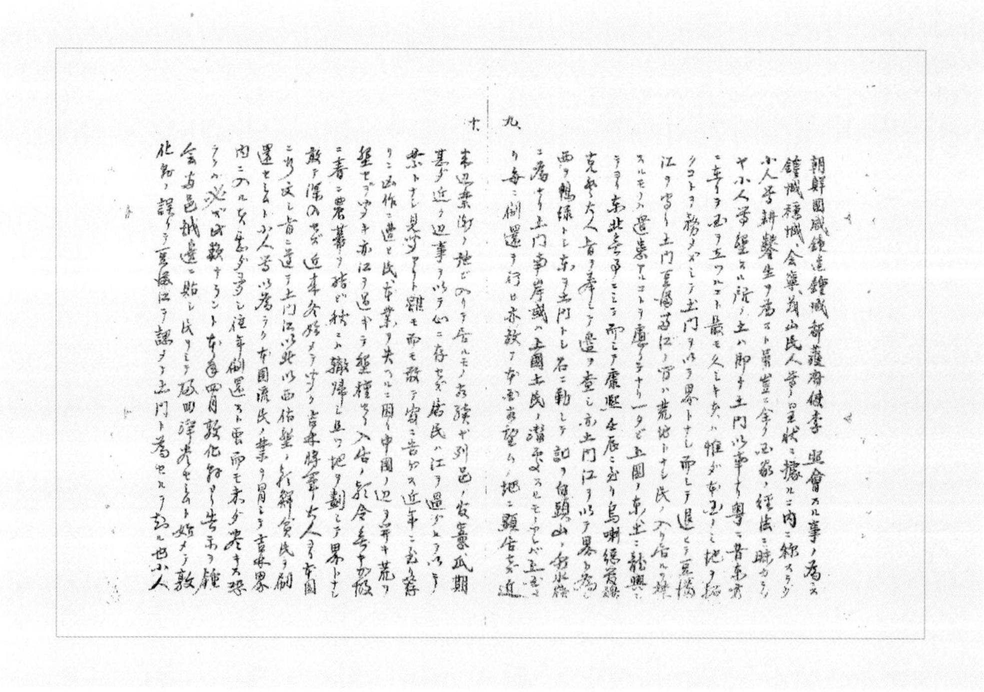

06

十一 十二

労ヲ厭ヒテ憚リ書ヲ住テ上ヨリ派員彭西郎及敦化縣知
縣ニ訴ヘシモ而モ未ダ顕示ヲ承ケズ先ツ土門、豆満ノ别ヲ査勘セ
ント欲シ乃チ人ヲ派シ往キテ白頭山ノ立碑處ヲ審ニセシニ碑
東ニハ土堆、木柵ヲ連査シテ限トナシ下ニ土門アリ兩岸對立ス
ルコト門ノ如シ之ニ因テ名ヲ稱スルナリ土ナリニ非ズ下ハ水アリ深サ數丈
ニ於テ派ナル此處ノ合流スル處ノ島ヲ江岸ノ絶テ流ニ沿フ所
ハ又鍾城鎮遠ヲ十里ノ甘土山下ニ於テ分界江アリ江名ヲ分
界ト為セバ此ヲ以テ界ト分テルコト明ラカナリ卡鋪アリ亦分界江
岸ニ在レバ上國ノ辺界此ニ止マルコトヲ亦審ラカナリ東西宜シク
畧同ナラザルモ鳳凰城柵外ハ荒地タリト雖モ亦鴨緑ニ沿ヘ
ル一帯ニ於テ卡鋪ヲ設ケズ若シ豆満ヲ以テ土門トナセバ
上國何ゾ卡鋪ヲ豆満江北岸ニ設ケザルヤ且ツ昇平ノ時ニ於テ
上國人ノ商賈貨ハ我界内ニ在レバ民ノ半島ヲ出シテ踰越シ
而シテ益ニ遠クシテ分界江ニ至リテ若シ中路ニ暫ク稽留セントスル
レバ其ノ責ムル所乃チ備ナ也ノ界限ナリト云ヒテ以テ界ト式セ
亦一概ナリ安勿ニ念ヲ敦化縣令乃チ新設セラレ界限ノ某
ヲ某ニ至ルハ未ダ明白ニ及ハズ乃チ豆満以北ヲ指シテ土
門以北ト為スアランコトヲ上ヨリノ咨文ト吉林將軍ノ札飭ト
ニ寄アルニ曰ク有リ土門ヲ以テ界トナストス目ク佑望ノ地、土
門以北以西ニ寄アリト未ダ嘗テ豆満以北ニ言ヒ及バズ土門ハ
縣ヲ分ル山嶺ノ壹審ニテ界ヲ定ムル所ニ寄リ豆満ハ縣ヲ
源、本ヨリ界内ニ出デ上国ノ起ル所ニ飛ス且ツ我ハ豆満、土
門ノ訳音相似タルヲ以テ疑ト為スモ亦辨スベキモノアリ上國
ノ我ノ土門ト称シ我ハ圖們ト称スルハ訛音由ル所アリ土門ト分
界ノ處ノ土門ナリ圖們トハ慶源以下ノ海ニ入ル所ナリ本来
通シテ本国界内ヨリ發源シテ海ニ入ル所ニ至ルマデヲ称シテ

07

十三 十四

豆満ト謂フ訛ニ圖們ト稱スルハ乃チ本国ノ豆満ノ譯音相殊
ナル者ナリ今豆満以北ヲ指シテ土門以北ト謂フモノハ乃チ分界ヲ土
門ト以テ事ヲ居ルノ上国流民、本国民ノ墾耕結局シ江ヲ逼ガルナ
以テ業ト為スヲ見テ因テ認メテ佑耕ト為シ而シテ敦化縣ニ
經告シ告示シテ歸田還漢セシメルニ至シハナリ請フ此
事ヲ以テ敦化縣ニ照会シ即チ界ヲ査シテ帰還セシメ此ノ民ヲシ
テ耕作ノ地ニ安ンゼシメヨト云フヲ辞トナセリ査スルニ中韓ノ界
限向キニ土門ヲ以テ界トナセリ本邦ハ只ダ豆満ノ説ニ更ニ
土們ノ説アルヲ故ニ據スルニ邦地圖アリテ據トナス宜ニ未ダ
嘗テ往テ源流ニ溯ラズ今此列邑ノ民人ハ故ニ往キテ深ヲ
窮メ帰リテ以テ異ナルコトヲ為ス遽カニ民人ノ私言ヲ以テ憑
ト為スベカラズ乃チ員ヲ派シテ往キテ白頭山分水嶺ヲ審
カニシ康熙ノ時穆克登ノ碑記ヲ搨シ得テ土門ノ源流ヲ
踏査スルノ果シテ民人ノ言フ所ト相符シ而ニ於テ派員江
ニ演スルハ紫然陸鎮、乃チ費用ニ至リテ墨ル繪テ
邦圖アリ旧地圖ト較閲スレバ土門ト分界江ト界ヲ為ス者ニ
於テ爲ニ曾テ以テ議スルコトヲ為ス今此ニ人ヲ遣シテ
踏勘スルニ其ノ如シ是レ土門江ガ分界江ニ帰合スルヤ否
中本職鎮城圖説ニ於テ未ダ曾テ詳悉セズ故ニ其ノ要節ヲ
少荒ヲ靡シテ貫ヲ建ツルコト未ダ久シカラズ更ニ査覈シ
定シテ一ニ康熙ノ時剖スル所ノ疆界ニ遵フベシ請フ其ノ總
ヲ煩ハシテ約シテ国ヨリ先ヅ白頭山定界碑ヲ審カニシ土門ヲ
源ノ處ヨリ継テ界限ヲ査明シ疆土ヲ辨ジテスルヲ要ス
ワトス故ニ民人ノ里スル所ニ據リ并セテ土門江分界江以東旧
圖穆克登一本、數圖一本、白頭山分水嶺定界碑墨搨二本
ヲ將テ賚シテ送ル査照為轉シテ有ナリ

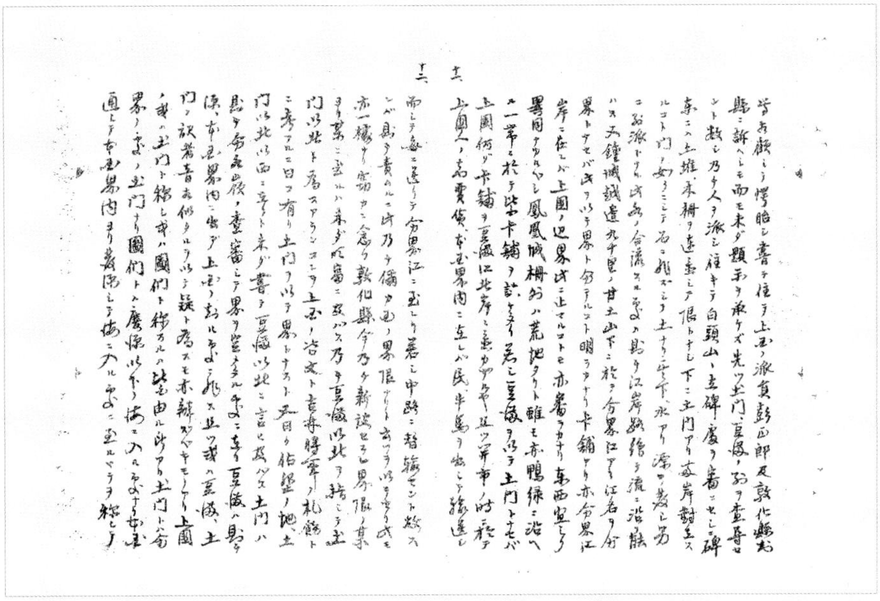

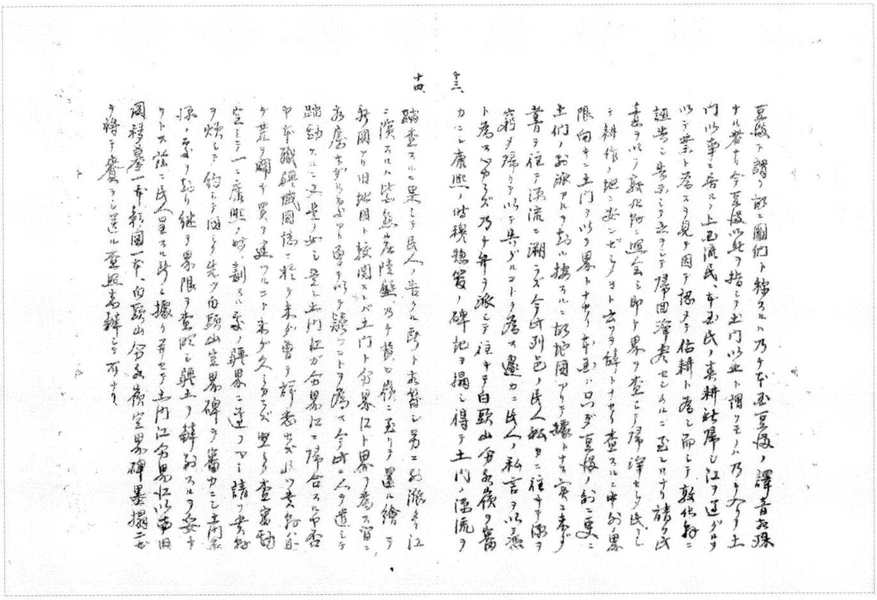

08

コノ鍾城府使ハ李正来ナリ此ノ照会文ハ李ノ名ヲ以テスト雖
実ハ西北経略使魚允中ノ命ニ出デタルナリ是レ氏ガ白頭山
定界碑ヲ踏査シテ李ニ訴ヘタル時、允中ハ慶源ニ在リタレバ
其事ヲ了セリ鍾城ノ人金禹軾ヲ遣シ期ヲ刻シテ往テ
定界碑ヲ探ラシム即チ光緒九年（朝鮮今王二十年）五月ナリ
二十九日禹軾還リテ経略使ニ報ズ六月経略使ハ再ビ
禹軾ヲシテ分界江源ヲ探ラシメ十八日ニ碑ニ至リ遂ニ
土門分界ノ源流ヲ尋ネ七月朔会寧ニ還リ経略使ニ
書ヲ致ス（此ノ書ハ後年ニ至リ北輿要選中ニ詳録セリ後段ノ記行ハ則チ其全文ノ現存スルモノナリ）鍾城府使ノ照会
ハ実ニ此調査探界ノ報告ニ基キタルモノニシテ豆満江土門江ニシテ
一ニ非ザルノ説ハ実ニ魚允中ノ主張ニ出デ後年清韓委員ガ
員ヲ派シテ界碑ヲ踏勘スル時モ魚允中ハ韓使李重夏
ニ鑑別ノ資料ヲ発授セルコトアリ今ニ李重夏ノ手ニ保存セリ

五、乙酉光緒十一年（朝鮮今王二十二年）ニ於ケル清国委員ガ境界会勘
ノ申アリ而シテ会勘ニ出ル官ノ携フル所ハ其当時ノ記録、及ビ自ラ
手ノ記セル回議シテ他ヲ非難スルヲ以テ見レバ其ノ論ズル所ヲ詳ニセバ
雖ナキモノアリ朝鮮ノ記録ニ拠レバ魚允中ガ経略使トシテ
北ニ往クヤ亦我民ヲ刷還スルヲ以テ一件ノ事ト為セシモ亦録
ニ至ルニ及ビ査當スレバ我民ノ入テ彼地ニ居ルモノ之ナシト
セザルモ此ハ我ニテ刷去スルコトヲ許サズ彼ガ提挽スル時ハ
若ハ乃チ土門以東ノ入墾ノ流民ナリ允中先ヅ地図ヲ索メ
タルニ鍾城府ニ異俺地図アリ明ラカニ土門ヲ以テ界ト為シ
豆満以北ハ更ニ土門アリ而シテ豆満ト為シ属セズ又人ヲ派シテ
白山ニ往キ界碑界限ヲ審カニスレバ果シテ土門ノ拠ルベ
キアリ六鎮ノ民乃チ申由ヲ以テ彭郎中ニ呈状シ鍾城
府使ニ民人ノ呈状ヲ挙ゲテ敦化知県ニ照会シ未ダ回文

09

アラサルニ魚允中又人ヲ派シテ往キテ我民ノ彼地ニ流入スル
者ヲ審査スレバ彼ハ招墾局ヲ設ケ口糧ヲ給シテ我民ヲ招募
シ刷還ヲ欲セズ乃チ六鎮ノ守令ヲシテ招墾局ニ照会セシメ
シハ猶ホ権ノ還置ヲ申ト設民人モ亦秋穫ヲ待チテ国ニ
還ルヲ以テ許ナリ遂ニ国ニ秋ヲ待チテ刷還スル事トナリ又許
化府ヨリ又刷還ヲ請フヲ以テ乃チ会寧鍾城二府ヨリ敦
化県ニ照会シテ曰ク之ニシテ流民ノ命スル所ノ地方ヲ弁別
シタレバ移セル土素ガ地名ヲ詳カニセザルヲ以テシ朝鮮ノ総
スル所ノ地名ヲ列挙シテ逐一之ヲ挙ゲズ彼ガ地トシテ地
名ヲ詳カニセザルヲ以テシ敦化知県ハ該方ハ本ト女
真ノ荒地ナレバ界ヲ分暁ナラズ只我民ノ入リテ土門以東
ニ居ルハ事ト適民トシテ界限ヲ詳カニセザルヲ見テ穏議
セヨト欲セシテ移シ敦化知県ニ出デテ成案ヲ定メシ

六、ルヲ敢テセザルヲ見テ両件懸案トシテ事ヲ吉林ニ属セシメン
ト欲スルノミ
清西ノ意見ハ李鴻章ガ露国ノ案ト朝鮮ヲ以テ道ヲ
探撰案ニ札飭シ其中ニ収ムル所ノ魚允中ガ成事
ニ議論セシ以後ノ事ヲ叙セシヤ茲ニアリ
光緒九年政府ニ於テ探界情形魚允中ハ議定地方議
ニ移牒シテ限ルニ界係中秋ヲ以テ誠望ノ流民ヲ一律ニ収
回スルコトヘナリタルニ後ニ至リテ又収回セズ反テ侵佔ノ患ニ
ニ復タ豆満土門ヲ指シテ両江トナシ韓国擅辯シテ界
碑ヲ擅ニ勘界ヲ為サンコトヲ請ヒ十年十月ヨリ
呑副都統ニ咨行シ派員ヲ搭至ノ招墾局委員府経歴
衛覃元植ヲ揀派シテ往キテ会勘セシメタルニ探査ノ
実ハ彼蟹地ニ至ルヲ以テ議ヲ立テ軍官某ヲ以テ両ビ

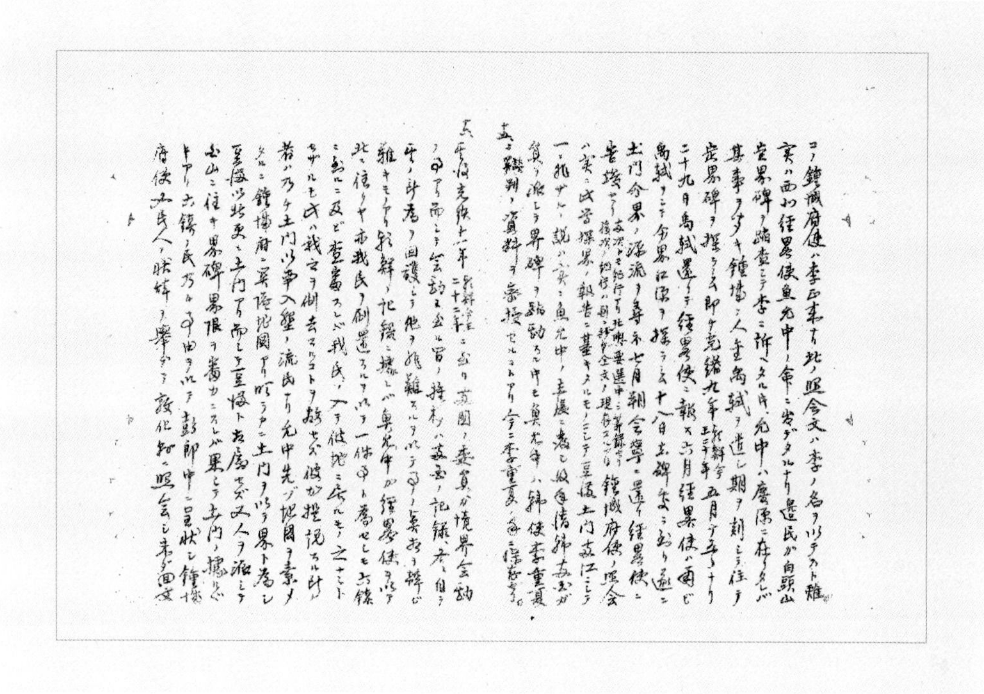

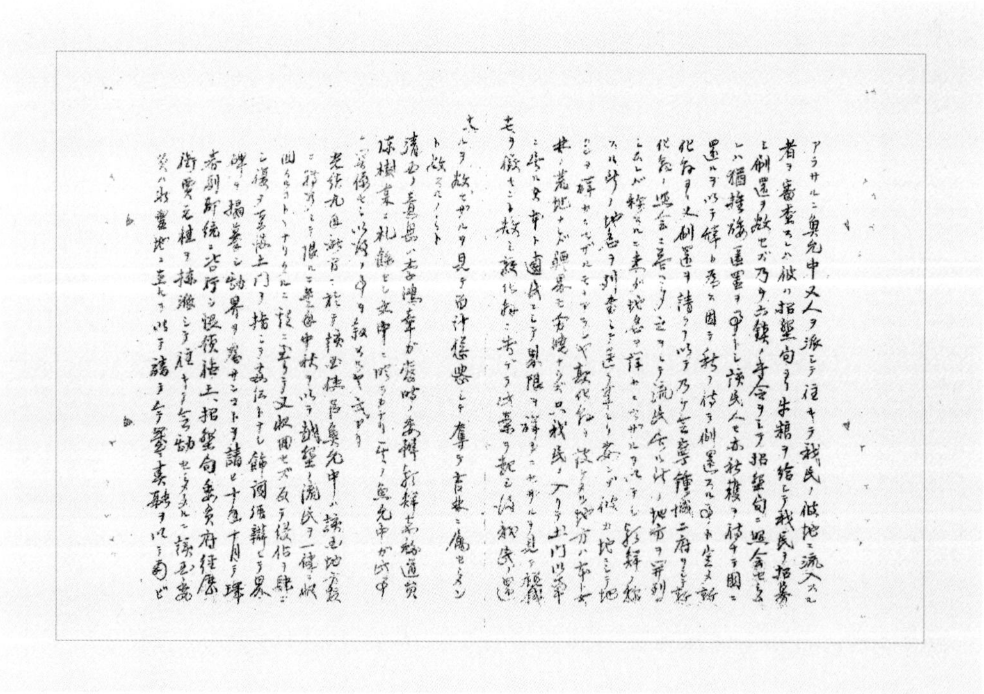

10

動轉ヲ妨ハントシ日ヲ逐ヒテ今夏ニ至ルモ乃チ將ニ政府ヲ
討伐スルヲ以テ詞ト爲シ處ニ於テ徒ヲ糾シ兵員ヲ招
集シテ竊ニ動ヲ僅スモ詎ンゾ料ランヤ該匪ノ宗史ハ一味
狼類ニシテ伍ヲ整ニ挂延シ又設將ノ頭目ニ擁シバ廣
國ノ流民ハ日ニ多ク地ヲ侵スコト愈々廣ク且ツ肆ニシテ
忌憚ナク該匪ノ民ノ房地ヲ佔去スルアリ又諸民ノ行
裝ヲ匪等物資ヲ奪掠シテ茂山撫田ニ回リ去ルアリ又復揚
言スラク本年ノ一事ハ俄ノ國界址ニ係ル日ナラズシテ即ケ
我民ニ勢シテ當髮ヲ改服セシメント以テ該等ノ居民ヲシテ
惶惑シテ安堵ニ遑アラザラシム着ニ兵ヲ派シテ彈壓セズン
バ其ノ一日ノ端ヲ滋生セバ該處ニ靖ヘズト因テ彈壓副將
統ニ諮ヒ兵數十名ヲ派シテ往キテ彈壓セシメタルニ流民
日ニ衆クシテ之ヲ遣ルモ去ラズ之ヲ禁ズレドモ聽カザルノミナラ
警弁ハ彭語ニ草撫數目ヲ禁燬シ在セテ新タニ標本
セル者ヲ糾責シテ之ヲ懲ラシ始メテ稍ニ迹ヲ斂メタルモ即
チ該ヲ撤シテ回リタルニ該國官吏ハ流民ノ事ヲ濫セシメバ
論セズシテ我等ノ衆等ヲ焚燬シ人民ヲ驅逐セシムルニ同
ヲ藉キ鄙ヲ侵サセリ之ヲ總ブルニ該國王ニ轉報シテ速
カニ委員ヲ派シ以テ宣メテ會勘セシメバ地ノ吉林ニ屬ス
ルヤ朝鮮ニ屬スルヤハ辯セズシテ自ラ明ラカナラン誠ニ為
我ハ流民ヲ撤回セシムトモ我ハ我版圖ニ隷セシムトモ邊派
ノミニテ各其業ニ安ンジ永ク爭端ヲ息メシメン云々
此時朝鮮國王ハ又禮部ニ諮會シテ曰ク
敝邦西北ノ疆域ハ土門江ヲ以テ界ト為セリ康熙壬
辰ノ年烏喇總管穆克登ハ旨ヲ奉シテ邊ヲ査シ石ニ勒シ
テ分水嶺上ニ立テ土門江以東以北ヲ以テ定メテ土國ト

11

朝鮮トノ界限トセリ敝邦ハ邊民ノ義ハ爭端滋擾ニナルヲ以テ
嚢ヲ上國ニ貽サンコトヲ慮リ土門江以東ノ地ヲ空シウシテ
民ヲ禁シテ入リ居ムコトヲ得サラシム適年以來往々禁ヲ
空地ニ犯シテ墾ヲ業トシ田ヲ耕シ邊禁ノ嚴ナル久シウシテ
懈ラ弛ゲコトハ固ヨリ敝邦地方官ノ責ナリ乃チ其地ノ
若キ實ニ敝邦ニ係レリ敝邦ノ民ヲ以テ敝邦ノ地ニ居ルハ
宜シク不可ナカルベシ倫人ニ遂ニ互ニ爭ヲ至威テ龍メテ界ヲ糾
シ憂ヲ遠ノ冒ニ至リ數相ノ詰ヲ敝邦ノ誘撫方策ヲ盡ノ會
シテ衆ヲ刷還セシムル樂ラクハ擾累ノ明カナラズシテ早ク
本國民人ノ爭端息マザルコトヲ致サンコトヲ請フ云々至
衙署ヲ飭シ會晤シ劉復事延琿ハ已ニ試ニ地ヲ將テ
禮部ニ呈文シ仍カ地畝ノ碑ノ文字ヲ據ヲ補テ禮部ニ
卅六
請テ勘界ヲ以テ疑ノ案查ニ資セシムルハ譲界ニ異ナ大
卅七
ルヘリ吉林將軍ハ據リテ一面會勘ヲ擬シ興ヲ奏ルヲ
シ後ニ副同並ニ秦廳候ヲ派シ吉ヲ會同シテ査勘ヲ請ス
ムラクハ貴大臣ヲ煩ハシテ該ノ中理ヲ將テ轉ジテ大陛ニ奏
シ仍ホ員ヲ派シテ踏勘シ酌核辯理ニ以テ國與ノ所
ヲ安ンゼシメ以テ邊擾ヲ息メンコトヲ
此ノ咨文ハ既ニ流民刷還ヲ請フ所ト矛盾セルヲ以テ李
鴻章ノ札文ニハ先ニ敦化ニ畧シテ欽隱ニ濟セルコトヲ懷ル
請ヒ清道ニテハ逸ニ總理衙門ノ議奏ヲ經テ委員ヲ派
委ニテ朝鮮ノ派員ト會同シ踏勘スルコトヽナリタリ云奏
文中ニハ
朝鮮民人カ界ヲ越ヘテ佔墾スルコトハ該國王始終
未ダ聽知セズ查ニ嚴ニ勒業ヲ妨ヒ又收回ノ爲メ
コト能ハズシテ嘗テ邊界一面ノ詞ニ據リテ辦理シ條議シ

12

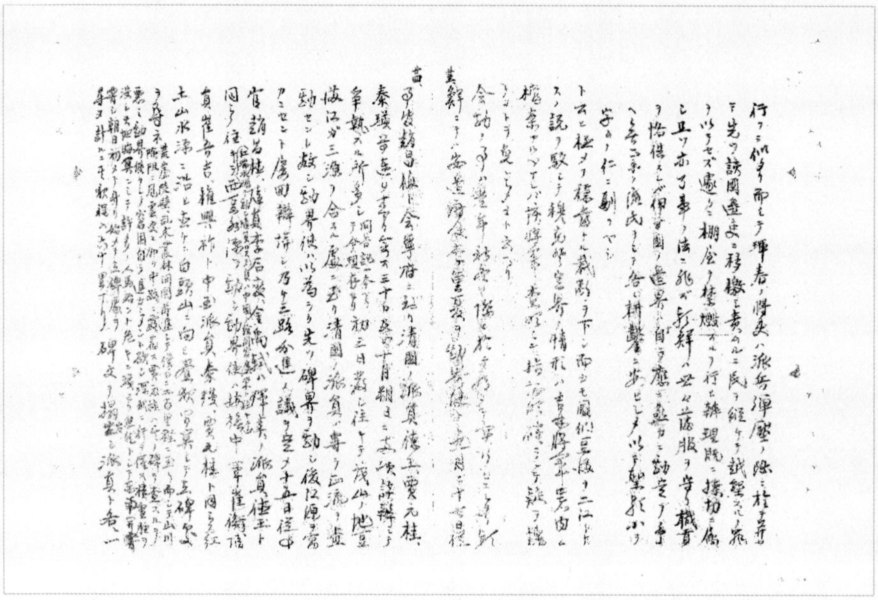

13

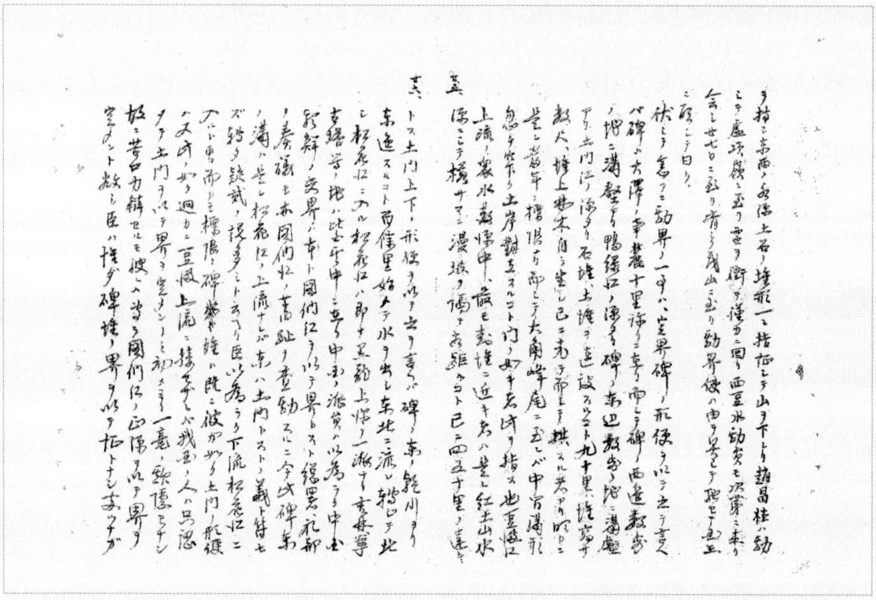

14

相葛藤ニ彼此矛盾スル故ニ我ニ信ナキヲ為ニ帰リテ朝廷ニ
報スルノ意ヲ言ト為スナク條目商議シ始メテ第七ヲ為ニ照会
ス閲ニ依リ必要ニ所ナキヲ定メ而シテ会寧府使ハ畫法精
細ニシテ井官ヲ割シテ界線ヲ標シ韓國ヲ弁キテ方位ヲ録
ニ多日ヲ費シテ始テ完成ト爲ス山ノ形址愈々爽ナラニ
及ハラズ紅端ノ形役ハ島ヲ間ニ置キ鴨緑ノ支流ヲ距ルコト九距
ルモ十五里トシ立碑處ト東北距ルコト一百二十里トシ西
豆満ノ支流ノ言ニ趣方ニ有リテ立碑處ト東北ニ相距ルコ
ト四五百里トスレハ碑文ノ東ハ土門トスト云ヘルハ初メヨリ
相異ナルモトナレハ如此ニ論ニ一々辯論スルヲ以テ其疑ヲ
辯破スルニ足ル中国ノ派員ハ又碑界ノ江源ガ中國ノ
圖誌ト合セザルヲ以テ勝ニ疑ヲ釈ケズ数期ヲ相持シテ
相ニ諸堂ヲ遣スル故ニ卷ノ碑ニ収メ一本ノ國絵一本ヲ持シテ帰

廿八 本ノ年ニ於テ印シテ照会アリト乃チ十一月三十日ニ於
テ会寧府ニ着シ彼此界線ヲ帰ヘリ云々
李重夏ハ前ニ意見書ヲ附シ又照会謄抄、同者汎等ヲ并セ
テ之ヲ監王ニ呈シ又更ニ秘密ノ呈文アリテ既ニ朝鮮ノ主張
ガ秘ナリ薄弱ナル点ヲ述ヘタリ其中ニ云ヘリ
穆克登定界ノ時ノ事蹟ハ備ニ北當ノ康熙壬辰定界
謄録中ニ在リ其時往来ノ跡錯雑ノ語、皆ク豆満江ヲ以テ
限リト為シ其仮道同案文ニ日フ土門江ハ華音即チ豆滿
江、此ナ似ル考慮ノ一以ニ此一句ヲ特セバ豆江ノ界タル事ハ
又明白ナリ
定界碑ノ形便ハ之ヲ面ニ之ヲ見レハ東邊ノ土石堆乃チ
松花江ノ上源ニ接シ前初ニ界ヲ定メシ實ニ疑フベキガ如ク
此ハ詳カニ古事ヲ攷フレハ其ノ疑フベキ所ガ我國ヲシテ

15

土門江源ト為スモ本ト分界アリ穆克登ガ碑ヲ豆満
江ヲ認メテ其上ニ豆滿ノ上源トシ碑ヲ立テ之ニ刻ミテ
東ハ土門タリト日ク故ニ我国、穆克登ガ分界ニ於テ
數多役ヲ為シ碑東ヨリ土石堆ヲ設ケ東ノ方豆江源ニ
至ル而シテ豆江ノ源ハ本ト溝ニ接セザル故ニ平坡ニハ木柵
ヲ設ケ以テ碑東ノ溝ニ接シ而シテ遂ニ之ヲ称スルニ土門江源
ヲ以テセリ今ハ數百年間木柵盡ク朽チ雑木叢生シテ
舊日ノ標限ハ彼我ノ人皆詳ニスルコト能ハズ故ニ今
日ノ爭辯アルコトヲ致ス而モ今番ノ山ニ入ルノ時ハ形址ヲ
默察スルニ果シテ舊日ノ標址アリ尚ホ叢林ノ間ニ隠々タリ
幸ニ彼邦ニ從事スル者アリテモ而モ事ヲ詳ニセズシテ危険ナリキ其
實状ヲシテ如此ク致テ詳カニ發ナシ能ハザルニアラズ

廿九 誠ニ本ト經界使魚允中ノ説アリニ本ヅク一土民ノ言

卅 ヲ聴キ人ヲ遣リテ碑文ヲ搨ヨリ事ヲ後更ニ意ヲ詳
ニ致シ形便ヲ備ヘテ邊ニ謂フ豆満江北ハ皆我地ト
乃チ自ラ民状ヲ繁ク辯論シ人ヲシテ府使ニ照会セシメ
又之ニ據リテ撤北ニ照会シ彼此往復爭辯ヲ累ネテ
以テ遂ニ朝廷ニ移シ經界使ヲ遣テ秋地ヲ勘スルニ
辯ヲ許スナリト更ニ飲居スルコトナリ江ヲ識ヘテ記經セリ
乎後沿邊ノ安寧、及ノ領土ノ重ヲ以テ諭リテ以テノ故
ニ畏ヲ許ヲ擬セズ彼ガ為ニ由リテ争ヲ執シ轉タ張大ニ至
リ乃チ我取ノ移咨ニ於リテハ彼ノ總署ノ奏議ガ及ビ
北洋ノ札飭中ノ噴言ニ於テ我ヲ争ノ地ニ及ブ之ヲ畏ヒ
然ニ及ベハ急痛ニ勝ヘズ豈ニ邊疆ノ重事ニ係ル所ニ
為、數ヲ爭ルノヲナラズ空シク虚聲ヲ以テ勘界使ヲ召シテ為ニ
乞ヲ為経界使ト一々辯論セシメ又タ實狀ヲ詳細

16

ニ聯繫シ於リ境界線ヲ勘定センコト恐ラクハ妥當ナリシナ
ラン實ハ然ラバ如上ノ記録ハ既ニ移轉ヲ經タルコトハ彼ノ穆克登ノ
設置セシモノニ非ズシテ偽作ニ係リテ痛韓ノ爲メニ力ラズ故ニ力メテ彼等
ヲ携ヘテ山ニ登リ源ヲ窮メ碑界ヲ指摘シテ東軍ト共ニ
如シ敢テ之ヲ弁駁ニ韓人ガ爲スモノハ韓人ノ眼ニ該セシコトヲ恐
レテナリ。

然レドモ此穆克登ハ固ヨリ清國ニ對シ愚ナル者ニ非レバ理
光緒十二年清國ニテハ吉林將軍ノ奏ニ依リ總理衙
門ノ議奏ヲ經テ再ビ委員ヲ派シ躬ラ界址ヲ酌定セントシ
旨ヲ韓廷ニ照會セル總理衙門ノ奏ハ遠斷ヲ避
至ラ來ルニ及ビ朝鮮ノ照覆ニハ獨リ豆滿江ノ支流ヲ未ダ分タ
ヲ為サントヲ請シ上源ノ前ト乎係ルト為シ以テ界
廿一
為サシコトヲ否ヲ見テ立ツ同意且ツ穆克登ノ碑文ヲ據テ北辺大

廿二
ニ送リタルモ清國ノ主張ニモ確實ナル論據アリテ分界江ヲ即チ
佛爾哈圖河ヲ界トスルノ説ハ殆ト成立シタリシモ入ラサリシカバ北洋
大臣ヨリ來レル公文ニ重スルニ吉林ノ古碑ハ朝鮮ノ咸鏡
道ト大國ノ江ヲ以テ界ト爲ス載セテ欽定會典ニ載セテ三道
及ビ一統輿圖ニ於テ證據確鑿ナリ近年朝鮮ノ流民界
ヲ越ヘテ占墾スル處偶然妥協シテ界ヲ申明セシコトヲ
議スル清國ハ道府僉官ヲ擬テ查勘國ノ所ヲ以テ豆滿江ト為
スニ因リ必ズ勝チニ界限ヲ勘明シ彼此ノ韓民ノ越境セル地ニ
シテ而シテ彼ノ謬説ヲ排サル可シ即チ所業ニ於テ華民ノ
安業ヲ定メテ會勘セン事トアルニ皆震シテ國ノ江ヲ
ヲ以テ一江ノ轉音トスレバ疆界ハ已ニ大ニ定マリ覆勘ノ
煩ヲ省クコトナシ惟タ該處ノ水源ニ數支アリ紅丹西豆水ハ
平原分水嶺ニ出デ紅土山水ノ一派ハ分水嶺ニ出テ伏流

17

四十里ニシテ豆滿江源タリ碑ハ堆ト共ニ皆要ヲ據ラテ而シテ擬
スベキノ要ナシ茲ニ勘セル繪圖一見シテ定ムベシ惟タ韓國ノ
大員ハ慎重ナル許ニ由リ政府諸臣ニ飭知シテ一々来咨ニ遵テ
辦理スベシト云ヘリ是レ向欵ハ單ニ豆滿江源ノ勘定ニ係リシテ
而シテ前ノ島問題ハ已ニ放棄セラレタルナリ

光緒十三年 （今ヨリ二十一年前） 四月ニ再ビ勘界ノ擧アリ勘界使李重夏
ガ状啓ニ云フアリ會寧府ニ於リ吉林ノ派員秦瑛ト会勝シ大
國ノ江源ノ紅丹河紅土山水ハ長ク我ガ江ニ屬シテ辯論ヲ經
同ジク長白山ニ入リ先ヅ紅丹ノ源ヲ審カニスルニ既ニ平地ヲ同
地ニ係ル本國輿圖ニ於テ詳ナラズ再ビ紅土山水ヲ審カニシ源ニ
窮メテ立碑ノ處ニ至リ遍ネク山水ノ情形ヲ勘シテ凡ソ常ニ
ニ以テ總署奏議中ノ總ベテ大國ノ江ニ由リテ界限ヲ指證ミル
一條ニ無ク要領ヲ爲ス今既ニ遍ネク水源ヲ勘シ鐵案ヲ
廿三

廿四
興及ビ一統輿圖ヲ以テ派ヲ遡テ照證スレバ紅土水ノ
大國ノ江ヲ名タル確鑿疑ナシ而シテ秦瑛ハ紅土水ノ碑ヲ距ルコト
尚遠ク且ツ分水嶺ニ接セザルヲ以テ別ニ一派石乙水ト名クル
者ヲ覓メテ爲ニ界ト定メントス蓋シ石乙水ハ長山ノ北坡
ヨリ紅土水ニ沿テ止ルコト八十里未ダ紅土山ニ及バザルノ十餘
里西ニ向テ來リテ紅土水ニ匯スルモノ土源ハ小白山ノ東南
麓三十里許ニ出ヅ亦一統輿圖ニ載ス秦瑛ハ石乙水ヲ
主トシ重夏ハ紅土水ヲ主トス終ニ以テ合一スルナカリキト尤
鮮政府ハ即チ此状啓ニ由テ國ノ界址ハ今豆滿江ノ白ニ於テ
紅土水石乙水合流以下ハ幸ニ已ニ勘定セリ而シテ其合流
以上ノ兩源ハ仍ホ未ダ協議セズ惟タ紅土水ハ長白山東麓
ニ出テ初メテ發源スル所ニシテ國典載スル所ノ大國ノ江ト
爲シ尤モ本当ニ碑ノ碑址ニ於テ之ニ照應ヲ爲サリシ石乙水

18

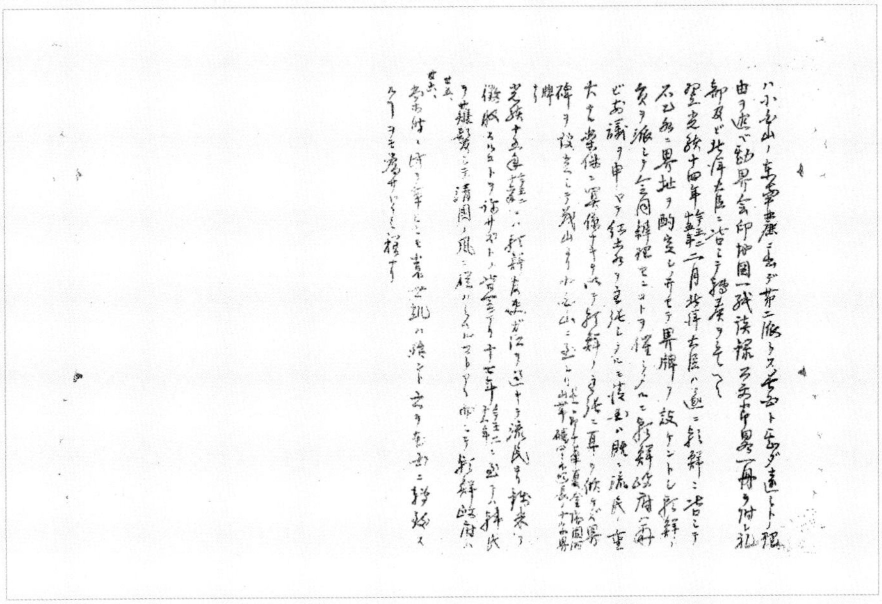

19

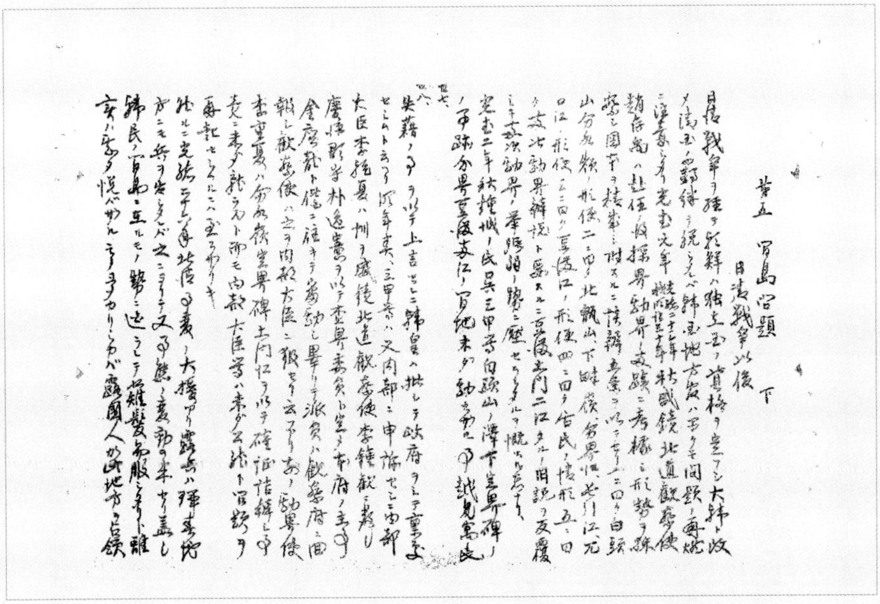

第五　間島問題　下

日清戰爭以後

20

ハ小白山ノ東南麓ニ出デ第二派ヲ為ス茂山ト分水嶺ヲ連ヌト謂
由ヲ述ベ勘界会印地図一葉及標石界牌一冊ヲ附シ礼
部及ビ北洋大臣ニ咨シテ轉奏ヲ乞ヘリ
光緒十四年明治二十一年二月北洋大臣ハ遂ニ朝鮮ニ咨シテ
石乙水ニ界址ヲ酌定シ并セテ界牌ヲ設ケントシ朝鮮ノ
員ヲ派シテ会同辦理セシコトヲ催シタルニ朝鮮政府ハ再
ビ異議ヲ申シタテ紅土水ヲ主張シタルニ清国ハ頗ル流民ノ重
大ナル案件ニ関係ナキヲ以テ朝鮮ノ主張ニ耳ヲ傾ケズ界
碑ヲ設立シテ茂山ヨリ小白山ニ至ル [illegible]
牌ナリ
光緒十五年明治二十二年ニハ朝鮮ノ越墾者ガ江ヲ渡リテ流民ヲ招来ス
徴収スルコトヲ許サザルノ告示ヲ十七年明治二十四年ニ至リ韓民
ヲ薙髪シテ清国ノ風ニ従ハシメントスルヤ朝鮮政府ハ
廿五、
廿六、
[illegible]
日清戦争以後
日清戦争ヲ経テ朝鮮ハ独立国ノ資格ヲ定メ大韓ト改
メ清国ノ羈絆ヲ脱シタレバ韓国地方官ハ再ビ間島ノ問題
ニ注意シ光武元年明治三十年光緒二十三年秋鏡北道観察使
趙存禹ハ赴任ノ後探界勘界ノ文蹟ニ考據シテ形勢ヲ査察
シ国帑ヲ積算ニ附スルニ議論ニ依リテ [illegible] 白頭
山分水嶺ノ [illegible] 北甑山下 [illegible]
[illegible]
[illegible]
光武二年秋鍾城ノ民呉三甲等白頭山ノ澤下ニ定界碑ノ
ノ事跡分界真假安江ノ間地未ダ勘定セザル [illegible]
廿七、
廿八、
朱蕃ノ [illegible] 上言セシニ韓皇ハ批シテ政府ヲシテ稟定
セシムトアリ同年末三甲等ハ又内部ニ申訴セシニ内部
大臣李乾夏ハ州ヲ盛京北道観察使李鍾観ニ移シ
慶源郡守朴逸憲ヲ以テ査界委員ト定メ府ノ主事
金應龍ト偕ニ往キテ審勘シ畢リテ派員ハ観察府ニ回
報シ観察使ハ之ヲ内部大臣ニ報告シ [illegible] 勘界使
李重夏ハ分水嶺定界碑土門江ヲ以テ確証詳辦シ中
央ニ来リ報告スル [illegible] 大臣等ハ [illegible]
稟訖セラレタルニハ至ラザリキ
然ルニ光緒二十五年北清ノ乱ノ大擾アリ露兵ハ擇要地
方ニモ兵ヲ安ンスルニヨリテ又匪賊ノ跋扈ノ未ダ盡シ
韓民ノ間島ニ在ルモノ勢ニ迫ラレテ薙髪易服シテ [illegible]
実ハ露ノ保護ニ [illegible] 露国人ガ此地方ヲ占領

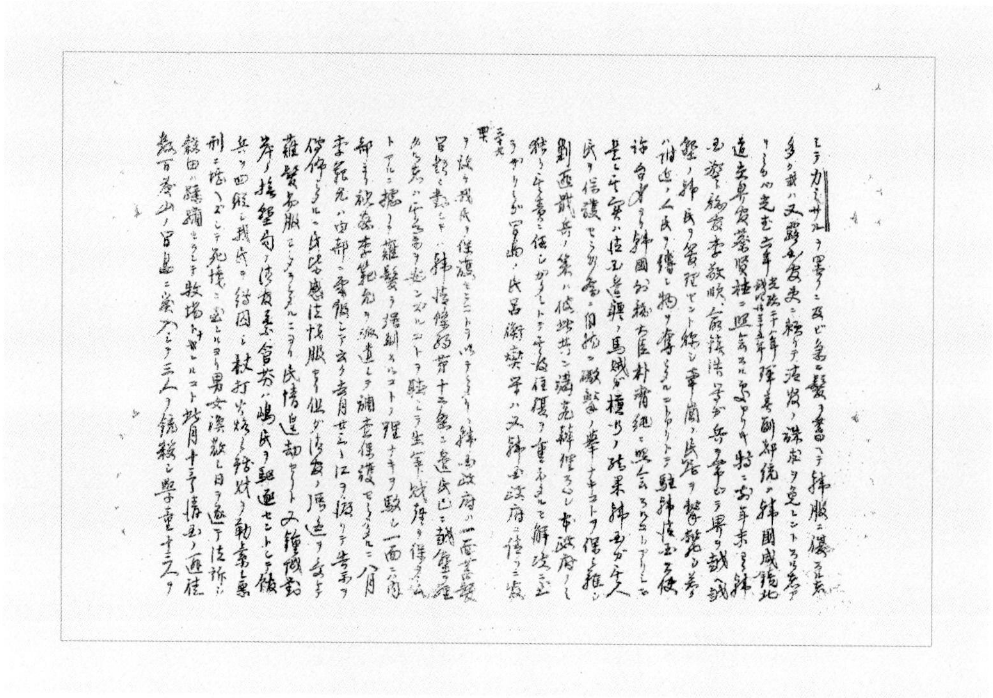

21

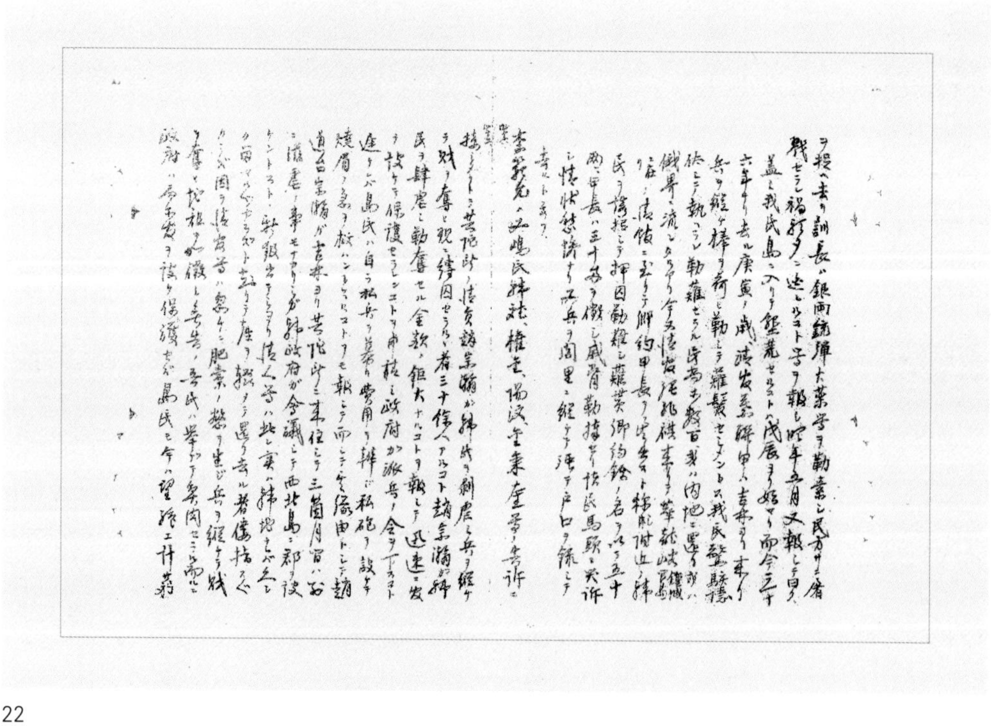

22

ニ私ニ砲鎮ヲ設ケント欲スルニ至リタレバ即時ニ分部ニ轄甲ヲ
清民ノ凌虐ヲ防ギ迅速ニ兵ヲ遣テ兵ヲ設ケラレタシトノ
申ヲ稟報セリ同郡地方局長代辦崔周昌ハ此報告ニ
據リテ意見書ヲ政府ニ呈シテ曰ク

韓清界約第十二款中ニ茂山陸路交界ノ處所遣
民ハ向来互市ヲ照ス比次應ニ定約條ニ於テ陸路通商章
程ヲ議ス照ヲ重訂スルモ追民ノ彼已ニ越墾ヲ經タル土ハ各
業ヲ安ゼルコトヲ聽シ其本ノ財産ヲ保護スル等ノ句語アルハ
分部ノ清民ヲ使ハ高縁セル接壌地附近ノ沿岸文
移シテ執難ヲ行フコトナカラシメタシ駐界ニ關リテハ定界
碑以下豆門江以南ノ我國ノ界限ト確定シ兵ヲ設ケ稍
ヲ定メシ後チ数百年空曠ノ地遂ニ安生セシメシハ
清兵ノ陵ルニ似タレバ姑ク先ヅ保護兵ヲ特置シテ獲

四十三
四十四

理ノ名称ヲ以テ該島ニ駐箚セシメ專ラ申務ヲ發シテ兼
財産ヲ保チ又タ新嘉懷保ノ意ヲ示サバ力ヲ以テ云々
此年八月議政府参政金奎弘ガ上奏ハ其意見書ニ
依據スルモノニシテ如キ要旨ニ曰ク、
北墾島ハ即チ韓清ノ交界ニシテ空曠タルコト今ニ數百
年ニナルガ數千家ノ以來北道沿邊ノ各郡ノ我民ノ接地ニ
移住シ耕食爾來スルモノ今數凡八十餘萬ノ生靈アリ
而シテ酷ニ清人ニ侵虐セラル而永歲ノ定界碑以下
土門江以南ハ邑城ノ固ヨリ我國ノ界限ト確定シテ諸
ヲ執リ稅ヲ定ムベキモ數百年空曠ノ地遂ニ安生
セシコトハ民ノ陵ルニ似タレバ姑ク先ヅ保護兵ヲ特置
セザルベカラズ
仍テ視察李範允ヲシテ特ニ管理トシテ該島ニ駐箚セシメ

23

セシテ管轄セシメ分部ヨリハ此意ヲ以テ清國ヲ使ヒニ於
照會スルニ清國使ハ覆照シテ韓民ノ我國境内ニ越墾ス
ル分部ニ從来ノ處ノ貴部ノ例置ヲ請求セラルトモ又該地
ハ我國ノ土著韓民ニ保護ヲ與フ向キニ我地方官ヨリ一切ヲ
管理シ我ノ轄地タルハ貴國ガ管理ヲ設ケラルルハ不可
ナリト

李範允ハ兵ヲ率ヰテ間島ニ駐箚シタルハ清國官府ト
衝突ハ卒ニ頻繁ヲ極メ清國ヲシテ大ニ不安ノ念ヲ生ゼシメ
分部ヨリハ来ガ曾テ界址ノ官吏ヲ撲ルニ至ラシモ清國ハ友テ
韓國ノ意向ガ誰使ノ回復ニ在ルコトヲ憂慮シタルモノノ如シ
李範允ガ此ノ如キ傳兵ヲ吾人ノ舉動ハ我ノ露國ノ指嗾ヲ
隣ニ怯ヘタルモノヤトノ疑アリ李範允ハ露國ヨリ密使トシテ官
島ニ赴キテ隣ニ已ニ韓清俄三國共同シテ碑ヲ勘定

四十五
四十六

門ノ際支流ニ眺テ韓ニ入ルモノニ至リ歴々踏勘シ其眼絵
圖ヲ彼此各國通リノ法例ヲ援照シ其事ヲ安結セ界
限自ラ分明ナランコトヲ報スルニアリ故ニ至リテ定メタル立碑
屆十月ノ報告ニハ新ナル城ノ記シテ以テ俄兵ニ兵ヲ請
ヒシコトヲ其旨ヲ辯シタルモ其官ノ隱情ハ未ダ判明ヲ易
カラザル處アリ
光武八年ニ及ビ日露交戰トナリタルガ此時ハ又一變シ
李範允ハ兵ヲ收メテ一號ニ日本ニ同情ヲ表シテ御ニテ此時
韓國ハ已ニ我勢力圏内ニアリタレバ李範允ガ舉動ハ
元ノ本國政府ニモ是認セラレザルノ傾アリシテ清國ノ使ガ
李範允ノ撤回ヲ韓國ニ求メタルニ對シ韓國政府ハ遂
ニ之ヲ應諾シタル後韓清兩國ノ交界官ハ此年ノ月十五
日ニ於テ善後章程十二條ヲ議定シテ結ルニ至レリ第一

24

第二ハ
茂山界址ハ白山ノ碑記ヲ證スベキアリ　仍ホ支政府ノ員ヲ
派シテ会勘スルコトヲ欲スレ共未ダ勘セザル以前ハ旧ニ
循テ図們江ヲ管轄セル一帯ノ地ヲ以テ各々汛地ヲ守リ
均シク兵ヲ鎮ケ械ヲ搆シテ騒乱ノ釁ヲ滋スコトヲ得ズ
トノ文アリ
今度清国使臣袁ガ[illegible]八月廿九日ノ照会文ニモ亦
東方ノ大図們ノ定界ヲ倚ケテ査員ヲ派シテ界址ヲ
確勘セン
トノ語アリ　十数年前ニ於テ一タビ韓国ノ辞ヲ措クベキ餘
地ナキマデニ界ヲ決スル頗界問題ハ此ニ至リテ復タ[illegible]
ヲ逞シテ図們ニ[illegible]ルハ實ニ本文論究ノ業ノ嚆矢
ナリ[illegible]
四十七
四十八
[illegible]ノ結果トシテ[illegible]範允ハ既ニ韓国[illegible]
ナリ[illegible]ノ證業ノ[illegible]
ハ常ニ露国ノ為ニ[illegible]族地方ノ住民ガ反テ我国
ノ為ニ[illegible]ノ[illegible]ノ恢復ヲ
ヒタル[illegible]ニ[illegible]露領ニ[illegible]セリト云
フ
上ニ屢叙セル沿革ヲ稽ヘニ左ノ二種ノ清国使臣照会文ヲ
ニ以テ状主ニ於ケル[illegible]ヲ示サントス
光緒三十年[illegible]四月二十九日照会文ノ梗概
中韓議定ノ図們江ヲ以テ天然ノ界限トスルコト由来
已ニ久シク[illegible]十三年[illegible]勘ノ案[illegible]
ルヲ以テ[illegible]ヲ查照セ[illegible]
ク[illegible]ヲ派シテ[illegible]ニ往キ[illegible]ニ查照シテ[illegible]

25

查勘ヲ速カニ定メ[illegible]ヲ議シ以テ永遠
[illegible]ヲ[illegible]セン[illegible]未ダ勘定ヲ経ザルノ前ニ須ラク
[illegible]ヲ飾ラメ[illegible]界ヲ越ヘテ[illegible]スコトナク以テ
睦誼ヲ傷ケ[illegible]大局ニ礙ゲアルコトヲ免レシムベシ云云、
光緒三十年[illegible]月二十[illegible]日清国使臣照会文梗概
我[illegible]ノ[illegible]ニ[illegible]駐京日本公使
[illegible]図們江[illegible]中韓[illegible]界ハ[illegible]
ト[illegible]ヲ派シテ会勘セシコトヲ議セルモ日俄軍務
緊ニシテ界[illegible]ヲ[illegible]ヘキニ非ズ[illegible]
ラク[illegible]ニ兵民ヲ招来シ
[illegible]ヲ[illegible]時機ヲ酌量シテ劃分セバ[illegible]
ハ目[illegible]ヲ[illegible]時[illegible]未ダ定マラザル勘界
[illegible]云云。

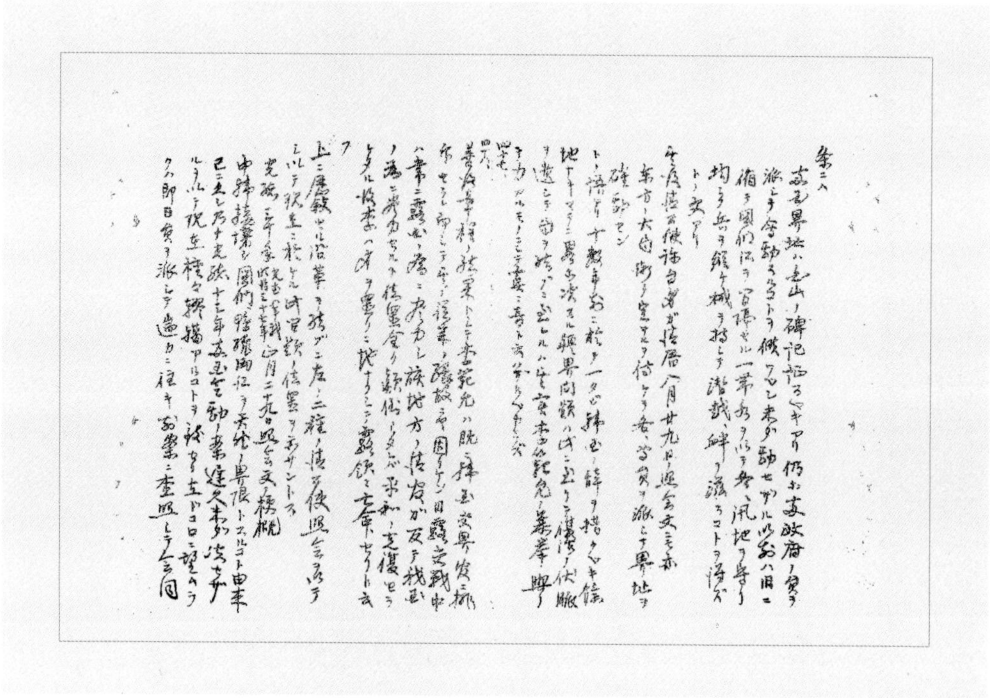

26

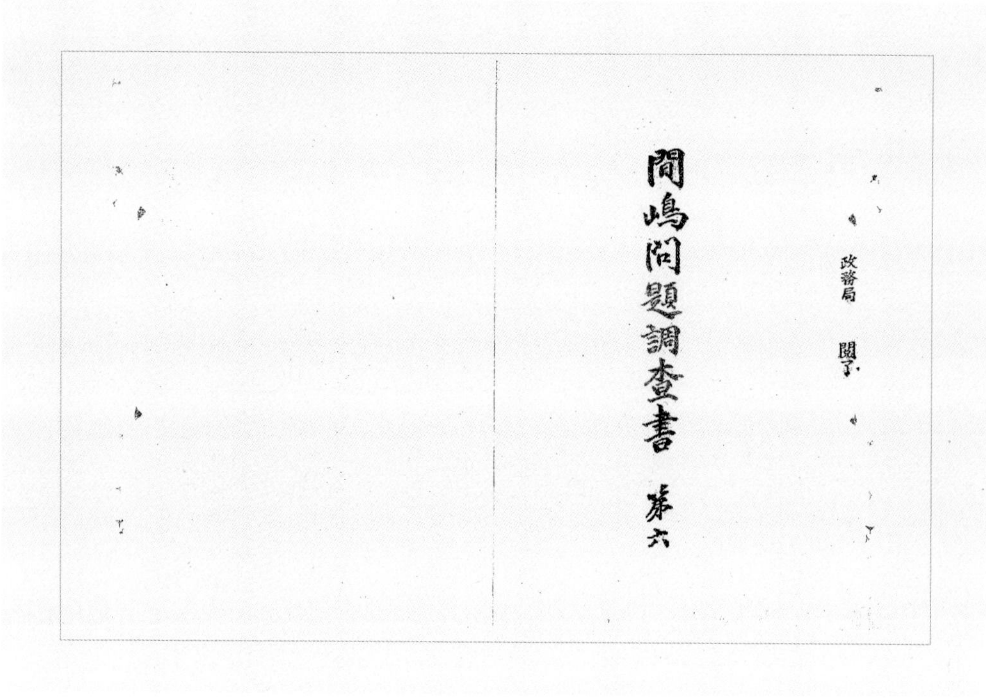

政務局 閲了

間嶋問題調査書 第六

01

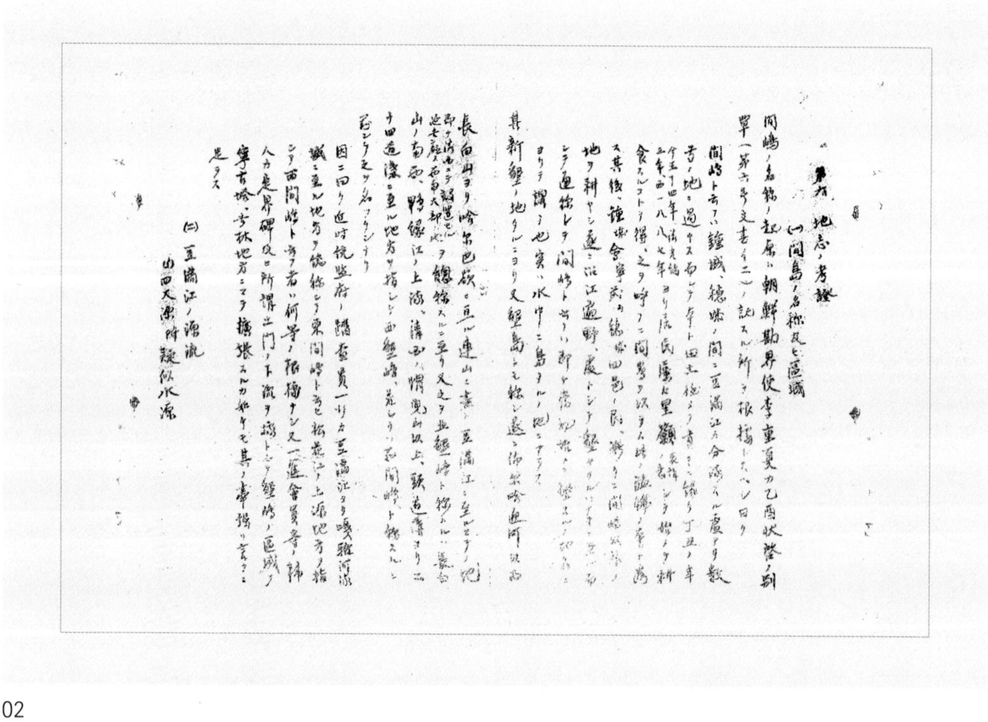

第九 地志ノ考證

(一)間島ノ名称及ビ區域

間嶋ノ名称ノ起原ハ朝鮮勘界使李重夏カ乙酉状啓ノ別単(第六号文書(ニ))ノ記スル所ヲ根據トスヘシ曰ク

(二)豆満江ノ源流

02

間島問題ノ骨子ハ豆満江ノ源流ニアリサレハ此問題ニ對シ
正當ナル判斷ヲ下スノ資料トシテ豆満江ノ源流ヲ研究ス
ルハ必然ノ順序ナリトス因リテ左ニ清韓両國ノ記録文
書並ニ欧人ノ著書ヲモ旁証シテ最モ精確ナル論斷ヲ下サ
ントス

東國輿地勝覧ニ云ク

豆満江ハ慶源府ノ東二十五里ニ在リ源ハ白頭山ニ出ツ東良、北
斜地、阿木河、愁州、童巾、多温、速障等ノ處ヲ歴テ會叱家
ニ至リ南流シテ慶興府ノ沙次麻島ニ至リ分流スルコト五里許
リニシテ海ニ入ル女真語ニ萬ヲ謂テ豆満ト為ス衆水茲ニ至リ
テ合流スルヲ以テ故ニ之ヲ名ク（巻五十慶源府山川ノ條）

其白頭山ニ關シテハ記シテ曰ク（巻五十會寧府山川ノ條）

白頭山ハ即チ長白山ナリ府（會寧ノ府）ヲ指ス ノ西七八日程ニ在リ山凡
ソ三層、高サ二百里、横ニ亘ルコト千里其嶺ニ潭アリ周八十
里、南流シテ鴨緑江トナリ北流シテ松花江トナリ混同江トナリ東
北流シテ速平江トナリ東流シテ豆満江トナル

東良ハ會寧府ノ豆満江外野人ノ地面ニ上東良、中東良、下東良
アルコトヲ記シ阿木河ハ又斡木河、吾音會トモ称シ會寧ノ舊名タ
リ愁州ハ鐘城ノ旧名童巾ハ鐘城府ノ北二十七里ニアリ多温ハ穏
城ノ旧名ヲ多温平トイフ北斜地速障ハ未タ詳ナラス沙次麻島

慶興島農堡、島ノ一名ハ沙次磨島、慶興府ノ南五十六里ニア
リ豆満江ノ海ニ入ル處（慶興府關防ノ條）
アリ沙次麻ハ外名（Sachama?）即チ鹿ノ義トイフ沙次麻ハ今音ナ(sachama?)
ガトモ古名ノ音ナリ女真語ハ即チ満洲ノ古語ナリ満洲語萬ヲ
化ナルナラン
tumenト謂フ清人カ土門、若シクハ圖們ノ漢字ヲ當ツルモ即チ

03

然ナリ豆満ト音近シ金史ニハ統門ニ作リ明一統志ニハ徒門ニ
作レリ

豆満江ニ會合スル河流ニシテ輿地勝覧ノ擧クル所ハ慶源府條下
會叱家川　府南一里ニ在リ源ハ觀山ニ出テ東流シテ豆満江ニ入ル
林風洞川　府南十九里ニ在リ源ハ羅端山ニ出ツ東流シテ豆満江ニ入ル
吾弄草川　郡南四十五里ニ在リ源ハ鏡城府ノ柳城洞、會寧府
ノ伽乙里等ノ處ニ出ツ、東流シテ松花江ニ入ル
訓春江（豆満江外ノ地）源ハ女真ノ地ニ出テ東林城ニ至リテ豆
満江ニ入ル斡朶里野人ノ居ル所ナリ
鐘城府條下
潼関川　府ノ北一里ニ在リ西流シテ豆満江ニ入ル
西豐川　府ノ北一里ニ在リ源ハ甑峰山ニ出テ豆満江ニ入ル
吾龍前水　府ノ南一百二十里ニアリ鹿野峴ニ出テ豆満江ニ入ル
（ハ慶源府條下ノ吾弄草川ト同流ナルヘシ）
會寧府條下
八乙下川　府ノ西一里ニ在リ源ハ圓山ニ出テ府ノ北鼇山ノ下ヲ経
テ豆満江ニ入リ五岐セリ
甫山川　府ノ南四十里ニ在リ源ハ鐵椒嶺ノ諸谷ニ出ツ甫山
堡ヲ經テ府城ノ西ニ至リ斡木河ト為リ豆満江ニ入ル
魚潭江（豆満江外野人ノ地面）コノ江名ハ鏡城府ノ條下ニモ
以外野人地面ニ出テタリ

是レ豆満江ノ源流ヲ記載スルニ於テ最モ詳ナルモノナリ然ルニ其
ノ慶源ニ関シテハ單ニ松花、鴨緑二江ト同シク白頭山ニ出ツルヲ記スル
ノミニテ其詳細ヲ及ハサルヲ見レハ或ハ元明一統志ノ記事ヲ踏襲
セシカ又ハ未タ詳ナラサルヤモ知ルヘカラス蓋シ長白山カ三大江ノ發源タルコ
トハ元一統志ノ始メテ記セル所ナリ元一統志ハ今、世ニ傳本ナキモ満
洲源流考ニ之ヲ引テ曰ク

三

04

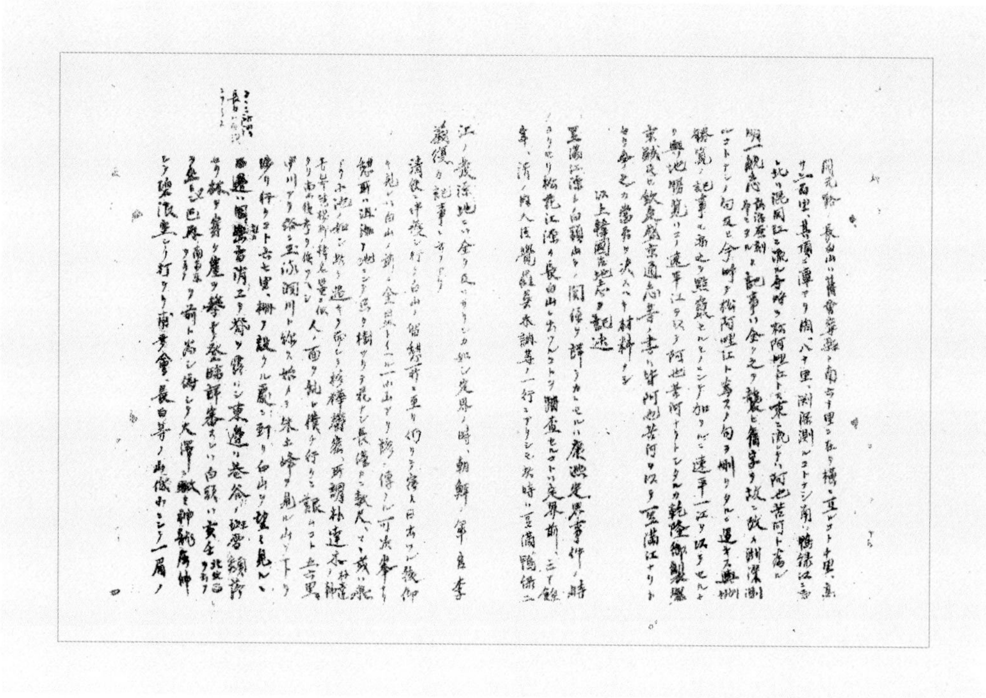

05

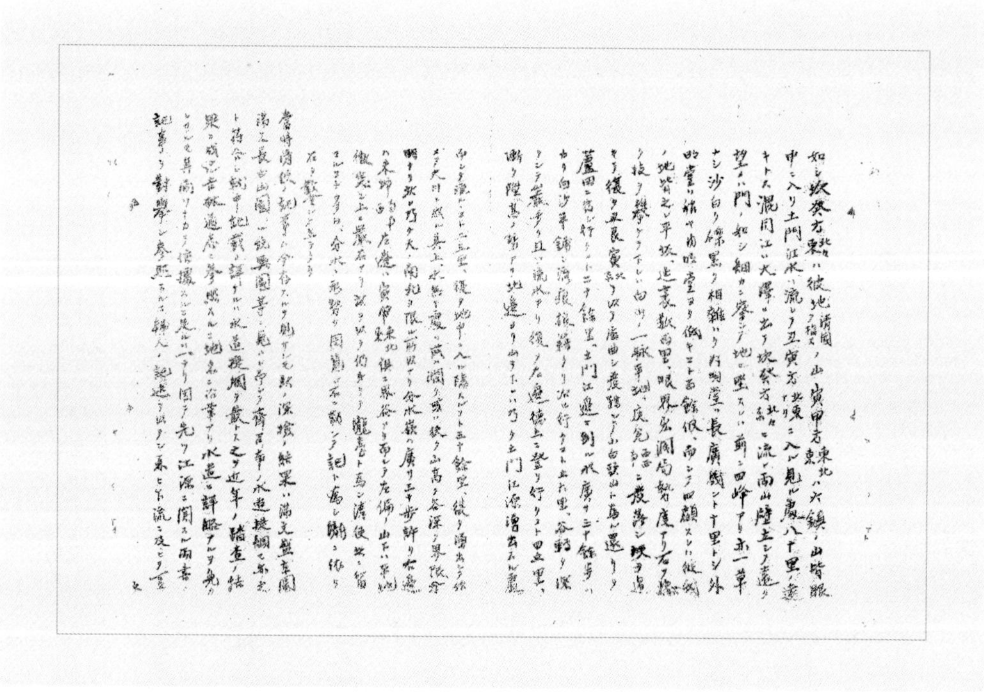

06

滿江ニ關スル兩國古今記載ノ歸一ヲ務ムルニ在リハ兩國界務ノ
文書ヲ政フルモ分離錯雜シテ適從スル所ニ迷フノ患ナカランカ
水道提綱ニ曰ク
土門江ハ源、長白山頂ノ東麓ニ出ツ土門色禽ト云フ東流シテ
隱ルヽカ如ク見ハルヽカ如キナルコト數十里折レテ東北流スルコト又數
十里、一水アリ西北ヨリシ一水ハ二源ヲ合シテ南ヨリ來リ並ヒ會
ス倶ニ長白ノ支峯ナリ東南流スルコト百餘里、一水アリ二源ヲ
合シテ西南ヨリ來リ會ス（[illegible]）水南ハ即チ朝鮮ナリ
土門色禽ハ滿文盛京圖、長白山圖並ニ之ヲ記シ[illegible]（[illegible]
[illegible]）ト作ル色禽即チ[illegible]ハ源ノ義ナリ長
白山圖ニハ南ヨリ二源ヲ合シ來リ會スル一水ト並ヒ源ノ位置ニ[illegible]
[illegible]（[illegible]）トアル山アリ盛京興京[illegible]圖ノ漢文ニハ布達
山ニ作ル（[illegible]）ノ滿文地圖ニモ同一ノ位置ニ[illegible]アリ然ルニ他書
ニ之レニ對スル山名ナシ欽定大清會典圖ノ大圖們江ノ源流ニシテ長
白山ノ南ニ愛德里山アル之滿文盛京圖ニ從ヘハ是レ三音[illegible]
禪母會（即チ[illegible]河）ノ源タル愛德里山ノ[illegible]出タル[illegible]ヲ[illegible]
[illegible]山ニ當ツ可ク又吉林通志附圖ヲ檢スルニ西豆水ノ北
源ニ蒲潭山アリ南源ニ南寶[illegible]山アリ圖們界辨斷考証（第
六号文書二）及韓國地圖（第二号）ニハ紅端水源ヲ寶[illegible]トシ共ニ
長白山圖、佛文圖ト合セス光緒十二年吉林將軍ノ奏文（第六
号ノ文書八）ニハ西豆水ヲ大圖們江ニ當テ其發源ヲ蒲潭山トシ愛
德里山ニ當テタルハ總署ノ駁議已ニ之ヲ疑ヘリ以テ其確ナラサルヲ
知ルヘシ提綱ハ江源ヲ長白山頂ノ東麓ニ出ツトセルハ穆克登カ界碑
ノ東ヲ土門トスル文ニ合シ其隱ルヽカ如ク見ハルヽカ如キナルト數十里ト云
ヘルハ穆使カ朝鮮接伴使等ニ移咨セル文中ニ流レテ數十里ニ至
リ水痕ヲ見ス[illegible]ヨリ暗流スト云ヘルニ合シ李義復記事ノ隱流三

六

07

十餘里ノ說モ亦同シ又大清會典圖ニハ上ノ大圖們江ハ長白山ノ東麓
ニ出テ二水合シテ東流スト[illegible]ヲ太ク添セリ一統輿圖ハ則チ全ク提綱
ト盛京圖ニ同シクシテ只タ土門ヲ圖們ニ作レルノミ
吉林通志ニ曰ク圖們江ハ長白山ノ南麓分水嶺ノ東麓ニ出ツ凡ソ
二源、北ヲ下石乙水ト曰ヒ南ヲ石乙水ト曰フ東流シテ[illegible]水ト會シ
會シ合シテ東北流シ左岸ヲ朝鮮ノ界トス又東流シテ紅土山邊ヲ
紅土河北ヨリ來リテ之ニ入ル紅土河ハ[illegible]ノ西南ノ山ニ出ツ[illegible]
シテ圓池ト爲リ溢レテ南流スルコト二十餘里ニシテ圖們江ニ入ルトアリ
提綱ト通志トハ江ノ正源ニ關スル記載ヲ異ニセリ提綱ノ正源ト
爲ル土門色禽ハ即チ通志ノ紅土河ニシテ下石乙水、石乙水ハ提綱ニ[illegible]
二源ヲ合シテ西南ヨリ來リ會スル者ナリ今正源ノ當否ハ[illegible]
清韓兩使ノ爭ヒシ所ナリ今之レヲ圖志ニ徵スルニ韓使ノ
江上水ヲ正源トスルノ說ハ根據アリトス通志ノ說ハ[illegible]ノ議アリ
後ニ成リタルハ其ノ論ハ怪シムニ足ラス又提綱カ石乙水ヲ南シテ朝鮮
界トスルハ實ニ清使ノ主張ニ合シ通志カ石乙、下乙二水合流セル[illegible]
岸ヲ朝鮮ノ界トスルハ反テ韓使ノ主張ニ合スルハ一見[illegible]奇異ナル
ニ似タルモ通志附圖及ヒ界碑ニ關スル記事ニヨレハ左岸トアルハ
右岸ノ誤ナルカ如シ
清國ニテ水源流ヲ最モ詳細ニ述ヘタルハ圖們界辨斷考証（第六
号文書二）ニ如クハナシ之ニ記アリ
洪丹河カ圖們江ニ入ル處ヨリ又江ニ沿ヒ二十里地名ヲ長坡トシ
人家カ纔ニ止マル之ニハ[illegible]
ヲ以上、江ニ沿テ長白山中ニ入ルコト八十里ニ至リ一小溝アリ西南
ヨリ來リ匯ス小白山ノ東南ノ[illegible]ノ地ヨリ出ツ土人[illegible]水ト稱
ス[illegible]ハ東方ノ[illegible]ナリ[illegible]ハ小溝ノ[illegible]ナリ吉林ノ[illegible]
稱スル石乙水ヲ以テスルモノハ[illegible]ノ字ヲ以テノ故ナリ又江ニ沿ヒ[illegible]

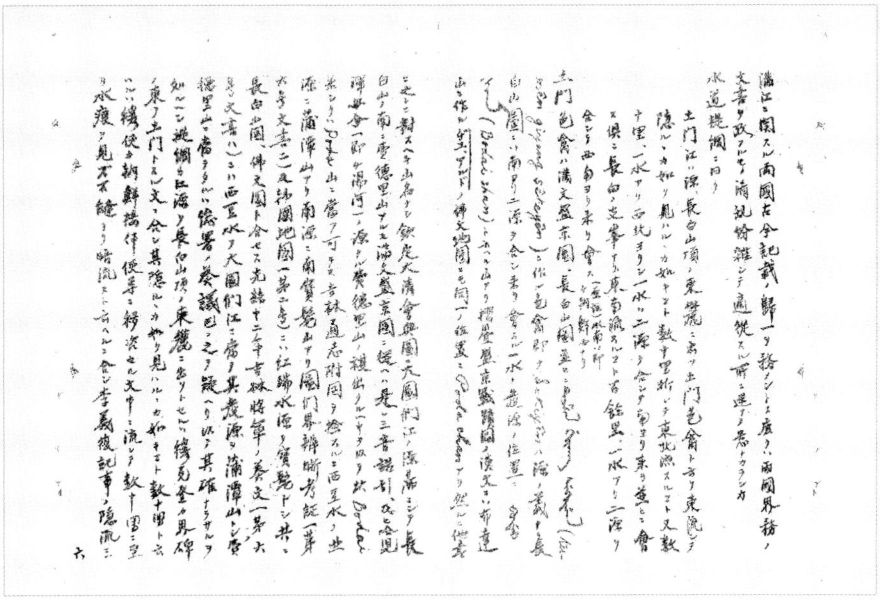

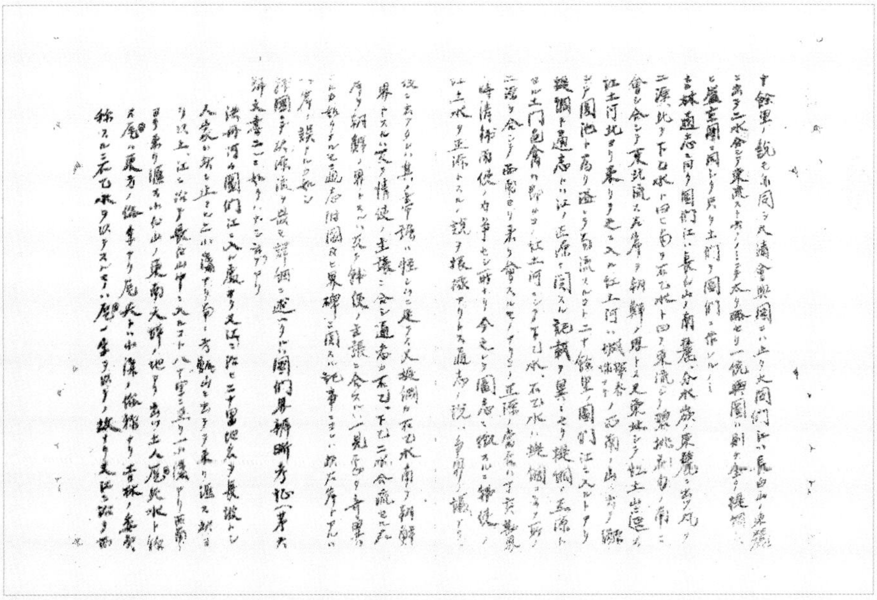

08

西北ニ向ヒ四五里ニ一水アリ西ヨリ来リ匯ス加陽峯後ヨリ出ツ十
餘里ニ過キス而シテ濁水ノ源ヲ為シテ更ニ数里ヲ江水漸ク小ニ江ニ
沿ヒテ十餘里ニ至レハ水二派ニ分ル一ハ西北十里許ニシテ元池ヨリ出テ
紅土山ノ前ニ流ル一ハ紅土山ノ西大角峯以東ヨリ出テ東流スルモノ
ナリ餘岩紅土山ヲ繞リテ元池水ト合流ス然レハ是ノ図們江ノ最
頭源ナリ然レトモ此出ノ水ハ皆松花江ノ源タリ故ニ紅土元池ニ水ハ大
ヨリ界限タリ土人数水ヲ呼テ豆満江トナスハ其ノ豆満ノ源タル
ノ故ヲ以テナリ紅土山ハ即チ一小邱ナレハ本ト中外ノ図誌ニ載セス其
ノ巖塵皆紅ナリ故ニ土人ハ紅巖ト称ス往年勘界ノ時、土秋参奏
ハ豆満ノ名ヲ捨テ顧タ紅土山水ト称セリ是ヨリ以後紅土山水ヲ以
テ随同随参ニ論ヲ公又ニ登ス益ニ秘各ナリ紅土水源ヨリ西、長
白山ノ界碑(及ヒ碑西ノ鴨緑江源)ヲ距ルコト約七十里ナリ二江ノ間ノ
地方ヲ以テ之ヲ論スレハ碑界ヨリ東江スルコト数十里ニシテ大角峰
アリ大角峯ハ長白山ノ東ノ最鉅脈ニシテ国盡直ナニ東ニ亘ルコト五
六十里、綿延シテ長白山嶺及ヒ北山、[illegible]トナル穆総管カ
碑ヲ立ツル時、土石堆ヲ大角峯側ニ設ケ杉浦ニ至リテ止ム
浦ヨリ逸南ニ紅土、元池等ノ水ヲ距ルコト約四十里、其勢平衍ナリ
特ク朝鮮ノ旧誌ヲ考フルニ此地ニ堆柵等様アリ而シテ今堆アリ
テ柵ナケレハ必ス年久シクシテ柵朽チ以テ以テ遂場明ナラサルノ処
テ設セルモノナラン蓋シ長白山東麓ノ水ハ図們江ニ入ルモノハ紅土
元池水ヨリ始メトシ以下諸流ヲ合シテ大図們江ノ上源タリ
虎尾ハ錦吾仕乭망([illegible])即チ小[illegible]洞ノ錦、吾ニ
對スルモノアリ(下ニ水源)加陽峯ハ乙酉清員照會文(第十号文書也)
ノ可次五峯ニシテ李義復ノ記事ニ所謂可次峯ナルヘシ紅土山水ハ其ノ
文書ニヨレハ二源ナルコト、尤モ大要ハ提綱通志ノ説ク所ニ一致セリ李
義復ノ記事ニ氷土峯トイフ者、紅土山ナル一ク庶此定界ノ時ハ初
八

09

メ鴨緑江ヲ溯リシモ其長白山ニ遠キシ路ハ乙酉丁亥兩次ノ勘界ニ久
一タヒハ逼遥セシ路ト同(ナラシハ注ニ底スヘシ)
乙酉勘界ノ時、清員照會文(第十号文書也)ノ記スル所モ亦然ト相
照スヘシ云々
小白山ノ東北坡ヨリ分派シ茂峯ヨリ東南一帯ノ東北行スレハ
偶ヒ是レ漫岡起伏シテ峯巒ヲ見ス行クコト百餘里ニシテ紅
土山ニ至ル紅山、長白山ト東西相望ミ相距ルコト一百二十里、紅土山
ノ東ハ即チ長白山嶺ノ北峯麓ナリ紅土山ヨリ西北行スルコト也
里、平岡上ニ一円池アリ池ノ両傍各二三里ニシテ二水アリ漫散シ
リ流レ出テ紅土山ヲ繞過シ長山嶺ノ南ヨリ曲折シ東南流
シ瀬山ノ出ヲ経、長坡ヲ過キ小紅丹地方ニ至ル約共百餘
紅丹水ト合流シテ下、図們江ニ入ル
清員ハ紅土水ヲ認メテ図們ノ正源トナサス而シテ西豆水ヲ以テ正
源ト為セシカ故ニ此説アルモ其紅土水ヲ叙スルコトノ尚ホ正確ナルハ図
們辨晰考証ト同シク踏査ノ結果ニ出テタルヲ以テナルヘシ
猶ホ参照スヘキハ大東輿地図ニシテイハユル堆柵ハ界碑ヨリ[illegible]カニ紅
土水ニ向テ連ナリ紅土水ニ頁ハスニ分界江ノ名ヲ以テセリ然ノ木
柵ハ乙酉勘界マテ猶存在セシコト李重夏ノ密啓中(第六号
文書(二))ニ出テ所ノ如シ
咸北観察使趙存禹ノ謄辨(出興要覧)第三ニ曰ク豆満江ノ源
長山嶺池ニ出テ分水嶺ノ立碑處ト相距ルコト九十里ト、又イハ
元長山嶺池ハ即チ紅土水源ノ図池ナルヘシ李林通志ニハ下ニ豆
満ニ長山嶺何アルモ池ナケレハ辨人ノ云フ所ニ合セス
以上第一大源
水道提綱ハ次ニ曰ク
折シテ而シテ東ニ流スルコト百数十里、南岸ニ小水二、大水一ヲ

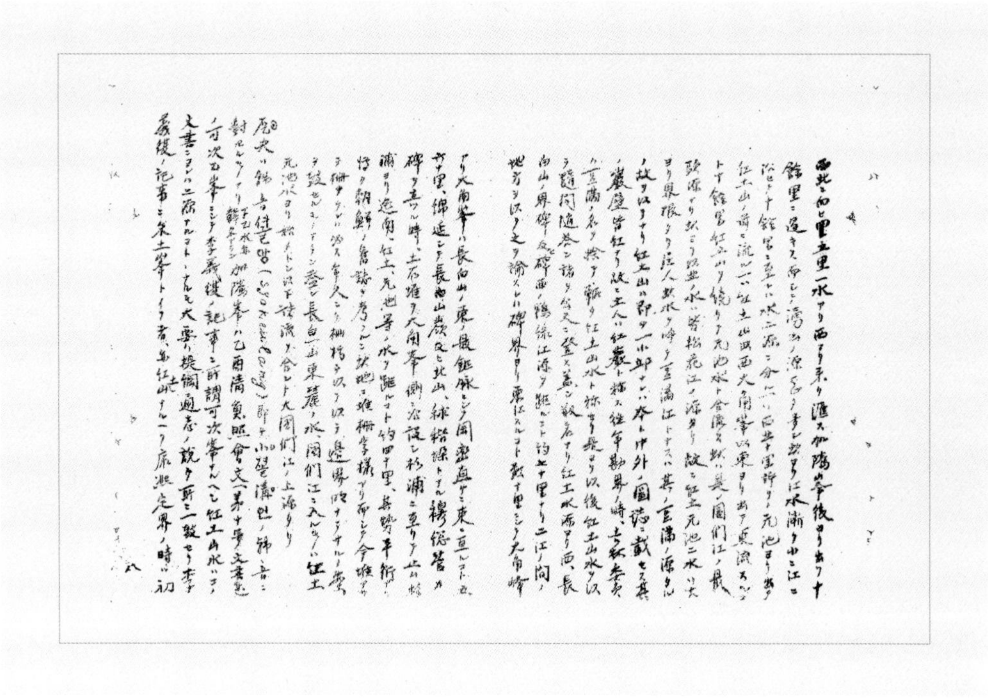

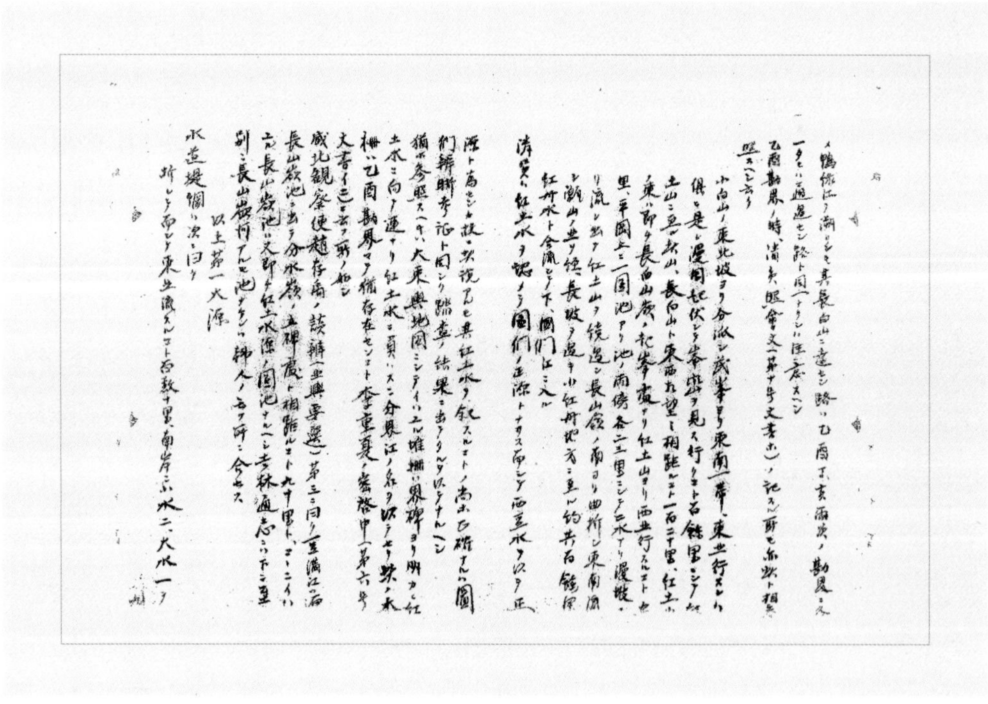

10

發ソ河（圖註）ニ小水ハ皆斜出ナリ此北ヨリ北流スルコト僅カニ百里餘リ大水ハ洪丹
河ト曰フ源ハ西南ヨリ大山ヨリ出テ三池臨ノ水ヲ合シテ東流スルモノ南ニ至ル
折レテ東北流シ東ノ一小水ヲ合シテ又北ニ流レ斜出ノ東麓
久經テ又東北流シ圖們江ニ入ル
吉林通志及滿文盛京圖ニハ大ヘリ南岸ニ發クル水ハ即チ朝鮮ニ屬ス
スルモノ記サス但シ通志附圖ニハ獨リ明ニ之ヲ載ス通志ニハ別ニ紅
綱ニ載セテハ北岸ノ水三、即チ長山嶺河ハ西北ヨリ大寶洞河ハ大西
ニ河並ヒニ大紅ヨリ外ニ道清河ハ長林ノ北ヨリ入ルコトヲ載スル而シテ附
圖ニ出テタル南岸ノ二小水ハ一ハ長山嶺河ノ上ニ在リ一ハ大寶洞
河ノ下ニ在リ洪丹河ハ通志疆域ノ部及ヒ附圖ニハ並ニ紅丹水ニ作レリ
附圖ニ曰ヘハ紅丹水ニ作リ其ハ南北二源アリ [illegible] 二源ノ闌
ニ源ト云フ以テ出テタル二源合流シテ東北ニ流レ東ノ刀吏河、孩蘭河
柳樹河（乙酉勘界照會文第十號ニ柳樹河ニ作ル）ヲ合シテ圖們江ニ入ル
乙酉勘界ノ時朝鮮從事官趙昌植、隨員李 [illegible]
ハ清員德玉ト同シク紅丹水源ヲ勘シ [illegible]
ナリ紅湍水ハ即チ洪丹水ナリ丁亥勘界ノ時李重夏答文ニハ洪丹水
ニ作ル答文中（第六號文書ノ）云ク
閏四月初六日、備ニ徴シテ洪丹ノ源ニ至リ到リ轉シテ三池淵
ヲ歷テ詳細ニ審勘シ以テ其初メヨリ立標ニ非サルコトヲ記スルト
乙酉兩國派員照會文（第十號文書）ニモ亦三池ノ東、黃沙嶺ヨリ發シテ
下リ東行スルコト約三十里、紅丹水ナリ即チ紅丹水發源ノ處ト云
ヘル文アリ之ニヨリテ觀レハ三池ハ洪丹水源ナリト云フ事實ナルカ如シ長白
圖、一統輿圖、ガエアルト地圖モ亦皆明ニ三池ヲ載セテ而シテ洪丹水
源ト連ナラス獨リ地圖ガ之ヲ全ク清國諸地圖ト同シク或モノハ三
池ヲ水源ニ連ナリ滿文盛京圖、會典圖說、及ヒ滿洲假京戰蹟
圖ニハ以下全ク朝鮮域内ノ諸水ヲ闕略セリ
圖們界考證（第六號文書三）ニハ紅丹水ノ源ヲ寶髢山ノ北麓ニ出ツト
記セリ寶髢山ハ Bodai-Shan 若シクハ Podai-chan ナルコト後ニ詳辨
十

11

スルカ如クナレハ滿文、佛文各圖ノ位置トハ又符合セス
光緒十二年正月、吉林將軍ノ總理衙門ニ送レル咨文（第六號文書）ニハ
紅丹水ハ上流ノ南北二源ヲ合スルコトヲ言ヘルハ可ナリ之ヲ以テ
直隸輿地全圖ハ圖們江ナリトセルハ清國諸圖ニモ之ヲ合スル所ナ
シ是ナル誤謬ナリ
以上第二八條
北、葦塘溝ハ大凡二十里
[illegible]
滿文盛京圖ニ [illegible]（[illegible]）ニ
作ル河ハ [illegible] ハ滿洲語ノ義ニシテ [illegible]（[illegible]）ハ
源ノ義ナリ即チ譯シテ長白山圖ハ [illegible]
（[illegible]）即チ大圖們ノ名ハ其誤ナルコト明ナリ二圖並ヒニ一
統輿圖ノ謂ユル所源流全ク綫ヲ同シ假リ滿漢戰蹟圖ハ二源
ヲ合シテ東ニ會シ而シテ流レ二ヲ圖們江源トス [illegible]
[illegible]
亦誤レリ會典圖說ハ太岡ニ作リ亦此ヲ見ユ
吉林通志ハ此水ヲ紹セス紅溪河ト四ヲ記シテ曰ク紅溪河ハ大
柳樹溝山ニ出テ東流シテ南ニ出テ小水一ヲ受ケ又南流シテ西ノ小水
二ヲ受ケ又南ニ外ニ馬鹿溝河、小水ヲ合シ西ヨリ來リテ之ヲ入ル
（原註）河ハ源西ヨリ [illegible] 僅カニ一枚ヲ隔ツ其
[illegible] 四十里ニシテ鐘溝河ニ入
折レテ南東ニ出テ一小水ヲ受ケ又南シ大人溝河西ヨリ入ル又東南
紅溪河ヲ經テ北ヨリ來ル一小水ヲ受ケ合シテ南シ圖們江ニ入ル
紅溪河ハ乙酉勘界清德照會文（第十號文書）ニ紅旗河ニ作
ル
十一

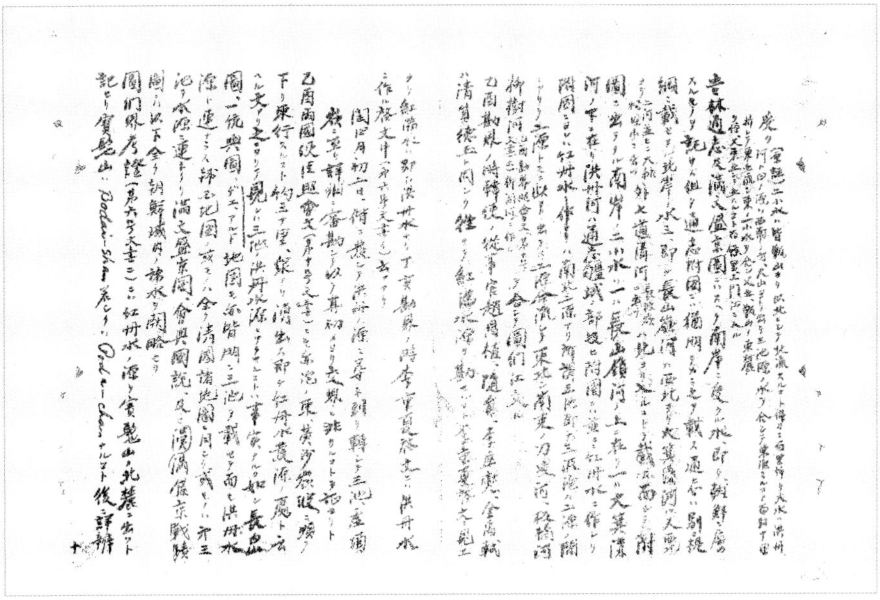

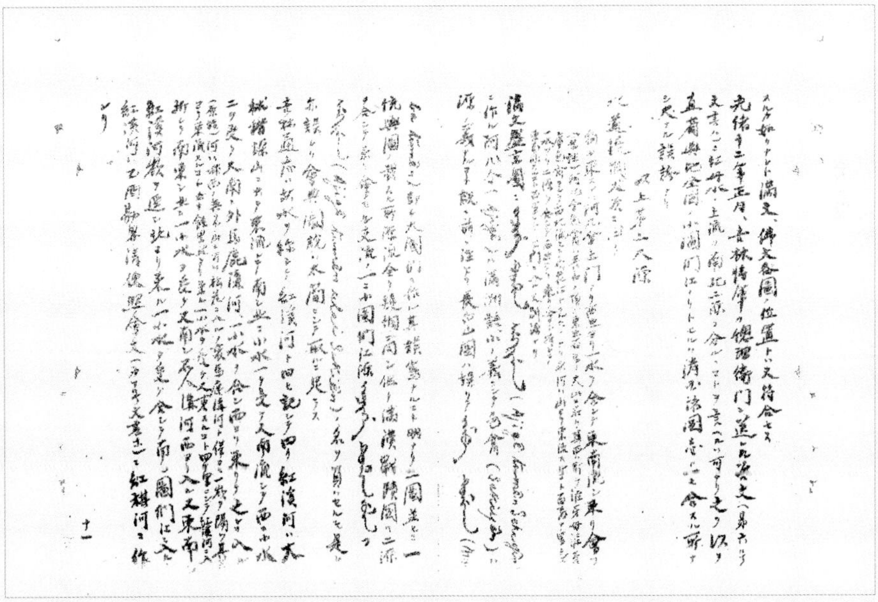

12

提綱ト通志トヲ對照スルニ提綱カ正源トセルハ即チ通志ノ分馬底濂
河ニシテ通志ノ紅旗河正源トセルモノニ非ス
嘎馬底濂河ハ通志附圖ニヨレハ娘娘庫河（別ニ尼雅雅庫ト作ル）即チ提綱ノ泥牙母
泥牙庫河ナリ二合シテ松花江ニ入ル者ナレハ提綱ハ重馬鹿濂河ヲ認メテ
泥牙母泥牙庫河ノ正源トナセルナラン
韓人ハ此河ヲ称シテ九江トナス金希献カ紫京分界江探訪日
記（第四号文書ノ六）ニ云ク
北甑山上ヨリ行クコト閑野ノ如シ関経テナ餘里、同間怒ナニ百餘
里ヲ行キ南シテ甚中ニ至リ故山人謂ノ如シ東南ニ大
川ヲ出シ合シテ西南流スルコト二百餘里、豆満江ニ入ル称シテ九江
九江ト称ス此西南ニ二大川ヲ出シ土門江ニ入ル
又ハ土ハ西南ノ二大川ハ重馬鹿濂河等ナルカ如ク土門江トハ韓人ノ
イハユル土門ニシテ杉浦方流ノ水、松花江ニ入ルモノヲ指スナルヘク
ハエル土門江ト称シ豆満江ニ于ス（此ノ杉浦下流ノ水ハ後項ニ詳叙ス）趙存禹ノ詩ヲ辯ス第三
（光興堂選）ニ云ク
白山ノ分水嶺ヨリ東脈東ニ蕃ワルコト三百餘里、北甑山ト為
ル甑山ノ南ニ水アリ名ケテ九江ト云フ西南流スルコト二百餘里
武山ニ三下ニ至リテ豆満江ニ入ル
トアリ通志ノ秫稭垜山ハ即チコノ北甑山ナルコト李重夏乙酉
狀啓（第六号文書イニ）ニ出ヅタリ
吉林通志ハ小圖們河アレトモコーニハイハエル小土門江トハ全ク異ナリ
以上第三大源
水道提綱ハ又次ニ云ク
又東北スルコト百里ニシテ南岸ニ水二ヲ受ク（原注）一ヲ漁族河ト
シテ出流シ又一水ヲ合セテ行クコト三百餘里ニシテ土門江ニ入ル一ヲ波下川ト曰フ
二源合シテ北流シ西北ニ数十里ニシテ土門江ニ入ル
長白山圖ニハ之モ多（Yosi jen ho）及ヒ...

十二

13

（Pei-Cheng-ho）ノ二水ヲ載セテ明カニ提綱ニ合ハ併之
提綱ニハ...ト記セリ一統輿圖ニ従
須ク奥開ニ作リ吉林通志ハ鐘城部ニ流下川ヲ横水ニ作リ
附圖ニハ朴河ニ作リ東京...稽河ニ、續國輿圖ニ載繊亦
ニハ朴下川ニ作ル乙酉勘界時會文（第十号文書ノ二）ニ云ク
黄炉嶺上ニ派泥、東南ノ蒲潭ヨリ甑ノ寶髢山
ノ峙ノ碑ノ元ヲ離ルルコト一百八十里、此山ニ止リ甚東
第一派ヲ寶髢ト西北一山ヲ北寶髢ト名西ノ中
間ニ漫嶺アリ嶺ノ西坡ニ一水アリ西北流シテ松花江ニ入ル
嶺ノ東坡ニ一水アリ蒲潭ノ即チ西豆水走流ノ長深處ト
寶髢ノ東北坡ニ一水アリ東南流シテ南寶髢ノ東坡ニ
一水アリ東流シテ三水合シテ一處トナリ東北
ニ流ルルコト一数十里、横嶺ノ下、草南峰ノ上ニ至リ
西豆水経流ト相匯シ砲山ヨリ行シ東北流シテ江ハ地名ニ至リ
紅丹水来テ小紅丹ヨリ紅丹水ニ入ル、紅土水ト合流シテ圖
們江トナル計ルニ蒲潭山ヨリ江ハ地名ニ至ル三百八十餘
里、西豆水ハ経流ノ土人ノ口ヲ称スル、洵ニ據ルニ其
發源ハ吉州ノ鯉旗嶺ヲ経テ流レテ江ハ地名ニ至
ル約四百餘里、鯉頭嶺ハ長白山石碑ノ處ヨリ分流シテ横題
ルコト約四百餘里
吉林通志附圖ニハ無シ西豆水経流ハ西豆水南流ト
ニ両寶髢嶺所ノ水ヲ西豆水北流トシ李重夏ロ閣勘界ノ際
（第六号文書イ）ニハ西豆水ヲ西路水ト作リ
光緒十二年五月、総理衙門奏議（第十号文書ハ）ニ云ク
吉林将軍ノ原議ニ紅丹水ハ即チ小圖們江、西豆水ハ即
チ大圖們江、蒲潭山ハ即チ雲億星山ナリニ至リテハ其謝

十三

14

求ムル雖モ能ハス尚ホ参考ヲ待ツ蓋シ皇朝一統輿圖
圖ニ於テハ所謂紅丹水ハ即チ洪丹河、茂山ノ南ニ在リ其茂山
邑ハ此ノ小圖們江ト渉ルコトアルナク知ルヘシ而シテ西豆水ハ既ニ紅丹ノ南ニ
在リ且ツ彼國吉州ノ外地、鶴項嶺ニ發源スルハ其大圖們
江ニ派スルヲ知ルヘシ豊德里山ハ黒山ノ南、圖們江ノ北ニ在レ
其西豆水西源ノ蒲潭山ニ起ルコトヲ知ルヘシ
ト謂ヘルヲ得タリ即チ八ノ圖們界考証（第三号文書）已ニ之ヲ定
ニ之ヲ採レリ
蒲潭山ハ即チ寶髮山ナリ所謂葛界時、吉林ノ爲メ
朝鮮ニ之ヲ定メタルニ蒲潭山ハ明カニ知ラス皇朝輿圖中
所謂ハ謂ニ於テ南ナル紅山ノ東ト長白ノ南西鶴項
ニアリ茂山ト甲山ノ界ニ跨カリ雄峙セルコト長白ニ甲ヒ
ナリ而豆水ハ其南ノ甲山地方ニ於ケル即チ輿國ニ列スル
所ノ輿圖河ナリ満州河モ爾載セテ輿圖ニ明カナリ即チ大
圖們ノ第一派水ナリ故ニ其文詳ニ其源ト寶髮山
北麓ニ出ツ初メ名テ長白ノ水ニ非サルハ則チ已ニ論スヘキナシ
ヲ寶髮山ハ則チ長白山ノ西方ナル山、満漢戰蹟圖ノ有
リ產山ナルトノ名テ出テタル前ニ辨セルカ如クナルモ其位
ヲ置ハイサク概遠クリ且ツ應經定界以前ハ韓人ノ
ヲ水ヲ以テ豆満江ノ正源ト想像シタルヲ白山分水嶺ノ水源ヲ
踏査スル役ヲ履ミ其發源ヲ以テ西豆水源ト一致スヘキモノト推
斷シ穆克登ノ行モ系譜ヲ究詳スル所ナクシテ困リ此ノ如キ地
圖ノ錯誤ヲ來セシ所ナリ穆克登ハ當時韓使ニ向テ作ル圖
地ヲ擇ムコト頗ル廣カラスト云ヘルモ其全ク無意義ノ言ニ非サルニ
似タリ蓋シ是ヲ以テ豊德里山トナスハ一統輿圖ノ一謬、遂ニ
會典以下ヲシテ皆之ヲ襲ハシメタルモ之ヲ要スルニ源流最モ正シ

十四

15

ナ満天盛京圖ノ松花江ノ西源、湯河ノ發源ニ位置セシメ
ルモ為メ（[illegible]）ナ誤ア機ガナリモノト看ルニ
如カサルコト已ニ辨セルカ如クナルヘシ
光武三年廣潭郡守林遇恩ノ査界報告（北輿地圖說）ト
関此諸ノ引ク所
華人曾中以太ノ謂ヒ乾隆後江ト稱シ以下ハ之ヲ豆満
トアリ即チ分ノ穩城、鐘城ヲ指界ヲ茂山、會寧、鐘城
三邑ノ江ハ實ニ漁潤江ヨリ南ニシテ即チ我以後称ノ豆満江
和メ云ル豆満ノ名ナルコトヲ灼然トシテ知ルヘシ
謬説ハ又一ノ異聞ニ屬ス茂山、會寧、鐘城ニ到ルノ江
漁潤江トイヘルヨリ推スシ從時西豆水ヲ以テ豆満江ノ正源
ト為セシナルヲ認ムルモ今ノ爾モ之ヲ取テ挑以後江ノ
變稱ナルハ又大ナル錯誤アリ説ハ徒人

以上第四大源

以上ニ述ヘタル四大源ノ外ニ更ニ韓人ノイワユル土門江ナルモノアリ
其下流ハ松花江ニ合シ豆満江ハ何等ノ關係ナキアイル所ナリ然レドモ
碑ト接續セル形状アルヨリ時トシテハ分界江即チ和龍峪定界
ノ源頭ト認メラレ境界問題ニ大関係アルヲ以テ爲メニ研究ノ園
外ニ置クコトヲ得サルナリ而シテ其源委ノ明白ニナリシハ我國勘界
際ニ在ルヲ以テ當時兩國委員ノ記述ヲ左ニ摘録シテ之ヲ論証
スヘシ
韓國委員李重夏カ乙酉状啓別單（第十六号文書ノ上）ニ
云ク
定界碑ハ白頭山ノ初メテ落ツル南麓下ニ在リ右左ニ溝壑
アリ碑記ニ於テ西ハ鴨緑ト為シ東ハ土門トスト云フモノハ即チ
此ヲ指ス其ノ溝形アリテ水痕ナキヲ以テノ故ニ邊界遠

十五

16

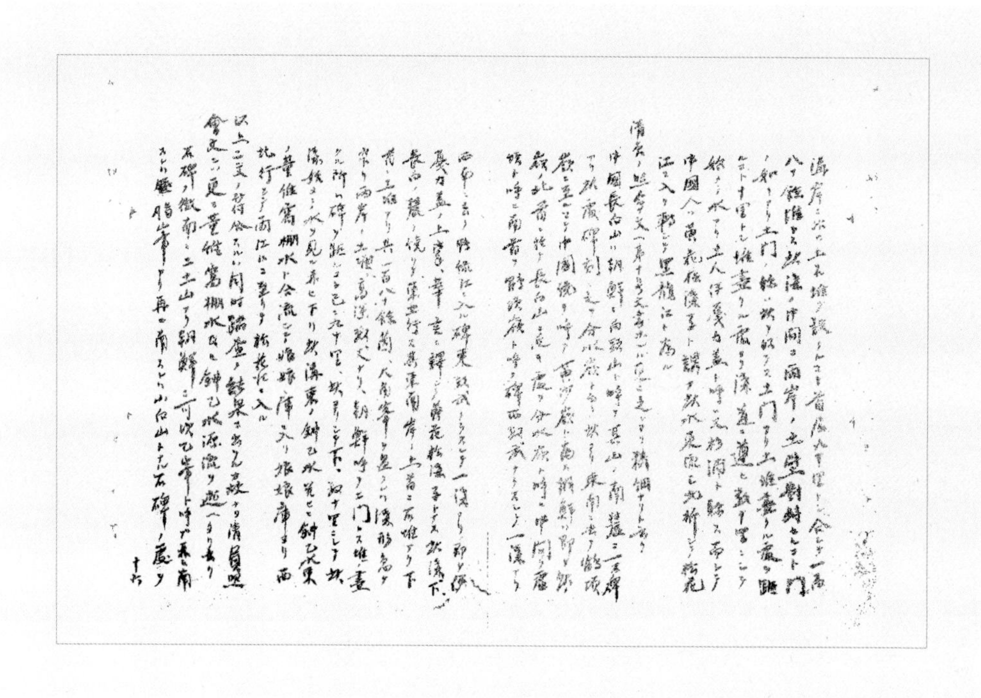

溝岸ニ於テ土石堆ヲ設ケタル者凡ソ九十里ニシテ合セテ一百
八十餘堆アリ然レトモ溝ノ中間ニ両岸ノ土壁對峙セルコト門
ノ如キアリ土門ノ称ハ此ニ取レリ又土門ヨリ土堆盡クル處ノ距
ルコト十里トス堆盡クル處ヨリ溝益々遠ク數十里ニシテ
始メテ水アリ土人伊戛力蓋ト呼フ又[illegible]ト稱シ而シテ
中國人ハ黃花松溝子ト謂フ此水東流シテ北折シテ松花
江ニ入リ轉シテ黒龍江ト為ル
清使ノ照會文（第十号文書參照）ハ之ヨリ精細ナリト為ス
中國長白山ハ朝鮮ニ白頭山ト呼ヒ其山ノ南麓ニ一石碑
アリ敦廈碑ト刻ス之ヲ分水嶺ト為ス此ヨリ東南ニ出テ[illegible]
嶺ニ至ルヲ中國號シテ黃沙嶺ト為シ朝鮮ハ[illegible]
嶺ノ北背ニ於テ長白山ニ起リ分水嶺ト呼ヒ中間ノ處
嶺ト呼ヒ南背ヲ[illegible]嶺ト呼フ碑西數武ナラスシテ一溝アリ
西甲ニ出テ鴨綠江ニ入ル碑東數武ナラスシテ一溝アリ即チ伊
戛力蓋ノ上源ナリ東ニ輝シテ黃花松溝子トナリ此溝下
長白ノ麓ヲ繞リテ東北行スル東南岸ノ上ニ石堆アリ下
流ニ土堆アリ共ニ一百八十餘アリ大角峯ヲ盡キ溝形忽チ
窄リ両岸ノ土壁高深數丈アリ朝鮮呼テ土門ト為ス堆盡
クル所ハ碑ヲ距ルコト已ニ九十里此ヨリ以下數十里ニシテ始
メテ流水アリ又水ノ見ハルル所ヨリ下リ此溝東ノ鍾乙水若シクハ鍾乙泉
ノ董維窩棚水ト合流シテ娘娘庫ニ入リ娘娘庫ヨリ西
北行シテ両江口ニ至リテ松花江ニ入ル
以上二文ノ符合スル所ハ関時論争ノ結果ニ出テタル故ナリ清員照
會文ニハ更ニ董維窩棚水及ヒ鍾乙水源流ヲ述ヘタル後チ
石碑ノ徹南ニ二土山アリ朝鮮ニ於テ之ヲ[illegible]峯ト呼フ其ヨリ南
スレハ[illegible]脂峯アリ再ニ南スレハ小白山トナル石碑ノ處ヨリ

十六

17

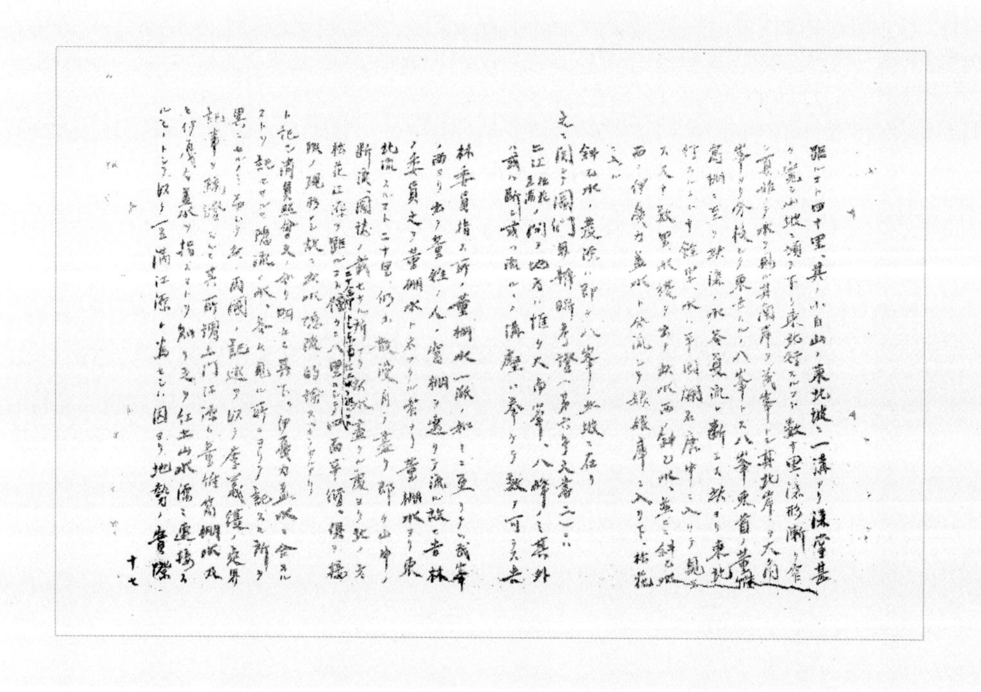

距ルコト四十里、其ノ小白山ノ東北坡ニ一溝アリ深窄甚
ダ寬ニ山坡ニ傾テ下リ東北行スルコト數十里、溝形漸ク窄
ク夏雖モ水ヲ見ル其ノ南岸ヲ[illegible]峯トシ其北岸ヲ大角
峯トシ分枝シテ東ニ在ルヲ八峯トス八峯東首ノ董維
窩棚ニ至リ此溝ノ水各自流レ斷エス此ヨリ東北
行スルコト十餘里、水ハ平岡ニ[illegible]中ニ入リテ見
ヘス又十數里水緩ク出テ此水西ノ鍾乙水、並ニ鍾乙水
西ニ伊戛力蓋水ト合流シテ娘娘庫ニ入リテ下ハ松花
江ニ入ル
鍾乙水ノ發源ハ即チ八峯ノ北坡ニ在リ
之ニ關シテ圖們界辨晰考證（第六号文書二）ニハ
二江（松花、豆滿）ノ間ノ地方ハ惟タ大角峯、八峰ノミ其外
ハ或ハ斷ヘ或ハ流ル、ノ溝壑ハ舉ケテ數フ可カラス
林委員指ス所ノ董棚水一派ノ如キニ至リテハ或峯
ノ西ヨリ出テ董姓ノ人ノ窩棚ヲ遶リテ流ル故ニ吉林
ノ委員之ヲ董棚水ト名ケタルモノナリ董棚水ヨリ東
北流スルコト二十里、仍ホ散没シテ盡ク即チ山中ノ
斷流ノ圖誌ノ載セサル所ナリ此水盡クル處ヨリ北ノ方
松花江源ヲ距ル[illegible]八里[illegible]西草[illegible]
脈ノ現形ヲ以テ此水ヲ隠流的ニ論ス[illegible]
ト記シ清員照會文ノ分リ明カニ異ナル伊戛力蓋水ニ合スル
ストシ記セサル隠流ノ水、[illegible]ル所ニヨリテ記スル所ヲ
異ニセルノミ要スルニ兩國ノ記述ヲ以テ李義[illegible]ノ定界
記事ト稽證スルニ其所謂土門江源ハ董維窩棚水及
ヒ伊戛力蓋水ヲ指スモノナリ知ルヘシ之ヲ紅土山水源ニ遷換ス
ルモノトス以テ豆滿江源ト為セルハ固ヨリ地勢ノ實際

十七

18

ニ合セタルモ長白山ヲ極メ踏査シ土門江ノ源泉タル摺ヲ確ムトスルナキヲ
事實トシテ之ヲ為ス者ノ如キ者ナシ解スルヲ得ヘキニアラス疑ヲ入サ
ルヲ得サリ

コノ外光緒十三年ノ董館等ノ奏摺ニ水道提綱及ヒ吉林通志
ノ記載セル河川ノ名称ヲ略叙シタリ國ヲ先ツ二書ヲ對華
セリ而シテ其源流ヲ詳記スル所アル直隷ノ豆満江ノ東流ヲ形成スル諸
水ヲ記スルコト左ノ如シ

阿几介勒松阿（額穆赫索羅）満洲語
阿母八亮松阿 東ニ流レ
以上ニ水先ツ合ス
紅丹母源庫河 長白山頂ノ東北ニ出テ
滾圖几河 又混同江ト合シ
嘎呼虎河 共ニ流レ合シテ漢圖几ニ合ス
了現絶河ヲ會シ而シテ源ヲ發ス
色集冷河 又之ニ合ス

其ノ西源ハ
松嘎里烏喇 源長白山頂ニ出テ西北流シテ山ヲ出ツルコト八十里南ヨリ東ニ一水ヲ容
厄赫諾割河ト云フ
三岔訥割河 出源ヲ
陽河ト合シテ東流ス
雅哈河
羅庫河
那爾渾河
混池哈河

與盛京圖ノ一統輿圖ヲ合セ天界ヲ閲シ但タ對音ニ於テ満文ノ根據
ニ依ル二統輿圖ノ大山嶺松禪ノ位置ヲ験側シテ見地河ニ紀サシ

十八

19

後ノ紀事ヲ雜ホ木河ニ作リ混池哈河ヲ混同冷河ニ作ルカ如キ優劣アリ
羅庫河ハ一統輿圖ニ雅庫河ニ作ルモ其ノ次ニ欽定盛京通志ノ音
雅庫河ニ作ルヲ正シトスルナリ
吉林通志モ其ノ西源ハ
松花江西源長白山嶺ニ出テ關門ト四ヲ閲シテ千里ニ至リ東ニ至ル
欽訥諾陶河
三音訥因河
哈勒琿穆克河 即チ陽河
雅哈河
那爾琿河
厄赫哈河

其ノ東源ハ
娘匹爾松津河
阿濟格圖拉庫河
厄雅穆厄雅庫河 西源ヲ合シ北流シ折レテ西流シ國松庫河ヲ受ク
富爾哈河 即チ富爾河ト曰フ
古洞河 二河合シテ一河トナル
西爾松庫河ト合ス
塞珠倫河
薩穆什河
二書ノ記スル所、若干二異ナル處アリ今ハ吉林通志ノ西源ノ説
諸説國ヲ松花江ノ正源トシ合シテ又雅庫河ヲ以テ東源ノ雅爾
古河ト云ヒ羅穆什河等ヲ以テ之ニ符合セシムルニ二書ノ記述
東西両源ノ異同ハ何レモ伊慶アル董誰窩棚、錦江諸水ニ舊
ノ如ク紛糾ヲ純カス、獨リ吉林通志ノ附圖ハ光緒十三年ノ界文ト異
ニシ圖門江源泉ノ諸水ヲ序次シ記載シテ
圖們江ノ紅水河又ハ三道白河即チ松嗄里烏喇
ニ當ル花江西源

十九

20

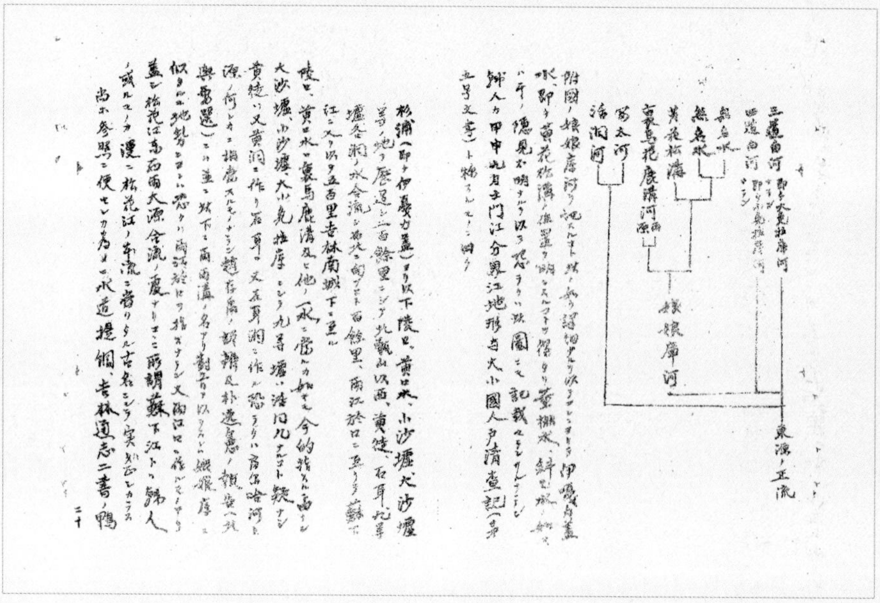

附圖ノ娘娘庫河ヲ[illegible]伊嘎[illegible]蓋

杉浦（即チ伊夏力蓋）ヨリ以下陵口、黄口水、小沙壇、大沙壇[illegible]ノ地ヲ歴過シ二百餘里ニシテ北甑山以西、黄陵、石耳[illegible]壇各洞ノ水合流シ[illegible]百餘里、兩江於口ニ至リテ蘇[illegible]江ニ入ル以テ五百里吉林南城下ニ至ル

陵口、黄口水ハ裏馬鹿溝及ヒ他ノ一水ニ當ルカ如キモ今的指スル所ナシ大沙壇、小沙壇ハ大小兒拉庫トシテ九哥壇ハ諸旧九ナルコト疑ナシ黄陵ハ又黄洞ニ作リ石耳ハ又石耳洞ニ作ル[illegible]哈河ト源ノ何レナルニ[illegible]ノ謬譌及朴逸恵ノ[illegible]與覆選）ニハ蓋ニ牀下ニ兩河溝ノ名アリ[illegible]嘎嘎庫ニ似タルモ地勢ヨリスレハ恐クハ兩江口[illegible]蓋シ松花江南面兩大源合流ノ處ナリ之ニ所謂蘇下江ト錦人ノ或ルモノカ選ニ松花江ノ本流ニ當リタル古名ニシテ[illegible]尚ホ參照ニ便セシカ為メニ水道提綱、吉林通志二書ノ鴨

二十

21

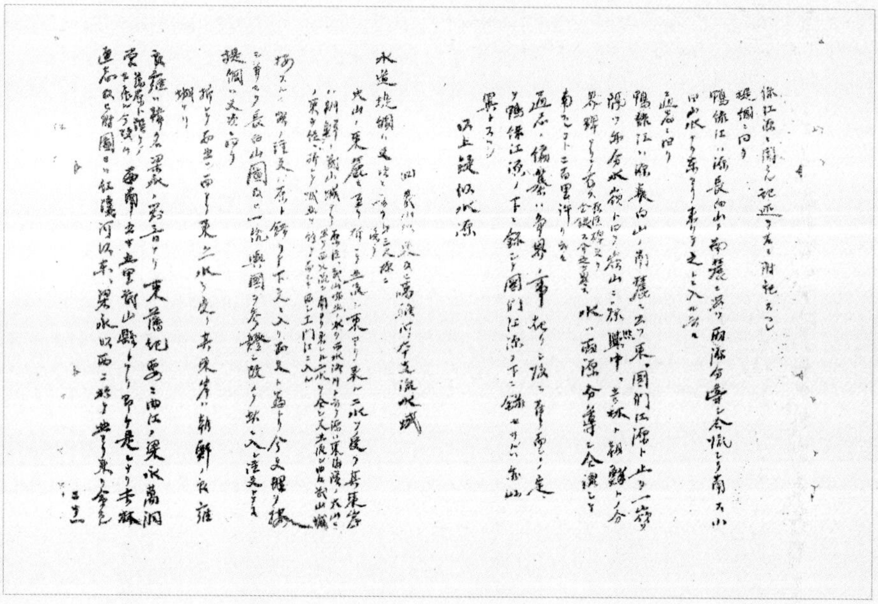

[illegible]江源ニ關スル記述ヲ左ニ附記スヘシ

提綱ニ曰ク

鴨緑江ハ源長白山ノ南麓ニ發シ兩源合導シ合流シテ南ニ大小四水ノ東ヨリ來リテ之レニ入ルアリ

通志ニ曰ク

鴨緑江ハ源長白山ノ南麓ニ出ツ東ハ圖們江源ト山ヲ一嶺隔ツ[illegible]吉林ト朝鮮トノ合界碑アリ[illegible]水ハ兩源合導シ合流シテ南ニ[illegible]二百里許リ[illegible]

通志ノ編纂ハ争界ノ事起リシ後ニ在リ[illegible]鴨緑江源ノ下ニ録シ圖們江源ノ下ニ録セサルハ[illegible]異ナラン

以上疑似水源

(四) [illegible]支流水域

水道提綱ハ[illegible]

[illegible]

提綱ハ文[illegible]

[illegible]

二十二

22

水出ヲ載ス即チ外六道溝河、松樹溝河、外五道溝河、右洞河、外
四道溝河ヨリ[illegible]ノ水ハ地図ヲ[illegible]ニ或ハ外
四道溝河ナラン
提綱ノ文ヲ按スルニ
又所ニヨリ東北ニ平地中ヲ流ルヽト数百里、南ヨリ来ル
水ニヨリテ東南岸ハ即チ朝鮮ノ古山堡、次ニ会寧
高嶺、五坡、鍾城、潼関、穏城ニシテ皆江ニ沿ヒ
東藩紀要ニ云ハ総ノ柔遠堡ヨリ四十里永達堡、即チ此ニ
所謂薩[illegible]ヨリ、又永達ヨリ三十五里、潼関堡、即鍾城ノ潼関ヨリ
六十里、防垣堡、[illegible]
防垣ヨリ四十里高嶺堡、即チ此ニ所謂高嶺、東、会寧県
ニ至ル三十五里、高嶺ヨリ二十里、会寧県、鰲山、古ノ里、南、
乙豊、興[illegible]、[illegible]二十五里、豊山[illegible]、即チ[illegible]古山堡
南乙ヨリ八十里、曲江ノ界[illegible]洞堡ヨリ
長白山図並ニ一統輿図ニテハ、[illegible]以東、[illegible]以西ニ於テ南
来ノ水ヲ載スルモノ六、古山堡岸ニ於テ東流シテ土門江ニ入ルモノ
ヲ載スルモノ一、並ニ提綱ト合フ、長白山図ニハ又右岸、会寧ノ間
ニ於テ[illegible]（[illegible]）ヲ載ス、即チ[illegible]
ノ清音[illegible]吉林通志附図ニ載スル所ノ水道ハ[illegible]
[illegible]一ツ[illegible]
[illegible]沙溝河、[illegible]
[illegible]河、[illegible]嶺河、[illegible]
大[illegible]河ニ[illegible]
附近ニ[illegible]
[illegible]附近ニ[illegible]
[illegible]図輿地勝覧ニ載スル[illegible]八乙下川、豊山川、鎮

二十

[illegible]ノ潼関以北、西豊川ハ吉林通志附図ニ見エ[illegible]
ヲ載[illegible]
提綱ノ文ヲ按スルニ
[illegible]ヨリ東北流シテ入ルヽ[illegible]岸ハ大山ノ南麓ニ[illegible]
[illegible]西南麓ヨリ西南流[illegible]
南ニ西ヨリ来ル[illegible]
川[illegible]即チ[illegible]
[illegible]
[illegible]遠哈[illegible]満文[illegible]図、長白山図、一統輿図、会典図説等
[illegible]河[illegible]一統輿図[illegible]
[illegible]
[illegible]（[illegible]）[illegible]
[illegible]提綱ト符合[illegible]通志記述ノ[illegible]
十三道嘎雅河ハ即チ[illegible]河ヨリ[illegible]

二十三

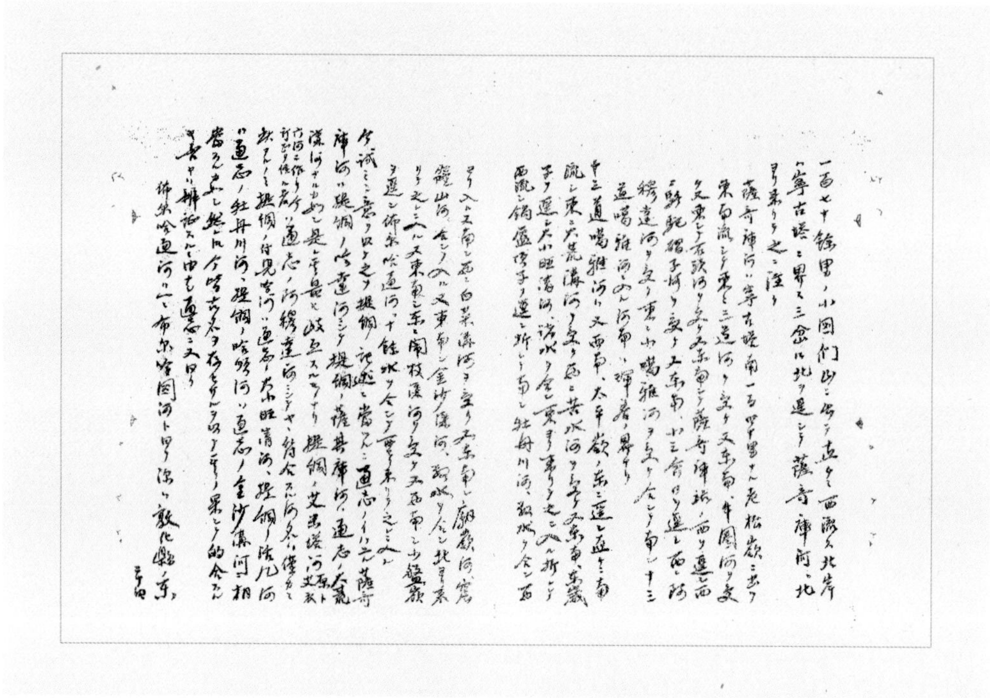

25

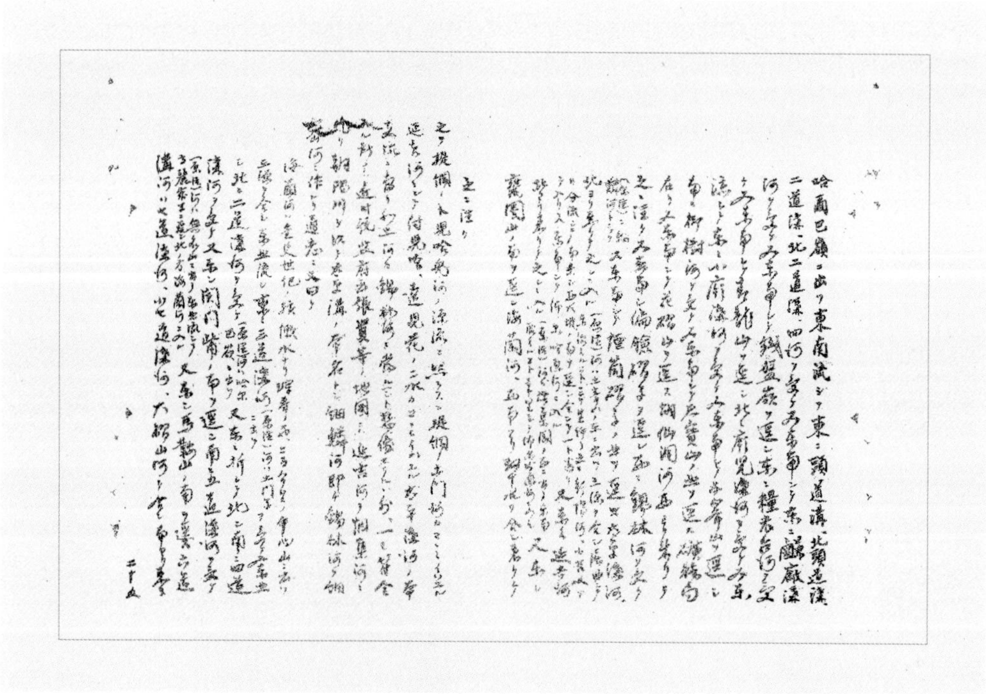

26

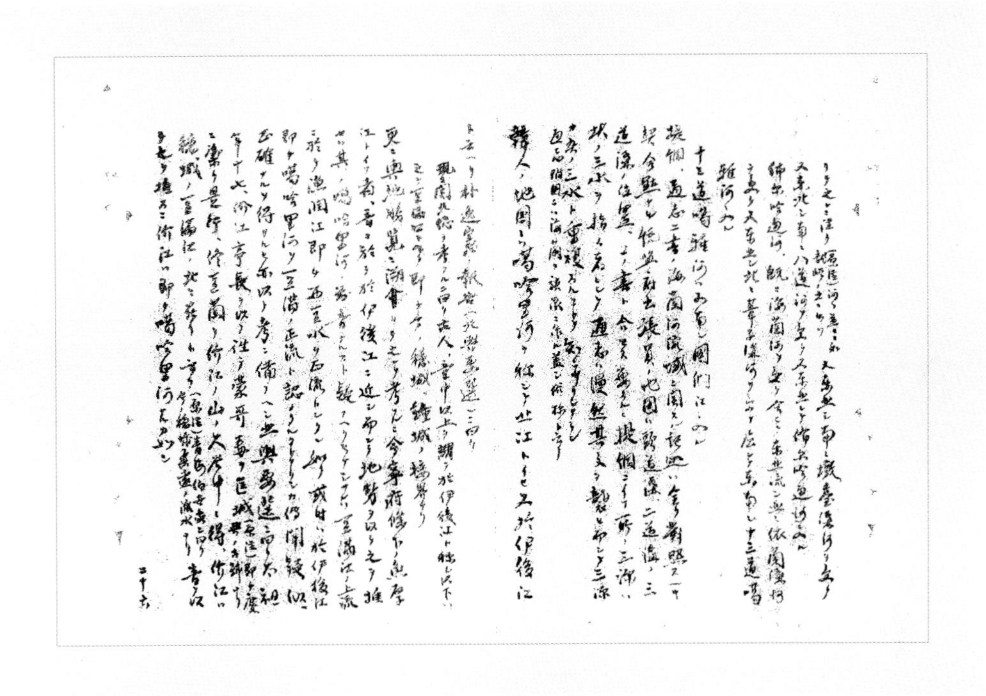

27

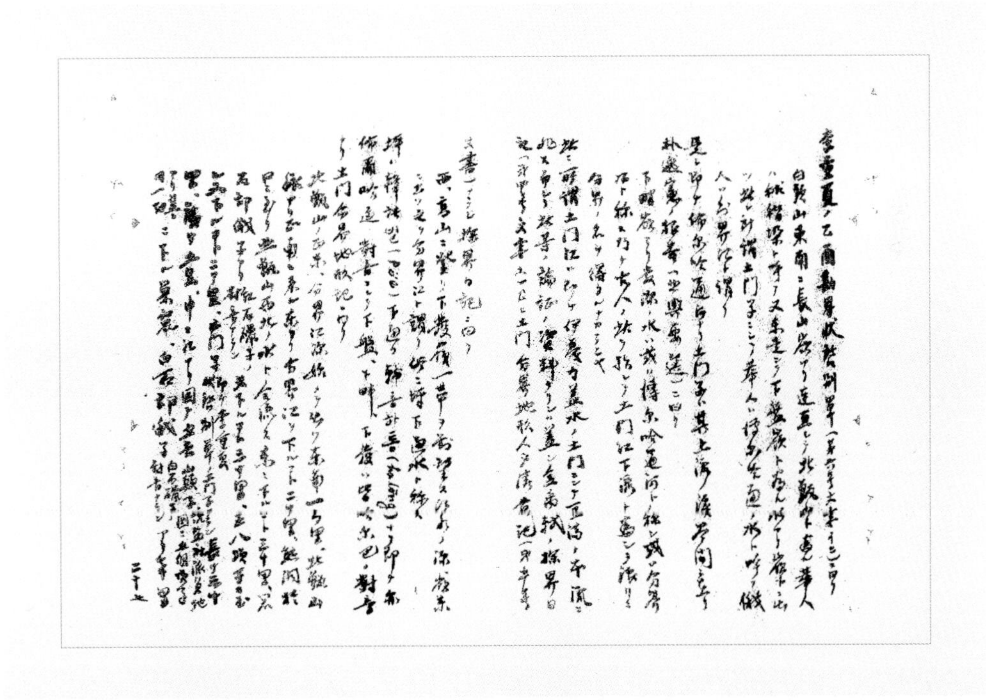

28

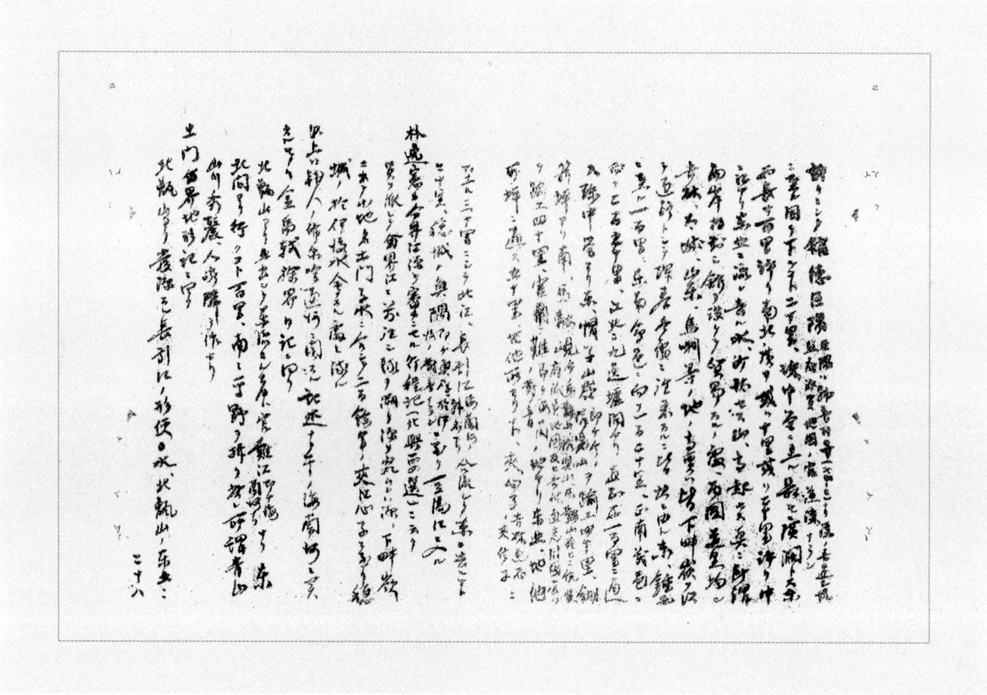

29

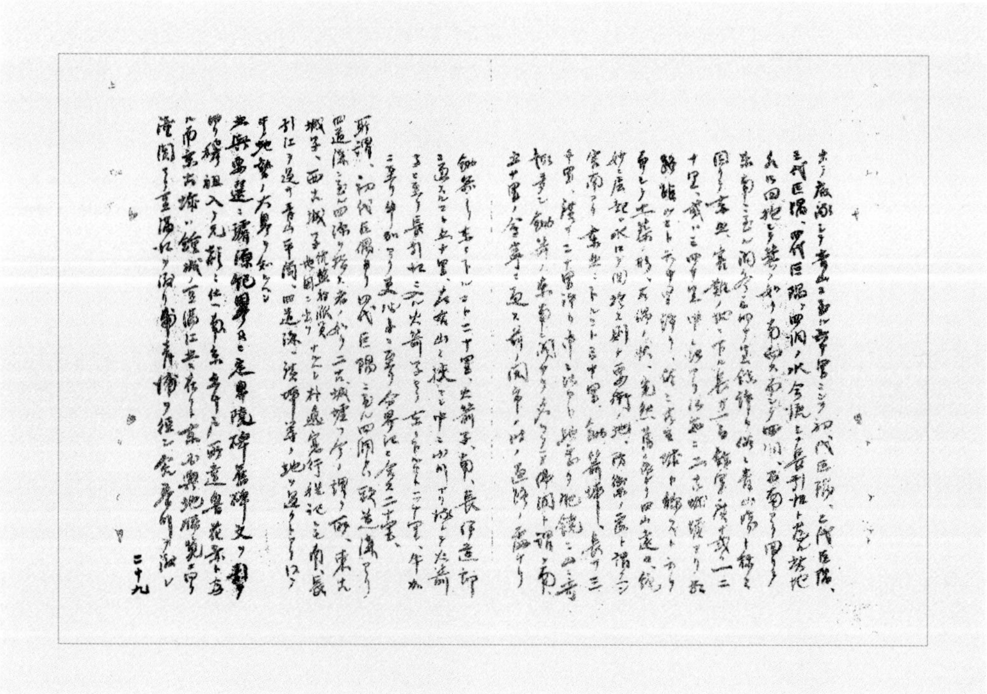

30

ハ古城アリ南京ト稱スルモノ西北ニ山城アリ其地名ハ来タ
考ヘカラスト雖モ此南京ハ即チ東古城子ニシテ西北ノ山
城ハ西古城子ナルヘシ

(以)穩城以下ノ豆滿江

水道提綱ハ又次ニ曰ク

土門江ハ折レテ東流スルコト百餘里、北ヨリ来ル小水三ヲ會ス(原註)一ハ呑ナシ一ハ嘆蘭河ト曰ヒ一ハ米勝河ト云フ 其南岸ハ朝鮮ノ慶源鎮城ナリ

吉林通志ニハ北来ノ水流五道ヲ載セタリ即チ大通河、涼水泉河、乾河、東ニ平溝河、密縣河ニシテ密縣ハ又密占ニ作リ提綱ノ米勝河ニシテ呼蘭河ノ名ヲ載セサルハ惟タ一統輿圖ノミ錄名ノ舞戰、改ヒ密占、密縣ハ皆同音ノ譯ナリ輿地勝覧ニハ穩城ノ條下ニ舞錢灘アリ通志附圖ハ此間ニ於テ南岸ニ出ツル水一ヲ載ス

提綱ハ又次ニ云ク

折レテ東南流スルコト數十里、又東黄頴河アリ来リテ之ニ注ク其ノ西岸ハ即チ朝鮮ノ穩鎮城、南ノ慶源府城ト

吉林通志ニハ東岸ニ入ル水二、即チ光霽河、臨陽河ヲ載セ念フニ臨陽河ハ即チ提綱ノ黄頴河ノ訛音ナルヘシ循鎮ハ即チ訓戎ノ訛音ナリ通志附圖ニハ訓戎鎮ノ西、黄拓坡ノ東ニ於テ南岸ニ出ツル水一、慶源府閣南ニ於テ東流シテ江ニ入ル水一ヲ載ス後者ハ即チ東國輿地勝覧ノ所謂慶源府南ノ今北悠川ナル(ヘシ)

提綱ハ又次ニ曰ク

又東南シ琿春村ノ西南ヲ經、又東南ス琿春河アリ東北ヨリ十數水ヲ合シ西南流シテ来リ会ス(原注)琿春河ハ東北ノ諸山中ヨリ

三十

31

西流シ北来ノ牛那岌舍納河、西来ノ又吾尼爾河ヲ合シ折レテ西南流スルコト百餘里、東南来ノ西勒河、北来ノ小鍋拉庫河ト合シ又折レテ西流スルコト百數十里、北来ノ哈爾達山ノ水及ヒ東南来ノ一河、南来ノ荒番河、錫牙河ト爲ル河ヲ合シ又折レテ西北シ北来ノ哈達河、勒或河ヲ合シ又西南流スルコト數十里、東来ノ哈達河ヲ會シ西南シテ土門江ニ入ル

琿春河ハ琿春河ニ作ルハ誤謬顯然タルヲ以テ今之ヲ改ム即チ吉林通志ニ曰ク圖們江ハ又南シ西ノ土門江ニ達ス琿春河ハ東北ヨリ来リテ之ニ入ル河ハ琿春城ノ東北通肯山ニ出ツ三源ヲ合シ西南流シ東ニ香房溝河ヲ受ケ又西南シ東ニ一小水ヲ受ケ又西南シ土門子ヲ過キ核桃哈達ヨリ小圖們河、北ヨリ入ル溝河、密馬溝河、黒瞎背河、狹邦ニ南ヨリ入ルサンク西ヨリ大圖們河北ヨリ入ル(…)土門子…又西南シ北ニ哈達溝河ヲ受ケ南ニ太平川、樹枝溝、黎樹溝二河ヲ受ケ又西シ南ニ水林河、四方頂山二河ヲ受ケ北ニ五道溝河、又五道溝河ヲ受ケ又西シ北ニ於松溝、秀柱溝河、楡樹河、四道溝河、小柳樹河ヲ受ケ南ニ錫伯河(…)、西閣枝溝河、胡蘆河(…)ヲ過キ三道溝河ハ外部溝河ヲ合シ二道溝河ハ小水一ヲ合シ皆北ヨリ入ル少シク西シ沙金溝河、荒溝河、頭道溝河ハ北ヨリ入リ大紅旗河ハ南ヨリ入ル少シク西シ遠流ヲ爲ケテ南ニ出テ八九兆ヲ繞リテ西シテ北ニ復リ合シ北ニ駱駝河ヲ受ケ又西シ琿春城ノ東ヲ過キテ西シテ南ニ西シテ西ス軍大人溝河ハ東北ヨリ来リ入ル又西南ス(…)二道河ハ大二道河ト合シテ實ニ之ニ入ル又西南シ東ニ龍首山河、裴彦溝河ヲ受ケテ西シテ圖們江ニ入ルト此ニ謂フ錫伯河ハ提綱ノ西百河、湖蘆河ハ提綱ノ荒番河、駱駝河ハ提綱ノ勒或河ナルヘシ

通志本文ノ誤脱ヲ意ヲ以テ訂補セル處アリ

三十一

32

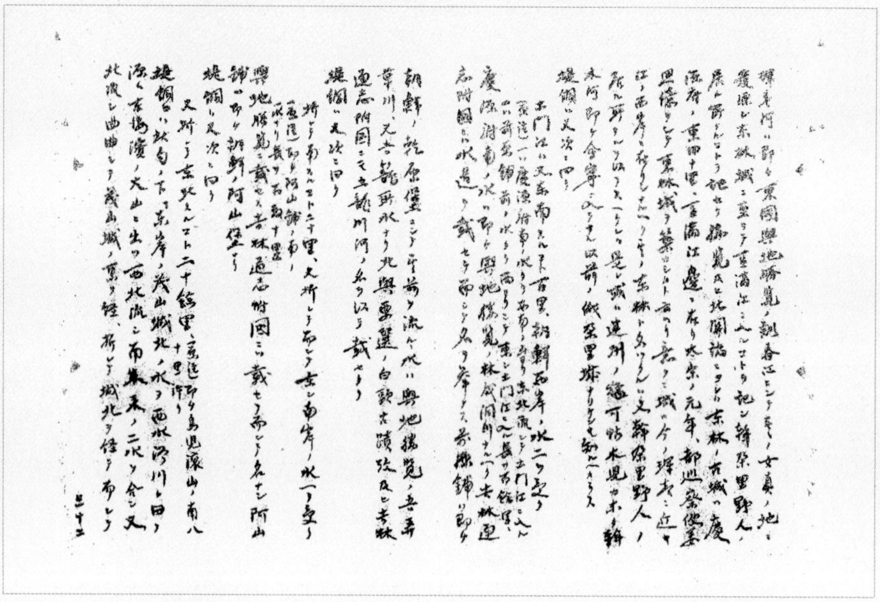
輝春河ハ即チ東國輿地勝覧ノ訓春江ニシテ女真ノ地ニ
發源シ東林城ニ至リテ豆滿江ニ入ルコトヲ記シ韓察里野人ノ
居ル所ナルコトヲ記セリ勝覧及ヒ北關誌ニヨレハ東林ハ古城ニテ慶
源府ノ東四十里ノ豆滿江邊ニ在リ太宗ノ元年、都巡察使金
思[illegible]ヲシテ東林城ヲ築カシメシトコロナリト云フ此城ハ今ノ琿春ニ近キ
江ノ西岸ニ存シテ[illegible]東林トナリタルハ文稱察里野人ノ
居ル所ナルヲ以テ又[illegible]是レ城ハ速州ノ[illegible]可帖木兒カ木ヲ斡
木河即チ會寧ニ入ラサル以前ノ[illegible]察里ナリシヲ知ルヘカラス
提綱ハ又次ニ曰ク
土門江ハ又東南流ルコト百里、朝鮮西岸ノ水二ヲ受ク
(愛注) 一ハ慶源府東ノ水ヨリ西南ヨリ東北流シテ土門江ニ入ル 一ハ訓戎鎮前ノ水ヨリ西ヨリ東ニ土門江ニ入ル長サ百餘里
慶源府東ノ水ハ即チ輿地勝覧ノ林代洞川ナルヘク吉林通
志附圖ニハ水邊ト載セテ第二ノ名ヲ舉ケス訓戎鎮ハ即チ
朝鮮ノ乾原堡ニシテ其前ヲ流ルル水ハ輿地勝覧ノ吾弄
草川、又吉龍所水ヨリ北輿要選ノ白頭古蹟攷及ヒ吉林
通志附圖ニモ五龍川河ノ名ヲ以テ載セタリ
提綱ハ又次ニ曰ク
折レテ東北スルコト二十里、又折レテ東ニ南岸ノ水一ヲ受ク
(愛注) 即チ阿山鎮ノ東ノ水ナリ長サ百數十里
輿地勝覧ニ載セス吉林通志附圖ニハ載セテ東ニテ名ナシ阿山
鎮ハ即チ朝鮮ノ阿山堡ナリ
提綱ハ又次ニ曰ク
又折レテ東北スルコト二十餘里、(愛注)即チ鳥児稼山ノ南八十里許リ
提綱ニハ紋白ノ下ニ東岸ノ茂山城北ノ水ヲ西北流シテ四川ト曰ノ
源ヲ東境ノ大山ニ出ツ西北流ニ[illegible]二水ノ合シ又
北流シ曲々テ茂山城ノ東ヲ經、折レテ城北ヲ經テ西ニ[illegible]
三十二

33

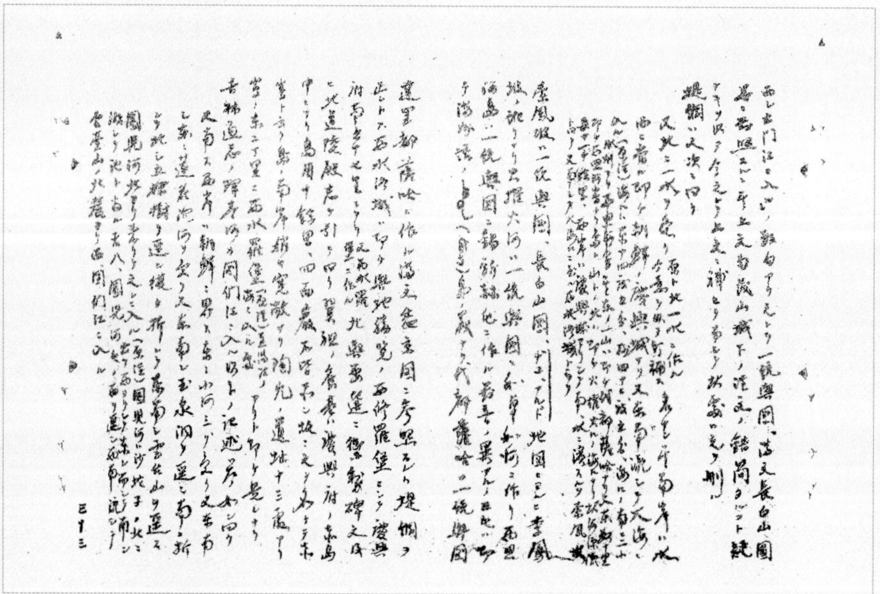
西シ土門江ニ入ル、縦白[illegible]一統輿圖、満文長白山圖
[illegible]茂山城下ノ[illegible]錯綜タルコト[illegible]
[illegible]
提綱ハ又次ニ曰ク
又北ニ一水ヲ受ク [illegible]
[illegible]即チ朝鮮ノ[illegible]城[illegible]流レテ大海ニ[illegible]
[illegible]
泰風坡ハ一統輿圖、長白山圖[illegible]地圖ニ[illegible]泰風
城ノ[illegible]大河ハ一統輿圖ノ[illegible]
満島ハ一統輿圖ニ錯綜[illegible]
ヲ[illegible]
還里都[illegible]ニ依ル[illegible]京圖ニ参照スレハ提綱ヲ
[illegible]西水[illegible]城ハ即チ輿地勝覧ノ西[illegible]羅堡ニシテ[illegible]
[illegible]北[illegible]
ニ北道陵殿志ヲ引テ曰ク[illegible]
中[illegible]島周十餘里、四面[illegible]
[illegible]陶[illegible]遺址十三處[illegible]
[illegible]西水羅堡[illegible]
吉林通志ノ琿春[illegible]圖們江ニ入ル[illegible]記述[illegible]
又南ニ西岸ハ朝鮮ニ界ス東ハ[illegible]河三[illegible]文東南
[illegible]泉洞ヲ[illegible]南[illegible]折
[illegible]
圖們[illegible]圖們江ニ入ル[illegible]
[illegible]
[illegible]山ノ北[illegible]圖們江ニ入ル
三十三

34

又南シ土字界牌ヲ運ヒ從テ南ニ土們江ニ至リテ
海ニ入ル
提綱ハ琿春河以南ノ水ニ就テ論ト合リ之レヲ界セシヲ
以テ平ニイハユル無名ノ一水カ圖們河ナラント推定セアル
非、皆謬聽スルニ由ルニ土字界牌以南ハ千、霧岩南ノ鉄
ヲ廣スルヲ以テ運落セ余全ク之ヲ載セス輿地備覧ノ附
次麻島、即チ鹿屯島ハ則チ今秋霧鎮ノ中ニ沒セラ提
綱ノ大攤大河ハ盈志ニ佛多石河ニ作ル今又實缺中ニ
アリ歲缺河ニ近シ
北輿要選ニ曰ク鎮東ハ慶興撫夷堡ノ至満江東邊
ニ在リ又野際ナリ奇峯峭聳ノ中ニ八池アリ相連ナリ
五色ノ蓮花盛ニ發ス第三池ノ堂據ハ即チ穆祖ノ舊
居ナリト(國朝)評ナモ北道陵殿誌ニ事文忠公撫夷圖記
鄭經南克常ノ啟豊殿誌ニ見ヘタリ
又北道陵殿誌ヲ引テ曰ク安陵ハ即チ時鉄山ノ東麓
八池ノ南ト是レ即チ圖們河ノ八池ナルヘシ
(四)境界線、
康熙定界以前ニ在リテハ地志アルハ地圖ノ明白ナル
境界線ヲ示セルモノナシ康熙定界ノ結果トシテ清國ヲ
製セル地圖中、獨リ盛京圖ハ水道提綱記述ト符合
シテ今ノ石乙水ヨリ南ノ地ニハ水名ヲ刪リ去リ或ハ缺テ
以テ兩國ノ境界線トスルノ意ナルカト提綱ト同シカリシナラン、康
熙定界ノ趣意ハ土門ノ水源ヲ以テ分界トナスニアルコト勿論
ナルヘキモ盛京圖、提綱カ並ヒニ石乙水ヲ以テ界トセルカ如キ
ハ一ノ疑問ナリ又開ヨリ康熙實測ノ結果ナセル佛文ダンビル
ノ地圖ニハ紅土水即チ大圖們江ヨリ紅旗河即チ小圖
們江ノ二水合流ノ處ヲ横ギリ黒山々脈ノ中央ヲ亘リ穩城

三十四

35

訓戎鎮ノ對岸ハ備邊カニ江外ヲ往テ黄杖河附近ヨリ江ノ東
岸ニ盤踞セシメ更ニ鹿島ニ至リテ又江ヲ離レテ之ヲ包擁シ以テ
海ニ達スル一種ノ界線ヲ劃シ其ノ東西國ノ境界トナスノ意
ナリヤ將タ邊ノ内外ヲ劃スルノ意ナリヤハ疑フ可キカ如キモノナリ
界線ハ延キテ鴨緑江ノ池ニ及ヒ邊牆ト鴨緑江トノ中央即
チ佟佳江(今ノ渾江)ノ西北ニ於テ渤海ニ達スルヲ見レハ必スシモ邊
ノ内外ヲ劃スルニアラサルハ明カナリ是レ亦一種ノ疑問トシテ辨
駁辨証セサルヘカラサルナリ
朝鮮ニアリテハ大東輿地圖ハ今ノ紅旗河ノ上流(即チ朝
鮮人ノイハユル土門ノ源流)ヨリ紅土水ニ向テ土石堆及ヒ木柵
ヲ畫キ之レヲ以テ分界江トセリ然ルニ今日ニ至リテ御史吟
河ニ分界江ノ名ヲ冒ラシムルハ今ヤ空ク試ノ探界ヲ施ニ至レル
御史吟河ヲ以テ分界江トナスヤモ知ルヘカラスシモ鄉人カ疑界門地

ニ判然セシメタリト見エ茲ニ一ノ疑問アリ
吉林通志ニ曰ク
琿春ヨリ西南、圖們江ト按水(即チ紅旗河又紅丹河ニシテ提綱ノ陂水ナリ)ト滙流ス
ル處ノ長字界牌ニ至ル三百三十里、圖們江ト西豆水ト滙
流スル處ノ碼字界牌ニ到ル三百六十一里、石乙水及ヒ紅
丹二水ノ滙流スル處ノ帯字界牌ニ到ル四百有三里、長
坡浮橋南岸ノ山字界牌ニ到ル四百二十五里、石乙及紅
土二水滙流スル處ノ河字界牌ニ到ル四百二十四里石乙水河
源ノ圖字界牌ニ到ル五百四十六里、黄河松旬子ニ盡ル處
ノ溝口ノ渦字界牌ニ到ル五百七十八里、黄花松旬子ノ頭
道溝口ノ為字界牌ニ到ル五百六十三里、小白山東麓ノ溝口
ノ夢字界牌ニ到ル五百八十五里、長白山東南ノ小白山頂ノ
華字界牌ニ到ル六百里、以上界牌ノ圖們江南ノ供ニ

三十五

36

朝鮮ノ界

コノ華夏金湯国、河山帯礪長ノ十字界牌ハ丁亥勘界以後、清韓ノ彼ニ援ケル所ナルカ之ニ関シテ極メテ緊要ナル謝邀定界碑ヲ度外ニ置キ定界碑ハ争界ニ関係ナキ鴨緑江源ニ之ヲ錯ヘタルハ頗ル怪シムヘシ故ニコノ十字界碑ト定界碑トノ関係ヲ更ニ踏査研究ヲ要スヘキモノトス

REEL No. 1-0364
0410
アジア歴史資料センター
Japan Center for Asian Historical Records

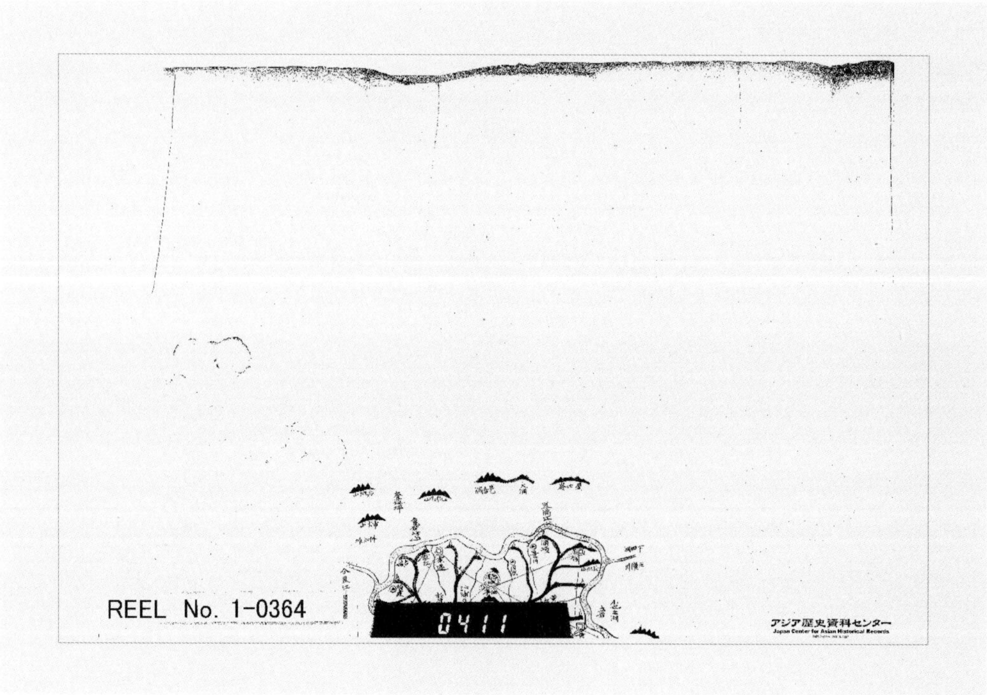
REEL No. 1-0364
0411
アジア歴史資料センター
Japan Center for Asian Historical Records

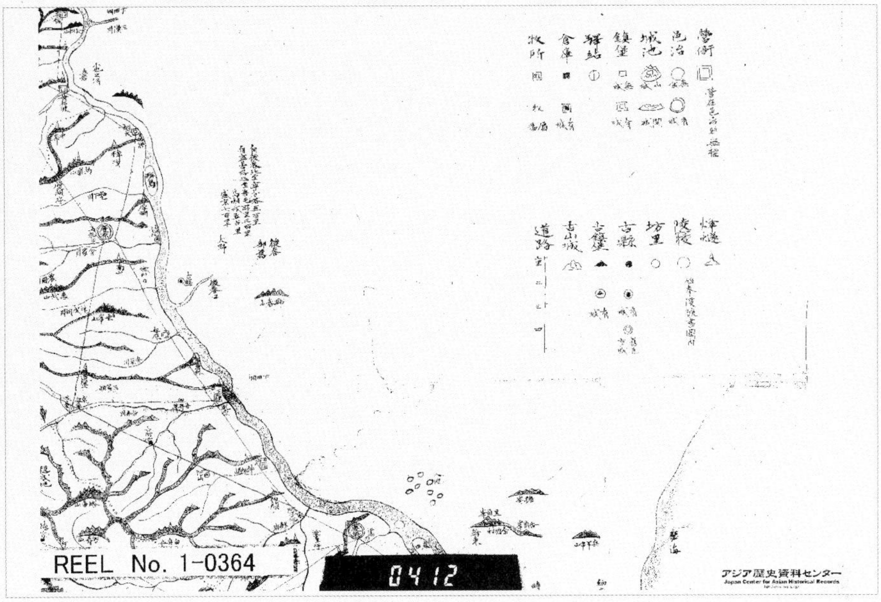
營衙
邑治
城池
鎮堡
驛站
倉庫
牧所
烽燧
陵寢
坊里
古縣
古鎮
古山城
道路
REEL No. 1-0364
0412
アジア歴史資料センター
Japan Center for Asian Historical Records

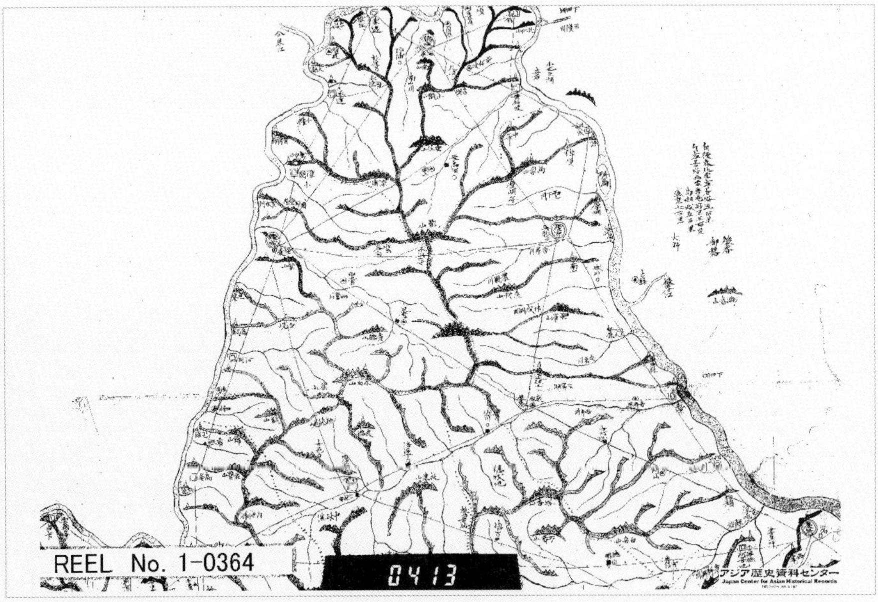
REEL No. 1-0364
0413
アジア歴史資料センター
Japan Center for Asian Historical Records

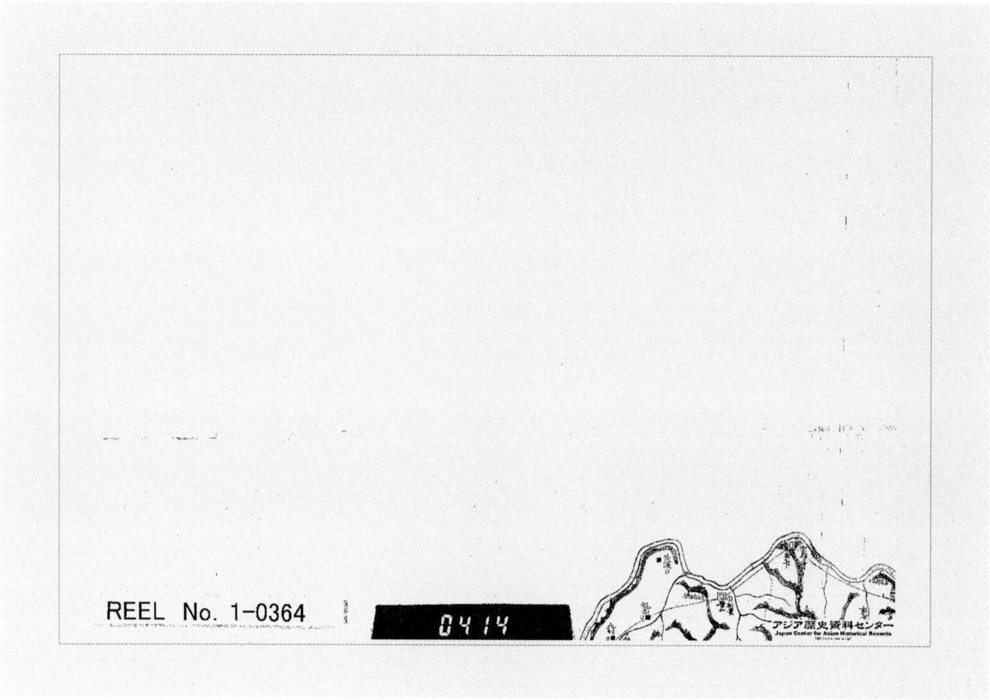
REEL No. 1-0364
0414
アジア歴史資料センター
Japan Center for Asian Historical Records

REEL No. 1-0364
0415
アジア歴史資料センター
Japan Center for Asian Historical Records

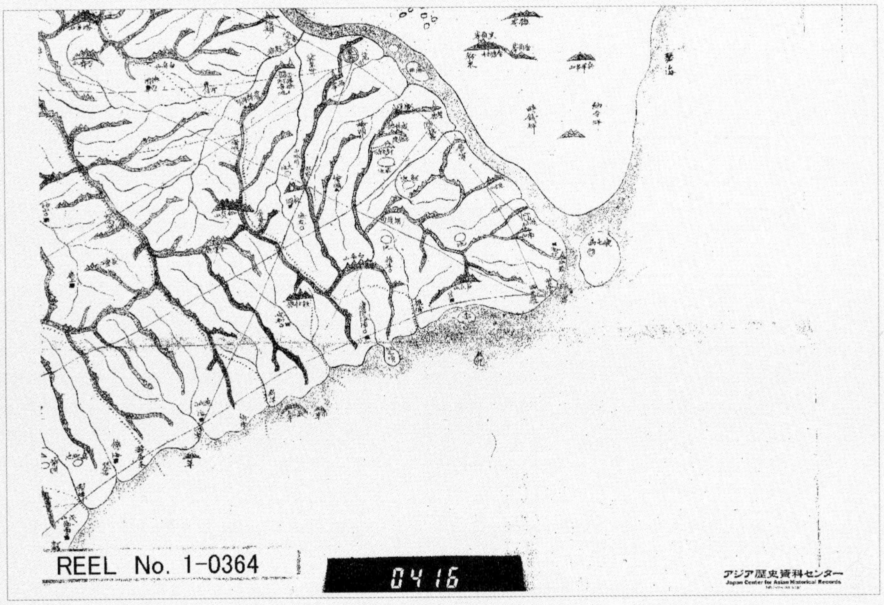
REEL No. 1-0364
0416
アジア歴史資料センター
Japan Center for Asian Historical Records

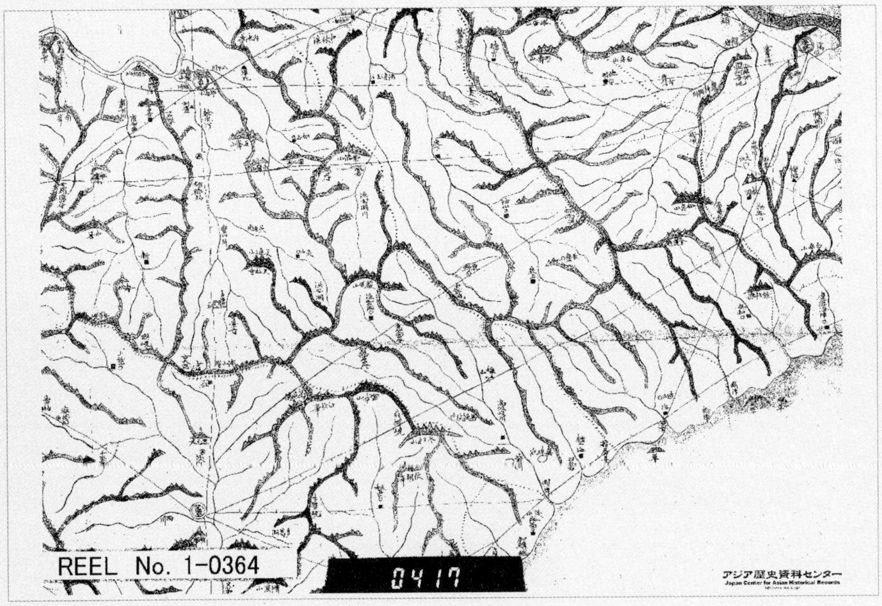
REEL No. 1-0364
0417
アジア歴史資料センター
Japan Center for Asian Historical Records

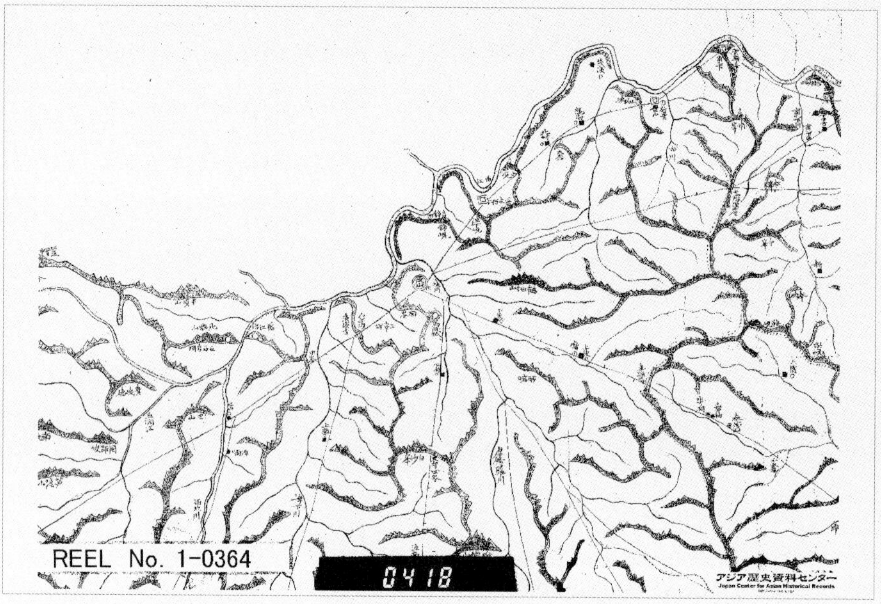
REEL No. 1-0364
0418
アジア歴史資料センター
Japan Center for Asian Historical Records

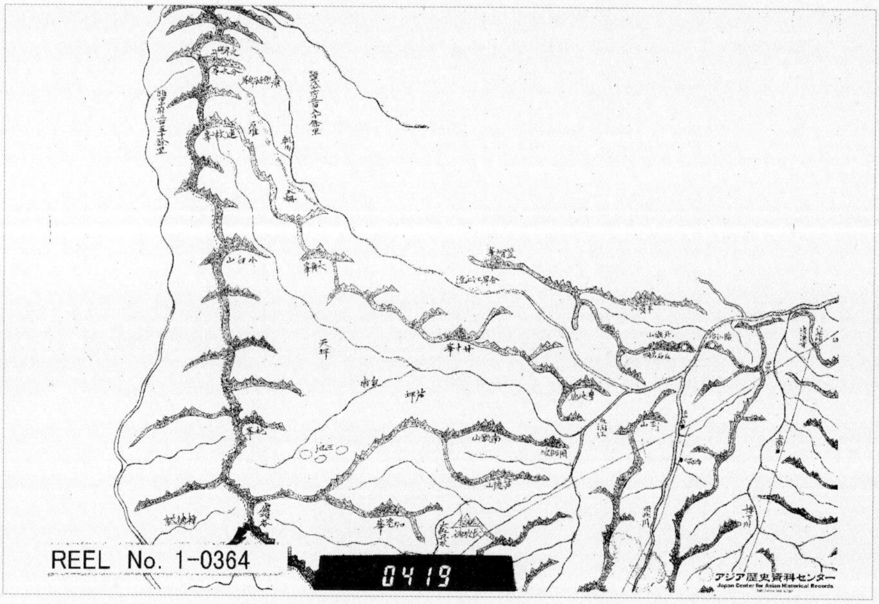
REEL No. 1-0364
0419
アジア歴史資料センター
Japan Center for Asian Historical Records

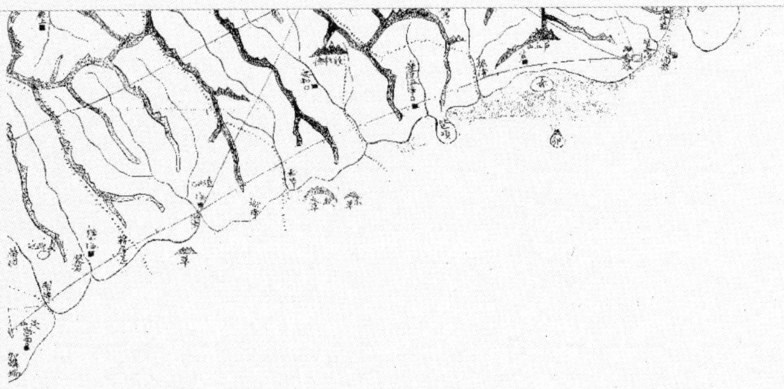

REEL No. 1-0364

0420

アジア歴史資料センター
Japan Center for Asian Historical Records

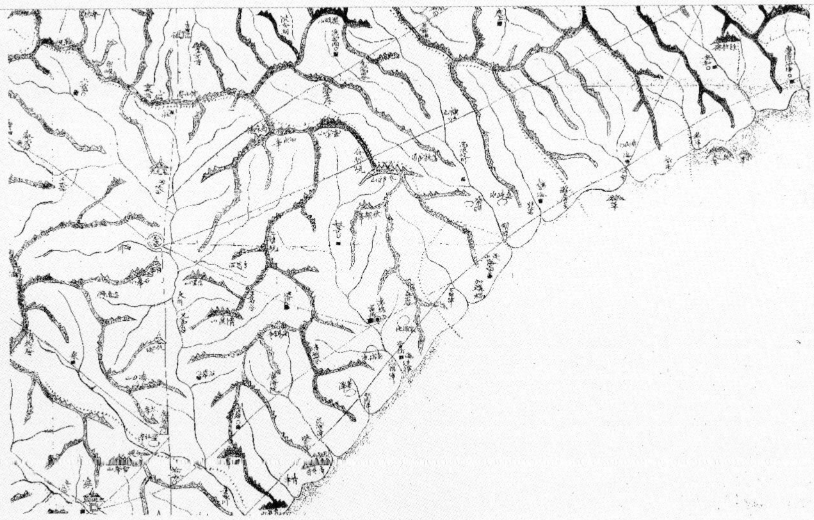

REEL No. 1-0364

0421

アジア歴史資料センター
Japan Center for Asian Historical Records

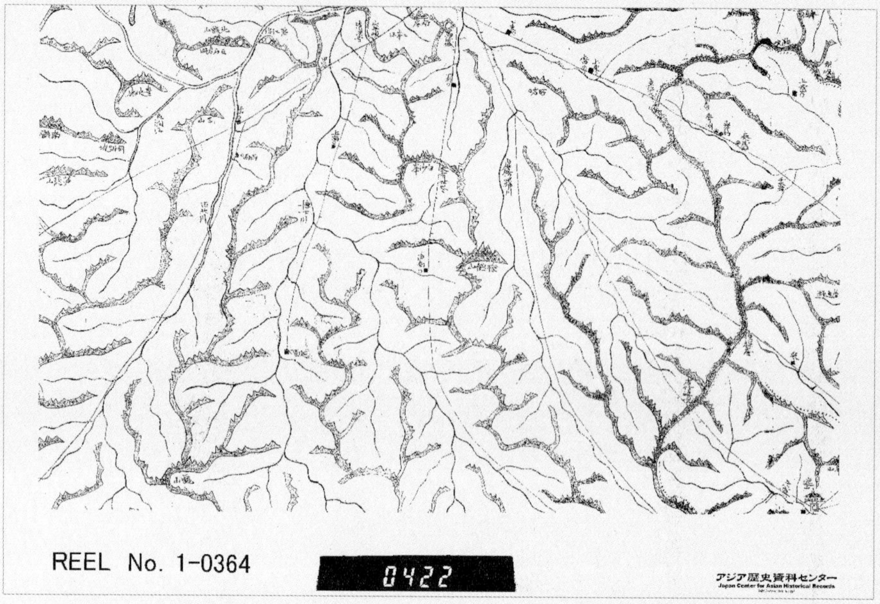
REEL No. 1-0364
0422
アジア歴史資料センター
Japan Center for Asian Historical Records

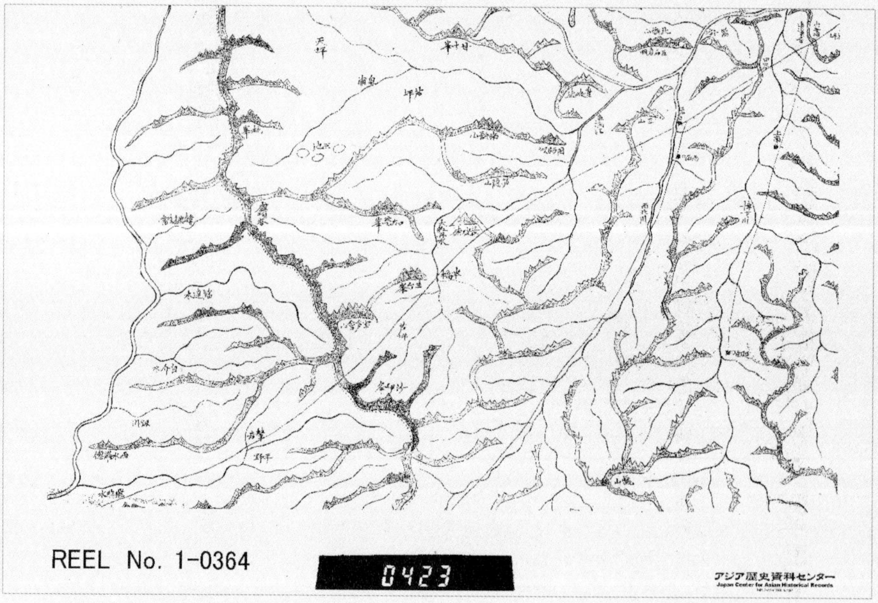
REEL No. 1-0364
0423
アジア歴史資料センター
Japan Center for Asian Historical Records

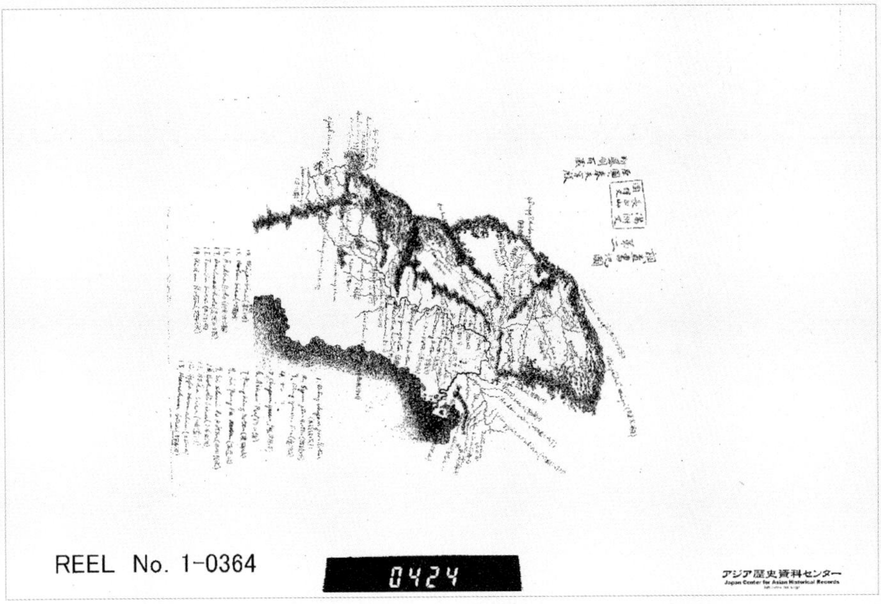
REEL No. 1-0364
0424
アジア歴史資料センター
Japan Center for Asian Historical Records

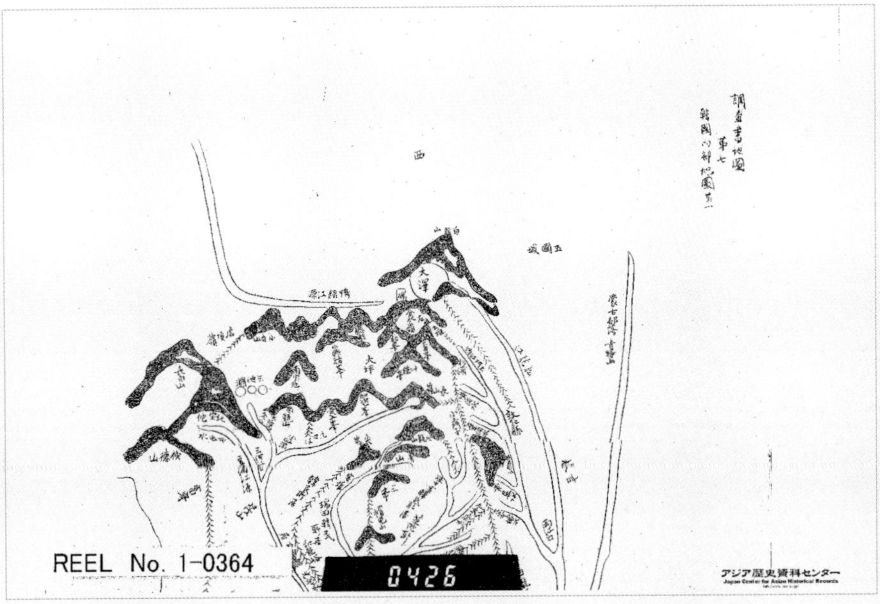
REEL No. 1-0364
0426
アジア歴史資料センター
Japan Center for Asian Historical Records

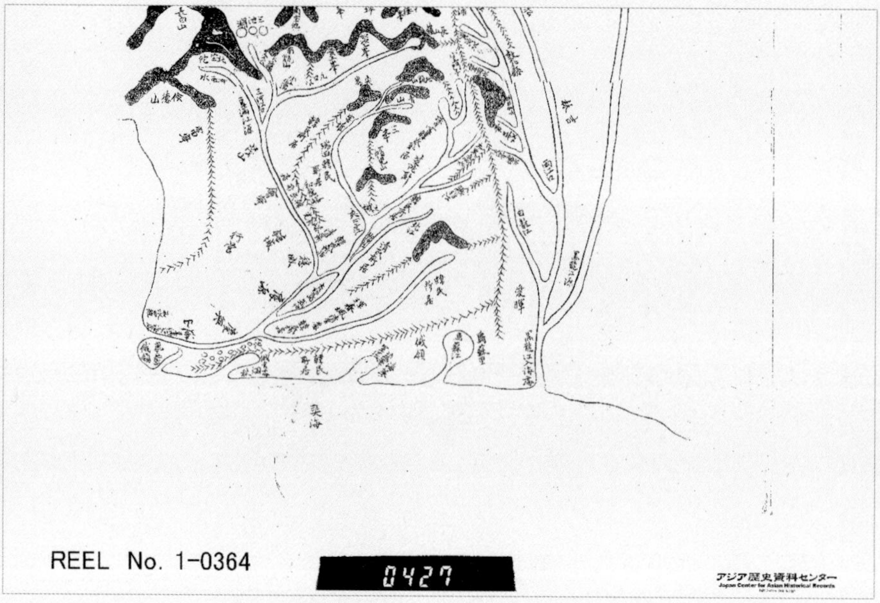
REEL No. 1-0364
0427
アジア歴史資料センター
Japan Center for Asian Historical Records

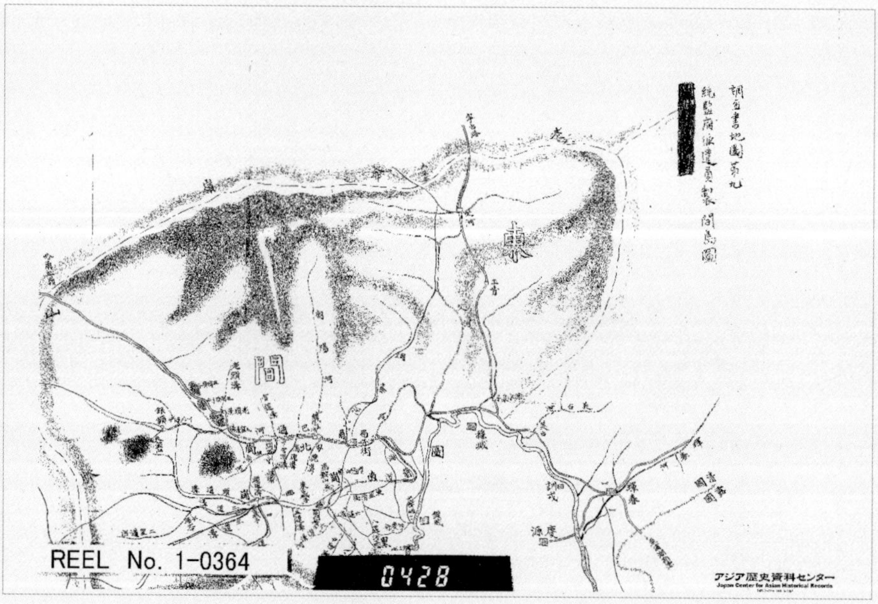
調査書地圖第九
統監府派遣員製 間島圖
REEL No. 1-0364
0428
アジア歴史資料センター
Japan Center for Asian Historical Records

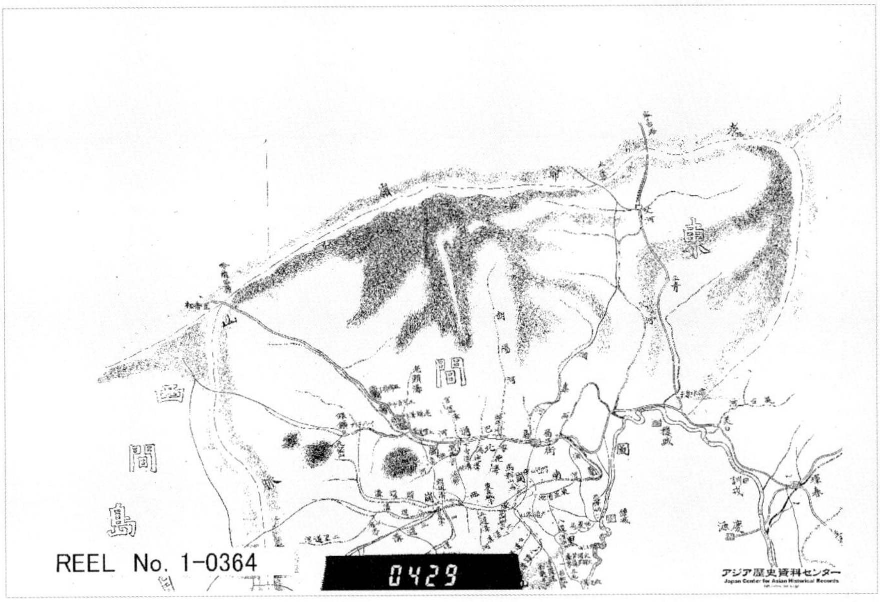
東
間
西
間
島
REEL No. 1-0364
0429
アジア歴史資料センター
Japan Center for Asian Historical Records

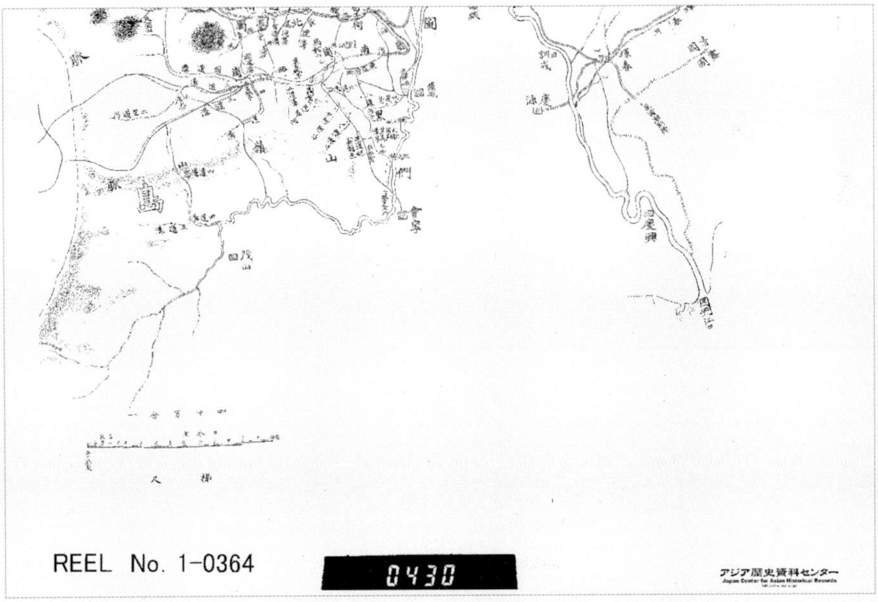
REEL No. 1-0364
0430
アジア歴史資料センター
Japan Center for Asian Historical Records

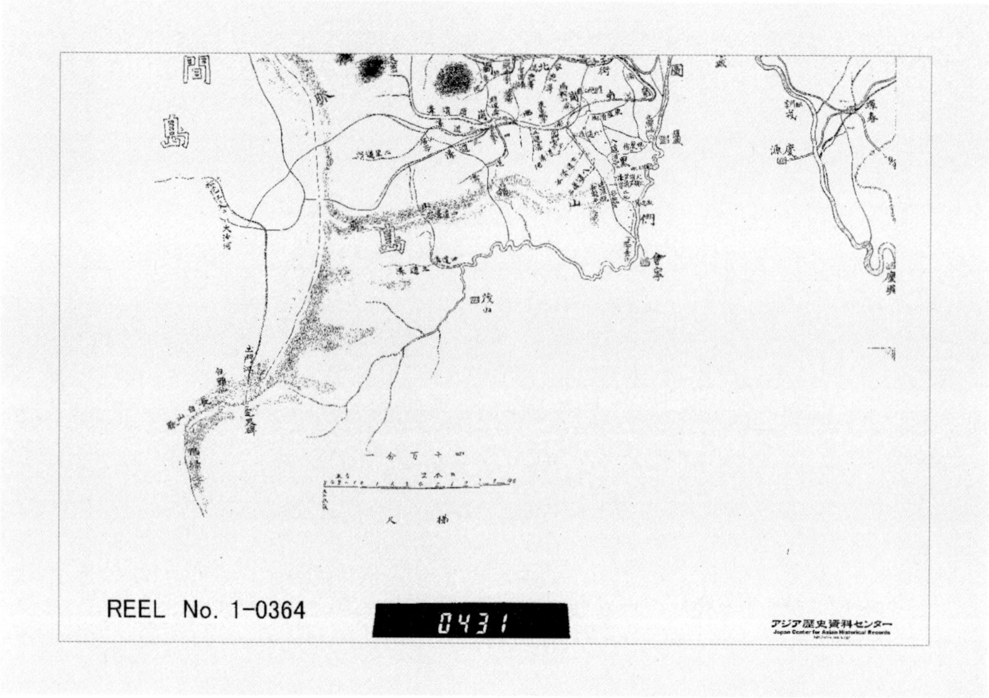
間
島
REEL No. 1-0364
0431
アジア歴史資料センター
Japan Center for Asian Historical Records

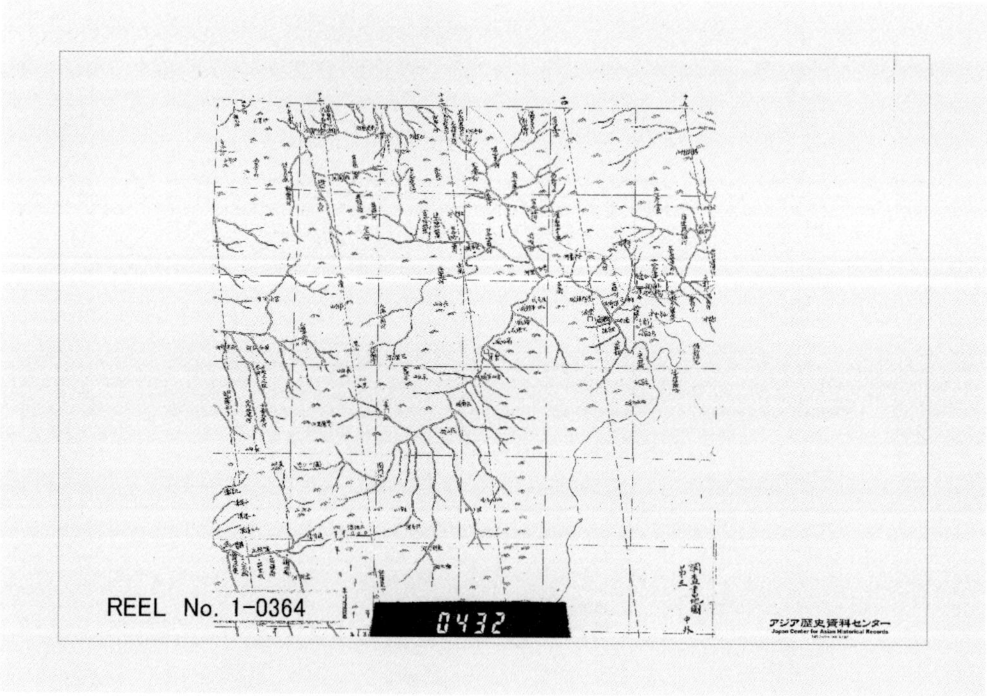
REEL No. 1-0364
0432
アジア歴史資料センター
Japan Center for Asian Historical Records

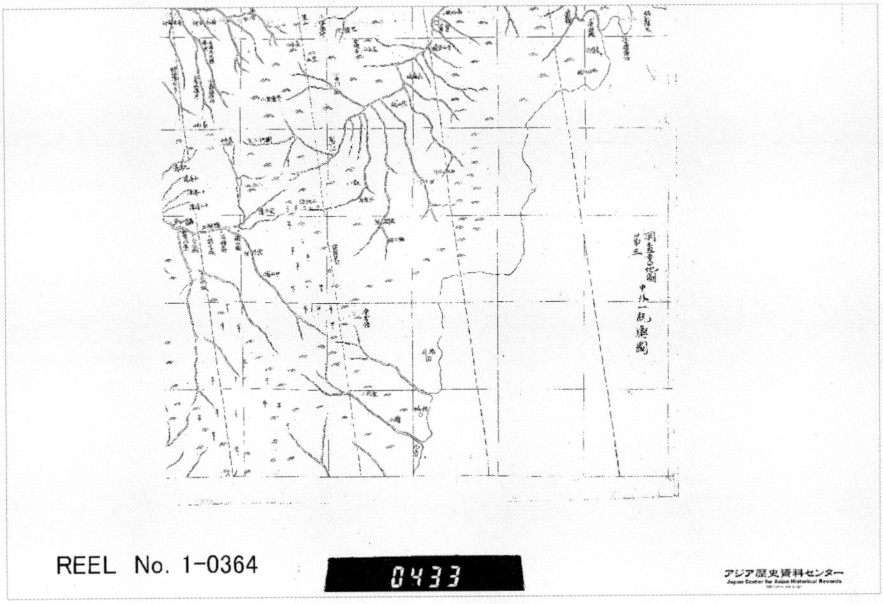
REEL No. 1-0364
0433
アジア歴史資料センター
Japan Center for Asian Historical Records

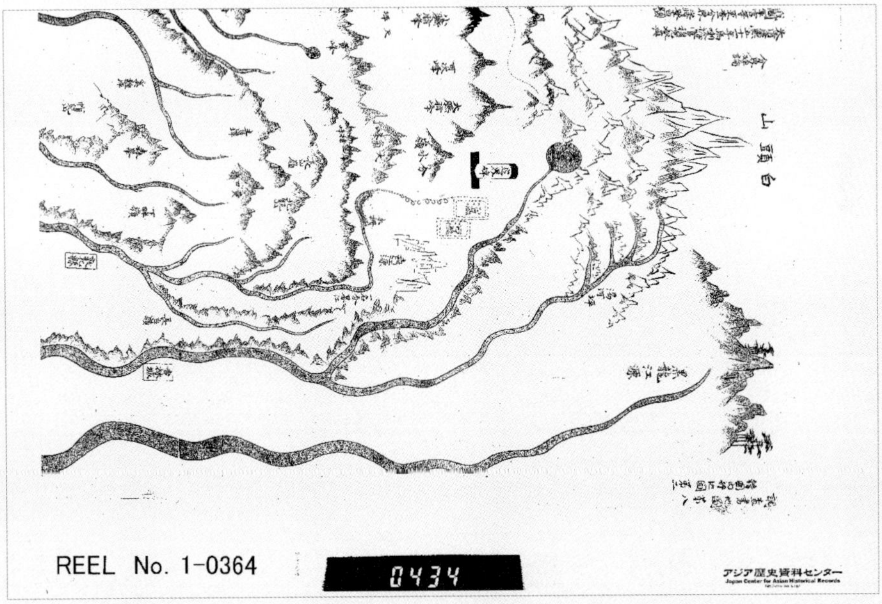
REEL No. 1-0364
0434
アジア歴史資料センター
Japan Center for Asian Historical Records

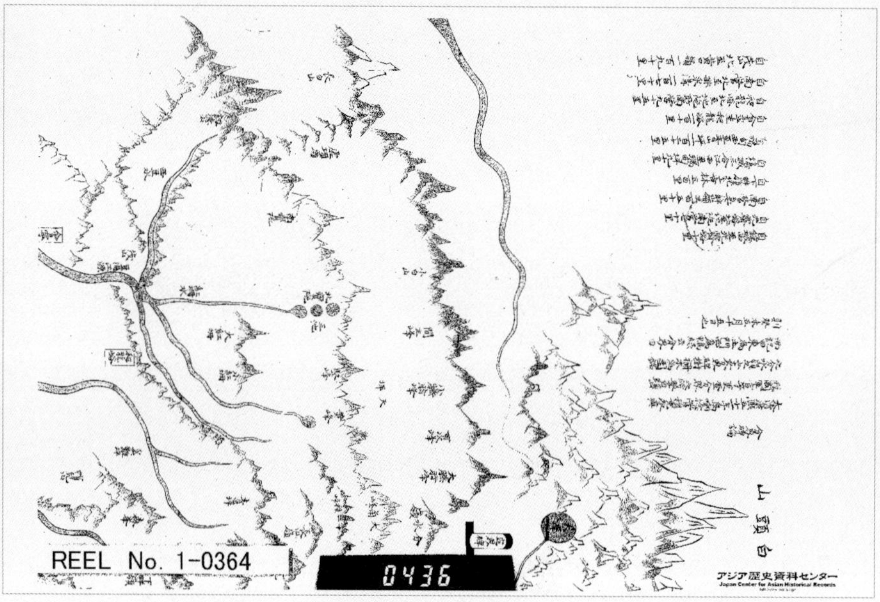
REEL No. 1-0364
0436
アジア歴史資料センター
Japan Center for Asian Historical Records

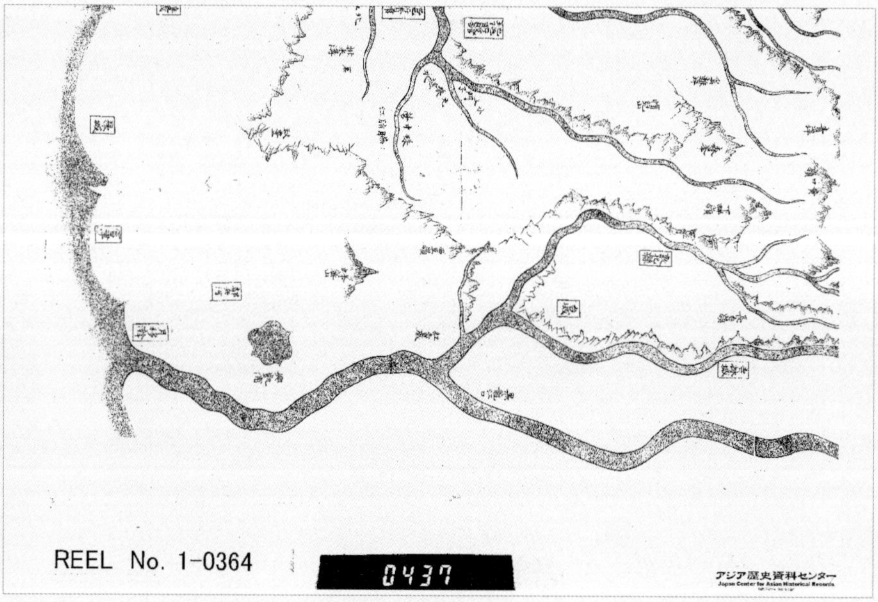
REEL No. 1-0364
0437
アジア歴史資料センター
Japan Center for Asian Historical Records

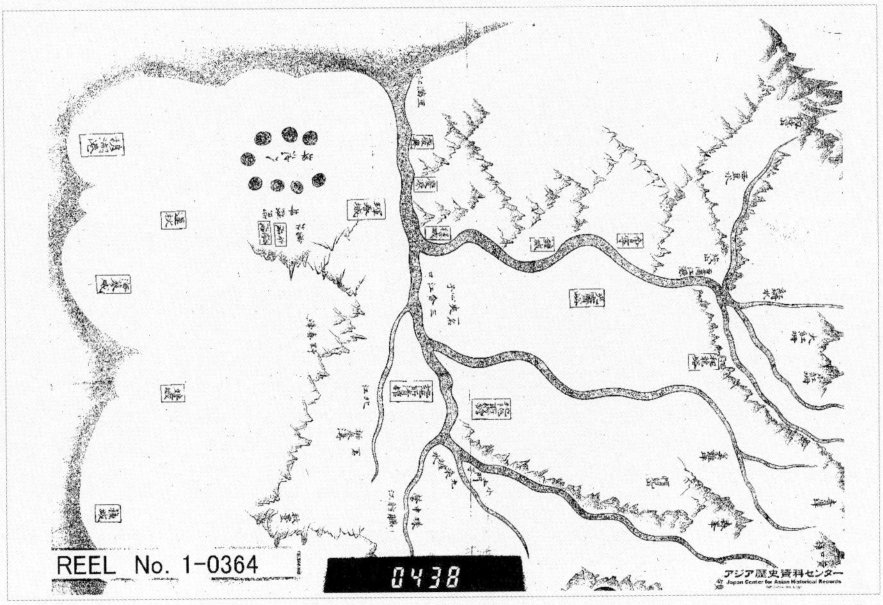
REEL No. 1-0364
0438
アジア歴史資料センター
Japan Center for Asian Historical Records

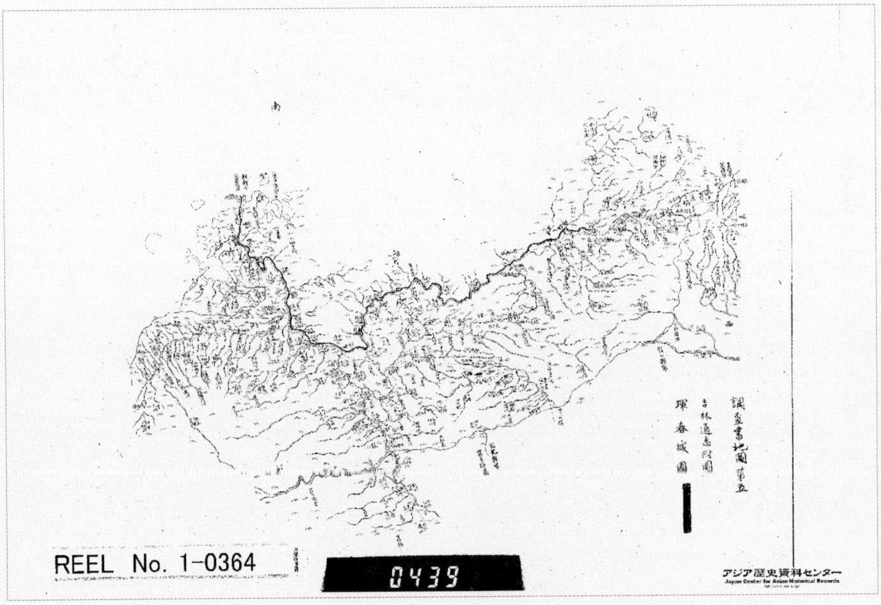
調査書地圖第五
吉林通志附圖
琿春城圖
REEL No. 1-0364
0439
アジア歴史資料センター
Japan Center for Asian Historical Records

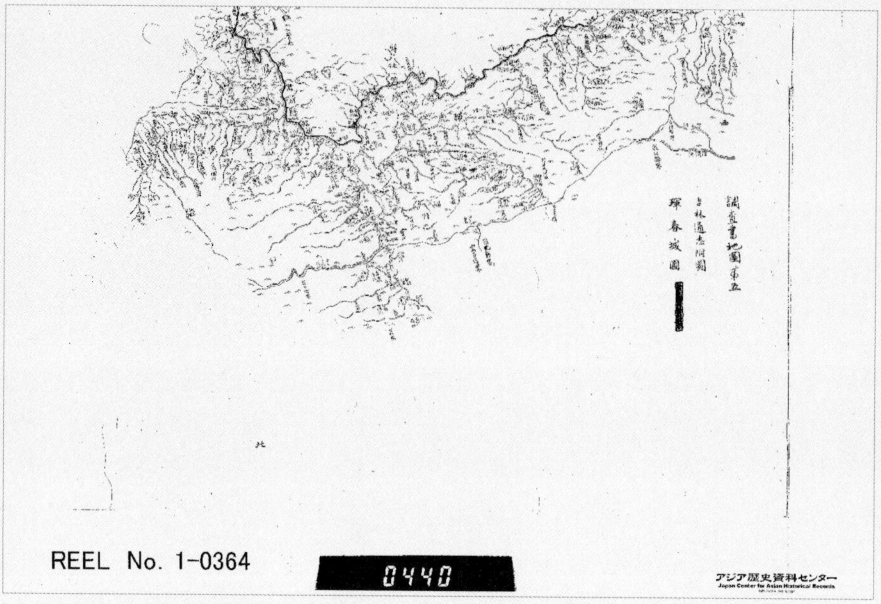
調査書地圖第五
吉林通志附圖
琿春城圖
REEL No. 1-0364
0440
アジア歴史資料センター
Japan Center for Asian Historical Records

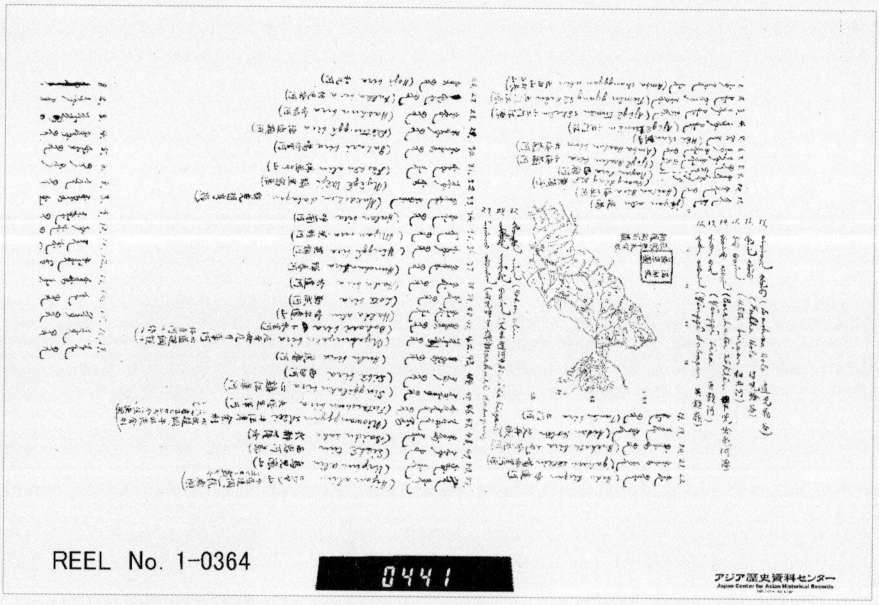
REEL No. 1-0364
0441
アジア歴史資料センター
Japan Center for Asian Historical Records

REEL No. 1-0364
0442
アジア歴史資料センター
Japan Center for Asian Historical Records

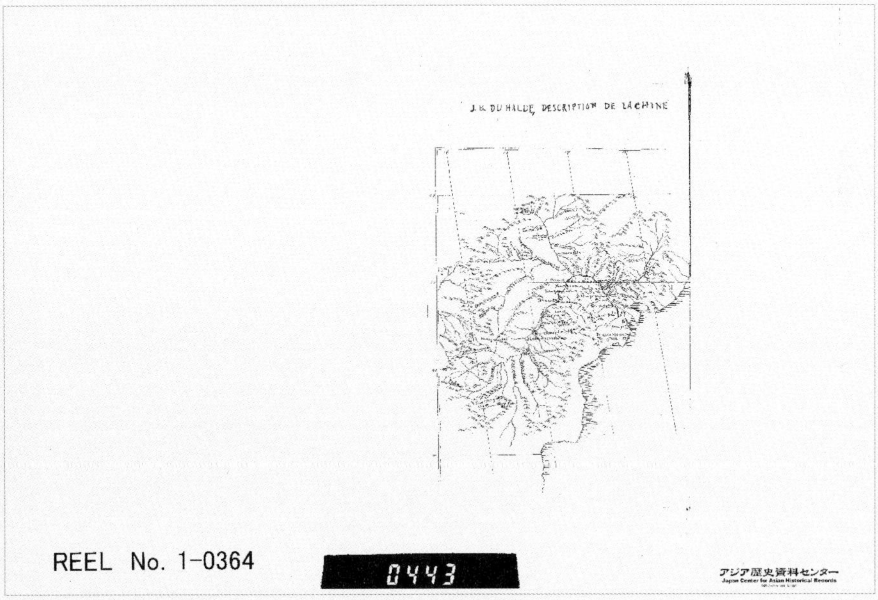
J.B. DU HALDE, DESCRIPTION DE LA CHINE
REEL No. 1-0364
0443
アジア歴史資料センター
Japan Center for Asian Historical Records

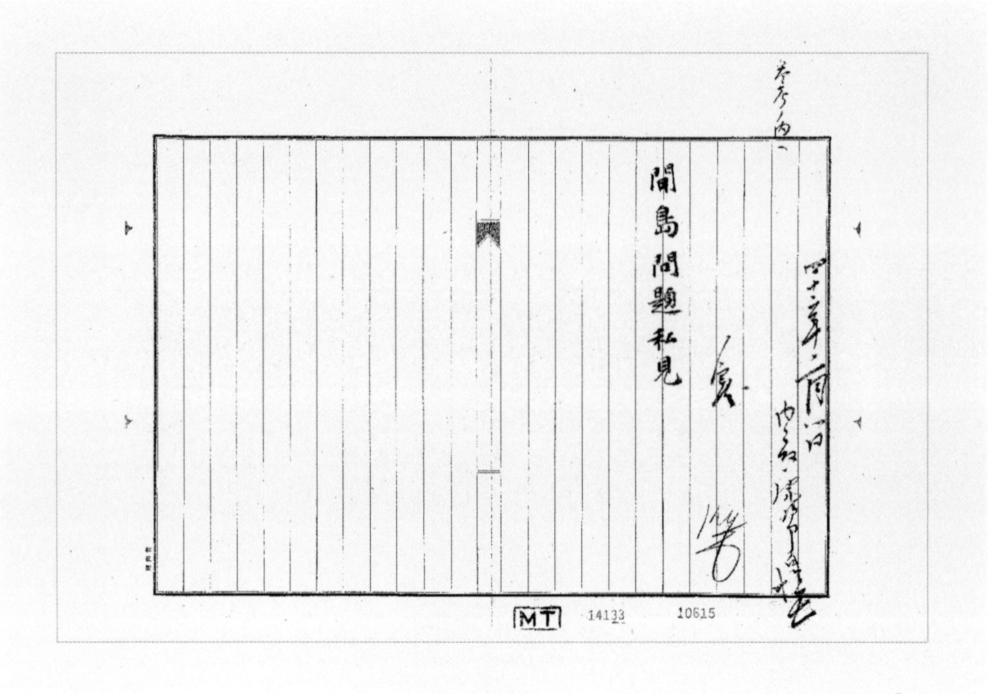

01

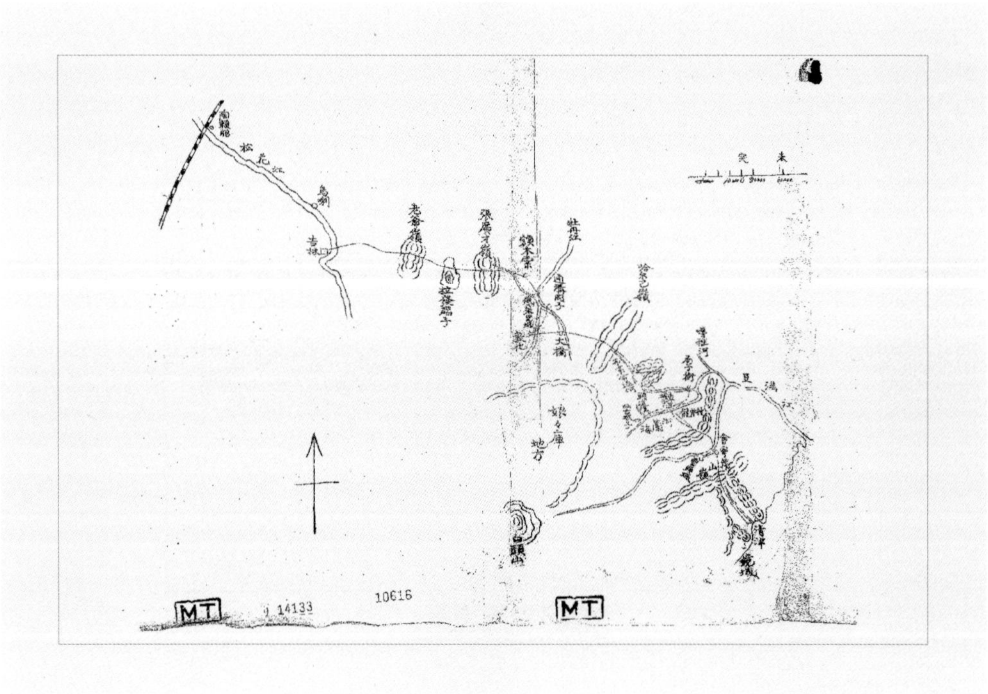

02

一、地勢ヨリ觀タル間島問題

長白山即チ韓人ノ所謂白頭山ヨリ東北二面ニ向テ分派スル支幹山脈ハ恰モ手指ヲ開ケルガ如キ形状ヲ成セリ其ノ手掌ニ當ル地方ハ長白山周圍ノ高原ニシテ其中、東北二面ノ山脈ニ接近セルハ實ニ娘々庫及ビ古洞河地方ナリトス其ノ各指トモ云フベキ山脈中、余ガ経過セル地方ニ於テ其ノ第一次ニ遭遇セルハ即チ韓國ノ茂山嶺ナリ此ノ山脈ノ南ハ輸城、鏡城兩谷地ニシテ龍城川ハ實ニ嶺中ニ發源セリ此ノ山脈ノ北ハ即チ豆満江流域ニシテ黒山々脈ト共ニ流域ヲ挟ミ其ノ支流ノ谷地ニ往々豁野ノ平原ヲ形クル者アリ會寧ノ韓木河流域ノ若キ是ナリ黒山々脈ハ即チ余ガ第二次ニ遭遇セル支幹ニシテ長白山周圍ノ高原ガ漸ヤク下リテ山形ヲ成セル半ば山ヲ起點トシ豆満江ノ本流ニ沿テ東北シ其北面ハ海蘭、布爾哈圖二河ノヤヽ廣衍ナル流域ヲ控ヘ是レ即チ間島ニシテ此ノ二河ノ間ハ又丘陵地ニヨリテ區畫セラル其中稍ヤ峯ヲナセル處ヲ帽児山、馬鞍山等トス間島ヨリ西北ノ方、吉林ニ向フ路上ニ於テ第三次ニ遭遇スル山嶺ハ老頭溝及ビ五箇頂子ノ複嶺ニシテ既ニ之ヲ逾エレバ布爾哈圖河ニ沿フテ第四次ニ遭遇スル哈爾巴嶺ニ至ル山間地勢漸次ニ高クナリ行クハ其ノ漸次ニ長白山周圍ノ高原ニ近ヅクガ為メニシテ哈爾巴嶺ノ標高ハ黒山々脈ニ減ゼザルモ之ヲ逾ユルトキハ只ダ坡陀タル小丘ヲ過グルノ思ヲ為シ、寧ロ其ノ急峻ノ度ハ老頭溝嶺、五箇頂子ニ及

MT 14133 10617 MT 14133 10618

03

バザルコト甚シキヲ覺ユ、

老頭溝、五箇頂子ノ複嶺ハ單ニ官道附近ニ於テノミ突出セル者ニアラズシテ其ノ東ノ方寧古塔街道即チ嘎雅河沿岸通路ニ横ハレル高長嶺ニ連接シテ布爾哈圖河流域ノ屏障ヲ形クルモノト想像セラルヽヲ以テ之ヲ前ニ間島地質ノ調査ニ從事セル京都大學文科大學教授理學士小川琢治氏ニ質ミタルニ氏ハ余ガ所見ノ正當ナルコトヲ断言シ此ノ屏障タル山上ニハ多少断續セルモ一帶ニ平頂ナル玄武岩ノ露出セルアリ此ヨリ以北哈爾巴嶺ト連續セル老爺嶺山脈ニ至ルマデハ頗ル廣キ高原ヲ成セルガ如シト云ヘリ即チカノ複嶺ガ東ハ高長嶺ト相連リテ布爾哈圖河流域ノ屏障ヲ成シ以テ此ノ流域ト全然地形ヲ異ニセル高原地方ト隔離スル分界タリ此ハ哈爾巴嶺ト相對シ此ノ高原ヲ挟ミテ布爾哈圖、海蘭二河流域ト牡丹江流域トノ間ニ於ケル大畫限タルヤ明カナリ

哈爾巴嶺以西ハ牡丹江上源ノ流域ニシテ敦化ノ東方十餘清里ナル興隆川附近ニテハ依然トシテ高原ノ中ニアリ敦化モ亦海拔二千尺ニ近キ牡丹江流域ニ位置シ之ヨリ以西威虎嶺ヲ過ギテ吉林ニ赴ク道路ハ恰カモ哈爾巴嶺ヲ逾エテ向子街ニ赴クト東西相類セルガ若シ敦化ヨリ牡丹江ニ沿フテ北下シ額木索ヲ路ト正西ニ向テ第五次ニ遭遇スルヲ張廣才嶺トス敦化以北ハ高

MT 14133 10620 MT 14133 10619

04

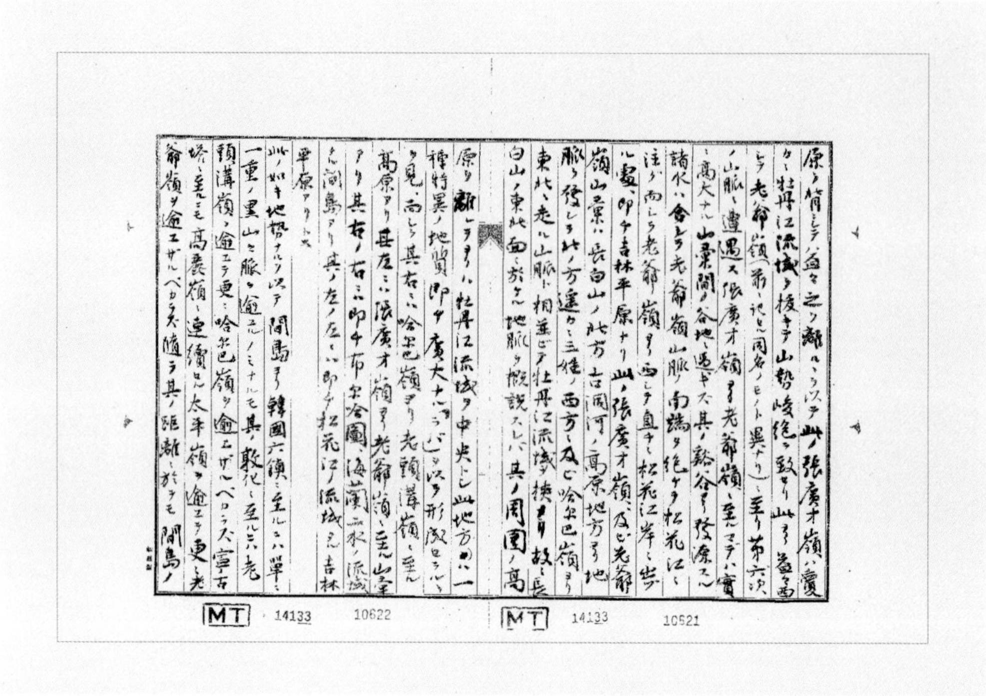

原ノ脊ニシテ、山益々之ヲ離ルヽヲ以テ此ノ張廣才嶺ハ豪
カニ牡丹江流域ヲ捜キテ山勢峻絶ヲ致セリ此ヨリ益々西
シテ老爺嶺(我ニ於テ同名ノモノト異ナリ)ニ至リ第六次
ノ山脈ニ遭遇ス張廣才嶺ヨリ老爺嶺ニ至ルマテハ實
ニ高大ナル山彙間ノ谷地ニ過キス其ノ谿谷ヲ發源スル
諸水ハ合シテ老爺嶺山脈ノ南端ヲ絶ケテ松花江ニ
注ク而シテ老爺嶺ヨリ西シテ直チニ松花江岸ニ出ツ
ル處、即チ吉林平原ナリ此ノ張廣才嶺、及ヒ老爺
嶺山彙ハ長白山ノ北方古洞河ノ高原地方ヨリ地
脈ヲ發シテ北ノ方遠ク三姓ノ西方ニ及ヒ哈爾巴嶺ヨリ
東北ニ走ル山脈ト相並ヒテ牡丹江流域ヲ挾メリ故ニ長
白山ノ東北面ニ於ケル地脈ヲ概説スレハ其ノ周圍ノ高

MT 14133 10621

原ヲ劃シテヨリハ牡丹江流域ヲ中央トシ此地方ハ一
種特異ノ地質即チ廣大ナルヲ以テ形成セラルヽ
ヲ見ル而シテ其右ニハ哈爾巴嶺ヨリ老頭溝嶺ニ至ル
高原アリ其左ニハ張廣才嶺ヨリ老爺嶺ニ至ル山彙
アリ其右ノ右ニハ即チ布爾哈圖、海蘭両水ノ流域
タル間島アリ其ノ左ノ左ニハ即チ松花江ノ流域タル吉林
平原アリトス
此ノ如キ地勢ナルヲ以テ間島ヨリ韓國六鎮ニ至ルニハ單ニ
一重ノ黒山ノ脈ヲ逾ユルノミナルモ其ノ敦化ニ至ルニハ老
頭溝嶺ヲ逾エテ更ニ哈爾巴嶺ヲ逾エザルヘカラズ寧古
塔ニ至ルニモ高嶺嶺ニ連續セル太平嶺ヲ逾エテ更ニ老
爺嶺ヲ逾エザルヘカラズ隨テ其ノ距離ニ於テモ間島ノ

MT 14133 10622

05

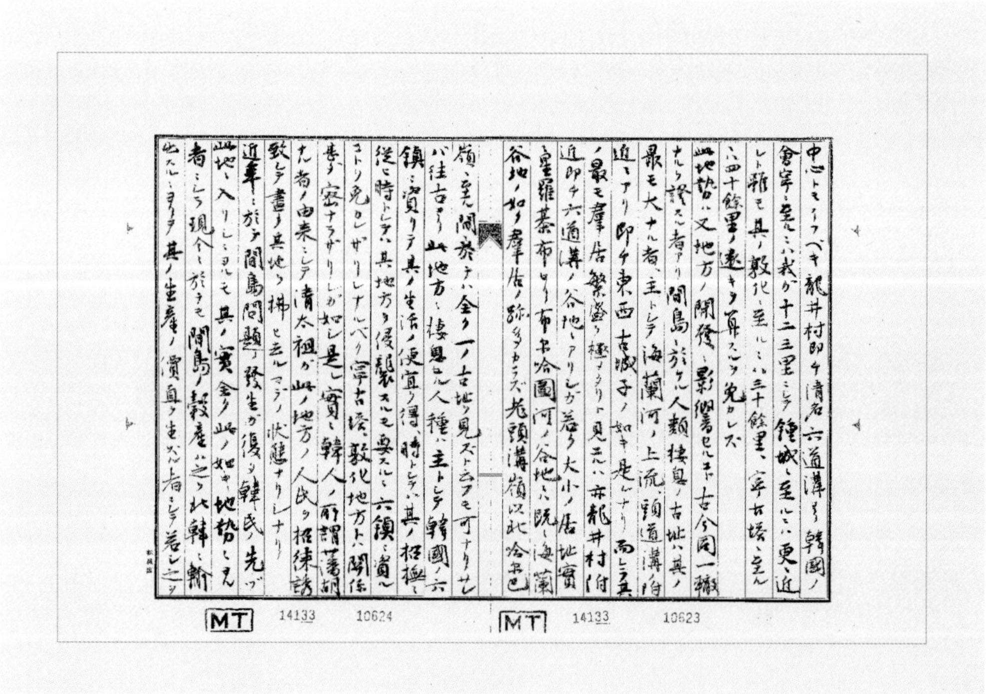

中心トミナスヘキ龍井村即チ清名六道溝ヨリ韓國ノ
會寧ニ至ルニハ我カ十二三里ニシテ鍾城ニ至ルニハ更ニ近
シト雖モ其ノ敦化ニ至ルニハ三十餘里、寧古塔ニ至ル
ニハ四十餘里ノ遠キヲ算スルヲ免カレズ
此地勢ハ又地方ノ開發ニ影響セルモ古今同一轍
ナルヲ證スル者アリ間島ニ於ケル人類棲息ノ古址ハ其ノ
最モ大ナル者、主トシテ海蘭河ノ上流、頭道溝附
近ニアリ即チ東西古城子ノ如キ是レナリ而シテ其
ノ最モ群居繁盛ヲ極メタリト見エルハ龍井村附
近即チ六道溝ノ谷地ニアリシカ若ク大小ノ居址實
ニ星羅棊布セリ布爾哈圖河ノ谷地ハ既ニ海蘭
谷地ノ如ク群居ノ跡多カラズ老頭溝嶺以北哈爾巴

MT 14133 10623

嶺ニ至ル間ニ於テハ全ク一ノ古址ヲ見ズト云フモ可ナリ此レ
ハ往古ヨリ此地方ニ棲息セル人種ハ主トシテ韓國ノ六
鎮ニ資リテ其ノ生活ノ便宜ヲ得、時トシテハ其ノ招撫ニ
從ヒ時トシテハ其地方ヲ侵襲スルモ要スルニ六鎮ニ資ヘ
ヲトリ免カレザリシナルヘク寧古塔、敦化地方トハ關係
甚タ密ナラザリシカ如シ是レ實ニ韓人ノ所謂藩胡
タル者ノ由來ニシテ清太祖カ此ノ地方ノ人民ヲ招徠誘
致シテ書ク其地ヲ拂ヒ去ルマテノ状態ナリシナリ
近年ニ於テ間島問題ノ發生カ復タ韓民ノ先ヅ
此地ニ入リシニヨルモ其ノ實全ク此ノ如キ地勢ニヨル
者ニシテ現今ニ於テモ間島ノ穀産ハ之ヲ北韓ニ輸
出スルニヨリテ其ノ生産ノ價値ヲ生ズル者ニシテ若シ之ヲ

MT 14133 10624

06

清國方面ニ輸出セントスルモ敦化以西、吉林地方ハ更
ニ大ナル穀產地ナレバ國ヨリ其ノ用途ノ開クベキ望ナ
シ故ニ北韓ニ對スル防穀令ノ施行ノ若キハ實際、其ノ
產地タル間島住民ニ苦痛ヲ与フルニ過ギザリシ情状
アリキ獨リ其ノ雜貨等ハ局子街ノ商賈ガ支那人
スル關係上、日本製品サヘモ猶ホ之ヲ吉林地方ニ仰グ
ノ状アルモ是レ清津ヨリ間島ニ適スル交通機關ノ
現状ガ不備ナルヨリ此ノ如キ結果ヲ生ズル者ニシテ其ノ交通ニ
シテ便利ナラバ商業状態モ亦一変スルニ至ルベキコトハ現ニ
已ニ局子街ノ雜[redacted]貨ガ浦塩斯徳ヨリ輸入サルル者アル
ニ徴シテモ之ヲ推斷スルコトヲ得ベシ
浦塩斯徳ヨリ局子街ニ輸入スル物貨ハ先ヅ海路ハ
ウオキエフスクニ至リソレヨリ琿春ヲ経テ局子街ニ
達ス此ノ交通路ハ陸路ヲ行クコト我ガ三十四五里ニ
過ギズ而シテ清津ヨリ局子街ニ至ル間ハ四十餘里
アリテ茂山嶺、及ビ瓦良哈嶺(清名火狐狸溝
嶺、即チ黑山ノ脈ヲ横ギル者)ノ二重ノ峻阪ヲ通過
セザルベカラズ此間、清津會寧間ニハ軽便鉄路アリテ
手押ノ臺車ヲ通ズルモ其數ノ多カラザルト且ツ運
賃ノ不廉ナルガ為ニ商品ノ運搬ハ猶多クノ牛車ニヨ
レリ瓦良哈嶺モ亦全ク馬背若クハ牛車ノ交通
路タルニ過ギズ之ヲ琿春街道ノ支那馬車即チ大
車ヲ通ズルニ比シテ反テ運賃ノ不廉ヲ来タス所以
ナリトス

MT 14133 10625　MT 14133 10626

07

以上ノ事實ハ間島ガ地勢上、韓國ニ屬スルコト清國ニ
屬スルヨリモ便利ニシテ隨テ至當ナルヲ證明スル者ニシ
テ其ノ晴曇時代ニ於ケル史實ハ変レテ此ノ地勢ニ順
ハズシテ成立スベキ者ニアラザレバ亦實ニ間島ガ韓國
ニ於ケル緣故ノ清國ヨリモ深カリシ鐵案ナリ

備攷

一、局子街ノ北方二里許リ臺兩溝ヲ踰ユル嶺上
ニ[redacted]土壁アリテ長サ數里ニ亘レルガ如ク見エ
其ノ一部ハ余親シク踏査シタリ是レ或ハ清太宗ガ朝
鮮ヲ征服シテ和ヲ講ゼル當時定メシ疆界線ニ
アラズヤト疑ハルル節アリ其ノ延長並ニ兩端ノ盡
クル地點ヲ精査セシコトヲ統監府派出處ニ委託セ
セルモ未ダ其ノ通報ニ接セズ
二、布爾哈圖河畔ニ古碑アリテ統監府派出處
通譯生山崎誠一郎氏嘗テ之ヲ一見シタリト云
ヘルニヨリ余ハ之ヲ尋ネルモ當時雨後増水シテ
碑ノ所在ヲ發見スル能ハズ其ノ畫拓及ビ寫真ヲ
統監府派出處ニ委託シタルモ其後降雪ノ為ニ未
ダ着手スル能ハズトノ通信ニ接セリ

MT 14133 10627　MT 14133 10628

08

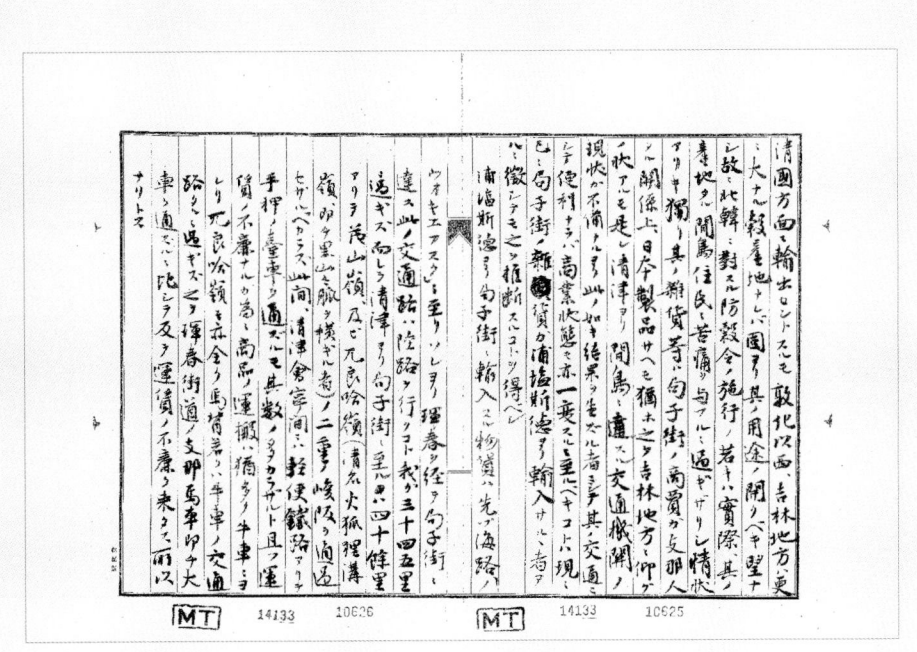

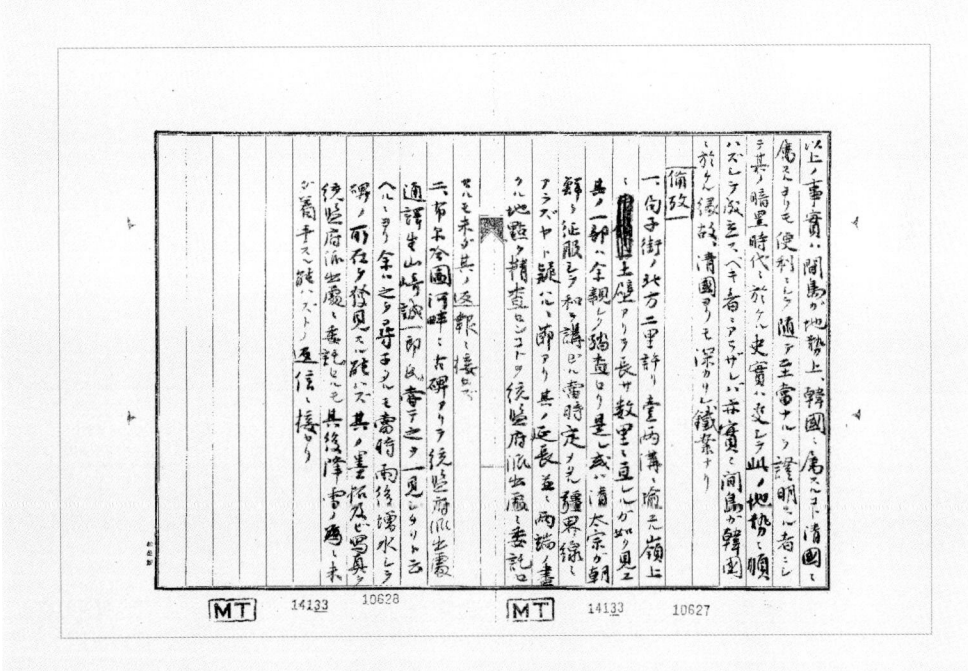

二、間島鐵道意見
若シ間島ニ鐵道ヲ敷設スベシトセンニハ其ノ一端ハ清津
若クハ附近ノ海口ニ起リ而シテ他ノ一端ハ之ヲ吉長鐵
道ニ聯絡セシムベキ者タラザルベカラズ清津ヨリ局子
街ニ至ル距離ハ概算百哩ニシテ局子街吉林間ハ概算
二百七十哩ナリ
局子街ヲ越ハ鐵道線路ヲ甚シク迂回セシムベキヲ以テ
銅佛寺ヨリ直チニ龍井村ニ達スル者トセン方至當
ナルニ似タリ而シテ之ヨリ短縮スベキ距離ハ数哩ニ過
ギザルベシ
之ニ吉長鐵道七十餘哩ヲ加フレバ清津長春間ハ
凡ソ四百四十哩ニシテ長春大連間四百三十五哩ト
大差ナシ然ルニ其間ニハ凡ソ六重ノ山嶺アリ其中老
頭溝、哈爾巴嶺ヲ除ク外四重ノ山嶺ハ皆峻険ニシテ
隧道工事ニ大ナル費用ヲ要スベク其平地モ亦満
洲語ニ哈湯ト称スル大湿地ノ到ル處ニ之レアルガ為メ工事
ノ困難ハ長春大連間ノ比ニアラズ
余ガ今回ノ旅行ニ於テ最モ困難セシハ此ノ哈湯ナリ
キ従来此地方ノ旅行者ハ多ク冬季ヲ撰ビシヲ以テ
内外人ノ紀行皆此事ニ言及ブ者少カリシニ注意セ
ザリシハ余ガ大失敗ナリシナリ其ノ車輪全ク没シテ
動カズ為ニ三十分乃至一二時ヲ空費セルコトハ毎日
少クトモ五四回ヲ下ラズ凡ソ従来ノ旅行ニテ車上
最モ困難ヲ感ズルハ石礫多ク河積甚ダシク山坂

MT 14133 10630　MT 14133 10629

09

ナルノ例ナルニ今回ノ旅行ハ然ラズシテ石礫並ニ雨水
ノ疏通スベキ山坂ハ比較上困難ヲ感ゼザリシ只ダ
其ノ哈湯ニ遭遇セシコトヲ想ハバ今ニ堪ヘザリキ
以テ其地勢ヲ想像スベシ然レドモ此ノ最悪季節ノ旅行
ヲ為セシ利益ハ敦化地方ヨリ老爺嶺ニ至ル間ニ於テ
廣大ナル曠地ノ耕サズシテ委棄セラルル者アルヲ
目睹スルヲ得タルニアリ若シ冬季ナランニハ此等ノ曠
地ハ盡ク皆耕作地ニ誤認セラルルヲ免カレザリシ
ナラン此レ實ニ湿地ノ耕作ニ適セザル者ニシテ清國近
年ノ開墾設策ガ敦化附近ニ於テ阻礙セルガ若
キ故ナカリシコト並ニ其ノ間島ノ如キ土質地勢
並ビニ耕作ニ適セル谷地ニ衆願セルコト皆之ニヨリ
テナラザル解釋ヲ得ベシ
而シテ其ノ経過スル地方ハ吉林以西ヲ除ク外地味ノ沃
饒ナルコト間島ニ遜ゲル者ナク而カモ間島ノ農産モ中
部満洲ニ比シテハ實ニ微小ト言フモ足ラズ敦化地方ノ
若キハ最モ湿地多キ高原ニシテ現在ニテハ多ク鴉片
ノ原料タル罌粟ヲ栽植スルガ為ニ頗ル収益アルモ此ノ栽
培ガ三年ヲ限リ禁止セラルルコトトナレルガ為ニ地方官
ハ民命ニ関スル重大ノ問題トシテ大ニ苦心セルコトヲ親
シク語レリ其他ノ農産ハ其ノ成績ハ間島ニ比シテ大ニ
劣レルガ如ク額木索敦化間ノ若キモ皆一様ナリ寧
古塔地方ハ東清鐵道ノ勢力範圍タレバ固ヨリ校量
ヲ要セズ額木索吉林間ハ全ク山間ノ僻小ナル谷地ニシテ

MT 14133 10632　MT 14133 10631

10

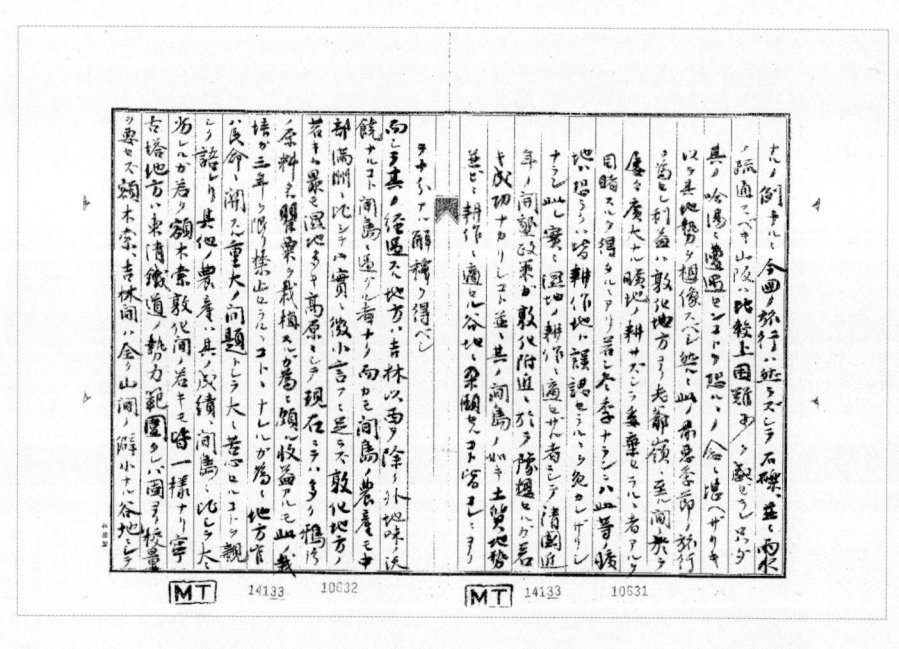

耕作ハ頗ル困難ナルモ亦重要ナル農産地ニアラズ若シ敦化ヨリ吉林ニ至ルニ額木索ヲ経過セズシテ別ニ南道ヲ取ルトスルモ此ノ道路ハ現ニ夏季ニハ全ク交通ヲ絶ツ程ノ湿地ニシテ勿論農産地トシテハ全然価値ナキ者ノ如シ故ニ此ノ一路ニ於テ将来最モ主要ナル物産タルべキ望アル者ハ張廣才嶺及ビ老爺嶺ノ大森林ナルノミ

張廣才嶺ハ満洲語ニテ Secha weji トモ云ヒ又通常之ヲ Amba weji（大森林）トモ云ヒ老爺嶺ハ Nama weji 又 Ajige weji（小森林）トモ云ヒ鍼葉樹、濶葉樹相雑レル廣大ナル密林ニシテ満洲ノ名物タル窩集即チ weji ノ中ニテモ特ニ有名ナル者ナリ全等カ

横断スル處ニテモ前者ハ東西凡ソ八九里ニ亘リ後者ハ東西六七里ニ亘リ其ノ南北ハ更ニ之ニ数倍スルナランカ此等ハ皆長白山ノ森林ニ連續セル一部分ニシテ現ニ長白山ノ南面ニテハ鴨緑江採木公司ノ伐採スルアリ其ノ北面ニテハ松花江上流ヨリ年々吉林地方ニ運出スル木排ノ千筏ハ二百萬圓前後ヲ算スト云ヒ又桂林河ノ上流及ビ三姓附近ニテモ皆此ノ大森林ノ一部ヲ伐採シ居レルガ獨リ此ノ二嶺ハ孔道ニ當レドモ水利ノ便ニ遠キガ為ニ殆ド斧斤ノ未ダ入ラザル老林トシテ現存セルナリ若シ鐵道ノ開通ニヨリテ此地方ノ森林伐採ノ途ヲ開カバ其ノ重要物産タルベキハ疑ナシ此外哈爾巴嶺ニ連續セル老爺嶺山脈及ビ黒山ノ脈モ猶ホ多少ノ

11

森林アルガ若シ然レドモ我邦ノ北海道及ビ秋田ノ如キ林業地ヲ對岸ニ有シテ北韓ノ海口ニ吐出スル此等ノ林産ガ相當ノ收益アルマデハ猶ホ幾多ノ時日ヲ要スル者ト看ザルベカラズサレバ現今ニ在リテ此ノ豫定鐵道線路ハ敦賀ニ連絡シテ大連ノ競争線タル外別ニ非常ナル希望ヲ属スベキ者ニアラザルガ如シ但ダ浦塩斯徳ノ自由港閉鎖サルヽニ於テハ北満洲ノ貿易ニ影響ヲ与フルニ至ル者アルベキト軍事上東清線ニ對シテ有力ナル壓迫ヲ加ヘ得ベキトヲ以テ其ノ特[illegible]長トスルニ過ギザルベシ故ニ此ノ線路ニ開スル權利ノ保留ハ必要ナルモ直ニ将来ニ於テ之ヲ實行スベキ者ニアラザルハ論ナキナリ

12

三、間島問題協定案私議
間島問題ノ發生ハ韓國ガ猶ホ清國ヲ宗主トシテ戴
ケル時ニ於テシタレバ其ノ文書上ニ見エル證據ガ韓國ニ
取テ不利ナル者多キハ勢ノ止ムヲ得ザル所ナリ故ニ清
國ニシテ協定ノ誠意アラバ此ノ時勢ヲ斟酌セザルベカラ
ズ然レドモ之ヲ綜ブルニ清國ヲシテ其ノ地ノ従来中立地
タリシコトヲ認メシムルニ止マルベク更ニ進ンデ韓國ノ領土
タリシコトヲ主張スルニハ完全有力ナル材料ノ乏シキヲ免
カレズサレバ此問題ハ結局兩國ノ協定ニヨリ従来ノ行
懸リヨリ一掃スルノ尤モ便ナルニ如カズ即チ清國ノ所謂
延吉廳ノ管内ニ於ケル領土權ハ寧ロ之ヲ承認スルト同時
ニ而シテ左記ノ交換條件ニ同意セシムルヲ要ス

MT 14133 10636

一、現在清國ガ主張スル國境線ヨリ清國側ニ於テ
直徑二十里（日本里、以下之ニ倣フ）以内（若クハ延吉廳管内全部）ニ韓
國民ノ土地所有權、各種營業權ヲ許與セシムル
コト、右土地ノ讓與ハ清韓兩國民ニ限ルコト
但シ其ノ許與セラレタル權利ニ伴フ義務、即チ稅課
ハ清國人民ト同樣ナルベク更シテ格外過重ナル負擔
ヲ爲サシムベカラザルコト
二、右地域内ニ於ケル日本人ノ既得權ハ之ヲ承認スルコト
三、統監府ニ於テ設置セル官衙敷地ハ清國其ノ原
價ヲ償還シテ其ノ領有ヲ回復スルコトヲ得ルモ將
來ニ於テ統監府ガ理事官等ヲ駐紮セシムル場合
ニハ適當ノ敷地ヲ租借スルヲ得セシムルコト 此一項ハ韓國ノ

MT 14133 10637

13

提案ヲ俟テ政府ヨリ提議スルノ必要アルベシ尚未現ニ我
手ニテ架設セル電線ノ若キモ此例ニ準ズベシ
四、右地域内ニ於ケル通商ハ清露國境貿易章程ノ
原則ニ従ヒ無稅トシ右地域外ニ運出スル物貨ニ對
シテモ該章程ノ百里以外ニ運出スル場合ト同一ナル
ベキコト
五、右地域内ノ生產品ヲ韓國ニ輸出スル場合ニモ其
ノ國境ヨリ二十里内外ヲ劃シテ該章程ノ原則ヲ
適用スルコト
六、清國官吏ハ右地域内生產品ヲ韓國ニ輸出スル
コトニ就キテハ其ノ清人、韓人、日本人タルヲ問ハズ之
ヲ自由ニ放任シテ檢束ヲ加フベカラザルコト
七、統監府及ビ韓國政府ハ並ビニ日本、韓兩國民

MT 14133 10638

ヲ管理スベキ理事官ヲ右地域内各處ニ駐紮セ
シムルヲ得ルコト
八、右地域内ニ居住スル日本人、韓國人ニ對スル裁判
權ハ該理事官之ヲ執行スルコト、清國人ト日韓人
トノ交渉事件ハ清國各居留地ニ於ケル現行條約
ノ原則ニ依ルベキコト
九、將來ニ於テ吉林ヨリ右地域内ニ達スル鐵道ヲ敷
設スルコトアル場合ニハ必ズ之ヲ韓國海岸マデ延長
スベク其ノ資本ハ日清韓三國ノ合同負擔トスルコ
ト又清韓兩國トモ此ノ豫定線路ノ成立ヲ妨グベキ
他ノ線路ヲ計畫スベカラザルコト

MT 14133 10639

14

備考

理事官及ビ警察官等ノ駐紮地トシテハ現在
清國官衙及ビ韓國憲兵駐紮地ヲ参照シ左ニ
豫定地ヲ列擧ス

龍井村 即チ六道溝　　局子街
頭道溝　　銅佛寺
朝陽川　　大拉子
傑満洞　　茂山對岸ノ一地點

警察官ノ駐紮ニ關シテ注意スベキハ韓人巡査ノ
全然不必要ナルコトナリ韓巡査ハ清國人ニ對シテ全ク
威力ナク其ノ輕侮ヲ受クルガ爲ニ反テ事ヲ誤ルノ
恐レアリ

MT　14133　10640

又該地域内ニ要塞ノ築造ヲ禁ズルコト及ビ他國ノ資
金ヲ利用シテ該地域内ノ事業ニ投入スベカラザルコト
等ヲ秘密ニ協定スベキヤ否ヤハ偏ニ當局ノ斟酌ニ
存スベシ現ニ清國ハ局子街ノ對岸タル南營ニ於テ
永久的ナル兵營ノ建築ニ着手セシヲ見レバ此等ノ
協定モ或ハ無用ナリトスルヲ得ザルベシ

MT　14133　10641

15

四、附言

鴨緑江對岸若クハ長白山北方ニ於テモ韓人ノ居住者
ハ決シテ少數ナラザルガ若シ韓人ガ間島ヲ北墾島ト
稱スルニ對シテ鴨緑江ノ帽兒山頭道溝ヨリ二十
四道溝ニ至ル地方ヲ西墾島ト稱スルニテモ其ノ狀態
ヲ推知スルヲ得ベク該地方居住者ノ數モ三萬人ヲ
下ラズト云フ長白山北方、娘々庫、古洞河地方ニ在リ
テハ今問題ノ影響ニヨリ清國官憲ガ韓人ヲ強ヒテ
薙髮セシメ以テ歸化ノ外貌ヲ裝ヒ交渉ノ煩ヲ免レ
ントスル事實ハ統監府派出所員ガ實地視察ノ
報告ニ見エタリ特ニ鴨緑江下流義州管内ニ於テハ
薪島草坪ノ所轄問題ノ若キ未決ノ案件タリ若シ

MT　14133　10642

出來得ベクンバ此等ノ案件モ一併ニ解決セシムルコト尤モ
便宜ナラント信ズ其ノ解決ノ條件トシテハ
一、清國盛京、吉林兩省ノ韓國ト接壤地方ニ移入
居住セル韓人ハ其ノ從來清國ノ地券ヲ買得シ實
際所有權ヲ行使シ居ル者ニ限リ其旣得權ヲ承認
セシメ該權利ノ讓與ハ清韓兩國人ニ限ラシムベキコト
二、右韓人ノ稅課ノ負擔ハ清國人ト同一タルベキコト
三、右韓人ニ對スル裁判權ハ日本領事之ヲ保留スルコト
右ノ諸件ニ同意セシムル代リニ薪島草坪ヲ清國ノ領土ト
シテ承認スベシ
又小作人其他勞働者トシテ清國ニ移入スル韓人ハ將
來ニ於テモ決シテ少カラザルベキヲ以テ便宜ノ規程ヲ設ケ

MT　14133　10643

16

ヲ清國ト妥當ナル協定ヲ爲シ煩雜ノ交涉ヲ未然ニ
防止セシコトヲ希望ス

一備考一

薪島黄草坪（又ハ薑草坪トモイフ）案件ハ書類XII光武六年
清案第七、光緒二十七年十二月十五日許公使照會、照
錄盛京將軍咨來文、光武六年四月三日俞外部大臣照
會、光緒二十八年二月二十九日許公使照會、同年六月
九日許公使照會及鈔錄奉天將軍咨文、書類XIV光
武八年清案九、照會第三十号光武八年十一月二十三日
李外部大臣照會、光緒三十年十一月初七日許公使照會
ニ見エタリ

MT 14133 10644

17

政務局 閲了

間島問題調査書引用書目

01

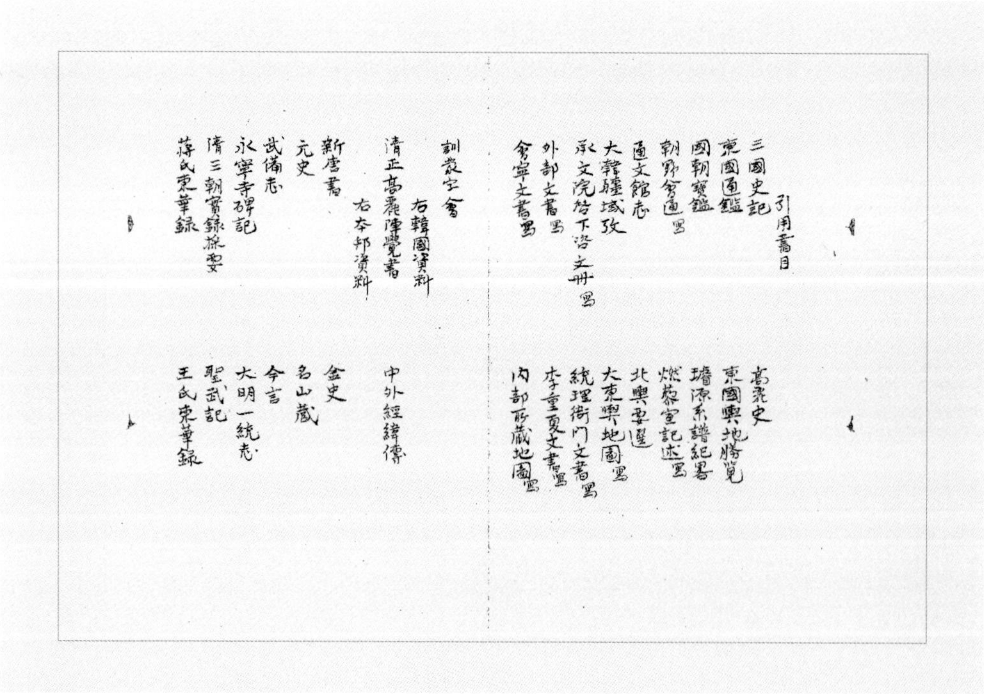
引用書目

三國史記 高麗史
東國通鑑 東國輿地勝覽
國朝寶鑑 璿源系譜紀畧
朝野會通 寫 燃藜室記述 寫
通文館志 北輿要選
大韓疆域攷 大東輿地圖 寫
承文院啓下咨文册 寫 統理衙門文書 寫
外部文書 寫 李重夏文書 寫
會寧文書 寫 内部所藏地圖 寫
訓蒙字會
右韓國資料
清正高麗陣覺書 中外經緯傳
右本邦資料
新唐書 金史
元史 名山藏
武備志 今言
永寧寺碑記 大明一統志
清三朝實錄採要 聖武記
蔣氏東華錄 王氏東華錄

02

欽定大清會典圖説
皇朝耆獻類徵
欽定滿洲源流考
欽定盛京通志一百三十卷本
水道提綱
吉林外記
東三省輿地圖説
欽定皇朝文獻通考
嘯亭雜錄
滿漢奏摺檔寫

御製盛京賦
滿洲名臣傳
大清一統志
盛京通志四十八卷本
盛京典制備攷
吉林通志
東北邊防輯要
皇朝政典類纂
崇謨閣舊檔寫
東藩紀要

大清一統輿圖
滿文盛京圖寫

滿漢兩文摺疊盛京圖
滿文長白山圖寫

右清國資料

チユアルド氏纂デスクリプション、ド、ラ、シーヌ、（一七三六）

右歐文資料

03

참고문헌

<한국 측 책>

『삼국사기』, 『고려사』, 『동국통감』, 『동국여지승람』, 『국조보감』, 『선원계보기략』, 『조야회통』, 『연려실기술』, 『통문관지』, 『북여요선』, 『대한강역고』, 『대통여지도』, 『승문원 처下 자문책』, 『통리아문문서』, 『외부문서』, 『이중하 문서』, 『회령문서』, 『내부소장지도』, 『훈몽자회』

<일본 측 책>

『청정고려진각서』, 『중외경위전』

<중국 측 책>

『신당서』, 『금사』, 『원사』, 『명산장』, 『무비지』, 『금언』, 『영녕사비기』, 『대명일통지』, 『청삼조실록채요』, 『성무기』, 『장씨동필록』, 『왕씨동필록』, 『흠정대청회전도설』, 『어제성경부』, 『황조기헌류징』, 『만주명신전』, 『흠정만주원류고』, 『대청일통지』, 『흠정성경통지』, 『성경통지』, 『수도제강』, 『성경전제』, 『길림외기』, 『길림통지』, 『동삼성여지도설』, 『동북방집요』, 『흠정황조문헌통고』, 『황조정전류찬』, 『숙정잡록』, 『상찬각집당』, 『만한주류』, 『동번기요』, 『대청일통여도』, 『만한양문습섭성경도』, 『만문 성경도』, 『만문 장백산도』

지명 연혁

니하(泥河), 니천수

통문(統門), 두만강

야라(耶懶) 수분하(綏芬河), 아란하(雅蘭河), 아란로(雅欄路), 야뢰(耶瀨)

토골론(土骨論), 종성

오림금(吳林金), 단천

궁한이(弓漢伊), 길주

훈춘강(訓春江), 혼춘강(琿春江)

궁한(弓漢) 활혼산(活渾山

몽나골령(蒙羅骨嶺) 을리골령(乙離骨嶺), 이록고수(移鹿古水)

경성(鏡城) 오롱이(亐籠耳)

해나수(孩懶水) 오림답부(烏林荅部) 해란하(海蘭河)

휼중(恤衆) 수분(綏芬)

회배강(灰扒江) 휘발강(輝發江)

이판령(伊板嶺), 마천령

포태산(胞胎山) 포담산

아야고하(阿也苦河) 속평강(速平江) 애호하(愛呼河)

송화강(松花江)

홍토수(紅土水)

휘발하(輝發河) 훈강(渾江), 비류수(沸流水), 파저강(婆豬江), 동가강(佟佳江)

혼동강(混同江) 압록수, 대요수(大遼水), 소요수(小遼水), 거류하(巨流河), 고려하(高麗河)

흑도아랍성 천권흥경(天眷興京) 천홍성

일제침탈사 자료총서 09

대한제국기 간도 자료집(4)

–간도문제조사서

초판 1쇄 발행 2024년 12월 31일

지은이 문상명
펴낸이 박지향
펴낸곳 동북아역사재단

등록 제312-2004-050호(2004년 10월 18일)
주소 서울시 서대문구 통일로 81 NH농협생명빌딩
전화 02-2012-6065
홈페이지 www.nahf.or.kr
제작·인쇄 니케북스

ISBN 979-11-7161-171-3 94910
978-89-6187-635-3 (세트)